石狮年鉴

2022

中共石狮市委党史和地方志研究室 编

方志出版社
Publishing House of Local Records

图书在版编目（CIP）数据

石狮年鉴. 2022 / 中共石狮市委党史和地方志研究室编. —北京 : 方志出版社, 2022.12
ISBN 978-7-5144-5625-7

Ⅰ. ①石… Ⅱ. ①中… Ⅲ. ①石狮－2022－年鉴 Ⅳ. ①Z525.74

中国版本图书馆CIP数据核字(2022)第253211号

责任编辑：刘方圆
责任校对：刘玉霞
责任印制：梅中英
出 版 者：方志出版社
地　　址：北京市朝阳区潘家园东里9号（国家方志馆4层）
邮　　编：100021
网　　址：http://www.zgfzcb.cn
发　　行：方志出版社图书营销中心（010-67110500）
印　　刷：福州报业鸿升印刷有限责任公司
开　　本：889毫米×1194毫米　1/16
印　　张：18.25印张　插页：2.25印张　地图：1幅
字　　数：731千字
版　　次：2022年12月第1版
印　　次：2022年12月第1次印刷
定　　价：280.00元

《石狮年鉴（2022）》编纂委员会

顾　　问：黄春辉

主　　任：余志伟

副 主 任：郑天助　黄明瑄

委　　员：（排名不分先后）

王汉滨　王清波　王英俊　王胜利　王佳鸿　王祖德　邓莲珍
卢崎青　许宏图　许明忠　许经杭　孙甜甜　刘福全　刘锦添
何怀海　杨思明　余文革　余冬阳　苏金灿　苏金发　苏龙鍠
陈章彬　陈国锋　陈伟祥　陈增坛　陈拥护　张　平　张辉程
张尚炬　张子群　吴雄聪　吴瑞文　吴　侯　佘日森　佘明涵
佘圣尧　邱竞芬　邱永乐　邱灿飞　邱建申　邱春旭　邱尚齐
邱亚环　邱志雄　邱培钦　李圣阳　李迎河　李少宗　李　佳
林育明　林德育　林新苗　周加建　周卡娜　姜荣树　柳建波
施小云　郭永加　唐雪峰　黄怡进　龚一士　谢文传　董立新
傅荣辉　蔡荣桥　蔡连庭　蔡振宇　蔡结生　蔡迎媚　蔡晓智
蔡文轴　蔡文作　蔡金勤　蔡清墩　颜安妮　魏伟锐

《石狮年鉴（2022）》总编室

主　　　编：林育明

副　主　编：王祖德　周卡娜

执 行 主 编：王祖德

编 辑/编 务：江芳玲　吴少萍　林荣荣　林金奖　黄彬彬

编辑说明

一、《石狮年鉴》是由中共石狮市委、石狮市人民政府主办，中共石狮市委党史和地方志研究室编纂的年度地方资料性文献，2003 年开始编纂出版，2022 卷为第 14 卷。

二、《石狮年鉴》以马克思列宁主义、毛泽东思想、邓小平理论、“三个代表”重要思想、科学发展观、习近平新时代中国特色社会主义思想为指导，坚持辩证唯物主义和历史唯物主义的立场、观点和方法，实事求是地记载石狮市年度发展状况，反映石狮市政治、经济、文化、社会、生态等领域发展状况，为社会各界了解石狮、研究石狮、置业石狮、旅游石狮提供尽可能全面、翔实的地情资料。

三、《石狮年鉴》采用分类编辑法。主体内容设类目、分目、条目 3 个结构层次，以条目为基本记述单元。

四、《石狮年鉴（2022）》记述时限为 2021 年 1 月 1 日至 12 月 31 日，根据需要，个别事项的记述时间适当上溯。

五、《石狮年鉴（2022）》着重反映 2021 年石狮市的基本情况，全书设年度聚焦、专记、大事记、市情概览、中国共产党石狮市委员会、石狮市人民代表大会、石狮市人民政府、中国人民政治协商会议石狮市委员会、中国共产党石狮市纪律检查委员会 石狮市监察委员会、民主党派 工商联、群众团体、法治、军事、应急管理、外事 侨务 台港澳事务、经济监督管理、农业农村、工业、商贸服务业、交通 邮政、信息业、金融、城乡建设与管理、生态环境保护、科学技术、教育、文化 旅游、卫生 体育、社会民生、镇（街道）、荣誉 人物、重要文献与项目、附录、索引等。

六、《石狮年鉴》采用现代语体文记述。文字、标点符号、计量单位均依国家现行规范；涉农业部分内容，适当保留计量单位“亩”。文中凡简称“省”“全省”均指福建省，“市”“全市”均指石狮市。

七、《石狮年鉴（2022）》资料由全市各级机关、群众团体、企事业单位提供。统计数据以石狮市统计部门资料为准。统计部门统计范围之外的数据由各供稿单位审核后入鉴。

编制单位：福建省地图出版社

石狮名片

城乡交通运输一体化示范县

全国无障碍环境市县村镇

全国“家校（园）共育”数字化示范区

全国文明城市

全国双拥模范城

全国预包装食品出口试点

全国信访“三无”县市

国家级义务教育发展基本均衡市

国家级紧密型医疗卫生共同体建设试点县

国家级市场采购贸易方式试点

国家生态市（县）

中国休闲服装名城

中国休闲面料商贸名城

中国直播电商发展示范城市

中国校园服饰名城

中国服装网商创新示范基地

全国经济综合实力百强县市

全国县域旅游综合实力百强县

全国绿色发展百强县市

全国科技创新百强县市

福建省法治政府建设示范区

福建省和谐劳动关系示范区

福建省“四好农村路”示范县

2021 数字石狮

年末户籍总人口：365894 人

常住人口：68.9 万人

地区生产总值：1072.51 亿元

第一产业：27.79 亿元

第二产业：476.63 亿元

第三产业：568.09 亿元

第一、第二、第三产业构成：2.6 ：44.4 ：53.0

农林牧渔业总产值：53.97 亿元

规模以上工业总产值：1453.99 亿元

固定资产投资（不含农户）比上年增长：2.3%

社会消费品零售总额：617.16 亿元

一般公共预算总收入（不含基金）：59.57 亿元

一般公共预算支出（不含基金）：48.33 亿元

城镇居民人均可支配收入：69759 元

农村居民人均可支配收入：31981 元

全市居民消费价格指数：101.3%

港口货物吞吐量：3750.41 万吨

港口集装箱吞吐量：153.68 万标箱

海洋捕捞总量：332539 吨

水产品产量：394649 吨

海水养殖产量：61665 吨

全社会用电：494609 万千瓦时

全市供水量：13333 万吨

各级各类学校：247 所

旅游总收入：78.19 亿元

旅游总量：707.42 万人次

图说石狮

2021 年 1 月 26 日，石狮市凤里街道后花社区联合市人大机关对沿街商铺、市场等宣传新冠肺炎疫情防控措施
（图 / 凤里街道）

2021 年 8 月 19 日，石狮市卫健局执法人员现场检查新国泰大酒店有限公司疫情防控工作情况
（图 / 李荣鑫）

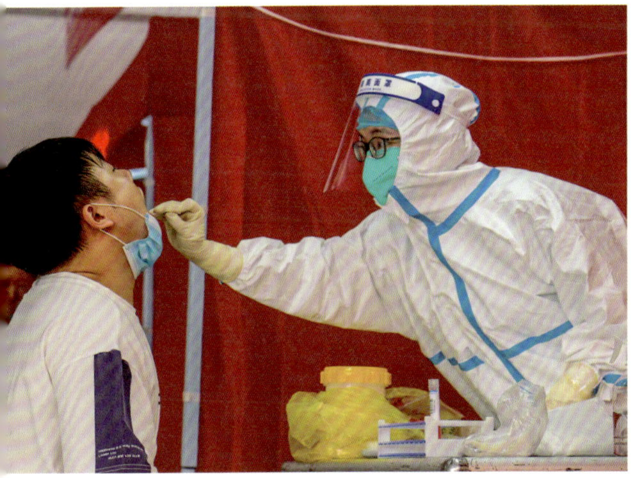

2021年9月2日，医护人员为民众进行核酸检测采样（图/颜华杰）

2021年9月2日，志愿者协助指导群众核酸检测（图/颜华杰）

2021年9月20日，石狮市集结100名医护人员支援晋江市，助力开展疫情防控工作（图/市卫健局）

2021 年 9 月 14 日，中国移动石狮分公司工作人员在新冠病毒疫苗接种点福乐家园开展疫情防控通信保障工作
（图 / 中国移动石狮分公司）

2021 年 9 月 24 日，石狮市税务局启用智能机器人来当疫情防控“守门员”，通过智能化手段提升常态化疫情防控水平，减少直接接触
（图 / 市税务局）

2021 年 10 月 14 日，石狮市支援泉港区核酸采集队凯旋　　（图 / 李荣鑫）

2021 年 10 月 31 日，石狮市首先在长福小学启动 3—11 岁儿童新冠病毒疫苗接种工作　　（图 / 颜华杰）

2021年，泉州港石狮航运中心启动建设（摄于2021年8月9日） （图/李荣鑫）

2021年，石狮光子技术产业快速崛起，完成产值80亿元，同比增长70%。图为2021年4月30日，鸿日光学科技（福建）有限责任公司镜头项目投产仪式现场 （图/李荣鑫）

2021年2月27日，石湖港外贸进出口件杂货业务首次实现同船"重进重出" （图/李荣鑫）

2021 年 7 月 8 日，泉州石湖港保税物流中心（B 型）封关运营。图为揭牌仪式
（图 / 李荣鑫）

2021 年 7 月 9 日，石狮(国际)女装网批中心招商启动会举行。图为意向商户入驻签约仪式　　（图 / 李荣鑫）

2021 年 7 月 18 日，中国教育装备行业协会授予石狮“中国校园服饰名城”称号，图为授牌仪式现场
（图 / 李荣鑫）

2021 年 10 月 19 日，中国卫星导航定位应用管理中心发布的 2021 年度北斗导航民用服务资质年检审查结果显示，全国仅有 11 家企业通过本年度资质审查，飞通科技是其中 1 家，也是福建省唯一一家。图为福建飞通通讯科技股份有限公司生产车间（图 / 李荣鑫）

2021 年 12 月 27 日，作为福建首个面向全球华侨华人的跨境电商贸易服务平台，石狮“侨易邦”在 2021 年 RCEP 青年侨商创新创业峰会举行期间正式上线　（图 / 李荣鑫）

2021 年 1 月 20 日，世贸海上丝绸之路博物馆开馆。9 月 2 日，世茂海上丝绸之路博物馆被确认为第九批中国华侨国际文化交流基地 （图 / 李荣鑫）

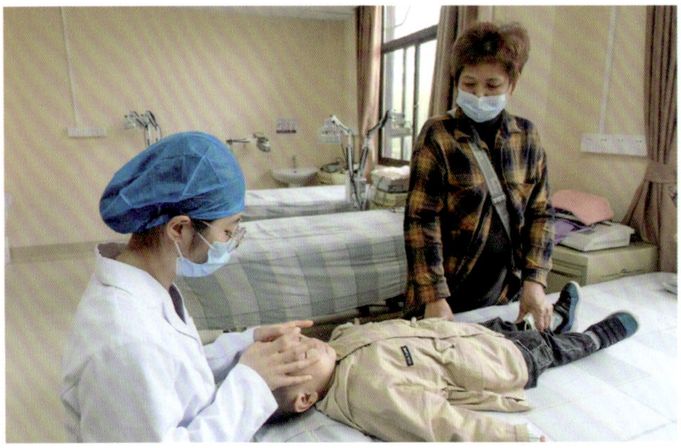

2021 年 3 月 20 日，石狮市中医院正式开诊，图为医生为病人推拿 （图 / 颜华杰）

2021 年 6 月 3 日，湖滨卫生院儿童健康管理中心开业 （图 / 李荣鑫）

2021年10月12日，石狮智慧停车指挥中心揭牌暨项目正式运营启动仪式在国投集团城市资源经营公司举行。图为智慧停车指挥中心实时记录每一个车位的动态情况

（图/李荣鑫）

2021年10月26日，“学史感党恩·圆梦微心愿”石狮工会关爱环卫工人公益活动发放仪式在石狮市音乐厅广场举行

（图/李荣鑫）

2021 年 12 月 2 日，石狮公安交警铁骑队成立
（图 / 李荣鑫）

2021 年 7 月，石狮市鸿山五彩党建文化街区建成并投入使用 （图 / 颜华杰）

2021 年，石狮市新建 30 个口袋公园。图为石狮市宝盖镇松茂村口袋公园（摄于 2021 年 9 月 12 日）
（图 / 颜华杰）

2021年，石狮市锦尚外线竣工（摄于2021年7月6日）　（图/李荣鑫）

2021年，石狮石湖疏港路段改线工程（摄于2021年9月24日）
（图/颜华杰）

2021年，石狮市获评泉州市四星农村幸福院11家、四星养老机构1家。图为老人们在金埭村居家养老食堂用餐　（图/永宁镇）

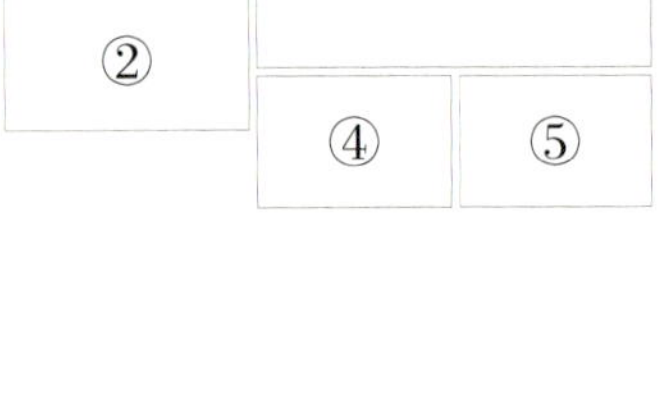

① 2021 年，石狮鸳鸯池公园改造提升（摄于 2021 年 3 月 1 日）（图 / 李荣鑫）

② 2021 年，石狮市有 6 所幼儿园完工开园。图为第四实验幼儿园（图 / 李荣鑫）

③ 风炉山公园（摄于 2021 年 8 月 11 日）（图 / 颜华杰）

④ 2021 年，永宁镇获评福建省乡村振兴特色乡镇，永宁镇郭坑村入选全国乡村治理示范村。图为郭坑村（摄于 2021 年 8 月 3 日）（图 / 李荣鑫）

⑤ 2021 年，石狮军事公园成为热门网红打卡地（摄于 2021 年 8 月 22 日）（图 / 李荣鑫）

2021年1月1日，石狮首届美好生活帐篷节在石狮体育公园开幕（图／颜华杰）

2021年4月11日，石狮市慧动杯青少年机器人竞赛在第七实验小学举行（图／李荣鑫）

2021年4月14日，石狮市创建"书香城市"启动仪式暨文化科技卫生"三下乡"集中服务活动在永宁镇前埔村举行（图／李荣鑫）

2021年4月16日，石狮市2021年“爱鸟周”系列宣传活动在沙堤公园举行。图为群众在观看石狮珍稀鸟类图片暨标本展（图/李荣鑫）

2021年5月14日，石狮市第三届老年人健身节暨泉州市第三届“匹克杯”老年人健身万人万步（石狮分会场）活动在龟湖公园举行（图/李荣鑫）

2021年6月16日，国务院公布第五批国家级非物质文化遗产代表性项目名录，以石狮狮阵为代表的泉州刣狮榜上有名（图/颜华杰）

2021 年 7 月 25 日，“泉州：宋元中国的世界海洋商贸中心”入选《世界遗产名录》，其所包含的 22 个遗产点中 3 处位于石狮市，分别是石湖码头、六胜塔、万寿塔

六胜塔（摄于 2021 年 7 月 12 日）（图 / 李荣鑫）

石湖码头（林銮渡）（摄于 2021 年 7 月 12 日） （图 / 李荣鑫）

万寿塔（姑嫂塔）（摄于 2021 年 7 月 23 日） （图 / 颜华杰）

2021年9月27日，石狮市“5510”项目竞赛成效之十里黄金海岸观光道建成。图为民众通过电瓶车游览海岸沿线风景
（图／颜华杰）

2021年10月25日，“奋斗百年路 启航新征程”石狮市第十九届广场文化艺术节在石狮市人民广场举行
（图／李荣鑫）

2021年10月31日，以“庆华诞 迎丰收 跑向现代化”为主题的石狮市“美丽乡村健康跑”活动在永宁镇新沙堤村开跑
（图／李荣鑫）

2021年11月12日，石狮市启动“宋元中国看泉州 海丝航标看石狮”世界文化遗产宣传系列活动
（图／李荣鑫）

2021 年 11 月 13 日，改造提升后的华山古民居吸引民众前来锻炼　　　　（图 / 颜华杰）

2021 年 12 月 30—31 日，2021 年福建省中学生联赛啦啦操锦标赛暨 2021—2022 年全国啦啦操联赛（石狮站）在石狮市锦峰实验学校举行。图为比赛现场
（图 / 李荣鑫）

2021 年，石狮市李子芳纪念馆入选“福建省离退休干部党员传承红色基因教育基地”（摄于 2021 年 7 月 4 日）
（图 / 颜华杰）

2021 年 1 月 23 日，2021 中国石狮跨境电商发展（线上）峰会在福建石狮国际商贸城东南亚采集中心举行。图为“一网一总部十园区”启动仪式 （图 / 市商务局）

2021 年 4 月 18 日，第 24 届海峡两岸纺织服装博览会暨 2021 中国裤装产业品牌博览会在石狮服装城开幕。图为机械馆里参展商查看各类机械配件 （图 / 李荣鑫）

2021 年 4 月 19 日，石狮裤业品牌高峰论坛在石狮服装城展览艺术中心举行　（图 / 李荣鑫）

2021 年 7 月 18 日，第三届中国校园服饰国际博览会在石狮服装城展览艺术中心开幕　（图 / 颜华杰）

2021 年 9 月 12 日，以“健康引领　美丽校园”为主题的福建省校园服饰产业推介对接会启动仪式在石狮国际轻纺城举行　（图 / 李荣鑫）

2021 年 11 月 5 日，以“数智化·织未来”为主题的石狮市纺织服装产业数智化转型升级企业家沙龙（第一期）在石狮灵秀镇华山古民居举行　（图 / 李荣鑫）

2021年12月24日，第七届中国（泉州）海上丝绸之路国际品牌博览会暨2021石狮国际时装周在石狮服装城开幕。图为参展商现场烹饪美食 （图／李荣鑫）

2021年12月24日，石狮国际时装周开幕秀在石狮市服装城举行 （图／李荣鑫）

2021 年 12 月 27 日，RCEP2021 青年侨商创新创业峰会在石狮市东南亚集散采购中心举行　（图 / 李荣鑫）

目 录

石狮市人民代表大会

石狮市人民政府

中国人民政治协商会议石狮市委员会

中国共产党石狮市纪律检查委员会
石狮市监察委员会

民主党派　工商联

群众团体

法 治

军 事

应急管理

外事 侨务 台港澳事务

经济监督管理

农业农村

工 业

商贸服务业

交通 邮政

信息业

金 融

城乡建设与管理

生态环境保护

科学技术

教　育

文化 旅游

卫生 体育

社会民生

镇（街道）

荣誉 人物

重要文献与项目

附 录

索 引

年度聚焦

石狮市“5510”项目竞赛

2021 年 7 月 9 日，石狮市举行“项目攻坚、片区改造、文旅招商、园区建设”竞赛动员部署会，会上启动“5510”（五大片区、五大文旅项目、十大产业园区）项目竞赛活动，活动采取“市级统筹 + 指挥部体制 + 成建制抽调干部”的办法，实施“四个同步”，即同步规划、同步征迁、同步报批、同步招商，力争各环节无缝衔接、同频共振，用 1—3 年时间加快项目落地，努力为石狮高质量发展超越积蓄能量、增添后劲，用实实在在的发展成果惠及石狮人民。

五大片区更新改造

龟湖公园片区。改造范围东至福辉路、西至龟湖公园、南至宋塘路、北至香江路，用地总面积约 12 公顷，需征收房屋建筑面积约 11 万平方米。同时，将塘边小学扩建用地纳入片区征迁范围。

前园片区。改造范围东至建德云尚项目用地、西至众和大厦、南至前园安置房、北至九号纯 K 南侧，用地总面积约 6.67 公顷，需征收房屋建筑面积约 3.5 万平方米。

塘园片区。改造范围东南至南洋路、东北至西环路、西北至青创城及中英文学校、西南至西南一路（连同鹏山工贸学校东侧塘园村约 3.33 公顷回批地），用地总面积约 27.33 公顷，需征收房屋建筑面积约 19 万平方米。

金曾片区。改造范围东至子芳路、西至厝头自然村、南至坑前自然村、北至八七路，用地总面积约 20 公顷，需征收房屋建筑面积约 17 万平方米。

大仑东片区（一期）。改造范围东至群英南路、西至镇中路、南至南环路、北至规划中的嘉禄路大仑段，用地总面积约 16 公顷，需征收房屋建筑面积约 21 万平方米。

根据《石狮市五大片区更新改造竞赛活动方案》，石狮市将坚持组团式开

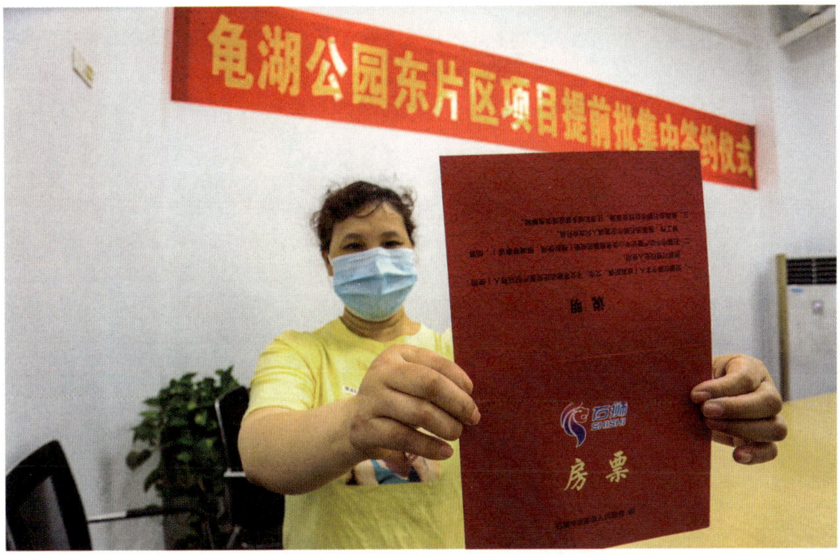

2021 年 10 月 9 日，宝盖片区建设改造工程指挥部颁发龟湖公园东片区安置房票。图为宝盖镇铺锦村村民领取安置房票 （图 / 颜华杰）

发、体系化推进、标准化配套、统筹化布局的工作思路，按照“谋划一批、启动一批、完工一批”的节奏，推进片区更新改造，力争用1—3年时间形成一批基础设施健全、高端功能完善、城市形象良好的片区。

五大片区改造进展情况。2021年，征迁审批方面，五大片区完成征地17.94公顷，征收房屋16.15万平方米。规划设计方面，龟湖公园片区土地征收成片开发方案通过省政府批复；前坑前园片区、塘园片区土地征收成片开发方案编制工作完成，并召开方案意见征求会；金曾片区、大仑东片区（一期）控规编制工作形成初稿；龟湖公园片区控规编制完成并获市政府批复通过；前坑前园片区控规初稿完成；塘园片区控规方案基本确定。

五大文旅项目建设招商

十里黄金海岸滨海休闲度假区——国际游艇汇项目。该项目位于永宁镇，占地约6.67公顷，计划投资5亿元，初步定位建设以游艇、帆船体验为主的文旅休闲综合体，包括游艇帆船体验中心、游客服务中心、游艇俱乐部、海上运动竞赛及培训中心、滨水活动赛事广场、船艇维养中心等功能设施以及配套项目。

十里黄金海岸滨海休闲度假区——观音山项目。该项目位于永宁镇，占地11.2公顷，计划投资2亿元，初步定位打造全国独一无二的爱情主题旅游胜地和年轻力文旅目的地，以“爱情”为主IP，依托自然景观和历史人文，植入“海枯石烂”“山盟海誓”等爱情概念，以爱情博物馆为标志性建筑，打造艺术活动、时尚活动、文化活动、年轻力主题活动空间。

永宁老街古城慢生活体验区——永宁古卫城保护提升项目。该项目位于永宁镇，规划用地64公顷，计划投资约4亿元，定位打造融入海洋精神的古城慢生活文化体验区，包括景区提升和运营、历史建筑征收保护修缮、综合改造工程等。

八卦街市井生活体验区——八卦街核心区保护改造工程项目。该项目位于凤里街道和湖滨街道，规划用地47公顷，初步定位以石狮起源文化、驿道文化、民俗文化为主，打造集石狮小吃、非遗传承、婚庆集市、伴手礼市场、文创空间等于一体的古早商贸集市老街。核心区“一街四节点”改造项目4.4公顷、计划投资4亿元，改造范围内房屋513幢，建筑面积5.85万平方米。

灵秀华山古民居归田园居体验区——文化旅游综合体项目。该项目位于灵秀镇，规划用地35公顷，计划投资4.5亿元，初步定位打造中国传统古村落文化区，一期项目包含华山古民居入口广场改造景观提升工程、华山古村落综合管线配套工程、32幢古厝修缮以及研学项目招商运营等4个子项目。二期工程引入文化旅游综合体。

五大文旅项目进展情况。2021年，征迁审批方面，观音山、国际游艇汇基本完成土地、房屋征迁任务。开发方案编制方面，编制观音山片区、国际游艇汇片区土地成片开发方案获省自然资源厅审查通过。规划设计方面，观音山项目发布《石狮市观音山片区总体策划和规划建筑方案设计征集竞赛公告》，确定5家入围应征单位。业态招商方面，永宁古卫城新增4家酒吧、民宿、文创商铺入驻；八卦街项目与力方集团就投资占比、运营合作模式达成初步意向；华山古民居项目合资成立石狮文旅研学旅行发展有限公司开展运营管理。

十大产业园区建设

光子技术产业园一园。位于鸿山镇，规划用地20.07公顷，以高新区创新创业中心为孵化加速平台，引进国内外优质光子技术企业和上下游配套产业，打造具有市场竞争力、产业辐射力和创新活力的光子技术产业特色集聚区。

石狮网商园。位于灵秀镇，规划用地44公顷，建设集网商仓储、研发、物流、加工生产等功能于一体的网商产业园，打造针对网商产业、网商群体的一站式综合性多元化服务平台，与网批市场、电商谷形成网商生态链。

锦尚智能制造园。位于锦尚镇，规划用地30.07公顷，聚焦纺织服装产业、智能制造产业建链延链，引进具有龙头

2021年9月27日，八卦街凤里庵入口广场建成，该项目是八卦街保护提升工程的第一期项目工程（图/颜华杰）

带动作用的智能制造企业，提高传统产业智能制造水平，打造“五数据＋智能制造”产业聚集区。

青山轻工产业园。位于蚶江镇，规划用地 44.33 公顷，引进纺织服装等轻工业高端制造项目、关键技术项目，高质量打造高端轻工业产业集聚区。

蚶江智能制造园。位于蚶江镇，规划用地 46 公顷，引进智能硬件产业研发和制造企业，重点生产制造消费电子配件、智能家居产品、个人和家用智能快消品等产品。

石湖港港后综合物流园。位于蚶江镇，规划用地 93.33 公顷，依托已落地的石湖港保税物流中心（B）型、泉州港石狮航运中心等项目，发展港后物流、港口服务、商品仓储与贸易等港后产业，为港口周边各大产业提供完善的物流配套。

石狮大健康产业园。位于祥芝镇、蚶江镇交界，规划用地 89.33 公顷，引入国内知名制药科研生产、药品连锁经营、中药材标准栽培企业，打造以中成药生产为核心、大健康产业协同发展的专业化、标准化园区。

新能源综合产业园。位于鸿山镇，规划用地 28.66 公顷，建设氢能源生产、光伏发电等新能源综合产业园区，布局新能源产业链，打造新能源产业聚集区。

鸿锦产业园。位于鸿山镇、锦尚镇交界，规划用地 28.73 公顷，聚焦周边区位优势和产业优势，引入港后物流仓储项目、智能纺织机械项目、中高端食品生产项目等，推进港产城融合多元化高质量发展。

永宁工业新区。位于永宁镇，规划用地 42.53 公顷，建设集生产研发、物流仓储、电子商务等多种产业形态于一体的新型工业园区，改造提升传统动能，培育壮大新动能，打造新旧动能转换推动制造业高质量发展的示范区。

十大产业园区建设进展情况。2021 年，用地报批方面，锦尚智能制造园、青山轻工业产业园完成土地报批，光子产业园一园按 2 宗工业用地预申请，完成征地前期手续；永宁工业新区按 4 宗工业用地组件报批，完成启动公告、现状调查、风险评估、征地补偿安置方案公告；蚶江智能制造园按 3 宗工业用地组件报批，完成项目启动公告；鸿锦产业园按 3 宗工业用地组件报批；石湖港港后综合物流园按 2 宗工业用地组件报批，完成启动公告、现状调查、风险评估、征地补偿安置方案公告；网商园获得批用地 29.33 公顷，剩余 14.67 公顷完成编制成片开发方案，生成 1 宗住宅用地和 1 宗工业用地，按时序开展用地报批前期手续。开发方案编制方面，光子技术产业园一园土地征收成片开发方案获得福建省政府批复同意（第一批次）；蚶江智能制造园、鸿锦产业园、永宁工业新区完成成片开发方案编制工作，其中永宁工业新区获得福建省政府批复同意（第二批次）；蚶江智能制造园、鸿锦产业园通过福建省自然资源厅审查待福建省政府批复（第三批次）；石狮网商园、石湖港港后综合物流园、石狮大健康产业园、新能源综合产业园成片开发方案启动编制工作。控规编制方面，光子技术产业园、蚶江智能制造园、石湖港港后综合物流园、石狮大健康产业园、青山轻工业产业园、新能源综合产业园均完成编制并经石狮市政府批复；石狮网商园形成控规初稿，待组织专家技术审查和报批工作；锦尚智能制造园、永宁工业新区组织资质编制单位开展控规编制工作。

石狮市获全国“城乡交通运输一体化示范县”称号

2021 年，石狮市获“城乡交通运输一体化示范县”称号，系福建省唯一一个。石狮市坚持服务中心，以争创“四好农村路”省级示范县为契机，开展城乡交通基础设施建设、提升公交服务水平、完善城乡货运物流服务体系，基本形成全域一体、功能完善、公共服务水平较高的现代化城乡交通运输网络体系，成为服务人民群众出行和城乡经济社会协调发展的重要推手，在全省城乡道路客运一体化发展水平总体评价中获评最高的 AAAAA 级。

城乡路网 30 分钟全市通达。石狮市推进内联、外通、滨海等交通路网建设，完善城市片区、专业市场、产业园区、港口码头和沿海五镇的交通网络体系。城乡路网管养标准趋同市政道路，“四好农村路”频出亮点。从市中心出发，10 分钟内可以上高速，20 分钟内可以到达各个镇村；30 分钟内可以全市域通达。峡谷旅游路、石永二路、红塔湾旅游公路的建成，既拉近沿海镇与市区的距离，又带动石狮城、山、海联动发展，推动沿线旅游景点的开发。共富路、锦蚶路等海岸带路网的建成，密切石狮几个沿海镇的联系，沿线产业园区之间物流往来更加便捷。在市区，更多的“断头路”被打通，区域路网更加顺畅。

“三位一体”城乡交通出行体系形成。在全市所有建制村全面通公交的基础上，新建成市总医院、高新区、鸿山 3 个公交首末站；优化公交线网，提高新居住小区、产业园区等的公交服务覆盖面；解决老城背街小巷大公交无法进入问题，开通 2 条“社区巴士”线；分批更新 131 辆电动公交车，让公共出行

更绿色低碳；投放公共自行车，并对一期2640辆旧车升级换代。石狮市基本形成以常规公交为主、社区巴士为辅、公共自行车解决“最后一公里”的城乡交通出行服务一体化系统。

城乡货物60分钟可双向送达。依托服装产业链、电商新业态及港口区位优势，石狮市完善现代物流园区布局，建成普洛斯、卡宾狮子湾等现代物流园，构建起立体综合交通运输网络；在村一级，依托各镇（村）特色产业，深拓快递“向下”工程，健全农村快递末端网络，打通“农产品进城、工业品下乡”的双向快递通道，全市共建成102个村级物流节点，遍布各镇村，方便村民快速收寄快递。传统产业拥抱电商带动寄递量快速增长，要求不断完善物流快递网络，而后者的持续加密布局，也促进石狮电商新经济持续腾飞。

（摘自《石狮日报》2021年7月5日01版要闻）

泉州刣狮（石狮狮阵）上榜第五批国家级非遗名录

2021年6月10日，国务院公布第五批国家级非物质文化遗产代表性项目名录，以石狮狮阵为代表的泉州刣狮榜上有名。这是石狮继蚶江海上泼水节之后第二个入选国家级非遗名录的项目。

此次国务院公布的第五批国家级非物质文化遗产代表性项目名录185项，涉及民间文学类12项，传统音乐类19项，传统舞蹈类13项，传统戏剧类9项，曲艺类18项，传统体育、游艺与杂技类27项，传统美术类17项，传统技艺类46项，民俗类24项等。在名录中，以石狮狮阵为代表的泉州刣狮位列第六类“传统体育、游艺与杂技”中，项目名称为“泉州刣狮”，申报单位为“福建省泉州市石狮市”。

“泉州刣狮”源自宋明时期的军事阵法和武艺演练，衍化成为“宋江阵”后又融入传统舞狮，包括阵法操演、武术演练、弄狮盘打三大部分，成为中华武术体系中“他人无、我独有”的大型集体综合武术操演形式。石狮狮阵活动历史源于卢厝、沙美、东园等村，卢厝村狮阵武术发端于明末清初，先辈们为保家护村聘请拳师到村里集中授艺，至今已有300余年的历史。2008年，卢厝狮阵被福建省政府列入非遗文化名录。

（摘自《石狮日报》2021年6月11日，第01版要闻）

“跨境电商发展年”活动

2021年，石狮市立足制造业发达、外贸货源充足的优势，发挥国家级市场采购试点、跨境电商综试区、跨境电商零售进口试点城市等政策效应启动“跨境电商发展年”。全年跨境电商海关出口数据45亿元，线上交易额约40亿元，形成9610（跨境贸易电子商务）、邮快件、跨境B2B、海外仓等多种跨境电商出口模式齐头并进的发展格局。2021年，石狮利用100多万名海外侨亲优势，创新开展一系列工作，推动海外华人华侨和国内企业开展跨境电商合作。

试点政策叠加，推动跨境电商业态集聚。2018年，石狮服装城获批国家级市场采购贸易方式试点。2019年，石狮成为全国首个预包装食品出口试点。2020年，泉州石湖港保税物流中心（B型）落地石狮，为石狮产业集群结构调整、转型升级提供贴合的新型国际业务服务支撑，推动传统企业和跨境电商融合发展。2021年，石狮出台扶持跨境电商发展的十条重磅措施，设立1000万元跨境电商专项发展年度资金，构建“一网一总部十二园区”跨境电商生态圈，成立石狮跨境电商运营总部，与浙江国贸数字科技有限公司、深圳市跨境电商商务协会等达成战略合作，加速培育具有国际竞争力的跨境电商品牌和产业集群，新开业S168等跨境电商网批专业市场，打造包括跨境电商、市场采购等多种业态融合的国际贸易集散中心。

引侨资聚侨力，开展跨境电商人才培训。侨乡石狮良好的营商环境，吸引一大批侨商侨企和侨二代触网上线创业跨境电商。2021年，获福建跨境电商实训基地、福建省侨青跨境电商实训基地、海外华裔青年跨境电商实训基地、世界泉州青年联谊会创新创业基地、华裔青年和海外留学生创业就业服务平台等授牌，全市举办44场跨境电商平台推介和孵化培训活动，培训7500人次。7月16—17日，举办“亲情中华·海外华裔青年（小语种国家）跨境电商培训，是福建省首次对海外华裔青年开展的跨境电商（小语种直播）培训，2200多位海外华裔青年通过线上线下参加此次培训，线上直播端吸引17000人次的学员点击学习，微信的业务交流群帮助600名实名学员转化并投身跨境电商。12月26—28日，举办2021年RCEP青年侨商创新创业峰会，新华网、中新社、《福建日报》等20余家官方权威媒体和“一带一路”沿线国家、美国等40多家海外主流网络媒体、社交平台进行转载报道。五大洲70多个国家站点同步直播会议盛况，点击率316万人次。

组织抱团参展。3月18日，组织本地跨境电商实力供货企业，抱团参展首届中国跨境电商交易会，打造“石狮馆”，作为唯一的区域性统一布展、统一搭建的地方展团，开展商贸对接洽谈活动，意向成交金超600万美元，央视13套《新闻直播间》栏目13秒报道画面持续呈现石狮展团；4月18日，第24届海峡两岸纺织服装博览会暨2021中国裤装产业品牌博览会上，打造“石狮跨境电商馆”；12月24日，第七届中国（泉州）海上丝绸之路国际品牌博览会，打造“石狮跨境集合馆”，集中展示石狮跨境供货企业的形象和实力，提升石狮品牌行业整体竞争力。

2021年2月22日，首届中国跨境电商交易会发布会（泉州站）暨中国石狮跨境电商总部招商发布会在石狮市服装城展览艺术中心举行。图为活动现场

（图/李荣鑫）

泉州石湖港保税物流中心（B型）封关运营

2021年7月8日，泉州石湖港保税物流中心（B型）封关运营，标志着泉州港建成全新的保税物流体系和“国际采购中心、配送中心、分销中心”，有力提升泉州港贸易便利化和国际竞争新优势，为泉州乃至全省外贸发展再添新动能、再增新活力。

泉州石湖港保税物流中心（B型）于2019年12月26日获海关总署、财政部、税务总局、外汇局等国家四部委联合批准设立，位于泉州港中心港区石湖港后物流园区，总面积170513平方米，物流中心仓储面积75331平方米。项目于2020年7月30日动工建设，2021年4月13日获海关总署对该项目验收结果的正式批复，该项目从获批到封关运营仅一年半时间，其中从开工到封关运营不到一年时间，充分展现“石狮速度”。该项目运营后，依托“区内保税”和“入区退税”功能，实现保税仓储、国际物流配送、流通性简单加工和增值服务检验检测、转口贸易等优越功能，搭配泉州港中心港区“石湖+锦尚”组合港“区港联动”，配套已搭建的“海、陆、空、铁、快件”立体化多式物流服务体系，与泉州2个国家级市场采购试点、跨境电商综合试验区等多业态融合发展，为泉州多个千亿产业集群结构调整、转型升级提供贴合的新型国际业务服务支撑。

专记

2021年石狮市党史学习教育概况

2021年，石狮市贯彻落实中央、省委、泉州市委有关部署，全市各级党组织和广大党员干部认真按照“学史明理、学史增信、学史崇德、学史力行”的要求，不断创新载体、丰富形式，既做实“规定动作”，又做优“自选动作”，党史学习教育组织实施有力有序，党员干部经受深刻的政治教育、思想淬炼、精神洗礼，各级党组织创造力、凝聚力、战斗力得到提升，达到“学党史、悟思想、办实事、开新局”的目的。石狮市特色亮点及工作成效在泉州市级及以上媒体刊物亮晒230余篇，其中中央级媒体亮晒80余篇、省级媒体及省委主题教育简报亮晒76篇。《石狮市“三个聚焦”推动党史学习教育见行更见效》《石狮市坚持“五三五好”把实事办到群众心坎上》获得省领导的批示肯定；《石狮：党建引领 邻里相亲》报道入选全省《“我为群众办实事”实践活动典型做法报道汇编》。

组织领导

全市党史学习教育在市委常委会领导下开展。石狮市委坚决扛起政治责任，高站位谋划部署，对标对表中央精神，第一时间召开全市党史学习教育动员大会，印发《关于开展党史学习教育的实施方案》等系列文件，从总体要求、学习内容、学习方式、组织领导等方面，对全市开展党史学习教育作出系统安排部署。市委成立党史学习教育领导小组，抽调36名业务骨干组建领导小组办公室及协调组、材料组、宣传组、实践活动组。建立健全办公运转机制，保障工作经费和集中办公条件，确保专班工作有力有效。为指导各单位按要求开展好党史学习教育，先后召开多次专题工作调度会、业务培训会，编发简报59期，制定指导性文件35份，下发工作提示12期。坚持提前介入、从严把关，成立巡回指导组10个，通过听取汇报、查阅资料、随机抽查、列席组织生活会等方式，对全市各镇（街道）、市直机关、高新区、国企等74个单位党史学习教育情况进行6轮巡回指导，了解掌握各支部党史学习教育的开展情况和实际效果，指出存在的问题和不足，并针对性地提出指导意见和整改要求。强化考评促动，把党史学习教育纳入年度目标考核、纳入意识形态专项督查，组织专门力量对前期排查发现的问题进行“回头看”检查验收，对于工作不积极、责任落实不严肃的组织和个人进行约谈提醒，对标准不高、整改不力、进度缓慢、管理不善的，列入绩效考评“察访核验”扣分项目，实现以考促建，确保党史学习教育方向不偏、任务不空、标准不降。

学习教育

全市党史学习教育分三个阶段，按照“抓好结合、强化融入、突出贯通、注重实效”要求，把“六个进一步”作为着力点、落脚点，采取集中学习和自主学习相结合方式，高标准高质量开展党史学习教育。市委常委会依托理论学习中心组、党史学习教育专题读书班、主题党日活动、专题组织生活会等多重载体，构建“市领导带头—科级干部跟进—全体党员参与”学习机制，让党史学习教育融入日常、抓在经常。学习教育开展期间，市委理论学习中心组开展学习38场次，其中邀请10位专家学者做辅导讲座、组织交流研讨14场次；全市党员市领导100%以普通党员身份参加所在党支部专题组织生活会，100%下基层开讲专题党课。对标上级要求，列出学习清单，统筹做好全市党史学习教育学习书目的征订和使用工作。专门制定学习宣传贯彻习近平总书记“七一”重要讲话、召开专题组织生活会、学习宣传贯彻中共十九届六中全会精神等方案，规范化指导督促全市839个党组织按照时间节点开展学习活动。各单位对参加主题教育的党员实行分类指导、因材施教，市直、镇直机关单位，采取举办读书班、集中学习培训、讲座辅导、观看电教片等形式组织党员开展学习；村（社区），组织开展观看红色影片、图片展、重温入党誓词、灯谜竞猜、党史知识竞答等主题党日活动650余场次；针对年老体弱、文化程度低、流动党员等群体因情施策，实现全覆盖。非公有制企业和社会组织举办全市“两新”领域党龄逢十党员党史学习教育专题培训班；采取班组学习会、微党课等形式组织党员进行学习。注重创新载体，组织实施庆祝中国共产党成立100周年“十个一”活动（一栏让声音更有力量广播频道、一系列“红色印记”纪录片、一台李子芳烈士大型舞台剧、一部“拼一座石狮”城市宣传MV、一场学党史守初心知识比拼、一场党史主题群众灯谜竞猜、一套建党百年献礼文化丛书、一场环城健走采风活动、一场主题征文演讲比赛活动、一场书法美术摄影展示秀）。启动“我心向党”主题党月庆祝中国共产党成立100周年系列活动。创新推出“红色地图”微信打卡小程序，择优选取21个打卡点，引导党员通过徒步、骑行等方式参加红色打卡之旅。全市179个新时代文明实践中心（所、站、点）以知识竞赛、灯谜展猜、文艺会演、歌咏比赛、南音演唱、书法绘画、红色电影展映、摄影比赛等方式开展党史学习教育主题系列活动200余场次。市教育系统以“百校学党史•教育开新局”为主题，构建“课程+读本+基地+宣讲+活动”五位一体教育体系，开展歌唱、演讲、竞赛、征文、观影、诵读、书画展等特色活动，推动党史学习迅速热起来、火起来。

2021年6月30日，《你是一把火炬——华侨英烈李子芳》舞台剧在石狮市音乐厅举行首场演出 （图/颜华杰）

注重利用各类资源，抓好“四史”宣传教育、“永远跟党走”群众性主题宣传教育等活动，多角度、立体式地报道全市开展学习教育的好做法、好经验、好成果。用好媒体资源，做好新闻宣传。市融媒体中心下属报纸、电视、网站、App、微信公众号等平台开设“学党史、悟思想、办实事、开新局”“党旗在基层一线高高飘扬”“党史故事100讲”“庆百年华诞•读百篇故事”专题专栏，挖掘、报道石狮市全面开展党史学习教育的特色和亮点，推出《重温红色历史•传承奋斗精神》等评论文、新闻报道、系列文章等2000多篇，被上级主流媒体采用200多篇，其中“学习强国”学习平台9篇，新华社41篇，人民网3篇，央视移动网21篇。央视“建党百年”专题节目《沿着高速看中国》在石狮市海丝遗迹——林銮渡进行线下直播，

2021年5月20日，石狮市委党史学习教育宣讲小分队在锦尚侨史馆开展党史学习教育 （图/市委宣传部）

全网观众超1.45亿人次。结合“优秀共产党员表彰”“光荣在党50年”“我心向党”等活动，刊播15位石狮市优秀共产党员的故事，强化优秀共产党员的示范引领作用。用好人力资源，做优理论宣传。组建市委党史学习教育宣讲团，邀请党史专家、退休干部、历史见证者等深入机关企事业单位、镇（街道）、村（社区）、学校、企业进行宣讲360多场次，受教育群众53000多人次。开展“百名红色讲解员讲百年党史”系列宣讲活动，运用新兴媒体传播红色故事，录制“百名红色讲解员讲百年党史”优秀作品，并在网络平台上展播。整合市乡村讲师团、市农民讲师团、市业余讲师团等宣讲力量，通过“点单式”的宣讲模式，深化宣传宣讲志愿服务，打造党史学习教育“新阵地”。开展党史学习教育宣讲320多场次，受教育群众35000多人次。用好红色资源，做活文艺宣传。组织开展广播经典诵读、优秀影片展映展播、主题征文、南音弹唱、书画摄影展陈等各项活动，创作一批群众喜闻乐见的文艺作品。编创《你是一把火炬》李子芳烈士大型歌舞剧和广播剧，拍摄《石狮红色印记》《石狮这么红》《我的入党记忆》等系列专题片，制作《星辰大海》《石狮！石狮！五月的鲜花》党史教育主题MV，打造《云阁芳华》《赤子流芳》《赤心如石》等党史微视频、H5等系列可视化产品，开启党史宣传教育“云”模式。开设FM104.7“让声音更有力量”广播电台专栏，吸引近500名党员干部群众走进“红色录音棚”，在线诵读和录播《论中国共产党历史》等经典论述，从中择优制作音频节目80多期。推出红色旅游路线，将董云阁烈士故居、李子芳烈士纪念馆、红色革命教育基地等红色教育资源连点成线，其中李子芳烈士纪念馆（故居）入选福建党史学习教育参观学习点。用好社会资源，做实群众宣传。开展“看红色电影·学百年党史”活动，播放《长津湖》《1921》等40多部电影，观众10万余人次。实施市镇村三级联动的“声动狮城”广播网建设项目，通过广播电台宣讲“党史故事”。立足“侨”乡特点，组织侨企党员职工参观侨联侨史馆。发挥中国灯谜艺术之乡优势，创作灯谜2000多条，开展“奋斗百年路 启航新征程”大型主题灯谜竞猜赛、网络灯谜邀请赛、侨乡谜会、校园灯谜艺术节等系列灯谜文化活动。举办“浪吧·石狮街头”首届街头艺术达人赛，将红色教育融入街头艺术。运用好户外广告、电子屏、楼宇电视、电影院线、公益宣传专栏等开展宣传，全市悬挂横幅、张贴标语等1000多条，户外电子屏滚动播放相关知识3万多条次，制作户外宣传牌、宣传板报200多版。

成果转化

石狮市围绕民生民本，坚持高质量转化成果，推动“我为群众办实事”“我为企业解难题”“我为社会做好事”实践活动，着力解决群众“急难愁盼”问题，提升群众获得感。通过实地走访、集体座谈、民意调查、信访、“12345”便民服务平台和新闻热线等渠道找准查实群众“关注点”，推动解决群众“急难愁盼”问题。选派128名市直单位党员科级干部挂村蹲点，广泛听取意见、了解群众需求，并结合助力乡村振兴，聚焦村（社区）发展需要，践行“脚步丈量”一线工作法，推进“我为群众办实事”实践活动。按“成熟一批、报送一批”的原则，重点聚焦群众“急难愁盼”问题，通过征集、筛选，确定第一批36个、第二批30个市级“我为群众办实事”实践活动项目清单，化解群众反映强烈的外贸“冻卡”、“看病难”、“停车难”、“办证难”、“兑现难”、老旧小区等问题，把每一件民生“小事”落到实处。市委先后召开3次专题会议研究谋划、部署推进，要求推进项目务必因地制宜、因人施策、因势利导，确保各项目按时按质按量完成。市领导带头深入基层、深入分管领域，开展基层调研、现场办公180余场次。派出10个巡回指导组，深入基层一线，加强督促指导，及时发现滞后项目并分析原因，并有针对性地协调推进，确保按时保质完成。2021年10月27日，在全市范围内开展“我为群众办实事”十佳案例评选活动，63个单位选送83件案例，最终评选出破解外贸“冻卡”、惠企资金奖补直达平台、改造提升老旧小区等“十佳”实践案例。坚持把开展党史学习教育与学习贯彻落实中央、省、泉州市各项决策部署结合起来，做到学习教育与中心工作“两不误、两促进”。统筹推进新冠肺炎疫情防控和经济社会发展，2021年首次进入千亿地区生产总值县市行列，城乡居民人均可支配收入在全省率先达到6万元，实现“十四五”良好开局。经过党史学习教育，全市党员干部深知肩负时代责任，始终牢记时代担当，干事创业的激情充分迸发，争先进位的斗志更加昂扬，进一步凝聚起全面建设现代化商贸之都、争创“三个示范”的奋进力量。

2021年石狮市防控新型冠状病毒肺炎疫情概况

2021年，石狮市委、市政府贯彻落实“外防输入、内防反弹”防控策略，聚焦“控制传染源、切断传播途径、保护易感人群”三个关键环节，建立健全领导机制、防控机制，构筑起疫情防控坚强防线，巩固疫情防控工作成果。

完善优化防控指挥体系

石狮市委、市政府换届工作完成后，重组防控指挥体系，根据市领导分工重新调整疫情防控领导小组，由市委、市政府主要领导任指挥长、全体班子成员任副指挥长，确保疫情防控各项工作无缝衔接、运转流畅。创建“三级书记抓防疫”机制，建立从市委书记、镇（街道）党委（党工委）书记到村（社区）书记的直接领导体系。构建“11+8”防控体系，指挥部下设综合协调、疫情防控和医疗救治等11个工作组和核酸检测、疫苗接种等8个工作专班。完善平级转换机制，结合疫情防控形势，调整疫情防控工作方案和应急预案，明确常态化疫情防控由分管副市长统筹调度，一旦进入应急响应状态，自动调整分工，由市委宣传部长负责梳理、开展疫情应急准备和常态化督导工作，由常务副市长负责防疫物资储备、医学观察点建设管理等工作，其他市领导按照具体职责分工各司其职，为分管疫情防控的副市长“松绑解压”，集中精力调度疫情防控，相关单位立即实施集中办公，实行扁平化管理，落实会商研判、统一决策、协同联动机制，确保疫情快速高效处置。建立市领导分包镇（街道）、镇（街道）干部分包村（社区）、村（社区）分包户的三级网格分包体系，建立“以块为主、条块结合”的防控工作机制，落实党委政府属地责任、行业部门主管责任、单位主体责任、个人和家庭自我管理责任“四方责任”。

落实重点人群排查管控

石狮市运用大数据手段，抽调计生协会、卫健、公安、大数据局精干力量组建大数据工作专班，采取“大数据+网格化”方式，借助多方力量，部门联动、市镇村三级合力，迅速抓好重点地区入石人员排查工作，做到数据排查核实、落地管控、巡检“日清日结”。2021年，接收上级App推送中高风险地区人员进入石狮数据61966条、疑似滞留境外或边境人员数据19378条，均100%摸排到位，闭环管控。铺开排查渠道，通过医保报销系统，排查赴中高风险地区就医、陪护人员及其共同居住者信息；及时联系中高风险地区所在商会，摸清石狮外出务工人员信息；发动各行业主管部门立即启动排查工作，重点摸清学校、医疗机构、机关企事业单位等工作人员近14天旅居史，排查酒店、宾馆、民宿等入住旅客信息；第一时间发布市民健康提示，建立群众主动申报登记机制。启动流调工作，建立“三公（工）一大”（公安、公卫、工信科技、大数据部门）融合协调机制，抽调市公安局、市卫健局、疾控中心、大数据局等单位97名专业人员组建11支流调队伍，通过以老带新、实战训练等方式，快速提高工作水平。2021年，石狮市严格排查密接、次密接人员，全部落实集中隔离管理措施。严格落实人员健康管理，对高、中风险地区进入石狮人员落实14天集中医学观察、居家医学观察管理措施，居家医学观察实行“四个一”防控措施（单人单间、一套监控、专人专班、一份健康管理档案），对不符合居家条件的，一律进行集中医学观察。坚持境外进入人员“14+7+7”健康管理策略，通过柔性劝导的方式，动员入境人员解除14天集中医学观察后，继续在集中观察点进行7天健康监测，并在入境第24天、28天、35天各加密一次核酸检测。

规范重点场所防疫管理

石狮市精准施策冷链食品，建立从事冷链食品单位清单，全员纳入日常防控检查督查范围。加强核酸检测工作，加密冷链单位外环境、从业人员核酸检测频次。市交通港口局、交警大队、市场监管局在高速路口设立检疫点，对进入石狮冷链食品运输车开展联合检查，抓好冷链食品进入石狮源头管控。加强市场执法检查，加大对无合法来源、涉嫌走私冻品的查处力度，严厉打击加工、销售、储存、运输“四证”不全的进口冷链食品，严厉打击伪造、变造“四证”违法行为，坚决堵住防控漏洞，2021年，检查冷链食品生产经营单位635家次，查处不按规定从事进口冷链食品经营案件29件。精细管理隔离场所，成立分管市领导统筹协调、部门协作配合机制，组建内务、医疗等八个工作小组，按照1∶2配备两套工作专班128人，改造扩容隔离房间至1450间，建立健全观察对象申请入住、居家观察等10余项制度以及医学应急处置等工作预案，采取“楼栋+楼层+房间+观察对象”四级阶梯化管理模式，推行“五个一”管理工作机制，创新消杀、保洁等后勤保障人员岗前培训并考核合格持证上岗做法，开发设计“来石人员信息服务系统”，主动引导观察对象自行扫码录入信息，直观展示整体防“疫”情况。隔离点启用以来接收隔离对象1万余人。为观察对象提供暖心服务，推送最新疫情消息和防护知识3万余条，帮助协调解决诉求问题8000多个。精准监督医疗机构，组建5个市级院感专家团队，建立院、科两级督导员制度，配足备齐感控专职和兼职人员，常态化开展“自查、抽查、巡查、评查”督导工作。改造提升市医院发热门诊，将其设置在独立的感染性疾病楼，配备全省首台方舱CT，实现挂号、就诊、缴费、检查、取药“一条龙”服务；严格落实预检分诊制度，对可疑传染病的发热病人统一采取全封闭就诊。精密布局口岸管控，监管关口前移，及时调整港口联防联控和渔业渔船联防联控组，组建工作专班在石湖码头集中办公。根据入境船舶挂靠或航经地区疫情状况和船员健康情况，对船舶按照“红、橙、绿”三个等级区别管理，每艘国际船舶靠岸前，均召开“船前会”，研究处置措施，确保各环节步调协同、衔接顺畅。实行作业人员岗位风险分类管理，建立“一人一册”健康档案，对登船作业人员，严格落实“两集中、四固定”要求，实行外贸登船作业人员集中住宿、封闭管理，单独设置引航员固定住宿场所，严禁代理人员登临外贸船舶，落实工作人员“应检尽检”“应接尽接”。科学设置“三区两通道”，专门设立登外轮人员专用消毒通道，实现登外轮作业人员与其他作业人员物理隔离。委托具有专业资质的第三方消毒公司负责涉外船舶和船上货物预防性消毒工作，设置涉疫垃圾集中存放点并加强管理，每日统一转运处置。

构建全民免疫屏障

加强组织领导，市、镇、村三级成立以主要领导为组长的新冠疫苗接种工作领导小组，设立工作专班，加强对疫苗接种工作的组织领导。根据接种任务动态调整疫苗接种工作方案，落实镇（街道）、村（社区）的属地责任和行业主管部门的主管责任，分批、分类、分块细化接种任务指标，明确责任单位，形成工作合力。主动靠前服务，根据石狮地域面积较小、交通方便的特点，按照群众距离最近接种场所不超过5千米的原则，设置接种点位，构建“3+9+N”的疫苗接种工作模式［“3”即建立福乐家园、中医院、服装城等3个大型接种场所，“9”即依托9家基层卫生院（社区卫生服务中心），开设镇（街道）疫苗接种点，“N”即组建若干支机动接种分队，为老年人、儿童、大型企业等提供入村入校入企接种服务］。拓宽宣传渠道，通过电视台、官方公众号、《石狮日报》等主流媒体平台宣传新冠疫苗接种知识，制作疫苗接种宣传短视频，在小区出入口、人流密集场所广泛悬挂疫苗接种宣传横幅海报、发放宣传折页，工作人员全体下沉一线，进村入户做好人员动员、服务保障工作，营造全民接种的浓厚氛围。设立新冠疫苗接种答疑热线电话，指定专业人员解答群众疑问，消除群众疑虑，提升接种意愿。注重统筹调度，成立以市卫健局总牵头，市公安局、残联、团市委、灵秀镇、城市物业公司等参与的接种点领导小组，设立保安维稳组、后勤保障组等5个工作小组，完善协作配合机制，细化工作流程。发挥医疗卫生人员主体作用和镇街属地补充作用，抽调200多名医护人员和200名志愿者、村务工作者，共同配合接种点现场服务保障工作。加强接种工作人员培训，通过“线上＋线下”“理论＋实操”相结合的方式，培训合格接种工作人员166名。各接种点按规范要求设立告知、预检、咨询登记、现场接种、留观等工作区域，专人专岗负责落实测温验码、引导疏通、场所通风消毒、医疗废物处置等措施，医务人员严格执行“三查七对一验证”的规范操作，落实接种后留观30分钟制度，确保安全有序接种；落实“四有一保障”，提升服务水平，每个接种点做到接种场所有清晰的引导牌、有充足的车辆停放处、有尽职的现场服务人员、有足够的医疗救助保障力量。截至12月31日，石狮市3岁以上人群接种160.06万剂，第一剂接种率108.49%，第二剂接种率104.08%，第三剂接种率92.95%。其中，60岁以上人群接种10.65万剂，第一剂接种率80.63%，第二剂接种率75.91%；3—11岁儿童接种17.43万剂，第一剂接种率112.99%，第二剂接种率97.65%。

强化核酸检测能力

制订单日全员核酸检测工作方案，建立健全工作体系，建立组织、选点、医疗、技术等11个小组，每个小组均由市领导担任组长。抽调4名业务骨干成立核酸检测工作专班，统筹协调全市核酸检测工作。对“应检尽检”“适时抽检”对象进行动态管理，确保新进人员第一时间录入检测平台，定期发布督促工作通报。各镇（街道）卫生院（卫生服务中心）设置核酸采样点11家，自主设计研发并上线“核酸检测信息系统”，10分钟内检测30人。截至12月31日，石狮市开展核酸检测239.18万人次。统筹全市核酸采样人员、物资力量，设立633个网络管理组（采样点），按照“1+10”配置采样点工作专班，设立1431个采样台，按照至少三轮全员核酸检测需求，制定物资储备清单，提前做好物资储备。调配标本转运车130辆、标本保存冷链车3辆、转运箱636个，保障633个采样点标本的保存及转运。依托石狮市现有的3处核酸检测实验室，同时引入4家第三方检测机构，最大核酸检测能力4.5万管／日。成立由市卫健局、市公安局、市大数据局等单位组成的核酸检测数据分析专班，发挥电信运营商力量，组建1个市级技术指导小组、9支镇级技术保障队伍，开展业务培训10余场，为采样点提供网络、监控、技术保障，安装860部宽带、1151个高清监控，为各环节工作人员配备近1000部专用手机终端。汇聚核酸检测数据、公安户政人口数据、运营商活跃用户等各类数据信息，进行数据清洗去重，第一时间将应检未检人员数据分解到各镇（街道）落实跟踪督促。设置AI语音通话脚本，由机器人对初步筛查出的未检人员进行AI语音呼叫，减轻一线工作人员负担。拨出12.9万通AI语音电话、发送17万余条短信。

加强防控能力建设

石狮市充实专班队伍，从全市各单位抽调15名业务骨干集中办公，充实到疫情防控指挥部综合协调组、大数据专班、核酸检测专班等。建好“四类队伍”，成立由97名专家组成的11支专业流调队伍，组建由433名消毒人员组成的138支“市—镇—村”三级消毒队伍，由1400名标本采集人员、42名检测技术人员组成的70支核酸采样检测队伍，成立由35名医护人员组成的医疗救治专家队伍，为疫情防控提供坚强的技术支撑和力量保障。提升应急处置能力，2021年，石狮市组织参加省、市、县三级有关院感防控、核酸检测、病例救治等专业培训30多场次，组织开展应急实战演练50余次，提升突发公共卫生事件综合处置能力。建立监测预警机制，全天候发挥医疗机构、发热门诊、零售药店等多渠道监测预警报告工作。严格落实预检分诊制度，落实发热门诊病人核酸检测 6小时内出具报告规定，实现核酸检测率100%。建立“3+9+12”常态化疫情防控督导工作机制，由市纪委牵头组建3个常规督查组、9个镇（街道）督导组，协同12个派驻纪检监察组，形成纵向联动、横向协同的工作模式，“不打招呼”深入一线开展防控督导，发出督查通报83份。由市卫健局牵头对全市368家医疗机构开展全覆盖拉网式执法监督，按照“红色、黄色、绿色”三种标识进行分类管理，实行防控记分管理模式，检查医疗机构1632家次，立案查处30件，责令停业整顿42家，倒逼医疗机构强化责任落实。推行物资储备制度，合理制定物资储备目录清单，按照疫情防控物资组、市医疗机构以及其他单位分“三级”储备配足口罩、防护服、测温仪等防控物资。

石狮市三处遗产点入选泉州系列遗产申遗名录

2021年7月25日，“泉州：宋元中国的世界海洋商贸中心”获准被列入《世界遗产名录》，成为中国第56项世界遗产项目。近年来，石狮市以申遗工作为抓手，守正创新，多措并举，推进文化遗产保护管理，取得丰硕成果。

三处遗产点被列入泉州系列遗产申遗名录。2016年4月，万寿塔、六胜塔、石湖码头三处遗产点作为泉州系列遗产代表，参与申报世界文化遗产。石狮市委、市政府高度重视申遗工作，成立由主要领导任组长的申报世界文化遗产工作领导小组，下设申遗办公室和保护修缮、环境整治、宣传展示、专项督查四个工作组；申遗日常工作和环境整治提升分别由两位分管市领导具体负责。市政府将遗产点环境整治、文物本体修缮、遗产点道路景观改造提升等项目列为年度重点项目，市财政安排资金7000万元专项保障项目实施。

实施遗产点本体保养维护和环境整治。2016年11月，石湖码头、万寿塔、六胜塔环境整治工程设计方案相继获国家文物局批复同意。2017年2月，三处遗产点环境整治及万寿塔、六胜塔保养维护工程全面展开。围绕申遗总目标，强化抓责任、抓对接、抓节点，建立健全每月例会、每周通报、部门联动、挂图作战等工作机制，推进落实各项工作。2017年5月，申遗涉及的本体保养、环境整治及道路提升等工作任务完成。

成立遗产点保护管理站。2016年10月，成立万寿塔、六胜塔、石湖码头保护管理站，落实人员及办公场所，建立完善工作制度，加强遗产点日常管理和巡查工作。2016年11月，选派管理站工作人员赴北京参加全国海丝监测云及数据库建设培训，三处遗产点基础监测工作全面展开。2020年10月，遗产点保护管理站划归市博物馆（文物保护中心）管理，进一步理顺完善文化遗产常态化管理体系。

开展“申遗为民、申遗惠民”学习宣传。策划开展遗产点史料征集、征文比赛、摄影图片展等活动，营造“爱遗护遗”的浓厚氛围。《石狮日报》开设“泉州市海上丝绸之路史迹保护条例解读”“石狮申遗在行动”“海丝连连看”等专栏；石狮电视台拍摄《风从海上来》《印象石狮：千年古渡林銮渡》系列专题片。2017年8月，石狮市先后两次召开遗产点周边利益相关座谈会，增强社区民众参与遗产保护的责任感和荣誉感。2018年5月，成立石狮市海丝文化遗产保护工作顾问组。2019年5月，市委理论学习中心组（扩大）学习会议举行“文化遗产保护传承”专题讲座。2020年8月，市委、市政府出台《关于深入学习贯彻习近平总书记重要论述加强新时代文化和自然遗产保护利用的工作措施》。2021年5月，举办泉州系列遗产专题图片展暨海丝情韵书法楹联作品展。

遗产点界桩界碑、监测标识系统全面建成。2017年7月12日，申遗点遗产区、缓冲区第1块界桩在石湖码头丁字坝东侧定位安装；7月20日，申遗点112块界桩界碑全部安装到位。同年7月，三处遗产点监控系统完成调试，视频、信号接入石湖码头监测中心，并与泉州监测中心实现联网；万寿塔、六胜塔倾斜度监测数据通过传感器实现实时传送。同年8月，三处遗产点标识系统安装完成。

*高标准迎接国际遗产专家现场考察评估。*2017年9月25日，联合国教科文组织世界遗产委员会国际古迹遗址理事会专家吉米·格林（Dr. Jeremy Green）到石狮进行现场考察评估。石狮市成立申遗迎检指挥部，设统筹协调、讲解备询、文化展示、安保维稳、环境秩序、接待保障6个工作组，从民俗展示、沿途线路、入户访谈、备询准备等方面细化各项工作预案，组织开展内部演练，完善迎检方案，完成现场考察评估工作。

*石湖码头展示馆落成。*2017年5月，石湖码头展示馆进场施工；同年10月，展示馆通过泉州申遗办验收。2020年5月，按照最新申遗主题逻辑，以“直挂云帆济沧海”为主题，完成展示馆提升改造；根据通济栈桥考古发现，更新展示版面，陈列新发现的宋元瓷器、古航海地图等实物。

*石湖码头通济栈桥开展考古调查。*2019年2月，根据国家、省文物局申遗有关部署，石狮市博物馆联合福建省博物院考古研究所，对石湖码头通济栈桥文物年代、结构特征开展考古调查。3月2日，泉州市申遗办邀请国家、省、泉州市有关专家到石湖码头实地考察，召开专家论证会，明确石湖码头区域有关文物本体年代、结构特征、功能运转、历史岸线等事项。

*石湖码头环境整治方案获2019年国际风景园林师联合会亚太地区风景园林奖。*石湖码头环境整治方案的编制紧扣遗产核心价值，针对遗产区内的景观现状，有效地呼应遗产区民众的合理诉求。方案实施后，取得良好成效。事后所作的考古调查，也印证该方案对于石湖码头遗产价值的判断是准确的。整治措施针对性强，既有前瞻性，又具备操作性。为此，该方案获2019年国际风景园林师联合会亚太地区风景园林奖“文化景观类”奖。

*“泉州：宋元中国的世界海洋商贸中心”入选《世界遗产名录》。*2021年7月25日，“泉州：宋元中国的世界海洋商贸中心”正式被联合国教科文组织世界遗产委员会第44届大会获准列入《世界遗产名录》，为中国的世界遗产名录再添一颗璀璨明珠。

（摘自《石狮日报》2021年7月26日第08版专刊并编辑）

石狮市引水一期工程竣工20周年

2021年12月6日，石狮引水一期工程竣工通水20周年。在改革开放的四十多年里，石狮供水及水务事业簇拥着时代的浪花勇立潮头，涓涓细流终成奔腾之势。

石狮市三面临海，地处“风头水尾”，境内没有较大的河流，地下缺乏蕴蓄泉源，是典型的水资源贫乏区。随着社会经济发展，水资源短缺成为制约石狮进一步发展的“瓶颈”。建市以来，石狮市委、市政府把水务工作视为推进石狮市生态文明建设，实现经济、社会、环境全面、协调、可持续发展的重中之重，坚持以人民为中心的发展思想，科学谋划，统筹推进，改善水生态环境质量，保障供水安全，提升人民群众的获得感幸福感安全感。

2021年，石狮市应急水源工程（摄于2021年6月27日）　（图/李荣鑫）

奋发有为 供水先行促发展

1987年，石狮升格为省辖县级市，百业俱兴。当时的石狮自来水厂是全省第一座镇办自来水厂，供水能力仅4000吨。1990年9月，山兜水厂建成投入运行，石狮供水彻底改变了建市前供水能力低，且设备简陋、工艺落后的局面。

1992年，石狮市委市政府决定兴建石狮20万吨水厂，1996年12月，20万吨自来水厂竣工运行，该厂生产过程管理体系采用计算机调度管理，在当时可谓是设备一流、技术一流、管理一流、质量一流。

但由于石狮地处晋江下游，早期自来水水源取自晋江南干渠的新鸡肠沟，枯水季节，水源严重不足，且上游沿岸生产、生活污水大量排入南渠，致使石狮境内取水点水质劣化，严重影响市民的身体健康和制约城市的发展。为此，市委市政府向上级政府及水利部门请求跨地区到金鸡拦河闸上游调水。

1997年，石狮市引水一期工程经省计委批准立项，1998年，该项目被省政府列入省重点建设工程，同年12月23日开始动工兴建，该工程全长15.3千米，总投资2.2亿元。取水口位于晋江池店南干渠，途经晋江市池店、陈埭、西滨和部队军垦农场的“三镇一场”19个行政村，到达石狮市20万吨水厂。引水工程号称石狮市的“南水北调工程”，难度大、要求高、工期长，前期审批手续庞杂，沿途地质情况十分复杂，建设者们以不畏艰辛，敢打必胜的精神，攻坚克难，铸就石狮供水的“生命线”。

2001年12月6日，石狮引水一期工程竣工通水，水厂原水水质情况得到极大改善，开创了石狮人优质用水的新历史，更为石狮发展注入了新活力。石狮引水工程使用夹砂玻璃钢管、高压变频器，采用高压电机全自动启动，实现省内“三个率先”，工程建成后，被评为福建省、泉州市重点建设项目先进单位。

2009年12月开工建设，2013年7月完工的引水二期工程及配套的赤湖水厂，从根本上解决了水量的问题，引水二期工程和赤湖水厂总投资8.24亿元，管线总长32千米，从南安旧金鸡闸上游取水，途经南安、鲤城、晋江“三市一区”的10个镇（办、场）28个村（社区）到达赤湖水厂。随着引水二期工程和赤湖水厂投入运行，石狮市结束了每年用水高峰期，沿海三大工业区被迫实行分片供水的历史。全市初步形成双水源、双水厂互备互补的供水格局，供水保障能力进一步提升。

2018年9月开工建设，2021年7月竣工并投入使用的石狮市应急水源工程，进一步解决了应急供水的问题——这个石狮人民的“备用水缸”建成后，可加强抵御突发性水质污染与缺水事件，提升城市供水安全保障能力，确保在源水或石狮引水一、二期工程遇到突发事故而停水的应急情况下，满足全市人民7—15天生活用水使用需求。

深化改革 水务一体化显成效

2017年7月，石狮市深化市属国企实体化改革，供水公司划归产投集团，产投集团整合了水投公司、供水公司、循环公司，实行“三块牌子、一套人马”管理模式。通过整合与优化资源配置，将水源建设、城乡供水、污水处理、水系治理、农村生活污水整治等社会公用项目整合成一个投资管理主体，将原来分散、单一的经营资源优化为集约型的规模经营格局。水投公司收购运营三家染整集控区污水厂，投资泉州白濑水利枢纽工程投资开发有限公司和泉州彭村水库投资开发有限公司，涉水事务一体化投资建设与经营管理模式得以初步建立，公司规模得以发展壮大，初步形成较为完善的“水库、引水、供水、污水处理、水系治理、农村生活污水治理、水务工程、矿泉水”等水务上下游产业链。

近年来，水投公司全力开展水环境综合治理工作，先后完成三期的城市积水点整治工程，解决长期困扰市区的道路积水问题；鸿山、锦尚生活污水厂已完工正在试运行，农村生活污水治理PPP项目进入尾声，生活污水收集处理能力得到增强；完成梧垵溪、厝上溪、雪上沟、灵山沟、仕林水库、奈清水库、莲湖水库等“9溪5沟3库”的综合治理，河道小流域整治任务基本完成，促进石狮市水环境质量向“水清、河畅、岸绿、生态”目标迈进。

（摘自《石狮日报》2021年12月6日第08版并编辑）

大事记

1月

5日　锦尚镇侨联获全国侨联系统优秀“侨胞之家”称号。

8日　海洋生物食品园污水处理厂主体全部完工。

同日　石狮市公安局举办“向人民满意而行”主题活动庆祝首个中国人民警察节，并举行全省公安机关“抗击疫情·警徽闪耀”主题文艺作品创作比赛颁奖仪式，民警荣誉仪式，见义勇为先进工作站、先进个人授奖仪式，传承交接仪式。

10日　全国高级法院院长会议召开，最高人民法院授予石狮法院党组成员、执行局局长洪彦伟“全国优秀法官”称号。

11日　灵秀镇灵狮村的石狮第四实验幼儿园全部建成，第四实验幼儿园占地面积约1万平方米，总建筑面积6549平方米。主体为一整栋4层的教学综合楼，东侧主入口另设一栋1层的门卫消控用房，西侧则配套一座1层的消防和配电综合用房。设置15个教学班，可新增约450个学位。

同日　石狮市人民政府批复同意创办石狮市后垵学校、石狮市信义实验小学、石狮市第九实验小学。

12日　政协第七届石狮市委员会第五次会议开幕。

13日　石狮市第七届人民代表大会第五次会议开幕。

同日　石狮市第七届人民代表大会第五次会议举行第二次全体会议。

14日　福建省科学技术厅、福建省工业和信息化厅、福建省财政厅公布的“福建省2020年入库备案省级高新技术企业名单”，石狮46家企业上榜。

同日　中石光芯院士专家工作站被授予2020年福建省院士专家工作站。

15日　德辉物业管理有限公司人民调解委员会成立，这是石狮市首个商业体行业性调委会。

16日　由福建石狮产业投资发展集团有限责任公司主办，石狮市私营企业协会、石狮市食品行业协会、中国石狮国际食品城承办的主题为“寻味食品城·幸福中国年”——中国石狮国际食品城首届年货节开幕，为期21天，泉州、厦门、台湾等地区的64家企业参加。

18日　石狮市被授予“2018—2020年全国计划生育优质服务先进单位”称号。

同日　省发改委批复石狮市华锦码头储运有限公司，同意建设泉州港泉州湾港区锦尚作业区4号泊位扩建工程。

19日　“海丝情韵”文艺演出在福建省世茂海上丝绸之路博物馆举行。

同日　警民联合紧急救援工作站揭牌仪式在石狮市黄金海岸举行，系福建省首个警民联合救援工作站。

同日　国家税务总局石狮市税务局获“全国税务系统文明单位”称号。

20日　福建省世茂海上丝绸之路博物馆开馆仪式在石狮市举行。

同日　“博物馆与海上丝绸之路论坛”在世茂海丝馆报告厅举行。故宫博物院副院长王跃工，福建省文化和旅游厅党组成员、省文物局局长傅柒生，中国丝绸博物馆馆长赵丰，福建省博物院院长吴志跃，浙江大学艺术与考古博物馆馆长白谦慎，上海博物馆原副馆长陈克伦，云南省博物馆原副馆长李黎出席活动。

21日　锦尚镇获评“福建省卫生乡镇”。

23日　以“123，跨境电商石狮GO”为主题的中国石狮跨境电商发展（线上）峰会举行。此次峰会历时3天，于1月23日至25日举办，配套活动有石狮跨境生态圈政策推介、跨境电商线上线下对接会、“石狮好服装跨境做电商”跨境电商分享会、2021阿里（石狮）首场跨境电商峰会、2021青创城跨境电商峰会、“跨境电商赢在下一个十年”跨境电商主题推介活动、“狮城新制造 数字新趋势”2021阿里产地电商沙龙暨石狮产业带甄选会等。

同日 星期e国际跨境电商孵化园区揭牌仪式在石狮青春星期e文化创意园举行。

28日 锦尚镇侨史馆揭牌仪式在锦尚镇侨联大厦举行，系石狮市首家镇级侨史馆。

29日 石狮市档案馆被国家档案局授予“国家级数字档案馆”称号，系福建省首家获此称号的县级档案馆。

2月

1日 石狮被授予“创建全国无障碍环境达标市”称号。

同日 “2021中国县域电商竞争力百强榜”发布，石狮市列榜单第17位。

3日 泉州首个保税物流中心——石湖港保税物流中心（B型）通过验收。

10日 石狮市市场监督管理局在市行政服务中心设置“厦漳泉省内通办窗口”投用，通过“收受分离”打破事项办理的属地化管理限制。

22日 石狮市跨境电商发展服务中心揭牌和“一网一总部十园区”开业融市仪式同期举行。

3月

16日 李子芳烈士故居、董云阁烈士故居入选福建省首批革命文物名录属不可移动文物。

25日 石狮成立福建省兰姆达物理技术研究院有限公司，系全市首家民办高新技术研究院。

31日 石狮市被确定为首批“福建省和谐劳动关系示范区”。

4月

9日 祥芝镇和石狮农商银行举行乡村振兴（裸房装修）战略合作签约仪式，推动首个“无裸房示范镇”创建。

15日 石狮市知识产权保护联盟成立仪式暨第一次联席会议在石狮国际食品城举行。

15—19日 “紫星杯”首届华东地区男子篮球联赛在祥芝镇赤湖村举行。

18日 以“融合创新·共享时尚新生活”为主题的第24届海峡两岸纺织服装博览会暨2021中国裤装产业品牌博览会开幕式在石狮服装城展览艺术中心举行。

同日 2021中国服装辅料大会在石狮服装城艺术展览中心召开。

同日 2021中国（石狮）网上直播交易会启动仪式在石狮国际轻纺城A区中庭举行。

同日 石狮国际轻纺城获评2021“中国十大纺织专业市场”。

同日 中国纺织信息中心主办的全国纺织服装产业集群双循环高峰论坛在石狮服装城展览艺术中心举行。

同日 以“数智赋能·产业升级”为主题的第九届石狮网商大会暨青创网2021电商生态峰会开幕。

同日 首届“石狮杯”中国国际青年服装设计大赛启动仪式举行。

19日 石狮市湖滨街道玉湖社区居民委员会副主任、工会主席林丽娜入选2020年度“最美城乡社区工作者”并接受表彰，系福建全省唯一入选的社区工作者。

24日 2021年国际（美国）大学生数学建模竞赛（MCM/ICM）成绩揭晓，由石狮市泉州海洋职业学院通识教育学院黄元臻老师指导，2018级移动互联网专业的陈永博、吴文玉、郑伟琪三名同学所组成的代表队获国际（美国）大学生数学建模竞赛S奖（国际三等奖）。

24—25日 2020年福建省全民健身运动会武术项目总决赛暨连江县“金凤引领”系列技能大赛武术套路比赛在连江县体育公园举行。石狮市武术之乡代表队参加比赛，夺得6金4银1铜的成绩。其中，许明德获男子D组陈式太极拳、42式太极剑金牌；张莉获女子D组杨式太极拳、32式太极剑金牌；蔡梅碟获女子D组42式太极剑金牌；卢瑞艺获男子D组双器械金牌。

24—25日 在第二十一届中国商品交易市场发展论坛暨中国特色优品博览会上，石狮国际商贸城的石狮服装城被中国市场学会批发市场发展委员会授予2020年度全国商品交易市场系统“十大著名品牌市场”称号；石狮国际轻纺城被中国市场学会批发市场发展委员会授予2020年度全国商品交易市场系统“发展平台经济示范市场”称号。

25日 石狮市少先队队服发布会举行，标志着石狮在全国范围内率先推广少先队队服，在实践上完成少先队队服先行示范。

同日 “跑一趟办不成”投诉中心揭牌仪式在石狮市行政服务中心举行。

27日 石狮市鸿峰环保生物工程有限公司锅炉丙班获“全国工人先锋号”称号。

28日 在全国“家校（园）共育”数字化项目第二批示范区、示范校（园）表彰会上，石狮市获评全国“家校（园）共育”数字化示范区；石狮市第二实验幼儿园、第三实验幼儿园、大仑中心小学、华锦小学4所学校获评全国“家校（园）共育”数字化项目示范校（园）。

30日 石狮服装产业集群法治化营商环境促进中心在石狮轻纺城揭牌成立。

同日 石狮市有8条道路命名。新命名的8条路分别为宝渊路（南起濠江路，北至金濠路）；顺田路（南起宝岛路，北至宝渊路）；天桥路（南起宝岛路，西至福辉路）；濠祥巷（东起濠江路，西至九二东路540号巷）；同福路（东起石龙路，西至加荣路与健科一路交界处）；兴盛路（南起同福路，北至同兴路）；安居巷（东起兴盛路，西至加荣路）；鹏灵路（南起彭田村西角村路，北至西灵路）。

5月

20日　2021（第18届）“中国慈善榜”发布，全国政协常委、中国侨商联合会会长、世茂集团董事局主席许荣茂被授予“2021年度慈善事业特别贡献奖”称号。

30日　2020—2021年全国啦啦操联赛（连城站）举行，石狮市锦峰实验学校中学部获俱乐部少年组花球校园啦啦操示范套路（第三套）冠军，小学部获俱乐部儿童组花球规定动作（2016版）亚军。

同日　石狮市第七届人大常委会召开第三十四次会议，经会议审议，接受黄春辉辞去石狮市人民政府市长职务的请求；任命余志伟为石狮市人民政府副市长，并代理石狮市人民政府市长职务。

29日　泉州海洋职业学院（古浮）乡村振兴学院揭牌，泉州海洋职业学院、古浮村共同签署乡村振兴学院共建方案，系石狮市首个村级乡村振兴学院。

30日　石狮市举行“两优一先”表彰大会，表彰优秀共产党员、优秀党务工作者、先进基层党组织。

同日　“献礼建党百年·共享发展成果”石狮市百亿惠民项目集中开竣工仪式举行。具体分别为在锦尚外线举行道路提升项目集中竣工仪式；在军事主题公园举行公园绿化提升项目集中竣工仪式；在石湖港举行石湖港保税物流中心（B型）竣工仪式；在石狮市应急水源工程现场举行的水环境提升项目集中竣工仪式；在石狮市第六实验幼儿园举行教育提升项目集中竣工仪式。

开第三十六次会议，经会议审议、表决，任命郭浪滔、李怀忠为市人民政府副市长。

18—20日　第三届中国校园服饰国际博览会举行。开幕式上，中国教育装备行业协会授予石狮“中国校园服饰名城”的称号。

18日　“学党史、颂党恩、跟党走”灯谜邀请赛在晋江市五店市传统街区举办。石狮市代表队获团体冠军。

25日　“泉州：宋元中国的世界海洋商贸中心”入选《世界遗产名录》，由22处代表性古迹遗址及其关联环境和空间构成，其中3处在石狮，分别是万寿塔（姑嫂塔）、六胜塔、石湖码头。

26日　中国共产党石狮市第八次代表大会开幕。

27日　石狮获授“城乡交通运输一体化示范县”称号。

同日　中国共产党石狮市委八届一次全体会议召开，选举产生新一届市委常务委员会，黄春辉当选市委书记，余志伟、施晓瑛当选市委副书记。

6月

2—3日　石狮市“奋斗百年路 启航新征程”党史知识竞赛在市音乐厅举行。

3日　石狮市总医院湖滨分院儿童健康管理中心投入使用。

同日　泉州海洋职业学院退役军人服务站授牌仪式举行，系福建省首个高职院校退役服务站。

4日　石狮市农业综合执法大队获“全国示范窗口”称号。

10日　以石狮狮阵为代表的泉州剑狮入选第五批国家级非物质文化遗产代表性项目名录。

17日　石狮红色革命教育基地、李子芳纪念馆入选第三批“泉州市党史教育基地”。

27日　中共石狮市委七届十八次全体会议召开。

7月

1日　石狮市狮仔山片区改造项目——狮城风景小区交房暨交证仪式举行，系石狮市首次实现安置房“交房即交证”。

9日　石狮百德跨境电商生态园创业基地启动仪式在百德跨境电商生态园创客中心举行。

9—16日　“网红狮城　源头好货”中国（石狮）电商谷活动周启动仪式举行。

10日　永宁镇华侨历史纪念馆揭牌仪式在永宁镇侨联大厦举行。永宁侨史馆面积约400平方米，分为八大部分，通过史料和实物，辅以现代科技手段，展示永宁镇侨胞和台港澳同胞的风采，以及他们在海内外的彪炳贡献，突出“侨乡、侨史、侨胞”的主题。

15日　石狮市第七届人大常委会召

8月

3日　石狮市第七届人大常委会召开第三十七次会议，经会议审议、表决，任命黄明瑄、许自霖为石狮市人民政府副市长。

12日　第六届“玉猴奖”获奖名单公布，石狮“狮来运转”获评“玉猴奖”“年度十大最具商业价值文旅吉祥物”。

22—24日　闽南理工学院的学生团队获第十二届中国大学生服务外包创新创业大赛全国二等奖。

9月

2日　福建省世茂海上丝绸之路博物馆被确认为第九批中国华侨国际文化

交流基地。

6 日　第 14 届全国运动会蹦床项目个人赛决赛在西北大学长安校区体育馆举行。石狮市林倩麒获全运会女子蹦床冠军。

8 日　第 21 届中国国际投资贸易洽谈会泉州市侨资专场招商推介暨项目签约仪式在厦门市举行。石狮市集中签约项目 3 个，总投资额 2.1 亿美元。

12 日　以“健康引领·美丽校园”为主题的福建省校园服饰产业推介对接会启动仪式在石狮国际轻纺城举行。

14 日　中共石狮市委国有企业工作委员会、福建石狮国有资本运营集团有限责任公司成立。

16 日　石狮市文体旅游局获评 2017—2020 年全国群众体育先进单位。

19 日　石狮市被命名为“四好农村路”省级示范县。

28 日　中国中小城市高质量发展指数研究课题组、国信中小城市指数研究院联合发布《2021 年中国中小城市高质量发展指数研究成果》，石狮市位列全国经济综合实力百强县市第 15 位、全国绿色发展百强县市第 62 位、全国科技创新百强县市第 27 位。

29 日　“乡村振兴·助农惠农”暨泉州市地理标志商标质押融资试点工作启动仪式在祥芝镇万祥图书馆举行。

10 月

12 日　石狮智慧停车系统运营。

13 日　石狮市教师进修学校新校区落成启用仪式举行。

19 日　经福建省旅游资源规划开发质量等级评定委员会评定，石狮宝盖山达到国家 AAAA 级旅游景区标准，获评国家 AAAA 级旅游景区。

22—29 日　全国第十一届残运会暨第八届特奥会举行，石狮市四名残疾人运动员获得 1 金 3 银的成绩。

25—30 日　石狮市举办第 19 届广场文化艺术节，设有“奋斗百年路 启航新征程”文艺宣传专场、“闽情戏韵 魅力狮城”文艺宣传专场、“沐百年党恩 育家国情怀”文艺宣传专场、“你是一把火炬——华侨英烈李子芳”舞台剧文艺宣传专场、“青春向党 强国有我”文艺宣传专场、“童心向党——颂党恩 听党话 跟党走”文艺宣传专场 6 个专场。

26 日　石狮狮阵被国家体育总局体育文化发展中心评为 2021 中华体育文化优秀民俗民间项目。

29 日　永宁镇郭坑回族村入选第二批全国乡村治理示范村镇。

31 日　石狮市首先在石狮市长福小学启动 3—11 岁儿童新冠病毒疫苗接种工作。

11 月

24 日　石狮市青创城创业基地获评“2021 年度福建省小型微型企业创业创新示范基地”。

26 日　石狮市认定闽南理工学院、泉州海洋职业学院、泉州纺织服装职业学院、福建省世茂海上丝绸之路博物馆、华山研学基地、福建航盾无人机基地 6 个单位为第二批石狮市科普教育基地。

30 日　中国首条跨海高铁——新建福（州）厦（门）铁路泉州湾跨海大桥全桥贯通，标志着新建福厦铁路建设进入最后冲刺期。新建福厦铁路正线全长 277.42 千米，其中泉州湾跨海大桥全长 20.287 千米，海上桥梁长 8.96 千米。福厦高铁建成通车后，石狮与厦门、福州之间，将分别进入半小时和一小时经济圈。

12 月

1 月　石狮市启用抵押不动产登记证明电子证照。

2 日　石狮市举行“共享头盔驿站”进校园暨石狮公安交警铁骑队成立启动仪式。

同日　石狮凤里社区卫生服务中心、宝盖社区卫生服务中心和祥芝镇卫生院被授予“国家重点研发计划项目推广应用示范单位”牌匾。

同日　石狮市青创城创业基地获评“2021 年度国家小型微型企业创业创新示范基地”。

3 日　石狮首家省级普惠托育试点单位——恩启顿托育服务中心落地。

5 日　香港石狮同乡总会第十六届董事就职典礼举行，林佑碧任新一届会长。

8 日　石狮市人民政府与中国轻工集团有限公司签署战略合作框架协议。

9 日　石狮市七方培训学校完成全市首家由营利性法人向非营利性法人转型登记的学科类校外培训机构。

21 日　中国国际时尚创意论坛暨泉州纺织鞋服产业时尚发展论坛在石狮以线上线下结合的方式举行。

22 日　中国人民政治协商会议第八届石狮市委员会第一次会议召开。

23 日　石狮市第八届人民代表大会第一次会议开幕。

24 日　第七届中国（泉州）海上丝绸之路国际品牌博览会开馆仪式在石狮服装城展览艺术中心举行，展会以“新丝路、新格局、新业态”为主题，开展“数字海丝·网商互联”2021 中国（石狮）品牌电商发展论坛、菲律宾专场商贸对接会、非遗文化展演、线上云展平台等系列活动。设置 322 个国际标准展位，规划 13 个展区，有来自菲律宾、美国、法国、智利、意大利、西班牙、俄罗斯等 20 多个国家和地区的 150 家在闽企业参展。

同日　2021 石狮国际时装周开幕秀在石狮市举行。该届时装周以“时尚海丝 商贸赋能”为主题，聚焦全面建设“现代化商贸之都”的发展主轴，以创新手段展现非遗文化，彰扬“世遗之风”。

27日　2021年RCEP青年侨商创新创业峰会在石狮以线上线下相结合的形式举行。线下在石狮设立主会场，线上开设24个“东盟10+5”等国家视频分会场，涵盖五大洲。

同日　福建首个面向全球华侨华人的跨境电商贸易服务平台——石狮“侨易邦”启动上线。

28日　由福建省教育厅等18个部门主办的第四届“励志校园·感动福建”优秀学生名单公布，石狮市华侨中学吴承谕同学被评为“福建励志先锋”，是泉州唯一上榜的中学生。

28—29日　2021中国纺织科技成果对接峰会暨第八届“中国十大纺织科技”发布会在晋江举行。石狮市瑞鹰纺织科技有限公司承担的“纯棉深色系列染色后处理节水工艺”项目获第八届“中国十大纺织科技”绿色先锋奖。

29日　由石狮市委宣传部、石狮市人防办牵头，福建广电网络集团石狮分公司承建的“声动狮城”应急广播网系统平台移交给石狮市融媒体中心。此后由石狮市融媒体中心负责节目的制作及播放，福建广电网络集团石狮分公司负责技术支撑。

30日　福建省海洋生物医药产业高质量发展推进活动在石狮举行。

同日　石狮市人民调解员协会成立，协会通过各镇（街道）、村（社区）和行业性调委会吸纳单位会员1个、个人会员169名。

30—31日　福建省教育厅、福建省体育局主办，石狮市锦峰实验学校承办的2021年福建省中学生联赛啦啦操锦标赛暨2021—2022年全国啦啦操联赛（石狮站）在石狮市锦峰实验学校举行，来自全省28支代表队、683名运动员参赛。

市情概览

自然地理

【地理位置】 石狮陆域地处北纬24°39′52″—24°48′48″，东经118°33′46″—118°46′51″。石狮市位于泉州湾南部，处于厦门经济特区与泉州文化古城之间，东濒台湾海峡，南临深沪湾海域与晋江围头湾海域相接，西与晋江市接壤，北隔泉州湾，与惠安县、丰泽区相望。石狮市三面临海，陆地面积188.02平方千米，行政管辖毗邻海域面积968平方千米。

【地质地貌】 石狮市位于闽东南沿海平潭—东山断裂及动力变质带中部之强混合岩化的混合花岗岩地段，区域内除第四系地层外，未见其他地层发育。侵入岩分布广泛，主要为燕山早期混合二长花岗岩。地貌类型主要为丘陵，山脉总体走向为北西—南东向，最高点位于西南部的宝盖山，海拔标高为209.6米；最低点位于北部的石湖港，海拔标高为8.8米。总体地势以宝盖山—双髻山—争牛山—洪厝山一线为界，南面地势往南东倾，北面地势则往北东、北西倾，总体地形坡度一般为15°—20°，局部大于25°。

【气候】 2021年，石狮市四季气温皆偏高，以冬、春季为甚。年平均气温22.5℃，为1981年以来新高。春季气温为历史同期第三高。气象干旱阶段性发展，3—4月全市降水持续偏少，4月全市达到气象特旱标准；6月中旬至7月，全市持续高温少雨，达气象特旱标准。雨季（4月24日至7月1日）持续时间长，较常年偏早5天开始，偏晚4天结束。高温天气持续时间长、高温范围广，全年有12次高温过程，2021年气温≥35℃高温日数较常年平均偏多。影响台风个数偏少，“卢碧”和“圆规”两个台风均带来充沛降水，使得全市水库增蓄，气象干旱解除，影响利大于弊。

气温 年平均气温为22.5℃，与常年相比偏高0.8℃。全年35℃以上的高温日数有21天，其中6月2天、7月9天、8月3天、9月7天。年极端最高气温37.7℃，出现在7月24日；年极端最低气温4.2℃，出现在1月9日。

雨量 年降水量549.6毫米，比常年偏少688.9毫米，比2020年多34.8毫米。显著偏少。年降水日84天，出现大雨及以上的日数有5天，暴雨日2天。最长连续降水日5天，出现在6月5—9日。最长连续无降水日22天，出现在1月19日至2月9日。

灾害性天气 强对流天气（强雷暴、雷雨大风和短时强降水）。石狮市强对流天气早发频发：强对流活动较频繁，出现8次强对流过程，其中春季7次、夏季1次。春季冷空气频繁，同时西南暖湿气流较为活跃，强对流天气多发，主要雷暴天气出现在3月6日、30日；5月8—9日、18日、24日、28日至6月1日。夏季强对流雷暴天气主要出现在：6月2日、21—22日、29日；8月10—11日。秋季雷暴天气主要出现在9月14日、16日、23日。

台风 2021年，石狮市受2个台风影响，与常年（5.3个）相比偏少，影响偏轻。分别为2109号“卢碧”和2118号“圆规”。受台风“卢碧”影响，8月4日起全市有明显风雨过程，3日夜间至4日全市出现小雨；5—6日全市普降大雨到暴雨；7日普降小雨到中雨。统计8月4日8时至7日16时累计降水，全市6个乡镇超过100毫米，以凤里街道138.3毫米为最大。统计同时段极大风速，全市4个乡镇出现7级大风。台风降水使得全市水库增蓄，气象干旱解除，总体而言，台风“卢碧”的影响利大于弊。受台风“圆规”和冷空气共同影响，全市出现持续性大风天气过程。统计2021年10月10日8时至13日8时极大风速，全市站点均达到8级以上，以灵秀镇35.7米/秒为最大。

强冷空气（寒潮） 2021年发生两次强冷空气（寒潮）过程，分别是1

月6—10日，2月17—19日。极端最低气温出现在1月9日，为4.2℃。

高温　高温过程偏多偏强，2021年气温≥35℃高温日数有21天，其中6月2天，出现在19—20日；7月9天，出现在5日、14—15日、22—27日；8月3天，主要出现在3日、28—29日；9月7天，主要出现在5日、7日、10—11日、13日、21日、29日。年极端最高气温与常年相比偏高。年极端最高气温37.7℃，出现在7月24日。

干旱　2021年全市降水总体偏少，出现阶段性干旱。全市年降水量为549.6毫米，比常年偏少688.9毫米。

大雾　春季多连续性大雾天气，春季有9天出现大雾或浓雾天气，多为雨雾带来的低能见度。能见度≤500米的浓雾天气主要出现在3月5—6日、19—20日、30—31日；4月1—3日。其中，4月1—3日受西南暖湿气流和弱冷空气影响，全市出现大雾天气。1日，西南阵风达6—7级，部分镇街出现大雾或浓雾天气，2日，早晨及夜间沿海海区有雾或轻雾；3日，祥芝渔港出现大雾天气。

【资源】　2021年，石狮市耕地面积2292.97公顷，粮食播种面积0.11万公顷，粮食产量0.51万吨。林地面积1330公顷，森林覆盖率10.88%。活立木蓄积量8.25万立方米。主要矿产资源有花岗岩。境内水资源贫乏，多年平均水资源总量0.643亿立方米。

人文历史

【地名由来】　石狮历史悠久。早在旧石器时代，石狮境内即有先民栖息。春秋战国时期，古越人在这里繁衍生息、陆耕海渔。汉代以后，北方汉人迁入。西晋末年永嘉之乱，中州动荡不安，士族衣冠南渡入闽，部分定居石狮境内晋江流域的滨海平原，或从事农耕，或从事近海捕捞。据《西山杂志》记载，隋代，蚶江、永宁、石狮、祥芝等地均有中原移民南迁定居。永宁岑兜一带建有盐场，先民从事海盐生产已成规模。

隋代，建凤里庵，供奉观音菩萨，至今在本地及海外华侨、华人中影响极为深远。千年古迹凤里庵建有石亭，旁立石狮子，名曰石狮亭。千百年来，商旅往返口传，皆曰“石狮”，约定俗成，久而久之遂成惯称。此乃石狮由来与得名。

【建置沿革】　早在旧石器时代，石狮境内即有先民栖息，考古发现石狮附近海域出水的古人类肱骨化石，经科学鉴定为更新世晚期智人骨骼化石，被考古界命名为“海峡人”。秦汉至唐初，石狮隶属南安县。唐开元六年（718年）始直至清初，隶属于晋江县境。清乾隆三十一年(1766年),晋江县设石狮分县，以晋江县贴堂县丞驻石狮街，代管安海。乾隆三十五年（1770年），石狮县丞移驻安海旧通判署，嗣后，改设安海分县，其后石狮境域事务仍归晋江县，历民国。1949年9月2日，石狮解放。同年9月9日，石狮境域属福建省第五行政督察专员公署辖区的晋江县。中华人民共和国成立后，石狮境域属晋江县。1987年12月17日，国务院批复同意福建省《关于设置石狮市建制设置》和《关于设立石狮市的补充报告》的请示，批准设立石狮市，为行政区域晋江县石狮、永宁、蚶江3个镇和祥芝乡，为省辖县级市，隶属福建省，委托泉州市代管。1988年9月30日，中共石狮市委、石狮市人民政府举行挂牌仪式。此后，石狮市政区建置隶属未再变更。

【行政区划】　2021年，石狮市下辖7个镇、2个街道，27个社区、101个建制村。其中，蚶江镇辖19个建制村；祥芝镇辖10个建制村；永宁镇辖4个社区、20个建制村；宝盖镇辖2个社区、18个建制村；灵秀镇辖1个社区、12个建制村；鸿山镇辖11个建制村；锦尚镇辖11个建制村；凤里街道辖10个社区；湖滨街道辖10个社区。

【人口】　2021年末，石狮市户籍人口365894人，户籍户数111914户，户籍人口总数比2020年末增长2.4%。其中，城镇人口290465人，乡村人口75429人；男性184108人，女性181786人。全年出生人口3906人，死亡人口1554人，人口自然增长率6.4‰。年末全市登记流动人口448593人。

【海外交通贸易】　石狮山川毓秀，人文荟萃，素有“海滨邹鲁”的美誉。晋人南迁后，中原文化即在石狮土地上扎根、衍化。石狮依山面海，拥有64千米海岸线，港湾众多，是“海上丝绸之路”起点之一，海外交通贸易发达，姑嫂塔、六胜塔是“东方第一大港”泉州港的“航标”。

【多元文化】　繁荣发达的海外贸易让石狮人走向海洋、走向世界，也吸引世界各地商人到石狮，带来多种宗教文化、信仰习俗。传统的古闽越文化、中原古老文化和多元的外来文化经过千百年融合交汇，形成石狮独具特色的包容开放、团结互助、勇于拼搏冒险的海洋文化，造就石狮人爱拼敢赢、开拓创新的精神与强烈的商业意识、竞争意识、开放意识和创业意识。

【著名侨乡和台胞祖籍地】　石狮市是福建著名侨乡、台湾同胞的主要祖籍地之一。全市有海外华侨、华人37万多人，近90%居住在东南亚各国。石狮市有归侨、侨眷12.4万人，占全市总人口的39%，9个镇、街道均是重点侨乡。祖籍石狮的台湾同胞30多万人。

特产景点

【地方特产】　石狮的美食，集闽南“舌尖文化”之大成，不仅富有地域特色，也赋予珍肴文化的享受。它是这座城市延续乡愁、彰显内涵的重要载体。主要有阿潭煎包、青莲面线、塘头甜粿、蚝仔煎、芋圆、肉粽、田螺肉碗糕、牛肉羹、石湖红膏蟳、花生汤、萝卜饭、肉夹包、三合面、润饼菜、马鲛羹、五香卷、东埔炖猪脚、壶仔饭等。

【旅游景区景点】 宝盖山景区是国家AAAA级旅游景区，景区创建规划面积3.15平方千米，以“泉州：宋元中国的世界海洋商贸中心”世界文化遗产点万寿塔为核心，以打造世界“海丝”航标文化旅游目的地为发展目标，空间布局为宝盖山景区游客中心、环宝盖山休闲游憩带、姑嫂塔海丝文化体验区、闽南民俗风情体验区、花海谷生态科普休闲区及石窟遗址研学游憩区的“一心一带四区”。在保护遗产点的同时，加快智慧景区建设，提升景区服务品质和管理水平，打造成市民休闲及游客游览体验和谐统一的主客共享空间。

永宁古卫城景区是国家AAA级旅游景区，景区内有永宁古卫城遗址、“中国历史文化名街”永宁老街、“省级文保单位”永宁城隍庙以及慈航亭、文祠、大夫第、永宁古民居、董云阁烈士故居等众多名胜古迹，保存有以汉林楼、宁东楼为代表的番仔楼群和一批闽南红砖古厝。永宁古卫城拥有丰厚的非物质文化遗产，常年举办城隍文化节、元宵民俗庙会等节庆活动。

福建省世茂海上丝绸之路博物馆是国家AAA级旅游景区，占地11482平方米，建筑面积30718平方米，内设九厅一院，涵盖两个故宫专题展厅、世茂珍藏展厅、海上丝绸之路展厅、丝路山水地图数字展厅、紫禁书院（泉州分院）等展陈空间；同时配套文创空间、文物库房、博物馆主题餐厅、游客中心、警务联络点、地下车库、公交首末站等设施。博物馆与故宫博物院深入合作，展示丝绸之路文明交流互鉴及中华优秀传统文化，常年举办各种类型的展览、教育和文化交流活动，提供开放服务，旨在打造传承中华文化的新地标、国际展示交流的新窗口、弘扬海上丝绸之路文明的新高地。

十里黄金海岸度假区位于石狮永宁镇，东至长岭头屿，北至锦尚镇深埕工业区北侧，西至梅林村避风坞，南至梅林村梅林码头，总面积8.3平方千米。涵盖中骏黄金海岸、观音山地质公园、红塔湾海岸公园、军事公园、梅林码头（石狮国际游艇汇）等多个旅游项目。度假区交通便利，气候宜人，度假产品突显，旅游接待设施配套齐全，滨海休闲度假产品品质在国内处于领先地位，是全国滨海旅游区之一，是福建省的重点滨海旅游区，是泉州十八大景点之一，是石狮市最有名的景区和度假区。

经济社会发展

【经济运行】 2021年，石狮市经济运行呈恢复性增长。石狮市生产总值1072.51亿元，比上年增长10.4%。第一产业完成增加值27.79亿元，比上年下降0.2%。第二产业完成增加值476.63亿元，比上年增长9.9%，对地区生产总值增长贡献率为42.2%。第三产业增加值568.09亿元，比上年增长11.4%，对地区生产总值增长贡献率为57.9%。三次产业比重为2.6 ∶ 44.4 ∶ 53.0。工业增加值430.18亿元，比上年增长11.4%，对地区生产总值增长贡献率为43.2%；批发零售和住宿餐饮业增加值335.29亿元，比上年增长14.3%，对地区生产总值增长贡献率为41.9%。

2021年，石狮市规模以上工业增加值比上年增长13.5%，规模以上工业总产值1453.99亿元，比上年增长12.8%，其中纺织服装服饰业（含辅料）完成产值789.8亿元，比上年增长16.4%，占规模以上工业总产值54.3%。全社会用电494609万千瓦时，比上年增长14.6%，其中工业用电304025万千瓦时，比上年增长16.2%。供水量13333万吨，比上年增长6%；其中工业用水量6313万吨，比上年增长4%。用水用电呈现提升态势。

2021年，石狮市港口货物吞吐量3750.4万吨，比上年增长2%；全市港口集装箱吞吐量153.7万标箱，比上年下降12.2%。其中，石湖港口货物吞吐量2648.7万吨，比上年下降2%，石湖港口集装箱吞吐量125.5万标箱，比上年下降5.8%；华锦码头货物吞吐量1101.7万吨，比上年增长13.4%，华锦码头集装箱吞吐量28.1万标箱，比上年下降32.7%。

2021年，石狮市农业小幅下降。农业总产值53.97亿元，比上年下降0.2%，水产品产量39.46万吨，比上年下降0.1%。

2021年，石狮市固定资产投资（不含农户）比上年增长2.3%。按产业分，第二产业投资比上年增长3.2%，第二产业中，工业投资比上年增长3.2%，其中，技术改造投资比上年增长64.2%；第三产业投资比上年增长1.8%。按构成分，项目投资比上年下降2.7%，房地产开发投资比上年增长12.9%。

2021年，石狮市实现限额以上商业销售额2044.27亿元，比上年增长28.8%。社会消费品零售总额617.16亿元，比上年增长13.6%。限额以上社会消费品零售额230.4亿元，比上年增长23.1%。

2021年，石狮市完成一般公共预算总收入（不含基金）59.57亿元，比上年增长5.1%，完成年度任务99.3%。其中一般公共预算收入40.14亿元，比上年增长11.4%，完成年度任务100.4%，中央级收入19.43亿元，比上年下降6%，完成年度任务97.2%，一般公共预算支出（不含基金）48.33亿元，比上年下降11.9%。税收收入46.4亿元，比上年增长1.5%。非税收入13.17亿元，比上年增长19.7%。

【重点领域改革】 2021年，石狮市推进市场采购纵深发展。推动省内13个县（市、区）以特色产品设立产业馆、236家外贸个体供货商汇聚，实现向179个国家和地区出口，新增市场主体5806户、出口货值998亿元，跃居全国试点同期第5位。引进阿里国际等知名跨境电商平台服务企业，集聚跨境电商商户2500多家，引导跨境电商货物线上成交、线下灵活选择市场采购方式便捷出口，上线全省首个面向海外华侨的跨境电商平台“侨易邦”，2021年实现跨境电商交易总额50亿元。

保税物流封关运营。省内最大的保税物流中心、泉州市首个临港海关特殊监管区域——石湖港保税物流中心（B型）于7月8日封关运营，与天猫淘宝海外、中外等开展合作，保税仓储、国际物流配送、进口出口转口贸易、出口退税等服务均进入试运行阶段。

港口航线扩容增量。抢抓省港口集团组建和业务拓展机遇，与泉州港务集团签订总投资约31.5亿元的3个10万吨级泊位合作开发框架协议，引入厦门港务集团建设华锦码头4号泊位扩建工程，开通运营至菲律宾、越南等8条国际外贸航线和22条内贸航线，落地“泉厦组合港”内外贸同船业务，2021年外贸集装箱吞吐量6.66万标箱，比上年增长29.69%。

国家级县域紧密型医共体试点成效突出。建立健全“总院+分院+村卫生所”三级诊疗体系，基本实现全市“8分钟医疗卫生服务圈”全覆盖，在全国首创村医临终关怀服务，医共体行政管理、人力资源管理、财务管理、医疗护理、药品器械、信息管理达到国家标准，2021年医共体总收入、医疗收入、门急诊人次、住院病人人次分别比上年增长20.25%、22.08%、23.83%、12.98%，试点建设经验入选国家卫健委主编的《紧密型县域医疗卫生共同体建设典型案例2021》。

推进省级基础教育综合改革实验区建设。实施多元化办学体制改革，推进蚶江中学与福师大合作办学、一中筹办分校、杭州二中树兰集团到石狮办学，组建市教育集团兴办幼儿园，新增学位3240个，学前教育普惠覆盖率90.91%。以20所全国家长实验校创建为抓手，上线融合学校、教师、学生、家长、社区信息的“家长学习网”App，推动家庭教育工作规范化、专业化发展，获评全国“家校（园）共育”数字化示范区。

深化交通一体化体制机制改革。健全财政拨款、专项债券、国企融资、PPP模式、社会捐资、企业自筹等道路建设资金筹集机制，一体化推进城乡交通网络建设，将公路、桥梁等管养作业推向市场，全市公路路网密度、管养水平居全省前列，实现乡镇和建制村100%通硬化路、自然村“村村通公交”，获省级“四好农村路”示范县称号。

推进农村集体产权制度改革。开展市直单位党员市管干部挂村蹲点“双抓双促”行动，完善“市镇统筹、抱团发展”村集体经济发展工作机制，因地制宜推广土地入股分红、拓展公共服务、实业强村办企、园区经济融合、农旅项目发展、资产资源出租等发展模式，全市村集体经济收入实现20万元以上的100%，50万元以上的40.59%，19个村集体经济收入超100万元。

【城乡品质提档】 2021年，石狮市城市建设拉开新局，推进城北、狮仔山、联邦商业城等片区建设，开展龟湖公园、前坑前园、塘园、大仑、金曾五大片区改造，打通九二路（前坑段）、嘉禄路中段等“断头路”，锦江外线、锦尚外线、疏港公路建成通车，海岸带景观加速串联成线，获评省级“四好农村路”示范县。实施景观风貌提升项目22个、老旧小区修缮提升项目44个，新建口袋公园30个，改造二次供水2000户，新增公共停车泊位1800多个，城乡生活空间更加宜居。智慧石狮指挥平台、i石狮移动平台加快数据融通、应用拓展，智能停车管理系统上线运行，城市管理更加智慧高效。推进乡村振兴发展，完成村（居）委会换届，启动“新班子新气象、办实事促振兴”活动。完成国家级水禽基因库改扩建，新建高标准农田280公顷，新培育国家级农业产业化龙头企业1家、省级龙头企业3家。启动2个无“裸房”镇、5个无“裸房”村创建，新增“绿盈乡村”13个，新改建城乡公厕40座，郭坑村入选全国乡村治理示范村。

【民生保障改善】 2021年，石狮市保障体系更加完善。开展补贴性职业技能培训4600多人次，新增就业1万多人，获评全省首批和谐劳动关系示范区。评定四星农村幸福院11家、四星养老机构1家，宝盖镇、蚶江镇居家养老服务照料中心和鸿山镇医养服务中心投入使用。建成市退役军人服务中心和镇村两级退役军人服务站。

社会事业协调进步。组建市教育集团，教师进修学校新校区、信义实验小学、锦塘中心幼儿园等15个教育项目建成投用，蚶江中学复办高中，新增鹏山、后垵2所九年一贯制学校。主动对接高端医疗资源，与省立医院、解放军910医院共建医联体，新增名医工作室4个、传承工作室2个，市中医院开诊，完成村卫生所（室）标准化建设。

文化旅游融合发展。举办“宋元中国看泉州·海丝航标看石狮”世界文化遗产推介活动、第15届闽台对渡文化节，李子芳烈士纪念馆入选省党史学习教育参观学习点，石狮狮阵入选国家级非物质文化遗产名录，万寿塔、六胜塔、石湖码头成为世界文化遗产点。五大文旅项目加快招商建设，新增国家AAAA级、AAA级景区各1处，入选全国县域旅游综合实力百强县。

【生态建设】 2021年，石狮市政府建成大气精准治理减排项目10个，挥发性有机物、工地扬尘治理和污染天气应对措施有效落实，空气质量达标率99%。新铺设雨水管网25千米、污水管网210千米，基本建成农村生活污水PPP工程、永宁污水处理厂提标改造等项目，近岸海域水质达到一类标准。完成垃圾综合处理厂提级改造，湖滨街道、锦尚镇全域生活垃圾分类试点稳步推进。

中国共产党石狮市委员会

综　述

【概况】　2021年，中共石狮市委高举习近平新时代中国特色社会主义思想伟大旗帜，深入学习贯彻中共十九届六中全会、省第十一次党代会和泉州市第十三次党代会精神，统筹疫情防控和经济社会发展，启动实施一系列攻坚比拼行动，加快建设现代化商贸之都，经济社会各项事业和党的建设都迈上新台阶。全市生产总值首次突破千亿元，一般公共预算总收入（不含基金）59.57亿元，一般公共预算收入40.14亿元，综合实力位居全国中小城市百强第15位。

【现代产业体系构建】　2021年，中共石狮市委发展新产业新经济，构建“3+3+N”现代产业体系。

纺织鞋服业提升质量。实施纺织鞋服产业提升行动，推动童装行业向校服产业延伸、五金辅料向创意饰品扩展。举办全国校服展，获“中国校园服饰名城”称号，校园服饰产销30亿元，比2020年增长300%。

机械装备业初现集群。初步形成以通达电器、飞通科技、汇星机械等龙头企业带动的产业链条。加快推进智能产业园、建新轮胎、九牧卫浴等强链扩链项目。食品药品业加速增长，创建省级海洋产业发展示范市，依托海洋资源优势，推进生物医药园建设，签约修正药业、福和制药等重大项目。

商贸会展创新发展。举办跨境电商高峰论坛、海博会、校服展、全省直播经济发展现场会、海丝品博会、RCEP（《区域全面经济伙伴关系协定》）青年侨商创新创业峰会等活动，电商销售额保持全省县市第一位。推出全省首个面向华侨的跨境电商自建平台“侨易邦”，破解外贸商户“冻卡”问题，建立“公共保证金池”，创新市场采购海关数据贷“狮采贷”、一般贸易外贸退税贷、出口信保贷等新型外贸融资产品，完成外贸出口440亿元。

港口物流凸显优势。石湖港保税物流中心（B型）封关运营，泉州港石狮航运中心、石湖作业区5号和6号泊位等项目加快建设。

滨海旅游铺开格局。举办“宋元中国看泉州·海丝航标看石狮”世界文化遗产推介活动、第十五届闽台对渡文化节，推动“海丝三宝”入选世界遗产点、“石狮狮阵”入选国家级非物质文化遗产，新增宝盖山风景区、世茂海上丝绸之路博物馆等国家AAAA级、AAA级景区，入选2021年全国县域旅游综合实力百强县。全市旅游接待766.91万人次，比2020年增长41.7%；旅游总收入87.43亿元，比2020年增长52.7%。

【生活品质提升】　2021年，中共石狮市委加快海岸带开发建设，举办永宁滨海片区城市设计国际竞赛，建成锦江外线、锦尚外线、永宁外线等沿海景观通道。启动前园、金曾、大仑等社区更新改造，打通九二路前坑段、嘉禄路中段等“断头路”，实施总投资6亿元的农村污水PPP项目，新建雨污管网235千米，新增2100多个智慧停车泊位。推动乡村振兴提速攻坚。开展“六提升、三创建”行动，实施59个“美丽家园”项目，开展2个无“裸房”镇、5个无“裸房”村创建，提前超额完成上级下达的“裸房”整治任务，在泉州市乡村振兴工作推进会上作典型经验介绍。生成352个乡村振兴项目，打造26个乡村振兴试点村，永宁镇获评福建省乡村振兴特色乡镇，郭坑村入选全国乡村治理示范村。推动民生保障提标扩面。优先发展民生事业，组建市教育集团，探索国企兴办幼儿园，新建成15个教育项目，获评全国“家校（园）共育”示范区。与省立医院、解放军910医院等高端医疗资源建立医联体，启用石狮市中医院，完成151家村卫生所标准化建设。新增评定四星农村幸福院11家、四星养老机构1家。推行“五治融合”社会治理新模式，完成24项年度为民办实事项目。

【社会安定稳定】 2021年，石狮市为维护安定稳定的社会局面，常态化抓好疫情防控。推进疫苗接种，加强酒店、市场、港口、学校等重点区域管控，创新推行国际船舶分级通行、医学观察场所分栋分层动态管理、渔船民出海点验等措施，全天候发挥基层诊所、药店“哨点”作用，立体化开展防疫宣传教育，全市域推进环境卫生整治。全年完成核酸检测208万人次、疫苗接种150多万针次，中转、分流入境人员1.4万人次。推进安全生产专项整治三年行动，配备企业专职安全员近6000名，全市205栋重大安全隐患房屋完成处置，1234幢丙类自建房加工场所落实整改，773艘大中型渔船配备有毒气体检测设备、防毒面具等安全设施，被确定为泉州市安全生产标准化建设试点。推进“平安石狮”建设，蝉联全国信访“三无”县市称号，获评全省第四轮第一批平安县市，“强基促稳”三年行动考核连续2年排泉州市第一方阵首位。

【全面从严治党】 2021年，中共石狮市委推进市、镇、村三级组织换届，开展党史学习教育，发动“新班子、新气象、办实事、促振兴”等一系列攻坚比拼行动，安排市四套班子领导担任中心工作指挥长，成建制抽调干部投身片区改造、项目招商、乡村振兴等重点工作，建立攻坚亮点周通报、月考核制度，推动形成全员练兵、一线立功的良好氛围。按照“围绕中心、服务大局、突出重点、狠抓关键”的思路，分解汇总173项习近平总书记重要讲话重要指示批示精神以及52项习近平总书记在福建考察工作结束时的讲话精神贯彻落实情况。对于中央、省、泉州市和石狮市的重大决策和工作部署，制定督查方案，紧密跟踪督办。加强联合督查力度，对疫情防控、为民办实事项目、重点项目、改革路线图、文明创城、海岸带建设等重要工作开展督查。开展政治监督谈话和廉政谈话提醒，督促班子成员和镇（街道）党委（党工委）书记落实责任。通过召开会议、典型剖析、专题培训等方式，开展经常性全面从严治党宣传教育，及时通报市委落实全面从严治党主体责任情况和问责典型问题。开展落实全面从严治党主体责任情况检查，发现基层单位存在问题。针对省、泉州市检查发现问题，分别制定《石狮市关于泉州市2021年落实全面从严治党主体责任问题清单涉及问题整改任务分工方案》《石狮市2021年落实全面从严治党主体责任问题清单整改方案》，督促抓好问题整改落实工作。制定全市党建工作要点，明确6个方面24项具体任务。制定《关于实施“五强共创、攻坚争先”党建引领工程的方案》，组建工作专班，围绕政治建设、思想引领、基层基础、担当作为、共建共治等方面策划生成21项重点工作并抓好组织实施，形成一批创新项目、精品工程和优秀案例。

重要会议

【市第八次党代会】 2021年7月26日，中国共产党石狮市第八次代表大会召开。会议听取和审议黄春辉代表中国共产党石狮市第七届委员会向大会所作的题为《全面建设现代化商贸之都 开启石狮高质量发展超越新征程》的工作报告；审查中国共产党石狮市第七届纪律检查委员会的工作报告；选举中国共产党石狮市第八届委员会；选举中国共产党石狮市第八届纪律检查委员会；选举出席中国共产党泉州市第十三次代表大会代表；审议通过《中国共产党石狮市第八次代表大会关于实行党代会常任制的决议（草案）》。

【市委八届一次全会】 2021年7月27日下午，中国共产党石狮市第八届委员会第一次全体会议召开，会议选举产生中国共产党石狮市第八届委员会常务委员会，黄春辉、余志伟、施晓瑛、郑天助、陈守林、邱永丰、刘艺波、林进全、郭浪滔、许顺达、白玉成当选市委常委；选举黄春辉为市委书记，余志伟、施晓瑛为市委副书记。全会表决通过中国共产党石狮市第八届纪律检查委员会第一次全体会议的选举结果。

【市委八届二次全会】 2021年12月31日上午，中国共产党石狮市第八届委员会第二次全体会议召开。全会由市委常委会主持，市委书记黄春辉讲话，并就《中共石狮市委关于深刻领会党的百年奋斗重大成就和历史经验 汇聚全面建设现代化商贸之都强大精神动力的决定（草案）》作说明。全会审议通过《中共石狮市委关于深刻领会党的百年奋斗重大成就和历史经验 汇聚全面建设现代化商贸之都强大精神动力的决定》《中共石狮市委八届二次全会决议》。

【市委常委会（扩大）会议】 2021年7月2日，石狮市委常委会（扩大）会议暨市委理论学习中心组专题学习会召开，市委书记黄春辉主持会议并讲话。会议学习贯彻习近平总书记在庆祝中国共产党成立100周年大会上的重要讲话精神。市四套班子领导以及市直部门、各镇（街道）、高新区、上级驻石有关单位负责人等参加会议。12月31日，石狮市委常委会（扩大）会议召开，市委书记黄春辉主持会议。会议按照《中国共产党党内监督条例》规定和《福建省党的领导干部述责述廉工作意见》要求，听取市委常委2021年度述责述廉报告。余志伟、施晓瑛、李斌、黄延艺、郑天助、陈守林、刘艺波、郭浪滔、许顺达等市领导，以及市委委员、候补委员，市纪委常委，市监委委员，各镇（街道）、高新区主要负责人等参加会议。

组织工作

【概况】 2021年，中共石狮市委组织部（简称“市委组织部”）以开展“再学习、再调研、再落实”活动为契机，以“党建拼亮度”活动为抓手，学习贯彻习近平新时代中国特色社会主义思想和中共十九大及十九届历次全会精神，保障石狮市第八次党代会召开，完成市、镇、村三级换届工作，发动石狮市基层党组织和党员干部人才奋战在疫情防控第一线，推动干部结构更加优化、基层党建更加稳固、招才引智更加务实，为全面建设现代化商贸之都提供坚强组织保证和人才支撑。市委组织部信息调研工作取得全省第二名的成绩，3篇调研成果获得省、泉州市重点调研课题一等奖等奖项，2篇信息获中组部优秀信息二、三等奖，3部电教片获得全省二、三等奖。

【党组织设置和发展党员工作】 2021年，石狮市有基层党组织906个，其中党委39个，党总支15个，党支部852个。其中，机关企业事业单位党组织341个（党委22个、党总支13个、党支部306个），村（社区）党组织146个（党委4个、党总支2个、党支部140个），非公党组织301个（党委1个、党支部300个），社会组织党组织102个（党委2个、党支部100个）。市委派出工委7个（凤里街道党工委、湖滨街道党工委、高新区党工委、市直机关工委、市委国有企业党工委、市委非公企业和社会组织工委、市委离退休干部工委）。坚持控制总量、优化结构、提升质量，严把发展党员“入口”关，全年举办6期重点发展对象培训班，发展党员560名。

【干部思想政治建设】 2021年，市委组织部把学习贯彻习近平新时代中国特色社会主义思想作为首要任务，持续兴起学习热潮，推动领导干部深学细悟。举办市管干部“学习中共十九届五中全会精神”轮训班、“领导干部政治判断力、政治领悟力、政治执行力提升”专题培训班等班次，在牢记“两个确立”、做到“两个维护”上先学一步、学深一层。强化干部任前廉政教育，落实领导干部任职前廉政法规知识测试和撰写廉政对照检查材料等制度。探索推行政治素质考察与巡察结合推进制度，强化干部政治素质考察，引导领导干部提升政治素质。

【干部人事制度改革】 2021年，市委组织部拓展干部政治素质考察“四评一议”（个人自评、单位点评、群众测评、部门联评、集体研议）工作法，建立31项行为特征的“正向+反向”清单，实行纪委监委等15个部门联合“政治体检”制度，相关经验做法被《福建组工通讯》等报道。坚持在关键时刻识别和使用干部，建立市委组织部部务会议成员挂钩联系镇（街道）和重点项目制度，采取实地督导、列席工作会议、听取相关人员意见等形式，收集干部在疫情防控、“5510”项目竞赛等重点工作动态表现，相关调研文章“在关键时刻考察识别干部的实践与思考”获全省机关党建课题调研一等奖、泉州市组织工作优秀调研课题一等奖等。推行干部考察考核量化考评，分类设置市直单位、镇（街道）干部考评指标，并根据评价主体不同分别进行加权计分量化，多维度听取各方面意见。

【干部监督管理】 2021年，市委组织部加强日常监督管理，推行“干部选任+X”常态化督查，结合市委巡察开展选人用人专项检查，狠抓因私出国（境）、社团兼职、股级干部选任不规范等问题整改，加强干部“八小时以外”监督，健全干部“负面”信息数据库。健全完善容错纠错机制，科学实施函询、谈话和问责，对涉及征地拆迁、项目建设等信访举报，经综合研究后再确定是否函询，全年对5件信访件不再调查，就14件函询结果予以采信，对受不实举报的4名干部予以公开澄清。严格执行任期审计制度，全年开展自然资源资产责任审计6名、经济责任审计12名。

【干部教育培训】 2021年，市委组织部举办“学习贯彻中共十九届五中全会精神”等专题研讨班4期。举办科级干部培训班、中青年干部培训班等主体班及“乡村振兴”“营商环境提升”等专题研讨班和各类辅导讲座，提高干部适应现代化发展需要的能力素质。选派12名优秀干部参与援宁挂职，抽调258名干部到疫情防控、国企运营、乡村振兴、征地拆迁等一线岗位锻炼。

【公务员管理】 2021年，市委组织部将公务员管入口和优结构相结合，有计划控制调任、交流规模，除政策性安置、乡镇换届安排外，面向社会公开招考公务员20名，考录比例77.8%。开展平时考核工作，指导各单位结合单位实际、岗位职责等制定量化考核指标，考实考准公务员日常表现。落实公务员职务与职级并行制度，坚持注重实绩、持续激励，对敢于担当、一贯表现较好的干部优秀予以晋升职级，全年晋升5批160人次。

【“两新”组织党建工作】 2021年，市委组织部抓基础、创特色、树品牌，做实做优“两新”组织党建工作，相关做法被《非公有制企业党建》杂志“橙度”专栏作专题访谈，青商会党建案例被评为2021年度全国“两新”组织优秀案例，4个案例入选“福建省新时代党建优秀案例”。推进中组部社会组织党建综合监测区建设，新培育锦尚镇侨联“侨行天下、四海联心”等党建品牌，私营协会获评全国个私系统党建先进典型，祥渔协会、“阳光太太”协会获评全省先进基层党组织。创新民营企业党组织书记分级管理激励机制，重点从3个维度14项指标进行分级评定，给予500—1000元的工作津贴，相关做法被《非公有制企业党建》杂志等媒体报道。培育“红色车间”“红色项目部”等载体，推广“七同”（党建目标与发展战略同谋划、组织建设与企业管理同加强、党员队伍与人才队伍同建设、党建活动与生产经营同开展、党内文化与企业文化同塑造、星级党员与员工绩效同考评、和谐企业与公益事业同推进）党建模式，打造“鑫一线·党旗红”等特色亮点，7个民营企业、生产车间入选泉州“两新”领域党建百佳，相关做法被《中国组织人事报》、人民网等媒体报道。举办市级“两新”组织党务干部、“党龄逢十”暨党史学习教育培训班，培训600多人次。开展快递物流行业“百日攻坚”行动，新组建“两新”党组织20个，非公有制企业和社会组织党组织覆盖率分别为96.1%和86.7%。

【基层党建工作】 2021年，市委组织部开展联席会议成员单位领办小区公共服务项目联合行动，推动21个成员单位领办“三好”（好支部、好邻里、好生活）项目22个，新打造“金邻党建”等党建示范点，调研文章获泉州市党建重点课题优秀调研成果一等奖。规范建设邻里之家，完成睦邻驿站微改造41项，打造“百家议事会”“金邻有约”等调解平台，龙福小区被评为省级近邻服务示范点。建立健全与岗位等级、绩效考核相衔接的党群工作者薪酬体系，补充招聘党群工作者30名，相关做法被《福建组工信息》等报道。推行“两长一员”（党员街巷长、党员楼长、红色网格员）制，开展居民小区拓面提质党组织“百日攻坚”行动，居民小区“两个覆盖”100%，选聘党员街巷长235名、党员楼长318名、红色网格员733名，相关做法被《中国城市党建报》《八闽快讯》报道，入选《民生周刊》“献礼建党百年”优秀案例1篇、入选省近邻党建案例2篇。统筹推进市属国企改革发展，推动成立市国企党工委，加强规范市属国企集团党组织设置。探索实施“1+2+N”学校党建工作模式（强化“1”个统领，发挥“2”个作用，团结“N”种力量），促进党建工作与学校发展同频共振。推动总医院成立福建省首个医院党校，加强党员教育主阵地。

【村级组织建设】 2021年，市委组织部开展村级组织“新班子、新气象、办实事、促振兴”活动，按照“每个村（社区）至少确定1件，全市至少确定100件实事好事”要求，推动镇（街道）谋划一批为民办实事项目，并从市财政划拨600万元专项资金，采取季度评选、年度“回头看”的方式，每季度评选出10个优质项目，每年度评选出20个精品项目，分别给予6万—20万元补助，换届以来生成村级项目1568个。组织开展“履职践诺大比拼”活动，创新“六个一”（开展一次集体谈心谈话、落实一系列防疫措施、进行一次大排查、开展一次大走访活动、干好开门一件事、组织一场志愿服务）办实事做法，解决群众“急难愁盼”问题1168项。实施党建引领产业兴旺、引领生态宜居、引领乡风文明、引领治理有效、引领生活富裕、引领服务提质“六大”工程，推动乡村振兴“盆景”变“风景”，永宁镇获评省乡村振兴特色镇，郭坑村获评全国乡村治理示范村，祥渔村获评省级乡村振兴实绩突出村，钞坑村获评泉州级乡村振兴实绩突出村。全市择优选拔95名“双好双强”干部人才，聘任13名“老乡村”“土专家”级的离任村主干为导师，打造“三级一专”（市级导师、镇级导师、村级导师、专家导师）乡村振兴导师团。因地制宜采取结对传授、论坛巡讲、线上指导等方式，开展“党建+金融”、创业分享会、科技三下乡等活动118场次，解决乡村人才技术紧缺难题。开展“抓党建促提升、抓宜居促振兴”三年行动，选派市直企事业单位正科级干部和组织、宣传、统战、政法、财政、国土、农业等部门副职128名到128个村（社区），实行成建制包镇联村，推动市直部门资源下沉一线。推动市直部门与村（社区）党组织结对共建，围绕乡村振兴推进、城市治理创新提升、城乡一体融合发展等五大任务，策划多场主题党日活动，搭建议事协商平台，推动机关干部群策群力谋发展，相关做法被《八闽快讯》《侨区快讯》报道。

2021年10月21日，在石狮市村（社区）主干光荣离任仪式上，新老村（社区）党组织书记交接乡村振兴接力棒
（图/市委组织部）

【党员服务管理】 2021年，市委组织部深化“海丝先锋”达标创星活动，构建“空壳化”党组织整顿转化体系，开展软弱涣散党组织整顿“回头看”“一村一策”，推动8个村（社区）党组织整顿转化，全市各领域先进等次党组织占67.5%，相关做法被中组部《组工信息》《福建组工通讯》报道。严格党员队伍管理，开展村（社区）、“两新”组织党组织党员集中轮训32场次，2000余名党员参与轮训；开展第一批农村发展党员违规违纪问题排查整顿，排查党员986名。落实党内激励关怀帮扶机制，动态管理困难党员信息库，抓好困难党员的日常关怀帮扶工作，走访慰问困难党员2302人次。做好庆祝中国共产党成立100周年工作，评选表彰“两优一先”对象99名，颁发“光荣在党50年”纪念章1017枚，开展“我心向党”主题党月、“献礼建党百年•定格荣耀瞬间”公益摄影等系列活动。

【党员电化和远程教育】 2021年，市委组织部发挥《石狮党建》电视专栏、福建广电网络党员干部现代远程教育网络平台、“石狮组工”微信公众号三大阵地作用，抓好中国共产党成立100周年、村级换届选举、党史学习教育等宣传工作，在石狮电视台增设《你好石狮》《不忘初心》《我读党章》《乡村1对1》等系列专题节目，在“石狮组工”微信公众号开设《党旗在基层一线高高飘扬》宣传专栏，截至2021年底制播181期，汇编《不忘初心》系列宣传片6集，宣传先进典型党组织和优秀党员好经验、好做法210多篇次，《初心》《在这里》电教片获第16届全省党员教育电视片观摩交流活动二等奖，《ICU的冬与春》获第16届全省党员教育电视片三等奖。推进福建网络党员干部远程教育平台建设，拓展单位105个，全市远程教育终端站点241个。

【人才服务】 2021年1月28日，石狮市开展“情系人才•温暖新春”人才“暖春”服务系列活动。4月18—20日，由中国纺织工程学会主办的“2021中国服装辅料大会”在石狮举行，全国多个纺织服装产业集群、科协、商协会、企业以及高校相关机构代表和人才参加论坛。6月28日，组织高层次人才到上杭古田开展为期3天的党史学习教育专题研修班。7月2日，出台《石狮市开展2021年科技重大专项“揭榜挂帅”试点项目工作实施方案》，面向新材料、高端面料、清洁染整、智能制造等领域公开征集2个“揭榜挂帅”项目。9月30日，出台《石狮市“校园引才大使”计划实施方案》，启动“校园引才”行动，在厦门大学、西安工程大学、中国海洋大学、武汉纺织大学等12所符合全市产业发展的省内外高校设立校园引才服务站，首批聘任30名石狮籍学子为校园引才大使。

2021年1月28日，石狮市开展“情系人才 温暖新春”石狮市人才“暖春”服务系列活动。图为颁发2020年石狮市新市民、民办高校、新闻行业人才“积分入住”凭证及新春礼包仪式活动现场 （图/市委组织部）

宣传工作

【概况】 2021年，石狮市宣传思想文化工作坚持以习近平新时代中国特色社会主义思想为指导，开展2021年“狮响好声音”宣传思想文化工作启动年活动，兴起新一轮“大学习”热潮，结合习近平总书记“七一”重要讲话、中共十九届六中全会精神等，开展集中宣讲活动500余场。开展党史学习教育和庆祝中国共产党成立100周年系列活动，开设“让声音更有力量”广播专栏，举办群众性文化宣传教育活动150余场。开展系列新闻宣传活动，在中央级、省级媒体报道400余篇。深化文明创建，开展新时代文明实践活动800余场次，建设“复兴少年宫”18个。做好城市超级IP营销推广，城市IP美陈完成近1000处，“狮来运转”获评“玉猴奖”年度十大最具商业价值文旅吉祥物。加大石狮市影视政策宣传推介力度，10余部影视作品到石狮取景拍摄。石狮市委宣传部被中宣部党建杂志社评为“2021年度党建杂志宣传工作先进集体”。

【思想理论建设】 2021年，中共石狮市委宣传部（简称“市委宣传部”）坚持以习近平新时代中国特色社会主义思想为指导，依托理论学习中心组学习、“学习强国”学习平台、基层理论宣讲等多重载体，推动习近平新时代中国特色社会主义思想走深走实。

聚焦专题研学，举行习近平总书记

“七一”重要讲话精神专题研讨会，制定学习宣传贯彻习近平总书记“七一”重要讲话、召开专题组织生活会等方案，指导督促全市党支部按照时间节点开展学习活动；市委党史学习教育巡回指导组结合习近平总书记“七一”重要讲话精神学习贯彻情况，深入基层一线开展巡回指导。制定《关于做好学习贯彻习近平总书记在庆祝中国共产党成立100周年大会上的重要讲话精神专题宣讲工作的方案》，发挥党史学习教育宣讲团、乡村讲师团、“红色讲解员”等宣讲队伍作用，邀请党史专家、退休干部、历史见证者等深入机关企事业单位、乡镇（街道）、农村（社区）、学校、企业等，开展相关主题宣讲163场次。以巡听旁听机制为抓手，推广先进经验，培育工作典型，评选出《深化“书记巡诊‘理论学习中心组’四个一”活动”，推动学习质量提升》《创新中心组学习方式 打造“凤鸣”学习讲堂》等优秀学习范例，发挥典型示范带动作用。

“学习强国”学习平台推广运用。根据栏目设置情况向中央学习平台、福建分平台报送展现学习宣传贯彻习近平新时代中国特色社会主义思想的稿件和人文、历史、旅游等学习资料，全年石狮市图文、视频供稿总量350件，供稿排名第四名；刊发287件，刊发排名第三名，其中76件图文、视频被刊登于总平台。启动创建“书香狮城”暨开展“三下乡”集中服务活动，向群众分发“学习强国”学习平台二维码宣传单。运用新时代文明实践中心（所、站）、党群服务中心等平台开展宣传推广。提升干部群众运用平台的积极性，宣传系统每季度推选积分排名前十的党员干部作为“学习强国学习之星”；颁发学习鼓励卡；鸿山镇、锦尚镇、永宁镇联合举办“学习强国”App党史专题答题挑战赛；蚶江镇成立青年理论学习小组，每月推送重点学习内容；宝盖镇将人均积分纳入“乡风文明”积分兑换制，群众可到定点商家以积分兑换商品等。

基层理论宣讲。组建党史学习教育、百名红色讲解员讲百年党史宣讲团，开展党史学习教育、习近平总书记“七一”重要讲话精神、中共十九届六中全会精神和省第十一次党代会精神等专题集中宣讲活动，受教育群众5万余人次。

【社会主义文化建设】 2021年，石狮市推动文化繁荣发展，提升城市文化软实力。

2021年6月28日，石狮市“百名红色讲解员讲百年党史”系列宣讲活动在市音乐厅启动 （图/市委宣传部）

公共文化服务供给丰富。举办线上闽台对渡文化节系列活动，线上围观20万人次。举办《你是一把火炬——华侨英烈李子芳》舞台剧展演、红色木偶剧《红星照我去战斗》等文化惠民剧场20场、常规公益活动30场、传统文化进校园50场。举办“奋斗百年路 启航新征程”石狮市第19届广场文化艺术节，推出“奋斗百年路”“永远跟党走”等6个文艺专场晚会。开展“书香城市”建设，推出“书香狮城·全民阅读”示范点100个。石狮狮阵、市文化馆分别获评第五批国家级非物质文化遗产代表性项目保护项目和保护单位。市传承高甲戏剧团演员林世忠获得第15届福建省戏剧水仙花奖表演二等奖。世茂海上丝绸之路博物馆被中国侨联确认为中国华侨国际文化交流基地。

文艺精品创作。组织发动文艺工作者创作《红色印记》《我的入党记忆》等文艺精品100多部，《姑嫂塔——石狮人笔下的石狮》集结出版。市书法家协会林景辉书法作品获第七届中国书法兰亭奖银奖；《向海，向海》入选省长篇小说（重点题材）扶持项目；高甲小戏《停车场风波》在“庆祝中国共产党成立100周年”原创小戏小品剧本征集评选活动中获三等奖。全年创作广播电视文艺作品20多件，广播连续剧《大爹》入选中国广播剧研究会主办的“百年百集”广播剧精品展播活动；纪录片《紫薇花开》获中国广播电视大奖广播电视节目三等奖。

文化旅游产业发展。石狮市入选2021年全国县域旅游综合实力百强县。“海丝三宝”（万寿塔、六胜塔、石湖码头）被列入世界文化遗产名录，宝盖山、世茂海丝馆分别获评国家AAAA级、AAA级旅游景区，十里黄金海岸等3个项目获评第三批泉州市“六大旅游产品”，新增“小镰仓”“伍堡哨所”等网红打卡点10余个。开展石狮市“名菜、名小吃、名厨、特色餐饮名店”评选活动。以“寻味狮城·食全食美”为主题，面向海内外征集美食主题Logo 55个、宣传口号2473条。

文化产业发展。加强项目策划和招商引资，谋划黄金海岸文旅提升项目等文化产业重点项目6个，总投资额10.17亿元，年度投资额2.47亿元。“狮路·丝路”入围泉州文化产业游五佳路线。推进影视产业发展，加快中影禾美影视基地落地建设，《初恋的烦恼》《偶然发现的夏天》等10余部影视作品在石狮取景拍摄，《石狮爱情故事》《你是我最甜蜜的心事》等作品登陆荧屏；影视政策上线惠企直兑平台，全年兑现奖励614.72万元。做好城市超级IP营销推广，IP授权商增加12家、衍生品新增20种，研学项目合作基地7家、接团人数6000余人，城市IP美陈完成近1000处，举办IP推广活动31场；“狮来运转”获评2021年“玉猴奖”年度十大最具商业价值文旅吉祥物。

【主流舆论宣传】 2021年，市委宣传部组织开设“学习贯彻中共十九届六中全会精神”“认真学习贯彻省党代会精神·全方位推进高质量发展超越”“‘两会’进行时”等专题专栏，刊播相关报道1000多篇。策划“搭乘‘海丝’春风·扬帆‘现代化商贸之都’”主题报道，推出“勇立潮头迎风搏浪·高质量建设现代化商贸之都”等系列报道，呈现石狮市在产业、城建、民生等领域贯彻落实建设现代化商贸之都的具体举措；策划“向海而兴·石狮沿海行”“重点项目巡礼”“镇（街道）巡礼报道”等主题报道，推出“十里黄金海岸不负海景不负卿”等系列报道，展示石狮市各镇（街道）立足实际，发挥“拼”的精神，发展海洋经济、商贸物流、文化旅游等产业的生动实践；泉州党代会期间，联动泉州晚报社，策划推出《“泉”担当 我落实｜石狮市委书记黄春辉：提品质拓空间，建设现代化商贸之都》专题报道，全网浏览量超过50万次；省党代会期间，在《福建日报》以整版的形式策划推出《石狮：构建现代化经济体系，撬动经济增长新引擎》专题报道，报道石狮市贯彻落实习近平总书记来闽讲话精神，将党史学习与全市改革发展相结合，打好经济、城建、改革、民生、党建等领域攻坚战；策划制作以《福建新答卷｜石狮：我是shishi，为建设现代化商贸之都，我拼了》为题的集图片、文字、视频于一体的融媒体作品，在全省范围内各级各类媒体平台广泛推送。

【对外宣传】 2021年，市委宣传部对接上级到石狮采访的媒体记者400余人次，在上级各级各类媒体刊发报道1300余篇。其中，泉州级媒体报道600余篇，省级媒体报道400余篇，中央级媒体报道300余篇。中央、省主流媒体刊播石狮相关报道，关注石狮商贸、经济、文化、旅游等领域系列工作进展、成效。其中，《人民日报》全媒体平台报道10余篇；新华社报道30篇；《福建日报》报道113篇；中央电视台各频道（栏目）报道20余篇。“建党百年”特别节目《沿着高速看中国》在海丝遗迹——林銮渡进行线下直播，全网直播观众超1.45亿人次。

统战工作

【概况】 2021年，中共石狮市委统战部（简称“市委统战部”）做好石狮市第八届政协委员会换届人选推荐工作。围绕庆祝中国共产党成立100周年，组织民主党派成员参加党史学习教育宣讲系列活动。邀请民主党派成员参与以“我爱你·中国”为主题的统一战线庆祝中国共产党成立100周年MV拍摄活动。组织民主党派成员参加“追忆抗美援朝·牢记初心使命”主题教育观影活动。民主党派在石狮市政协七届五次会议上提交团体及个人提案180件；开展调查研究并形成调研文章8篇；深入基层开展文化下乡、送医义诊、扶贫济困、助学圆梦等活动，建成网络人士实践创新基地1个。

【民主党派工作】 2021年，市委统战部协助民主党派完成换届工作，选举产生新一届领导班子。民主党派在石狮市政协七届五次会议上提交团体及个人提案180件，占提案总数的77%，其中重点提案5件。民主党派开展调查研究并形成调研文章8篇。14名民主党派成员、无党派人士担任市监察委员会第一届特约监察员，15名民主党派成员、无党派人士担任机关效能建设监督员，63名民主党派成员、无党派人士担任市检察院、审计局、生态环境保护局及其他部门的特约人员。

【党外和新的社会阶层人士统战工作】 2021年，市委统战部推荐无党派人士和党外知识分子担任特约监督员，推进无党派人士、党外知识分子参与政治协商、参政议政及民主监督。更新无党派人士名册，全年石狮市认定无党派代表人士12名。以庆祝中国共产党成立100周年为契机，组织无党派人士、党外知识分子参加党史学习教育宣讲系列活动与主题教育观影活动；安排无党派人士、党外知识分子参加石狮市统战、宗教、民族理论专题培训班。3月8日，召开石狮市新的社会阶层人士联合（简称“石狮新阶联”）妇女第一次代表大会，成立石狮新阶联妇女联合会，选举产生第一届妇委会成员。3月15日，市司法局批复同意成立石狮新阶联人民调解委员会。全年石狮新阶联走访6个同心服务站，慰问困难群众20余户，捐赠爱心款17500元；向同心服务站金曾社区、钞坑社区、市图书馆赠书500余册；联合泉州泰和医院开展同心下乡义诊志愿服务4场次，义诊500余人；开展“母亲健康‘1+1’”暨关爱困难妇女儿童公益募捐活动，筹集爱心款28320元；联合多个志愿者服务队开展“弘扬雷锋精神·美丽中国我是行动者”净滩志愿服务活动，清理海滩垃圾约2.5吨；建立市网络人士数据库，建成1个网络人士实践创新基地。

【石狮市留学生联谊会工作】 2021年2月3日，石狮市留学生联谊会（简称“石狮留联”）党支部开展“‘五拼’我带头”主题党日活动，组织党员走进蚶江镇洪窟村慰问低保户和残疾困难户。4月24—25日，石狮留联赴宁德市寿宁县下党乡举办庆祝中国共产党成立100周年暨石狮留联第三期海归启航班，为青年海归授课。6月26—27日，石狮留联以“风展红旗·如画三明”为主题在三明市举办庆祝中国共产党成立100周年活动。7月30日，石狮留联“同心交流站”揭牌仪式在石狮木林森总部举行。10月23日，石狮留联与致公党石狮总支部联合举办第六届石狮“同心杯”篮球邀请赛。

机构编制

【概况】 2021年，石狮市机构编制部门完善机构职能体系，加强权责清单编制管理，深化基层管理体制改革，坚持资源配置高效益，保障重点领域事业发展需要。组织实施第二次全国机构编制核查工作，完成事业单位法人的年度报告公示274份，出台《学习贯彻习近平总书记“七一”重要讲话精神推进机构编制工作高质量发展工作方案》，提升机构编制管理改革创新能力。

【行政管理体制改革】 2021年，市机构编制部门完善机构职能体系，制订出台14份党政群机关“三定”方案和20份部门机构编制调整文件。组织开展工业园区管理体制改革调研，规范石狮高新区管理机构设置，明确管委会职责定位。推进应急管理、疾病预防控制、扶贫开发和乡村振兴、行政复议等重点领域体制机制改革相关工作。

权责清单编制管理。市机构编制部门梳理公布19个政府工作部门和2个在党委部门加挂牌子承担行政职能机构的权责清单。修订《市镇（街道）“属地管理”责任事项清单》，明确市镇两级权责边界。出台《石狮市有关部门生态环境保护责任清单》，厘清相关部门在生态环境保护方面的职责边界。

基层管理体制改革。市机构编制部门巩固深化镇（街道）机构改革成果，协调相关部门指导镇（街道）便民服务中心规范化建设，推动解决执法权限、执法人员资格、规范执法等“一支队伍管执法”改革重点难点问题，整合基层审批执法服务力量。推动成立市经济发达镇行政管理体制改革领导小组，提升3个经济发达镇在创新基层管理体制机制方面的示范带动作用。开展镇（街道）机构改革回头看，推动宝盖镇以全省第二名通过经济发达镇行政管理体制改革抽查评估。

【机构编制管理】 2021年，石狮市机构编制部门统筹优化编制布局结构。健全机构编制管理评估和动态调整机制，加大统筹使用各类编制资源力度，统筹8名行政编制、13名机关事业编制，周转使用8名行政编制、4名机关事业编制，提升编制资源使用效益。组织开展全市中小学教职工编制使用情况评估和精准测算，向上级争取统筹调剂1006名财政核拨事业编制，配套统筹调剂本级350名编制，专项保障中小学教职工用编需求。创新公立医院人员总量控制备案管理做法，保障医疗卫生人才用编需求。

法规制度执行。石狮市机构编制部门贯彻落实机构编制事项事前沟通制度和机构编制报告制度，执行机构限额、领导职数、编制总量等规定，重新核定市纪委监委内设机构正职领导职数13名、市场监管所科级领导职数9名。结合市、镇领导班子换届，推动解决机构改革等原因造成的超领导职数配备问题。严格执行编委工作规则和编办工作细则，全年审核审批考录用编184名、调动用编480名。

监督检查。石狮市机构编制部门推进机构编制管理网络信息化，开展占用中小学教职工编制清理整治、控编减编执行情况督查等专项工作。组织实施第二次全国机构编制核查工作，实地查核104个部门。组织清理规范异常状态事业单位法人，完善事业单位法人行政处罚依据和自由裁量权细化量化标准，加强事业单位法人事中事后监管，相关信息及时录入省“互联网＋监管”系统。推动机构编制管理纳入巡察、选人用人专项检查、党政领导干部经济责任审计等工作，形成监督合力。

【事业单位改革】 2021年，石狮市机构编制部门优化事业单位布局结构。优化调整便民服务、审计结算等机构设置，研究设立招商投资服务和市场采购服务机构，整合撤并使用事业编制的社会团体和“小、弱、散”事业单位5个。执行事业单位名称规范、机构限额、领导职数等规定，研究提出全市科级事业单位布局优化方案，报上级编委会规范确认科级事业单位34个。

深化综合行政执法改革。市机构编制部门整合监管执法职能，开展应急管理等领域以及跨领域跨部门综合行政执法改革工作；深化市场监管、农业、文化、交通运输、城市管理5个领域综合执法改革工作，提升执法队伍履职能力。健全完善综合行政执法主管部门、执法队伍之间的联动协作机制，厘清职责边界，提高执法效能。

【事业单位登记管理】 2021年，石狮市机构编制部门完成2020年全市事业单位法人的年度报告公示274份。完成党政机关、群团组织统一社会信用代码赋码、事业单位法人登记、中文域名注册及相关管理工作，办理赋码初领、变更、注销、换证56件，事业单位设立、变更、注销登记121件。健全完善事业单位法人事中事后监管措施，开展事业单位法人“双随机”抽查工作，随机抽查事业单位30家，发现并督促完成问题整改8个。建立健全各类事业单位法人异常名录管理制度、信息公开披露机制，推进失信被执行人联合惩戒。

机关党建

【概况】 2021年，石狮党的关系隶属市直机关工委的基层党组织有314个，其中基层党委12个、二级党委5个、党总支11个、党支部286个，党员5323名。

【机关党建政治和思想建设】 2021年，石狮市开展政治机关建设，把学习习近平新时代中国特色社会主义思想作为党委（党组）理论学习中心组的第一议题和常设议题，按计划、分层次组织党员干部研读新思想，选送案例及论文参与省、泉州评选，其中1个案例获省体制机制创新案例二等奖，7个案例分获泉州市体制机制创新案例一、二、三等奖；2篇调研论文分获省机关党建课题调研一、二等奖，1篇调研论文获泉州市机关党建课题调研三等奖。

【基层党建队伍建设】 2021年，石狮市选优配强领导班子，调整优化市直系统党委设置，做好换届提醒督促、班子成员配备工作，推动18个市直系统（局）党委调整优化为12个，28个党组织按期完成换届，落实党支部书记由部门单位主要负责人担任。按照“工委示范、党委主办、分级培训、全面覆盖”的思路，分级分层次对党组织班子成员及党务干部开展培训，举办市级机关党务干部专题研讨班，邀请省直机关工委讲师团团长讲授“基层党建工作实务”，全市各党委举办培训班32期，培训2430人次。

【党建与业务融合】 2021年，石狮市按照“一党委一品牌，一支部一特色”要求，实行党建项目化管理，培育一批党建优秀案例、精品工程和特色典型，全市确定各类机关党建特色项目15个，其中1个党建项目获泉州市机关特色党建项目评展一等奖，市直机关工委获优秀组织奖。深化“放管服”改革，将争创“党员先锋岗”、党员“三诺”与行政审批有机结合，推行投资建设项目“一站式”服务，开办企业“一窗通办”等，提升审批效率、优化营商环境。打造“我为群众办实事”线上服务平台，开展在职党员到社区小区报到为群众服务活动，实现“线上+线下”双轨运行，开展义诊咨询、课后服务、居家养老、疫情防控等各类志愿服务活动610余次，服务群众8000余人次。

老干部工作

【概况】 2021年，石狮市有离退休干部2071人，其中，离休干部5人，“5·12”退休干部5人，厅级退休干部2人，处级退休干部47人，科级退休干部316人，离退休干部党员917人；离退休干部党委1个、党支部22个、临时党支部1个。

【离退休干部党建工作】 2021年，石狮市委老干部局推进“五联共建·乐龄先锋”计划，成立老干人大党支部、林边社区老干党支部、长福社区老干党支部。落实离退休干部党组织工作经费保障机制，全年核拨离退休干部党支部运转经费18.51万元，发放离退休干部党组织书记工作补贴13.75万元。开展第四轮“桑榆党旗红”离退休干部党建先进典型培育活动，市场监督管理局退休党支部获评“省级离退休干部示范党支部”。举办第四期全市离退休干部党建培训班，40多名离退休干部党组织书记、党务干部集中轮训。

【老干部服务管理】 2021年，石狮市委老干部局为离休干部、“5·12”退休干部集中报销医疗费用，全年报销医药费22.3万元。坚持“六必访”制度（重大节日、逢十过生日、生病住院、有思想问题、家庭重大变故、临终去世），组织入院探望、上门走访老干部600多人次。坚持为离休干部、“5·12”退休干部、副科级以上退休干部免费订阅《福建老年报》《新华每日电讯》《石狮日报》，补助普通老干部每人80元订阅《福建老年报》，全年补助12.5万元。做好老干部解困帮扶工作，全年发放解困帮扶基金4.7万元。

【老干部作用发挥】 2021年，石狮市委老干部局开展“银发红心”游学研讨活动，组织参观考察片区改造、文旅招商、园区建设等“5510”项目竞赛。开展“银智荟萃”金点子征集活动，梳理“银发智囊库”158名成员的专业特长，设置医疗卫生、文化体育等7个小组，组织开展“我看全面建设现代化商贸之都”专题访谈、“我为‘5510’竞赛项目把脉问诊”专题调研等活动，引导老干部讲好石狮商贸故事。开展“银辉闪耀”暖狮城实践活动，围绕环境保护、文化传播、项目征迁等发挥正能量，助力老干部融入石狮发展大局。举办石狮市第三届老年人健身节系列活动。在世茂海丝博物馆设立书画创作艺术基地，9名市老年书画研究会成员受聘担任博物馆特别讲解员。

【老干部庆祝中国共产党成立百年系列活动】 2021年，石狮市举行老党员老干部“铭记党恩·共开新局”主题座谈会暨“光荣在党50年”纪念章颁发仪式，市领导为52名党龄达到50年的老党员代表颁发“光荣在党50年”纪念章。开展“庆建党百年·看石狮新变化”参观考察活动，了解石狮在交通路网建设、景观风貌打造、文旅产业发展及高新技术产业培育等方面的主要动作和崭新成就。组织老干部创编《你是一把火炬——华侨英烈李子芳》舞台剧，引导全市人民感受中国共产党成立百年奋斗历程，激发党员干部群众干事创业的热情。举办“我心向党——铭记党恩抒心声”主题征文活动，收到各类投稿120篇，择优汇编成《石狮市离退休干部庆祝建党100周年征文优秀作品集》。引导涉老组织开展系列庆祝活动，市离退休干部协会、新四军研究会联办“辉煌百年”灯谜展猜系列活动。市老干部活动中心党委、老科技工作者协会以“峥嵘百年·与党同心”为主题到永宁镇沙美村开展文艺下乡慰问演出活动。市老区建设促进会与驻军部队联办“建党百年·军民同庆”主题文艺演出。市老科技工作者协会、新四军研究会联办“百年奋斗历程·铸就辉煌中国”图片展。市关心下一代工作委员会开展“学党史、颂党恩、跟党走”主题教育活动，举办主题宣讲120余场、图片展40余场、灯谜展猜30余场。

【关心下一代工作】 2021年，石狮市加强关心下一代工作，举办“学党史、颂党恩、听党话、跟党走”主题宣讲活动100余场；举办以“中国共产党成立100周年”为主题的党史宣讲、征文比赛、演讲比赛、知识竞赛、灯谜竞猜和“唱红歌、演红戏”文艺会演139场次，参与主题教育活动的青少年28500多人次。开展“家庭家教家风”主题教育，组织参与家教进校园、下镇村开办各种讲座36场次，受众14000多人次。探索组建多方联手的“六失”（失亲、失学、失管、失足、失能、失业）青少年关爱帮扶点和以退休党员为主体的“绿叶帮扶小组”，关爱帮扶 “六失”对象370多名。推进民营企业关工委建设，设立“企业关工委示范点”32家，关爱服务企业青年员工及职工子女成长。提升青少年社会教育阵地建设，设立“青少年思想道德实践基地”“青少年劳动实践教育基地”“海峡两岸青少年中华传统文化传承基地”等14个青少年社会化教育活动阵地。利用少年社会教育活动中心（站、点）和实践教育基地的平台作用，开展形式多样、各有特色的主题教育、文体娱乐、劳动实践等丰富多彩活动146场次。全年“关心下一代基金”资助学生35名、发放助学金17.5万元，配合市慈善总会资助147名贫困大学生共81万元。

党校工作

【概况】 2021年，石狮市委党校贯彻落实《中国共产党党校（行政学院）工作条例》要求，开展党史学习教育和“再学习、再调研、再落实”活动，“党内法规制定权研究”“石狮实体经济发展”2项省级课题获得结项，论文《三“点”齐抓共发力 理论生根化力量》获泉州市党校系统庆祝中国共产党成立100周年主题征文活动三等奖；科研成果转化生成教学新课15门。全年举办29期培训班，培训党员干部2000多人次。

【干部教育培训】 2021年，石狮市委党校服务大局，围绕省十一次党代会、泉州十三次党代会及石狮市第八次党代会精神，举办“优化营商环境”专题研讨班，“推进共同富裕”乡村振兴培训班次，邀请省委党校、华侨大学等单位多位名师及石狮地方领导讲授相关专题课程，组织学员到石狮“5510”重点项目现场观摩，增强学员对经济发展新态势的了解。组织专职教师集体调研、集体备课，挖掘石狮经济社会发展实践经验及地方党史文化精髓，形成“学石狮党史 强初心使命”“树立正确党史观 学好共产党人的必修课”“石狮市第八次党代会精神解读”等10门新课，利用“流动党校”平台，组织石狮市委党校教师送党课下基层115场次。

开放办学，加强对外交流。先后组织科级班、中青班等7个班次到合肥、厦门、福州等省内外先进地区异地培训，学习借鉴国内先进城市改革发展典型经验。以石窟公园、贸易采购试点等全市首批52个党员干部现场教学基地建设为抓手，对外承接国内其他地区党校到石狮市异地办学，全年承接全省党校（行政学院）系统校（院）长培训班，清流县科级干部进修班、盐池县乡村振兴班、安溪县管干部进修班等8个异地培训班次到石狮异地培训。全年举办29期培训班次，党员干部2000多人次。

【乡镇党校规范化建设】 2021年，石狮市委党校按照“有牌子、有场所、有队伍、有教学、有经费”等要求推进乡镇党校规范化建设。9个镇（街道）均建立基层党校领导班子并加挂基层党校牌子，全市乡镇党校领导干部57人，设立基层党校培训基地11个，所需干训经费被列入镇（街道）党委年度经费预算，全年石狮市镇（街道）党校开展理论教育培训63场次，培训基层党员干部5300多人次。

【科研咨政】 2021年，石狮市委党校常态化组织培训班学员开展课题调研活动，生成调研文章53篇，其中第21期科级班异地培训考察报告《以创新驱动县域经济高质量发展——合肥市“科创+产业”发展战略对县域经济发展的启示》发表于《泉州通讯》2021年第4期及《石狮研究》2021年第3期，获得市委书记批示肯定；优化营商环境研讨班课题“优化营商环境 护航民企发展”发表于《石狮研究》2021年第4期，获得市长批示肯定。全年石狮市委党校形成4篇调研课题，其中《石狮市村主干‘一肩挑’模式的调查研究》发表于《泉州通讯》2021年第6期，《石狮直播电商行业转型发展研究》获得泉州党校校级课题一级结项。《党内法规制定权研究》《石狮实体经济发展》2项省级课题获得结项，论文《三“点”齐抓共发力 理论生根化力量》获得泉州市党校系统庆祝中国共产党成立100周年主题征文活动三等奖。科研成果共转化生成教学新课15门，补充提升11门旧课内容。

【队伍建设和人才培养】 2021年，石狮市委党校组织教师到省委党校、泉州党校跟班学习，邀请党校系统名师讲授专业课程，组织专职教师学习中央党校党史学习教育、中共十九届六中全会精神解读等网络直播课程，提升全市党校专业素养。围绕党史学习教育主题，牵头举办石狮市庆祝中国共产党成立100周年主题书画摄影作品展，推进完成鸿山镇村干部研讨班、服务基层防疫等4个“服务群众”项目工作，组织支部党员干部到泉州岭兜革命旧址、晋江围头战地文化渔村、林俊德纪念馆等地开展党日活动，抽调1名党员教师到石狮防疫指挥部挂职锻炼，1名党员干部到金曾片区参加石狮市“5510”项目建设。

党史和地方志

【概况】 2021年，石狮市委党史和地方志研究室开展“学党史、悟思想、办实事，谱近邻党建新篇”“百年征程·初心不忘——庆祝中国共产党成立100周年”主题宣讲活动4次。组织编纂《石狮年鉴（2021卷》。完成《石狮党史》期刊总第52期、53期。启动“石狮市市场经济口述史”资料编研。深化石狮党史重大事件和人物研究，完善董云阁、李子芳烈士资料专卷。推进镇村志书编纂，助力乡村文化振兴发展。

【史志编研】 2021年，石狮市委党史和地方志研究室改版提升《石狮党史》期刊，编纂推出“庆祝建党百年”特刊，增设地方志研究专栏，完成期刊总第52期、53期。启动“石狮市市场经济口述史”资料编研工作，完成8期口述访谈。组织编纂《石狮年鉴（2021卷)》，全书共计84.9万字，设35个类目，反映2020年石狮市各行业、各部门工作和经济社会发展新貌。深化石狮党史重大事件和人物研究，完善董云阁、李子芳烈士资料专卷，其中《以身许国终不悔 革命精神永流传》等2篇研究成果被“学习强国”平台报道，研究推出“石狮革命斗争人物和事迹”被《石狮日报》《东南早报》的“泉州华侨革命斗争史”专栏、《泉州晚报》的“百年红色记忆·泉州党员英烈谱”专栏报道。与《石狮日报》推出《归侨烈士李子芳斗争到生命最后一息》等6篇报道。加强指导《石湖村志》《古浮村志》《东埔村志》《郭坑村志》《卢厝村志》，进一步规范基层修志工作。

【史志宣传教育】 2021年，石狮市委党史和地方志研究室围绕“学党史、悟思想、办实事、开新局”要求，下基层开展“学党史、悟思想、办实事，谱近邻党建新篇”“百年征程·初心不忘——庆祝中国共产党成立100周年”主题宣讲活动4次。举办“我家的红色记忆”革命历史文物征集和主题展览，编发《我家的红色记忆》专刊。联合开展“百名城市讲解员讲百年党史”宣讲活动、“党史‘邮’我说”主题展。联合创作推出《你是一把火炬》李子芳烈士大型歌舞剧。

【史志教育研学基地】 2021年，石狮市委党史和地方志研究室指导红色革命教育阵地建设。李子芳烈士故居、董云阁烈士故居入选福建省革命文物名录。李子芳烈士故居入选福建省党史学习教育参观学习点。董云阁烈士故居、李子芳烈士故居（李子芳纪念馆）入选泉州市党史学习教育参观学习点。蚶江镇石渔村、祥芝镇古浮村、鸿山镇东埔村、永宁镇郭坑村、锦尚镇卢厝村5个

2021年4月2日，市委史志室在华南社区宣讲党史学习教育专题党课

（图/市委史志室）

村获评“泉州市乡村记忆文化示范村”。

【服务党政中心工作】 2021年，石狮市委党史和地方志研究室围绕史志工作主业，强化服务理念，发挥职能优势，为全市建设现代化商贸之都提供精神动力和智力支持。配合全市“5510”项目竞赛工作，抽调2名党员干部参加大仑东片区改造建设项目，发挥党员干部公仆和服务意识。围绕全市党史学习教育工作，注重史志研究成果转化与新媒体媒介的融合创新，打造党史宣教“云”模式。联合市融媒体中心创作推出《石狮红色印记》《石狮这么红》专题纪录片、《石狮！石狮！五月的鲜花》主题MV及《云阁芳华》《赤子流芳》《赤心如石》等党史故事微视频在网络上广泛传播，其中反映革命基点村前埔村发展历程的《和合之美》视频入选福建电视台综合频道、经济频道“百年感动——闽山闽水映深情”网络视听主题宣传展播。依托全市128个村（社区）终端广播网，开设“声动狮城”专栏，连载播放《宝盖山下》李子芳烈士广播剧。推动红色教育阵地、非遗文化点、纺织服务产业、滨海城市景观等结合、串点成线，联合市文旅局推出红色旅游路线，扩大红色资源的影响力和吸引力。立足侨乡特色，指导建设锦尚镇、永宁镇侨史馆。传承医院文化，市总医院院史馆开馆。结合“书香狮城”创建，在“书香狮城”驿站、镇村活动中心，建设“石狮史志专柜”。指导督促《石狮政协志（1991—2010）》出版。

保密工作

【概况】 2021年，石狮市委保密办、石狮市国家保密局坚持以习近平新时代中国特色社会主义思想为指导，把思想和行动统一到党中央关于保密工作的决策部署和习近平总书记重要指示批示精神。落实总体国家安全观，围绕市委中心工作，做好高考、重要涉密会议活动等的保密服务保障工作，推动新时代保密事业高质量发展。

【保密监督检查】 2021年，石狮市委保密办、石狮市国家保密局指导机关、单位抓好涉密人员管理，开展涉密人员数据情况统计。推动定密工作精准化，开展2021年度全市定密事项报备和涉密政府采购情况统计工作。贯彻落实泉州市委保密办《保密自查自评督查反馈意见》，开展保密自查自评数据采集工作。常态化开展机关、单位保密自查自评督查工作，实地检查机关、单位21家次，计算机115台次，下发整改通知书4份。

【保密工作宣传教育】 2021年，石狮市委保密办、石狮市国家保密局通过党校保密教育主阵地和《保密工作》杂志及“保密观”微信公众号开展保密法治宣传教育。7月7日，邀请泉州市委办副主任、市委保密办主任黄万成为市领导干部讲授保密专题课程，参加培训130余人。

石狮市人民代表大会

综 述

【概况】 2021年，石狮市人大常委会坚持以习近平新时代中国特色社会主义思想为指导，依法履职行权，召开人大常委会会议9次、主任会议13次，听取和审议“一府两院”工作报告14项，作出决议决定和提出审议意见23项，组织调研、视察、检查活动10项，开展满意度测评8项，对1部法律法规进行执法检查，依法任免地方国家机关工作人员73人次。

2021年12月24日，石狮市第八届人民代表大会第一次会议在公务大厦附楼大会议室召开 （图/市人大办）

【重大决策部署贯彻落实】 2021年，石狮市人大常委会学习中共十九届六中全会、庆祝中国共产党成立100周年大会、中央人大工作会议精神以及习近平总书记来闽考察重要讲话精神，并与学习贯彻习近平法治思想、习近平总书记关于坚持和完善人民代表大会制度的重要思想紧密结合、一体落实，以中共创新理论引领人大工作开拓前行。传达学习省第十一次党代会、泉州市第十三次党代会、石狮市第八次党代会等会议精神，落实市委工作部署，安排常委会领导挂钩金曾、八卦街、宝盖、塘园等片区改造以及蚶江锦尚智能园、新能源综合园、鸿锦产业园项目，推进“5510”项目竞赛；抽调人大干部参与片区成建制征迁、驻村挂企疫情防控、抓党建促提升等一线中心工作。贯彻落实市委“全面建设现代化商贸之都”的决策部署，谋划和推进监督、代表等方面工作，确保市委的主张经过法定程序转化为人民群众的自觉行动。

【市镇两级人大换届选举】 2021年，石狮市按照中央、省委和泉州市委的部署要求，完成市镇两级人大换届选举，依法选举产生新一届市级人大代表213名、镇级人大代表499名，一线代表和妇女代表比例分别比上一届提高2.9%、2.86%，平均年龄比上一届换届时年轻1.58岁，大专以上学历比上一届提高20.76%。

【人大常委会机关自身建设】 2021年，石狮市人大常委会严格落实意识形态工作责任制，开展网络意识形态工作知识培训，强化党支部微信群、宣传栏等宣传阵地管理，引导党员干部、人大代表正确发表言论。开展党史学习教育和“再学习、再调研、再落实”活动，落实党组理论学习中心组学习、党支部“三会一课”制度，采取“常委会领导轮流主持上党课，各工委（办）主任、专职委员轮流作主题发言”的方式，培养提升人大干部“善于学习、调查研究、综合分析、检查指导、出谋献策、组织实施、总结推广”等方面能力。执行中央八项规定及其实施细则精神，坚决反对形式主义、官僚主义，弘扬“马上就办、真抓实干”优良作风，营造风清气正、团结务实的干事氛围，健全和完善各类规章制度，形成以制度管理人、财、物的良好政治生态。落实新闻信息发布“三审”制，及时总结宣传人大工作创新亮点，讲述人大好故事，展现人大新作为。《石狮市：“全过程人民民主”的基层实践》《石狮市人大以“五个督办”着力破解代表建议办理“被满意”问题》《石狮市全面推进水环境治理见实效》等15篇稿件，被《人民代表报》《人民政坛》《泉州人大》等刊物采用，“地方人大推进民法典贯彻实施的研究”“加强和改进乡镇人大工作的实践与思考”调研报告在泉州市人大课题调研评选中分别获得二、三等奖。

【“一镇(街道)一特色”项目】 2021年，石狮市人大常委会分类指导各镇（街道）人大依托自身资源、特色和优势，打造履职特色和亮点。湖滨街道人大建立代表“1+N”社情民意网格联络员机制；祥芝镇人大建立人大代表“一室三员”海上枫桥调解模式；蚶江镇人大开展一年一专项工作评议，凤里街道人大探索人大代表工作数字化；宝盖镇人大健全代表履职与职工维权、司法调解、劳动仲裁等相衔接的工作机制；灵秀镇人大建立人大代表网商联络站联系服务群众制度；永宁镇人大按照功能划分5个特色小组开展活动；鸿山镇人大打造“指尖上的民意”微平台；锦尚镇人大率先在镇侨联设立人大工作室，为归侨侨眷排忧解难等。

重要会议

【市八届人大一次会议】 2021年12月23—25日，石狮市第八届人民代表大会第一次会议召开。会议听取和审议石狮市人民政府工作报告。审查和批准石狮市2021年国民经济和社会发展计划执行情况及2022年国民经济和社会发展计划草案的报告；批准石狮市2022年国民经济和社会发展计划。审查和批准石狮市2021年预算执行情况及2022年预算草案的报告；批准石狮市2022年预算。听取和审议石狮市人民代表大会常务委员会工作报告。听取和审议石狮市人民法院工作报告。听取和审议石狮市人民检察院工作报告。选举石狮市第八届人民代表大会常务委员会主任、副主任、委员，石狮市人民政府市长、副市长，石狮市监察委员会主任，石狮市人民法院院长，石狮市人民检察院检察长（须报经泉州市人民检察院检察长提请泉州市人民代表大会常务委员会批准），泉州市第十七届人民代表大会代表。决定石狮市第八届人民代表大会专门委员会的设立及其主任委员、副主任委员、委员的人选。通过有关决议。经代表无记名投票选举，李斌当选为市人大常委会主任；余志伟当选为市人民政府市长；张永安、郑文芳、林志坚、陈垂汉当选为市人大常委会副主任；郭浪滔、马学荣、洪奕蓉、李怀忠、黄明瑄、黄建辉、许自霖、谢建智当选为市人民政府副市长；陈守林当选为市监察委员会主任；林德育当选为市人民法院院长；余冬阳被选举为市人民检察院检察长（须报经泉州市人民检察院检察长提请泉州市人民代表大会常务委员会批准）。

【市人大常委会会议】 2021年，石狮市第七届人大常委会召开常委会会议9次，会议次别从第三十三次至第四十一次。

2021年石狮市人大常委会会议一览表

表1

会次	时间	会议内容
第三十三次	3月24日	审议通过《石狮市人大常委会2021年工作要点》；审议确定市七届人大五次会议代表建议重点督办件；审议有关人事事项
第三十四次	6月27日	听取和审议市人民政府关于2020年度全市环境状况和环保目标完成情况的报告及市人大常委会调研组的报告；审议关于各镇人民代表大会代表名额的决定；评选优秀代表建议；听取泉州市十六届人大代表作履职报告；审议市人民政府研究处理关于《中华人民共和国野生动物保护法》《福建省实施〈中华人民共和国野生动物保护法〉办法》及“两个决定”贯彻实施情况的审议意见的报告；审议有关人事事项
第三十五次	7月9日	听取市人民政府关于落实国有资产管理情况审议意见的报告；审议有关人事事项
第三十六次	7月15日	审议有关人事事项
第三十七次	8月3日	审议有关人事事项

续表 1

会次	时间	会议内容
第三十八次	8 月 31 日	听取和审议市人民政府关于《泉州市市容和环境卫生管理条例》贯彻实施情况的报告及市人大常委会调研组的报告；听取和审议市人民政府关于 2020 年石狮市财政收支决算的报告、关于石狮市 2020 年度财政预算执行和其他财政收支的审计工作报告，审查和批准石狮市 2020 年财政收支决算；听取和审议市人民政府关于石狮市 2021 年上半年国民经济和社会发展计划、财政预算执行情况的报告及市人大常委会财经工委的审查报告；审议有关人事事项
第三十九次	9 月 17 日	审议通过《石狮市人民代表大会常务委员会关于设立市选举委员会及其办公室、办事处的决定》；审议通过《石狮市人民代表大会常务委员会关于设立各镇选举委员会的决定》；审议通过《石狮市人民代表大会常务委员会关于石狮市市镇两级人民代表大会代表换届选举日的决定》；审议通过《石狮市市镇两级人民代表大会换届选举工作实施方案》
第四十次	11 月 25 日	听取和审议市人民政府关于国有资产管理情况的报告及市人大常委会调研组的报告；听取和审议市人民政府关于“七五”普法工作情况的报告及《石狮市人民代表大会常务委员会关于开展第八个五年法治宣传教育的决议》；听取和审议市人民政府关于石狮市 2021 年地方政府债券转贷收支预算调整方案的报告，审查和批准石狮市 2021 年地方政府债券转贷收支预算调整方案；听取和审议市人民政府关于市七届人大五次会议代表建议办理情况的报告及市人大常委会视察组的报告；听取和审议市人大常委会代表资格审查委员会关于市八届人大代表的代表资格的审查报告；审议有关人事事项；听取和审议市人民政府关于执行市七届人大三次会议《关于加快发展旅游业的决议》情况的报告及市人大常委会视察组的报告，并对市文化体育和旅游局开展满意度测评；听取和审议市人民政府关于办理《关于石狮市水务工作专题询问的审议意见》情况的报告及市人大常委会检查组的报告，并对市城市管理局开展满意度测评；听取和审议各主办单位关于市七届人大五次会议重点建议办理情况的报告，开展满意度测评
第四十一次	12 月 15 日	听取和审议市人民政府关于提请审议 2021 年度财政预算调整方案草案的议案、市人大常委会财经工委关于 2021 年度财政预算调整方案草案的审查结果报告；审议市人大常委会关于召开石狮市第八届人民代表大会第一次会议的决定；审议市八届人大一次会议的日程安排及各项建议名单；审议《石狮市人民代表大会常务委员会工作报告》；听取市人民政府关于 2020 年度财政预算执行和其他财政收支审计工作中反映存在问题整改情况的报告

【市人大常委会主任会议】 2021 年，石狮市第七届人大常委会召开主任会议 13 次，会议次别从第三十四次至第四十六次。

2021 年石狮市人大常委会主任会议一览表

表 2

会次	时间	会议内容
第三十四次	3 月 23 日	研究有关人事事项；研究石狮市人大常委会 2021 年工作要点；研究市七届人大五次会议代表建议重点督办件和跨年度督办件；研究确定市七届人大常委会第三十三次会议的召开时间和建议议题
第三十五次	6 月 27 日	研究有关人事事项；听取市人民政府关于农村人居环境整治情况的报告及市人大常委会调研组的报告；听取市人大常委会调研组关于 2020 年度全市环境状况和环保目标完成情况的报告；研究评选优秀代表建议事项；讨论关于各镇人民代表大会代表名额的决定；研究确定市七届人大常委会第三十四次会议的召开时间和建议议题；听取市人民政府研究处理关于《中华人民共和国野生动物保护法》《福建省实施〈中华人民共和国野生动物保护法〉办法》及“两个决定”贯彻实施情况的审议意见的报告
第三十六次	6 月 23 日	研究有关人事事项
第三十七次	7 月 9 日	研究有关人事事项；听取市人大常委会调研组关于石狮市新生代华侨资源涵养情况的报告；研究确定市七届人大常委会第三十五次会议的召开时间和建议议题；听取市人民政府关于落实国有资产管理情况审议意见的报告

续表 2

会次	时间	会议内容
第三十八次	7 月 9 日	研究有关人事事项
第三十九次	7 月 15 日	研究有关人事事项；研究确定市七届人大常委会第三十六次会议的召开时间和建议议题
第四十次	8 月 3 日	研究有关人事事项；研究确定市七届人大常委会第三十七次会议的召开时间和建议议题
第四十一次	8 月 3 日	研究有关人事事项
第四十二次	8 月 30 日	研究有关人事事项；听取市人民政府、市监察委员会、市法院、市检察院关于学习贯彻《中华人民共和国民法典》情况报告及市人大常委会调研组的报告；听取市人大常委会财经工委关于 2020 年财政收支决算（草案）的初步审查报告；听取市人大常委会财经工委关于石狮市 2021 年上半年国民经济和社会发展计划及财政预算执行情况的审查报告；听取市人大常委会调研组关于《泉州市市容和环境卫生管理条例》贯彻实施情况的报告；研究确定市七届人大常委会第三十八次会议的召开时间和建议议题
第四十三次	9 月 17 日	听取市人民政府关于石狮市职业教育发展情况的报告及市人大常委会调研组的报告；研究《石狮市人民代表大会常务委员会关于设立市选举委员会及其办公室、办事处的决定》；研究《石狮市人民代表大会常务委员会关于设立各镇选举委员会的决定》；研究《石狮市人民代表大会常务委员会关于石狮市市镇两级人民代表大会代表换届选举日的决定》；研究《石狮市市镇两级人民代表大会换届选举工作实施方案》；研究《石狮市人民代表大会常务委员会关于成立市镇两级人大换届代表选举工作指导小组的通知》；研究确定市七届人大常委会第三十九次会议的召开时间和建议议题
第四十四次	11 月 12 日	研究市、镇人大代表候选人辞去市、镇选举委员会相关职务事项；研究各镇选举委员会相关任职事项
第四十五次	11 月 24 日	研究有关人事事项；听取市人民政府关于石狮市社会团体登记管理工作情况的报告及市人大常委会调研组的报告；听取市人民政府关于石狮市传染病防治情况的报告及市人大常委会调研组的报告；听取市人大常委会代表资格审查委员会关于代表资格的审查报告；听取各工委关于督办市七届人大五次会议重点建议的报告，研究开展满意度测评事项；听取市人大常委会视察组关于市七届人大五次会议代表建议办理情况的报告；听取市人大常委会内司工委关于《石狮市人民代表大会常务委员会关于开展第八个五年法治宣传教育的决议；听取市人大常委会财经工委关于石狮市 2021 年地方政府债券转贷收支预算调整方案的审查报告；听取市人大常委会财经工委关于 2020 年度国有资产管理情况的调研报告；听取市人大常委会调研检查组关于市政府办理 2020 年水务工作专题询问审议意见的调研检查报告，研究开展满意度测评事项；听取市人大常委会视察组关于《关于加快发展旅游业的决议》执行情况的视察报告，研究开展满意度测评事项；研究确定市七届人大常委会第四十次会议的召开时间及建议议题
第四十六次	12 月 15 日	听取市人大常委会财经工委关于 2021 年度财政预算调整方案的初步审查报告；研究市八届人大一次会议有关事项；讨论《石狮市人大常委会工作报告》；听取市政府关于 2020 年度财政预算执行和其他财政收支审计工作中反映存在问题整改情况的报告；研究确定市七届人大常委会第四十一次会议的召开时间和建议议题

人大监督

【经济发展监督】 2021年，石狮市人大常委会贯彻落实《福建省人民代表大会关于动员全省人民全方位推动高质量发展超越的决议》，紧扣全市经济社会发展主题主线，推动经济健康有序发展。听取审议国民经济计划、财政预决算执行情况报告，确保年度既定目标任务完成；听取审议审计发现问题整改情况报告，督促市政府及相关部门增强审计工作意识；依法批准财政预算调整方案和地方政府债券转贷收支预算调整方案，听取审议国有资产管理情况报告；调研新生代华侨资源涵养情况，助推石狮扩大开放；视察《关于加快发展旅游业的决议》执行情况并进行满意度测评，助推石狮旅游产业取得新发展，先后打造1个国家AAAA级旅游景区（宝盖山）和2个国家AAA级旅游景区（永宁古卫城、世茂海丝博物馆），石狮市首次入选全国县域旅游综合实力百强县。

【民生保障监督】 2021年，石狮市人大常委会坚持人民至上，把保障和改善民生作为人大履职的出发点和落脚点。听取和审议石狮市人民政府环境状况和环保目标完成情况的报告，督促市政府及相关职能部门压实生态环保责任，石狮在泉州市海岸带环境卫生考评中总分第一。调研职业教育发展、传染病防治工作、农村人居环境整治情况、专题调研《泉州市市容和环境卫生管理条例》执行情况，开展水务工作整改落实情况检查并进行满意度测评，督促为民办实事项目落地。

【法治监督】 2021年，石狮市人大常委会运用法治思维对“一府一委两院”开展法律监督和工作监督，审议通过实施第八个五年法治宣传教育的决议。用好宪法赋予的人事任免权，落实宪法宣誓制度。组织庭审观摩评议，规范庭审操作。听取审议《中华人民共和国野生动物保护法》《福建省实施〈中华人民共和国野生动物保护法〉办法》及“两个决定”执行情况审议意见落实情况，调研民法典贯彻实施情况和社会团体登记管理工作情况，开展民法典涉及的规范性文件专项清理，依法备案审查10份规范性文件。做好信访工作，受理群众来信来访24件。

代表工作

【代表履职管理】 2021年，石狮市人大常委会建立泉州市和石狮市、镇(街道）三级人大代表履职档案，做到“一人一档”登记管理。督促代表严格履行职责，及时约谈无故不参加会议和活动组活动、违反移风易俗规定等情况的人大代表。开展代表述职工作，结合“双联”活动，组织石狮市级人大代表向原选区选民述职，并对选民提出的意见进行分析梳理、转交办理、协调推进，推动问题落实。

【代表履职保障】 2021年，石狮市人大常委会坚持邀请代表列席常委会会议及参加视察、检查、调研活动，促进代表参与人大工作。采取“走出去学”与“请进来讲”相结合的办法，抓好代表培训工作，邀请全国人大代表和省人大处室领导作专题辅导讲座，组织人大代表到兄弟县（市、区）参观学习，提升履职水平。建立代表履职补助制度，规范代表履职活动经费管理使用，市级人大代表履职活动经费按每人每年2600元的标准列入市财政预算，体制外代表参加市镇人大活动按每人每日100元发放履职补贴。加强代表履职宣传，在《石狮日报》开设“人大视线”专栏报道代表履职事迹；通过“学习强国”“福建人大”微信公众号及石狮广播电视台等渠道展现代表履职风采。

【议案建议办理】 2021年，石狮市人大常委会办好代表建议，121件代表建议均在规定时间内得到办理和答复，17件代表建议被列入市政府年度重点项目和为民办实事项目。评选优秀代表建议18件。

【完善三级代表活动室】 2021年，石狮市人大常委会在全市设立市、镇、村三级人大代表活动室36个，在实现市、镇全覆盖的基础上，延伸拓展到部分重点村、社区、工业园区及行业部门。推进三级活动室建设运行，把市人大代表联系服务中心打造成人大代表与“一府一委两院”的沟通对话和协商解决问题的重要平台，把镇（街道）人大代表联系群众活动室打造成代表联系服务群众、提出议案建议意见并跟踪督办、展示特色工作和学习交流宣传的主体平台，把村（社区、工业园区、行业部门）人大代表联系群众活动室（工作室）打造成为镇（街道）活动室的辅助平台，推动“规定动作”+“自选动作”相结合，提高代表履职实效。

人事任免

【市七届人大常委会第三十三次会议人事任免】 2021年3月24日，经市七届人大常委会第三十三次会议审议通过：决定任命王情娟为石狮市人民法院审判员；任命肖珊为石狮市人民法院审判员；任命支丁丁为石狮市人民法院审判员；免去陈伟莲的石狮市人民法院审判员职务；任命陈玳鸿为石狮市检察院副检察长；任命林连杰为石狮市检察院检察员。

【市七届人大常委会第三十四次会议人事任免】 2021年6月27日，经市七届人大常委会第三十四次会议审议通过：决定任命余志伟为石狮市人民政府副市长；任命施青苗为石狮市人大常委会办公室副主任；任命邱尚进为石狮市人大常委会人事代表工作委员会主任；任命丁洁为石狮市人大常委会内务司法工作委员会主任；任命姚惠卿为石狮市人大常委会财政经济工作委员会主任；任命李晓莹为石狮市人大常委会教育科学文化卫生工作委员会副主任；任命张传标为石狮市人大常委会环境与城乡建设工作委员会主任；任命蔡芳汶为石狮市人大常委会凤里街道工作委员会主任；任命柯晓霖为石狮市人大常委会湖滨街道工作委员会主任；免去方黎红石狮市人大常委会办公室副主任职务；免去林玉燕石狮市人大常委会人事代表工作委员会主任职务；免去李宁韧石狮市人大常委会内务司法工作委员会主任职务；免去邱尚进石狮市人大常委会财政经济工作委员会主任职务；免去许为民石狮市人大常委会教育科学文化卫生工作委员会副主任职务；免去林启彬石狮市人大常委会环境与城乡建设工作委员会主任职务；免去张育群石狮市人大常委会凤里街道工作委员会主任职务；免去李少斌石狮市人大常委会湖滨街道工作委员会主任职务。任命王汉滨为石狮市人民政府办公室主任；任命张辉程为石狮市发展和改革局局长；任命蔡结生为石狮市教育局局长；任命邱春旭为石狮市工业信息化和科技局局长；任命李迎河为石狮市人力资源和社会保障局局长；任命邱建申为石狮市交通和港口发展局局长；任命王英俊为石狮市农业农村局局长；任命苏金发为石狮市商务局局长；任命蔡迎媚为石狮市文化体育和旅游局局长；任命邓莲珍为石狮市审计局局长；任命邱灿飞为石狮市市场监督管理局局长；任命周加建为石狮市统计局局长；任命刘福全为石狮市金融工作局局长；任命蔡文轴为石狮市人民政府信访局局长；免去龚一士石狮市人民政府办公室主任职务；免去张子群石狮市发展和改革局局长职务；免去周拥护石狮市教育局局长职务；免去蔡新群石狮市工业信息化和科技局局长职务；免去邱雪亮石狮市人力资源和社会保障局局长职务；免去邱华侨石狮市交通和港口发展局局长职务；免去李迎河石狮市农业农村局局长职务；免去林金场石狮市商务局局长职务；免去卢荣斌石狮市文化体育和旅游局局长职务；免去黄诗建石狮市审计局局长职务；免去张国钦石狮市市场监督管理局局长职务；免去邓莲珍石狮市统计局局长职务；免去张辉程石狮市金融工作局局长职务；免去邱建申石狮市城市管理局局长职务。

【市七届人大常委会第三十五次会议人事任免】 2021年7月9日，经市七届人大常委会第三十五次会议审议通过：决定任命洪奕蓉为石狮市人民政府副市长；任命谢建智为石狮市人民政府副市长；任命陈守林为石狮市监察委员会副主任。

【市七届人大常委会第三十六次会议人事任免】 2021年7月15日，经市七届人大常委会第三十六次会议审议通过：决定任命郭浪滔为石狮市人民政府副市长；任命李怀忠为石狮市人民政府副市长。

【市七届人大常委会第三十七次会议人事任免】 2021年8月3日，经市七届人大常委会第三十七次会议审议通过：决定任命黄明瑄为石狮市人民政府副市长；任命许自霖为石狮市人民政府副市长，任命龚金镇为石狮市监察 察委员会副主任职务。任命林德育为石狮市人民法院副院长、审判委员会委员、审判员。任命余冬阳为石狮市检察院副检察长、检察委员会委员、检察员。

【市七届人大常委会第三十八次会议人事任免】 2021年8月31日，经市七届人大常委会第三十八次会议审议通过：决定任命刘建辉为石狮市人大常委会教育科学文化卫生工作委员会主任。免去卢崎青石狮市人大常委会教育科学文化卫生工作委员会主任职务。

【市七届人大常委会第四十次会议人事任免】 2021年11月25日，经市七届人大常委会第四十次会议审议通过：决定任命马学荣为石狮市人民政府副市长；任命蔡荣桥为石狮市人大常委会办公室主任；任命吴金旋为石狮市人大常委会华侨民族宗教工作委员会主任；决定免去姜荣树石狮市人大常委会办公室主任职务；免去蔡淑惠石狮市人大常委会华侨民族宗教工作委员会主任职务；任命张尚炬为石狮市城市管理局局长；任命王翌壮为石狮市监察委员会委员；任命王益富为石狮市监察委员会委员；决定免去蔡荣桥石狮市监察委员会委员职务；免去邱海涛石狮市监察委员会委员职务。

石狮市人民政府

综 述

【概况】 2021年，石狮市人民政府（简称“市政府”）贯彻省“五促一保一防一控”（促生产、促消费、促项目建设、促外贸发展、促旅游，保基本，防风险，控疫情）工作部署，落实泉州市“三个年”（民营经济发展年、营商环境提升年、城乡品质提升年活动）活动要求，开展“六个专项行动”（标杆企业培育、大招商招大商、城市策划规划、古建传承保护、全民绿化美化、护航民营经济六个专项行动），统筹推进疫情防控和经济社会发展，较好地完成市七届人大五次会议确定的各项目标任务。全年实现地区生产总1072.51亿元，比2020年增长10.4%，一般公共预算总收入（不含基金）59.57亿元、一般公共预算收入40.14亿元，综合实力居全国中小城市百强第15位。

【经济发展】 2021年，石狮市政府开展“5510”项目竞赛，新增签约项目101个、总投资180.6亿元，开工项目63个，提质增效项目142个，两次进入全省“五个一批”正向激励考评前十。综合施策助力企业稳产扩能，纺织鞋服、机械装备、食品药品产业规模以上产值分别比上年增长16.4%、7.2%、27.8%，获“中国校园服饰名城”称号。十大产业园区建设竞赛掀起热潮，建新轮胎、九牧卫浴、光子产业园、海洋食品园等重大项目快速推进，通达手机盖板、美佳爽伍堡基地、中益制药二期等45个产业项目建成投产，新增省级科技小巨人企业17家、科技型中小企业85家。举办跨境电商高峰论坛、海博会、校服展、全省直播经济发展现场会等活动，筹办海丝品博会、RCEP（区域全面经济伙伴关系协定）青年侨商创新创业峰会，设立省级跨境电商实训基地，新开业5个网批专业市场，电商销售额突破1000亿元，快递业务量增长80%。市场采购贸易方式试点加快全省共享推广，石湖港保税物流中心（B型）封关运营，航运中心启动建设，港后“堆场”加速向“市场”转型，完成外贸出口440亿元。

【城市建设】 2021年，石狮市政府实施景观风貌提升项目22个、老旧小区修缮提升项目44个，新建口袋公园30个，改造二次供水2000户，新增公共停车泊位1800多个。推进城北、狮仔山、联邦商业城等片区建设，开展龟湖公园、前坑前园、塘园、大仑、金曾五大片区改造。九二路（前坑段）、嘉禄路中段等“断头路”打通，锦江外线、锦尚外线、疏港公路建成通车，海岸带景观加速串联成线，获评省级“四好农村路”示范县。石狮狮阵入选国家级非物质文化遗产名录，万寿塔、六胜塔、石湖码头成为世界文化遗产点。加快五大文旅项目招商建设，新增国家AAAA级、AAA级景区各1处，入选全国县域旅游综合实力百强县。

【营商环境优化】 2021年，石狮市政府优化企业服务，开展“进千企、走千商、访千才”活动，实行惠企资金线上直达兑付，兑现惠企资金5.47亿元，帮助1200多家小微企业获得普惠贷款近40亿元，争取企业纾困贷款超10亿元。围绕破解外贸风险、汇率波动、“冻卡”等难题，建立政府统保、锁汇公共保证金池等制度，推行统一代理收结汇，帮助企业精准锁汇、阳光收汇。

推进“放管服”改革。开展领导干部“走流程”专项活动，新增“一件事”集成套餐服务40项，实现“水电气广电”、涉企“五险”等业务一窗通办，行政许可事项“即办件”73.6%，“一趟不用跑”事项99.1%，“全流程网办”事项达68.9%。推进行政复议体制改革，实现公共法律服务实体化平台、“一村（社区）一法律顾问”全覆盖，获评全省法治政府建设示范市。

推进企业“进得来”、项目“落得下”。推行企业开办和涉企“五险”“一窗通办”，实现企业设立登记最快0.5小时。推行工程建设规划许可豁免和规划管理告知承诺制，服务项目19宗；推行用水报装“三省”“两压”“一优”“零材料、零费用、零跑腿”的“3210”用水服务新模式，用水报装时限压缩至6个工作日，预计每年可为用户节约资金1100万元。

推进资金“注得入”、货款“收得回”。建设惠企奖补直达平台，对奖补资金实行线上直达兑付与全程监管，平台兑现惠企资金5.35亿元。公益性金融公共服务机构助力小微企业融资389笔、金额11.39亿元。推出银行跨境贸易结算模式，破解外贸商户“冻卡”问题，2021年6月以来，为115家商户安全收汇1.25亿美元；建立“公共保证金池”，循环使用2000万元保证金防范汇率波动，开展外汇避险业务2亿美元。

【乡村振兴】 2021年，石狮市完成村（居）委会换届，启动“新班子新气象、办实事促振兴”活动。完成国家级水禽基因库改扩建，新建高标准农田280公顷，新培育国家级农业产业化龙头企业1家、省级龙头企业3家。启动2个无“裸房”镇、5个无“裸房”村创建，新增“绿盈乡村”13个，新改建城乡公厕40座，郭坑村入选全国乡村治理示范村。

【社会民生】 2021年，石狮市民生支出43.53亿元，比上年增长10%，占一般公共预算支出的88.1%。落实疫情防控常态化保障机制，投入0.81亿元用于疫情防控。创新推行国际船舶分级通行、医学观察场所分栋分层动态管理、渔船民出海点验等措施，坚决守住岸线、港口、隔离点等防线，开展各类桌面、实操演练培训活动50场次，组建专业流调队伍10支、核酸检测采集队伍1437人。投入15.5亿元用于教育事业，规范教育经费使用。组建市教育集团，教师进修学校新校区、信义实验小学、锦塘中心幼儿园等15个教育项目建成投用，蚶江中学复办高中，新增鹏山、后垵两所九年一贯制学校，获评全国“家校（园）共育”数字化示范区。抓好民生福祉保障，投入4.8亿元用于社会保障服务体系。开展补贴性职业技能培训4600多人次，新增就业1万多人，获评全省首批和谐劳动关系示范区。主动对接高端医疗资源，与省立医院、解放军910医院共建医联体，新增名医工作室4个、传承工作室2个，市中医院开诊，完成村卫生所（室）标准化建设，提高城乡居民医保和基本公共卫生服务补助标准，基本实现全市“8分钟医疗卫生服务圈”全覆盖。推进安全生产专项整治三年行动，加强重点领域安全监管，被确定为泉州市安全生产标准化建设试点。严厉打击涉黑涉恶、电信诈骗等违法犯罪行为，推行“五治融合”（政治、法治、德治、自治、智治融合）社会治理新模式，信访积案化解率100%，蝉联全国信访“三无”县（市、区）称号。

【政府自身建设】 2021年，石狮市政府坚持以政治建设为统领，贯彻习近平新时代中国特色社会主义思想，学习中共十九届六中全会精神和习近平总书记来闽考察重要讲话精神，开展党史学习教育和“再学习、再调研、再落实”活动，完成为民办实事项目24项和“我为群众办实事”项目58项。自觉接受人大法律监督、工作监督和政协民主监督，办理人大代表建议121件、政协提案191件。推进行政复议体制改革，实现公共法律服务实体化平台、“一村（社区）一法律顾问”全覆盖，获评全省法治政府建设示范市。严格贯彻中央八项规定及其实施细则精神，落实各级巡视巡察和审计反馈问题整改，加强廉洁政府建设。

重要会议

【市政府全体会议】 2021年12月25日，石狮市人民政府全体会议召开，会议贯彻落实中央、省委经济工作会议精神，对市八届人大一次会议确定的各项工作任务进行细化分解，重点做好招商引资、疫情防控、安全生产以及各项迎检等工作，推动各项目标任务落实落细落成，全力稳全局、开新局。

【市政府常务会议】 2021年，石狮市政府召开10次常务会议。会议研究讨论有关政治、经济、文化、社会、生态等方面的内容，提出具体解决方案。

2021年石狮市政府常务会议一览表

表3

会议次别	召开时间	会议内容
第1次	2月8日	会议研究石狮市宅基地和集体建设用地权属确权登记及历史遗留问题处理指导意见（试行）、石狮市关于推行惠企资金线上直达兑付实施方案、关于引进卡车集市网络货运平台以及延续快成物流项目奖励政策有关事宜、石狮市八卦街保护提升工程沿街建筑部分动迁方案、高正集团滨海高端度假酒店项目补充协议有关事宜，听取市打私办关于2020年反走私综合治理工作汇报，研究部署下一阶段工作

续表 3

会议次别	召开时间	会议内容
第 2 次	2 月 23 日	会议研究《大招商招大商专项行动方案》《护航民营经济专项行动方案》《石狮市培育标杆示范企业工作方案》《城市策划规划专项行动方案》《古建传承保护专项行动方案》《2021 年全民绿化美化专项行动方案》《石狮市关于支持石狮市场采购贸易方式试点若干措施（2021 年第一阶段）》《关于 2021 年促进外经贸发展若干措施》《关于加快推进跨境电子商务发展若干措施》《石狮市永宁镇国际滨海旅游度假综合体改造建设项目动迁补偿安置方案（送审稿）》
第 3 次	3 月 30 日	会议研究《石狮市镇（街道）消防委托执法工作方案》《关于组建石狮市国企教育集团方案（送审稿）》、金盛路（铺锦村段）扩建工程动迁方案、关于奥特莱斯（OUTLETS）福建运营中心入驻星期 YI 文化创意园有关事宜，传达上级有关会议精神，听取石狮市妇女儿童发展纲要实施情况汇报并研究石狮市贯彻意见
第 4 次	5 月 21 日	会议研究石狮市招引高级互联网特殊人才的若干措施、石狮市工业企业不动产权属分割转让实施意见、石狮市宝盖镇前坑前园片区动迁方案、开展第十二批被征地人员养老保障工作有关事宜、石狮市关于扬尘污染整治有关事宜
第 5 次	8 月 9 日	会议研究《2021 年石狮市治理“餐桌污染”建设“食品放心工程”工作方案》《支持石狮市场采购贸易方式试点若干措施（2021 年第二阶段）》，传达尹力书记王宁省长对禁毒工作指示批示精神及泉州市政府常务会议研究禁毒有关工作精神并提出石狮市贯彻意见
第 6 次	8 月 19 日	会议研究《石狮市龟湖公园东片区动迁方案》《石狮市市属国有企业整合优化实施方案》《关于支持泉州石湖港保税物流中心（B 型）运营发展的若干措施》
第 7 次	10 月 12 日	会议审议石狮市 2021 年度行政机关规范性文件清理拟保留、拟适时修改、拟废止情况，传达学习习近平总书记关于国家粮食安全系列重要讲话精神、研究部署配合专项巡察工作安排，研究《石狮市 2022 年度城乡居民基本医保参保登记和基金征缴工作方案（送审稿）》、引进树兰教育科技文旅项目招商方案
第 8 次	11 月 17 日	会议研究《石狮市 2022 年政府工作报告》《石狮市 2021 年国民经济和社会发展计划执行情况与 2022 年国民经济和社会发展计划》《石狮市 2021 年财政预算执行情况与 2022 年财政预算》《石狮市农村住房建设质量安全管理规定（试行）（送审稿）》《乐科石狮服装电商产业园项目投资协议（送审稿）》《关于促进商贸服务业高质量发展若干措施（送审稿）》《石狮市大仓东片区（一期）改造建设项目动迁方案（送审稿）》《石狮市金曾片区改造建设项目动迁方案（送审稿）》《石狮市灵秀塘园片区改造建设项目动迁方案（送审稿）》《石狮市前坑前园片区改造建设项目动迁方案（送审稿）》及开展第十三批被征地人员养老保障工作有关事宜，听取石狮市贯彻落实深化改革加强食品安全工作情况汇报，研究部署石狮市食品安全工作
第 9 次	12 月 6 日	会议研究关于子英医院承包期满回收及承接办医问题的有关事项、《贯彻〈泉州市机动车停车管理条例〉工作方案（送审稿）》
第 10 次	12 月 29 日	会议研究《2022 年市委、市政府为民办实事项目（送审稿）》《2022 年重点项目（送审稿）》

行政服务

【概况】　2021 年，石狮市行政服务中心受理办件 51.3 万件，其中网上办件 18.4 万件，就近办件 7.8 万件，现场办件 25.4 万件，邮寄办件 1487 件。便民服务中心“12345”热线受理群众诉求 5.8 万件，群众回访满意率 99.8%；市公共资源交易中心进场交易项目 194 个，成交交易总额 18.91 亿元。

【行政审批】　2021 年，石狮市行政服务中心推行涉企经营许可事项全覆盖清单管理，对 106 项涉企行政审批事项，分别按照直接取消审批、审批改为备案、实行告知承诺、优化准入服务 4 种方式，实施“证照分离”改革。完成涉企行政许可事项实行告知承诺制 13 项、直接取消行政审批 10 项、许可改备案 5 项、优化审批服务 48 项。推动行政许可“承诺件”向“即办件”转变，“即办件”占比由 2020 年初的 46.25% 升至 74.95%，行政许可事项“一趟不用跑”占比 97.05%，全流程网办事项占比 68.86%。推行证明类事项和涉企经营许可事项告知承诺制，完成证明事项清理工作，全年有证明事项 221 项，实行告知承诺制 80 项；明确 16 类工程建设项目无须办理工程规划许可证，部分社会投资小型低风险项目推行告知承诺制，实行告知承诺制 70 项，办理 2.9

万件。

【窗口服务建设】 2021年，石狮市行政服务中心设立23个“一件事”窗口，推出30个高频事项“一件事”集成套餐服务，精简申请材料49份，压缩审批时限81天，减少办事环节41个。开通“一件事”专窗和省网上办事大厅统一服务入口，办理“主题式”套餐3.75万件。设立“异地代收”服务专窗，实现18个高频事项在厦漳泉地区“异地代办”，打破行政地域限制，推动许可审批业务线上线下融合；完善市镇村三级事项衔接工作，实现跨省通办事项94项，完成办理69件。开展预防“窗口腐败”活动，组织入驻服务窗口、分中心开展窗口腐败自查，严查是否存在与中介服务人员相互串通、暗箱操作、弄虚作假、滥用职权等行为；督促各入驻窗口（单位）、分中心与窗口工作人员签订廉政承诺书、廉政提醒谈话。

【信息化建设】 2021年，石狮市行政服务中心提升信息化建设。推行“掌上办”模式，该应用集成市一批群众和企业关注度高、办件量大的便民事项，共计30个服务内容，同时集成其他入口的服务，完成超20万项事项的办理，减少企业群众到往现场办理的时间。上线“掌上证明”功能，群众可在线申请无犯罪记录证明、户籍证明、家庭关系证明等高频事项证明，通过线上或邮寄方式获取，全年办理280余件。推广“e政务”一体机，方便群众在下班时间、节假日自助、就近办理相关事务，可为群众提供不动产证明打印、打印纳税记录、完税证明等108项服务事项，实现“随时办”。

【创新涉企服务模式】 2021年，石狮市行政服务中心以优化营商环境为主线，创新涉企服务模式，提升服务水平。

推行“一窗受理，集成服务”，设置“水电气专窗”实现社会报建事项的水电气等业务同步办理；设置涉企“五险”专窗，实现五险一窗综合受理办结；设置“企业开办专窗”，从企业设立登记到公章刻制在1.5小时内完成，其中企业设立登记最快可在0.5小时办结；在泉州市率先推动“交房即交证”，不动产抵押登记压缩到2个工作日内，在全省首次实现安置房项目“交房即交证”。

创新“政务服务+行业服务”模式。引进纺织服装产业联盟和个体私营企业协会，通过“多部门”或“部门+行业”联合上门服务，为纺织服装产业、小微企业等提供“营业执照办理”等帮代办服务，全年为73家企业提供“帮办代办”服务，办理工程建设类项目75个。

开展社团招商“大比拼”。中心设立社团招商大比评办公室，组建5个招商服务队，从接洽项目到衔接组建项目落地专班再到项目落地审批，全流程“贴身”服务。服务队员对接企业、项目开展“贴身服务”358次；各社团申报项目130个，完成评分确认项目10个，累计注册（投资）资本49815万元。

信访

【概况】 2021年，石狮市信访总量3041件，重信重访1153批1524人次，群众来访183批1389人次。蝉联全国信访工作“三无”县市区称号。推动“信访评理”“四门四访”（开门接访、进门约访、登门走访、上门回访）惠企“四访四通”（“四访”即开门接访、进门约访、登门走访、上门回访，“四通”即诉求表达畅通、意见建议直通、困难问题沟通、矛盾积案疏通）等先进经验，受到人民网、新福建、《福建法治报》、《泉州晚报》等多家媒体聚焦报道13次，多次受到省信访局领导班子批示肯定。围绕信访工作重心及信访事项办理环节开展业务培训，组织集中学习培训4批70人次。

【信访积案化解】 2021年，石狮市信访局纳入“治重化积”的信访事项62件，办结化解62件，办结化解率100%。实施领导包案制。62件信访积案重案全部区分权责由市处级领导包案，实行责任单位定期上报进展、市信联办定期专项汇报、包案领导定期听取研究的“治重化积”专项工作制度，各级组织专项推进会17次。联防联控，落实属地负责制。点对点传导责任、面对面督导推进、环扣环解决问题、严格落实“六个一”（一名包案领导、一个工作专班、一名专职负责人、一套化解方案、一套应对机制、一套专案档案）工作机制，先后深入基层一线31次，协调镇（街道）和市职能部门联合参与化解。实行滚动问效制。严格把控办理质量，做好案件办结情况回访、满意度调查等工作，通过回访摸排预防2件信访事项反弹，保持较低的信访事项反弹率。

【“四门四访”机制】 2021年，石狮市信访局实行开门接访、进门约访、登门走访、上门回访的“四门四访”工作机制。领导干部、镇（街道）党政主要领导每月15日敞开大门定点接访，面对面倾听群众诉求，对来访群众做到随到随访、应接尽接；定期深入村（居）登门走访、上门回访，参与信访案件化解工作，依法依规办理群众诉求。2021年，全市各级领导干部参与接访1720人次，接待来访群众83批104人次，登门走访40批53人次，上门回访28批32人次，信访事项按期办结率100%。

【信访专项行动】 2021年，石狮市信访局抽调派遣10批87人次参与各级驻点，开展信访问题排查化解活动，做好各类矛盾风险防范管控。开展“迎大庆、促稳定”信访安全保障50日攻坚活动、“解难题、化积案”9个专项行动，化解多起时间久、涉及部门多、涉及金额大的骨头案、钉子案。

【基层信访评理优化】 2021年，石狮市信访局通过衔接部门职能、引导社会力量和规范民间资源等多种形式，建立健全社会治理信访评理常态化机制，成立市、镇（街道）、村（社区）三级信访评理室138个，实现全市100%全覆盖，吸纳各类群体1510人为评理员人才库，成立23人的巡回评理专家库，打造“在岗+在线”的线上评理模式，成立鸿山镇东埔三村联合评理室、锦尚工业区联合评理室和蚶江镇乡村融合治理服务中心3个特色信访评理室。全年全市评理室开展信访评理217次（件），通过评理化解信访事项216件，化解率99.5%，实现“小事不出村，大事不出镇”的目标。

【涉疫信访“绿色”通道开启】 2021年，石狮市信访局结合工作实际开展防疫工作，做到抗疫、接访两不误。按照统一安排暂时关闭接访窗口，第一时间向社会公示，引导群众通过各级领导信箱、人民网、来信等非接触方式反映诉求。开启涉疫信访件“绿色”办理通道，按照“四个第一时间”（第一时间受理、第一时间处理、第一时间报告、第一时间反馈）和“六个及时”（及时受理、及时办理、及时研判、及时反馈、及时回应群众关切、及时报告重要情况）要求，及时办理涉疫信访事项，全力服务防疫阻击战。2021年，全市572件涉疫信访事项均在12小时内受理、24小时内办结。市信访局获评省涉疫信访事项办理工作“成绩突出集体”。

【互联网信访渠道】 2021年，石狮市信访局拓宽民意表达渠道，为群众反映诉求提供便利。搭建“信”“访”“网”“电”立体式信访渠道，整合领导信箱、网上投诉、人民网留言等，实现信访网上投、事项网上办、结果网上评、问题网上督的“一网式”信访综合管理服务机制，全年受理网上信访事项2339件，比2020年上升39.4%。

中国人民政治协商会议石狮市委员会

综 述

【概况】 2021年，石狮市政协召开常委会会议5次、主席会议10次，组织视察调研26场次，形成调研报告23篇、专项监督报告3篇、主席建议案1篇和社情民意专报件20期，委员提案立案191件。

【政协文史宣传】 2021年，石狮市政协发挥文史资料“资政、存史、团结、育人”的作用，回顾总结政协30年工作，编纂出版《石狮市政协志（1991—2020）》。制作《政协第七届石狮市委员会工作纪实》画册，编辑出版《石狮灯谜》文史资料。举办庆祝中国共产党成立100周年及石狮市政协成立30周年“翰墨丹青颂党恩”书画展。

【委员学习教育】 2021年，石狮市政协机关开展集体学习和集中研讨13次。以党史学习教育为契机，抓好政协委员和机关干部“两支队伍”建设。通过带领委员到谷文昌干部学院培训学习，开展“政协系统读书”活动，组织委员参与全国政协开设的“感悟思想之源·感怀为民初心”主题读书活动，开展“抓好学习促党建 抓好党建促履职”发言征集活动，举办“石狮政协讲堂”，以多种形式丰富委员知识结构，提高委员思想政治素质和建言资政能力。运用“学习强国”学习平台、“党员e家”、福建干部网络学院等线上平台，形成党内带动党外、系统联动互学的学习格局。发挥委员主体作用搭建履职平台，严实考评管理方式，综合委员履职积分和发挥作用情况，换届时向主管部门建议对表现较好的委员给予留任。

重要会议

【石狮市政协七届五次会议】 2021年1月11—13日，石狮市政协七届五次会议召开，会议听取中共石狮市委书记蔡萌芽代表中共石狮市委所作的重要讲话；听取并审议通过政协第七届石狮市委员会常务委员会工作报告、政协第七届石狮市委员会第四次会议以来提案工作情况的报告；听取政协第七届石狮市委员会第五次会议提案初审情况的报告；听取和讨论市法院、检察院工作通报；列席市七届人大五次会议第一次全体会议，听取和讨论《政府工作报告》和会议的其他报告；通过政协第七届石狮市委员会第五次会议决议。政协第七届石狮市委员会第五次会议提案234件，参加提案246人次。经审查立案191件，主席会议确定重点提案6件。其中团体提案140件占59.8%，10件转为委员来信。市政府办公室梳理分解后，交由40个单位办理，全部按期办复，办复率100%。

【石狮市政协八届一次会议】 2021年12月21—23日，石狮市政协八届一次会议召开。会议听取中共石狮市委书记黄春辉代表中共石狮市委所作的重要讲话；听取并审议政协第七届石狮市委员会常务委员会工作报告、政协第七届石狮市委员会提案工作情况的报告；听取政协第八届石狮市委员会第一次会议提案初审情况报告；听取和讨论市法院、检察院工作通报；列席石狮市八届人大一次会议第一次全体会议，听取和讨论《政府工作报告》和会议的其他报告；通过政协第八届石狮市委员会第一次会议决议；选举产生政协第八届石狮市委员会主席、副主席、常务委员。

【市政协第七届常委会】 2021年，政协第七届石狮市委员会常务委员会召开5次常委会会议，即七届第二十一次至第二十五次常委会会议。

2021年3月23日，市政协七届第二十一次常委会会议召开。会议传达学习贯彻习近平总书记重要讲话和全国“两会”精神。听取市环委办关于“大气污染防治（重点扬尘防治部分）”工作情况通报。审议通过政协第七届石狮市委员会2021年工作要点。部署2021年政协专题调研工作。

2021年6月23日，市政协七届第二十二次常委会会议召开。会议传达学习中共中央办公厅印发《关于在全社会开展党史、新中国史、改革开放史、社会主义发展史宣传教育的通知》和习近平总书记在福建考察时的重要讲话及省委书记尹力在省政协“增强福建省科技创新能力”专题议政性常委会上的讲话精神。听取市工业信息化和科技局关于“科技企业孵化创新平台体系建设情况”工作通报。审议通过人事任免。

2021年9月17日，市政协七届第二十三次常委会会议召开。会议传达学习全国政协系统党的建设工作经验交流会议和石狮市第八次党代会精神。审议通过人事任免。听取市农业农村局关于“凝聚侨亲力量，助力乡村振兴”工作情况通报。

2021年11月25日，市政协七届第二十四次常委会会议召开。会议传达学习中共十九届六中全会精神。听取市司法局关于石狮市“七五”普法工作情况暨“八五”普法初步思路通报。听取市政府提案办理工作通报；重点提案主办单位书面汇报并进行重点提案办理情况进行测评。

2021年12月8日，市政协七届第二十五次常委会会议召开。会议传达学习中国共产党福建省第十一次代表大会精神，听取市委统战部介绍政协第八届石狮市委员会委员人选和推荐工作情况，协商决定政协第八届石狮市委员会委员。协商通过市政协八届一次会议有关工作安排。协商通过市政协七届常委会工作报告、提案工作报告等。

重要工作

【调研视察】 2021年，石狮市政协围绕市委、市政府中心工作，开展“聚焦‘五拼’攻坚任务 助力六个专项行动”专题调研，组织各专委会、活动组、民主党派深入一线调研，形成《关于加快数字化转型 推进制造业高质量发展的建议》《关于构建现代化商贸之都的思考》等调研报告23篇，其中《城乡融合发展在石狮的实践与思考》在泉州市委、市政协专题协商会议上作重点交流，得到泉州市委主要领导肯定。

【民主监督】 2021年，石狮市政协突出问题导向，运用视察调研、政协提案、反映社情民意等方式，围绕市委市政府重要决策部署的贯彻落实、群众普遍关心的热难点问题的研究解决开展民主监督。聚焦“老旧小区改造、宗教事务管理”等，组织委员开展重点民主监督，形成民主监督报告3份，促进相关工作的提升或问题的解决。收集社情民意信息，整理报送《关于加快建设标准公交亭的建议》《关于消除锦江外线道路安全隐患的建议》等社情民意20期，均得到市委、市政府领导重视批示。通过开展重点提案办理情况满意度测评、提案“回头看”等活动，推动提案工作出质量上水平。其中，督办《关于深挖电商行业的广度和深度，助推石狮市电商行业高质量发展的建议》，助推石狮市实施网红城市“一十百千万”发展计划和千亿规模网红电商区域中心建设；督办《关于组建教育集团的建议》，推动产投集团和城建国投集团共同出资1亿元成立教育集团，下辖8所幼儿园面向社会招生；督办《关于建设市区智慧停车App平台的建议》，推进完成1541个停车泊位智能化改造并上线运营。

【参政议政】 2021年，石狮市政协围绕服务发展，发挥政协作为协商民主重要渠道和专门协商机构的作用。聚焦全市改革发展重大问题协商议政，落实常委会中心发言人制度，全年开展专题议政性协商4次，提出意见建议80余条。围绕智能化改造、人民调解工作、教育基金使用、安全员建设、基层医疗服务发展海洋经济等议题开展协商活动7场。

【联谊交流】 2021年，石狮市政协推进凝心聚力工作。主动与民主党派、无党派人士互通情况、交流意见。密切联系港澳委员及台港澳侨各界人士，支持委员在特别行政区事务中发挥作用，助推爱国爱港爱澳队伍发展壮大，加深与台湾人士交流，走访企业，传递政策信息和服务举措。关心关注民族宗教工作，形成调研文章《依法加强宗教事务管理 促进社会和谐稳定》。开展少数民族文化保护视察活动，推动提升石狮市少数民族文化和保护工作。

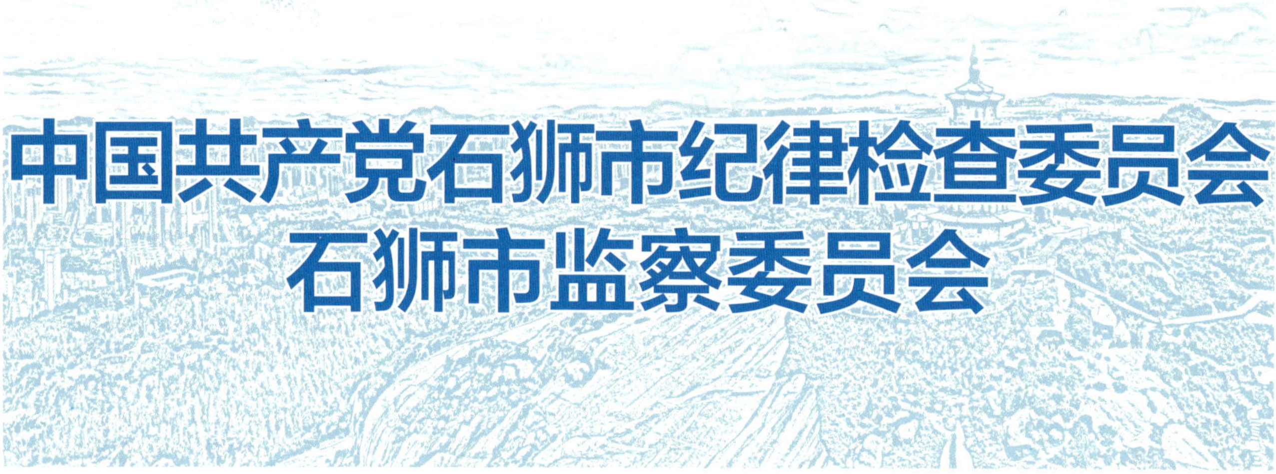

中国共产党石狮市纪律检查委员会 石狮市监察委员会

综 述

【政治监督】 2021年，中共石狮市纪律检查委员会、石狮市监察委员会（简称“石狮市纪委、监委”）围绕上级决策部署和市委中心工作，重点对常态化疫情防控、项目攻坚、安全生产、文化遗产保护等领域开展监督检查，推动整改问题1790个。监督护航“5510”项目竞赛，到进度滞后项目一线调研督导，梳理监督重点138条，开展监督检查117次，督促整改问题26个。建立“3+3+9+12”（3个常规督查组、3个专项督查组、9个镇级督查组、12个纪检监察组联动）疫情防控监督格局，制定疫情防控督查通报问题督促整改办法，到一线开展人员管控、流调追踪、核酸检测等实地督查459次，督促整改问题1267个。加强对“一把手”和领导班子监督，完善政治监督“责任树”“路线图”，分层级、分领域、分阶段梳理监督重点，动态更新“关键少数”职责档案、廉政档案1035份。制订党内政治监督谈话方案，探索开展纪委书记定期与下一级党委书记谈话、年度述责述廉等做法，对监督单位领导班子成员、重点岗位人员开展监督谈话682人次，实施党内问责4件5人。

【营商环境优化】 2021年，石狮市把保护和激发市场主体活力作为监督执纪的重要落脚点，开展精准监督助推优化营商环境“百日行动”，选派63名纪检干部一对一挂点联系企业，征集意见建议131条，督促整改问题321个。推动各涉企部门自查“梗阻”问题，督促成立全国首个公益性金融公共服务平台，推动出台多元收结汇支持政策，解决外贸商户因非正规第三方渠道收结汇而造成“冻卡”难题，为105家商户安全收汇1.08亿美元。强化对“九奖八补”（“九奖”，即奖龙头企业、“明星”企业、高新企业、创新中心、孵化器、服务制造、供应链平台、外商投资、企业上市；“八补”，即补技术改造、产能对接、“上云上平台”、研发费用、技术攻关、企业参展、电商业务、人才人力）等惠企政策监督检查，组织开展“局长走流程、组长督整改”活动，推动整改问题47个。运用“制度+科技”监督手段，推动建设“i石狮”亲清家园智慧平台，其中奖补直达兑现惠企资金5.47亿元，被列为泉州市优化营商环境工作典型经验。

【巡察成果运用】 2021年，石狮市深化巡察成果运用，市委巡察办与各监督部门各负其责、协调联动、深度配合，压实被巡察单位责任，前九轮常规巡察整改完成率超99%，推动职能部门建立健全规章制度785项。对市城镇集体工业联合社、教师进修学校等11个单位开展巡察“回头看”，发现并反馈问题281个，整改完成率98%以上。创新巡察整改跟踪督导机制，完善《石狮市委巡察整改工作考评办法》，对整改情况进行定性定量评估和结果运用，倒逼被巡察单位抓好整改工作，促进整改质效提升。

【讲好巡察故事】 2021年，石狮市健全完善巡察工作机制，提炼经验做法和亮点特色工作，聚焦群众关注的民生问题，撰写巡察故事。上级刊发石狮巡察工作相关文稿9篇次，其中4篇次在中央级媒体刊载；《石狮市探索优化巡察方式破解“三资”管理难题》被《福建巡视巡察参考》等刊物刊发；《泉州加强日常监督 推进巡察整改见真功》在福建省纪委监委网站发布。

【中共石狮市第七届纪律检查委员会第六次全体会议】 2021年2月7日，中国共产党石狮市第七届纪律检查委员会第六次全体会议举行。泉州市政协副主席、石狮市委书记蔡萌芽讲话；石狮市委常委、纪委书记、监委主任林振海主持会议并代表市纪委常委会作题为

《立足新起点 担当新使命 为奋力谱写全方位推动高质量发展超越石狮篇章提供坚实保障》的工作报告。

纪检监察体制改革

【监察体制改革】 2021年，石狮市结合市、镇两级换届，配齐配强纪检监察派驻机构、乡镇纪检监察机构相关负责人，12个派驻纪检监察组的组长，平均年龄43岁，均具有大学及以上学历；全市9个镇（街道）均配齐结构优、功能强的纪（工）委班子，27名专职纪检监察干部平均年龄33岁，比上届下降2岁，女干部10人，比上届增长7.4%。

【派驻机构改革】 2021年，石狮市采取综合派驻与单独派驻相结合的方式，设立12家派驻纪检监察组，覆盖监督60家市直单位及其所属和管理的事业单位（企业），其中综合派驻9家、单独派驻3家。10月，出台《关于深化市纪委监委派驻机构改革的实施意见》，推进市管企业纪检监察体制改革的具体意见，将市属国有企业纳入市纪委监委驻财政系统纪检监察组监督范围。

【基层纪检组织建设】 2021年，石狮市开展乡镇纪委书记履职交流活动，提升乡镇纪检监察干部履职能力，推动监督下沉落地，打通从严治党“最后一公里”。出台《关于实施纪检监察片区一体化管理的工作方案》，实行“1名常委、委员+1个纪检监察室+1个综合室+若干派驻纪检监察组、镇（街道）纪（工）委+若干特约监察员”的协作提升模式，实现人员统一调配、统筹培养，标准统一把关。整合运用“镇街纪检监察专干+村支部纪检委员+村务监督委员会+驻村干部”“四支力量”，激活镇村监督三元主体链条。

反腐工作

【信访举报】 2021年，石狮市纪检监察机关接收信访举报353件，比2021年上升17.28%，其中检控类初信初访99件；重复检举控告92件，占比下降12.21%。全年无到京越级访、无重大信访突发事件、无业务内集体来访。开展“四访”活动，对2018年以来涉村组织（干部）信访举报情况、进京赴省越级访情况、行政执法领域信访举报情况开展专题分析，2018年以来石狮市行政执法领域信访举报专题分析入选2021年泉州市纪检监察系统特色信访分析汇编。综合运用带信下访、片区会商、失实澄清等方式，化解13件群众“多年、多层、多头”反映信访难题积案，纪检监察服务基层化解矛盾专项行动在泉州地区“强基促稳”考评中连续3年获得“好”的档次，经验做法入选泉州市2021年“强基促稳”工作“提升基层矛盾化解能力”专项优秀创新案例。

【执纪审查】 2021年，石狮市注重关口前移“治未病”，强化事前教育、引导和监督，运用监督执纪“四种形态”批评教育帮助和处理382人次。纠治执法司法、医疗卫生等领域腐败和不正之风，立案90件。对中共十八大以来全市政法干警违纪违法问题大起底、大排查，开展粮食购销领域腐败问题专项整治。

【纠治“四风”】 2021年，石狮市落实“1+X”监督机制，整合部门监督力量，通过推动建立责任清单、实施约谈提醒、开展明察暗访、随机抽查等方式，紧盯“违规吃喝”“公车私用”“一桌餐”“不吃公款吃老板”“吃公函”等问题，强化日常监督。聚焦违规使用公务用车、酒驾醉驾、违规公款吃喝、餐饮浪费等“四风”问题开展专项整治，出台防范整治党员干部和公职人员酒驾醉驾行为八条措施，查处违反中央八项规定精神13件13人。

【深化“点题整治”】 2021年，石狮市聚焦群众“急难愁盼”问题，将教育医疗、食品药品安全、乡村振兴等领域18个重点问题纳入“点题整治”内容，查处群众身边腐败和不正之风问题3件4人，《点题整治食品生产环节“两超一非”问题》在新华社客户端报道，点击量超45万次。常态化推进扫黑除恶行动，核查涉黑涉恶案件3件。

廉政宣传教育

【党规党纪教育】 2021年，石狮市推进以案为鉴和以文化人，剖析违纪违法问题和典型案例，组织党员干部“零距离”旁听庭审。将廉政教育与干部提拔任用相结合，组织拟提任股级以上干部460人次参加廉政测试。开展领导干部“每月一文思勤廉”读书活动，涵盖市、镇、村干部，筑牢拒腐防变思想防线。

【廉政文化活动】 2021年，石狮市策划推出百年红色家庭——李子芳事迹报道，在泉州市纪委监委“刺桐清风”公众号获10万人次的阅读量。创作《72年，劈波斩浪，一往无前》微视频在中央、省、泉州市等媒体展播。推出农村（社区）版“反腐倡廉漫画+谜语+格言”等，深化“一镇一孝廉”创建。“清风美德润狮城”廉政文化教育基地，接待上万人次干部群众接受孝廉文化熏陶。石狮市纪委监委网站与镇（街道）官微廉政文化栏目同频共振，形成新媒体反腐倡廉宣传矩阵。

民主党派 工商联

中国国民党革命委员会石狮市总支部委员会

【概况】 2021年中国国民党革命委员会石狮市总支部委员会（简称“民革石狮总支部”）开展以“学党史、颂党恩、迎华诞”为主题的诗文朗诵比赛，组织参加纪念辛亥革命110周年活动等活动。完成调研课题4个。全年新发展党员1人，党员总数115人，其中本科及以上学历66人，高级职称17人，中级职称46人。党员林淑玲被评为2018—2020年“全国改善医疗服务先进典型”，9人被评为“2017—2021年民革泉州市优秀党员”，1人被评为“2017—2021年民革泉州市优秀党务工作者”，1人被评为“石狮市先进工作者”。

【参政议政】 2021年，民革石狮总支部在石狮市人大七届五次会议和市政协七届五次会议上分别提交人大建议1件，政协提案31件。其中，《关于加快石狮市制造业数字化转型的建议》被列为石狮市2021年重点提案。1人被民革泉州市委会评为“2020年度参政议政先进个人”。

【宣传工作】 2021年，民革石狮总支部17篇信息被民革泉州市委会微信公众号采用，22篇被石狮市委统战部微信公众号“石狮统战”采用。《石狮日报》报道有关民革石狮总支部党员参政议政、社会活动12篇。

【社会服务】 2021年，民革石狮总支部连续9年组织骨干党员、医疗界党员到婷婷儿童院开展慰问和免费体检活动；连续13年开展“心系困难学子、热心金秋助学”资助贫困学生活动；连续9年到石狮市慈爱老人院开展慰问孤寡老人活动；赴永宁镇开展第六次慰问革命“五老”人员（在革命战争年代为革命作出贡献的老地下党员、老游击队员、老接头户、老交通员、老苏区乡干部）活动；捐赠厦门外国语学校石狮分校郑成功石雕圣像，捐资30万元用于石狮灵秀书院前期筹建，捐款5万元助力灵秀镇购买消防车。开展“心系困难学子，热心金秋助学”活动，奖助家庭经济困难大学生10名，发放助学金4万元；党员董发达创立的永宁古卫城驿馆开展传统文化公益读书会、旗袍秀文化会演公益活动、公益亲子趣味活动、遵礼弟学堂师生亲子送春联公益活动。

【民革石狮总支部第三次党员大会】 2021年，民革石狮总支部第三次党员大会召开，会议听取、审议民革石狮总支部第二届委员会工作报告、民革泉州市石狮总支部第三次党员大会选举办法，会议选举产生民革石狮总支部第三届委员会领导班子及下属三个支部委员会委员，陈垂汉当选为主任委员。

中国民主同盟石狮市总支部委员会

【概况】 2021年，中国民主同盟石狮市总支部委员（简称“民盟石狮市总支部”）围绕纪念中国民主同盟成立80周年，联合民盟泉州市委会开展“不忘合作初心跟党走”的主题教育活动。开展“缅怀革命英烈·铭记红色历史”主题教育活动。全年盟员132人，其中本科及以上学历76人，高级职称49人，中级职称50人，中高级职称人员占总数的75%。民盟石狮市总支部第四支部、第六支部被民盟泉州市委会评为“先进基层组织”。

【参政议政】 2021年，民盟石狮市

2021 年 4 月 17 日，中国民主同盟石狮市总支部委员会开展“缅怀革命英烈　铭记红色历史”主题教育活动
（图 / 民盟石狮市总支部）

总支部在市政协七届五次会议上提交提案 21 件，其中 8 篇政协提案选登在《石狮日报》政协之窗，《关于大力发展泉州市职业高中教育的建议》《关于加强科技创新平台体系建设促进经济增长的几点建议》被确定为 2021 年泉州市人大常委会主任会议重点督办件。

【社会服务】　2021 年，民盟石狮市总支部联合民盟泉州市委会在石狮市永宁镇子英村开展“学党史、践初心、办实事”义诊送药活动，免费接诊病人 200 余人次，免费发放药品价值 1 万余元。在泉州海洋职业学院举行“科技创新基地”揭牌仪式，推进石狮民盟与学校合作。在石狮市千玺文化公司举行“盟员之家”揭牌仪式。盟员叶忠惠的作品《闽南侨批里的“家国情怀”》被《中国统一战线杂志》报道；盟员林贞千、蔡建佳被石狮市委、市政府评为“石狮市劳动模范”。

【民盟石狮市总支部委员会第三次盟员大会】　2021 年 12 月 3 日，民盟石狮市总支部委员会第三次盟员大会召开，会议听取、审议并通过民盟石狮市总支部第二届委员会工作报告。会议选举产生总支部第三届委员会领导班子，蔡进强当选为主任委员。

中国民主建国会石狮市基层委员会

【概况】　2021 年，中国民主建国会石狮市基层委员会（简称“民建石狮市基层会”）开展“迎建党百年 · 展民建风采”登山活动、“学中共党史 · 讲民建故事——庆祝中国共产党成立 100 周年演讲会”；参加 2021“庆党生日，与党同心同行——泉州市党外人士庆祝中国共产党成立 100 周年主题征文比赛”，获二等奖 1 篇、三等奖 3 篇、优秀奖 3 篇。走访慰问老会员 30 余人次。完成《全力提升营商大环境，助推石狮经济新征程调研报告。全年新增会员 3 人，会员总数 134 人，其中本科及以上学历 65 人。

【参政议政】　2021 年，民建石狮市基层会提交提案 29 件，其中《关于尽快修复蚶江海防官署的建议》被列为市政协七届五次会议重点提案。在市政协八届一次会议上提交 15 件提案，社情民意专报件《关于加大对市区公交亭配套设施建设力度》得到市委书记黄春辉批示。

【社会服务】　2021 年，民建石狮市基层会走访慰问石狮市仁爱特教学校，捐助 3 名困难学生 1.2 万元，会员及会员企业在各种公益活动中捐款 30 余万元。

【民建石狮市基层委员会第一次会员代表大会】　2021 年 12 月 4 日，中国民主建国会石狮市基层委员会第一次会员代表大会召开。大会听取、审议并通过民建石狮市总支部第二届委员会工作报告，民建泉州市委会同意民建石狮市总支部更名为民建石狮市基层委员会。大会选举产生民建石狮市基层委员会第一届委员会，吕锜当选为主任委员。

中国民主促进会石狮市总支部委员会

【概况】　2021 年，中国民主促进会石狮市总支部委员会（简称“民进石狮市总支部”）开展“建党百年 • 诗情回望”诗词吟唱会、“振兴文旅产业”专题调研、“同心助学”等活动，完成总支部换届工作。全年新增会员 5 人，会员总数 145 人，其中本科及以上学历 88 人，中高级职称 88 人。民进石狮市总支部被中国民主促进会中央委员会（简称民进中央）评为 2021 年度民进全国反映社情民意信息先进集体，被民进省委会评为 2020 年度省民进抗疫先进基层组织，1 人被评为“2020 年度民进省委会参政议政工作先进个人”，1 人被评为“2020 年度省民进抗疫先进工作者”。

【参政议政】　2021 年，民进石狮市总支部在 2021 年泉州市年度“两会”上提交人大建议 1 件，政协提案 3 件。在市政协七届五次会上提交提案 23 件，其中《关于组建教育集团的建议》被石狮市政协定为重点提案，《关于完善中小学课后服务收费的建议》被省政协立案采用，《积极争取高速公路收费优惠政策》建议被泉州市人大立案。社情民意信息《关于切实发挥学校主渠道作用完善校内课后服务机制的建议》被民进中央采纳，《关于将教育部门的部分行政处罚权划入市监部门集中行使的建议》被全国政协采纳。

【社会服务】 2021年，民进石狮市总支部立足党派教育、文化界别特色，开展各种文化教育活动。开展“春联万家·奋进新征程”活动，书写200多副春联；联合石狮市灵秀镇党委促成石狮市图书馆、石狮市鼎盛骏景小区党支部、石狮市绿洲读书社开展“共建红色书屋、聆听党史故事”活动；联合教育局举办2021年石狮市第五届“民进杯”现场作文竞赛和“法治进校园”——“民法典与教育”专题民进讲堂；开展“建党百年·诗情回望”诗词吟唱会；开展庆祝教师节活动，邀请民进泉州市委会副主委王若兰作“从新高考改革看基础教育的基础”专题讲座；开展“振兴文旅产业”专题调研活动；组织留石狮过年的非泉籍会员开展“送温暖”活动；为泉港民进病困会员筹得善款23800元；举行“同心助学”活动，资助贫困学生6名。

【民进石狮市总支部第三届委员会】 2021年12月4日，民进石狮市总支部召开第三届委员会第一次会员代表大会，会议听取、审议并通过民进石狮市总支部第二届委员会工作报告，选举产生民进石狮市总支部第三届委员会领导班子，洪明芳当选为主任委员。

中国农工党石狮市总支部委员会

【概况】 2021年，中国农工党石狮市总支部委员会（简称“农工党石狮市总支部”）开展以“不忘初心·牢记使命”为主题的红色革命传统教育活动；开展“同心助学”主题活动，为贫困学生捐赠助学金。党员总数114人，其中大专及以上学历有109人，副高职称有52人。农工党石狮市总支部获“农工党泉州市委2021年度三星级基层组织”称号。

【参政议政】 2021年，农工党石狮市总支部在市政协七届五次会议上提交提案12件。提案涉及民生、经济、教育等方面。

【社会服务】 2021年，农工党石狮市总支部到南安市蓬华镇中心小学开展“同心助学”主题活动，为10名困难学生捐赠助学金。到石狮市第二中学开展“同心助学”主题活动，为4名困难学生捐赠爱心助学金。做好新冠肺炎疫情防范工作，总支部在锦尚镇健康家园新冠肺炎观察点开展“采集鼻咽拭子”讲座和慰问活动。2人向市总医院捐赠4万元物资；1人向祥芝镇、市市场监督管理局、湖滨街道办事处、习水县及一线防控人员捐赠4万元物资。

【农工党石狮市总支部第三次党员大会】 2021年12月6日，农工党石狮市总支部召开第三次党员大会，会议听取、审议并通过农工党石狮市总支部第二届委员会工作报告，选举产生农工党石狮市总支部委员会新一届领导班子，李灿新当选为主任委员。

中国致公党石狮市总支部委员会

【概况】 2021年，中国致公党石狮市总支部委员会（简称“致公党石狮市总支部”）围绕庆祝中国共产党成立100年，开展“追忆抗美援朝·牢记初心使命”主题教育观影活动、与石狮市留学人员联谊会联合举办第六届石狮“同心杯”篮球邀请赛。党员总数75人，其中研究生学历6人、本科学历43人，大专学历12人；具有高级职称22人，中级职称22人。

【参政议政】 2021年，致公党石狮

2021年5月22—23日，致公党石狮市总支部到尤溪县开展党史学习教育
（图/致公党石狮市总支部）

市总支部在市政协七届五次会议上，提交提案19件。其中，《关于建设市区智慧停车App平台的建议》被评为石狮市重点提案；《关于为台湾青年来闽就业创业　打通政策“最后一公里”的建议》被福建省政协专题协商会议采纳；《关于建设泉州市进口商品展示体验中心的建议》被评为泉州市政协重点提案，获泉州市委书记批示肯定。开展调查研究，形成调研报告《关于加快石墨烯产业化步伐，推进全省高质量发展的建议》《关于推进光子技术及其产业化发展的建议》。

【社会服务】　2021年，致公党石狮市总支部联合市侨联走访慰问蚶江镇、永宁镇四户困难归侨侨眷，发放慰问金4000元；为响应泉州市委统战部“同心安居工程”行动号召，总支部捐资3万元、总支部副主委姚道锡捐资10万元；为助力重庆酉阳县巩固拓展脱贫攻坚成果与乡村振兴，总支部党员开展消费帮扶，购买农产品944元。

九三学社石狮市基层委员会

【概况】　2021年，九三学社石狮市基层委员会组织参加九三学社福建省委员会、九三学社泉州市委员会的各项征文、知识竞赛等活动。在九三学社福建省委组织的庆祝中国共产党成立100周年的党史知识竞赛活动中，1人获二等奖，4人获三等奖；社员撰写的《学习百年党史，启航多党合作新时代》获泉州党外人士庆祝中国共产党成立100周年主题征文三等奖。社员总数58名，其中正高职称6名，副高职称21名，中级职称30名，初级职称1名。

【参政议政】　2021年，九三学社石狮市基层委员开展课题调研，向石狮政协提交调研报告2篇，其中《关于石狮市石结构房屋改造提质增速的建议》入编政协提案《发言材料汇编》；提交石狮政协提案20件，其中《关于加强旅游景区嵌入闽南特色元素、树立特色品牌意识的建议》被《石狮日报》刊登；提交泉州九三社市委会并被作为泉州政协集体提案7件，其中《关于提升石狮市城乡公共交通一体化水平的建议》《关于持续推进石狮市石结构房屋改造的建议》被确认为九三学社泉州市委员会集体提案，得到时任泉州市委书记康涛、市长王永礼等领导批示。

【社会服务】　2021年，九三学社石狮市基层委员会组织医院九三社员参与义诊施药及科普讲座等医药下乡活动。组织开展“庆百年、学党史、跟党走”中共党史学习教育，23名社员赴长汀红色基地参观学习，组织开展“铭记党史、增强共识、不忘初心”学习教育活动。

【九三学社石狮市基层委员会第三次社员大会】　2021年12月6日，九三学社石狮市基层委员会第三次社员大会召开，会议听取并审议通过黄刚代表九三学社石狮市基层委员会第二届委员会所作的工作报告，大会通过投票选举，产生新一届领导班子，郑海滨当选为主任委员。

台湾民主自治同盟石狮市支部委员会

【概况】　2021年，台湾民主自治同盟石狮市支部委员会（简称“台盟石狮市支部”）组织参观石狮市宝盖镇杆头革命历史纪念馆，组织参加庆祝“三八”妇女节暨“乡村振兴·我们在行动”志愿活动、便民义诊活动、“学党史·办实事”庆建党百年暨乡村振兴送培送教活动。全年盟员总数20人，其中高级职称4人，中级职称8人。在泉州市委统战部主办的“庆党生日、与党同心同行”征文赛上，1人获二等奖，1人获三等奖，2人获优秀奖。

【参政议政】　2021年，台盟石狮市支部向石狮市政协提交政协提案29件，政协大会发言1件。其中，8件提案被选登在《石狮日报》的《政协之窗议政建言篇》栏目。完成3篇调研报告。社情民意信息《建议中央电视台减少或停播校外培训机构广告》提交台盟泉州市委。参与各类民主监督活动15场次。

【社会服务】　2021年，台盟石狮市支部参加台盟泉州市委会开展的庆祝“三八”妇女节暨“乡村振兴·我们在行动”志愿活动，到永春县东关镇中心小学看望慰问留守儿童和困难女教师，向10名困难留守儿童每人发放500元的慰问金。组织参加大德康元中医门诊部便民义诊活动，在“中骏天誉”为小区居民提供药物咨询服务。组织参加由台盟泉州市委会与泉州市教科所支部联合举行的“学党史·办实事”庆祝中国共产党成立百年暨乡村振兴送培送教活动。

【台盟石狮市支部第五次盟员大会】

2021年12月7日，台盟石狮市支部第五次盟员大会召开，会议听取、审议并通过台盟石狮市支部第四届委员会工作报告，选举产生台盟石狮市支部第五届委员会委员，李璐琳当选为主任委员。

石狮市工商业联合会（石狮市总商会）

【概况】　2021年，石狮市工商业联

合会（石狮市总商会）（简称“石狮市工商联（总商会）”）围绕“信任、团结、服务、引导、教育”工作方针，持续为民营经济服务，取得一定成效。开展“回归工程”，依靠异地商会招商引资。开展金秋助学活动，资助贫困学子10.2万元。开展民营经济人士理想信念教育活动，召开民营企业座谈会、举办培训办、实地走访异地商会。提交政协提案《关于经济类商协会统一归口管理的建议》。推进“网上工商联”建设，完善所属商协会在网上工商联系统信息。石狮市工商联（总商会）被中华全国工商业联合会授予“2020—2021年度全国‘五好’县级工商联”称号。石狮市工商联（总商会）被评为全省“千企帮千村”精准扶贫行动组织工作先进集体。

2021年4月18日，石狮市智创跨境电商城在石狮前园花苑举行开业仪式

（图/市工商联）

【民营企业权益保障】 2021年，石狮市工商联（总商会）加强法治保障，维护民营企业合法权益。组织民营企业代表参加由市检察院牵头举办的石狮市知识产权保护联盟成立仪式，提高民营企业家的法治意识。与市法院联合召开民营经济发展服务保障座谈会，13名民营企业代表被聘为市法院优化营商环境咨询监督委员会委员。与石狮市检察院组建石狮市涉案企业合规第三方监督评估机制管理委员会，选任60名专业人员，建立名录库。组织所属商会参加企业合规管理与刑事风险防控专题培训。组织石狮民营企业家及员工代表旁听职务侵占犯罪案件，增强法律意识。组织参加“金融惠企、融资直通”银企对接活动，并与建设银行举行银政座谈会。开展“进百企、走百商、访百才”活动，宣传惠企政策、政策解读，走访企业家111名。开展民营经济人士理想信念教育活动，举办“塔山学坊”专题讲座5场，《石商纵横》专访报道15期。落实与公检法司合作机制，建立民营企业法律维权绿色通道，加强诉调衔接、司法协作和仲裁法律服务。推进多元化解纠纷机制建设，石狮市工商联所属商会设立人民调解委员会总覆盖率100%。

【“回归工程”服务】 2021年，石狮市工商联（总商会）开展“回归工程”，依靠异地商会招商引资。广州市石狮商会引进“智创跨境电商城”“中国石狮原创网批基地”，广州市石狮商会、北京市石狮商会共同引进“华山古民居研学基地”等项目并于海博会期间签约。组织厦门商会回乡投资考察，与广州、南通、义乌等地乡贤加强联系，借助商会资源，以商引商。

【交流联谊】 2021年，石狮市工商联（总商会）与张家港市工商联缔结友好工商联，签订友好协议；参加浙江义乌、金华商会换届活动，并考察义乌国际商贸城，走访金华、义乌泉州商会，与在婺乡贤座谈交流；组织参加南通市通州区福建商会成立庆典；与南安市工商联开展座谈交流。加强民营企业家的教育培训，运用“塔山学坊”互动学习平台，开设“浅谈企业品牌的塑造”“中国式财富管理”专题培训。

【基层商会建设】 2021年，石狮市工商联（总商会）推进基层商会规范化件，指导石狮市江西商会、石狮市儿童产业联合会申报福建省“四好商会”。完成安溪商会、南平商会、染整同业工会换届。广州市石狮商会、石狮市安徽商会召开第一届会员大会，选举产生商会领导机构。石狮市安徽商会设立人民调解委员会，完善商会人民调解委员会运行机制。推荐青创城入选泉州市民营经济人士学习实践基地。创建“五好”工商联及组织商会创建“四好”商会，石狮市工商联被评为全国“五好”县级工商联。

群众团体

石狮市总工会

【概况】 2021年，石狮市总工会围绕“我为职工办实事”项目，开展职工子女暑托班、实施职工心灵守护行动、创建共享职工之家等活动。全市有基层工会组织3029个，覆盖单位6078个。石狮市被授予福建省“五一”劳动奖章3名、泉州市“五一”劳动奖章1名、泉州工匠4名、泉州工匠创新工作室2家。石狮市总工会职工服务中心获评福建省五一先锋号。石狮市“一体化”基地维权服务模式得到福建省人大常委会副主任、福建省总工会主席领导肯定。

【职工帮扶服务】 2021年，石狮市总工会开展基层干部职工心理健康讲座和团队辅导活动43场，举办“家庭教育”心理讲座和沙龙5场。与石狮市法院成为心理健康服务共建单位，每月定期开展“一对一”法官心理对话活动；春节期间组织“2021·我在石狮过大年”活动，发放“暖心年夜饭”1800多份，为8461名留石狮市过年的外来工发放红包169.22万元，补助418名外来工8.36万元交通费，组织电影放映队进工业园区、企业播放40场。返还2995家小微企业2021年工会经费716.52万元。走访慰问赴泉港支援疫情防控以及石狮市抗疫一线医务人员851人次42.55万元；向各镇（街道）核酸检测服务点送去价值10万元左右的慰问物资2800箱。举办“奔赴山海遇见你”主题联谊活动7场，为400多名单身男女职工提供服务。开展“学史感党·恩圆梦微心愿”关爱环卫工人公益活动，为现场80名环卫工人代表发放微心愿礼物并举办集体生日会，提供免费体检、手机贴膜、爱心义剪、免费拍照等服务。开办职工子女暑托班28个，解决700多名职工子女暑期“看护难”问题。推动全市开始“四点半”课后服务学校79所，服务学生17万人次。开展“爱心有源·成长有约”金秋助学20周年分享沙龙，筹集23.54万元资助41人次困难职工子女上学。

【职工教育培训】 2021年，石狮市总工会通过组织企业职工到培训机构、

2021年8月30日，石狮市总工会开展“爱心有源 成长有约”2021石狮市总工会“金秋助学”分享沙龙。图为活动现场 （图/市总工会）

进企业开班、“互联网 + 职业培训”等形式，实施“菜单式”选课培训 11 场，受训职工 570 多人次；依托泉州纺织服装学院产业工人技能培训基地，采取“工会 + 高校 + 企业”的模式，举办缝纫工、纺织染色工、人力资源管理等培训活动，参训职工 900 多人次。组织 800 对“名师”带“高徒”活动，通过传经验、帮业务、带作风活动，促进岗位职工成才。

【职工技能竞赛】 2021 年，石狮市总工会举办第 11 届产业职工技能大赛，组织近 600 人次专业技术人员参与 10 大项目劳动技能比拼；开展企业岗位小革新、小发明、小改造、小设计、小建议“五小”创新活动，13 个职工创新成果获得省“五小”创新大赛奖项，5 个职工创新成果获全国发明展览会奖项。

【基层工会建设】 2021 年，石狮市总工会聚焦新就业形态劳动者群体，组成 3 个专项工作组到石狮市邮政公司、石狮市凤里街道、石狮市灵秀镇等基层工会开展调研活动，推进建会入会工作。组织成立货车司机、快递、家政等行业联合工会。与石狮市商务局、石狮市家政行业协会联合举办“家政服务节”活动，80 余人参加；发起“致敬‘新’力量 • 共建文明城”——新就业形态劳动者温暖行动等系列活动，送出暖心大礼包 262 份。

【职工法律服务一体化基地维权服务模式】 2021 年，石狮市宝盖镇职工法律服务一体化基地获评首批省级“园区枫桥”示范单位，石狮市总工会总结推广宝盖镇职工法律维权“一体化”经验，拓展“园区枫桥”维权服务石狮样本，以“一站解决”为目标开设职工法援室、调解工作室、劳动法庭、仲裁庭的“两室两庭”工作平台，提供普法教育、矛盾调处、劳动仲裁、司法裁决、维权服务、帮教关爱的“一站式”服务，为 95 名职工追回欠款、赔偿等 84.11 万元。福建省人大常委会副主任、福建省总工会主席领导对石狮市“一体化”基地维权服务模式给予肯定。

【共建共享工会“十分钟”服务圈】

2021 年，石狮市总工会推广石狮服装城（商圈型）共享职工之家模式，拓展创建宝盖镇、鸿山镇 2 个（园区型）共享职工之家，通过工会指导、社区（园区）搭台、社工介入、职工参与等方式，以“会家合一”形式，打造集运动健身、娱乐休闲、温暖帮扶、技能培训、婚恋交友、亲子活动、子女暑托等品牌服务于一体的共享阵地，服务 2.7 万人次。

【发挥劳模示范带动作用】 2021 年，石狮市出台《石狮市劳动模范管理暂行规定》，提高退休荣誉津贴、公费体检、困难补助和劳模疗休养等相关待遇。推荐省和泉州市五一劳动奖章 7 名、泉州工匠 3 名以及泉州工匠创新工作室 2 家。石狮市授予 29 人劳动模范和先进工作者称号。开展“奋斗新征程 • 建功‘十四五’”劳模职工代表学习座谈会、“奋进新征程 • 当好主力军”劳模工匠宣讲活动。在石狮市职工活动中心设立 38 个劳模风采宣传栏，联合融媒体中心开设“劳模事迹”宣传专栏，弘扬劳动精神、传承工匠精神、发挥劳模示范带动作用。

【石狮市政府与市总工会第十四次联席会议】 2021 年 4 月 25 日，石狮市政府与市总工会召开第十四次联席会议。石狮市委副书记、市长黄春辉，市委常委、组织部部长、石狮市总工会主席施晓瑛，石狮市政府副市长黄延艺，以及石狮市总工会领导班子成员，石狮市政府相关部门负责人等参加会议。会议总结 2020 年全市工会工作情况和第十三次联席会议议定事项落实情况，会议研究关于提高机关事业单位工会经费收缴率、保障全市机关事业单位职工福利、建设石狮市工人文化宫、建设各镇（街道）职工活动中心、建设纺织服装产业劳模和工匠人才创新成果展示馆等问题。

2021 年 6 月 30 日，石狮市第 11 届产业职工技能大赛之 2021 年石狮市美容美发职业技能竞赛在石狮市服装城艺术展览中心举行　（图/市总工会）

中国共产主义青年团石狮市委员会

【概况】 2021 年，中国共产主义青年团石狮市委员会（简称“团市委”）

开展“青春向党·奋斗强国”主题系列活动70余场；举办“青春朗读者”活动20期；开展“青年大学习·一起学党史”系列网上主题团课34期；召开中国共产主义青年团石狮市第九次代表大会；组建石狮市红领巾巡讲团和青年讲师团，开展巡回宣讲50场；开展志愿服务10200余人次，全市1048个团组织入驻“智慧团建”系统。

【青少年思想政治教育】 2021年，团市委结合庆祝中国共产党成立100周年和纪念“五四”运动102周年，组织少先队员开展党史主题朗读诗文、“争做新时代好队员”主题队日队课、“红领巾讲坛”主题演讲等活动70余场；丰富党史学习教育学习形式，联合市委组织部开展“献礼建党百年、定格荣耀瞬间”公益摄影活动，组织20名团干团员为1017名“光荣在党50年”纪念章获得者提供“五个一”服务。开展“青年大学习·一起学党史”系列网上主题团课34期，参与学习19.2万人次；组织少先队员参与“红领巾爱学习”网上主题队课学习，覆盖少先队员9.6万人次。成立石狮市红领巾巡讲团，组织10名红领巾巡讲团成员分别到45所小学宣讲；组建青年讲师团走上讲台、走进基层团支部，开展党史专题宣讲28场。

【青少年关爱帮扶】 2021年，团市委开展“关爱小候鸟”之“图书漂流”活动，赠送图书4800余本。开展趣味课堂进企业、进社区、进农村活动，200余名青少年参与。针对文明单位帮扶困难户、留石狮外省籍贫困青少年、本地贫困青少年、“特殊”青少年及快递小哥等17个家庭开展新春系列慰问活动。实施共享头盔驿站项目，在全市小学中建设10个共享头盔驿站，宣传文明出行。与市检察院采用购买服务的方式向石狮市致和社工事务所购买专业社工服务，开展“‘未’你绽放”石狮市涉案未成年人社会回归支持项目，服务17名未成年人。开展“产业人才·育苗工程”结对助学行动，新增结对14名，筹集28万元助学金助贫优大学生圆大学梦。

【青年人才服务与培养】 2021年，团市委开展第三届“最强创业大脑”知识竞赛暨“跨境电商+”专题项目路演活动，吸引含台湾青年创业者在内的10227人次参与，引进“小猪侠”等跨境电商项目入驻。与石狮农商银行联合推广“青春奋斗卡”，建立青年创业金融服务平台，为在石狮市创业青年提供最高30万元的创业专享备用金，全年申请23人，实际授信金额300多万元，缓解创业青年的资金压力和创业困难度。结合泉州海洋职业学院的专业人才优势资源和古浮村乡村资源，推动泉州海洋职业学院与古浮村建立石狮首个乡村振兴学院。组织各级团组织和青年组建84支青年突击队开展文明城市建设、招商引资、乡村振兴等方面工作。启动“点石·石狮市青年企业家培养行动”，设立“点石敢拼班”，完成孵化合作项目5个，在授课过程中与外部资源链接衍生合作及意向7个。狮城青年创新创业孵化中心在孵项目联特精密科技获2021年福建省高校毕业生创业省级资助项目“优胜奖”。

【青少年志愿服务】 2021年，团市委组织开展志愿服务10200余人次，服务6万多小时。开展 “文明创城·青年先行”主题系列活动3场。开展疫情防控志愿服务活动104场，近800名志愿者参与，发放口罩2.5万个。开展“文明出行”行动，组织360余名高校志愿者在全市29个主要路口协助执勤交警指挥疏导行人和非机动车辆，对行人及非机动车闯红灯、逆行、越线等待、走机动车道等不文明行为进行纠正，对道路上骑电动车未戴安全帽的人员进行劝导。组织参与第24届海博会、第七届海上丝绸之路国际品牌博览会暨2021石狮国际时装周等重要展会志愿服务活动，430余名青年志愿参加，服务时长11850小时。组织青年志愿者服务石狮市第十届少儿春晚，33人次参加，服务时长215小时。

【基层组织建设】 2021年，团市委开展“两新”组织团建攻坚行动，全市新增183家非公企业团组织。指导成立市教育团工委、灵秀镇钞坑村少工委、少先队大队。举办石狮市基层团干部培训班，30余名团干部参加。召开共青团石狮市第八届委员会第五次全体（扩大）会议，传达学习全团召开党史学习教育动员部署会议精神，总结2020年石狮共青团、少先队工作，对2021年

2021年6月29日，泉州海洋职业学院与古浮村建立石狮首个乡村振兴学院。图为泉州海洋职业学院（古浮）乡村振兴学院授牌仪式 （图/团市委）

2021 年 11 月 15—16 日，中国共产主义青年团石狮市第九次代表大会召开
（图 / 团市委）

重点工作做出安排部署，并审议相关文件。召开全市团教协作工作推进会，宣布石狮市教育团工委成立，对全市深化团教协作提出工作部署。举办全市基层团建述职评议工作研讨会，会议传达学习共青团十八届六中全会精神，听取各镇（街道）团委（团工委）书记 2021 年团建工作主要做法，安排部署 2022 年基层团建工作。

【共青团石狮市第九次代表大会】 2021 年 11 月 15—16 日，中国共产主义青年团石狮市第九次代表大会召开，会议作共青团石狮市第八届委员会工作报告，审议相关文件，通过《共青团石狮市第九次代表大会工作报告决议》，选举产生共青团石狮市第九届委员会书记、副书记、挂职副书记、兼职副书记及委员 29 名、候补委员 10 名。大会根据各代表团讨论研究的“如何做好新时代青年工作、加强基层团组织建设”等问题进行归纳梳理，提出未来五年石狮共青团工作的指导思想和目标任务。

【红领巾校外体验示范基地】 2021 年，团市委、市少工委联合举行 “石狮市红领巾校外体验示范基地”授牌仪式，授予李子芳纪念馆、石狮市红色革命教育基地、吴章山革命烈士墓、石狮博物馆、福建省世茂海上丝绸之路博物馆、姑嫂塔、林銮渡、六胜塔、石狮市中小学素质教育实践基地、石狮市尚益源农场、石狮市公民警校、石狮市青少年学生校外活动中心 12 个阵地为首批“石狮市红领巾校外体验示范基地”。

石狮市妇女联合会

【概况】 2021 年，石狮市妇女联合会以思想引领、巾帼建功、维权服务、家庭文明、深化改革为重点，动员广大妇女在抗击疫情阻击战，推进妇联改革、服务党政工作大局和服务妇女儿童工作创新发展，各项工作取得较好成效。全市新建妇联 18 个、“妇女微家”37 家，妇联执委工作室 12 家，推荐各级三八红旗手 41 名，三八红旗集体 4 个；创建各级巾帼文明岗 24 个。组织开展石狮市妇女儿童发展纲要（2011—2020 年）终期评估及监测统计工作，完成泉州两纲终期评估验收。2021 年，石狮市妇女联合会作为全国唯一一家县级单位在全国和省家庭家教家风建设工作推进会上作交流发言。

【妇女创业技能拓展】 2021 年，石狮市妇女联合会扶持创业女性 652 人，发放妇女创业贷款 9665 万元；依托“春风行动”公益招聘载体帮助近千名妇女就业。联合商务局、总工会举办家政服务节、办公软件应用操作岗位技能、女性创业就业技能、家政技能等培训班。每月定期组织“狮城姐妹”公益读书会，参与活动 200 多人次。

【“最美庭院”创建】 2021 年，石狮市推进“最美庭院”创建工作，成立“石狮市芳邻志愿服务队”，组织 160 多名基层妇干、分管领导及志愿者开展“最美庭院”现场观摩活动。推选泉州

2021 年 11 月 28 日，石狮市妇联主席邱亚环代表石狮市妇联，作为全国唯一县级单位在全国家庭家教家风建设工作推进会上作交流发言
（图 / 市妇联）

市"美丽庭院"80户、省级"美丽庭院"31户及省级"绿色家庭"2户。

【妇女权益维护】 2021年，石狮市妇女联合会办结来电来访193件，跟踪回访40人，参与家事庭调解50例，帮助链接法律援助66件，心理咨询个案19人次；在春节、"三八"妇女维权月等节点，开展维权服务进社区、进家庭、到身边活动。开展"制止暴力·共同呵护爱的港湾""学习民法典婚姻家庭编·护航美好生活"等主题宣传活动33次，接受咨询3000多人次，调解办结家庭类矛盾纠纷25人次。

【家庭文明建设】 2021年，石狮市表彰各级"最美家庭"37户、石狮市"好婆媳""好妯娌""好邻居"74对。围绕"青春期家庭教育""家风家教"等主题举办公益巡回讲座20余场。融合省级家风家训示范点"清风美德润狮城馆"、省级乡风文明联系点蚶江镇厝仔村及"四端"堂、王起沃故居、古浮村乡村记忆馆等特色家教阵地开展实地家庭教育80多场次。组织"故事妈妈"走进学校和基层开展"书香传家风·悦读助成长"学习会等亲子阅读活动。举办"书韵流香·爱心传递"爱心驿站图书义卖活动等，相关工作在国家级期刊《婚姻与家庭》刊登报道。

2021年，石狮市推进"咱厝边"家庭服务中心建设，宝盖、蚶江、凤里、祥芝四个"咱厝边"家庭服务中心举办"携手传爱·照亮星星""书香伴成长·阅读沁童心"等服务活动600余场，服务近82000人次。创新的基层妇联"138"服务模式先后在"学习强国"学习平台、《中国妇女报》、中国妇联新闻等央级媒体刊登报道。宝盖镇妇联"咱厝边"家庭服务中心获"全国家庭教育创新实践基地""福建省家庭亲子阅读体验基地"等称号。

【妇女儿童关爱帮扶】 2021年，石狮市妇女联合会推进"儿童之家""两癌"免费健康筛查等为民办实事项目，构筑"筛查+救助+保险+关爱"家庭健康服务体系，实施"爱在四季"关爱服务项目。为7700名适龄妇女进行"两癌"（乳腺癌和宫颈癌）免费筛查。新培育前坑村百德康桥假日小区、灵秀镇钞坑村泰亨新城2个泉州市级"儿童之家"，举办儿童成长关怀、课外辅导、困境儿童关爱、家庭教育指导等公益活动40多场。组织663名巾帼志愿者开展爱心"四送"活动145场；"冬日暖阳"慰问活动为280名困难妇儿发放慰问金14万余元。关爱结对帮扶孤儿、留守儿童和困境儿童336名，受益家长和儿童2500名。针对自闭症儿童、孤儿等特殊群体开展家长团体解压沙龙、关爱自闭症儿童等多场活动。开展"童心向党·与爱同行"我们与留守流动儿童在一起、"学党史颂党恩·守护安全伴成长"暑期儿童关爱服务等活动。开展"母亲健康1+1"暨关爱困难妇女儿童公益募捐活动，募集善款39万余元，发放救助款12.5万元，受益26人次；为20名对象发放"关爱贫困单亲母亲行动"爱心基金10万元；联合民宗局、慈善总会、佛教协会开展"母亲安康，'益'起守护"公益活动，为500名困难母亲购买"女性安康险"15万元，全市投保9145人，为12名患者理赔64.53万元。

石狮市科学技术协会

【概况】 2021年，石狮市科学技术协会主动服务市委、市政府中心大局，团结科技工作者聚精会神谋发展、创新开拓出实招，拓展科协"四服务"工作的深度广度和精度，在助推经济建设，提高全民科学素质，助力乡村振兴，建设科技人才队伍等方面工作取得明显成效。全市新增注册2856名科技志愿者、科普中国信息员729名。2021年，石狮市科学技术协会获评福建省"全国科普日"优秀组织单位。

【科普宣传】 2021年，石狮市科学技术协会开设"石狮科普"抖音官方账号，通过短视频形式传播科普知识、展示科协工作成果，播放量超706万次；新建科普e站8台，投放科普e站69台，与《石狮日报》科普专栏、科协官网、微信公众号等建立全方位的立体化传播系统，实现科普知识快速推送。举办福建省全民科学素质网络竞赛，评选"科普达人"10人。开展以"回首百年科技发展""童心向党·科技伴我成长"等为主题的暑期科普夏令营公益活动，120名学生参加，该活动获评2021年福建省"全国科普日"优秀活动。开展市级流动科技馆巡展15场；开展新时代文明实践科技科普与研学活动25场；举办刺桐科学传播学者科普巡讲活动6场；其他科技科普"三下乡"活动6场。

【科技活动】 2021年，石狮市获全国"3D"大赛一等奖1项，二等奖3项，三等奖3项；获"中国电机工程学会杯"全国大学生电工数学建模竞赛二等奖1项，三等奖9项；获全国青少年人工智能教育成果展示赛一等奖1项，二等奖2项，三等奖1项；获泉州市青少年科学影像一等奖5项，二等奖7项，三等奖8项，其中1项作品在全国赛获评优秀作品；组织参加第36届福建省青少年科技创新大赛，青少年科技创新项目获一等奖3项，其中2个创新项目获评贤銮科学教育基金专项奖，三等奖2项，科幻画获三等奖1幅；获首届泉州市青少年创意编程与智能设计比赛一等奖5项，二等奖9项，三等奖19项；获第二届福建省青少年创意编程与智能设计比赛一等奖3项，二等奖4项，三等奖2项；获第五届泉州市青少年机器人竞赛一等奖2项、二等奖10项，三等奖15项；获第18届福建省青少年机器人竞赛一等奖1项；组织参加第18届泉州市青少年科技创新大赛，科技创新项目获一等奖6项，获青少年贤銮科技奖，二等奖6项，三等奖9项，科技实践活动获三等奖2项，科幻画获一等奖2幅、二等奖4幅、三等奖6幅，9个科技创新项目、2幅科幻画获第37届福建省青少年科技创新大赛参赛资格。获2021年泉州市创客作品征集评选活动一等奖2项，二等奖4项，三等奖3项；科技教师蔡美霜、郑曦铭、颜森森分别获全国青少年科学影像节、福建省青少年创意编程与智能设计比赛、泉州市青少年创意编程与智能设计比赛“优秀指导老师”称号。泉州师院附小石狮校区获评2021年福建省青少年科学调查体验活动“优秀实施学校”，其中28个学生小组获评该活动省级优秀学生小组。

2021年，石狮市科学技术协会联合石狮市教师进修学校举办科技辅导员暨科普信息员培训班、三维创意设计(3D One）培训班，邀请华侨大学吴逢铁教授等专家授课，提升全市科技教育教师工作素养与业务能力，组织参加上级创新教育骨干教师培训班、机器人竞赛指导教师培训班、机器人竞赛裁判员培训班、创客教育培训班等科技辅导员队伍培训活动，全年培训科技辅导员500人次以上。聚焦农村产业发展技术需求，组织各学会科技工作者深入农村，提升农民的科学素质和生产技能，蚶江镇厝仔村、祥芝镇祥运村、宝盖镇郑厝村各获补泉州市科协乡村振兴专项资金2万元。

【科普阵地建设】 2021年，石狮市科学技术协会联合石狮市委宣传部、市教育局、市工信科技局实施科普惠民服务拓展工程，新增认定闽南理工学院、泉州海洋职业学院、泉州纺织服装职业学院、福建省世茂海上丝绸之路博物馆、华山研学基地、福建航盾无人机基地6个单位为全市第二批科普教育基地，通过串联16个科普基地，打造科普研学旅游线路，创新“科普+旅游”新模式。指导宝盖镇郑厝村建设科普e站、科普宣传画廊、青少年科学工作室和申报泉州市科普示范村，争取上级专项补助5万元。开展“如何做好新形势下学会工作”专题调研。指导成立石狮市青少年科技创新教育学会。

【科技创新助力发展】 2021年，石狮市科学技术协会邀请相关领域院士、专家团队承接技术难题，推动院士专家与企业对接，在创新、成果转化、人才培养等方面助力企业转型。促成石狮市展耀纺织科技有限公司院士工作站与武汉纺织大学合作开展“印染行业工业废水”研究合作，基本实现印染行业废水的分质处理及回用技术和设备的工业化，产生经济效益0.6亿元。促成福建中科光芯光电科技有限公司院士工作站承接省发改委“光子集成芯片产业化”项目、承接省工信厅“福建省产业领军团队项目”。促成石狮市中纺学服装及配饰产业研究院专家工作站与天津工业大学巩继贤教授团队开展功能纺织材料及装备项目的研究与开发，与信泰（福建）科技有限公司和大连工业大学合作开展超临界二氧化碳无水染色技术及装备的应用和推广项目，与森宝（福建）纺织科技发展有限公司开展亲肤性功能面料评价技术的研究与开发，为该企业新产品的开发和产品质量把控方面提供技术支持，并实现成果转化。组织石狮市中纺学服装及配饰产业研究院专家工作站与中纺协检验（泉州）技术服务有限公司开展服装成衣保暖性能的评估研究和服装成衣抗静电性能评估研究，与石狮纺织服装产业联盟、石狮市流香针织面料有限公司、石狮市晓光服饰反光材料有限公司、福建福田纺织印染科技有限公司等企业开展“幼儿园园服”和“安全警示校服”团体标准的制定工作，该专家工作站获第七批泉州市专家工作站认定。

2021年，石狮市科学技术协会与石狮市中纺学服装及配饰产业研究院、石狮市服饰面辅料产业集群窗口服务平台等承办“2021中国服装辅料大会·石狮”论坛。承办“科创中国”产学融合会议——中国国际时尚创意论坛暨泉州纺织鞋服产业时尚发展论坛，促成中国流行色协会与石狮市政府签订战略合作协议，构建中国流行色协会服务石狮的长效机制。联合福建省针灸学会、石狮市中医药学会举办“福建省针灸学会第29届学术年会暨针灸临床特色技能学习班”。联合石狮市心理学会开展以“提升团队凝聚力”为主题的第二期部队战士心理团体辅导活动，邀请以色列特拉维夫大学心理学与精神分析专业专家卫萌晟作公益心理沙龙演讲。9月2日，江西省科协、南昌市科协一行的“科创中国”试点建设工作考察组到石狮参观考察，针对如何更好地发挥、引进国家级学会联合体的人力资源优势，推进创新攻关等内容开展交流研讨。

石狮市归国华侨联合会

【概况】 2021年，石狮市归国华侨联合会履行侨联各项职能，服务侨胞，凝聚侨心、发挥侨力，开展庆祝中国共产党成立100周年系列活动，开展石狮侨联成立70周年“侨心向党”主题座谈会，主办第七届“中华情·少年梦”海内外中华青少年儿童文化交流公益活动，推进新侨一代增强对祖国的认同感和归属感。组织关爱资金3.8万元，慰问帮扶困难归侨侨眷37人次。全市侨联组织139个，实现市、镇（街道）、村（居）三级侨联组织全覆盖，市级1个、9个镇（街道）侨联、11个村级侨联会、118个村级侨联小组；市侨联委员 126 名，专兼职侨联工作者 183 名；创建 “侨胞之家”15 家，其中获得省级“侨胞之家”称号 13 家。

【侨胞权益维护】 2021 年，石狮市归国华侨联合会关注侨界留守儿童成长，永宁镇侨联与石狮市行实小学签署关爱侨界留守儿童共建协议书；联合爱尔眼科医院开展“侨爱心 • 光明行”活动 43 场次，为 596 名侨界群众免费进行眼科检查，提供免费白内障手术 28 人，为行实小学学生免费眼科检查 301 人次。协助海外侨胞处理因受疫情影响无法正常返乡处理的事务，协助旅菲侨胞蔡友铁举办 2021 年助学金颁奖活动；统计全市归侨 594 人，建立贫困归侨侨眷名册，做到“一户一表”；组织关爱资金 38000 元，慰问帮扶困难归侨侨眷 37 人次。

【华侨文化阵地建设】 2021 年，石狮市拓展华侨文化阵地建设，世茂海上丝绸之路博物馆被中国侨联确认为第九批中国华侨国际文化交流基地，举办首届福建省世茂海上丝绸之路博物馆华侨艺术节。永宁镇华侨历史纪念馆完成建设；永宁镇下宅村侨史馆完成主体工程建设。指导推荐李子芳故居、石狮市博物馆、永宁镇侨史馆申报福建省侨联爱国主义教育基地。指导湖滨街道菲律宾广场成立泉州市首个楼宇侨联；推动侨商企业建立归国华侨联合会，指导马达加斯加侨企天球（中国）有限公司成立全省首个企业侨联，整合企业“侨”资源，凝聚“侨”力量。

【侨文化传播】 2021 年，石狮市归国华侨联合会选送 8 个石狮籍华侨图片故事参加省侨联“赤子情怀闽籍侨胞百年故事摄影展”，组织采编石狮华侨英烈李子芳及爱国侨胞卢彬朗的故事入选省侨联、省华侨历史学会出版的《赤子情怀 • 侨心向党百年历程》；指导湖滨街道侨联出版《赤子情深——石狮市湖滨街道侨胞、台港澳同胞捐赠记》画册，省、市侨联主要领导出席首发仪式并给予肯定；联合石狮旅菲、旅泰乡会，汇编《中华情 • 少年梦优秀作品选集》，展现海内外青少年的家国情怀感情。以《石狮侨报》为载体，开辟专栏对“一带一路”沿线的石狮籍侨亲进行采访和宣传，全年报道 23 期，介绍海内外侨胞经济文化交流活动，助力服务“一带一路”建设。

2021 年 12 月 31 日，“中国华侨国际文化交流基地”授牌仪式举行。图为省侨联主席陈式海（右一）为福建省世茂海上丝绸之路博物馆授牌 （图 / 市侨联）

【联络联谊】 2021 年，石狮市归国华侨联合会开展“学党史、知党恩、跟党走”活动，组织部分侨界人士赴南安参观叶飞故居、泉州华侨革命历史博物馆以及石狮华侨英烈董云阁故居、永宁镇侨史馆等。联合华侨大学侨联、华侨大学石狮校友会开展“传承红色基因•坚定文化自信”主题活动，凝聚侨界力量，增强爱国爱乡情怀。举办庆祝中国共产党成立 100 周年全年系列活动，包括石狮侨联成立 70 周年“侨心向党”主题座谈会。

2021 年，石狮市归国华侨联合会主办第七届“中华情 • 少年梦”海内外中华青少年儿童文化交流公益活动；举办庆元宵中国象棋网络国际邀请赛，来自欧洲、北美、亚洲 10 个海外国家 20 支象棋代表队参加比赛；举办为期 15 天的“亲情中华 • 为你讲故事”菲华网上夏令营——石狮营，80 名菲律宾华裔青少年营员参加，学习中华文化，倾听石狮故事；举办第二届“千百禾”杯象棋网络国际邀请赛，来自四大洲的 15 个国家和地区的 18 支成年象棋代表队及 12 支青少年象棋代表队参赛。根据侨情变化新特点，梳理全市海外工商界、科技、产业、文化等重点人士信息 101 人、重点社团 8 个，建立重点人士侨情数据库。

2021 年，石狮市归国华侨联合会助力海外侨胞特别是新生代华侨回乡投资创业，石狮东南亚采购集散中心被泉州市侨联授予“海外华裔青年跨境电商实训基地”称号，并申报福建省新侨创新创业服务联系点；7 月 16—17 日，由福建省侨联指导，泉州市侨联、泉州市商务局主办，石狮市侨联、石狮市商务局、石狮东南亚采购集散中心承办的“亲情中华 • 海外华裔青年（小语种国家）跨境电商培训——寻根之旅夏（冬）令营回营日”活动在福建泉州石狮东南亚采购集散中心举行，1000 多名海外华裔青年通过线上线下参加培训。此次活动是全省首次对海外华裔青年

2021 年 7 月 16 日，“亲情中华 · 海外华裔青年（小语种国家）跨境电商培训——寻根之旅夏（冬）令营回营日活动”在石狮东南亚采购集散中心举行　（图 / 市侨联）

开展跨境电商培训，旨在培养海外华裔青年的电商意识、电商思维和动手实操能力，助力更多海外华裔青年、华侨华人企业、创业者在家门口做国际生意，并在“学习强国”学习平台宣传报道。

石狮市台湾同胞联谊会

【概况】　2021 年，石狮市台湾同胞联谊会发挥亲情乡情优势和群团特点，围绕市委、市政府大局，立足本职，广泛联络、服务、团结台胞。牵头撰写的《以创新驱动县域经济高质量发展——合肥市“科技 + 产业”发展战略对县域经济发展的启示》入选 2021 年第 4 期《泉州通讯》。《石狮市台联“三字诀”扩宽两岸融合发展渠道》获省台联党组书记批示肯定，市台联会长佘圣尧被福建省台联授予“2021 年促进福建建设和两岸交流贡献奖”。

【台胞服务】　2021 年，石狮市台湾同胞联谊会春节期间走访慰问老、病、困定居台胞（属）35 人。发放定居老台胞生活补贴款 59.76 万元。出具“台籍子女证明”7 份，落实政策，服务定居台胞“最后一公里”。通过微信宣传国台办“31 条措施”、福建省“66 条措施”、泉州市“73 条措施”、农林“22 条措施”等促进两岸融合发展的系列政策措施。

【联谊交流活动】　2021 年，石狮市台湾同胞联谊会参加福建省台联“100 周年党在我心中永远跟党走”、纪念福建省台联成立 40 周年以及全国台联成立 40 周年纪念征文活动，参加省台联举办的“跨越海峡来乡建”海峡两岸乡村振兴研修班和“弘扬谷公精神，主动担当作为”培训班，市台联会长佘圣尧撰写的《老家古厝的“怪兽”》发表在福建台胞之家网站和省台联微信公众号，并收录于征文集《一湾海峡 · 两岸情——纪念福建省台湾同胞联谊会成立四十周年》。组织台联干部和台胞探访福建台湾会馆（福州），加强交流融合。

石狮市文学艺术界联合会

【概况】　2021 年，石狮市文学艺术界联合会（简称“市文联”）围绕庆祝中国共产党成立 100 周年开展书画摄影作品展、诗词朗诵会、联欢晚会等活动。与福建省国际标准舞协会联合举办“领舞时代——2021 福建省国际标准舞锦标赛暨中国 · 石狮拉丁舞摩登舞精英公开赛”；策划拍摄原创音乐视频《我不哭》《你笑起来真好看》在中国儿童歌舞学会、福建省美育与艺术教育研究中心、泉州电视台、石狮电视台等公众平台展播，出版《姑嫂塔——石狮人笔下的石狮》。市文联下辖作家协会、书法家协会、美术家协会、摄影家协会、灯谜协会、音乐家协会、舞蹈家协会、国际标准舞协会、收藏家协会、南音艺术家协会、曲艺家协会、戏剧家协会、楹联学会、诗词学会、绿洲读书社、太阳风文化促进协会、老年书画研究会 17 个协会及紫华艺术馆 1 个民非组织。

【庆祝中国共产党成立 100 周年主题文艺活动】　2021 年，石狮市围绕庆祝中国共产党成立 100 周年，开展书画摄影作品展、诗词朗诵会、联欢晚会等系列活动。举办“携手共建 · 永跟党走”——庆祝中国共产党成立 100 周年南音演唱会；举办“全闽共舞 · 欢庆建党百年”福建省第四届广场舞大赛石狮赛区；举办“庆建党百年 · 舞时代新风”主题演出；举办“传承优秀文化传统翰墨丹青书写征程”庆祝中国共产党成立 100 周年书画摄影作品展，展出各类作品 100 幅；举办“建党百年 · 诗情回望”诗词吟诵会；举办“大道至行——庆祝中国共产党成立 100 周年石狮市美术作品展”；举办庆祝中国共产党成立 100 周年文艺晚会；举办“军民共学百年党史　丹青齐抒双拥情怀——‘我心中的军人’书画摄影作品展”；举办“奋

2021 年 6 月 11 日，石狮市庆祝中国共产党成立 100 周年——"奋斗百年路 启航新征程" 主题灯谜竞猜赛在石狮市第七实验小学报告厅举行。图为颁奖仪式（图 / 市文联）

斗百年路 启航新征程"系列的灯谜展、书画展、文艺活动 10 多场。

【"艺"起抗疫主题活动】 2021 年，市文联为助力石狮打赢疫情防控战，举办"福建加油""艺"起抗疫书法网络展、"艺"起抗疫云谜会等系列活动 30 多期，宣传疫情防控的科学知识，记录抗疫一线的感人事迹、讴歌敬业奉献的先进典型。抗疫书法、美术、摄影等文艺作品"爱石狮"、协会公众号刊发。策划拍摄原创音乐视频《我不哭》《你笑起来真好看》在中国儿童歌舞学会、福建省美育与艺术教育研究中心、泉州电视台、石狮电视台等公众平台展播。

【精品创作】 2021 年，石狮市文艺创作成果丰硕。书画方面，林景辉作品获第七届中国书法兰亭奖书法创作二等奖；王培行、陈著挺的作品入展"中国书法·年展"全国书法作品展；邱尚坤作品入选"中华墨韵·世界看见——44 国华人艺术家献礼第 44 届世界遗产大会书画联展"；陈著挺作品入展首届"爱莲杯"全国书法大展；洪鸿玲作品入选第九届中国书坛新人新作展；王培行作品获"沈尹默杯"全国书法篆刻大赛二等奖；林景辉作品入展"伟业——庆祝中国共产党成立 100 周年书法大展"；林明雨、林景辉、李莹莹的作品入展"习近平用典"主题书法创作巡回展——泉州站；苏婉瑜、沈汉波、沈国影、洪鸿玲、黄奇庆的作品入展"八闽丹青奖"第三届福建书法双年展，苏金火的作品获提名金奖；杨明月、邱金钗、施专专、林一航、翁良冠的作品入展福建省第七届书坛新人新作展；黄奇庆的作品入展首届"王羲之杯"书法艺术大展；陈晓阳、杨明月、黄贺东的作品入展第八届"海峡杯"全国书画作品展；蔡悦璐《梦·月》入选 2020 厦门全国（小幅）工笔画双年展；蔡东红《鱼》入展第八届福建公安艺术作品展。魏道发《夏日》获"泉信杯"第三届福建省水彩画展学术奖。王昌群《防从偶先行》入选福建省八艺节"戏画·画戏"线上展。摄影方面，蔡祥山《大洋灯捕》入选第 28 届全国摄影艺术展览；施彩云、王建育的作品获福建省"建党百年·美丽永宁"摄影大赛二等奖，杨自强作品获三等奖。灯谜方面，蔡东晓获"南翔杯"全国灯谜精英赛暨长三角地区灯谜团体邀请赛三等奖；石狮代表队获"学党史·铭初心"全国灯谜邀请赛团体三等奖；石狮代表队获福建省第三届灯谜艺术节暨 2021 年龙海第四届"双第杯"灯谜文化节获团体一等奖。戏曲方面，9 名南音艺术家协会会员被评为石狮市非物质文化遗产（泉州南音）代表性项目传承人。音乐和舞蹈方面，石狮市原创闽南童谣《阮来去逗热闹》获第四届海峡两岸（泉州）闽南童谣大赛一等奖；石狮市代表队获 2021 中国·厦门国际标准舞（体育舞蹈）精英公开赛三等奖。

【文艺惠民】 2021 年，市文联加大开展公益性惠民文艺活动的力度，组织开展石狮"非遗"（闽南）文艺下乡活动 7 场、石狮街头艺术表演专场 3 场、蚶江第五届"龙显之春"灯谜展猜等活动。举办"少年儿童书法免费学习课堂"暑假培训班，开办"万科中央小区"绿洲阅览室，鼎盛社区"红色书柜"等阅读点，与图书馆等单位合作举办"百日阅读"活动暨"光明书香节"，建设 15 个光明书吧，推出图书漂流活动，3000 余人参加。由福建省国际标准舞协会、石狮市文学艺术界联合会主办，石狮市国际标准舞协会承办"领舞时代——2021 福建省国际标准舞锦标赛暨中国·石狮拉丁舞摩登舞精英公开赛"，全省 50 支代表队参加。

中国国际贸易促进委员会石狮市委员会

【概况】 2021 年，中国国际贸易促进委员会石狮市委员会（简称"市贸促会"）围绕打造"现代化商贸之都"中心工作目标，推进第三届中国校园服饰国际博览会、第七届中国（泉州）海上丝绸之路国际品牌博览会等重要展会活动举办。把握闽西南协同发展区机制优势，参加闽西南协同发展区贸促机构联席会议。协助泉州贸促会推动泉州国际商会与涉外商会交流合作。

全年市贸促会为企业签发2308份产地证，涉及出口金额22375.28万美元。市贸促会获“全省贸促工作先进集体”称号和“2021年中国·厦门跨境电商展最佳合作伙伴奖”。

【商事法律服务】 2021年，市贸促会启动原产地证签证点，为68家企业签发2308份产地证，涉及出口金额22375.28万美元。其中一般原产地证2179份，总金额21628.38万美元；优惠原产地证129份，总金额746.9万美元，关税减免37.34万美元。协助省贸促会开展涉外商事法律服务八闽行活动，帮助石狮企业把握RCEP贸易便利化形势下的外贸新机遇。联合泉州市贸促会开展送法律服务进企业活动，解读国外有关贸易政策，帮助企业规避外贸风险。

【办展参展】 2021年，市贸促会推进第七届中国（泉州）海上丝绸之路国际品牌博览会召开，以“新丝路、新格局、新业态”为主题，展会现场成交额4120万元，意向成交额2.3亿元。筹办第三届中国校园服饰国际博览会，以“健康引领·美丽校园”主题，吸引300多家企业到石狮参展，3000多名专业采购商到会，观展2万多人次，现场成交2.15亿元订单，意向采购订单成交额6.58亿元。组织120余家本土企业参加上海国际校服·园服展览会、厦门国际跨境电商产业展览会、成都春季糖酒会、广州国际孕婴童产品博览会、第三届河南教育装备博览会、第21届中国国际投资贸易洽谈会、2021年中国—南美纺织服装及轻工产品云展会等展会，为47家参展企业申请参展补助。

【招商引资】 2021年，市贸促会参加2021福建——境外商协会及贸易投资促进机构圆桌会议，作为全省唯一县级贸促机构向国际贸易投资机构、世界500强企业宣传推介石狮市产业特色、贸易投资环境及政策、招商方向。参加2021年闽西南协同发展区贸促机构联席会议，向闽西南16个贸促机构重点推介第七届海丝品博会、石狮市场采购、出口食品预包装、泉州石湖港保税物流中心（B型）等项目。组织全市40家企业参加厦门跨境电商展，设“石狮跨境电商馆”，打造石狮实力企业优品展示区域，市贸促会获“2021年中国·厦门跨境电商展最佳合作伙伴奖”；与市委统战部、市侨办联合举办RCEP海丝商贸·青年侨商跨境电商培训班，邀请相关专家为青年侨商专题培训，助力更多海外华裔青年、华侨华人企业在“家门口”实现国际化经营。

2021年4月27日，由福建省贸促会主办，石狮市贸促会、石狮市国际商会承办的“涉外商事法律服务八闽行”系列活动之二——RCEP背景下的国际经贸实务培训活动在石狮市举办

（图/市贸促会）

【对外联络】 2021年，市贸促会发挥桥梁纽带作用，融入商贸之都建设。协助泉州贸促会推动泉州国际商会与涉外商会深化交流合作。泉州市贸促会与泰国石狮商会签署合作谅解备忘录，依托各自业务和资源优势，推动两地企业“走出去”“引进来”。泉州国际商会授权泰国石狮商会在泰设立泉州国际商会驻泰国联络处，助力石狮市在泰国乃至东南亚地区开展经贸促进工作。推动泉州市贸促会与石狮市菲华归侨经济促进会签署友好合作框架协议，促进石狮、菲律宾两地企业共同发展。

石狮市残疾人联合会

【概况】 2021年，石狮市残疾人联合会（简称“市残联”）加强残疾人关爱服务，完善残疾人生活保障，帮扶残疾人就业创业，推动各项残疾人事业发展。石狮市登记在册的各类残疾人5892人，按照残疾类型分，肢体残疾人2394人，视力残疾人705人，听力残疾人635人，精神残疾人1079人，智力残疾人525人，多重残疾人454人，言语残疾人100人。

【残疾人社会保障】 2021年，石狮

市残联加强残疾人社会保障工作，对残疾人困难群众予以优先照顾，对重度残疾、“一户多残”等家庭予以重点救助。全年补助5243名残疾人参加城乡基本养老保险，重度残疾人补助400元，轻度残疾人补助200元；补助2370名残疾人参加城乡居民基本医疗保险、全额补助重度残疾和“一户多残”家庭的残疾人参合费。为4125名全市残疾人购买意外伤害险，投入17万多元，发生意外理赔19件，索赔资金1.6万多元。开展残疾人阳光护理补贴工作，为378名残疾人发放护理费75.69万元。为476户重度、轻度“一户多残”残疾户发放生活补贴83.94万元。配合市民政局做好“两项补贴”（困难残疾人生活补贴和重度残疾人护理补贴）发放工作，全年享受“两项补贴”政策的残疾人4019人。

【残疾人康复服务】 2021年，石狮市残联受理、审核残疾儿童康复救助申请290份。为147人服药或住院的精神类残疾人按照个人自费部分80%、最高5000元的标准发放康复补助23.67万元；为51人因病住院的残疾人发放最高3000元的临时困难救助6.75万元。为98人配备假肢矫形器、助听器等辅助器具的残疾人发放补助23.41万元；为152例在市总医院进行白内障手术的市民发放医疗兜底补助13.5万元。为123人定点在锦尚镇卫生院就诊的精神障碍残疾人发放医疗兜底补助17.95万元。

【残疾人权益保障】 2021年，石狮市残联完善残疾人权益保障机制，开展第三代残疾人证(智能卡)换发工作，为5842人换发第三代残疾证。委托福建仁耀律师事务所为残疾人提供法律维权服务，开通法律援助网络服务平台、“12345”便民服务平台残疾人便民服务事项，处理残疾人便民服务咨询9条。

【残疾人托养服务】 2021年，石狮市残联宣传残疾人托养补助政策，对有需要且符合条件的残疾人家庭提供居家托养补助和机构托养服务，缓解残疾人家庭照顾压力。为118名泉州级低保重度肢体残疾人发放居家托养补助金11.8万元，为110名省级低保重度肢体残疾人发放居家托养补助金22万元。为32名入住石狮市养老服务机构、残疾人托养服务机构的残疾人发放托养服务补助资金41.05万元；为6名入住泉州市残疾人托养中心的残疾人发放托养服务补助资金17916.67元。

【扶残助学服务】 2021年，市残联推进融合教育，根据残疾人的残疾类别和接受能力，采取普通教育方式和特殊教育方式。为全市智力残疾儿童提供九年义务培智教育，为230名自闭症儿童在自闭症康复机构提供特殊教育。为111名校残疾学生及贫困残疾人家庭子女发放补助金22.75万元，配合市教育局做好全市6—18周岁残疾学生资助工作和7名残疾中考生的登记、考场便利申请现场评估和申请体育免考工作。举办残疾人“互联网+营销员”培训班，46名残疾人参加。

【残疾人文化体育】 2021年，市残联组织参加泉州市乡镇（街道）残疾人联络员“圆梦颂党恩·助残更尽力”主题演讲比赛，分别获三等奖和优秀奖。协同石狮市仁爱学校在市音乐厅录制舞蹈《来吧，冠军》和杯子节奏表演《布谷鸟》，并参加第11届全省残疾人艺术会演。开展残疾人文化进家庭“五个一”（读一本书、看一次电影、游一次园、参观一次展览、参加一次文化活动）活动，11名残疾人参加。开展“百会联百村·千贤帮千户”爱心助残活动，动员志愿者580人次，到村（社区）开展政策宣讲、慰问帮扶等活动，惠及残疾人697名。市残联做好残疾人运动员的组织选送工作。石狮体育运动员在第16届夏季残疾人奥林匹克运动会获得1枚铜牌，在第11届全国残疾人运动会获得1金3银佳绩。

【残疾人就业创业】 2021年，市残联依托“石狮市人才网”网站、“石狮残联”公众号等网络平台，举办残疾人就业援助月网络招聘会专项活动4场，近100名残疾人参会。开展以“就业帮扶·同心圆梦”为主题的残疾人就业援助系列活动。开展2020年超比例安置残疾人就业奖励及残疾人自主创业社会保险补贴的申报工作，为4家企业超比例安置残疾人就业发放奖励6.88万元，为10名残疾人自主创业发放社会保险补贴3.9万元。协助税务局做好残疾人就业保障金减免工作，为13家企业申报减免2020年残疾人就业保障金。启动乐康宁残疾人辅助性就业机构。

石狮市红十字会

【概况】 2021年，石狮市红十字会（简称“市红十字会”）组织开展各类应急救护培训、人道主义救助、无偿献血宣传等活动。通过开展“红十字博爱送万家”“红十字博爱周”活动，为335户困难家庭发放慰问金、物资合计14万元；接收各类捐赠款物263.57万元，做好捐赠款物信息公开。组织参加“万水千山只等闲”“学史明理铸忠诚·砥砺前行强根基”专题宣讲。完善“红十字博爱驿站”“博爱家园”建设。

【“红十字博爱送万家”活动】 2021年，石狮市红十字会开展“红十字博爱送万家”活动，为245户困难群众发放慰问物资4万多元；联合各镇（街道）红十字会开展“红十字博爱周”慰问活动，对90户患重大疾病、孤寡老人、

2021年7月29日，石狮市红十字会开展应急救护普及知识培训活动。图为市红十字会为公安局一线民警、干警、辅警进行救护培训　　（图/市红十字会）

残疾人、低保户等弱势群体和困难群众发放慰问金9万元。组织参与“99公益日”之“爱过年·情暖刺桐”网络募捐活动，募集8.5万元（含配捐），2528人次参与。利用“世界防治麻风病日”“防灾减灾日”“安全生产月”“世界艾滋病日”开展宣传服务活动10余场次，受教育群众3000余人次。

【应急救护】　2021年，市红十字会组织开展应急救护培训工作，深入机关、企事业单位、学校、中小学素质教育实践基地等开展应急救护普及知识培训班85期，培训6000多人。进企业、学校开展救护员持证培训12场次，培训246人；组织参加泉州市第四届红十字救护大赛并获得优秀组织奖。

【“三献”工作】　2021年，市红十字会加强“三献”（无偿献血、造血干细胞捐献、人体器官捐献）工作，配合市卫生健康局开展公民无偿献血活动以及下乡采血活动。开展无偿献血宣传服务活动10余场次；“在博爱石狮”微信公众号发布无偿献血相关活动信息及献血知识普及宣传信息。600多人登记人体器官志愿捐献。

【志愿者服务】　2021年，市红十字会组织参与“红十字博爱送万家”、“文明交通劝导”、无偿献血及各种摆摊设点等志愿服务活动20余场次，服务群众5000余人次；成立“永宁镇第三社区红十字志愿服务队”，设置永宁第三社区“居民急救技能体验点”。石狮市红十字水上救援志愿服务队（海泳协会）和石狮市红十字祥芝渔港救援队开展海水红十字救援志愿服务，出动救援任务186场次，参与队员3126人次，帮助群众脱困65人次，挽救生命65人。

【红十字生命教育体验馆启用】　2021年，市红十字生命教育体验馆投入使用，该馆位于石狮市祥芝镇赤湖村中小学生素质教育基地。总面积约为200平方米，包括传播区、培训区和体验区。传播区主要以图文展板方式进行展示。培训区（教学区）能满足约80人参加实操培训，同时配置桌椅、电脑、多媒体等教学设备，配有能够满足培训业务需求的红十字应急救护师资队伍，培训区设置宣传展架，摆放《中国红十字报》《博爱》杂志等以及“三献”知识手册等宣传材料。体验区能容纳约60人，并配有AED（自动体外除颤器）训练机、安妮模具、灭火器、逃生绳等相应体验设备。同时设置红十字应急救护、水上安全、消防安全、地震逃生、交通安全、家庭安全等模块。

石狮市计划生育协会

【概况】　2021年，石狮市计划生育协会（简称“市计生协会”）围绕“六项重点任务”（宣传教育、生殖健康咨询服务、优生优育指导、计划生育家庭帮扶、权益维护和流动人口服务），加强宣传倡导、生育关怀、特殊家庭帮扶、儿童早期发展等重点工作，提升计生协会的服务能力和工作水平。全年慰问计生困难对象104人，发放慰问金5.2万元。救助117人，救助资金71.1万元。石狮市获评全国计划生育优质服务先进单位。

【计生慰问救助】　2021年，石狮市计生协会投入7.85万元慰问130户计生困难户。投入97.9万元救助117户近期遭受重大病灾、事故的计生困难家庭。投入13.5万元资助27户有生产经营项目的贫困母亲。投入30万元帮扶16户住房困难户。举办计生家庭电商就业创业培训，46人参加。

【计划生育特殊家庭帮扶】　2021年，石狮市成立部门帮扶联动机制，形成经济扶持、养老保障、医疗救助、心理援助、生活帮扶、临终关怀全方位帮扶体系。全市新增失独家庭3户，为30户失独家庭免费购买意外伤害保险，开通市总医院的就医“绿色通道”，开展60周岁以上5户失独家庭养老“自助餐”服务，办理49周岁以上15户失独家庭移动“亲情通”应急专网，将失独家庭的亲属、朋友、村（社区）“两委”的手机联网。对失独家庭成员临终前实施人性关怀，提供免费办理遗嘱公证等服务，对终老的失独家庭成员免除基本火葬费用，所在村（社区）协助料理后事。指导“关爱小组”为失独家庭提供“一对一”生活照顾、心理援助、社会融入等服务，定期走访慰问。

【计生家庭健康保障】 2021年，市计生协会以家庭健康促进为抓手，推广中国计生协会“健康知识进万家”小程序，传播健康理念，普及健康知识。推进计生家庭保险工作，投入31.56万元为3156户纯女结扎户、一女自愿不再生育户及失独家庭的母亲购买国寿关爱女性健康保险。推行《国寿关爱女性健康保险》，增强保险项目的针对性和实效性，为计生家庭抵御风险提供保障。

【宣传倡导】 2021年，石狮市计生协会指导各乡镇开展内容丰富的人口计生宣传教育。开展以“大爱暖城市 我心颂党恩”为主题的系列宣传活动，通过举办健康义诊、科普宣传、入户慰问、到企业宣讲等形式弘扬婚育新观，宣传生殖健康知识和新冠肺炎防控要点。通过计生协会微信公众号平台解读“三孩生育政策”。开展优生优育健康知识进万家活动，组织镇村计生协会干部加入优生优育指导员队伍。开展儿童早期发展项目工作，创建石狮市儿童早期发展（蚶江）示范点，开展亲子共学班、儿童早期发展公益讲座和青春健康师资培训班等。举办青春健康师资培训班，赠送《成长之道》《沟通之道》教辅书籍。

2021年5月20日，石狮市举办“大爱暖城市 我心颂党恩”庆祝建党100周年活动暨协会会员活动日启动仪式。图为石狮市儿童早期发展（蚶江）示范点揭牌现场（图/市计生协会）

石狮市社会科学界联合会

【概况】 2021年，石狮市社会科学界联合会（简称“市社科联”）开展社科学术研究和社科宣传普及工作，督促指导各社科社团加强内部制度建设，加强对各种社科活动的举办及社科类讲座、报告会、论坛、研讨会等活动的管理。编印10期《社科精选》。社科课题研究得到省社科联领导的肯定。

【社科学术研究】 2021年，市社科联制定《2021年度石狮市社会科学研究重点课题调研工作意见》，提出9个方面的课题研究方向。联合市三所民办高校制定《关于2021年哲学社会科学重点课题立项的通知》，立项社科研究课题73项。

【社科普及宣传活动】 2021年，市社科联加强科普宣传，通过开展形式多样的科普活动，组织咨询、专题展览活动，赠送社科普及读物及人文社科类场馆免费开放等形式拓展社科普及面。开展“长泰学堂进家园·情系乡土”优秀传统文化公益课堂等社科普及活动。组织参与省社科联举办的 “庆祝中国共产党成立100周年”“深入学习贯彻中共十九届六中全会精神”社科知识有奖竞答活动。指导下属社团市新四军研究会举行以“学习党史 缅怀先烈 不忘初心”为主题的纪念活动。发挥社科普及基地示范、辐射、带动作用，推进社科普及宣传活动。科普基地石狮海峡渔博物馆多次举行研学参观活动，为1000多名师生科普海洋渔文化相关知识。

【社科普及基地建设】 2021年，市社科联加强社科普及基地图书角建设，组织社科普及丛书赠送，指导洋厝村、南华轩书院等建立社科图书角，满足群众对科普图书的阅读需求。

法治

政法委及综治

【概况】 2021年，石狮市政法机关推进平安建设、扫黑除恶、基层社会治理、党史学习教育、政法队伍教育整顿等各项工作，强化防风险促发展意识，加快推进市域治理体系和治理能力现代化，提升平安建设。“三治三专三宣”（联动联控突出“三个治”，侦查打击突出“三个专”，精准预防突出“三个宣”）经验在全省打击治理电信网络诈骗犯罪专项整治推进会上作交流推广。石狮市委政法委获评全国维护妇女儿童权益先进集体、全省政法委系统先进集体；《依法善治多元共治打造县域治理现代化石狮样板》入选泉州2021年度“强基促稳”十佳示范案例；《“三制协同”精准高效化解信访积案》获评泉州“提升基层矛盾化解能力”优秀创新案例。石狮市获全国信访工作“三无”县（市、区）、首批“全国信访工作示范县（市、区、旗）”、第一批“福建省法治政府建设示范市”等称号。

【维稳工作】 2021年，石狮市完成庆祝中国共产党成立100周年、中共十九届六中全会及福建省、泉州市、石狮市党代会和泉州“申遗”等重要会议重大活动安保维稳工作；落实海上疫情防控要求，确保海上通道“零输入”；围绕房地产、经济金融、文化教育、劳资社保、征地拆迁、生态环保等重要领域排查防范化解矛盾纠纷，开展拉网式、滚动式排查，做好信息预警，防止矛盾上行；开展“治重化积”专项工作，办结化解信访事项62件，石狮市“治重化积”专项指标在泉州各县（区、市）中排名第一。

【平安石狮建设】 2021年，石狮市政法机关坚持总体国家安全观，加强网络舆情监测；建立国家安全人民防线宣传教育阵地，提高维护国家安全的意识和能力；夯实反邪教基层基础，开展邪教人员教育转化工作。创新和发展新时代“枫桥经验”，推出市矛盾纠纷多元化解线上平台，实现矛盾纠纷足不出户化解。推动信访积案化解，成立市镇村三级信访评理室138个，建立信访评理员人才库。落实社会面治安巡控“四项机制”（定点执勤、高峰勤务、武装联勤、动中备勤）和“1、3、5”（核心区域1分钟内、重点区域3分钟内、其他区域5分钟内）分钟快速处置机制要求。开展“扫黄打丑”专项清查行动，净化社会治安环境。发挥基层社会治理和社区融合治理优势，打击治理电信网络诈骗犯罪。完善网格化服务管理，建设市级管控指挥平台，建立网格督导员、负责人、管理员队伍。实行严重精神障碍患者排查、送诊、救治、救助全链条服务。加大防范和化解各类重大风险力度，加快推进社会治理现代化，落实“政府买单投保、群众理赔受益”，“全民治安险”受益对象从石狮户籍人口拓展到石狮常住人口，办理保险处理案件639件，理赔金额73.86万元。深化未成年人保护联盟工作，组织“临界青少年”参加法治专题教育培训班，帮扶37人重新就业、18人重返学校、1人考上大学，开发“石狮未保联盟智慧系统”，为未成年人提供更高效的司法保护。

【扫黑除恶专项斗争】 2021年，石狮市出台《关于常态化开展扫黑除恶斗争工作方案》，保留扫黑办和综合督导组等5个工作组及若干成员单位，搭建“1+5+X”（“1”指扫黑办，“5”指综合督导组、摸排打击组、违纪查办组、组织建设组、舆论宣传组，“X”指若干成员单位）组织架构，不定期开展督导检查和案件督办。打掉涉恶犯罪集团2个，破获黑恶九类典型案件180件。开展社会治安、金融放贷、信息网络等十个领域专项整治，立案查处食品违法违规案件83件、无证行医案件4件、渔业案件55件，取缔“黑煤气点”5个，并对584家企业和7367人开展背景审查审核工作。聚焦信息网络、自然资源、交通运输和工程建设四大重点行业领域整治，取缔非法占地项目41个、非法洗砂场7家；查处无资质网约车113辆、监督卸载超限运输车辆59辆；摸排在建公路项目7个；检查在建房屋建筑项目238个，发出责令改正通知书51份，开具处罚决定书3份。

【综治宣传】 2021年，石狮市政法机关开展综治宣传，提升平安建设“三率”（群众安全感率、扫黑除恶成效好评率、执法工作满意率）水平。市镇村三级召开平安建设恳谈会138场次，走访9.5万户群众，解决问题建议148条。组织建行、邮储、招行三家银行和人保财险印发10万份《石狮市平安建设知识手册》；依托政法新媒体矩阵开展线上有奖答题，参与4.64万人次。被省、泉州等各级刊物报道稿件7篇。

【政法队伍建设】 2021年，石狮市政法机关围绕政法队伍教育整顿、疫情防控、维护社会安定稳定等中心任务，打造新时代政法队伍。全市研究制定指导性文件35份，主动对接中央、省、泉州实地督导调研9次，召开新闻发布会1场、征求意见建议座谈会2场，开展集中学习148场、交流研讨26场，培植政法英模15人、先进集体4个，在各级各类媒体平台刊登宣传1401篇。开展队伍建设专项巡查，举办“领导干部政治判断力、政治领悟力、政治执行力提升”专题培训班。全市政法队伍满意度调查位居泉州第2名、全省第17名；石狮市委政法委获评全国维护妇女儿童权益先进集体；石狮市公安局蚶江派出所获评第二批全国“枫桥式公安派出所”，石狮市看守所被公安部授予“集体一等功”；石狮市法院获评 “全省法院审判监督工作先进集体”；石狮市检察院获评“全国检察宣传先进单位”。

法治政府建设

【概况】 2021年，石狮市把握作为国家中小城市综合改革试点、福建省综合改革试验区的定位，主动融入海上丝绸之路核心区、福厦泉国家自主创新示范区建设，围绕法治政府建设拓展提升项目清单确定的目标任务开展工作。新冠肺炎疫情防控期间及时启动疫情防控应急预案，坚持科学防控、依法防控，加强企业复工法律服务和法治保障。11月，石狮市获第一批“福建省法治政府建设示范市”称号。

【公正文明执法】 2021年，石狮市围绕《法治政府建设实施纲要》各项目标任务，加强依法行政工作，规范行政执法行为，优化石狮市营商环境，完成全市规范行政自由裁量权工作。开展行政执法案卷评查工作，建立行政执法案卷季度评查机制。组织行政执法资格考试工作，通过率85.44%。实行证明事项告知承诺制80项。

【行政复议和应诉】 2021年，石狮市发挥行政复议化解社会矛盾和解决行政争议的作用，石狮市政府接受群众咨询行政复议相关事宜16件次，收结行政复议申请35件。做好行政应诉工作，接受人民法院依照行政诉讼法对行政机关实施的监督。石狮市政府收到各级人民法院受理的应诉案件27件（含上期结转6件），石狮市政府工作部门及各镇（街道）收到各级人民法院受理的一审行政应诉案件58件（含上期结转4件）。

【依法决策】 2021年，石狮市司法局根据司法行政新职能，对石狮市人民政府重大行政决策以及政府对外签订的合同、重大事项布置等均100%经过合法性审查，对所有公开的规范性文件同步进行政策解读。全年，经过合法性审查的市政府文件166件、合同3件，清理规范性文件1次，开展专项清理2次。对于涉及面广或与人民群众利益密切相关的政府决策事项，均及时向社会公开，并通过召开座谈会、听证会、论证会等形式广泛征求意见，从源头上减少违反行政行为的发生，有利于预防和纠正行政机关的不当行政行为，确保政府重大行政决策依法合规。

【规范性文件管理】 2021年，石狮市严格规范规范性文件制定程序。以市政府及其办公室名义印发的规范性文件10件，均经过严格的合法性审查，向上级政府及本级人大备案，并在政府门户网站进行公开及解读。落实部门规范性文件事前服务指导工作法。市直各部门依据法定职权以本部门名义制定印发的规范性文件，在发文前向市司法局提出申请审查的规范性文件5件，市司法局均在合法性方面予以指导。严格规范性文件监督管理。开展备案审查工作，四个季度分别抽查各部门的发文情况，发现7个单位8件规范性文件存在漏报备案情形，并指出其中1件存在合法性问题。加大规范性文件的备案告知提示力度。全年市直各部门向市政府备案规范性文件39件，未发现违法情形。开展行政处罚内容、计划生育内容涉及规范性文件的专项清理；开展2021年度规范性文件清理工作，清理结果经市政府常务会议研究通过并对外公布，其中继续有效（含需要适时修改）的规范性文件103件，废止和宣布失效的规范性文件15件。

【法治能力提升】 2021年，石狮市严格执行规范性文件的相关制度规定，加强规范性文件的制定和监督管理工作，落实权责清单、规范性文件备案及重大决策合法性审查。发挥行政复议化解社会矛盾和解决行政争议的作用。落实法律顾问全覆盖制度，及时调整政府法律顾问团成员，成立石狮市“法润狮城”律师志愿团，引导法律顾问在制定重大行政决策、推进依法行政中发挥作用。社会治理机制创新。石狮市推行法治、德治、自治、智治“四治融合”的社会治理新模式，推进“五共联动”（引领式共转、多元式共治、对话式共商、契约式共建、普惠式共享），构建富有活力和效率的新型基层社会治理体系。保持政府购买“一村（社区）一法律顾问”服务全覆盖，构建基层法律服务体系。

【法治营商环境优化】 2021年，石狮市政府通过创新提能、审批提速、服务提档、网办提效，实现行政许可事项90%“一趟不用跑”，设立24小时自助政务服务区，实现98.4%的事项“网上办”；成立“跑一趟办不成”投诉中心，推行“好差评”制度。引进专业外汇金融服务平台，帮助企业统一“阳光”收、结汇。在全国首创“公共保证金池”模式，实现跨境人民币结算。针对新冠肺炎疫情发生以来大量海外订单“拒收、拒付”违约风险，出台惠企政策，由市政府统一为企业购买出口信用保险。石狮市在全国首推预包装食品出口试点，从根本上推动企业备案、多地申报、多地检验、口岸放行等创新监管模式，实现食品集中采购、一次申报、一次检验、一次放行。

公 安

【概况】 2021年，石狮市公安局立刑事案件4018件，破获现行案件3121件，立经济犯罪案件149件，破案126件。破获各类毒品刑事案件56件。查处涉野生动物违法犯罪案件17件。排查各类矛盾纠纷2799件，调处2628件，调解率93.89%。落实追逃责任，抓获在逃人员981人。石狮市蚶江派出所被公安部评为第二批全国“枫桥式公安派出所”，石狮市看守所被公安部授予集体一等功，1人被公安部授予个人一等功。

【刑事案件侦查】 2021年，石狮市公安局受理刑事案件4018件，破获现行案件3121件。打掉涉恶犯罪团伙2个，破获黑恶九类典型案件197件，刑拘犯罪嫌疑人281名，抓获黑恶“漏网之鱼”目标逃犯2名，查封、冻结和扣押涉案财物价值9007万元。受理八类严重暴力案件121件，破获121件，破案率100%。破获传统盗抢骗案件875件，破案率75.8%，比2020年增长7.4%。破获电信网络诈骗案件748件，破案率61.01%，抓获涉诈犯罪嫌疑人851名，涉“两卡”（手机卡、银行卡）犯罪嫌疑人1042名，为群众挽回损失677.69万元。破获省督拐卖儿童案积案2件，破获现行拐卖案2件，抓获涉拐犯罪嫌疑人9人，解救被拐儿童4人，组织14场认亲活动，其中失踪儿童与亲人分离时间最短12年、最长达33年。2021年，公安局刑侦大队获评“全省扫黑除恶专项斗争先进集体”“泉州市公安机关扫黑除恶专项斗争成绩突出集体”。

【打击经济犯罪】 2021年，石狮市公安局围绕“化解维稳风险、提升打击效能、优化营商环境、打造过硬队伍”工作主线，推进专项打击、重点整治、教育整顿和实战练兵，打击各类经济违法犯罪活动，维护人民群众合法权益，打造法治化营商环境，护航石狮经济社会高质量发展。立经济犯罪案件149件，破案126件，其中部督案件1件、省督案件4件。提请发起集群战役或数据协同7件，抓获犯罪嫌疑人173人，涉案总额2亿余元。

【打击毒品犯罪】 2021年，石狮市公安局开展“飓风肃毒2021”暨“净边2021”会战行动，破获各类毒品刑事案件56件，抓获犯罪嫌疑人83人，查获吸毒人员86人，起诉毒品犯罪嫌疑人68名，摧毁贩毒团伙9个。

【社会治安管理】 打击整治枪爆违法犯罪。2021年，石狮市公安局检查易制爆（毒）危险化学品从业单位331家次；收缴枪支20把、黑火药2千克、烟花爆竹50件；查获非法买卖枪支刑事案件3件，刑拘3人；查处危险物品类行政案件33件，拘留27人，罚款1800元。

打击涉黄涉赌。2021年，石狮市公安局开展“扫黄打丑”专项行动，破获涉赌刑事案件168件，刑事拘留221人，查处涉赌行政案件146件，行政处罚427人；破获涉黄刑事案件50件，刑事拘留73人，查处涉黄行政案件442件，行政处罚528人。

重点行业场所管控。2021年，石狮市公安局开展旅馆业专项整治行动，查处不按规定登记旅馆52家次，无证旅馆30家次；开展娱乐场所秩序整顿行动，全市60家歌舞娱乐场所完成登记备案，并纳入系统管理，覆盖率100%；开展寄递物流业检查，查处寄递物流渠道违法犯罪4件。

护校安园。2021年，石狮市公安局87名民警挂钩全市235所校园的法制副校长，进校开展防诈骗、防溺水、防拐卖、防欺凌等安全教育400余场，受众16万余人次。联合各相关单位开展学生校外托管机构联合专项整治行动，对培训机构存在的不规范行为开展专项整顿，检查培训机构40家次；开展为期4个月的校园安全隐患集中排查整治工作，提升校园风险防范化解能力和部门联动工作效能，检查石狮市中小幼儿园400余次。

【道路交通管理】 2021年，石狮市以巩固深化“交通整治年”活动为抓手，着力解决城区交通堵点和停车难问题，加强整治酒驾醉驾等违法犯罪行为，全年发生一般以上交通事故515件，死亡31人，受伤582人，直接经济损失162521元。与2020年同期相比，起数减少36件，下降6.53%；死亡数减少4人，下降11.43%；受伤人数减少2人，下降0.34%；直接经济损失减少61780元、下降27.54%。石狮市交通事故和谐调处中心受理事故损害赔偿调解案件624件，调解结案608件，涉及损害赔偿金额2056.38万元；石狮市交通事故快处中心受理案件总数为12131件，调解率100%；侦破亡人逃逸交通事故3件，伤人事故43件，亡人案件侦破率连续5年保持100%，伤人逃逸事故连续3年保持100%。

2021年12月2日，石狮市举行“共享头盔驿站”进校园启动暨石狮公安交警铁骑队成立仪式　（图/市公安局交通警察大队）

道路交通安全整治　2021年，石狮市开展道路交通领域安全大整治，针对性地开展摩托车（含电动自行车）、酒醉驾、渣土车、货车、营转非客车专项整治行动。全年开展统一行动393次，其中联合开展异地交叉执法11次。现场查纠各类交通安全违法行为159545件，其中酒、醉驾2253件。交港、城管、公安交警等部门联合开展货车超载“百吨王”整治行动34次，查处货车超载“百吨王”案件41件；开展“两客一危”（从事旅游客运、公路客运及危险化学品运输的车辆）执法检查44次，查处危化品车辆违法14件。落实日常道路隐患滚动排查机制，排查整改普通道路隐患34处，其中纳入省委省政府为民办实事项目5处；排查整改农村道路交通重要路口、事故多发、校园周边“三小工程”（路口安全小工程、路段安全小工程、校园周边安全小工程）90处。

交通安全设施建设　2021年，石狮市启动运营智慧停车系统，启用智能停车泊位1541个，单个泊位日均周转率8.43次，约为人工收费的4倍。实现“一口一策”（一个道路交叉口制定一个专门方案），在八七路、濠江路、香江路、南洋路等主干道实行“绿波”控制，完成18条、83个路口共37千米的城市“绿波网络”，路段平均旅行时间缩短42%，停车次数减少56%，行车速度提升约10%，确保道路通行秩序安全、有序、畅通。

交通安全宣传教育　2021年，石狮市公安交警部门开展交通安全宣传活动10余次，举办各类交通安全讲座80余场次，发放各类宣传资料35万余份。依托交通指挥大数据管理平台，建立交通违法“重点人员”关注机制，全年梳理全市机动车闯红灯、酒醉驾交通违法行为958人次。普及推广“一盔一带”安全守护行动，在10所学校推广创新推出“共享头盔驿站”活动。

【社区网格管理】　2021年，石狮市公安局推行社区融合治理工作机制，建成融合治理网格，包括一级网格59个，网格员107人，其中派出所领导21人；二级网格128个，网格员558人，其中社区民警68人；三级网格559个，网格员2022人，其中派出所警务人员315人。推广蚶江派出所“双网融合”、宝盖鞋城“社区融合治理”、灵秀镇“百灵鸟”义警队等“融合治理”先进经验做法，撰写《“双网”融合工作指引》和《社区融合治理工作指引》两个工作指引。

【户政管理】　2021年，石狮市公安局户籍窗口受理业务49077条，群众满意率100%；开展微信户政办事工作，微信户政办事274条，办结193条；开展无户口人员登记户口“回头看”工作，解决34名无户口人员落户问题；规范户政业务档案电子化，完成率100%，位居泉州第一；开展深化户口登记管理专项清理整顿活动，注销持虚假出生医学证明办理落户11人；16—18周岁无相片人员清理率90.16%，18周岁以上无相片人员清理率100%；开展出生证复核“回头看”工作，核实率100%；通过部级人口信息人像比对系统核实人像比对46人次，处理率100%。

【出入境与往返台港澳管理】　2021年，石狮市公安局签发各类往来台港澳证件7263件，其中签发前往港澳通行证81件，签发往来港澳通行证新证和签注6029件，签发港澳居民来往内地通行证1008件，签发大陆居民来往台湾通行证及签注18件，签发中华人民共和国出入境通行证49件，签发台湾居民来往大陆通行证78件。为出国商务、就业人员办理护照434本，为出国留学人员办理护照24本。签发外国人签证证件760人次，其中普通签证206人次，居留许可461人次，停留证件71人次，外国人出入境证22人次。受理港澳居民“回乡证”换、补发申请1008件。

【拘留所管理】　2021年，石狮市拘留所推进监所“零星改造工程”“铁桶工程”和“智慧监管”建设；开展违规违法办理“减假暂”案件排查整治工作；完善疫情常态化防控条件下的练兵方式方法，实现监所疫情“零感染”、安全“零事故”和队伍“零违纪”。全年关押被拘留人员1611人，其中新收行政拘留人员1598人，司法拘留人员13人。释放被拘留人员1657人。

【看守所管理】　2021年，石狮市看守所开展“集中收押过渡隔离”，创新推行“错时收押、集中移押”工作机制，实现“集中收押专区”与“普通监区”同步展开、一体推进，审核归档材料15万余页；设立涉黑涉恶团伙案件专用法庭，保障全省最大涉黑恶案开庭审理，增设“集装箱法庭”，开庭审理案件700余庭次。

【海防管理】　2021年，石狮市开展海防教育和执法检查，强化边海防管理力度，推动“平安海域”创建工作，促进沿海经济和社会稳定发展。全年定期开展“清港清湾”行动，清查整治辖区海域“三无”船舶。开展“亮剑2021”“乡镇船舶集中整治”等专项行动，办结轻微船舶案件34件。休渔期间，组织773艘大中型渔船安装应急指挥电话，实现渔船海上应急通信，安装率100%。组织沿海各镇召开船东船长警示教育会议等活动27场，参会船东、船员3524人次，分发“依法捕捞，合法作业”等宣传材料10561份。开展海上入境管控“四个一”常态化工作（常态化走访船舶渔船民；常态化约谈敲打，重点走访、约谈各类涉海违法犯罪以及可疑人员；常态化开展宣传教育；常态化检查执勤点），发放宣传手册8万余份。

检　察

【概况】　2021年，石狮市人民检察院（简称“石狮市检察院”）批准逮捕各类刑事犯罪1175人、起诉2495人。办理民事生效裁判监督18件；办理民事行政执行监督案件109件；办理各类公益诉讼案件80件。在各级媒体发布宣传稿件396篇次，其中泉州市级采用124篇次、省级采用177篇次、国家级采用58篇次。干警撰写的调研文章被国家级刊物采用3篇次，在省级学术会议上获奖10篇次。推出《“检”不简单》（第二季）、《如果·放映厅》系列普法短视频，其中《“检”不简单》（第二季）被检察日报正义网新媒体平台、“学习强国”平台全部转发，多集短视频单集点击量突破300万次；1部作品获第五届检察新媒体创意大赛最佳短视频奖，2部作品入选第二届“新时代·新检察·新影像”视频大赛“最受网友喜爱的作品”评比，市检察院公众号在全省检察机关新闻宣传工作“百优”评选活动中获评优秀新媒体账号。全年获省级以上集体表彰17项、个人表彰30人次，连续12次获评“全国检察宣传先进单位”。

【刑事检察】　2021年，石狮市检察院批准逮捕各类刑事犯罪1175人、起诉2495人，办理洪某乐、洪某兴等18人涉案金额300余亿元特大跨境网络赌博案等一批大要案。树立“少捕慎诉慎押”司法理念，依法不批捕317人，不起诉334人。督促立案、撤案18件，发出纠正违法通知书14份，纠正漏捕漏诉20人，改变案件定性227人。加强刑事审判监督，对认为确有错误的判决，依法提出抗诉8件。纠正未及时移送执行、社区矫正对象脱漏管等违法违规执行活动4人次。常态化开展扫黑除恶斗争，批准逮捕10人，提起公诉13人，1个办案团队获评“福建省检察机关扫黑除恶专项斗争优秀集体”，1名干警获评“全省扫黑除恶专项斗争先进工作者”。

【民事行政检察】　2021年，石狮市检察院办理民事生效裁判监督18件，向法院发出再审检察建议14件，其中办理虚假诉讼12件，全部获法院采纳裁定再审。办理民事行政执行监督案件109件，办理审判程序监督案件10件，起诉拒不执行判决、裁定犯罪6人。强化弱势群体权益保护，办理支持起诉案件26件，帮助外来务工人员追回“血汗钱”。开展诉讼活动中涉行政处罚专项监督，针对办案中发现的买卖营业执照帮助信息网络犯罪问题，建议主管机关依法吊销129家“空壳”公司。编写“小明来了”系列民法典微信宣传稿件，送法入企、普法入村，提升群众法律意识。

【公益诉讼检察】　2021年，石狮市检察院办理各类公益诉讼案件80件。针对部分烈士纪念设施存在墙体被漆刷小广告、字迹模糊、祭奠物品成堆未及时清理、杂草丛生等问题，发出公益诉讼诉前检察建议5份，促成职能部门对存在的问题进行处理，并建立长效管护机制。针对古树名木树干被缠绕电线、悬挂重物、在树干基部堆积垃圾废弃物、饲养畜禽等问题，发出公益诉讼诉前检察建议促使职能部门对全市51株古树开展周边环境整治工作，拆除养殖棚等违章搭盖7处，清除钉钉子悬挂重物、缠绕电线悬挂灯具11处，清理垃圾杂物10余吨。出台《公益诉讼观察员制度实施办法》，聘请公益诉讼观察员参与公益诉讼检察活动，发挥社会力量在公益诉讼案件线索发现、专业咨询、辅助办案等方面的作用。

【未成年人检察】 2021 年，石狮市检察院批准逮捕侵害未成年人权益犯罪 50 人、起诉 53 人，追捕追诉漏犯 3 人。办理全市首起涉未公益诉讼案件，针对校园周边文具店向学生出售不符合安全标准的水晶泥、激光笔等危害未成年人身体健康玩具用品问题，向相关部门发出公益诉讼诉前检察建议，促成联合开展安全检查，出动执法人员 67 人次，检查 80 家次校园周边文具店、便利店，责令整改 6 次。未保联盟启动“少年关爱行动”，将严重违反校规校纪人员、受过治安处罚人员、未达刑事责任年龄不追究刑事责任人员等 3 类未成年人纳入关爱目标，摸排建库并确定 67 名临界少年为第一批帮扶对象，落实“1+1+N”帮教机制，整合社区民警、检察官、群团组织等资源，开展临界未成年人帮扶工作。该工作获评 2021 年度泉州市检察机关“一院一亮点”亮点工作。《探索建立“未成年人保护联盟”打造共建共治共享未成年人保护格局》在第四届泉州市机关体制机制创新优秀案例征集评选中获二等奖。联盟工作被纳入泉州市“为民办实事”项目，被最高检、团中央确定为“全国未成年人检察工作社会支持体系示范建设单位”。

【生态司法矫正】 2021 年，石狮市检察院依法打击非法捕捞、非法排污等破坏生态环境资源犯罪，起诉 12 人。联合河长办开展“入河排污口专项整治行动”，联合督办涉河涉水事件 15 件；深化“每周一巡河”工作机制，实地巡河 45 次，发现污染、侵占河道等线索 41 条，发出诉前检察建议 25 份，诉前磋商 5 件，督促拆除简易搭盖、鸡鸭猪圈等 8 处，清理垃圾、堆物堆料腾空土地 10 块。联合法院、农业农村局、海警局石狮工作站共同开展增殖放流活动，以司法办案促进水生态环境修复。

【社会治理】 2021 年，石狮市检察院参与检察环节社会治理，开展“检察+”助力乡村振兴活动。探索“检察＋刑事和解”“检察＋公开听证”“检察＋以案释法”“检察＋释法救助”“检察＋公益诉讼”等“检察＋”助力乡村振兴工作模式，把检察力量下沉到基层一线、检察职能延伸到田间地头。全年发出公益诉讼诉前检察建议 10 份，开展司法救助 5 人，开展以案释法 56 次。参与“断卡”行动专项治理，批准逮捕电信网络犯罪 150 人、起诉 178 人，协同公安机关追赃挽损 6576.32 万元。营造法治化营商环境。打击诈骗、盗窃、职务侵占等侵犯企业合法权益犯罪，起诉 54 人。开展“保障城市生活饮用水二次供水卫生安全”专项监督，发出 5 份检察建议书，推动将二次供水管理制度落实情况列入信用评价体系，建立长效机制。探索企业合规改革试点工作，联动工商联、市场监督管理局、税务局等部门推进企业合规体系建设，为 121 家企业开展合规管理及刑事风险防控专题培训；建立涉案企业合规第三方监督评估机制，组建石狮市涉案企业合规第三方机制管委会。试点知识产权检察职能集中履行工作，组建知识产权检察小组，实行知识产权刑事、民事、行政检察集中统一履职；召开“检、政、企”联合倡议大会，牵头组建“知识产权保护联盟”，开设知识产权保护课程，加强对知识产权综合性、多层次保护，激发创新创造活力。

法 院

【概况】 2021 年，石狮市人民法院（简称“石狮法院”）受理案件 23699 件，办结 23032 件，结案率 97.19%，比 2020 年增长 2.58%。

2021 年，石狮法院加强常态化疫情防控下的司法应对，出台落实疫情常态化防控 24 条措施，组建 30 余人党员服务队前往 4 个党建共建社区（村）开展“战‘疫’勇为”志愿活动，进行三码联查、宣传引导等工作。石狮法院获评“2021 年度全国法院司法宣传和通联工作先进单位”“全省法院审判监督工作先进集体”，执行局获评“福建省

2021 年 4 月 26 日，检察干警在国际食品城开展知识产权普法宣传活动

（图 / 石狮市检察院）

五一先锋号”，刑庭获评“全省法院扫黑除恶专项工作表现突出集体”，1 人获评“全国维护妇女儿童权益先进个人”，官方微信公众号获评“全国法院百优新媒体账号”。

【护航营商环境】 2021 年，石狮法院开展服务保障营商环境专项行动，开通安商护企“e 通道”（在立案、审判、执行阶段分别上线涉企法律服务响应平台、“互联网 +”金融审判在线办案平台、参与案款分配信息管理系统，实现 e 线惠企、e 网快审、e 执护商），审结涉民企纠纷 5925 件、标的金额 18.22 亿元。对接实体经济，升级纺织服装法庭，成立全省首个服装产业集群法治化营商环境促进中心，为企业提供“全链条、一体化、一站式”多元解纷和诉讼服务，聘请 13 名优化营商环境咨询监督委员，推行“一法官挂钩一行业协会（商会）”，提供“一企一策”指导 27 次，为企业解决法律问题和漏洞 21 个。防范化解金融风险，运行“互联网 +”金融审判在线办案平台，与 14 家金融机构实现数据对接和双向联动，线上审结涉金融案件 1373 件、结案标的金额 3.94 亿元。发挥破产审判职能作用，建立破产企业的挽救与退市工作机制，出台关于执行案件移送破产审查的实施细则，加速市场出清，优化资源配置，移送“执行不能”转破产审查案件 50 件。

【刑事审判】 2021 年，石狮法院依法严厉打击刑事犯罪，审结刑事案件 1977 件 2534 人。保持扫黑除恶高压态势，巩固拓展“六清”工作成果，坚持“打伞破网”“打财断血”，落实领导包案、会商研讨、分类审理、源头防范、社会综合治理等工作机制，审理涉黑恶势力及“保护伞”案件 5 件 9 人，“黑财”执行到位 1621.48 万元。严惩危害社会治安犯罪，审结故意伤害、故意杀人案件 68 件 82 人、“两抢一盗”案件 194 件 216 人、“黄赌毒”案件 237 件 435 人。开展“断卡”行动，规范窃取、收买、非法提供信用卡信息案件和电信诈骗案件量刑，审结涉“两卡”犯罪案件 454 件 651 人。落实宽严相济的刑事政策，依法对符合缓刑条件的 603 名被告人适用缓刑。

【社会治理】 2021 年，石狮法院坚持零距离解纷，实体运转诉非联动中心，深化“三联三全”（诉非联动、专业联调、线上联办，市域全覆盖、各方全参与、一网全服务）多元解纷模式，推行“集中受理—归口管理—依法办理—限期处理”纠纷化解机制，诉前化解纠纷 2777 件，实现“小事不出村、大事不出镇、矛盾不上交”。坚持零距离服务，组织 102 名社区法官深入 128 个村（社区）开展“走基层、办实事、惠民生”等活动 3 次，提供法律援助、诉前保全等诉前程序一站式服务，并为和解协议提供司法确认或出具调解书 2063 次。坚持零距离普法，开展“典亮狮城”普法短剧场等“法律八进”活动 91 场次，自制 50 期民法典系列普法短视频“今日说典”，在抖音、视频号等线上平台同步播送并获“学习强国”平台刊播，观看量 132 万次。

【诉讼服务提档】 2021 年，石狮法院完善便捷服务，深化“五位一体”诉讼服务大平台（诉讼服务中心、网上服务平台、自助服务终端、掌上微法院、“12368”诉讼服务热线等五大诉讼服务平台）建设，推出电子诉讼服务卡，在微信公众号中新增预约排队功能，提供立案登记、诉前调解、跨域立案等 8 项“零等待”诉讼体验 890 次。在升级诉讼服务中心的基础上，成立跨域诉讼中心，集聚 86 项跨域服务事项远程办理，专配“一岗通办”跨域服务人员，办理跨域立案 276 件，实现“家门口”异地诉讼。推行品质服务，制定诉讼服务中心服务标准，明确岗位职责、工作流程、办结时限等内容，引进青年律师志愿服务，对窗口人员开展礼仪培训，提升服务意识与服务能力。

【民生权益保护】 2021 年，石狮法院在“立审执”配合中护权益，准确适用民法典，运用“专门化 + 社会化”化讼工作机制，妥善审理涉“医食住行”民生案件 1552 件，涉“老幼妇残”弱

2021 年 5 月 31 日，石狮法院法官普法团前往石狮泰禾广场开展“典亮狮城”民法典宣传活动
（图 / 石狮法院）

势群体案件413件。在“情理法”融合中促和谐,完善升级家事少年审判融合、劳动争议一体处置、交通事故诉调对接、物业纠纷前置调解、司法拥军结对共建等司法品牌，获评“全省优秀涉军维权合议庭”。构建“需求导向—项目推动—为民服务”三步走机制，推进“我为群众办实事”实践活动走深走实，推出便民利民项目10个，为群众办实事156场次。

【执行行动提升】 2021年，石狮市深化“智慧、高效、协同、规范、阳光、认同”六大机制，执结各类案件11293件、执行到位金额16.06亿元。推行执行服务“码上办”模式（案件“码”上立、信息“码”上查、案款“码”上缴），获省法院领导批示肯定，推动执行联动机制常态化运行，扣押车辆120辆，拘留被执行人638人。优化善意执行，制定涉民营企业专项执行方案，构建“司法+征信”评分、失信被执行人信用修复激励等善意执行机制，依法为11家失信企业修复信用、对4家企业暂缓执行。强化监管执行，成立全省首个执行案款管理中心，出台操作规程，创新预分配制度，与财务、督察部门实现案款信息共享和监管，发放执行案款4492笔6.92亿元。

【智慧法院建设】 2021年，石狮法院推进司法体制综合配套改革，修订完善审判委员会工作细则、院庭长审判监督管理职责清单。推进集约管理减负，构建“一办三组五中心”（书记员管理办公室，立案组、应诉组、送达组，材料收转中心、电子文档中心、跨域诉讼中心、诉非联动中心、保全鉴定中心）审判辅助事务集约化运行机制，让法官专司案件“审、判、写”，员额法官人均结案434.57件，比2020年增加79.69件。坚持智慧建设增速，依托电子卷宗实现在线调阅卷宗、制作文书、审核签发，将同步录音录像、庭审语音识别、电子质证系统等应用融入审判工作，推动办案无纸化、裁判智能化，庭审时间平均缩短15.11%。规范诉讼程序，出台涉外刑事案件办理流程、办理暂予监外执行案件规程等规范性文件4份；规范执行行为，出台执行案款管理操作规程、规范执行案件扣押车辆等制度规范11份，提升执行效率。

司法行政

【概况】 2021年，石狮市司法局排查矛盾纠纷3209件，调处3209件。办结各类公证1857件，收取公证服务费880770元。办理法律帮助案件653件，受理法律援助案件777件。开展民法典法治宣传活动45场次、“法治讲堂”活动23场次、法律援助宣传10场次。依托石狮市掌上公共法律服务平台推送稿件38次207篇，《石狮日报》刊登稿件62篇。蚶江司法所、宝盖司法所被省司法厅评定为五星司法所，1人获评全国司法所模范个人，1人获评全省“七五”普法先进个人。

【公共法律服务体系建设】 2021年，石狮市司法局从新时代司法行政所肩负的统筹提供基层公共法律服务的使命出发，打造基层共建共治共享社会治理新格局。完成市级公共法律服务中心、乡镇（街道）公共法律服务工作站、村（社区）公共法律服务工作室三级平台建设，形成“1+9+128+X”的三级公共法律服务平台架构，包括1个市级公共法律服务中心、9个镇（街道）公共法律服务工作站、128个村（社区）公共法律服务工作室及多个延伸点，为推进公共法律服务体系建设打下坚实基础；优化“12348”法律服务声讯咨询热线平台，确保“12348”热线平台在线在岗率、来电接听率、用户满意率均100%；推进石狮市掌上公共法律服务平台建设，45名村（社区）法律顾问入驻平台参与咨询解答，为群众提供更为便捷的线上法律服务；保持政府购买“一村（社区）一法律顾问”服务全覆盖，指导律师到一线开展公益法律服务。

【矛盾纠纷化解】 2021年，石狮市排查矛盾纠纷3209件，调处3209件，成功3209件，调处率100%，成功率100%。全市有矛盾纠纷多元化解中心138个，其中市级矛盾纠纷多元化解中心1个，镇（街道）级矛盾纠纷多元化解中心9个，村（社区）级矛盾纠纷多元化解工作室128个。市矛盾纠纷多元化解中心受理案件2287件，其中结案1755件，出具调解书89件，司法确认11件。

【人民调解组织建设】 2021年，石狮市成立行业性专业性调委会7个、调解工作室2个。率先在泉州市成立新的社会阶层联谊会调委会。助力优化营商环境，成立石狮高新技术产业开发区调委会、石狮市伊妮斯服饰有限公司调委会、石狮市安徽商会调委会、江西青商会商务纠纷调委会。联合市妇联推动镇级婚姻家庭调委会建设，在蚶江镇、鸿山镇成立婚姻家庭人民调解委员会，在市妇女儿童活动中心设立紫薇调解工作室。成立石狮市人民调解员协会，吸纳调解员120名，开展全市三、四级人民调解员评定，评定三级调解员23名、四级调解员6名。推进基层专职调解员队伍建设，在有条件的村（社区）配备专职调解员，在6个乡镇（街道）配备村级专职调解员27名，配齐配强基层一线人民调解队伍。

【乡村融合治理服务中心建设】 2021年，石狮市健全社区融合治理体制，把执法、普法、维权、调解、法援、诉讼融合起，建立基层社会融合治理平台，实现法治、德治、自治、智治“四治融合”。蚶江镇以融合多元为方向，依托

"蚶江镇乡村融合治理服务中心"，通过"三所"联调、"四室"融合共建，创新打造"12345"矛盾纠纷多元化解机制，推动镇村融合治理。新冠肺炎疫情期间，创新微信公众号+电话的线上调解方式，妥善解决双方当事人的矛盾。接待并解答来电来访530件1564人次，通过联合处置化解矛盾纠纷类警情122件，受理各类矛盾纠纷119件，调处119件，涉及金额644.46万元，调解率和成功率均100%。鸿山镇依托东埔渔港建立东埔枫桥综合治理中心和信访评理室，以片区共治的抱团优势推动矛盾纠纷就地就近化解。

【社区矫正与安置帮教】 2021年，石狮市接受社区矫正对象494名。接受公安、法院、检察院、监狱等部门委托调查评估262份，对违反监管规定的社区矫正对象作出训诫54人次、警告处分20人次、佩戴电子腕带17人，请假外出375人次。石狮市接茬刑释解教人员167名，衔接率100%，安置167名，安置率100%，帮教率100%，在册安置帮教对象1654名，均纳入信息管理。

【法治宣传教育】 2021年，石狮市司法局坚持固本强基，普法工作和基层治理相结合，推动基层法治建设。组织参与"法律进机关"12场次，"法律进乡村"28场次，"法律进社区"18场次，"法律进学校"20场次，"法律进企业"20场次，"法律进网络"新媒体矩阵发布法治宣传相关微信推文、抖音视频120篇。在机关、镇(街道)、学校组织开设"法治讲堂"23场次，增强公职人员与群众的法治意识。开展国家工作人员学法活动，全市69个单位2687名在编党员干部报名，参考率100%。开展民法典法治宣传活动45场次。开展"送法进企业"活动20余场次。举行宪法学习讲座38场，开展法律"六进"活动80余场次。推动农村实施"法律明白人"培养工程，培养"法律明白人"344人，发挥其在开展乡村法治宣传教育、化解农村社会矛盾、参与社会治理中"排头兵"的示范引领作用。司法所召开法律服务保障乡村振兴座谈会，广泛收集法律为民、惠民、便民意见建议，为乡村振兴出言献策。创新普法宣传方式，利用"法治直播间"作为线上普法的聚合平台，举办普法直播1场、录制法治视频25期。"法治石狮"抖音号推送法治视频72期。

【律师事务】 2021年，石狮市司法局引导律师发挥专业作用服务大局，石狮市各律师事务所办案总数4711件，担任法律顾问195家，业务总收入3017万元。健全公益法律服务机制，组建石狮市服务民营企业律师志愿团，为企业提供法律咨询，开展法治讲座。成立石狮市"法润狮城"律师志愿团。志愿团现有律师41名，提供律师线上线下公益法律服务25场。组织律师参与法院、信访局化解和代理涉法涉诉信访工作19人次。深化村（社区）法律顾问工作。全市村（社区）法律顾问参与修订村（社区）自治组织章程、村规民约等涉法文书68份，其中重大村务决策1次，重要村规民约修改审核30份，其他涉法文书37份；起草审查有关合同16份；处理群体性纠纷2次；接受法律咨询924人次，其中重大事项法律咨询解答36人次；参与纠纷调解133件，其中重大纠纷调解2件。举办法治讲座99场，发放宣传资料5444份，重要节点普法宣传15场，协助处理其他法律事务13次。

【公证服务】 2021年，石狮市公证处围绕便民利民，提供优质公证服务。在原有电子证据保全公证业务的基础上新增微信软件聊天记录、视频号、朋友圈及抖音软件等证据保全公证业务，满足人民群众对公证服务的需求。实现学位公证、学历公证、机动车驾驶证公证、纳税状况公证特定事项"跨省通办""一网通办"。实现"最多跑一趟"的公证案件近1000件，约占办结案件的52%。监督国有土地使用权拍卖活动4场次，涉及土地面积109247.82平方米，涉及成交金额约13亿元。为年老体弱群众上门暖心公证服务52人次。全年办结各类公证1857件，其中内地公证1161件，涉外公证279件，涉港澳公证364件，涉台公证53件。收取公证服务费88万元，其中涉及知识产权的公证498件。

【法律援助】 2021年，石狮市法律援助中心坚持应援尽援，推动法律援助惠民利民。健全服务网络，在退伍军人

2021年9月1日，石狮市"法润狮城"律师志愿团启动仪式举行 （图/司法局）

事务局和劳动人事争议仲裁院设立援助工作站。推行法律援助“网上办”“指尖办”“邮寄办”，健全“12348”法律服务热线建设，提高解答服务群众满意率。落实开展刑事案件律师辩护全覆盖工作的要求，加强司法局与法院衔接配合，组织志愿律师开展刑事辩护工作，受理刑事辩护全覆盖案件422件。落实每周二、四定期安排律师到检察院、看守所驻点值班，每周三指派律师进驻劳动人事争议仲裁院工作站值班，办理法律帮助案件653件。发挥公共法律服务工作站点辐射作用。受理法律援助案件777件，其中刑事案件613件、民事案件164件。开展法律援助宣传10场次，扩大法律援助社会影响力。

【法律服务】 2021年，石狮市司法局推进石狮市掌上公共法律服务平台建设，组织第三批10名法律顾问入驻平台，45名村（社区）法律顾问入驻平台参与咨询解答，入驻律师数增至28.6%。健全“12348”法律服务热线建设，提高解答服务群众满意率。全年接受来电各类法律咨询3148人次，比2020年增长36.2%，来访各类法律咨询206人次，比2020年减少47.8%。

【司法队伍教育整顿】 2021年，石狮市司法局开展司法队伍教育整顿，成立队伍教育整顿领导小组及其办公室、3个工作专班，举办集中学习40余次、集中研讨8场、警示教育10次、英模教育8场次；组织开展英模、先进跟班学习。开展红色教育活动1次，清明祭扫英烈活动1次，提振司法行政干部干事创业精气神。坚持问题导向，开展谈心谈话、自查自纠、社矫专项整治、律师公证行业整治等，推动查纠整改落细落实。制定出台《领导干部和司法行政机关内部人员干预过问案件记录和干预过问公证事务记录制度》《社区矫正工作手册》《加强司法行政系统优秀年轻干部培养工作制度》等23项制度规范，修订完善机关内部26项工作制度，促进政法队伍教育整顿成果转化有质有效。推出法律援助提速惠民行动、公证便民提升行动、法律服务基层零距离行动、普法志愿者法律“六进”系列活动、法律服务惠企专项行动、发扬新时代“枫桥经验”等7项便民利民措施。

仲 裁

【概况】 2021年，泉州仲裁委员会石狮分会受理案件数112件，案件类型多样化，其中民间借贷纠纷40件，占案件总数的36%。受理案件标的额3.72亿元，比2020年增加1.58亿元。办理案件总计126件（包含2020年未结案件16件，移送泉州2件），结案113件，结案率89.68%，其中调解74件，占总结案数65.49%；裁决31件，占总结案数27.43%；撤回申请8件，占总结案数7.08%；当天调解结案60件，占比全部结案数的53.09%。结案标的额3.18亿元。

【仲裁案件监督管理】 2021年，泉州仲裁委员会石狮分会严把程序关，确保从立案到裁决的每一道程序都符合法律和仲裁规则的规定。严把组庭关，在当事人各选择一名仲裁员的基础上，根据案件的性质、复杂程度和当事人选定的仲裁员的专业构成选择首席仲裁员，确保仲裁庭的组成结构更加合理、专业构成更有针对性。严把裁决文书质量，从实体、程序、文本格式等方面做好审核工作，提高裁决书质量。加强对同类案件的协调，确保裁决标准的统一。

【历史遗留案件解决】 2021年，泉州仲裁委员会石狮分会开展走访各村镇办、司法所，配合村镇综治工作，解决村镇历史遗留问题。其中建设工程合同纠纷11件，大部分案件是因负责人工作调动以及其他相关政策问题，建工问题无法得到解决，经沟通协调，50%的案件均以调解或者撤诉结案。

军事

人民武装

【概况】 2021年，石狮人民武装部以习近平新时代中国特色社会主义思想和习近平强军思想为指导，围绕抓实党史学习教育、庆祝中国共产党成立100周年主题主线，突出练兵备战、国动援战主责主业。组织开展“七一”入党宣誓、党员过“政治生日”，走访慰问生活困难党员、开展党委中心组带机关理论学习、中国共产党成立100周年主题党日和“年度主题教育”活动，分层次分类别抓好干部爱岗有为、职工爱部敬业、武装工作人员爱武尽责、民兵爱队尚武教育。组织各类参训参演人员政治考核和安全保密教育工作；加强做好征兵工作、军地协作，做好重点时段和重大活动的安全教育和防范工作。

【军事训练】 2021年，石狮市人民武装部以实战牵引实训，以实训促进实备，科学制定各类训练计划，全年按时组织各类民兵分队集训及轻武器射击训练，选派优秀专业技术骨干参加上级专业力量集训。参与上级拥军支前演练和国防动员课题演练等各类演练演训活动，组织人员接收安置演练，开展现地调研。常抓日常战备，定期组织民兵值班应急分队集结拉动点验并开展专项科目训练。市人民武装部被泉州军分区评为年度动员备战先进单位。

【国防动员】 2021年，石狮市人民武装部开展“双争”活动和群众性练兵比武，突出民兵应急分队与海上民兵队伍建设，完善战备器材，加强海空情报侦搜，全年海上情报数量与质量在泉州市位居前列。参加军分区和省军区的检查考核，提升民兵整组质量效益。完成年度重点潜力、专项潜力与基础潜力调查工作，推进海上民兵保障点与海防民兵哨所建设。

【双拥工作】 2021年，石狮市人民武装部深化拥军优属服务，妥善做好军人转业安置问题（安置率100%）。举办2场退役军人、随军家属专场就业招聘会（含线上招聘会）及3期免费技能提升培训会，解决退役、复转军人创业难、就业难问题。做好关怀慰问工作，春节、“八一”等节日组织慰问部队；关心军人子女教育问题，协调解决驻军子女就近入学。普及全民国防教育，组织走访慰问烈士遗属，开展“送烈士回家”活动，加强国防宣传。建立健全辖区军警民联防机制与“三防”工作机制，成立“守护戎装”工作领导小组，打击假冒军人等涉军违法行为。举办各类军地联谊共建活动，促进军地交流。

人民防空

【人民防空预警报知系统升级】 2021年，石狮市为提高石狮市人民防空预警报知系统的可靠性，实现防空警报音响全覆盖，结合全市应急广播在全市的覆盖警报和信息发布终端，启动人防警报有线统控及信息发布平台升级改造项目，推进全市警报有线统控升级改造，提高警报控制水平和信息发布能力。

【人防训练演练】 2021年，石狮市举行“9·8”防空警报试鸣活动。开展野外应急通信保障演练。开展人防信息防护专业队训练，提升人防指挥系统机动指挥和抗打击能力。制定《石狮市人防系统消防安全隐患大排查大整治实施方案》，开展人防系统安全排查整治工作。

【人防机动指挥平台建设】 2021年，石狮市组织开展人防指挥所防护系统转进训练，启动人防机动指挥平台建设，提高指挥中心的抗毁、抗打击能力，更好发挥人防指挥工作的各项功能。

【人防行政审批】 2021年，石狮市人防行政审批推进优化营商环境工作，先行试点免交人防易地建设费无须办理人防审批手续，优化审批环节，提升审批效率。

退役军人事务

【概况】 2021年，石狮市退役军人事务局贯彻习近平总书记关于退役军人服务保障体系建设"全覆盖""五有"工作要求，落实习近平总书记来闽考察重要讲话精神，推进"法律政策落实年"活动，开展党史学习教育，结合"我为群众办事"和"再学习、再调研、再落实"实践活动，推动思想政治建设、优抚安置、就业创业、褒扬纪念等工作，提升服务保障水平，维护保障退役军人合法权益。

【双拥共建】 2021年，石狮市开放军史馆、荣誉室、武器装备陈列馆等场所，面向社会各界开展国防教育活动。慰问拥军大妈和福利院孤儿，参与义务植树、无偿献血；参加"建党・百年军民同庆"文艺晚会和"薪火相传・使命在肩"火炬传递活动，开展"重温光辉历程""邮说党史百年路・军民共庆忆初心""军民携手同心共庆建党百年"等主题活动。成立拥军优属联盟，先后发动3家企业成为联盟单位、194家商铺成为联盟店。开展"一村一企一学校"营连结对共建活动，签订军民共建协议书。组织开展红色电影进军营、法律进军营、健康义诊进军营、卫生健康宣传进军营等活动。

【支前保障】 2021年，石狮市完善支前物资供应站规范化建设，更新支前物资潜力调查数据。组织开展年度支前保障演练，提升支前保障能力。

【优抚褒扬】 2021年，石狮市落实重点优抚对象抚恤补助标准自然增长机制，按时足额发放优抚对象的抚恤补助金以及义务兵家属优待金和立功受奖奖励金。全市对重点优抚对象发放定期生活补助金和节日慰问金，发放60周岁以上农村籍退役士兵生活补助金。为全市困难退役军人送上慰问金。加强全市烈士纪念设施整改工作，投入资金新建烈士纪念广场、烈士纪念馆、烈士墓园等，划拨资金用于全市28处零散烈士纪念设施的修缮维护、就地整修、集中迁移及改造提升工作。开展"给烈士安家、让烈士回家、为烈士寻亲"活动，将首批8处零散烈士墓10位烈士遗骸集中迁葬至市烈士公墓。

【就业创业】 2021年，石狮市推行退役军人"培训+就业"模式，组织退役军人免费职业技能培训3期103人次参与。组织13家本地优质企事业单位"送岗位进军营"，提供近3000个岗位供即将退役的官兵选择。在集中报到时段开展"一站式"服务，提供30余家企事业单位进行现场岗位推介。推动闽南理工学院和泉州海洋职业学院挂牌省级退役军人就业创业园地，园地先后吸引100多个创业团队入驻，帮助103个退役军人注册创办企业。在泉州海洋学院成立高职院校退役军人服务站，提供征兵政策咨询、退伍政策宣传和就业创业扶持等服务，形成征兵、退役"双促进"。

【"网格化+信息化"服务管理】 2021年，石狮市推行"网格化+信息化"服务模式，建设退役军人管理服务信息系统，实行三级"网格化"管理，实现退役军人挂钩联系全覆盖和市、镇（街道）、村（社区）三级平台和服务节点的互联互通。

【宣传教育】 2021年，石狮市结合庆祝中国共产党成立100周年，举办"我心中的军人"主题系列活动，征集到绘画作品93幅、书法作品183幅、摄影作品122幅、征文286篇，从中精选89幅优秀书画、摄影作品进行巡展。开展"军民携手同心・共庆建党百年"主题活动，举办"建党百年・军民同庆"主题文艺晚会，组织"鲜花敬英灵・伟业慰先烈"烈士祭扫活动。利用石狮融媒、中国石狮网、广电云平台等本级媒体，报道退役军人事务和双拥共建工作动态109篇次，通过"学习强国"学习平台、"中国双拥"和中国网等媒体推广工作成效55篇次，展现石狮市军民共树文明新风、共育优秀人才的社会风貌，营造出拥军优属、关心关爱军人的浓厚氛围。

应急管理

综　述

【概况】 2021年，石狮市应急管理局树牢“人民至上、生命至上”发展理念，结合党史学习教育、“再学习、再调研、再落实”活动及“我为群众办实事”实践活动，以防范、遏制较大和重特大事故为重点，推进安全生产专项整治三年行动，开展“控事故、保安全、迎建党百年”安全生产集中攻坚行动、“严执法、强攻坚、促提升”专项行动、安全生产标准化建设提升专项行动、安全生产执法年活动等工作，全年发生生产安全事故4起、死亡4人。10月，石狮市获评“县级人民政府完成年度安全生产目标责任制优秀单位”。

【应急救援】 2021年，石狮市应急管理局对全市应急救援力量进行摸底、整合，形成综合性应急救援以市消防救援大队为主力，各重点行业领域应急救援队辅助支撑的应急救援力量。组建泉州市首支车辆事故处置救援专队，培养车辆事故救援任务专业人才5名。做好预案管理工作。全年完成3份专项预案、32份部门预案更新修订工作。组织开展专项、综合应急预案演练以及跨地区、多部门、多层级参与的联合应急演练，组织各救援队伍开展消防疏散、地震逃生、医疗救护、天然气泄漏等专项演练169场次，参演7000余人次。

【安全宣教培训】 2021年，石狮市应急管理局开展安全生产月活动，制作安全知识的购物袋和盒式纸巾8300份，印制《家庭安全知识手册》《社区安全知识手册》1万册。举行“5·12”防灾减灾日主题宣传咨询活动、7场防震减灾科普宣传讲座进校园、进企业、进社区活动；联合第六实验小学开展地震逃生疏散演练、通过《石狮日报》刊登公益广告和微信朋友圈推送10万条科普宣传信息等系列活动。联合安全生产培训机构开设低压电工、焊接与热切割、高处作业等特种作业人员安全操作证培训3个班次，培训人员81名，并为特种作业操作证新取证人员按800元/人标准免费办理补贴手续。宣传2021年新修改的《中华人民共和国安全生产法》，在《石狮日报》开设“新法速递”宣传专栏，摘录连载近20期；与生产经营单位主要负责人签订“生产经营单位主要负责人学习贯彻新《中华人民共和国安全生产法》承诺书”8232份；录制以“新《中华人民共和国安全生产法》修正解读与落实建议”为主题的线上培训课程。

安全生产监督管理

【概况】 2021年，石狮市应急管理局以安全生产执法年活动为抓手，排查隐患62100条，隐患整改62048条，强化重点行业（领域）培训重点，组织开展培训16场次、1600多人次。严格审核审批监管，梳理调整权责事项185项。安全员队伍建设成效获《中国应急管理报》和《安全与健康》杂志等相关媒体报道。

【安全监管执法】 2021年，石狮市应急管理局加强行刑衔接，开展安全生产执法年活动，组织执法检查14228家次，立案634件、罚款1540余万元，责令停业整顿121家，追究刑事责任4人，联合惩戒2家。梳理调整权责清单，严格审核审批监管，办结128件，其中生产经营单位生产安全事故应急预案备案53件，危险化学品经营许可证（带储存批发、仓储）新证2件、变更3件、延期换证25件，危险化学品经营许可证（零售、贸易经营）变更2件、新证7件、延期换证6件，烟花爆竹经营（零售）许可证30件。联合市大数据局开发危化品全链条全周期监管信息系统，加强危化品运输车辆的执法检查力度。

【重点行业领域安全专项整治】 2021年，石狮市应急管理局开展危险化学品、烟花爆竹和民爆物品安全整治，检查危化品相关单位835家次及393辆次危险货物运输车辆，排查、整改隐患135条，立案查处51家违法企业和个人，罚款42.62万元。开展危险废物等安全整治，抽查危险废物产生单位82家，考核结果均“达标”。推动集控区危废集中试点收集，接收废油325吨。检查各类企业142家次，发现存在环境安全隐患问题52个，全部完成整改。开展消防安全整治，检查走访单位21393家次，检查发现“三合一”场所192家，完成督促整改192家，行政处罚54家，罚款47.84万元；排查全市高层建筑527幢，发现、整改隐患109处，建立微型消防站66个，推动安全达标创建综合体2个，开展综合体消防安全专题培训2场，演练6场次。开展城市管理安全整治，排查燃气企业5家及液化气供应站点16个，开展检查87场次，出动480余人次，排查液化气隐患189项，没收钢瓶204个，立案处罚2件，处罚6万元。投入50.5万元推进瓶装燃气企业提标改造。开展综合体疏散救援、无预警、储罐泄漏等多科目应急演练活动35次。

【道路与交通运输安全整治】 2021年，石狮市应急管理局开展道路运输安全整治，检查道路运输企业1311家次、各类道路运输车辆6949辆次和在建公路项目6个，排查隐患问题845个，整改812个，约谈道路运输企业40家次，立案489件、处罚金额为263.8万元；开展整治行动349次，查处各类违法行为469件。排查道路隐患36处，整改36处。开展交通运输安全整治，检查“两客一危”车辆2471辆次，查处客运非法违法经营行为11件、危货违法违规经营行为45件；开展打击非法营运暨规范网络预约出租汽车整治行动144次，检查疑似“黑车”和网约车1237辆次，查处“黑车”1辆、查处不合规网约车145辆；开展海上巡航3080海里、陆上巡查29209千米，检查航运公司42个次，对船舶实施安全监督检查127艘次，对船舶实施现场检查284艘次，抽查港口服务企业23家次。检查渔船1857艘，现场整改118次，发出整改通知书277份，停航85艘，渔业立案57件，移送2件，处罚103.13万元。伏休期间，立案6件伏季休渔违规案件。组织3574人参加普通船员培训、720人参加职务船员培训，发放船员培训补贴400余万元。开展渣土车安全整治，检查在建工地、水利项目、混凝土搅拌站等源头单位425家次，督促各渣土运输源头单位安装电子抓拍系统及过磅称重设备32处，立案查处违法违规渣土车辆713部，约谈企业44家次，清退4名违法违规驾驶员。审核建筑废料运输路线、时段和驾驶员资质，审批路线牌368块、500名驾驶员资质。

【房屋安全与建筑施工安全整治】 2021年，石狮市应急管理局开展房屋安全与建筑施工安全整治，清查全市辖区村民在建房屋537宗、清查辖区内农村在建公共建筑35宗。开展钢结构房屋核查两层及以上钢结构房屋30栋，人员密集场所单层钢结构房屋86栋，单层钢结构及两层以上非人员密集场所钢结构房屋84栋。开展建筑施工安全检查工程项目68个次，排查安全隐患366处。

【自然灾害安全整治】 2021年，石狮市应急管理局开展地质排查75人次，未发现潜在的地质灾害隐患。排查水利设施及在建涉水项目57处，发现隐患50个，完成整改。完成水库坝体安全检测和鉴定项目，启动落实小型水库物业化管理相关工作。组建森林巡查劝导队540人，开展巡查劝导594次；清明节、“五一”劳动节、国庆节等重要节假日期间，设置森林防灭火检查哨卡81个，推进森林防火隔离带建设；落实高压电线走廊森林火灾隐患消除工作，采伐林木蓄积量793立方米。

【智慧用电安全建设行动】 2021年，石狮市安装智能型电气火灾监控系统1734套，建成电动车集中智能充电场所1721个。印发《关于持续推进智慧用电安全建设行动的通知》，鼓励电镀企业、消防安全重点单位的劳动密集型企业、电气火灾隐患严重区域、危化品场所、工贸企业等应用智慧用电安全服务技术，提升企业本质安全水平。

防灾减灾

【概况】 2021年，石狮市推进自然灾害综合风险普查工作，普查总体进度位列泉州各县（市、区）首位。全年启动9次应急响应，无险情及重大损失和人员伤亡。开展153个自然避灾点安全隐患排查整治。年内，“闽狮渔07570”渔船在广东海域救助13名船员，收到广东省应急厅的《感谢信》。

【森林防火】 2021年，石狮市投入145万元设立12处高空监控点位，引入人工智能AI分析及微信预警技术，对重点防护林区进行全天候技防值守。完成全市9个村共14处输电线路防火林带建设。开展全市输配电设施火灾隐患排查，排查输配电设施隐患10处，全部完成整改。组织召开森林防灭火业务培训会，规范森林火灾调动扑救程序、提升全市森林火灾应急处置能力。

【防汛抗旱】 2021年，石狮市启动防暴雨应急响应4次、防台风应急响应5次，下沉干部3679人次，转移危险区域群众263人次，无发生人员伤亡及重大财产损失。开展水头排涝枢纽工程防洪度汛应急演练、水利防汛应急演练，多次召开水头排涝水闸安全运行协调会，对存在问题分解任务督促按期整改。争取抗旱补助资金 15 万元下拨给 4 个镇，减轻基层压力。

【灾害防治】 2021 年，石狮市应急管理局加强防寒潮天气工作，发布预警信息 7 条，走访慰问困难户、贫困户 150 人次，街面救助 3 人次，发放御寒物资 42 件。利用微信公众号、报纸等各类媒体渠道，宣传覆盖人数 30 余万人。开展 153 个自然避灾点安全隐患排查整治工作，巩固提升 7 个自然灾害避灾点。石狮市与人保公司签订 2021 年石狮市自然灾害公众责任保险和政策性农村住房保险，为全市农房及常住人口购买保险，提高市民抵御自然灾害风险的能力，减少群众因灾造成的损失，处理案件 140 件，理赔金额 33.65 万元。

防震减灾

【地震监测】 2021 年，石狮市抓好震情监测跟踪，完成赤湖岩地震台标准化建设，抓好赤湖地下流体前兆观测台、石光中学土层烈度速报台的日常管理、维护工作及每日监测数据采集、分析和汇总上报等工作。推进地震预警终端运用，安装地震预警终端 256 个，超额完成泉州市下达目标任务。

【地震应急管理】 2021 年，石狮市开展地震应急避难场所巡查，检查地震应急避难场所 18 个次。开展地震逃生疏散演练和地震应急救援演练，提高群众防震减灾意识和应急处置能力。开展地震灾害风险普查工作，完成 13 处地震应急避难场所信息录入工作。开展应急避难场所季度巡检工作，重点对避难场所内的供水、供电等应急设施配套及维护情况，以及各类标识指示牌、平面布置图、疏散线路图等逐项详细检查，确保应急状态下能正常使用。推进地震易发区房屋加固工作，完成全市位于 8 度区的 4 个试点镇相关房屋设施的摸底工作。

【防震减灾宣传】 2021 年，石狮市开展防震减灾科普宣传。推荐优秀传播师参加全国防震减灾科普视频讲解比赛，开展防震减灾科普知识讲座，开展赤湖地下流体地震前兆台站开放日活动，举办“5·12”防灾减灾日主题灯谜竞猜，在《石狮日报》刊登防震减灾主题公益广告，利用微信软件推送“5·12”防震减灾科普知识 10 万条刊载相关防震减灾宣传信息，提高社会公众防震减灾意识和应急避险技能。

消防救援

【概况】 2021 年，石狮市消防救援大队履行“全灾种、大应急”职能使命，全年接处警 2008 件，抢救被困人员 61 人，抢救财产价值 7690.27 万元，保护财产价值 9840.29 万元；完成“1·19”石狮威佳山哥汽车贸易有限公司、“9·30”福建闽松纤维科技有限公司、“12·6”石狮市益安再生资源有限公司益安停车场等火灾事故处置及“第三届中国校园服饰国际博览会”“建党百年”“省党代会”“海丝品牌博览会和时装周”消防安全保卫等急难险重任务。

【社会火宅防控】 2021 年，石狮市消防救援大队结合消防安全专项整治三年行动工作部署，针对人员密集场所、高层建筑、大型城市综合体、易燃易爆危险品场所、文博单位等高风险场所以及“三合一”、出租房屋、电动自行车等领域部署开展专项整治，全市排查场所 1.9 万家次，发现“三合一”场所 189 家，整改 167 家，行政处罚“三合一”场所 49 家，罚款约 42.7 万元。各部门开展联合督导检查 26 次，督导场所 1594 家，下发督办通知书 29 份，督导通报 4 份。摸排消防安全突出隐患问题 9 处，整改销案 6 处，提请政府挂牌督办 2 家。推广应用独立感烟报警器和简易式喷淋系统，安装简易式喷淋 2376 套，独立式感烟探测器 2.7 万个，夯实

2021 年 10 月 22 日，泉州市消防救援支队举办 2021 年度政工纪检岗位实践化技能竞赛，石狮大队斩获团体总分第一名 （图 / 市消防救援大队）

基层火灾防控基础。深入辖区重点单位和涉疫场所开展实战化演练，制定完善重点单位预案184份，完成重点单位熟悉184次，开展消防演练322次，较好地完成对各类灾害事故的处置。全年发生火灾715件，直接财产损失535.6万元，未发生亡人火灾事故，全市火灾形势持续平稳。

【消防执法】 2021年，石狮市消防救援大队贯彻 “放管服”改革和深化消防执法改革，实施“双随机、一公开”消防监管工作，开展“双随机”检查1507家次，督改火灾隐患644处；实行公众聚集场所消防安全告知承诺制度，有20家单位告知承诺并通过“双随机”检查；畅通“96119”“12345”等举报投诉平台，受理各类关于消防违法行为和火灾隐患的举报投诉20件，案件办结率100%，举报人满意率98%，未发生因执法过错引发涉消舆情或上访事件。

【消防宣传教育】 2021年，石狮市消防救援大队推进消防宣传“五进”工作、消防安全“敲门入户”行动，重点对老弱病幼群体进行精准帮扶，组织开展“中小学安全教育日”“防灾减灾日”“安全生产月”及“119”消防安全月等活动。全年开展培训240多次，受训人数5万多人，开展“入户”行动250多次，宣传帮扶500多户。利用消防站开放的有利契机及石狮市消防科普基地邀请社会群体到队进行参观培训，落实“面对面”宣传、“手把手”培训措施，培育消防安全“明白人”；加大“全民消防安全学习云平台”和“消防志愿者注册管理平台”的推广应用，鼓励社会单位、公众开展线上自学和宣传志愿服务工作。全年预约50多次免费参观消防站，线上预约18次，参观8000多人，推动辖区38200人次注册、使用全民消防安全学习云平台，推动辖区2000人加入消防志愿者队伍，组织开展消防宣传教育活动160多次。协调各级主流媒体平台、新媒体平台向群众发布消防安全提醒，推送警示教育视频及消防安全知识内容，全年在各级主流媒体、新媒体刊发报道80多条，投放消防标语和公益广告3万多条，发送消防提醒短信7000多条，张贴消防宣传海报2万多份。

外事　侨务　台港澳事务

外事

【概况】　2021年，石狮市落实疫情防控“外防输入”，依托“石狮市来石人员信息服务系统”，运用“大数据+网格化”模式排查掌握相关信息，对境外到石狮人员实行闭环管理。根据疫情防控、复工复产及外国人来华需求，推进外国人来华签证邀请初步核实工作。强化APEC（亚太经济合作组织）商务旅行卡推介和管理工作，采用线上方式加强与国际友好城市菲律宾那牙、澳大利亚伦马克对接交流互动工作，维系友城关系。

【外事服务与管理】　2021年，石狮市加强外事管理服务，受理访华邀请事项4批4人次，开展“优化APEC商务旅行卡申报管理服务”活动，制定《石狮市APEC商务旅行卡管理制度》，举办APEC商务旅行卡宣传推介3场次，受理申办件17批24人次。做好在石外国人服务管理，举办在石狮市外国商人座谈会，帮助其解决在工作、生活中遇到的实际问题。加强海外领事保护宣传，结合疫情防控常态化工作和海丝品博会等会展活动，开展海外领事保护宣传“进机关、进企业、进校园、进社区、进渔村、进侨乡”活动，增强“走出去”企业和人员的安全防范意识和应急处置能力。

【对外交流合作】　2021年，石狮市对外交流合作活动丰富。1月23日，石狮市举行“2021中国石狮跨境电商发展（线上）峰会”，峰会以“123，跨境电商石狮GO”为主题，包括项目启动、项目签约、跨境产品展、选品对接、平台咨询、分享宣讲等多项活动组成。8月11日，参加省外事办举办的“福建一日韩青年线上交流”活动。8月25日，菲律宾驻厦门总领事馆代馆长何怡莲一行到石狮参观“泉州：宋元中国的世界海洋商贸中心”的万寿塔、六胜塔、石湖码头等世界遗产点。12月24日，举办“第七届中国（泉州）海上丝绸之路国际品牌博览会暨2021石狮国际时装周”活动，菲律宾、美国、法国、英国、智利、日本、意大利、西班牙、澳大利亚、俄罗斯、南非、印度尼西亚、泰国、马来西亚、越南等20个国家和地区的150家在闽企业参展。

石狮市2021年外事主要活动情况表

表4

时间	活动内容	参加活动的主要外宾
1月23日	2021中国石狮跨境电商发展（线上）峰会	新加坡驻厦门领事馆总领事吴俊明；菲律宾驻厦门领事馆代馆长何怡莲；泰王国驻厦门总领事馆副总领事婉菈葩
7月1日	在石外国商人座谈会	在石狮外国商人代表
8月11日	“福建一日韩青年线上交流”	日韩青年代表
8月25日	参观“泉州：宋元中国的世界海洋商贸中心”	菲律宾驻厦门总领事馆代馆长何怡莲
12月24日	第七届中国（泉州）海上丝绸之路国际品牌博览会暨2021石狮国际时装周	新加坡驻厦门总领事馆总领事吴俊明；菲律宾驻厦门总领事馆总领事欧莉娜及其丈夫欧帝诺，副领事何怡莲；泰王国驻厦门总领事馆副总领事婉菈葩

侨　务

【概况】　2021年，石狮市发挥侨务资源优势，加强为侨服务工作，摸底统计全市归侨人数594人。走访慰问侨胞侨属，举办亲情中华·海外华裔青年（小语种国家）跨境电商培训班、“RCEP海丝商贸·青年侨商跨境电商培训班”、2021 RCEP青年侨商创新创业峰会等活动。加强侨文化传播，新增锦尚镇侨史馆和永宁镇华侨历史纪念馆，《福建侨报》专版报道《石狮市凝聚侨心侨力助推高质量发展》。

【侨胞合法权益维护】　2021年，石狮市为华侨归侨侨眷办理行政服务审批事项，受理华侨回国定居申请材料189人，其中出具华侨回国定居证2份；办理华侨捐赠确认1份。

【归侨民生保障】　2021年，石狮市走访侨胞侨领，慰问困难归侨侨眷，营造知侨情、暖侨心、解侨困的良好氛围，服务好归侨侨眷。关注侨界留守儿童成长，永宁镇侨联与石狮市行实小学签署关爱侨界留守儿童共建协议书；联合爱尔眼科医院开展“侨爱心·光明行”活动，举办43场次，为596名侨界群众免费进行眼科检查，提供免费白内障手术28人，为行实小学学生免费眼科检查301人次。

【侨务招商引资】　2021年，石狮市举办“亲情中华·海外华裔青年（小语种国家）跨境电商培训——寻根之旅夏（冬）令营回营日活动”，为海外华裔青年打开新的经济领域知识，吸引海外华裔青年开展新形势跨境网上创业。举办“RCEP海丝商贸·青年侨商跨境电商培训班”，帮助石狮市华侨、青年侨商了解跨境电商新业态的发展，助力华侨青年在家门口做国际生意。组织10名侨商参加“第21届中国国际投资贸易洽谈会”泉州市侨资专场招商推介会，签约侨资项目3个。举办2021年RCEP青年侨商创新创业峰会，线上开设菲律宾、日本、泰国等24个海外视频分会场，与会专家学者、青年侨商“线上+线下”共话区域经贸合作前景与机遇；举行福建省侨青跨境电商实训基地的揭牌仪式。

2021年9月10—11日，石狮市在东南亚采购集散中心举办“RCEP海丝商贸·青年侨商跨境电商培训”（图/市委统战部）

【菲华石狮市青少年夏令营举办】　2021年5月29日至6月12日，石狮市举行“亲情中华·为你讲故事”第27届石狮市菲华青少年网上夏令营，80名石狮籍菲律宾华裔华侨青少年参加。7月5—30日，石狮行实小学举行菲华夏令营活动，57名返乡的10—15岁祖籍石狮的菲律宾学生参加。

【菲律宾石狮市同乡总会换届庆典】　2021年3月20日，菲律宾石狮市同乡总会第15届理监事会暨第七届妇

2021年3月20日，菲律宾石狮市同乡总会举行换届庆典活动（图/市委统战部）

女委员会、青年委员会洎菲律宾石狮商会第三届职员就职典礼在石狮市举行。祖籍石狮湖滨街道的旅菲乡贤吴光级任新一届理事长。

【华侨历史纪念馆建设】 2021 年，石狮市整合侨乡历史资源，推动石狮市华侨历史纪念馆建设。1 月 28 日，锦尚镇侨史馆揭牌仪式在锦尚镇侨联大厦举行，这是全市首家镇级侨史馆。锦尚镇侨史馆通过侨界历史、各村侨界精英、侨乡影像、侨捐工程、旅外社团、名人堂等板块，展示广大锦尚籍海外侨胞为祖国和家乡的经济社会发展所做出的贡献。7 月 10 日，永宁镇华侨历史纪念馆揭牌仪式在永宁镇侨联大厦举行。永宁侨史馆面积约 400 平方米，分为八大部分，通过史料和实物，辅以现代科技手段，展示永宁镇侨胞风采，以及他们在海内外做出的贡献，突出“侨乡、侨史、侨胞”的主题。

台港澳事务

【台商台胞服务】 2021 年，石狮市组织慰问石狮定居的老台胞、困难台胞台属，走访台资企业，全年组织走访慰问 50 人次。举行第 16 届“两岸情·同胞心”助学金颁赠仪式。落实惠台政策，全年为 9 名台籍考生办理中考加分身份认定，协调教育局照顾 4 名台商子女就读优质中小学。增加台青实习补助相关措施，鼓励和吸引台青到石狮实习就业创业。做好新冠肺炎疫情期间台胞返石狮市的政策咨询服务，跟踪了解石狮市台胞隔离状况。为在石狮台胞接种疫苗开辟绿色通道。发挥石狮石湖港台轮停泊点港口优势，接待台轮停靠 80 航次、台胞 784 人次，完成对台小额贸易 1627.8 万美元。

【闽台对渡文化节】 2021 年 6 月 14 日，石狮市“云端版”第 15 届闽台对渡文化节暨蚶江海上泼水节上线。广大市民、台胞、游客相约“云端”，通过 VR 技术，实现蚶江镇在线全景展示与交互，以线上体验的方式全景展示蚶江城市风貌与节庆盛况。闽台对渡文化节暨蚶江海上泼水节设置“闽台对渡”“云游蚶江”“智造港湾”三个虚拟“云展厅”，多种民俗游戏供市民、台胞、游客互动体验。

【港澳事务】 2021 年 3 月 9 日，福建省委统战部副部长李文慎一行到石狮调研香港闽籍基层同乡社团建设。7 月 28 日，中央统战部副部长谭天星带领中央统战部调研组一行到石狮市调研港澳有关工作，走访世茂海上丝绸之路博物馆。8 月 31 日至 9 月 3 日，市委统战部组织走访澳门石狮同乡总会、澳门沙美同乡会、澳门霞泽（下宅）同乡会及澳门石狮彭田同乡会，看望慰问旅澳石狮乡亲及向乡亲介绍家乡建设发展情况。9 月 19 日，香港特别行政区选举委员会界别分组一般选举投票结束，30 名石狮籍居港乡贤任香港特别行政区选举委员会委员。12 月 24 日，全国政协常委、澳门福建同乡总会会长许健康，全国政协委员、澳门福建同乡总会执行会长陈明金带领澳门福建同乡总会赴闽访问团一行到石狮交流访问。

【香港石狮同乡总会成立 31 周年暨第十六届董事就职典礼举行】 2021 年 12 月 5 日，香港石狮同乡总会成立 31 周年暨第十六届董事就职典礼在香港和石狮两地会场连线举行，林佑碧任会长。现场举行“同心同根·关爱乡亲”系列活动启动仪式；举行香港石狮同乡总会青年会与石狮青商会结为友好协作兄弟会签约仪式等。

2021 年 12 月 5 日，香港石狮同乡总会举行庆祝成立 31 周年暨第十六届董事就职典礼 （图 / 市委统战部）

经济监督管理

宏观经济管理

【概况】 2021年，石狮市落实中央、省委、泉州市委工作部署要求，实施“大招商招大商”“护航民营经济”“培育标杆示范企业”等专项行动，推进高质量发展超越，经济运行保持平稳增长的态势。集中力量研究制定一批政策措施，编制第三产业提升年、“护航民营经济”、培育标杆示范企业等一批政策性文件。编制完成《石狮市国民经济和社会发展第十四个五年规划和二〇三五年远景目标纲要》，推动城乡全面协调发展。关注经济运行监测，推进重点项目管理工作，开展产业转型升级、战略性新兴产业、新型城镇化、海洋经济等方面调研。对接上级各类产业扶持资金，推动现代农业、海洋产业、智能产业、现代服务业等各类产业加速发展。

【年度目标编制与实施】 2021年，石狮市完成《关于石狮市2021年国民经济和社会发展计划执行情况与2022年国民经济和社会发展计划（草案）的报告》，总结2020年国民经济和社会发展情况，提出2021年预期目标。开展2022年经济增长点摸底调研，了解各镇、街道企业发展状况，从存量和增量角度分析第一、二、三产业增长的支撑点，为完成年度主要经济指标计划任务提供支持。

【推进“五个一批”项目】 2021年，石狮市纳入省“五个一批” 项目管理564个，总投资3152亿元。新增谋划光子技术微产业园、修正药业中药生产基地等项目75个；新增签约福地化纤、奥特莱斯等项目24个；新增开工石狮航运中心、晋晖薄膜等项目35个；新增投产豪宇新智造、应急水源等项目40个。

【产业质量提升】 2021年，石狮市生产总值1072.51亿元，比2020年增长10.4%。第一产业完成增加值27.79亿元，比上年下降0.2%。第二产业完成增加值476.63亿元，比上年增长9.9%，对地区生产总值增长贡献率为42.2%。第三产业增加值568.09亿元，比上年增长11.4%，对地区生产总值增长贡献率为57.9%。三次产业比重调整为2.6 ∶ 44.4 ∶ 53。石狮市综合施策助力企业稳产扩能，纺织鞋服、机械装备、食品药品产业规模以上产值分别比上年增长13.8%、8.9%、29.1%。2021年，石狮市获授“中国校园服饰名城”，全国首个校园服饰时尚周落地石狮。举办2021年中国服装辅料大会，完成2019—2020年度印染企业分级评定。建新轮胎、九牧卫浴、中石光芯二期、宏兴二期等项目加快建设，通达创智、兰姆达物理技术研究院等项目落地建设。光子技术产业园蓬勃发展，集聚10余家光子技术企业、关联企业30余家，新建成鸿日光学科技、汉视高端镜头等项目。推进省级海洋产业发展示范县创建工作，市省级海洋经济示范县项目完成计划总投资的92.7%。23家企业入驻海洋食品园，海日丰、得圣等14个项目抓紧施工。规划建设占地89.33公顷的生物医药园，推动修正药业、福和药业实质性落地。推动服务业跨越发展。“电商谷”和“网红城市”建设步伐加快。举办跨境电商高峰论坛、海博会、校服展、全省直播经济发展现场会等活动，筹办海丝品博会、RCEP 青年侨商创新创业峰会，设立省级跨境电商实训基地，新增开业5个网批专业市场，电商销售额突破1000亿元，快递业务量增长 80%。石湖港保税物流中心（B型）封关运营，泉州港石狮航运中心，石湖作业区5号、6号泊位工程，特步物流等项目建设加快。全域旅游热度攀升，入选2021年全国县域旅游综合实力百强县市，宝盖山获评国家AAAA级旅游景区，世茂海丝博物馆入选国家AAA级旅游景区，“海丝三宝”被列入世界文化遗产名录。八卦街改造提升工程、华山古民居、永宁古卫城保护提升工程等项目加快建设。

国土资源管理

【概况】　2021年，石狮市加强土地一级市场运行管理，优化国土资源市场配置，全市总供地63宗，全年核发建设用地项目预审和选址意见书核发37件，用地总面积约156.93公顷。落实耕地保护，开展多种形式的废弃石窟综合治理，加大土地违法查处力度，保护和利用土地资源。建设数字石狮地理空间框架，融入多规合一平台。

【耕地保护与开发】　2021年，石狮市政府与各镇人民政府签订《耕地保护目标责任书》，建立考核机制，明确镇、村、组各级职责，确保全市耕地保有量不低于2260公顷，永久基本农田不低于1108.07公顷。截至2021年底，石狮市耕地保有量为2293公顷，永久基本农田面积1108.2公顷。加强基本农田保护区实地保护，设立镇级永久基本农田保护牌7块、界桩241块，明确地块位置，便于群众监督和执法队伍监管。

【建设项目用地报批】　2021年，石狮市农用地转用及土地征收获批10个批次和2个单独选址，总面积93.32公顷，其中新增建设用地63.02公顷（涉及耕地23.43公顷）。

【废弃矿山生态管理】　2021年，石狮市完成矿山修复治理面积12.32公顷，包括蚶江镇东垵村废弃石窟，永宁镇莺山废弃石窟，峡谷旅游路南侧、北侧等多处废弃石窟修复治理。编制《石狮市废弃矿山生态修复方案（2021—2030年）》。

【群众权益维护】　2021年，石狮市执行征收土地预公告制度、征地补偿安置方案听证程序等，规范征地程序，保障被征地农民的知情权、参与权、监督权。执行征地补偿标准和安置政策，同时结合工业园区规划和城市规划片区改造，探索以集中商场等物业形式安置为主的多种征地补偿安置方式。开展被征地人员养老保障工作，截至2021年底，启动被征地人员养老保障工作97个村，涉及人数25766人，发放标准分别为447元和185元。

【国土资源市场配置】　2021年，石狮市总供地63宗，总面积149.93公顷，总价款154782.81万元。其中出让方式供应23宗、面积57.01公顷、价款152603.02万元（挂牌工业用地10宗、面积26.68公顷、价款16278万元；挂牌商服用地2宗、面积1.04公顷、价款1670万元；拍卖商住用地7宗、面积27.45公顷、价款133600万元；协议出让工业用地4宗、面积1.84公顷、价款1055.02万元）；划拨方式供应36宗、面积90.71公顷、价款2076.72万元；使用集体土地4宗、面积2.21公顷、价款103.07万元。

【土地收购储备】　2021年，石狮市完成新增储备用地93公顷。全年组织举办9次土地招拍挂出让活动，成交19宗39.7公顷，成交金额15.15亿元。全年未新增土地储备专项债券，截至2021年底，土地储备专项债券余额17.09亿元，无其他储备项目融资贷款。

【不动产登记管理】　2021年，石狮市办理不动产权属登记28857宗，不动产抵押登记15122宗，不动产发证35225件；不动产查询75920宗。全年不动产收费4000.83万元，较2020年上升8.70%。3月对小微企业免收登记费实行告知承诺，受理106宗，减免费用5.17万元。对于涉企（房地产企业和金融机构除外）的不动产转移登记免收登记费，受理136宗，减免费用7.39万元。

【设立不动产房票结算窗口】　2021年，石狮市设立房票结算窗口，将八卦街保护提升工程非沿街房屋征收作为首推房票补偿项目，全年拆迁片区开具初始房票351张，金额4.23亿元。在不动产中心房票结算窗口出具授权房票567张，金额2.76亿元，因购房或房票结算申请拨付房票款874笔，金额3.11亿元，其中授权房票使用514张，购房金额2.43亿元。

【国土资源执法监察】　2021年，土地卫片检查基本数据自然资源部下发石狮市的2021年度遥感监测图斑205个，图斑经拆分后273个，总监测面积262.19公顷，其中耕地面积61.48公顷。经核实，石狮市合法164宗，面积204.71公顷，其中耕地32.63公顷。伪变化90宗，面积41.09公顷，其中耕地22.45公顷。违法用地19宗，面积16.39公顷，其中耕地6.4公顷。全市初始违法用地比例8%，其中占耕地比例为3.4%。石狮市结合2021年度遥感监测图斑和2021年度土地变更调查成果，查处违法案件19宗，立案3宗，决定没收违法建筑物面积2.97万平方米，没收违法建筑物面积2.97万平方米。未立案查处16宗，面积9.98公顷，占用耕地5.66公顷。完善用地手续0.5公顷，恢复土地原貌面积5.34公顷，复耕到位面积4.93公顷。

【地理信息管理】　2021年，石狮市有测绘资质单位7家，外地到石狮市备案的9家；组织办理多测合一业务，测绘单位进驻多测合一平台14家，办理多测合一业务24宗。

国有资产管理

【概况】 2021年，石狮市市属国有企业资产总额528.64亿元，比2020年增长11.77%；负债总额290.83亿元，比2020年增长18.48%；净资产237.81亿元，比2020年增长4.53%。资产负债率55.02%，比2020年增长3.12%。全年实现营业收入34.40亿元，比2020年增长36.40%，实现净利润2.83亿元，比2020年增长26.91%。

2021年，行政事业单位资产总额31.69亿元，比2020年增长1.96%；负债总额4.93亿元，比2020年增长8.35%；净资产26.76亿元，比2020年增长0.87%。

【国资国企改革】 2021年，石狮市落实国企改革三年行动，推进国有企业发展。出台《石狮市市属国有企业整合优化实施方案》，推动新一轮国企改革。9月，成立中共石狮市委国有企业工作委员会，组建福建石狮国有资本运营集团有限责任公司（简称“运营集团”）。由国企党工委负责把方向、管大局、促落实，运营集团负责日常统筹调度，形成运营集团、国投集团、产投集团、文旅集团共同发展的国有企业战略布局和运营架构。

完善监管机制。修订市属国企权责清单，理顺国资中心与运营集团、三大集团间的关系，适应新的国资运营机构，实现国资监管机构出资人职能和监管职能的分开。

提升融资能力。采取流动资金贷款、项目贷、公司债、PPN、融资租赁、美元债等形式，拓宽融资渠道。运营集团获AA+主体信用评级，市属国企全年获批融资授信规模超150亿元。

发挥国资支撑作用。市属国有企业围绕“发挥城市建设的载体和抓手作用”，全年承接市重点项目157个，完成投资37.29亿元。

【国资监管】 2021年，石狮市开展公有房产专项清查工作，调研171家行政事业单位和三大集团资产情况，形成《石狮市国有资产情况调研报告》，摸清资产家底、明确权属登记及使用状况，分析国有资产闲置原因，分类提出盘活举措。

盘活国有闲置资产。推动古浮紫菜场、人力资源市场大厦等7宗闲置资产注入国企，助力国企做大做强，确保国有资产保值增值。

落实向人大常委会报告国有资产情况制度。完成2020年度国有资产管理情况报告及审议意见落实情况，推进国有资产管理公开透明。

完善国有资产日常管理。全年审批资产处置113宗，账面价值3890.58万元；审批资产公开招租43宗、总招租底价508.32万元；审批资产购置264宗，价值454.06万元。

财　政

【概况】 2021年，石狮市围绕做好“六稳”工作、落实“六保”任务，重点跟踪关键企业、重点税源服务工作，实地走访调研80家企业，落实组织收入主体责任，通过引进平台型项目、争取域外税源回流、加大邮政双代业务推广力度等措施加强组织收入，全年税收收入26.5亿元，增长5.9%。加强政府采购预算管理，采购项目87个，节约资金0.24亿元，节约率7.38%。强化和规范“三公”经费管理，将“三公”经费支出压缩到位。强化绩效监控，实时跟踪预算执行进度和绩效目标实现程度，加强绩效评价结果运用。

【财政收支基本情况】 2021年，石狮市一般公共预算总收入（不含基金）59.57亿元，比2020年增长5.1%。其中，一般公共预算收入40.14亿元，比2020年增长11.4%。一般公共预算支出完成54.86亿元，比2020年下降10%。

【社会民生保障财政支持】 2021年，石狮市民生支出43.53亿元、增长10%、占一般公共预算支出88.1%。落实疫情防控常态化保障机制，投入0.81亿元用于疫情防控。建立联系服务学校工作机制，明确教育系统全口径预算编制和各基层学校预算支出顺序等事宜，投入15.5亿元用于教育事业，规范教育经费使用。抓好民生福祉保障，投入4.8亿元用于社会保障服务体系，提高城乡居民医保和基本公共卫生服务补助标准，基本实现全市“8分钟医疗卫生服务圈”全覆盖。清理竣工财务决算，优化财务决算办理流程，压缩办理及审核时限，按进度拨付基建款4.92亿元，完成决算项目25项、2.5亿元，清理工程竣工财务决算149个，拨付资金10.98亿元。

【惠民实事落实】 2021年，石狮市推动各项惠企利民政策落地见效，减轻企业负担，激发市场主体活力。取消收取投标保证金，优化履约保证金收取，降低市场主体参与政府采购的资金成本。落实减税降费、鼓励科技创新、吸引高端人才、促进出口增长等惠企扶持政策，增量留抵退税1.72亿元。落实就业优先政策，推动高校毕业生、退役军人、下岗失业人员、农民工等重点群体就业，支持用工调剂、“点对点”包机、“用工扶持”、公益招聘等活动，发放各类稳岗保就业补贴2966.43万元。率先构建惠企资金奖补直达平台，推进从“企业找政策”向“政策找企业”主动转变，实现政企之间良性互动，各项功能实效均处全国前列，截至2021年底，访问数量超12万人次，上线政策条款500多项，兑现惠企资金5.47亿元。

【财政预算管理】 2021年，石狮市加强财政预算管理，实化发展要务。推进零基预算改革，实施预算管理一体化系统建设，全年预算编制压减项目101个、需求13.2亿元。推进市财政投资评审中心职能转变，实施事前绩效评估及预算评审相结合，完善预算闭环管理。强化财政运行风险防控，推动成立市财政金融风险处置领导小组，依法依规化解存量债务。加强国资管理，开展全市171家行政事业单位公有房产专项清查，梳理排查公有房产确权办证问题和闲置问题，提出分类处置意见，推进国有资产管理公开透明。推动组建市运营集团，成立国企党工委，市运营集团获评AA+主体信用评级，并在香港联交所发行三年期美元债，为全省区县级首单、同期同类较高水平，市属国企获批融资授信规模超100亿元。

【“奖补直达”平台上线】 2021年4月15日，石狮市上线运行“奖补直达”平台，该平台的建立实现全市惠企政策“一站式、无障碍”直通企业，从“企业找政策”向“政策找企业”的转变，真正做到让数据“多跑路”、企业“少跑腿”、兑付“更快捷”。实现四大目标，即财税奖补“政策直达、资金直达、信息直达”三直达，申报模式“以承诺代证明、以信用代审核、以核查代材料”三代替，政务服务“全程在线、受审分离、限时办结”三转变，政企互动“诉求必应、呼叫必达、举报必查”三践诺。“奖补直达”平台集政策发布、宣传、查询、申报、兑现、咨询答复、投诉、爱心公益等多种功能于一体的线上直达兑付平台。平台自初始版本至12月底新增5个方面40项特色功能，压缩审批兑现时限（正常5天、最快当天、最迟16天），实现惠企政策兑现“不见面，不找人，不求人”，提升政府公信力和企业获得感，提升营商环境。截至12月31日，兑现惠企资金5.47亿元。典型经验先后被《人民日报》、新华社、《福建日报》等报道。

税 务

【概况】 2021年，国家税务总局石狮市税务局组织各项税费收入63.32亿元，比2020年增长9.58%。其中，税收收入48.82亿元，社保费收入12.34亿元，非税收入2.17亿元。办理出口退税25.68亿元。推进个税年度汇算，个税汇算全年补税326万，落实规范机关事业单位补贴奖金个人所得税扣缴专项工作，实现补缴1359万元。开展土地增值税清算工作，完成补税6582万元，指导9个安置房项目补税2300万元。

【减税免税】 2021年，国家税务总局石狮市税务局推进减税免税政策，在促进小微企业发展和改善民生住房等方面，减免税费12.43亿元；研发费用加计扣除方面，受益于提前享受前三季度研发费用加计扣除新政，2021年度加计金额2.05亿元，减免税额5113万元；税款缓缴方面，制造业中小微企业及支持煤电企业纾困解难政策，帮助企业缓缴税款2.15亿元。

【税收法治】 2021年，国家税务总局石狮市税务局加强普法宣传，营造良好的税收法治环境。成立走逃（失联）企业涉嫌虚开增值税专用发票专案组，维护健康营商环境。与公安、司法、市监等部门多次开展联席座谈和情况交流，共享扫黑除恶工作信息和涉黑涉恶线索，力争对涉税违法问题查深查透。强化第三方数据分析严控风险，通过第三方平台定期提取水、电、气和排污费等数据，比对审核，分类评估，约谈举证，实地核查，及时进行评定处理。开展税收风险应对，处理风险应对48批次，核查比对纳税人524户，办结稽查积案99户。与法院深化协作清欠机制，参与破产清算企业债权申报工作和拍卖欠税分配等，涉及税款近4000万元。

【营商环境优化】 2021年，国家税务总局石狮市税务局优化税收营商环境，连续第8年开展便民办税春风行动，推进“春雨润苗”专项行动，支持

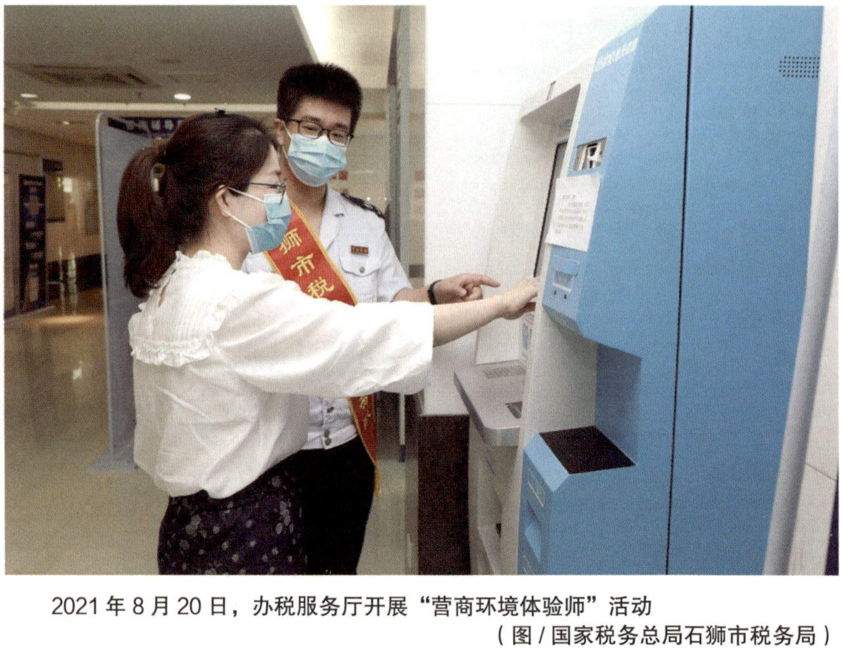

2021年8月20日，办税服务厅开展“营商环境体验师”活动
（图/国家税务总局石狮市税务局）

"专精特新"中小企业高质量发展，做好财行税合并申报宣传、辅导。推介"非接触式"办税和"易税"服务，发送短信13.2万条。引导纳税人使用"八闽办税码"，基本实现企业办税缴费"网上办"、个人办税缴费"掌上办"。受理涉税事项162万户次，线上占比97.7%。推广"税事远程帮"，通过QQ同屏帮办、微信群，解决纳税人缴费人系统操作不熟悉的弊端。利用各级媒体发好税务之声，讲好石狮故事，在各级主流媒体刊发宣传稿件150篇次。

【纳税服务】 2021年，国家税务总局石狮市税务局打造"智慧税务"新模式，升级"政税银企"云平台，拓展"非接触式"办税渠道，引导纳税人通过电子税务局、"税e链"、福建税务微信公众号等渠道办理税费业务，将"福建省微电子税务局"入口接入"i石狮"和"石狮市行政服务中心"微信公众号，实现税费业务"随时随地、一掌通办"。宣传引导纳税人使用"八闽办税码"。截至12月底，34355家企业关注"八闽办税码"，关注率98.43%。搭建"政税银企"云平台，线上开展政策宣讲，将纳税信用转化为融资信用，为符合条件的小微企业提供信用贷款，助力小微企业发展。7家银行发放"银税互动"信贷产品1210笔，授信金额5.48亿元。

【税收征管改革】 2021年，国家税务总局石狮市税务局深化税收征管改革，探索加强基层建设和征管基础工作的新模式，以5C征管质量评价为抓手，提升基层整体治理能力。实施"网格化+专业化"管理，按照企业规模大小及经营特点对辖区2.54万户纳税人进行科学分类。开展两轮次56户电商龙头企业服务提醒工作，引导电商业户规范经营，全年电商行业入库税收1.04亿元，比2020年增收5145万元。

统 计

【概况】 2021年，石狮市以提高统计数据质量为核心，开展统计调查，提升统计工作水平和服务质量。加强统计信息咨询服务，做好统计数据管理、发布与提供工作，编印《统计月报》小册，增加民营经济数据内容。加大对联网直报平台上的"四上"企业数据的跟踪掌握力度，实时掌握企业生产经营状况。

【统计管理】 2021年，石狮市统计局建立健全全市防范和惩治统计造假弄虚作假责任体系，加强专业数据审核，严肃统计工作纪律，提高统计数据的真实性、准确性和完整性。加大统计人员培训力度，1100余家"四上"企业参加业务培训。做好名录库日常更新维护，全年新增单位7342家，变更5816家，注销314家。

【统计执法监督】 2021年，石狮市统计局坚决防范和惩治统计数据造假，严格落实数据质量抽查要求，开展统计执法检查企业52家，查处1件统计违法案件。落实"统计法进党校"，协调推动市委党校将统计法律法规、统计基本知识等列为领导干部必修课，提高依法行政的能力和水平。

【普查成果运用】 2021年，石狮市统计局在市统计局公众号发布《石狮市第七次全国人口普查公报》；开展课题研究工作，根据人口普查进度，形成"区域划分与绘图工作存在的问题及对策"；开展百岁老人回访调研工作，形成调研报告1篇、百岁老人典型代表介绍材料5篇；根据普查综合结果资料，形成《石狮市人口变化研究与探索专题报告》。

【专项调查】 2021年，石狮市统计局组织实施工业、能源、工业生产者价格指数等统计调查，组织实施主要耗能行业节能和重点耗能企业能源统计监测，配合节能、碳排放、生态环境主管部门开展节能、碳排放、生态环境保护等生态文明建设相关目标考核，完成固定资产投资、建筑业、房地产业、服务业、人口抽样、月度劳动力、小微企业、城乡住户、劳动工资、科技、文化产业、批发和零售业、住宿和餐饮业、农村、农业、农民等统计调查工作。

审 计

【概况】 2021年，石狮市审计局完成审计项目24个，查出违规金额5288万元、管理不规范金额117453万元，提交审计综合报告和调查报告28篇、审计信息44篇。完成全市328个单位内部审计统计调查，基本摸清全市内部审计工作底数。开展政府投资项目结算复核、备案及抽查工作，核减不合理造价6743.15万元。

【财政审计】 2021年，石狮市审计局深化财政审计查出问题24条，涉及金额85715.26万元，审计提出深化财政预算管理、盘活存量资金、加快加强预算支出标准体系、完善国有资本经营收益收缴机制等建议，规范调账处理金额2058.19万元。

【经济责任审计】 2021年，石狮市审计局对12位领导干部开展经济责任审计，重点关注领导干部落实政策、履行职责、工作决策、勤政廉政、遵纪守法等情况，揭示和反映重大违法违规、重大失职、重大决策失当等问题，加强对领导干部的权力运行的监督制约，纠正和警示存在隐患的苗头性问题。通过审计，查出违规金额4258万元，管理不规范金额22796万元。

【领导干部自然资源资产离任审计】 2021年，石狮市审计局以贯彻落实绿色发展理念、促进领导干部履行自然资源资产管理和生态环境保护责任为目标，重点关注领导干部履行自然资源资产管理、贯彻落实党中央重大决策部署、遵守法律法规等情况。关注湖滨街道和祥芝镇党委政府自然资源管理履职、效率情况，推进生态文明建设。

【民生资金（项目）审计】 2021年，石狮市审计局开展石狮市城乡交通运输一体化专项审计调查。重点审查目标任务完成情况、公交运输财政补贴情况、项目申报材料是否合法合规，关注政策执行情况与考核机制、效益情况。针对性地提出加强对项目投资估算及设计概算的审核、加大对公交服务质量的监管力度等建议，促进石狮市交港局建立健全规章制度，出台《石狮市公交服务质量考核办法》。开展石狮市全域一体化环卫体制改革专项审计调查。重点审查专项资金的预算管理、分配拨付、资金使用、项目实施管理和绩效情况，关注监督考评机制的落实情况。针对性地提出完善监督管理机制、加强城管执法等建议，促进龙马公司为一线作业人员依法缴纳五险一金，保护环卫工人合法权利。

【政府投资结算项目复核】 2021年，石狮市财政局围绕“政府投融资服务结算管理，服务政府行政”的评审理念，完成复核及备案项目15个，送审总金额40241.67万元，审定总金额33498.52万元，核减6743.15万元，核减率16.76%。推动福建石狮城市投资建设集团有限责任公司出台《关于规范工程项目石方处置的指导意见》，加强集团公司对各项目石方管理，实现工程项目石方资源最大化利用，预防国有资产流失。

【专项审计调查】 2021年，石狮市审计局开展石狮市教育系统人员费用专项审计调查，了解市教育系统人员费用保障情况；开展石狮市科技专项资金审计调查，调查科技专项经费补助管理情况，扶持企业科技创新，推动民营企业向提质增效发展；开展石狮市人才政策专项审计调查，了解吸引人才、留住人才政策方面落实情况，人才资金筹集管理使用执行情况。

市场监督管理

【概况】 2021年，石狮市市场监督管理局贯彻新发展理念，服务构建新发展格局，盯紧常态化疫情防控主线，优化准入（退出）环境、竞争环境、消费环境三环境，严守食品、药械、特种设备、工业产品质量四条安全底线，推进现代化市场监管体系建设，全年立案1092起，罚没款470.98万元。石狮市市场监督管理局获“全国食品安全工作先进集体”称号。

【商事制度改革】 2021年，石狮市市场监督管理局落实全国深化“放管服”和“证照分离”改革工作，服务石狮“5510”竞赛项目，通过推行延时服务常态化、试行设立登记计时服务、探索“上门服务”新模式等举措，优化窗口办事流程，提升政务服务水平。全市各类市场主体141735户，新增市场主体32018户。开设“绿色通道”推进学科类校外培训机构完成非营利性机构登记，截至12月31日，全市教育类公司注销26家，变更经营范围22家。推进市场采购贸易试点，为试点范围内企业提供“一站式”便利化注册登记及业务咨询，2021年试点范围内新增市场主体9298户，审核通过预包装食品申报单877单。

【产品质量提升行动】 2021年，石狮市市场监督管理局落实“强服务 守安全 提质量”行动部署，监管和服务并重，开展生产领域和电商领域服装产品质量风险监测80批次，对监测结果通报并开展质量提升培训，督促企业整改。开展产品质量技术帮扶，组织省级专家服务团深入石狮市多家服装企业生产一线，召开“鞋服行业质量技术帮扶现场会”，指导帮助企业加强全过程质量管控，严把产品质量关。组织全市纺织服装、五金辅料、食品等行业的15家企业参与小微企业质量管理体系提升行动，大部分参与企业产品质量合格率提升5%。开展电动自行车、非医用口罩、儿童和学生用品、电线电缆等产品质量专项整治，对辖区内获得CCC认证的产品生产企业进行检查，立案1件。开展校园周边儿童和学生用品质量监管，出动执法人员67人次，检查80家次校园周边便利店、文具店，责令6家文具店立即改正销售水晶泥、激光笔标识不合规行为。开展流通领域油品质量监管，检查经营企业42家，质量抽检20批次，立案1件。开展消防产品、三轮摩托车、电动自行车、电线、电缆、开关等电器商品以及在售货车的质量监管专项检查，对抽检不合格的3批次消防接口进行立案查处。严格不合格产品后处理，对141批次抽查不合格产品开展不合格后处理，立案34件。

【知识产权保护】 2021年，石狮市市场监督管理局通过“奖补直达”平台受理580家企业专利补助申请，发放奖补金额1471.15万元。组织辖区企业申报2020年度泉州市商标品牌项目奖励资金，兑现奖励资金15.5万元。推动企业开展专利质押贷款6550万元，推动全市首个地理标志证明商标办理质押贷款30万元。组织企业申报获批泉州市产业规划类专利导航项目1个，获得补助50万元。2021年新增专利授权量2748件，每万人发明专利拥有量8.08件，比2020年上升27.44%，新增注册商标23173件，申请商标129470件，其中有效件数97627件；新增省知识产权优势企业1家。

【消费者维护权益】 2021年，石狮市市场监督管理局分流、转办、反馈、答复各类消费者投诉、举报件15626件。完善消费维权网络建设，在石狮国际食品城、石狮润良商业有限公司（世茂大润发超市）设立消费维权站点，推动消费示范商圈、诚信经营示范街区创建，石狮市德辉物业管理有限公司获评“2020年度泉州市消费示范商圈”，石狮市商业步行街获“福建省诚信经营示范街区”称号。开展“3•15”消费者权益保护活动，以食品药品安全、儿童玩具、学生用品质量安全宣传为重点，进校园、进国际食品城开展形式多样的宣传活动，同时在各类媒体、电视上刊登、播报相关宣传报道及典型案例、消费警示10篇次，当天接处投诉举报75件，均及时处置。

【食品安全监管】 2021年，石狮市市场监督管理局开展治理“餐桌污染”，建设“食品放心工程”，开展食品安全风险排查、市场销售食用农产品、农村假冒伪劣食品、保健食品、校园食品、网络餐饮等排查整治，推进食品安全追溯管理体系建设，完成基层市场监管所快检室改造提升3个，建成基层市场监管所快检室9个。组织实施食品安全监督抽检2713批次、快检8152份样品，发现不合格食品62批次，查处食品安全违法违规案件142件。

开展食品生产环节“两超一非”专项整治，督促食品生产企业开展年度自查风险报告率100%，监督抽考覆盖率100%，开展监督检查207家次，组织监督抽检105批次，立案2件。开展网络餐饮“脏乱差”现象专项整治，约谈美团、饿了么第三方平台有关负责人，通过“线下执法检查+线上网络抽检”开展集中整治，检查入网外卖商家1185户次，处理投诉举报48件，开展监督抽检200批次，查处餐饮服务违规操作食品安全违法行为49件，督促网络餐饮服务第三方平台“下线”违法违规网店146户。组织开展“咱厝人查厨房”执法视频直播活动，征集7名“蓝马甲志愿者”、人大代表参与现场监督检查，央视网在线观看10万人次以上。

【药械化妆品监管】 2021年，石狮市市场监督管理局探索药械监管新模式，在全省首创医疗机构药品和医疗器械使用质量监管创新项目，通过政府购买服务方式，聘用第三方职业调查队伍排查医疗器械使用单位存在的问题隐患，靶向开展监督检查，查处违法案件11件。推进药品追溯管理，督促药店对血液制品、国家集采药品开展扫码追溯。以石狮市医院、泉州弘视贸易有限公司为试点，开展UDI（唯一器械标识）系统建设工作，运用UDI（唯一器械标识）实现对医疗器械的精细化管理。加强药械质量安全监管，开展药品流通环节专项检查，出动检查人员300余人次，检查医疗器械经营单位200余家次，立案查处药械化妆品案件80件。开展儿童化妆品专项整治，检查化妆品经营企业151家次，查处案件4件。

【特种设备管理】 2021年，石狮市市场监督管理局出动检查人员585人次，检查各类特种设备生产使用单位565家，发出《特种设备安全监察指令书》259份，查处特种设备违法案件16件。联合市消防救援大队邀请省特检院泉州分院的专家开展电梯应急救援理论及实操培训。联合市消防救援大队在玉浦花苑小区开展电梯应急演练及文明乘梯宣传活动，倡导小区居民文明安全使用电梯。开展电梯安全知识进校园活动。

【计量监管】 2021年，石狮市市场监督管理局开展定量包装商品和食品过度包装计量监督抽查，对全市辖区内与群众中秋国庆消费量较大的定量包装休闲食品和月饼进行计量监督抽查，抽查过度包装商品（月饼）5批次，均合格，合格率100%，定量包装商品（休闲小食品）12批次，11批次合格，合格率为91.7%，并对1家抽检不合格企业依法立案查处。开展加油机专项计量监督检查，检查加油机21台，其中5台超期未检，责令整改完毕。开展配镜行业计量器具专项监督检查，检查眼镜制配场所26家，检查焦度计、验光仪等计量器具70台，立案查处1件。开展电子计价秤计量专项整治，检查集贸市场、商超等111家，检查计量器具166台，立案查处使用不合格计量器具7件、现场签订诚信计量公开承诺书40份。开展压力表等安全防护器具计量专项监督检查，抽查压力表使用单位57家，检查压力表260台，责令立即停止使用未检压力表14台，责令整改4家。开展民用水表、燃气表计量、能效水效标识监督检查，检查相关单位40家，未发现违法违规行为。开展专项计量授权，组织开展单相电能表、三相电能表、电流互感器、电压互感器、冷水水表等项目专项计量授权考核，授予国网福建省电力有限公司石狮市供电公司专项计量授权证书、福建省石狮供水股份有限公司冷水水表的专项计量授权证书。加强计量器具管理，引导计量器具使用单位使用“福建省强制检定计量器具管理系统”备案，2021年审核各类强检计量器具备案3688件。

【检验认证及标准化相关工作】 2021年，石狮市市场监督管理局开展检验、认证及标准化相关工作，联合泉州市石狮生态环境局、石狮市公安局检查辖区内的12家机动车检验机构，重点检查机动车检验机构资质、人员及设备管理、按标准进行尾气排放检测等行为；联合泉州市石狮生态环境局检查2家生态环境检验检测机构；开展家用燃气器具强制性认证监督专项检查，重点检查无照经营行为、销售无强制性产品认证证书和未标注强制性认证标志的家用燃气器具，检查经营户 34 家。

【市场主体信用监管】 2021 年，石狮市市场监督管理局强化市场主体信用监管和涉企信息归集工作。开展 2020 年度年报公示工作，截至 12 月 31 日各类市场主体年报率为内资企业 88.5%，外资企业 90.89%，个体工商户 69.67%，农民专业合作社 93.75%。强化经营异常名录管理，严格经营异常名录列入、移出程序，截至 12 月 31 日列入经营异常名录企业 6093 户次、移出 1936 户次，个体工商户经营异常标注 52198 户次、取消标注 29081 户次；推进企业信用信息归集，截至 12 月 31 日归集涉企信息 19059 条。开展“双随机、一公开”（含跨部门）抽查 7 次，抽查市场主体 1165 户。打击无照经营违法行为，查处无照经营案件 35 件。公示石狮市级守合同重信用企业 76 家。

【市场监管执法】 2021 年，石狮市市场监督管理局牵头建立石狮市反不正当竞争局际联席会议制度，处理上级转办涉嫌借疫情恶意营销、炒作引流违法违规线索 2 件，查处不正当竞争案件 3 件。开展整治校外培训机构不规范问题专项行动，检查学科类校外培训机构 78 家，立案查处违法广告案件 2 件，合同违法案件 2 件。开展网络市场监管，摸排网络交易平台 2 个，部署清理整治网络违法销售纪念章行动，办理泉州转办网络虚假宣传线索 1 条，立案查处不平等格式合同案件 5 件、互联网案件 71 件。加强广告导向监管，查处广告违法案件 86 件。开展粮食市场秩序专项整治行动，督促整改 2 家粮库通过强检系统申请检测。紧盯常态化疫情防控。发挥药店“前哨”监测，登记购药人员信息 242278 条，督促零售药店停业整顿 33 家。严抓冷链防控，坚持“人物同防”，对不按规定从事进口冷链食品单位，立案查处 37 件、行政拘留 3 人；委托第三方检测机构进行外环境监测 5466 个样本，结果全为阴性；将冷藏冷冻食品列入每月专项抽检，组织冻品抽检 120 批次，监督抽检结果均为合格；加密进口冷链食品从业人员定期核酸检测频次，核酸检测 8000 多人次，疫苗接种“应种尽种”率 100%。摸排非进口冷链、大中型以上餐饮单位从业人员，按期组织开展核酸检测，核酸检测 41075 人次；督促同城快送平台做好骑手核酸检测及疫苗接种，核酸检测 1600 余人次，疫苗接种 500 余人次。

价格管理

【价格监测预警与分析】 2021 年，石狮市加强价格监测预警与分析，以居民生活必需品和重要生产资料为重点，每日采集 3 家大型超市和 2 家农贸市场两大类 30 种主副食品和日用品民生价格“价比三家”信息，加强价格实时监测分析和成本调查。做好市场价格异常波动快速预警与跟踪调查分析报告，增强政府价格调控决策的时效性和科学性。通过《石狮日报》公布相关信息，引导经营者合理定价和消费者理性消费，促进市场价格稳定。

【公共服务价格管理】 2021 年，石狮市推进保障重要民生商品市场供应和价格稳定工作，在元旦、春节、中秋节、国庆节期间适时启动平价销售机制，全市 9 家平价商店按照“先控后补”的原则，以低于同类商品的市场平均价销售包括肉、米、油、蛋、菜、水果等 12 类商品，确保各平价商店能够承担起稳价惠民的责任，维护市场农副产品价格稳定，发挥社会职能作用。

【价格认定】 2021 年，石狮市受理刑事案件价格认定业务 280 件，完成 275 件，作出价格认定结论书 275 份，总标的额 1200 余万元，“服务司法、服务政府”取得良好效果。

【价格监督执法】 2021 年，石狮市市场监督管理局加强节假日关键时间节点期间市场价格监管，与泉州市市场监督管理局联合开展商超、农贸市场、药店、旅游景点的价格监督检查，规范明码标价等市场价格行为；在新冠肺炎疫情期间，采取向市场经营者分发《提醒告诫函》，借助《石狮日报》、电视台、微信公众号等新闻载体发布消费提醒等方式，倡导大型商超及相关经营者保供稳价，提醒消费者按需购买生活用品，同时关注节日及疫情防控期间猪肉、粮油蛋菜等重要民生商品及口罩、消毒水、药品等防疫物资的价格动态；开展天价岩茶专项执法检查，出动执法人员 85 人次，检查茶叶经营主体 101 家，责令 5 家未明码标价改正，暂未发现天价岩茶；组织核查对石狮医保中心抄送的医疗收费违规等价格违法情况，立案查处 11 件。落实收费监管模式改革，实施收费情况报告制度和收费目录清单制度，在核实收费单位报送的信息资料的基础上，填报市场价格监管系统，并及时整理公布本级行政事业性收费目录清单，接受社会监督，实现收费监管模式由事前监管向事中事后监管转变。

海关监管

【概况】 2021 年，泉州海关驻石狮办事处加强口岸疫情防控、反走私、反偷渡合作。建立处置口岸新冠肺炎突发事件联络协调机制和应急处置联动机制。7 月 8 日，泉州石湖港保税物流中心（B 型）封关运作。全年检疫监管进出境船舶 899 艘次，检验检疫出口前申报产品 4227 批，4.89 亿美元，其中出口水产品 2714 批，4.18 亿美元，出口预包装食品 1310 批，货值 6843.42 万美元。

【税收征管】 2021 年，泉州海关驻石狮办事处实征税款库 3.25 亿元，比 2020 年下降 10.97%。关税 2217.88 万元，比 2020 年增长 19.18%，增值税 3.03 亿元，比 2020 年下降 12.59%。主要税源商品花岗岩荒料税款 2.33 亿元、对台小额贸易税款 1910.28 万元，两者合计 2.52 亿元，占 71.69%。

【进出口业务】 2021 年，泉州海关驻石狮办事处审核进出口报关单 81758 票，货物总重量 443.45 万吨，货物总价值 460.98 亿元，比 2020 年分别增长 14.6%、增长 3.2% 和增长 8.7%。其中，进口报关单 3879 票、货重 212.7 万吨、货值 23.24 亿元，比 2020 年分别下降 27.2%、下降 8.2% 和下降 11.33%；出口报关单 77879 票、货重 230.75 万吨、货值 437.74 亿元，比 2020 年分别增长 18%、增长 16.57% 和增长 10.01%。办理区外加工贸易手册备案 12 份，备案金额 723.1 万美元。签发原产地证 3790 票，比 2020 年增长 29.6%，签发金额 3.58 亿美元，比 2020 年增长 41.9%；受理报检 4393 票，企业变更 217 家，新增企业备案 338 家，企业注销 165 家，办理“两简”（简单案件、简易程序案件）案件 64 件。

【服务创新】 2021 年，泉州海关驻石狮办事处压缩通关时间，确保口岸通关便利化水平提高，全年出口整体通关时间 1.38 小时，进口整体通关时间 32 小时，比 2020 年分别下降 26.6%、1.36%，均低于厦门关区平均水平。深化减税、原产地智能审核等征管创新，扩大原产地自助打印证书种类至 17 种，引导企业提前做好 RCEP 实施各项准备，提升出口产品国际竞争力，签发出口原产地证书为关区企业争取进口方关税减免约 2147.3 万美元。按照“提前介入、全程指导、专人对接、严格标准“的原则，推进锦尚作业区华锦码头、鸿山热电有限责任公司煤码头的口岸开放和石湖码头 5 号、6 号泊位新增作业点验收工作。支持发展“组合港新模式”，研究推动石狮港区与厦门港形成外贸“区域组合港”，实现跨行政区域的港区间联动运行，达到口岸资源整合。

【市场采购试点监管】 2021 年，泉州海关驻石狮办事处推动市场采购贸易业务健康发展，突出“海、陆、空、铁”多式联运优势，多渠道保障国际供应链稳定畅通；推行全省通关一体化模式，扩大试点红利辐射范围；实施出口提前报关，实施提前报关、简化申报，提供预约加班，市场采购快速验放举措等，提高现场查验效能。与政府建立信息通报机制，加强多部门联合管控，优化营商环境。全年石狮市场采购试点出口报关单 68431 票、货值 378.21 亿元，比 2020 年分别增长 12.79%、8.5%。助力市场采购出口预包装食品加快增长，全年出口预包装食品 1310 批，货值 6843.42 万美元。

【打私工作】 2021 年，泉州海关驻石狮办事处加强走私进口“洋垃圾”、象牙等濒危物种、出口侵权和夹藏违禁品等走私违规行为的查处。查获非法进口固体废物 3 批，共 114.832 吨，均完成退运工作。对台贸易渠道查获 9 票违反一个中国原则的印刷品、伪报原产地、夹藏未申报等事项。在货运渠道查获 1455 件违反一个中国原则的台历、地图、外包装，299.5 万个违反一个中国原则的口罩。在进口快件渠道查获疑似非法出版物 8 票，共 8 本。在跨境电商出口渠道查获侵权商品（衣服）2 票，共 16 件。在出口渠道查获危险化学品（次氯酸钙颗粒）2 票，共 20.94 吨。

【出入境检验检疫】 2021 年，泉州海关驻石狮办事处关注石湖口岸入境航班动态，做好登轮检疫前的各项准备及后续消毒处置工作。全年监管进出境船舶 899 艘次；布控登临检查 215 艘次（节假日 43 艘次），出具免于卫生控制证书 8 份，监管船员换班 27 艘次、152 人；其中快速排查入境船员体温偏高疑似病例 18 例、船员体温偏高但不符合疑似病例标准按照有旅行史有症状人员处置 6 例；妥善处理国际航行船舶船员因手部受伤、间断性发热、腹痛、严重烧伤紧急送医 4 人次；检出输入性疟疾病例 1 例，新冠肺炎核酸阳性病例 16 例（其中：地方确诊核酸阳性 7 例，地方确诊无症状感染者 3 例）。2021 年，泉州海关驻石狮办事处检验检疫出口前申报产品 4227 批，4.89 亿美元，其中出口水产品 2714 批，4.18 亿美元，出口预包装食品 1310 批，货值 6843.42 万美元。落实进出口食品安全各项工作措施，对 33 家企业开展进出口备案企业核查和定期监管，完成进口商品目的地查验 317 批次，完成出口动物源性水产品风险监测任务 20 个样品，对进出口食品实施监督抽检，检测食品 53 个样品，未发现不合格产品。

海事监管

【概况】 2021 年，石狮辖区船舶进出港 10528 艘次，其中进出口岸 829 艘次，船舶报告 9699 艘次，吞吐量 5159.88 万吨，集装箱 209.22 万标箱。船舶载运危险货物 / 污染危害性货物审批 349 艘次，船舶载运固体散装货物 566 艘次。石狮海事处出动执法人员 1682 人次，出动执法船艇 177 艘次，海上巡航里程 3115 海里，出动执法车辆 785 车次，陆上巡航里程 2.77 万千米。检查船舶 507 艘次，纠正异常 363 件，立案 104 件，罚款金额 158.34 万元。加强海上执法联侦、联勤、联动，在防范商渔船碰撞、砂石船舶整治、非法载客、船舶碰撞桥梁隐患治理等方面开展联合行动，协同完成各项海上执法、应急任务。规范海上搜救应急处置程序，组织实施针对性的搜救应急演练2次，开展搜救志愿者队伍培训4次，提升搜救人员临战能力和水平。

【海上安全监管】 2021年，石狮海事处加强水上运输和渔业船舶安全风险防控工作，通过走进渔港、航海院校宣讲、参加防灾减灾宣传日、商渔船长面对面等活动开展宣传教育，督促航运企业严格落实船舶安全管理责任。加强拟装船货物查验，打击危险货物谎报瞒报的同时消除装船运输的安全隐患，阻止1起危险货物装箱出口岸。加强危险品案件的研究，提高疑似危险集装箱开箱检查的准确率。加强船舶载运货物清单中货名与实际货物核查，落实装船前源头把关。全年查处集装箱危险品匿报谎报行为3起共4个集装箱，罚款23.1万元。开展机制砂船安全监管，安检机制砂船40艘，滞留8艘。现场监督108艘，处罚案件13件，处罚金额57.1万元。

2021年8月16日，石狮海事处开展水上安全知识进渔船活动（图/石狮海事处）

【港航经济服务】 2021年，石狮海事处推广远程业务报告与申报流程，实施"预约预审服务"、业务咨询服务等，提高服务效率。开辟绿色通道，确保载运煤炭等重点民生物资船舶"抵港即靠、靠好即卸、卸好即离"。帮扶航运公司管理，压实安全生产主体责任。对岸基管理人员实施信用记分管理，引导督促岸基管理人员提升履职能力。组织辖区25家体系公司128名岸基管理人员完成全员安全生产培训，提升岸基管理人员安全意识和安全管理能力。做好口岸疫情防控工作的部署要求，配合地方政府落实防控措施，"内防扩散"与"外防输入"两手抓。

农业农村

综 述

【农业生产技术服务】 2021年，石狮市推进耕地质量保护与提升行动，完善2个福建省、3个泉州市耕地质量监测点网络建设。推介测土配方施肥技术应用面积2900公顷，推广有机肥增施面积833.33公顷、推行水稻、甘薯、花生及胡萝卜等大宗作物秸秆还田面积980公顷，促进全市耕地质量提升0.12个等级。开展科学用肥宣传工作，推进化肥使用量零增长减量化专项行动。全年农用化肥使用量（折纯）1465吨，比2020年减少2.14%。

【特色现代农业项目】 2021年，石狮市加大泉州市级现代农业产业园（永宁镇和蚶江镇）项目建设力度，推进产业集群发展，实现多模式融合、多类型示范，提升特色产业产值。推动福建省帝茂农业发展有限公司的叶菜椰糠基质栽培项目、石狮市尚益源农场的自动化生产菇房及智能控制系统项目2个泉州市级现代农业产业园项目。

【农民专业合作社】 2021年，石狮市农民专业合作社有国家级示范社1家，省级示范社6家，泉州级示范社1家。新增泉州市十佳农民专业合作社示范社1家。

【惠民政策】 2021年，石狮市开展耕地地力保护补贴工作，组织申报、审核4767户，下达耕地地力保护资金113.05万元。下达石狮市实际种粮农民一次性补贴面积149.21公顷，补贴金额19万元。落实农机购置补贴政策，办理农机购置补贴单位和个人17个，申请购置农业机械45台，补贴资金37.8472万元。

【农业执法检查】 2021年，石狮市农业农村局出动农业执法检查人员692人次，检查农资经营店49家次、饲料生产21家次、宠物诊疗20家次、农业机械67辆次、生猪屠宰场82家次、农产品生产主体72家次，种植业农产品质量监督抽检农业农村部5份、省级8份、泉州市级10份、石狮市级494份。农业立案9件，移送1件，结案7件，罚款0.87万元，未发生重大农资质量事故和农产品质量安全事件。

【农业执法宣传】 2021年，石狮市农业农村局组织召开船东船长警示教育会议等活动31场，参会船东船长3828人次，印发宣传材料11533份。邀请海事专家为船东船长作商渔船防碰撞培训授课；联合海事部门开展渔业安全生产警示教育会暨渔业安全生产现场咨询活动；联合海事部门开展2期商渔船长面对面交流活动；开展2021年海洋伏季休渔暨渔业安全生产宣传、渔业防灾减灾宣传；举办渔船民标准化提升专项行动业务培训会暨船东船长（安全员）教育警示会；开展2期海上渔船消防应急演练和安全生产宣传咨询日活动。制作渔业安全生产动漫宣传视频，通过微信公众号、微信群、教育警示会等渠道推送。全年组织3595人参加普通船员培训、720人参加职务船员培训，发放船员培训补贴400多万元。

【乡村振兴战略实施】 2021年，石狮市推进乡村振兴试点村示范工作，全市6个省级乡村振兴试点村实施项目21个，总投资1625万元。永宁镇入围2021年福建省乡村振兴重点特色乡镇；祥渔村获评2021年省级乡村振兴实绩突出村，奖补400万元；郭坑村获评全国乡村治理示范村和泉州市乡村振兴典型示范村（成绩显著村）；钞坑村获评泉州市乡村振兴实绩突出村，奖补150万元。7月，石狮市农业农村局承办泉州市巩固拓展脱贫攻坚成果同乡村振兴

2021年7月1日，泉州市巩固拓展脱贫攻坚成果同乡村振兴有效衔接（乡村建设）暨全市城乡建设品质提升现场会在石狮召开（图/市农业农村局）

有效衔接（乡村建设）暨全市城乡建设品质提升现场会。10月，开展石狮市“美丽乡村健康跑”活动，制作2021年石狮市“美丽乡村健康跑”活动专题片《跑出来的美丽风景》，加强乡村振兴宣传，展现石狮市乡村振兴战略新风景。

【无公害产品认证】 2021年，石狮市新增农业产业化国家重点龙头企业1家，为石狮市华宝明祥食品有限公司。新增2021年农业产业化省级重点龙头企业3家，分别为石狮市利成水产食品有限公司、福建省港顺远洋渔业有限公司、福建万弘海洋生物科技有限公司。石狮市苗发家庭农场胡萝卜、石狮市协力兴种植专业合作社胡萝卜获评绿色食品，石狮市协盈科技种养家庭农场水稻获评无公害农产品。

【农产品安全监管】 2021年，石狮市开展禁限用药物、停用药物非法添加物使用以及常规用药超标等突出问题专项行动。聚焦重点时节，加大重点品种风险监测力度，落实风险监测与预警制度，及时分析和通报风险监测情况和可能风险。落实食用农产品承诺达标合格证与一品一码追溯并行制度。开展食用农产品质量安全监督抽检，严查非法使用禁限用农兽药等违法行为，增加产地、“三前”环节、禁用药物的抽检比例，推进监督抽检工作。

【休闲农业】 2021年，石狮市引导有条件的农业经营主体开展农业科普观光、农事农耕体验、果蔬采摘体验等休闲农业活动项目，推动石狮市金鸡山生态休闲文化园有限公司的金鸡山生态文化园登山路配套设施建设及绿化美化项目完成建设。

种植业

【概况】 2021年，石狮市农作物粮经比38.3∶61.7，农作物播种总面积2910.3公顷，主要作物有水稻、甘薯、花生、大豆和蔬菜瓜果等。其中粮食播种面积1113.7公顷，总产5133吨，分别比2020年增长0.83%、1.87%；油料作物播种面积256.4公顷，总产557吨，分别比2020年增长0.94%、0%；蔬菜瓜果类播种面积1540.2公顷，总产27039吨，分别比2020年减少3.57%、6.82%。年末水果实有种植面积113.1公顷、总产2419吨，其中可采摘面积99.1公顷。主要种植葡萄、龙眼、杧果、火龙果等水果，其中龙眼等热带水果种植面积68公顷，总产944吨；葡萄种植面积21.6公顷，总产1431吨。

【粮油作物】 2021年，石狮市粮食作物主要有水稻、薯类、大豆及其他杂粮，粮食播种面积1113.7公顷，总产5133吨。其中水稻播种面积108.2公顷，总产723吨；甘薯等薯类作物播种面积926公顷，总产4189吨；大豆（含杂豆）播种面积42.8公顷，总产89吨。油料作物以花生为主，播种面积256.4公顷，总产557吨。其中夏花生225.2公顷、总产491吨；秋花生31.2公顷、总产66吨。

【农产品质量检测】 2021年，石狮市完成蔬菜、水果等种植类产品农药残留快检5081份，未发现问题产品；监督抽检蔬菜、水果、豆芽等样品184个，检测农药残留不合格1个，合格率99.46%。监测蔬菜、水果等样品85个，检测农药残留不合格1个，合格率98.82%。

【农作物病虫害防治】 2021年，石狮市坚持贯彻“预防为主、综合防治”的植保方针，围绕预警和防控重大农业有害生物灾害，开展主要病虫预警监测、综合防治和区域检疫对象调查、防控等工作，遏制重大农业有害生物的发生和危害，确保石狮市农业生产安全。2021年，石狮市主要农作物病虫害发生面积3520公顷次，防治面积4873.33公顷次，其中开展统防统治面积1646.67公顷次，占全年病虫害防治面积的53.70%。推广应用农作物病虫害绿色防控技术1240公顷，占全年病虫害防治面积的40.43%。全市农药使用量32吨，比2020年减量3.03%，推进农药使用量零增长减量化行动。

【农技推广】 2021年，石狮市推

进基层农技推广体系建设，组织实施2021年全国基层农技推广体系改革与建设补助项目，推广优质绿色高效技术，建设长期稳定的农业科技示范服务平台，培育农业科技示范主体，推进农技推广信息化建设等主要工作目标。

创建农业科技示范基地。组织遴选建设4个示范带动效果明显、长期稳定的农业科技示范基地。依托基地开展集成示范先进适应技术、开展观摩培训，实施100%农作物秸秆综合利用、100%农膜科学使用与回收利用等技术措施，将基地打造成农业优质绿色高效技术的展示窗和辐射源、基层农技人员开展指导服务的综合平台。

组织助推技术遴选与推介。立足全市优势农产品和特色产业发展需求，组织专家遴选确定主导产业4个，主导品种22个，主推技术9项，制定技术操作方案，印发技术明白纸。

培育农业科技示范主体。遴选100个能力较强、乐于助人的新型农业经营主体带头人、种养大户等作为农业科技示范主体。通过指导服务、技术培训、现场观摩、物化补贴绿色农资等方式，把配套集成、简单易学的种养技术、防灾减灾和标准化生产技术传授给示范主体，把省工省力、节本增效的新型农机具推广到示范主体，提高示范主体的自我发展能力和对周边农户，特别是小农户的辐射带动能力。

推进农技推广服务信息化建设。引导推动农业专家教授、基层农技人员等，通过"云上智农"App、福建"12316"、"慧农信"、微信群和QQ群等平台，在线开展问题解答、咨询指导、互动交流、技术普及等服务。

农技人员服务能力提升。建立分级分类培训机制，采取异地培训、集中办班、现场实训、网络培训等方式，组织30名农技人员参加部级、省级、泉州市级基层农技推广培训。

【农作物新品种】 2021年，石狮市做好农作物新品种试验展示示范工作，加大优质绿色特色作物品种示范推广力度，增加种植业效益，石狮市种业发展中心全年实施包含3个福建省级、4个泉州市级、4个石狮市级的农作物新品种试验展示示范项目，引进58个农作物新品种进行试验展示示范，鉴定筛选出适合石狮市生产推广的优良农作物新品种3—5个。加快农作物新品种的更新换代，全年全市农作物良种覆盖率98.8%，优质专用率86.8%。

畜牧业

【概况】 2021年，石狮市执行规模化畜禽禁养区规定（石狮市水禽遗传资源保护研究中心除外），全市有少量农村散养畜禽。全年全市未发生区域性重大动物疫病。

【动物疫病防疫】 2021年，石狮市强制免疫家禽高致病性禽流感6.21万羽，牛羊口蹄疫626只，小反刍兽疫248只，免疫密度90%以上，应免密度100%。血清学监测家禽禽流感样品2178份。其中，禽流感血清H5亚型抗体1089份，合格1084份，合格率99.55%；禽流感H7亚型抗体1089份，合格1089份，合格率100%。病原学监测高致病性禽流感病毒（H5亚型、H7亚型）双腔棉拭子、环境样本、野鸟粪便等样品240份，结果均为阴性；非洲猪瘟环境样本、组织样品68份，结果均为阴性。流调送检非洲猪瘟环境、组织样品116份，禽流感样品80份。

2021年，石狮市落实非洲猪瘟防控常态化工作，做好监测排查，严格执行生猪"点对点"调运制度，规范屠宰环节非洲猪瘟检测。强化活禽交易市场、畜禽散养户、生猪屠宰场、水禽遗传资源基因库等重点场所的消毒灭源工作，全年发放消毒药品2.73吨。依托市区12家具有动物诊疗许可证的宠物医院或诊所建立犬类定点免疫点，开展犬类狂犬病免疫工作并发放犬牌。联合两家宠物诊疗机构分别到宝盖镇宝源社区、蚶江镇莲东村开展犬猫狂犬病免疫进社区（下乡）活动。全年免疫犬猫2949只。

【动物卫生监督】 2021年，石狮市屠宰环节检疫生猪202758头，监督屠宰场无害化处理病死生猪117头；抽检生猪尿样检测"瘦肉精"2878批次、7477头份，检测结果均为阴性。落实畜禽屠宰环节质量安全监管职责，督促定点屠宰企业执行进厂（场）检查登记、肉品品质检验、"瘦肉精"检测等制度，落实流向登记；建立健全病死畜禽和不合格农产品无害化处理的长效机制，100%实行无害化处理。不定期开展实地检查82家次，办理生猪产品注水案1件，罚没款0.23万元。

【畜禽养殖污染整治】 2021年，石狮市农业农村局组织畜禽养殖巡查11次，出动执法人员31人次，重点监控已清理、关闭的畜禽养殖场，巡查南低渠河道周边，严格执行畜禽禁养规定，防止养殖回潮，未发现违法畜禽养殖场、养殖专业户。

【应急物资储备】 2021年，石狮市储备消毒药品6.73吨，其中烧碱2.85吨，大型动物扑杀器2台，高压电动喷雾消毒机2台，火焰消毒器1台，疫点、疫区警示牌44个，相关防护用具储备充足。

【水禽遗传资源保护研究】 2021年，石狮市国家水禽品种资源基因库有效保护中国鸭地方品种15个，并对保护的品种开展遗传多样性研究。8月，福建省石狮市国家水禽品种资源基因库改扩建项目建成并投入使用。

【畜禽资源普查】 石狮市畜禽以农

户散养为主，无特种经济动物，畜禽遗传资源相对单一。2021年畜禽遗传资源普查重点为国家水禽基因库保护的水禽品种、农户散养的闽南黄牛和戴云山羊。普查有养殖的乡镇7个，已知遗传资源3个畜种、15个品种，新发现资源1个畜种、1个品种。群体数量6147个，散养数量507只，其中能繁母畜289只，种公畜170只，集中饲养数量5640只（均在国家水禽基因库）。

海洋与渔业

【概况】　2021年，石狮市加大对渔业各项基础设施的投入力度，优化渔业产业结构和布局，推动石狮市渔业经济发展。全年全市水产品总产量394649吨，比2020年减少0.14%；近海捕捞产量288186吨，比2020年增加0.01%；远洋捕捞44353吨，比2020年减少3.45%；渔业产值512499.19万元（含远洋捕捞产值），比2020年增加24.56%。

【海洋捕捞业】　2021年，石狮市海洋捕捞总量332539吨（鱼类269495吨、虾蟹类13603吨、贝类3805吨、藻类129吨、其他类45507吨），比2020年减少0.46%。其中，近海捕捞产量288186吨，比2020年增长0.01%；远洋渔业44353吨，比2020年减少3.45%。

【水产养殖业】　2021年，石狮市按照“政府引导、部门规划、财政补贴、群众参与”的原则，发展海水养殖业，推进水产品合格证和“一品一码”全程追溯体系建设，推广健康生态养殖模式。全年海水养殖重点发展贝类养殖，主要海水养殖品种有牡蛎、花蛤、缢蛏、杂色鲍、锯缘青蟹、南美白对虾、紫菜等品种。全市海水养殖产量60655吨，其中鱼类47吨，虾蟹类551吨，贝类59751吨，藻类1316吨，比2020年增长1.67%。

【水产品加工业】　2021年，石狮市水产品加工企业91家，水产加工品总量330255吨，产值744549万元，其中水产品冷冻品411338万元，鱼糜制品及干腌制品191463万元，藻类加工品15656万元，水产饲料（鱼粉）866万元，其他加工品125226万元。

【海上养殖设施升级】　2021年，石狮市出台《石狮市海上养殖设施升级改造行动方案》，鼓励渔业生产主体发展设施渔业，推动现代渔业转型升级，组织开展海上养殖设施升级改造项目，完成45.58公顷的牡蛎养殖设施升级改造，将泡沫浮球更换成环保塑胶浮球。支持传统养殖模式技术创新，新增工厂化对虾养殖面积8000平方米。

【渔业科技推广】　2021年，石狮市引进推广渔业新品种、新技术、新机具、新饲料、新渔药等渔业“五新”技术。在深沪湾梅林至港边海域推广牡蛎养殖新机具环保塑胶浮球和牡蛎单体养殖技术46.67公顷。

【休闲渔业】　2021年，石狮市发展“养殖+垂钓”“养殖+餐饮”等休闲渔业，鼓励蚶江镇石壁村、洪窟村及永宁镇沙堤村等地的养殖生产单位利用现有养殖基地，开展垂钓、餐饮业务，推进养殖生产与第二、三产业融合发展。

【水产养殖科技培训】　2021年，石狮市农业农村局组织开展渔业“五新”技术、水产健康养殖技术、水产养殖安全用药技术、水产品质量安全管理等水产养殖科技培训3场，参训水产养殖户60人次。

【水产品安全监管】　2021年，石狮市开展水产品安全检查34次，出动96人次，检查水产品企业123家。开展水产品质量安全检测，完成水产品中禁限用药物残留快速检测76份，未发现问题产品；本级监督抽检96份，检测兽药残留全部合格。风险监测水产品40份，全部合格。其中捕捞水产品质量安全风险监测10份、海水贝类产品卫生监测7份、贝类质量安全风险监测8份、赤潮毒素风险监测15份。

【海洋渔业综合执法】　2021年，石狮市农业农村局开展港口执法检查923次，出动执法人员3262人次，登船检查2002艘次，现场整改150次，发出整改通知书286份，完成整改286份。开展海上执法行动45次，出动494人次，行程885海里，查处渔业案件59件，结案57件，移送2件，处罚121.28万元。

【渔业资源增殖放流】　2021年，石狮市农业农村局开展渔业资源增殖放流活动。在深沪湾梅林贸易码头附近海域开展增殖放流活动2次，放流日本对虾、绿鳍马面鲀苗种21355.77万尾，补充恢复海洋渔业资源。

林　业

【概况】　2021年，石狮市按照“森林城市、城市森林”的工作思路，开展全民义务植树活动9场次，完成用林项目审批5宗，加强林业病虫害防治和“防火码”推广工作，全市森林防火形势较为平稳。

【造林绿化】　2021年，石狮市完成造林绿化和森林抚育38.8公顷，核查古树名木资源现状，落实现有登记在册的51株古树名木复壮、管养等措施，完成古树环境卫生整治工作，拆除各类影响古树生长的临时建筑物。

【森林资源保护】 2021年，石狮市森林覆盖率10.87%，森林蓄积量8.254万立方米，林地保有量1329公顷，林业自然保护区（含保护小区）403.86公顷，湿地保有量6838.31公顷。在林地的使用上严格遵循“占补平衡，先补后占”的原则，抓好保护发展森林资源目标责任制工作，实现环境建设与经济建设协调发展。

【林业审批服务】 2021年，石狮市完成5宗用林项目审批，林地面积3.72公顷。颁发采伐证20张，采伐面积19.05公顷。

【森林防火】 2021年，石狮市加强护林员管理，完成主要林区山体道路测绘工作，制作石狮市森林防灭火指挥图下达2021年度森林防火资金69.5万元，保障完成清理森林防火隔离带54千米。组织开展《石狮市森林防火规划》《石狮市森林火灾综合风险普查》等规划调查工作。推进“防火码”推广工作，下发19座山体“防火码”二维码，确保有序开展进山人员信息自愿登记工作。实现元旦、春节、清明、“五一”、国庆等重点时段森林火灾“零发生”。

【林业病虫害防治】 2021年，石狮市加大松材线虫病防控和松林改造提升力度，完成清理6048株松枯死木，诱捕松墨天牛2694只。组织编制《石狮市2022年松林改造提升行动实施方案》，获泉州市林业局批复同意实施。

农业机械化

【概况】 2021年，石狮市水稻机耕109.27公顷、机播86.67公顷、机收105.34公顷，水稻耕种收综合机械化率93.63%，主要农作物综合机械化率67.77%。

【农业机械购置补贴政策】 2021年，石狮市农业农村局开展2021年农业购置补贴机具核验工作，17个主体45台农机具符合条件。开展报废更新补贴工作，1个主体1台农机具符合农机报废申请条件，补贴中央资金7000元。鼓励农民通过手机软件申请办理补贴，减轻农民负担。

【新机具、新技术应用】 2021年，石狮市推广新机具新技术应用。引进适合小田块作业的甘薯播种机、收获机及洋葱种植、采收机械，举办演示观摩会推广农机新机具。

【“平安农机”创建工作】 2021年，石狮市开展“平安农机”示范创建活动，经泉州市农业农村局与泉州市应急管理局核查后，确定石狮市鸿山镇为泉州市“平安农机”示范乡镇。

水 利

【水资源管理】 2021年，石狮市总用水量21756.6万立方米，其中农业用水量2088.7万立方米，工业用水量7583.35万立方米，生活用水量6320.2万立方米，人工生态环境补水量5764.35万立方米。

【水土保持工作】 2021年，石狮市审批水保方案报告书26件，报告表50件，缴纳水土保持补偿费213.77万元。制止非法抽取地下水5件，出动执法人员30人次。

【河湖长制管理】 2021年，石狮市推进河长制和湖长制工作，出台《石狮市河湖水环境损害事件联动处置工作实施办法》《石狮市河湖长制工作提请提醒制度》等办法和制度。完善市级主要河湖长名单和河道专管员目录的更新。举办2021年石狮市河湖长制工作培训视频会，聘请人大代表河长、政协委员河长和企业河长。推进河长制主题公园建设，打造湖滨街道

2021年3月10日，泉州市农机管理总站联合石狮市农业农村局在石狮举办胡萝卜机械化采收试验演示会。图为演示现场 （图/颜华杰）

河长制主题文化长廊。推进河长制办公室标准化建设，与晋江市落实晋石跨境流域管理保护协作机制，制作解决源头问题流域地图等基础性工作。

2021年，石狮市完成水务项目年度投资约6.24亿元。开展新一轮河道“清四乱”专项行动，整治问题51个。整改反馈暗访通报的问题45个。组织开展河道环境卫生考评，督促完成整改问题620个。督促完成整改巡河发现的问题148个。督促完成整改群众监督举报的问题7个。开展工作督导5次，挂牌成立企业河长办公室。首绘县级河长办工作流程图、创新建立提请提醒工作机制、建立“河企”共建快速检测实验室、县乡河长制标准化实现全覆盖等做法得到上级肯定。

【水库物业化管理】 2021年，石狮市逐步完善实施水库物业化管理，投入49.3万元。实施11座小型水库物业管理。举办管理人员培训会1场，组建防汛抢险队伍1支，开展小型水库防汛应急演练1次。

石狮市宝盖镇郑厝村“口袋公园”打造成河长制公园（摄于2021年11月1日）
（图/颜华杰）

【水利工程监管】 2021年，石狮市开展安全生产工作，坚持“风险源辨识管控”和“隐患排查整改”同步进行，编制《水利工程安全风险评估报告》，明确水利工程安全生产风险源辨识和防控措施；检查水利设施及在建涉水工程，排查并整改隐患28处，增设水库周边警示标识牌94块，强化临水临边游泳、钓鱼、聚集群众的劝离和疏散，确保事故隐患动态“清零”。完成2座小型水库安全鉴定。完成新龟坝水闸安全鉴定报告。推进9座小型水库应急预案和调度计划编制工作。推进9座小型水库大坝安全鉴定工作。

工 业

综 述

【工业经济运行】 2021年，石狮市工业经济总体呈现稳中有进的良好态势。全市完成规模以上工业产值1453.99亿元，比2020年增长12.8%；工业产业结构加快调整，全市27个工业大类中，19个行业实现正增长，增长面70.4%。纺织服装、机械装备、食品药品等三大重点产业订单均实现两位数大幅增长，带动产值分别实现789.8亿元、228.7亿元、97.6亿元，分别比2020年增长16.4%、7.2%、27.8%。技改投资保持较快增长，全市技改投资完成40.9亿元，比2020年增长64.2%。先行指标大幅回升，水、电、汽用量增长较快。其中，工业用电量30.4亿千瓦时，比2020年增长16.18%；工业用水6313万吨，比2020年增长4.03%。

【工业政策惠企】 2021年，石狮市优化营商环境。推行“一窗通办”套餐式服务，实现涉企“五险”业务一窗通办。涉企不动产登记压缩至1个工作日，试行企业设立登记计时服务，最快仅需0.5小时可领取营业执照。推广“网上办”“自助办”“掌上办”，设立24小时自助服务区，“一趟不用跑”占比99.11%，全流程网办事项占比68.86%。建设“i石狮‘亲清家园’”智慧平台，整合接入随手拍、掌上证明、预约办事等37个应用，总点击量超50万次。推动惠企资金线上直达兑付改革，建成“奖补直达”平台，平台访问数量超12万人次，兑现资金5.33亿元。

【创新能力提升】 2021年，石狮市17家企业获省级科技小巨人企业认定，85家企业获得科技型中小企业认定，10家企业获得省级科技创新券补助，兑现科技创新政策资金超4000万元。实施创新人才“5R计划”，首批认定8家“人才R站”，1个人才团队入选省级产业领军团队，1个人才团队入选泉州市高层次人才团队，新增199名泉州市级以上高层次人才。优化创新创业环境，新增有效注册商标1596件，有效件数85626件；新增发明专利2021件，每万人口发明专利拥有量7.61件。

制造业

【纺织鞋服产业】 2021年，石狮市纺织鞋服产业完成规模以上产值866亿元，比2020年增长13.8%。举办第三届中国校园服饰国际博览会、第二届全国校园服饰设计大赛，全国首个校园服饰时尚周、2021年中国服装辅料大会。宏安纺织的印花布料亮相东京奥运会，联盛纺织、荣诚布业等5家企业获中国生态环保面料设计大赛优秀奖，禾宝纺织的“优可丝棉涤双卫衣”获中国时尚面料设计奖。石狮市获“中国校园服饰名城”称号，信泰鞋材、百丝达无纺布、煌祥纺织等项目加快建设，卡宾新制造、泓盛鞋材、立兴体育等项目完工。完成2019—2020年印染企业分级评定，推动鸿山、锦尚印染污水厂扩容提升项目进场施工。

【机械装备产业】 2021年，石狮市机械装备产业完成规模以上产值215亿元，比2020年增长8.9%。建新轮胎、九牧卫浴、中石光芯二期、宏兴二期等项目加快建设，通达创智、兰姆达物理技术研究院等项目落地建设。

【食品药品产业】 2021年，石狮市食品药品产业完成规模以上产值98亿元，比2020年增长29.1%。

2021年，石狮市完善海洋生物食品园内基础设施，加快推进集中供热方式、污水处理、公共服务平台等基础功能建设，拓展园区发展功能，海洋食品

石狮市海洋食品生物园项目建设（摄于2021年8月4日） （图/李荣鑫）

园一企一管污水管道工程完成工程量的90%。加大企业培育和项目引进力度，建成海产品速冻保鲜及精深加工企业集聚区，入驻企业23家，生成项目25个。

2021年，石狮市生物医药产业增长态势平稳，市场开拓成效初显，初步形成华宝、海星、万弘等高科技海洋生物精深加工群，拓展以海洋生物多糖、海洋生物蛋白、海洋脂类物质等为主要功效成分的海洋原料药，以高纯度海洋胶原蛋白、生物多糖、荧光蛋白等为原料的新型医用生物材料。依托中益制药、福建中医药大学等龙头项目及载体，加快突破海陆结合、中西医融合特效、海洋中医药药方药剂产品开发，提高海洋生物医药产业发展层次。石狮市规划建设生物医药园，引入修正药业集团、福和医药等国内知名制药科研生产、药品连锁经营、中药材标准栽培企业，计划投资30亿元，打造以中成药生产为核心、大健康产业协同发展的专业化、标准化园区，建设中药生产基地、销售公司福建总部、医药仓储配送基地。加快建立生物医药企业交流、交易平台，缩减市场主体交流和交易成本，形成产业集群效应，提升生物医药产业在区域经济中的地位。

【工艺美术产业】 2021年，石狮市加强工艺美术行业管理，推动工艺美术产业发展。市城镇集体工业联合社组织参加工艺美术作品巡展，组织参加泉州市献礼建党百年优秀传统工艺精品展、石狮市建党百年作品展、泉州传统工艺美术精品展、第11届福建省工艺美术精品“争艳杯”大赛。加强对吴小锦大师工作室的日常指导和管理，推动工艺美术产业健康发展。加强对“吴为家艺术展览馆”的宣传，促进保护和传承濒危通草画技艺。培养工艺美术人才队伍，组织石狮市工艺美术大师、名人及工艺美术从业者参加2020年度福建省工艺美术系列高级、中（初）级职务任职资格评审。

【新材料产业】 2021年，石狮市煌祥纺织、福地化纤等项目落地建设，卡宾新制造、泓盛鞋材、立兴体育等项目完工。举办2021年中国服装辅料大会，完成2019—2020年度印染企业分级评定，推动鸿山、锦尚印染污水厂扩容提升项目进场施工。

【光电信息产业】 2021年，石狮市光电信息产业完成产值80亿元，光子技术产业园集聚10余家光子技术企业、关联企业30余家，中石光芯二期、晓光服饰反光材料等项目加快建设，新建成鸿日光学科技、汉视高端镜头等项目。

电 力

【概况】 2021年，石狮市全社会用电量49.46亿千瓦时，比2020年增长14.57%；净增用电量6.29亿千瓦时；工业用电量30.4亿千瓦时，占比61.47%，比2020年增长16.18%；农业用电量574.28万千瓦时，比2020年增长63.32%；城乡居民生活用电总量10.03亿千瓦时，占比20.28%，比2020年增长8.1%；地区最高负荷达到79.9万千瓦，比2020年增长7.38%。投入运行220千伏变电站5座，主变压器9台，总容量162万千伏安；投入运行110千伏变电站15座（含佳龙石化），主变压器33台，总容量169万千伏安；投入运行110千伏输电线路34条计175.224千米，10千伏配电线路371条计2120千米。配电变压器6397台，总容量351.286万千伏安。全年用电环境总体良好，未出现大面积停电事件和各类电力安全事故。

【电网建设】 2021年，国网石狮市供电公司优化配电网网架结构，完成固定资产投资1.1亿元。开展“十四五”规划输变电工程前期工作，500千伏石狮变电工程取得省发改委核准批复。承接市“5510”项目竞赛涉电工程38个、完成31个，解决凤里八卦街、华山古民居等片区基建用电难题。新建10千伏电力开闭所8座，新装10千伏电力环网柜133个、变压器491台、柱上开关121台。新建改造10千伏电力架空线路1.21千米、电缆线路27.34千米、台区101个共6.83万千伏安。

【电网运营维护】 2021年，国网石狮市供电公司打造11个农村电气化项目、3个农网精品台区，完成农业领域电能替代1530万千瓦时，乡村电气化水平提升。率先在泉州地区建成首个“零计停”示范区，西洋公园周边2.1平方千米区域实现10千伏计划“零停电”。建成输电线路防火林带21.02公顷、覆盖14个村镇，实现市110千伏及以上线树隐患“全消除”；划定33条输电线路和327条配电线路保护区。全年保持无发生高故障线路，停电时户数比降29.81%，10千伏线路百公里故障率压降4.86%，配电变压器停运率压降27.3%。全市供电可靠率提升至99.98%，电压合格率99.99%。开展全市路灯“大体检”，修复破损、缺亮路灯3944盏，实现亮灯率保持在99%以上。

【社会用电】 2021年，国网石狮市供电公司坚持“能耗双控、有保有压”，坚决守住电网安全生命线和民生用电底线。完成5个老旧小区、35个低电压台区、7.5万只HPLC智能电能表改造任务。提升“获得电力”水平，实行“三零”（居民和低压小微企业用电报装零上门、零审批、零投资）服务工单53单，为电力用户节约用电成本795万元。推动电力服务嵌入“闽政通”政务App，低压电力用户实现“一证办电”。推动电力工程占用挖掘道路简化优惠政策出台，为企业降本增效。落实“双碳”部署，全社会并网光伏1090户，年度发电2766.45万千瓦时，国家光伏电费和补贴实现100%及时转付。深化电能替代，全年实现电能替代1.8亿千瓦时。服务石湖港绿色发展，推动“油改电”项目常态应用，单个集装箱吊装平均能耗下降80%，直接碳排放减少4704吨，年节约成本约1200万元；拓展“岸电入海”，5号、6号泊位岸电项目纳入滚动储备。联合市工信局出台电力需求侧响应方案，签约响应企业36家、负荷6.17万千瓦，提升能源利用效率。完成全市党代会、“两会”、海丝品博会、RCEP创新创业峰会等重大会议和活动期间保供50余次，实现重大保电“零失误”。

工业园区

【概况】 2021年，石狮市有石狮高新技术产业开发区等6个工业（产业）园区，除石狮高新技术产业开发区外，其余园区主导产业均为纺织服装及相关产业。6个园区有规模以上工业企业246家、占全市规模以上工业企业数的48.43%，在园规模以上工业企业增加值占全市的62.16%。在园规模以上工业企业实现产值803.98亿元；在园规模以上工业企业完成税收8.15亿元。

【石狮高新技术产业开发区】 2021年，石狮高新技术产业开发区推进高新区“三基础、一核心、两特色”产业发展建设，实现规模以上产值506.35亿元，首次突破500亿元大关，比2020年增长20.8%。

2021年，石狮高新技术产业开发区招商引资方面，重点围绕光子技术、智能制造、海洋生物等产业开展“招大商、大招商”，先后到深圳、上海、福州、厦门、苏州、杭州等地开展项目考察20余次，与30多个项目招商洽谈，在谈项目投资额100多亿元。扩线增产方面，以龙头企业为支点，扩大产业规模和延伸产业链条，推动通达集团在现有产业基础上，新增落地5G通信模块金属件、创智智能制造基地2个项目；推动安元光学新增落地反光膜深加工、圆点光栅研发与制造2个项目；推动中科光芯新增落地高端元器件、光学器件基地2个项目。全年光子技术产业新增签约产业项目50个，新增开工36个，新增投产27个，落地企业40家，完成产值70亿元，比2020年增长70%；促成福地化纤、上海诚一、天保益等落地项目13个，总投资额14.2亿元。

2021年，石狮高新技术产业开发区项目建设方面，实施重点建设项目46个，总投资46.97亿元，其中社会投资项目36个，投资额43.39亿元，基础设施项目10个，投资额3.58亿元。社会投资方面，中益制药二期、鸿日光学、汇星机械厂房扩建等5个建成或投产；建新轮胎、中石光芯二期、新启兴防伪科技、振富机械、胜宏水产、海益冷冻、明泰船舶、得宝染料二期等27个项目正在建设。基础设施方面，石狮海洋生物食品园C区道路工程、莲农路及古莲路工程等3个项目完工；高新区污水处理厂尾水深海排放项目陆上段施工完毕；高新区西片（智能产业园）供热工程投入使用，服务企业16家，淘汰清理自天然气、燃煤等小锅炉16台。

2021年，石狮高新技术产业开发区技术改造方面，通达光电投资2.4亿元，开展5G通信模块金属件的生产线技术改造，项目将引进数控机床、超声波清洗线、颜色仪等先进设备，并建立起产品数据管理系统、车间制造执行系统等自动化管理体系，达产后可实现年产新增3600万件5G通信模块金属件；百川科技投资3.5亿元引进先进工艺和生产设备，大幅提升企业生产能力，可实现年产1亿米再生绿色生态纺织品和3000吨熔喷纺织品。科技创新方面，鸿日光学科技（福建）有限责任公司“无人机载彩色夜视相机”项目入选参加第十届中国创新创业大赛全国赛。中科光芯iTLA芯片在第16届“中国芯”优秀产品征集中获芯片类优秀技术创新产品。全年高新区企业有高新技术企业40家，有知识产权授权专利2495件。开展技改项目33个，总投资额超13亿元。截至12月末，有高新技术企业40家，拥有知识产权授权专利2495件。

2021年，石狮高新技术产业开发区在企业服务方面，联合多部门，优化流程和对接业务办理，实现企业“一趟不用跑”“仅用两小时”领到营业执照的典型案例。扶持培育方面，参与“创业者港湾”联动，为高新区的优秀创业者提供多样化的服务和支持，先后与建设银行、邮政储蓄银行等签署授信支持合作协议，并协调狮城担保公司为14家企业提供贷款担保1.48亿元，协调金融部门为40家企业提供纾困资金2.47亿元；盘活闲置资产，为企业提供要素资源，利用闲置厂房20万平方米。全年高新区为佳南热熔胶、得宝染料、新启兴防伪等52家企业协调解决工业用地置换扩产、规划建设风貌、一企一管污水管道、电力增容等问题227件。

【新型染整产业循环发展园】 2021年，石狮市新型染整产业循环发展园（包括大堡集控区、伍堡集控区、锦尚集控区）园区面积269.81公顷，规模以上工业企业51家，实现规模以上工业产值189.43亿元，完成规模以上工业企业纳税1.72亿元。园区主导产业为纺织、印染等，现有印染企业58家，实行集中污水处理、集中供气，年产量占全国布类染整产量的6%、占服装面料染整产量的10%。

【灵秀镇服装创业园】 2021年，石狮市灵秀镇服装创业园（包括灵秀创业园、灵秀科技园）园区面积64.82公顷，规模以上工业企业33家，实现规模以上工业产值115.56亿元，完成规模以上工业企业纳税0.49亿元。园区主导产业为服装服饰，紧邻服装城等专业市场、青创城等网批市场、普洛斯物流园。

【宝盖鞋业工业园】 2021年，宝盖鞋业工业园面积45.35公顷，规模以上工业企业21家，实现规模以上工业产值38.36亿元，完成规模以上工业企业纳税0.39亿元。园区主导产业为纺织服装、鞋业鞋材等。10月，成立宝盖鞋城发展促进会（业委会）筹备组，提倡园区政企共治，建立可持续的工作机制。加大招商力度，提高园区效益。泓盛鞋材、立兴体育2个厂区建成投产，乐登鞋业、文豪电子、金铨达3家企业通过购买厂房入驻园区。

【宝盖科技园】 2021年，宝盖科技园园区面积123.79公顷，规模以上工业企业48家，实现规模以上工业产值101.89亿元、完成规模以上工业企业纳税1.99亿元。园区主导产业为纺织服装、五金鞋服辅料等。

【中小企业创业基地】 2021年中小企业创业基地有规模以上工业企业17家，实现规模以上工业产值62.22亿元、完成规模以上工业企业纳税0.33亿元。园区主导产业为纺织服装，另有B地块规划用地30公顷正在招商。

商贸服务业

国内贸易

【概况】 2021年，石狮市实现限额以上商业销售额2044.3亿元，比2020年增长27.8%；社会消费品零售额617.16亿元，比2020年增长13.6%。限额以上社会消费品零售额230.4亿元，比2020年增长23.1%。有限额以上商业企业684家，其中，批发业446家，零售业209家，住宿业20家，餐饮业9家。

【“菜篮子”基础提升】 2021年，石狮市鼓励石狮市炜业果蔬种植专业合作社、石狮市萌芽蔬菜种植专业合作社、石狮市集泰果蔬种植专业合作社、石狮市朗坤现代农业有限公司、石狮市正源果蔬种植专业合作社强化蔬菜新品种、新技术、新材料的试验，调整优化蔬菜布局，适当扩大速生叶类蔬菜种植面积，保障市场供应。

【农贸市场改造】 2021年，石狮市加大对农贸市场新建改造提升的指导督促力度，钞坑综合市场完成主体结构施工；向上级争取145万元农贸市场提升改造补助资金，助推完成后宅村综合市场、后杆柄村农贸市场建设及大仑、塘后农贸市场改造提升。

【商贸市场流通】 2021年，石狮市结合传统消费旺季和重点节假日，围绕吃、购、住、行、娱等领域，举办线下+线上促销活动。线下举办“全闽乐购·年货购”，通过财政派发“全闽乐购券”300余万元，拉动消费1043万元，直接拉动消费比3.39倍。举办石狮国际商贸城跨年服饰采购节，以线上线下活动相结合，通过线上领取消费券活动活跃线下的特卖活动。举办闽菜宣传推广系列活动（泉州）启动仪式，开展“八闽美食嘉年华”第二届端午美食节活动。利用夏季夜间消费旺季，举办石狮步行街传统美食城饭票活动、2021石狮首届街头艺术达人赛等活动，活跃夜间消费。依托德辉、泰禾、世茂、食品城等商圈，举办“七夕甜蜜逛吃节”“潮饮节”“开学季促销活动”，通过全场消费打折、网红商品1元秒杀、发放代金券等促销活动，激发群众的消费潜力。

2021年，石狮市用线上消费激活内需。推进“一月一活动”，重点办好第24届海峡两岸纺织服装博览会暨2021中国裤装产业品牌博览会，同步举办第九届石狮网商大会、跨境电商平台系列活动、“网红狮城·源头好货”中国（石狮）电商谷活动周，营造全市浓厚的直播和电商氛围。依托青创城、海西电商园、双奇电商城、狮城众创直播基地等网批市场带动近2700家电商企业、商户及相关产业链企业举办各类直播培训、推介、带货示范等活动，推动专业市场完善“专业市场+网红直播”的业态。

【加油站建设】 2021年，石狮市推动调整2个加油站指标并完成用地公开招拍挂，总成交额约1亿元，新开业中石化、中海油2个加油站；查处无证经营加油点2处，维护成品油市场的流通秩序。

对外贸易

【概况】 2021年，石狮市新设及增资外资企业140家，实际利用外资71331万元，比2020年增长10.3%。合同外资118754万元，比2020年下降28.9%。进出口总额450.79亿元，比2020年增长4.21%；出口441.02亿元，比2020年增长3.54%；进口9.78亿元，比2020年增长47.56%。

【外贸金融领域改革】 2021年，石

狮市首创汇率避险政府“公共保证金池”模式，循环使用2000万元保证金防范汇率波动，开展外汇避险业务1亿美元，获国家外汇管理局表扬推广。推动“增信信保贷”和“外贸退税快贷”，解决企业融资难问题。举办汇率避险、外贸合规化经营、外贸实务线上辅导等系列培训50余场。组织参加第129届广交会等18场线上线下外贸展会，多元化拓展外贸市场。指导169家小微出口企业在省单一窗口申领政策性保单，承保金额2.4亿美元。

【转口贸易拓展】 2021年，石湖港保税物流中心封关运营，石狮市出台扶持奖励政策，招引天猫淘宝海外、加工贸易“一日游”等业务入驻，对接浙江国储、大龙网、上海全球通等招商运营项目，推动港口公司与中外运协商开设公共仓，协调B保中心与中锡国际快件“9610”（跨境贸易电子商务）监管中心合作，促进大宗商品保税进出口业务，外贸集装箱吞吐量增长38%。石湖港航运中心、货运服务中心等项目启动建设。协调厦门海关新批设立石湖港区石材保税仓库，推动石湖港石材产业“堆场变市场”，培育港口经济新增长点。

【市场采购贸易方式改革】 2021年，石狮市吸引全省9个产业集群入驻，出口目标市场多元化，实现向176个国家、地区和更发达市场出口，新增市场主体5634户、出口货值855.97亿元，获评全省体制机制创新项目二等奖。运用新业态有效破解商户“冻卡”问题，为103家本地商户安全收汇1.08亿美元，获石狮市“我为群众办实事”群众投票第一名。出台新业态海关数据贷创新外贸数字金融，推动开发“狮采贷”等市场采购贸易数据融资产品，启动市场采购供应链金融服务，破解新业态融资难题。简化预包装食品出口流程，释放出口潜能，年度出口4.5亿元，增长700%。对标福建自贸区“十四五”发展规划，研讨形成12条全市先行先试改革措施，复制推广自由贸易试验区改革试点经验。

【外贸政策扶持】 2021年，石狮市制定出台《2021年度促进外经贸发展若干措施》，申请、兑现石狮市各类补贴215家次2283.17万元；申请、兑现省、泉州市各类补贴250家次2308.51万元。

电子商务

【概况】 2021年，石狮市电商线上销售额（含直播）1258.4亿元，有良性活跃经营卖家（网店）超4万家，电商从业人员超15万人；淘宝镇7个，淘宝村34个；快递业务量超4亿件。

【跨境电商发展】 2021年，石狮市出台跨境电商支持政策，成立跨境电商发展服务中心和运营总部，与中国海峡人才市场、中国天津人力资源开发服务中心等联合开展跨境电商职业技能培训鉴定实验基地合作，向省委统战部、省商务厅申报并获批设立省级跨境电商实训基地，与9家国内外高校建立跨境电商战略合作关系，在23个国家设立联络处。推动石狮跨境电商生态圈“1网1总部12园区”建设，各园区招商跨境电商商户约400家，全市在速卖通、亚马逊等第三方跨境电商经营平台经营的商户2500多家，引导330余家石狮传统外贸企业、全省近百名侨商侨企和侨二代参与运营跨境电商，引导海外侨亲在菲律宾、德国等6个国家布局建设海外仓。推出全省首个面向华侨的跨境电商自建平台“侨易邦”。实施跨境电商“万人培训”计划，举办44场跨境电商平台推介和孵化培训活动，培训7500人次。

【电商园服务完善】 2021年，石狮市深化网红城市“一十百千万”工程，出台招引高级互联网人才政策，全市千平方米以上直播基地20家，约2700家企业、商户从事直播带货；新增青创城西城区、S168、原创网批基地、石狮国际女装、吉顺网科园等5家园区8.4万平方米。

【“侨易邦”平台启用】 2021年12月26—28日，石狮市举办2021年RCEP青年侨商创新创业峰会活动期间，石狮市上线首个面向华侨华人跨境电商平台“侨易邦”。平台功能主要涵盖跨境电商创业孵化、共创共享、跨境直播、供货选品、仓储物流、散货拼箱、海外仓一件代发、阳光收汇、“跨境电商+市场采购”综合服务，同时面向全球海外侨胞开展推介活动，为海内外跨境电商从业者提供一站式服务，助力石狮市跨境电商发展。截至12月底，东南亚采购集散中心入驻300余家企业，进驻14个产业馆；实现布局6个国家11个海外仓，面积12万平方米，投资额2.1亿元。

会展业

【概况】 2021年，石狮市推进“一月一活动”“一季一展会”，举办2021石狮跨境电商高峰论坛、“4·18”海博会、“7·18”校服展、第九届石狮网商大会、海丝品博会、RCEP青年侨商创新创业大会等重点活动以及跨境电商平台、电商人才招聘、外语外贸人才招聘、网商协会九周年等系列活动。

【第24届海博会暨中国裤业品博会】

2021年4月18日，第24届海峡两岸纺织服装博览会暨2021中国裤装产业品牌博览会开幕式在石狮服装城展览艺术中心举行。展会以“融合创新、共享时尚新生活”为主题，海博会、网交会、裤博会“三台同演”，配套举行中国服装辅料大会、纺织服装产业集群“双循环”高峰论坛、电商谷园区开业、跨境电商运营总部推介等一系列活动。此届海博会承续“两岸、规模、专业、休闲、时尚”的思路，主展馆设在石狮服装城展览艺术中心一号馆、二号馆，总面积2.5万平方米，设立两岸融合馆、跨境电商馆、全国各产业集群面辅料馆、裤装产业馆、石狮文创旅游馆、石狮面料馆、石狮辅料馆、石狮校服馆（童装馆）等15个特装展馆。其中，产业集群馆与跨境电商馆均为首次设立。展会以裤装面辅料供应链为主展系列，涵盖夹克面料供应链、男装面料供应链、童装面料供应链、产业公共服务平台等，并在石狮服装城、石狮国际轻纺城、石狮青创城国际网批中心等区域设置分展区。

【第三届中国校园服饰国际博览会】

2021年7月18日，第三届中国校园服饰国际博览会在石狮市举办。开幕式上，中国教育装备行业协会授予石狮“中国校园服饰名城”称号。第三届校博会以“健康引领·美丽校园”为主题，此届展会的面积3万平方米，通过同期校服设计大赛、流行趋势发布、贸易对接会、校园服饰时尚周、人气品牌评选等系列活动，探索校服行业的热点话题。展会期间有300多家企业到石狮参展，3000多名专业采购商到会，观展2万多人次，现场成交2.15亿元订单，意向采购订单成交额6.58亿元，创历届新高。

【第七届中国（泉州）海上丝绸之路国际品牌博览会暨2021石狮国际时装周】

2021年12月24日，第七届中国（泉州）海上丝绸之路国际品牌博览会暨2021石狮国际时装周在石狮市开幕。展会吸引来自菲律宾、法国、俄罗斯等20多个国家和地区在闽的超150家企业参展。此届海丝品博会以“新丝路·新格局·新业态”为主题，展会面积1万平方米，设置322个国际标准展位，展出商品逾万种，规划泉州“海丝”精品展区、主宾国“海丝”精品展区、“海丝”品牌企业展区、保税区进口酒类展区、海洋经济展区、元宇宙体验馆、闽宁品牌馆、闽西南协作展区、石狮食品城展区、跨境电商品牌馆、服务贸易区、综合服务区、旅游推介馆13个展区。展会期间，举办“数字海丝·网商互联”2021中国（石狮）品牌电商发展论坛，邀请专业人士与本土电商品牌企业代表探讨电商直播贸易发展趋势。展会现场吸引观众12356人次，专业采购商538家；同步开发线上云展会平台，通过图、文、小视频等形式全天候365天展示更新企业形象及最新产品，入驻参展企业276家，吸引观众3.6万人次；同时通过多平台直播开幕式、论坛、商贸对接会等展会主要活动，观看量超85.4万人次，开展18场网红直播活动，观看量超5.4万人次。此届展会现场成交额4120万元，意向成交额2.3亿元。

粮食管理

【地方储备粮轮换】　2021年，石狮市执行地方储备粮轮换管理制度，按时足量完成年度轮换任务，确保储备粮数量真实、质量可靠。全年轮换地方储备粮16117.156吨。储备粮所需管理费用、贷款利息和储备轮换差价补贴纳入当年财政预算并及时拨付。

【粮食安全保障】　2021年，石狮市健全粮食质量安全监管体系，督促储备粮承储企业严格执行出、入库及半年储粮质量检测制度。加强粮食质量安全监督抽查工作，对重点环节、重点企业加大抽检力度，提高抽检频次，增加抽检样品数量。全年完成粮食送检样品数84份。节日期间，开展粮食监督检查，组织到企业实地监督检查，重点检查米、面、粮食制品等需求量较大的产品，督促企业落实食品质量安全主体责任，监督粮食生产加工企业严格执行进货检查验收制度，严禁使用不合格原粮或添加非食品物质加工食品，监督流通企业严格落实索证索票制度。

【仓储保管】　2021年，石狮市可储备粮食总仓容62876吨，满足全市粮食收储需要。完成应急粮食及物资储备库建设用地审批手续。

【粮食市场管理】　2021年，石狮市加强粮油应急加工、销售网络、应急体系建设的监督，规范应急成品粮油管理工作，完成1600吨应急成品粮和400吨食用油储备工作。构建放心粮油销售网络，确定粮油应急加工企业4家、应急供应网点11家。对粮食应急加工企业、粮食应急供应网点以及省、泉州市放心粮油经销店进行奖励，拨付奖励资金5.7万元。组织企业参加第17届粮食产销协作福建洽谈会，引导企业通过产销交易会与产区粮食企业签订合作协议，开展粮食产销贸易，拓宽合作渠道。

供销合作

【概况】　2021年，石狮市供销系统商品购进、商品销售等统计指标比2020年增长19%左右；全系统实现收入637万元，比2020年增长5%；实现利润220.9万元，比2020年增长22%。烟花仓库销售各类烟花926万元，实现经营利润78万元。

【基层建设】　2021年，石狮市新建村级基层社1个，新发展农民合作社3个，新建农村综合服务社1个，新增基层社农民社员数300个。建设福建供销名特优农产品展示展销中心（石狮食品城店）、建设福建供销名特优农产品展示展销中心（石狮伍堡店），助力石狮农产品销售和石狮企业走出去。

【农资供应】 2021年，石狮市供销系统完成化肥储备550.37吨。其中，复合肥303.82吨、尿素99.35吨、有机肥104.2吨、过磷酸钙43吨，保障春耕生产生活用肥需要。

【为农服务】 2021年，石狮市供销系统配合相关涉农部门，联合开展农资打假保春耕暨放心农资下乡宣传咨询活动，赠送巴斯夫杀虫剂、宣传资料500余份。“庄稼医生”接受农民咨询150余人次，解答疑难杂症20余项，技术指导50余次。

【农资质量检查】 2021年，石狮市供销系统督促农资公司每月对所属的农资经营网点进行农资质量自查，严禁销售假冒伪劣商品和剧毒、禁用农药。不定期对农资公司化肥仓库、新型庄稼医院进行抽查，督促网点自觉维护供销社庄稼医院的农资经营品牌，维护农资市场的稳定。严把农资进货关。督促农资仓库配送中心和新型“庄稼医院”联网全省农资监管一体化平台，保证销售的农资商品可以溯源，确保农资商品购销在阳光下运行。确保价格公开透明。督促经营户在经营场所醒目位置公布农资销售品种、产地、计量单位、价格、举报电话等主要内容，做到明码标价，质价相符。

【食品安全宣传】 2021年，石狮市供销系统组织开展“尚俭崇信，守护阳光下的盘中餐”为主题的食品安全宣传周活动。活动期间发出《中华全国供销合作总社关于开展“安全供给 放心消费”主题活动的倡议书》500余份，悬挂“食品安全宣传周”宣传横幅10余条。组织到食品城展厅、直属公司、基层社所属食品经营网点食品安全生产检查40余次。

烟草专卖

【概况】 2021年，石狮市有持证卷烟零售客户3495户，实现税利3.2亿元，查获各类案件117件，开展文明创建活动30余次，志愿服务活动23场次，帮扶困难群众15人、捐赠资金2.78万元。

【市场监管】 2021年，石狮市烟草专卖局实现税利3.2亿元，推进落实零售户诚信管理办法、零售户异常经营行为认定及处置。探索精准监管，以“三统一”系统数据为基础，建立违法违规客户信息数据库，结合区域实际优化客户筛选模型，“三统一”系统模型命中率15.38%，“五要素”（市场价格、社会库存、存销比、订购率、覆盖面）市场监管模型命中率29.89%。建立电子烟市场监管长效协作机制，以开学季为契机开展“守护成长”专项行动，进校宣讲5场次，将电子烟纳入“双随机”监管范畴，实现“未成年人免受卷烟、电子烟侵害”工作监管常态化、长效化。开展无证户专项治理活动，查处无证无照经营卷烟案件1件，涉案金额近万元。

【烟草专卖网络建设】 2021年，石狮市建设“海丝新晟”流通品牌终端4家，通过统一形象打造和跟踪指导，四家品牌终端运营良好，初步发挥流通品牌示范效应。推进农网建设。制订农网“五力”建设方案及活动计划表，针对101个村落开展摸底排查工作，基本消除农网空白点。开展农村小店标准化建设，拓展362户“e福通”客户，月均活跃度95%以上，户均注册消费会员数48人，户均活跃会员数28人。

【烟草执法】 2021年，石狮市烟草专卖局联合公安局设立联勤工作站，对重点区域加强巡查宣传，对重点群体加强情报监控。与海警局签订合作协议，与检察院、邮管局等13个部门建立联络员制度，优化联合执法机制，营造高压治理氛围。全年查获各类案件117件，比2020年增长5.4%，其中5万元以上大要案31件，比2020年下降11.42%；涉案卷烟610件，比2020年下降19.27%；案值总计604.18万元。

交通 邮政

交通运输

【概况】 2021年，石狮市有道路客运企业6家，专业货运企业117家，水路运输企业29家，有客运车辆245辆，货运车辆3412辆，普通货船92艘。公交公司1家，新能源公交车辆186台，社区巴士18台。公交从业人员246人。全市水路完成货运量5449.84万吨，货物周转量8725453.88万吨千米。全年出动检查和执法人员5940人次，检查交通运输企业1315家次，排查隐患问题942个，作出处罚决定489件。石狮市被交通运输部评为“城乡交通运输一体化示范县”，被福建省交通厅评为“四好农村路”省级示范县。

【交通基础建设】 2021年，石狮市交通基础设施建设重点项目21项，总投资83.64亿元。全年计划完成投资4.78亿元，其中完成投资3.98亿元，占年度计划的83.26%。

2021年，石狮市交通基础设施建设完工项目8个，在建项目5个，前期筹划项目8个。8个完工项目分别有共富路（石永路至石永二路）拓改工程、沿海大通道（石湖疏港路段）改线工程、锦江外线南侧与湿地公园连接段工程、锦尚外线下穿通道工程、Y003道路（石锦路至永祥路）改造工程、石永二路、濠江北路和蚶江大道管道修复工程、G228线祥芝外线专项整治工程、石祥路（学府路—G228）整治项目。5个在建项目包括泉州环湾快速路石狮连接线工程（二期工程）、泉州二重环湾快速路匝道工程（狮城大道至晋江）、石狮市永宁外线（红塔湾旅游路至梅宁路）道路工程、永宁外线梅宁路交叉口改造工程、外西环路高铁连接线工程。

【道路旅客运输】 2021年，石狮市有道路客运企业6家，拥有客运车辆245辆/10472座位，其中省际班车46辆/ 2283座位、市际班车44辆/1869座位、县际班车21辆/474座位、省际旅游包车134辆/5846座位，均为中高级客车，客运驾驶员296名。全市道路客运企业经营的省际、市际、县际班线74条，其中省际班线12个省37条，市际班线28条，县际班线9条。客运站 3个，其中二级车站1个、三级车站 1个、便捷车站1个。

【节假日旅客运输】 2021年春运，石狮市发送省际班车909班次，其中加班22班次，包车8班次。发送省际旅客0.89万人次；发送市际班车2585班次，发送县际班车3216班次，发送市际旅客1.06万人次、发送县际旅客0.90万人次。旅游包车发送旅客4.57万人次。

【道路货物运输】 2021年，石狮市有货运车辆3412辆/80422.72载重吨，其中单户个体车辆1083辆/9164.18载重吨。专业货运企业117家，其中普通货运企业45家，集装箱运输企业42家，冷链运输企业15家，渣土运输企业13家，网络货运企业2家。拥有专业营运货车2329辆/71257.63载重吨，其中牵引车1657辆/62441.97载重吨，普通货车672辆/8815.67载重吨。挂车2339辆。新增企业13家，注销企业1家，新增专业运输车辆465辆，其中牵引车212辆，挂车141辆，普通货车112辆。获评国家AAA级以上物流企业的有34家，其中国家AAAA级企业3家、AAA级企业31家。福建省羊程冷链物流有限公司连续七年获得“中国冷链物流百强企业”“中国冷链双年‘金链奖’优秀区域配送服务商”称号。

【水路运输】 2021年，石狮市水路完成货运量5449.84万吨，比2020年增长12.6%，货物周转量8725453.88万吨千米，比2020年增长21.9%。新增水路运输企业2家，新增运力19艘43.02万载重吨，总投资12.36亿元。水路运输企业29家，主要从事国内沿海及长江中下游各港间普通货船运输，水路运输辅助业16家。全市有普通货船92艘，其中，5000载重吨以下船舶5艘2.40万载重吨；5000—1万载重吨船舶33艘21.46万载重吨；1万—2万载重吨船舶27艘38.05万载重吨；2万载重吨以上船舶27艘95.55万载重吨，以集装箱（多用途）船舶为主要运输船型。单船最大载重74652吨位，平均单船17114.95载重吨。

【城市公共交通运输】 2021年，石狮市实现“纯电动公交”，公交车辆204台，其中新能源公交车辆186台，社区巴士18台。公交公司1家，公交从业人员246人，其中新能源公交驾驶员186人，社区巴士驾驶员18人。开通公交营运线路23条，其中市区5条，城乡13条，公交专线2条、高新区夜间线路1条，社区公交小白2条。优化和新增线路9条，覆盖全市101个行政村，运营线路总长度342千米，日发班次812班，日均客运量约1.5万次。

【机动车维修综检站】 2021年，石狮市有一类维修企业4家、二类维修企业18家、三类企业290家、综检站6家。新增备案企业120家，其中二类企业5家、三类企业115家。

【驾驶员培训机构】 2021年，石狮市机动车驾驶员培训机构12家，实操教练员722名，理论教练员83名，教学车辆648辆。

【农村公路建设补助】 2021年，市交通和港口发展局指导各镇村农村公路建设，争取农村公路建设资金137万元，补助16个村约13.96千米。申请道路交通安全隐患整治市级补助资金52.3万元，市级补助189.3万元。

港口建设与管理

【概况】 2021年，石狮市港口货物吞吐量3750.4万吨，港口集装箱吞吐量153.7万标箱。石湖港保税物流中心（B型）封关运营。石湖港5号泊位水工主体完工。完成锦尚作业区口岸开放各项基础设施建设，启动泉州市级验收工作程序。

【港口建设】 2021年，石狮市加快港口基础设施建设，石湖港5号、6号泊位项目完成总工程量的87%，完成浇胸墙、后轨桩基施工，5号泊位水工主体完工。完成锦尚作业区口岸开放各项基础设施建设，启动泉州市级验收工作程序。华锦码头4号泊位扩建工程完成立项核准、初设批复、海域使用批复及施工图复核。加快布局港后物流园区，完善提升港后综合配套，泉州港石狮航运中心项目完成总工程量的45%；石湖港保税物流中心（B型）封关运营；港区配套加油站完成方案设计、施工图设计和审图工作。加快推进石湖、锦尚等作业区集装箱设备无纸化交接单建设，依托“单一窗口”推进口岸通关时效评估系统建设，实现管理部门与经营单位、货主、报关、船代等企业协同作业，提升海关与港口的信息交互水平。

【港口经济发展】 2021年，石狮市港口货物吞吐量3750.4万吨，比2020年增长2%；全市港口集装箱吞吐量153.68万标箱，比2020年下降12.2%。其中，石湖港口货物吞吐量2648.7万吨，比2020年下降2%，石湖港口集装箱吞吐量125.5万标箱，比2020年下降5.8%；华锦码头货物吞吐量1101.7万吨，比2020年增长13.4%，华锦码头集装箱吞吐量28.1万标箱，比2020年下降32.7%。

2021年，石狮市交通和港口联合商务、海关等部门推进泉厦“组合港”工作，承接厦门港的溢出效应，以组合港模式打通出口“最后一公里”。协调海关优化监管流程，探索推动内外贸“同船运输”模式；加密外贸内支线，通过“陆改水”、海上巴士等驳线海运方式运输至厦门港出口，与厦门港形成差异化发展与港口联动互补，共享厦门港国际航线资源。加强与商务等部门的对接协调，推进印度航线管理服务，引导石材进口企业在石狮市注册公司申报纳税，实现进口石材开票纳税“零”的突破。

【港口安全管理】 2021年，石狮市交通和港口发展局制定出台港口疫情防控工作规程、应急处置预案等文件，对入境船舶实行“红橙绿”码分类管理，对红码、橙码船舶抵港前均召开船前会研究部署防控工作措施。加强内外贸作业人员分开管理，建立登外轮各类人员的“三区两通道”，采取“N+7+7”（N天封闭作业+7天集中隔离+7天健康监测）的周期轮班制，工作期间落实集中居住、封闭管理。举行港口疫情防控桌面推演，提升应对港口突发疫情的联防联控和应急处置能力。

公路养护与管理

【概况】 2021年，泉州市公路事业发展中心石狮分中心承担石狮市境内2条G228、G358线总计40.54千米专养公路的养护和管理工作，开展公路巡查742人次，完成投资1080万元，其中公路小修保养750万元，专项工程330万元，干线公路优良率100%，2021年平均PQI值90.04。

【公路养护】　2021年，泉州市公路事业发展中心石狮分中心完成路面啃边修复1500平方米，裂缝修补200余米，路肩修整8万余平方米，更换修复缺损井盖400余个，修复人行道砖400平方米。

【路政管理】　2021年，泉州市公路事业发展中心石狮分中心开展公路巡查742人次，纠正制止损坏污染公路142件，函告重大违法行为1件，清理堆积物4350平方米，拆除违章267平方米，办理许可案件2件，收取公路赔（补）偿费9818元。

【公路服务】　2021年，泉州市公路事业发展中心石狮分中心利用路网监控平台，反馈路上发现问题1377条。依托“12345”便民服务系统、石狮市文明天气图、石狮市数字城管等平台解决群众反映问题141条，满意率100%。

邮 政

【概况】　2021年，中国邮政集团公司福建省石狮市分公司（简称中国邮政石狮分公司）实现业务收入10769万元。开通防疫捐赠物资寄递绿色通道，投递包裹700万件。组织各专业、部门的各类培训43场次。

【快递物流类业务】　2021年，中国邮政石狮分公司寄递业务新增客户数253户，实现收入6685万元，完成全年收入指标117.3%。中国邮政石狮分公司成立特快项目组对电商、政务、商企及现费等板块项目化运作，开发行业客户；拓展品牌客户，突破卡宾、大帝、京邦达等石狮品牌客户；加强电商行业腰部客户特快转标工作，提升特快收入。推进法院集约送达项目、驾驶证期满换证“容缺办”项目，做好学校教材、教辅、学生包裹以及房地产不可抗力函、通知书、宣传材料的标件寄递工作，保障当地通信物流保障。实施普邮网与速递网资源整合，设立综合营业部，实现管理主体统一、生产调度统一、权责利统一。

【传统邮政业务】　2021年，中国邮政石狮分公司实现集邮收入421.5万元，比2020年增长96.96%；函件收入270万元；报刊收入488万元，比2020年增长8.11%，完成进度的102.81%。承办“方寸映春华·党史邮我说”建党百年邮展，助力“打造平安之城，全面建设现代化商贸之都”石狮市委政法委平安建设宣传、市民政局村（居）“两委”换届、“12·4”国家宪法日、总工会关爱环卫工活动等项目。整合报刊专业内外资源，创新发展方式，成立校园报刊、畅销报刊、行业报刊和图书项目组，填补校园空白市场；邮刊联合入校开展“意林”“课堂内外”等公益励志讲座，提高校园报刊收转率。

【代理金融发展】　2021年，中国邮政石狮分公司实现金融业务收入3643万元（含微邮付收入122万元），新增代发78家。全年余额净增2.46亿元。开展微邮付短程竞赛及微邮付商户提升活动，年增商户443户，结存商户5254户。推进智慧寺庙项目，加办智慧寺庙设备12所。发放第三代社保卡2200户。提前10个月完成全年代理保险业务收入指标，代理保险收入672万元，完成率179.3%。以智慧校园项目为载体，为园区2000名学生与老师提供便捷式服务，拓宽拓深校园客群，促进余额提升1000万元。打造德辉网点“儿童银行”，开创儿童存折、未来存单和“助学金”存单，开发家长客户群，实现带动余额增长。

【惠农项目】　2021年，中国邮政石狮分公司推进惠农项目，承办“庆丰收感党恩，助力乡村振兴”石狮市农民丰收节暨泉州乡村好货展活动走访212家专业合作社，发展会员4721个，新增邮乐购站点90个，推进邮政电商扶贫项目，培训农户102户，完成农民创业者10户，培养电商扶贫能手1人。

信息业

综 述

【信息化项目建设】 2021年，石狮市大数据管理局完善石狮市信息化项目管理规定，项目从申报到验收运行全流程统筹把关，避免功能重复建设，提高资金使用效益。全年推进全市重点信息化项目16个，其中由上年度转入续建3个、新立项13个。

【工业互联网建设】 2021年，石狮市深化纺织服装产业质量提升行动，帮助60家成长型企业实施119个精细化管理提升项目，加快纺织工业配套装备制造业智能化改造，列入泉州市“数控一代”示范项目产品84个。通过实施智能技改，建成省级智能制造示范项目3个、泉州市级数字化车间10个。

推动两化融合。石狮市推荐申报市级两化融合示范项目、公共服务平台、工业互联网示范项目各1个，通过两化融合管理体系贯标企业32家。联合三大电信运营商推动70家企业“上云上平台”，全市“上云上平台”企业260家，其中鹏泰服饰入围省级工业互联网应用标杆企业。指导中科公司申报全省数字经济领域“未来独角兽”企业，卡车集市公司申报2021年泉州市区块链产业发展专项资金。搭建企业交流平台。举办2期“石狮纺织服装产业转型升级企业家沙龙”，为企业家共同探索石狮纺织服装行业发展和数字化转型升级之路牵线搭桥。

【信息安全应用和管理】 2021年，石狮市大数据管理局依托泉州政务云平台，建设“石狮政务云”，形成“统一部署、统一管理、统一调配、统一防护”工作模式。统筹开展建设全市信息系统安全运维项目和安全等保项目，为全市信息系统提供安全保障。其中，“智慧城市大脑”等重点项目通过等保三级测评。建成常态化信息系统安全检查巡查机制，联合网安对各单位信息系统开展巡查近50次定期安全扫描和不定期模拟入侵检测，保障系统运行安全、稳定、高效。

数字石狮

【概况】 2021年，石狮市大数据管理局推进智慧城市建设、数据汇聚应用、数字经济等各项工作。打造“智慧城市大脑”，推广网格化特色模式，推出“亲清石狮”掌上便民惠企服务平台。“i石狮”亲清平台获泉州市营商办的典型推广并被评为“2021泉州市赋能营商环境十大数字化应用”。

【数字经济平台建设】 2021年，石狮市大数据管理局组织企业参加第四届数字中国建设峰会系列活动、2021泉州数字产业发展论坛活动，其中中国石狮网商贸易港项目参加泉州市数字经济重点项目的集中签约仪式。虚拟仿真实训基地应用项目、智慧石狮管控指挥平台入选2021年度福建省数字技术创新应用场景。3个项目被列为省数字经济重点项目。

【5G建设】 2021年，石狮市推进以5G为重点的新型基础设施建设，基本实现全市5G信号全覆盖。完成1050个5G基站AAU（有源天线处理单元）配套建设，完成率105%。

【智慧平台建设】 2021年，石狮市推动一网通管，依托“智慧城市大脑”和移动端网格通App，整合对接综治维稳、“12345”、数字城管、文明创城等业务系统，实现全市5个大类、15个小类、287个社会治理事项的闭环办理，掌握网格内的“人、地、事、物、情、组织”等基本要素信息，做好“一标三实”（标准地址、实有人口、实有房屋、实有单位）和重点人员、场所、物品的基本情况信息采集，做到全过程留痕、数据全方位共享，各职能部门与网格高效联动，快速处置。至2021年底，智慧石狮管控指挥平台接纳20余个单位入驻系统43个，包括小微融资、奖补直达、政务“OA”等，建成安全生产、文明建设、疫情防控等十几类主题应用，整个平台功能点500余个。智慧石狮管控指挥平台作为智慧城市创新实践成果参展第四届数字中国建设峰会。

【“i石狮”亲清家园智慧平台】

2021年，“i石狮”亲清家园智慧平台是石狮市深化“放管服”改革，推进“亲”“清”新型政商关系，强化便民惠企服务的成果，运用“互联网+”思维，以数据为驱动，运用大数据、移动互联网等先进技术，对业务流程进行优化、再造，形成以“诉求直达、政策直达、资源直达”为核心导向的综合服务平台。截至2021年底，“i石狮”亲清家园智慧平台建成5个主题服务板块，上线38个应用，办理20.8万件服务事项，实现全市惠企政策和贷款融资服务一站式、无障碍直通企业，兑现各类财政奖补资金超5亿元。

【县级政务数据汇聚】 2021年，石狮市大数据管理局编制石狮市级政务信息资源目录，完成全市财税金融、交通运输、公共安全、市场监管、教育服务等14个行业领域5686项业务的数据目录编制工作，整合全市20余个业务部门数据标准。取得数据查询接口201个，其中国家级130个、省级45个、市级26个。初步建成人口、法人、空间地理、宏观经济、社会信用、电子证照六大基础信息库。

【商贸业数字化】 2021年，石狮市推进商贸业数字化，实现线上线下融合发展。强化电商平台载体。“青创网”被列入省、泉州市数字经济重大项目。上线省内首个面向海外华侨的跨境电商平台“侨易邦”，入驻1055家生产企业。新增青创城西城区、S168国际网批中心、原创网批基地、石狮国际女装、吉顺网科园5家园区8.4万平方米，电商市场主体不断壮大。打造新晋物流平台“卡车集市”，业务遍及沿海及长江、珠江沿岸省份大部分码头口岸，以科技手段连接客户、码头、船公司、车队等，实现覆盖全业态场景、万物互联、可视化的物流网络。发展直播经济，实施“一十百千万”直播工程，成立涵盖主播孵化、直播带货、代运营代播等业务的1000平方米以上直播基地20家，全年网络零售额（含直播）超1200亿元。推动数字贸易发展。指导东南亚采购集散中心使用云服务技术，建立信息化平台系统，整合电子发票、电子合同等功能，实现平均单笔服务响应时间3秒，服务时间15分钟，同城配送时间120分钟，跨地区配送时间115小时。7月，全省直播经济发展现场会在石狮召开，石狮市在会上作经验交流发言。

通信业

【中国电信石狮分公司】 2021年，中国电信股份有限公司石狮分公司（简称“中国电信石狮分公司”）坚持“用户至上，用心服务”的服务理念，以市场需求为导向，开展优质服务。全年营业收入2.57亿元，电信固定电话用户11.32万户，宽带用户20.71万户，天翼用户22.03万户。

2021年，中国电信石狮分公司加快网络建设，打造覆盖深、速率高、感知优的精品网络，推动经济社会数字化、网络化、智能化转型，助力社会经济稳发展。全年新增光端口20168个，新建万兆端口1464个，万兆端口总数4720个，端口平均网速800Mbps（兆比特每秒），总出口带宽760Gbps（交换带宽）。完成190个5G基站建设、536台AAU的开通入网。

2021年，中国电信石狮分公司坚持“用户至上，用心服务”的服务理念，在营业厅设立“爱心驿站”关怀体验区，免费提供包括进厅休息、饮水供给、手机辅导、手机充电、Wi-Fi、加热食品等便民服务。设置军人优先台席、残疾人优惠套餐、为老年人提供适老服务。结合物联网技术，配合打造由前端设备、智能管理平台和客户服务中心组成的智能停车系统，覆盖石狮主城区多个重要路段，通过多种信息服务，助力数字城市建设。

2021年，中国电信石狮分公司依托北斗定位功能及船载天通卫星定位平台，将卫星移动通信和导航定位服务深度融合，克服原先普通网络覆盖面小，受极端天气影响大的问题，实现船舶安全点检、实时定位、轨迹回放、电子围栏、重点海域报警功能。通过监管服务平台，对船舶的信息化综合管控，打通远海渔船监管盲区。同时，各渔船紧急报警信息实时在管理中心弹图上墙，应急指挥命令直达船上，解决出海渔船通信问题，提高海洋执法效率，严守安全生产底线。全年配合石狮市农业农村局为全市780艘大中型渔船配备国产天通卫星电话。

【中国移动石狮分公司】 2021年，中国移动福建公司石狮分公司加快5G网络建设，开通5G基站超400个，实现主城区及重点集团全覆盖；完成700M（兆）海域覆盖规划。加快5G融入千行百业，打造市融媒体中心5G和背包直播、第四实验幼儿园智慧校园等项目。推进光纤宽带建设，端口总数超30万个，覆盖率98.31%。300M（兆）以上高带宽用户占比48.9%。借助移动云、大数据、物联网等技术，打造数字石狮地理空间、城市公共安全平台、交警智慧停车等重点

2021 年，中国移动福建公司石狮分公司打造“凤眼守护”等基层治理平台
（图 / 中国移动福建公司石狮分公司）

项目。

2021 年，中国移动福建公司石狮分公司成立“战疫青年突击队”，开展铺设光纤、调通专线等通信保障工作，保障石狮市 179 个核酸采样点完成核酸检测信息登记和采集。组建“5510”竞赛保障工作组，结合“我为群众办实事”项目 13 个，推进基层治理、乡村振兴、疫情防控等工作。打造“凤眼守护”等基层治理平台，被“学习强国”学习平台报道。建设全市首个 5G 融媒体党建室，将传统党建内容与 5G 双千兆发展技术、VR 技术、“互联网 +”技术等相结合，丰富党员教育手段。组织“拓荒者”先锋队开展农村宽带覆盖攻坚，实现行政村宽带覆盖 100%；借助 5G 技术助力永宁镇旅游产业发展，实现黄金海岸信号高质量覆盖。

2021 年，中国移动福建公司石狮分公司推进打击治理电信网络诈骗犯罪，组织签订责任书 462 份。协助警方抓获 3 名非法倒卖号卡人员，打造泉州首个“反诈”联盟。

【中国联通石狮市分公司】 2021 年，中国联合网络通信有限公司石狮市分公司坚持市场化改革方向，聚焦云计算、大数据、物联网、人工智能等领先的新型信息与通信技术，推进运营组织体系变革。以客户为中心，组建四大专业模块，完成产互公司，消互专业、云网专业的专业化改革，成立企业与家庭业务部门，打造“云网端边业”协同的专业化服务能力，实现家庭数字化和中小企业数字化。内部实施互联网化运营，实现组织的去行政化，形成机构为 1 个部门 +3 个专业部门 +5 个专业网格。推进划小改革，以激发最大活力为目标，完成消互专业 3.0 版本组织机构优化调整，整合优化社区网格，将原来的 3 个优化整合为 2 个。

2021 年，中国联合网络通信有限公司石狮市分公司加快数字化转型，以“提升规模”为核心要务，抢抓重点市场，加大聚焦重点行业项目与标杆项目的签约组织力度，完成创新收入 2459 万元，比 2020 年提升 27.1%；完成签约 2426 万元，比 2020 年提升 19.3%，大项目签约能力逐步增强，签约百万元及以上项目 15 个，比 2020 年提升 114%。聚焦“教育”行业，全年公开市场中标 1057 万元，运营商中标份额占比 25.5%，其中教育领域中标 622.8 万元，在运营商中标份额占比 100%。

2021 年，中国联合网络通信有限公司石狮市分公司提升网络质量，MR（优良比）良好覆盖率 98.06%；4G 人口覆盖率、行政村覆盖率 100%；与电信共享建设 5G 基站 198 个。建设互联网专线项目 80 余个，公安监控点位 376 个。

金 融

金融服务与保障

【概况】 2021年，石狮市金融工作局聚焦服务实体经济、防控金融风险、深化改革创新三大任务，在金融助力疫情防控、支持企业复工复产、推进“5510”项目融资等重点工作中推动全市高质量发展。加强银企融资对接，签订政银战略协议。出台政府性融资担保公司风险共担资金，与建设银行在泉州市首创并推广批量担保“善担贷”。石狮市设立公益性金融服务机构支持民营企业的做法被国家发改委列为典型经验做法推广。全年完成信用建档729户，发放信用贷款2058笔。受理人行个人征信查询超3.8万笔、企业征信查询1069笔，民间融资成交登记711笔、融资金额24.65亿元，二手房交易监管服务512笔、监管金额3.38亿元。

【金融保障机制】 2021年，石狮市推广省纾困专项资金贷款，全市3301家企业注册使用金服云平台，440家企业获新增纾困贷款20.83亿元，节省贷款利息约2500万元。加强银企融资对接。开展银企对接活动，举办2021年“金融惠企 融资直通”银企对接活动周宣传月，召开11场专题对接会；签订政银战略协议，与兴业银行、石狮农商行、厦门银行签订“十四五”期间超350亿元的战略合作协议，3家银行贷款增量42.63亿元，占全市贷款增量的65.09%；开展金融小分队行动，提供金融顾问服务，走访受疫情影响严重的中小微企业民营企业100余家。助推石狮服装城市场采购信用城创建，联合人行石狮支行、发改局，引导银行开展企业、商户信用信息建档，共同构建信用评定机制，挖掘和增进小微企业、个体工商户等市场经济主体的信用价值，完成信用建档729户，发放信用贷款2058笔，金额总计7.5亿元。完成省级、泉州级、石狮级三级挂牌、上市后备企业申报，有计划、有针对性地分层培育。全年挂牌后备企业9家完成股份制改制，其中6家在海交中心挂牌。

【金融发展】 2021年，石狮市出台政府性融资担保公司风险共担资金，落实融资担保尽职免责规定，与建设银行在泉州市首创并推广批量担保“善担贷”。截至12月底，担保余额7.03亿元，在保户数234户，其中批量担保业务1.3亿元，放大倍数3.3倍，平均担保费率0.6%，减轻企业融资成本。创新利用国有资本运营公司对相关产业直接投资，推动产融对接，释放投融资活力，现投资中石光芯、中益制药等6个项目，国有资本投入4.43亿元，带动社会资本投入8.05亿元。

【金融服务】 2021年，石狮市升级“小微融资对接”平台，平台采用“线上＋线下”金融服务模式，并在省金服云平台开设石狮专区。全年平台上架包含服务石狮市外贸企业的外汇融资产品及汇率避险等金融产品100多款，助力石狮中小微企业获得银行贷款293笔、授信超6.64亿元，国家发改委向全国推广石狮市设立公益性金融服务机构支持民营企业的典型做法。创新一站式金融公共服务，采取政府管理、银企参与、非营利运作模式，按功能构建社会信用体系、民间融资登记服务体系、产业金融对接体系。全年受理人行个人征信查询超3.8万笔、企业征信查询1069笔，民间融资成交登记711笔、融资金额24.65亿元，二手房交易监管服务512笔、监管金额3.38亿元。

【金融风险防控】 2021年，石狮市金融局出台《石狮市企业金融风险防控化解实施方案》，强化银行业金融机构和企业主体责任。出具企业贷款转续贷、降低利率相关事项协调函 55 份，请示文 12 份；处置不良贷款 25 亿元，其中处置佳龙石化石狮辖内不良贷款 15.15 亿元。建立监测预警体系，将防范和处置非法集资工作纳入网格化管理范畴，全年兑现举报奖励 8 件，金额 4000 元。加强与公检法部门的沟通协调，全市新发非法集资案件 9 件，结案 2 件。市处非办联合相关部门开展风险线索核查 5 次，行政处置 2 次。

银行业

【概况】 至 2021 年末，石狮市本外币各项存款余额 840.27 亿元，比年初增加 37.09 亿元，比 2020 年末增长 4.62%，本外币各项贷款余额 814.15 亿元，比年初增加 65.49 亿元，比 2020 年末增长 8.75%。各项外汇存款余额 20565 万美元，比年初增加 14086 万美元，比 2020 年末增长 217.46%，各项外汇贷款余额 1155 万美元，比年初增加 139 万美元，比 2020 年末增长 13.68%。企业存款比 2020 年上升，住户存款弱势增长。企业存款比 2020 年上升 6.38%，全年上升 9.74 亿元， 比 2020 年少增 12.59 亿元。住户存款比 2020 年上升 4.96%，全年上升 26.67 亿元，比 2020 年少增 18.11 亿元。主导产业贷款增速持续下滑，新增贷款投向较为集中。从结构来看，主要集中在住户贷款特别是个人住房贷款上；从行业来看，主要集中在批发和零售业、水利、环境和公共设施管理业。不良贷款呈现下降趋势。截至 12 月末，全市银行机构不良贷款余额 12.73 亿元，不良贷款率 1.56%，不良贷款率比年初下降 0.43 个百分点。

【实体经济发展服务】 2021 年，石狮市发挥再贷款引导作用，引导法人金融机构合理运用再贷款资金，重点支持涉农、小微企业和民营企业的信贷投放，惠及 710 户，利率均不高于 5.5%。延长两项货币政策工具运用，提供稳岗就业 30491 个，降低小微企业信用方式融资成本。推动小微企业首贷培植，引导辖区银行成立首贷服务部门，建立相关统计监测制度，动态跟踪行动进展，定期通报。截至 12 月末，辖区银行落实首贷户数 371 户。推动“贷款码”的推广应用，对接企业 23 家，落地放款 6961.82 万元，解决民营和小微首贷难题。加大科技型企业信贷投放力度，优化信贷管理机制。

【风险防范】 2021 年，石狮市强化央行评级，网格化推进存款保险知识宣传。开展年度银行业压力测试相关工作，健全预警体系，增强银行风控能力。加大反洗钱监管力度，开展洗钱和恐怖融资风险自评估工作，完成辖区 52 家非法人金融机构反洗钱分类评级工作。加强对重点可疑交易线索审查分析、甄别筛送与上报研判。推进打击治理跨境赌博、防范电信网络诈骗新型犯罪活动。制定《“断卡”行动专项工作考评细则》，建立不定期会商、信息共享和协作机制与涉案卡周通报制度。组织开展涉案账户倒查与存量个人银行账户排查，降低存量卡涉案的风险。

【服务民生】 2021 年，石狮市推动服装城“信用城”建设。印发《石狮服装城市场采购信用城创建方案》，引导银行开展企业、商户信用信息建档和信用户评定，实现服装城采购贸易平台数据与“信用城”数据平台数据接口程序的交付使用。全年为信用城商户建档 729 户，发放信用贷款 2058 笔，金额 7.5 亿元。优化老年人支付结算服务。创建石狮农商行永宁支行适老金融服务示范点，对老年客户提供“一对一”服务，确保老年人“一站式”办结业务，并主动提供上门金融服务 40 余次。推进绿色金融与乡村振兴。制定和完善绿色金融发展战略与工作规划。创新丰富农村金融产品和服务，引导机构实施农村金融服务“一县一品”工程，发展“公司 + 农户”、村级互助担保基金担保贷款等信用共同体融资模式，推广涉农信贷产品。截至 12 月末，石狮辖内涉农贷款余额为 555.91 亿元，比 2020 年增长 5.63%。推进农村信用体系建设。加大各项涉农金融宣传力度，完善农户档案信息和农户信用评价体系。截至 12 月末，辖内农村金融机构建立信用村 59 个，农户建档 61504 户，并与 48911 户建档农户发生信贷关系，年末贷款余额 111.76 亿元，建档覆盖面 91.73%，改善农村金融生态环境，缓解农户融资难、融资贵的问题。推动移动支付便民工程建设。加快移动支付下沉至农村地区，指导石狮农商行创建农村特色产业应用场景，指导泉州银行石狮支行将云闪付植入石狮海洋学院一卡通，用于该学院学生日常扫码支付。提升征信查询服务质量。执行征信服务窗口新指引，做好征信查询、异议处理、国家机关查询工作。完成个人征信柜台查询 1516 笔，企业征信查询 1068 笔，司法查询 33 笔，异议查询受理和回复 30 笔。新增 4 台自助查询机布设，服务时间覆盖周末和节假日。加强自助查询网点规范化管理，做到征信窗口统一标识指引，对老弱病残群体开辟“绿色通道”，完善“适老”服务。加强金融消费者投诉处理，处理消费者投诉 21 件，报送违法违规金融广告线索 10 条，处置违规案件 1 件。完善石狮市金融纠纷多元化解和诉调对接工作机制，提高多元化纠纷解决的效率和效力。

【外汇管理】 2021 年，石狮市推动跨境人民币结算量增长。制定跨境人民币业务结算量增长超 30% 的目标任务，督促和指导辖区法人机构推进落实。构建“一对一”帮扶机制，提高人民币跨境结算占比，减少资金汇兑损失。依托服装城采购贸易试点平台，利用跨境电商中心优势，引导银行在政策框架内对企业业务特点制定服务方案及金融产品。全年全市贸易项下跨境人民币结算6.97亿元，比2020年增长64.38%。创新市场采购服务模式。打造“信用保险+市场采购”新型投保模式，对登记在市场采购贸易联网信息平台的出口应收账款实现风险全覆盖。创新多主体收汇方式，引导市场主体采用市场采购安全收汇，截至12月末，石狮服装城外贸商户通过市场采购贸易方式跨境收汇近1亿美元。创新设立汇率避险产品“公共保证金池”模式，工农中建行开立公共保证金账户，为外贸出口企业提供“免保证金”远期结售汇业务。提升外汇业务服务水平。开发石狮小微融资对接平台“外汇金融服务模块”，解决企业外汇融资难、汇率避险管理问题。建立评议员常态化服务机制，聘用政、银、企评议员20余名，开通“线上+线下”双线评议渠道，倾听市场声音，提升外汇服务。

【中国银行石狮支行】 2021年，中国银行石狮支行各项存款余额43.60亿元，比2020年增加4.34亿元，贷款32.98亿元，比2020年增加4.96亿元。不良贷款余额2197万元，较年初减少1055万元，不良率0.67%，比年初下降4个百分点。实现营业收入11066万元，比2020年增加829万元，拨备前利润为7339万元，比2020年增加1045万元。中国银行石狮支行加大对地方国企的营销力度，发行首笔银行间债券市场债务融资工具业务，填补中国银行石狮支行历年来债券承销业务的空白。提升银行卡有效客户向活跃客户拓展力度，加强“双基双户”基础夯实，重点发展行政事业项目账户，拓展第三代社保卡，促进个人客户批量增长。全年批复大公司授信项目7个、金额22.07亿元；实现投放大公司项目5个、金额6.28亿元；批复小企业授信项目25个，金额1.5亿元；实现投放小企业项目20个、金额1.35亿元。

【中国工商银行石狮支行】 2021年，中国工商银行石狮支行各项存款余额84.52亿元，各项贷款余额83.69亿元，不良贷款余额1444万元，不良率0.2%。中国工商银行石狮支行加快转型发展步伐，从增量、质量、存量入手，多路径推进效益增长，全年实现拨备前利润2.09亿元，比2020年增加4403万元，增幅26.8%。通过强化精细化管理，增收拓源，巩固信用卡业务优势，补强新兴业务发展弱势，收益结构调整提质增效，实现中间业务收入8916万元，比2020年增加1381万元，增幅18.33%。加大信贷市场拓展力度，支持企业复工达产、普惠金融的同时，抓好审批项目快速投放落地，新增投放材料制造、船舶购置、产业建设等项目贷款及法人客户流贷合计7.75亿元；新增投放个人贷款12.31亿元；普惠贷款余额6.7亿元，较年初增加2.37亿元，增幅54.7%。

【中国农业银行石狮支行】 2021年，中国农业银行石狮支行本外币各项存款余额124.65亿元，比年初增加12.42亿元。各项贷款余额116.1亿元，比年初增加9.25亿元。不良贷款余额2.94亿元，比年初增加429万元，不良占比2.54%，比年初下降0.18个百分点。不良贷款处置8381万元，清收核销贷款本息2972万元。中国农业银行石狮支行推进乡村振兴发展，服务国家重大战略和重大项目建设，给予三大国企集团总授信39.97亿元，贷款余额24.94亿元。推进海洋经济可持续发展，中国农业银行石狮支行港口航运行业贷款授信余额13.44亿元，贷款余额5.9亿元；水产品加工行业贷款授信余额4.91亿元，贷款余额2.95亿元；渔船抵押贷款（法人）授信余额3.73亿元，贷款余额3.07亿元。为乡村振兴带头人、渔民等特色群体提供金融服务支持，减轻渔民等“三农”群体的利息负担，支持“三农”产业生产经营。年末，中国农业银行石狮支行“三农”贷款余额15.84亿元，惠及农户2000余户，其中“惠农e贷”余额14.51亿元，比年初增加2.62亿元。推出线下产品智动贷、续捷e贷、抵押e贷，简化小微企业贷款审批手续，降低小微企业融资成本；推出微捷贷、纳税e贷、首户e贷、账户e贷等线上信用产品，拓宽小微企业融资渠道，缓解小微企业融资难的问题；针对小微外贸企业推出“免抵押、免担保”的外贸e贷，解决融资难、抵押难的问题；推出外贸满贷业务，提升外贸小微企业融资额度，实现抵押率最高100%。截至12月末，中国农业银行石狮支行普惠贷款余额7.47亿元，比年初增加1.29亿元，投放13.91亿元。加强对石狮外贸企业的服务，为600多家企业提供资金结算、汇率避险、贸易融资等优质跨境金融服务，市场份额超50%。

【中国建设银行石狮分行】 2021年，中国建设银行石狮分行各项存款余额164.22亿元，各项贷款余额131.3亿元。普惠型涉农贷款余额13.96亿元，比年初新增2.28亿元，农户经营性贷款新增3.86亿元。中国建设银行石狮分行纾困贷款助力小微企业发展，为103家中小微企业办理纾困贷款，涉及金额3.02亿元，新发放纾困贷款85笔，金额1.8亿元。发放应急贷款2笔，涉及金额1070万元。优化信贷投向，新增审批非房地产类大中型信贷项目12个，审批批复金额18.4亿元。中国建设银行石狮分行绿色贷款较年初增长3.74亿元，增速石狮136.85%，绿色信贷占各项贷款比重提升2.78个百分点；基础设施领域贷款余额20.74亿元，较年初增长1.81亿元。落实风险防控主体责任，强化福建30大项目化解跟进，推动重大信用风险精细化管理，30大项目化解处置8.1亿元。

【兴业银行石狮支行】 2021年，兴业银行石狮支行本外币总存款余额74.63亿元，比年初新增3.46亿元，其中本外币对公存款余额29.43亿元，比年初新增0.48亿元。本外币各项贷款余额103.98亿元，比年初新增14.76亿元，其中个人贷款余额57.19亿元，比年初新增8.92亿元，代理本外币理财余额69.65亿元，比年初新增6亿元。兴业银行石狮支行启动福建省“金服云”平台“石狮专区”的上线，解决银企信息不对称，帮助企业快速了解政府和银行的最新优惠政策和产品；优化完善服务网络，利用“兴智汇”等掌上载体，搭建同客户线上沟通桥梁。推出“兴E付”“兴业管家”，网上自助“循环贷”“三板贷”等金融创新产品，破解小微企业融资痛点。深化政银企三方合作关系，与石狮市政府签署战略合作协议；与石狮市国企签署100亿元投融资支持意向合作协议；联动华福证券承销国投集团私募债；参与投资石狮各大国企债券；推广无还本续贷业务，推广农村小微企业授信客户配套“连连贷”业务，支持企业融资周转“无缝衔接”，降低企业财务成本，化解企业转贷难转贷贵的问题。

【中国邮政储蓄银行石狮支行】 2021年，邮政储蓄银行石狮支行各项存款余额24.59亿元，各项贷款结余37亿元，不良金额2190万元，不良贷款率为0.59%。邮政储蓄银行石狮市支行坚持落实“服务三农、服务小微、助力乡村振兴”的发展战略，为全市3000多户居民、农户、中小企业提供综合金融服务，覆盖农业、纺织、鞋帽、食品、五金、电子等多个行业。加大涉农信贷投放力度，与石狮农业农村局联合开展“放心农资进乡村”“农民丰收节”等多场活动，做好乡村振兴金融服务工作。截至12月底，涉农贷款结余22.16亿元，新增3.59亿元；普惠涉农贷款结余12.64亿元，新增7215万元。

【泉州银行石狮支行】 2021年，泉州银行石狮支行各项存款余额28.34亿元，比2020年增加2.38亿元，其中对公存款余额13.96亿元，比2020年增加0.35亿元，个人存款余额14.38亿元，比2020年增加2.03亿元。各项贷款余额30.9亿元，比2020年增加5.23亿元，其中对公贷款余额25.34亿元，比2020年增加3.42亿元，个人贷款余额5.56亿元，比2020年增加1.81亿元。泉州银行石狮支行加强普惠小微，新增普惠授信530笔，合计23718万元；小微两增贷款余额68683万元，较年初增加3010万元。深化金融供给侧结构性改革，助力乡村振兴战略，与石狮市永宁镇港边村、石狮市祥芝渔业协会进行党建共建暨“整村授信”签约，推动镇村农户、街道社区普惠金融业务发展。坚持零售金融特色发展道路，以客户服务及体验为核心，深挖客户金融需求，提升零售存款规模，推动零售各项业务提质增效。截至12月31日，泉州银行石狮支行零售金融总资产余额36.62亿元，较年初增加7.06亿元。零售贷款余额5.56亿元，较年初增加1.81亿元，零售贷款占比18.59%，较年初提升3.4%。聚焦普惠、关注民生，做好金融服务实体经济、服务民营企业、服务小微企业工作，助力地方经济。截至12月31日，石狮区域民营企业贷款余额10.33亿元，较年初增加1.53亿元；涉农贷款余额25.84亿元，较年初增加4.32亿元。泉州银行石狮支行坚持“提前谋划、精细管理、抓大不放小”，对存量逾期资产进行分类，制定一户一策处置措施，运用以诉促谈、诉讼清收、债权转让及核销等手段，推进各类风险资产的清收处置工作。严控新增信用风险暴露，通过差别动态授权与授信评审机制并驱，多维度、多环节对客户风险进行把控、强化贷后预警管理和重点领域风险防控，从存量风险资产中提炼业务风险点及贷前调查未尽职点，以案代训逐步提高营销人员的风险合规意识及风险把控能力。

【石狮农商银行】 2021年，石狮农商银行各项存款余额216.33亿元，比年初增加14.95亿元，增幅7.42%；各项贷款余额161.2亿元，比年初增加18.12亿元，增幅12.67%。存、贷款市场份额分别为22.98%、16.06%。石狮农商银行依托“金服云”平台，运用央行再贷款、再贴现、转贷款资金及省政府纾困资金等政策，采取主动降低贷款利率、无还本续贷、延期还本付息等措施，助力小微企业复工复产。年末，申请人民银行专项支小贷款政策专用额度12.28亿元；办理延期还本955笔、金额20.22亿元；发放普惠小微信用贷款681笔、金额1.9亿元；发放纾困贷款195户、贷款金额7.37亿元。坚持“服务三农、服务小微、服务民生”的市场定位和“小额、流动、分散”的经营原则，强化对小微企业、民营企业、涉农贷款等重点领域的信贷支持。年末，涉农贷款余额126.03亿元，较年初增长0.5亿元；普惠型小微企业贷款余额61.75亿元，比年初增长15.18亿元，贷款户数5610户，比年初增长1628户。助力石狮海洋经济发展，为渔业产业链上下游农户和企业提供阳光信贷、资金结算、代收代付、电子银行、财务增值、个性金融等专业化金融增值服务，实现金融服务与海洋产业的直接对接。年末，围绕海洋上下游产业链，发放各类涉海信贷超过1万户，贷款余额48.68亿元，涉海贷款占比30%。推进与党政部门、群团组织、行业协会等多元化主体合作，与新增13家企事业单位签订战略合作协议，通过“福农e政”代发7个资金项目，代发笔数1.2万笔，金额860万元。加强政府项目对接，搭建全省农信第一家政银企全线上资金平台——石狮市奖补直达兑付平台，并成为该平台唯一合作金融机构，兑付资金超过5亿元。联合人民银行、农业农村局、益农信息社等单位，打造“乡村振兴示范点”“乡村好货馆”“多社融合示范点”等，探索构建形成生产、供销、信用“三位一体”的新型农村合作经济体系。创新金融产品，盘活农村市场要素，分别发放科创贷、新农直通贷、地标贷、裸房贷、福村贷等创新信贷产品，其中，“福农·裸房贷”发放户数243户、贷款金额4223万元。创新信贷产品，针对渔船建造、海产品养殖、渔业捕捞、水产品精深加工、冷链物流、“互联网+渔货贸易”等经营主体，推出“福海·造船贷”“福海·船抵贷”“福海·渔仓贷”“福海·渔养贷”“福海·渔家乐”等全产业链配套金融产品，助力海洋产业转型升级。创设蓝色专营机构，结合“五位一体”网点转型理念和当地海洋文化历史特点，将海洋元素、闽南传统红砖古厝、世界文化遗产古渔港古航标等元素相结合，打造蓝色专营机构——祥芝支行，通过设立渔船抵押自评估中心，实现从渔船预评估到渔船抵押登记、放款一体化服务。

【招商银行石狮支行】 2021年，招商银行石狮支行各项存款余额12.8亿元，各项贷款余额11.56亿元。招商银行石狮支行启动“初心计划”，批发提升客群质量，打造生态化的获客与经营能力。坚持开放融合，对外让财富管理平台化，对内以融合加深“三大飞轮”运转。加强数据建设，抓好向云转型。加强分行“六全”（全面、全球、全员、全程、全额、全新）风险管理体系，完善对底层资产的风险监测。开展厅堂“桂花”主题活动方案、厅堂服务体验计划、客户体验式开卡、特色招牌下午茶等活动，惠及3万人次。

【民生银行石狮支行】 2021年，民生银行石狮支行各项存款余额21.33亿元，各项贷款余额17.65亿元，发放贷款12.53亿元。民生银行石狮支行加大小微金融服务政策倾斜，执行小微贷款内部资金转移价格倾斜（FTP），增强小微信贷投放动力。结合小微企业抵押物缺失问题，根据客户结算流水，创新设计并推出小微信用贷产品——“流水贷”，破解抵押物缺失难题，加强信用类贷款产品创新，缓解小微企业“融资难”。推广以线上申请、快速办理为特点的“网乐贷”等产品，客户在线自助申请、5分钟自动审批、线上自主支用，为小微客户提供简单、高效、便捷的融资服务。加强贷款转期服务，解决贷款到期“过桥资金”筹集难度大、费用高的问题。强化流程服务创新，推广移动运营IPAD终端受理。为小微客户提供二维码收银台、智能POS等小微专属支付结算工具，提供“校付通”等行业结算应用，满足小微客户结算及财务管理需求；推出小微企业“云账户”，实现3分钟线上申请、3小时审核通过、30分钟网点交付，为小微企业提供低成本、便捷化开户服务。

【中信银行石狮支行】 2021年，中信银行石狮支行对公全口径日均存款4.8亿元、较年初新增1.5亿元；零售管理资产日均8.87亿元、较年初新增1.4亿元，全口径日均存款2.68亿元、较年初新增0.29万元。贷款余额6.31亿元，其中不良贷款余额40万元、不良贷款率0.06%。普惠金融业务贷款余额3476万元，较年初新增投放2214万元，完成率150.61%。帮助外贸客户解决应收账款融资难题，投放外贸贷款1000万元。助力政府采购，投放政采贷4笔608万元。实现绿色信贷新增投放1亿元、排名泉州分行第一。加强国企合作，根据石狮市“5510”项目安排，重点对接石狮光子产业园、大健康产业园、海洋食品产业园。加快推进包括省重点项目融资、龙头制造业和新兴产业、技改项目及专精特新项目。助力乡村振兴，做好对接石狮区域渔港、渔业、渔船的业务，提供相关综合融资服务。推进分行和区域唯一的特色环保普惠贷款和首笔信保融资外贸贷业务，在按揭、普惠、车场景、信秒贷均实现新增。2021年实现从B-类行（第14名）提升成为唯一一家获A类行的股份制银行，也是泉州分行唯一一家获A类行的支行，配合落实断卡行动，截获网络电信诈骗两次，获得石狮公安反诈中心到行颁发表扬信。

【交通银行石狮支行】 2021年，交通银行石狮支行各项存款余额12.71亿元，各项贷款余额31.98亿元。支行深化银政合作及拓展重点企业，拓展多家知名上市公司以及多家泉州优质龙头企业，并进入战略合作银行序列。利用石狮当地优势和政策，与担保公司多方位合作，介入石狮优质小微企业，做好中小微企业拓展及扶持工作。做好原有存量客户的信用风险防控，压实管控责任，做到分类管理、主动作为，强化风险化解。

【平安银行石狮支行】 2021年，平安银行石狮支行各项存款余额12.23亿元，各项贷款余额4.68亿元。2021年，平安银行石狮支行围绕全面向零售银行转型的战略目标，通过“综合金融+物联网”和“互联网+综合金融”两个模式，整合客户和产业链上下游资源，向客户提供一站式、多样化的金融服务。推出宅抵贷等产品，具备简便、快捷等特点和为中小企业提供经营周转资金，缓解融资困难，降低企业融资成本。零售业务方面，服务石狮区域广大的个人客户，提供便利的个人结算，结合中国平安的综合金融平台优势，提供合法合规有竞争力的理财产品。

【浦发银行石狮支行】 2021年，浦发银行石狮支行本外币各项存款余额5.68亿元，各项贷款余额14.64亿元，制造业贷款余额5.91亿元，比年初减少6.02亿元。处置各类不良贷款8.37亿元。年内，浦发银行石狮支行为8家企业减费让利，为12家企业降息；减费金额110.34万元，减少利息192.298万元。

2021年，浦发银行石狮支行提升小企业金融产品服务能力，优化“房抵快贷”“科技贷”“银税贷”“银信贷”等小微金融产品，运用小微批量授信方案，解决小微企业融资需求。拓展“1+N”供应链业务，依托核心企业、电商平台，打造“场景化、平台化、批量化、N+1+N”的经营模式，为核心企业的下游经销商提供纯信用的线上融资服务，助力小微企业发展。向上争取票据贴现额度，支持小微和民营企业的融资需求，降低中小企业财务费用。对小微企业票据直贴予以价格优惠，鼓励小微企业票据贴现。优化信贷流程，对票据贴现等资金周转要求高的业务品种，加大流程整合力度，提升办理效率。完善企业无还本续贷“名单制”管理，对经营正常、还款意愿强、配合度高的企业存量贷款提供无还本续贷服务，缓解企业融资还款难的问题，减轻企业融资成本。

【光大银行石狮支行】 2021年，中国光大银行股份有限公司泉州石狮支行（简称“光大银行石狮支行”）本外币各项存款余额4.4亿元，比2020年增长32.87%；本外币各项贷款余额10.61亿元，比2020年增长11.31%。

2021年，光大银行石狮支行与各行龙头企业建立合作关系，培育核心客户，并以此为依托，沿供应链和产业链拓展其上下游客户，发展和创新供应链金融产品、现金管理产品、结算型产品，推动中小微有效客户数量的增长；加强公司、投行、资金、租赁、托管等条线联动，推进核心客户的投行业务合作，加强和石狮国企的合作关系；加大对投行业务、票据和理财产品的推动和投入，提升对中大型项目，包括土地储备、安置房等政府性基础设施建设项目、行业重点建设项目、重点民生项目的资金支持力度。光大银行石狮支行以ETC生活卡配合大额存单月息宝为特色业务，提高个人和企业的卡使用率。

【福建海峡银行石狮支行】 2021年，海峡银行石狮支行各项存款9.37亿元，各项贷款10.1亿元。在2021年度市级金融机构中，人民币流通工作考评结果为A类行、反洗钱报告机构考核评级为B类BBB级、综合评价为二类B档。通过福建海峡银行网点文明规范服务三星级评定标准。海峡银行石狮支行用心服务，通过“海峡掌柜”移动设备，上门为老年人提供足不出户的金融服务，打造适老金融服务；为老年客户开辟绿色通道，设立“老年服务区”，提供血压计测量等。福建海峡银行石狮支行统筹疫情防控和复工复产、中小微企业帮扶等各项金融服务工作，实现信贷投放增量、扩面、提质、降本，服务地方经济发展

【泉州农商银行石狮支行】 2021年，泉州农商银行石狮支行各项存款余额11910万元，各项贷款余额54561万元，比年初增加9268万元，比2020年增长20.46%。年内，依托小额标准贷等普惠金融产品发展普惠金融村及普惠金融社区，走访5个村开展小额标准贷宣传营销。依托青创卡产品，与石狮市团委加强联系，规范青创卡办理流程。加强风险防范，防止流动性风险、操作风险、内部人控制等风险的发生。强化员工服务意识提升效能，增强团队战斗力。

【中国农业发展银行石狮支行】 2021年，中国农业发展银行石狮支行各项贷款余额30.7亿元，比年初增长5.1%。贷款日均30.2亿元，比2020年增长8.7%。对公存款余额4.5亿元，比年初增长4.4%。日均存款4.6亿元，比年初增长6.8%。无新增不良贷款，信贷资产保持优良。

中国农业发展银行石狮支行加强电子银行推广业务，实现全省系统首次开通集团公司银企直联接入服务业务，形成日均存款超过3亿元；推广电子渠道业务，签约网银客户16家，电子业务替代率99.5%，电子渠道签约覆盖率96.9%；推广手机银行业务及银联收单业务，签约手机银行3家，签约收单业务企业5家，实现银联收款220万元，完成国际结算任务77万美元，任务完成率154%，丰富各项客户结算手段，客户服务水平逐渐提高。开展小微企业营销，实现小微企业政银担全覆盖，办理3家存量小微企业贷款续贷，金额1700万元，新增2家小微企业贷款，金额810万元，利用政策性金融优惠政策，为民营企业节省财务成本25万元；支持地方生态环境保护与绿色资源开发，获批石狮唯一绿色信贷项目——灵秀山绿色生态开发保护项目1.5亿元，用实际行动践行“绿水青山就是金山银山”发展理念。强化同业营销意识，营销石狮农商行购买农发债3000万元，完成任务113%，增加农发债市场流通性。办理地方储备粮贷款展期11笔，发放储备粮轮换贷款2笔，金额0.25亿元，新增地方储备粮贷款1笔，金额0.25亿元，支持地方增储0.15万吨。支持政府“5510”项目竞赛活动，全年审批项目贷款6个，金额14.65亿元，投放中长期项目贷款4.24亿元，贷款对象涵盖石狮三大国有集团，解决集团建设资金问题，同时创新“以修代租”信贷模式，解决石狮市八卦街、华山归园田居等闽南古建筑项目用地难题，为传承保护闽南文化提供物质平台。

【厦门银行石狮支行】 2021年，厦门银行石狮支行各项存款余额为4.2亿元，各项贷款余额25.71亿元。厦门银

行石狮支行推动“小企业标准化授信”产品的推广，针对小微企业、个人工商户助业等提供金融融资渠道，在“标准贷”的基础上，开发“接力贷”“融E贷”“快E贷”等相关产品，降低客户压力。

【福建石狮渝农商村镇银行】 2021年，福建石狮渝农商村镇银行各项存款余额1.04亿元，比年初净增2312万元。投放各类贷款2.27亿元，贷款余额2.89亿元，比年初净增7188万元。日均贷款余额2.69亿元，比年初净增5217万元。完成“两增两控”的监管指标，贷款增量居泉州地区7家村镇银行第二位，贷款规模上升到泉州地区村镇银行第四位，《石狮渝农商村镇银行做实金融惠企 助力融资直通》在《石狮日报》刊载。

2021年，福建石狮渝农商村镇银行支行健全风险主动防范机制和重大风险处置机制，提高信贷风险应对和处置能力。加大对新增风险贷款和存量逾期贷款处置化解不力的问责力度。核实客户提供的财务、生产经营、押品、担保等资料的真实性，提高风险识别能力。提高员工工作效率，在客户集中的区域，指定时间由客户经理驻点服务。

证券业

【概况】 2021年，石狮市有6家证券公司，从业人员95人，比2020年减少15人，主要在于万和证券、中金证券退出，同时科技的进步、人工智能场景应用不断扩大，证券经纪人数量下滑。截至12月底，各证券公司实现交易金额2686.4亿元，营业收入7943.85万元，比2020年增长10.66%，手续费净收入5021.37万元，利润总额3217.14万元，比2020年减少7.54%。

2021年石狮市证券业客户总资产、市值、交易等情况表

表5

证券公司	客户总资产（万元）	市值（万元）	沉淀资金(万元)	客户总数（个）	交易成交金额（万元）
东兴证券	327712.55	307802.10	19910.45	48114	5931634.29
光大证券	52294.26	49702.96	2620.65	5186	2129297.32
华福证券	326075.48	305546.85	20528.63	58207	6800739.06
申万宏源证券	28166.17	25203.47	2962.70	2655	937383.43
太平洋证券	21648.65	20244.52	1404.13	2574	472848.78
兴业证券	591417.70	506989.59	29100.13	63813	10592103.59
合计	1347314.81	1215489.49	76526.69	180549	26864006.47

【证券公司发展情况】 2021年，石狮市券商市场佣金价格竞争激烈，很多资金分流至厦门、泉州其他县（市、区）等资本活跃的城市，新券商获客难，同质化竞争严重。传统的佣金收入难以维持收支平衡，各券商营业部应对改革的压力及转型挑战，提高产品销售收入、两融利息收入、综合业务收入。加快券商数字化转型和财富管理转型，加强提升线上客户体验，挖掘金融科技多样化应用场景，建立财富管理差异化竞争优势。

2021年，东兴证券石狮营业部营业收入2266.68万元，手续费净收入1906.3万元，净利润984.51万元，纳税金额162.19万元。光大证券石狮营业部新增客户1864名，营业收入456.32万元，手续费净收入176.57万元，利润总额6万元，纳税金额7.7万元。华福证券石狮营业部营业收入2109.77万元，手续费净收入1113.67万元，净利润1139.6万元，实现缴纳税金38.27万元。申万宏源证券石狮营业部营业收入287.44万元，手续费净收入211.22万元，利润总额减少137.7万元，纳税金额为18.81万元。太平洋证券石狮营业部营业收入91.2万元，手续费净收入75万元，利润总额减少2.48万元，纳税14.41万元。兴业证券石狮营业部营业收入2732.44万元，手续费净收入1538.61万元，利润总额1227.21万元，纳税金额153.61万元。

期货业

【概况】 2021年，石狮市期货公司1家，为瑞达期货石狮营业部，净入金为10997.02万元，交易客户数323个，新开户数715个，手续费留存1250万元，手续费转化率0.14%。

【业务经营情况】 2021年，瑞达期货股份有限公司石狮营业部年末权益22900万元，利润564.98万元，净入金10997.02万元，手续费留存1250万元，收入2736.77万元。2021年期货行情交易难度加剧，年新进投资者亏损居多，经纪业务保证金规模仅为1亿元左右。

保险业

【概况】 2021年，石狮辖区有34家

保险业金融机构，其中财产保险机构有12家、从业人员743人，全年保费收入5.91亿元，赔付支出3.04亿元；人身保险机构有15家，从业人员3010人，保费收入17.24亿元，赔付支出1.36亿元；保险中介机构7家。

【寿险市场】 2021年，中国人寿保险股份有限公司石狮市支公司完成保费收入41606万元，比2020年增长3952万元，增长率10.49%，其中，寿险35084万元，占比84.32%；健康险6169万元，占比14.83%。赔款支出1716万元。

2021年，中国平安人寿保险股份有限公司泉州中心支公司石狮营销服务部完成保费收入89280万元，比2020年度减少2926万元，减少率3.17%，其中，寿险66233万元，占比74%；健康险23047万元，占比26%，赔款支出8614万元。

2021年，中国人民人寿保险股份有限公司石狮市支公司完成保费收入999万元，比2020年度增加88万元，增长率9.66%，其中，寿险506万元，占比50.65%；健康险484万元，占比48.45%。赔款支出6万元。

2021年，中国太平洋人寿保险股份有限公司泉州中心支公司石狮营销服务部完成保费收入9382万元，比2020年度增长572万元，增长率6.49%，其中，寿险6691万元，占比71.32%，健康险2633万元；占比28.68%。赔款支出2175万元。

2021年，新华人寿保险股份有限公司泉州中心支公司石狮支公司完成保费收入20249万元，比2020年增长559万元，增长率2.84%，其中，寿险8670万元，占42.81%，健康险11396万元；占比56.27%。赔款支出244万元。

2021年，泰康人寿保险有限责任公司福建泉州石狮营销服务部完成保费收入3506万元，比2020年增加58万元，增长率1.68%，其中，寿险2694万元，占比76.83%；健康险809万元，占比23.07%。赔款支出117万元。

2021年，中英人寿保险有限公司福建分公司泉州石狮营销服务部完成保费收入481万元，比2020年增长223万元，增长率86.34%，其中，寿险309万元，占比64.24%；健康险172万元，占比35.76%。赔款支出15万元。

2021年，民生人寿保险股份有限公司泉州中心支公司石狮营销服务部完成保费收入2434万元，比2020年减少46万元，减少率1.85%，其中，寿险1467万元，占比60.27%；健康险967万元，占比39.73%。赔款支出111万元。

2021年，英大泰和人寿保险股份有限公司泉州中心支公司石狮营销服务部完成保费收入361万元，比2020年减少133万元，减少率27%，其中，寿险220万元；占比60.34%，健康险140万元，占比38.78%。赔款支出31万元。

2021年，富德生命人寿保险股份有限公司福建分公司石狮营销服务部完成保费收入925万元，比2020年增加10万元，增长率1.05%，其中，寿险529万元，占比57.22%；健康险395万元，占比42.72%。赔款支出71万元。

2021年，幸福人寿保险股份有限公司石狮支公司完成保费收入433万元，比2020年度增加80万元，增长率22.66%，其中，寿险267万元，占比61.66%；健康险166万元，占比38.34%。赔款支出76万元。

2021年，太平人寿保险有限公司石狮营销服务部完成保费收入1330万元，比2020年度减少89万元，减少率6.27%，其中，寿险760万元，占比57.14%；健康险539万元，占比40.53%。赔款支出220万元。

2021年，百年人寿保险股份有限公司石狮支公司完成保费收入275万元，比2020年度增加2万元，增长率0.95%，其中，寿险182万元，占比66.22%；健康险93万元，占比33.78%。赔款支出73万元。

2021年，农银人寿保险股份有限公司泉州中心支公司石狮营销服务部完成保费收入685万元，比2020年度增长157万元，增长率29.73%，其中，寿险579万元，占比85%；健康险106万元，占比15%。赔款支出179万元。

2021年，华泰人寿保险股份有限公司石狮营销服务部完成保费收入448万元，比2020年度增长448万元。其中，寿险356万元，占比79%，健康险92万元，占比21%。赔款支出3万元。

2021年石狮市各寿险公司年度保费收入及赔款支出情况表

表6　　单位：万元

公司	保费收入		赔款支出	
	累计	同比增减	累计	同比增减
中国人寿保险股份有限公司石狮市支公司	41606	3952	1716	151
中国平安人寿保险股份有限公司泉州中心支公司石狮营销服务部	89280	-2926	8614	1917
中国人民人寿保险股份有限公司石狮市支公司	999	88	6	4
中国太平洋人寿保险股份有限公司泉州中心支公司石狮营销服务部	9382	572	2175	566
新华人寿保险股份有限公司泉州中心支公司石狮支公司	20249	559	244	37
泰康人寿保险有限责任公司福建泉州石狮营销服务部	3506	58	117	-139
中英人寿保险有限公司福建分公司泉州石狮营销服务部	481	223	15	13

续表 6

公司	保费收入		赔款支出	
	累计	同比增减	累计	同比增减
民生人寿保险股份有限公司泉州中心支公司石狮营销服务部	2434	-46	111	-43
英大泰和人寿保险股份有限公司泉州中心支公司石狮营销服务部	361	-133	31	11
富德生命人寿保险股份有限公司福建分公司石狮营销服务部	925	10	71	7
幸福人寿保险股份有限公司石狮支公司	433	80	76	75
太平人寿保险有限公司石狮营销服务部	1330	-89	220	60
百年人寿保险股份有限公司石狮支公司	275	2	73	11
农银人寿保险股份有限公司泉州中心支公司石狮营销服务部	685	157	179	-68
华泰人寿保险股份有限公司石狮营销服务部	448	—	3	—

【产险市场】 2021年，中国人民财产保险股份有限公司石狮支公司完成全险种保费收入23335万元，比2020年增长3214万元，增长率15.97%，其中机动车辆保险17570万元，占比75.29%。赔款支出11574万元。

2021年，中国平安财产保险股份有限公司石狮支公司完成全险种保费收入20872万元，比2020年增加1078万元，增长率5.45%，其中机动车辆保险16794万元，占比80.46%。赔款支出11237万元。

2021年，中国人寿财产保险股份有限公司石狮市支公司完成全险种保费收入4245万元，比2020年增长504万元，增长率13.46%，其中机动车辆保险3810万元，占比89.76%。赔款支出2606万元。

2021年，中国太平洋财产保险股份有限公司石狮支公司完成全险种保费收入3502万元，比2020年增长136万元，增长率4%，其中机动车辆保险2703万元，占比77%。赔款支出1637万元。

2021年，华安财产保险股份有限公司福建分公司石狮营销服务部完成全险种保费收入1163万元，比2020年增加95万元，增长率8.9%，其中机动车辆保险1028万元，占比88.39%。赔款支出861万元。

2021年，中华联合财产保险股份有限公司泉州中心支公司石狮营销服务部完成全险种保费收入628万元，比2020年减少459万元，负增长率42.16%，其中机动车辆保险427万元，占比67.89%。赔款支出494万元。

2021年，太平财产保险有限公司石狮支公司完成全险种保费收入930万元，比2020年减少29万元，减少率3.02%，其中机动车辆保险534万元，占比57.41%。赔款支出328万元。

2021年，大家财产保险有限公司泉州中心支公司石狮营销服务部完成全险种保费收入100万元，比2020年增加93万元，增长率1305%，其中机动车辆保险97万元，占比97%；赔款支出14万元。

2021年，长安责任保险股份有限公司泉州中心支公司石狮营销服务部完成全险种保费收入974万元，比2020年增加418万元，增长率75.18%，其中机动车辆保险838万元，占比86%。赔款支出325万元。

2021年，亚太财产保险有限公司石狮支公司完成全险种保费收入679万元，比2020年增长42万元，增长率6.66%，其中机动车辆保险616万元，占比123.17%，赔款支出309万元。

2021年，中国大地财产保险股份有限公司石狮支公司完成全险种保费收入1700万元，比2020年增加14万元，增长率0.83%，其中机动车辆保险988万元，占比58.12%。赔款支出694万元。

2021年，紫金财产保险股份有限公司泉州中心支公司石狮营销服务部完成全险种保费收入987万元，比2020年增长308万元，增长率45.39%，其中机动车辆保险973万元，占比98.58%。赔款支出371万元。

2021年石狮市各产险公司年度保费收入及赔款支出情况表

表7　　单位：万元

公司	保费收入		赔款支出	
	累计	同比增减	累计	同比增减
中国人民财产保险股份有限公司石狮支公司	23335	3214	11574	2686
中国平安财产保险股份有限公司石狮支公司	20872	1078	11237	1640
中国人寿财产保险股份有限公司石狮市支公司	4245	504	2606	646
中国太平洋财产保险股份有限公司石狮支公司	3502	136	1637	329
华安财产保险股份有限公司福建分公司石狮营销服务部	1163	95	861	263

续表 7

公司	保费收入		赔款支出	
	累计	同比增减	累计	同比增减
中华联合财产保险股份有限公司泉州中心支公司石狮营销服务部	628	-459	494	10
太平财产保险有限公司石狮支公司	930	-29	328	39
大家财产保险有限公司泉州中心支公司石狮营销服务部	100	93	14	14
长安责任保险股份有限公司泉州中心支公司石狮营销服务部	974	418	325	153
亚太财产保险有限公司石狮支公司	679	42	309	-12
中国大地财产保险股份有限公司石狮支公司	1700	14	694	-747
紫金财产保险股份有限公司泉州中心支公司石狮营销服务部	987	308	371	134

城乡建设与管理

城乡规划

【概况】　2021年，石狮市自然资源局推进国土空间规划编制工作，衔接上级国土空间规划，完成专题研究8个，开展专项规划、控制性详细规划、城市设计等各层次规划的编制。开展建设项目规划管控、地形图修测、数字石狮地理空间框架项目建设工作。

【城市专项规划】　2021年，石狮市自然资源局完成规划实施评估、国土空间发展战略、人口与城镇化等八大专题研究，完成城镇开发边界试划工作并汇交，完成总体规划方案阶段成果。完成石狮市生态保护红线评估论证和年度城市体检评估工作并汇交。加快控制性详细规划、专项规划、城市设计等各层次规划的编制，完成《石狮市海洋生物科技园区控制性详细规划》《石狮市新型染整产业循环发展园控制性详细规划》；完成29个地块控制性详细规划编制；开展龟湖片区、城东片区、蚶江镇区、永宁镇区、加曾寨南片区控制性详细规划编制工作。完成《石狮市绿地系统专项规划及绿线控制规划》《石狮市加油站专项规划》，启动《石狮市全域海绵城市专项规划》编制工作。开展石狮永宁滨海（新沙堤—西岑）片区城市设计方案国际征集竞赛活动，完成竞赛方案评审。开展建设项目规划管控工作，办理用地规划意见审查96宗。

【乡村规划编制】　2021年，石狮市自然资源局完成厝仔村、洪厝村、新沙堤村等6个乡村振兴试点村庄和东埔一、二、三村的规划编制报批工作，开展坑东村、水头村、莲塘村等13个村庄规划编制工作。

城乡建设

【概况】　2021年，石狮市印发《石狮市2021年城乡建设品质提升实施方案》，围绕居住品质提升、交通品质提升、水环境品质提升、风貌品质提升、管理品质提升、启动建设一批试点示范工程等六项重点任务，生成97个大类的项目，投资171.7亿元，2021年度计划投资51.6亿元。截至12月底，开工建设94个，完工63个，完成年度投资58.7

2021年9月6日，风炉山景观提升工程　　（图/市住房和城乡建设局）

亿元，占年度投资计划的113.76%。

【民生基础设施建设】 2021年，石狮市启动老旧小区改造，需改造小区44个，完成改造35个，正在施工9个。建成石狮市锦尚外线配套绿道、军事主题公园配套绿道等绿道项目，新增绿道15.2千米，建成石狮市军事主题公园、风炉山山体公园等城市综合性公园，建成街头绿地、口袋公园约30处，完成石狮祥芝沿海大通道沿线地块景观改造工程，新建和改造提升公园绿地25.9公顷。

【中心市区交通提升】 2021年，石狮市建成益家东路、共富路（石永路至石永二路）、宝晖路等“断头路”项目，海宁路东段（港口大道—弘德路）、永宁外线（红塔湾旅游路至梅宁路）等城市道路建设；推进泉州环湾快速路石狮连接线工程（二期）、泉州二重环湾快速路匝道工程（狮城大道至晋江）、外西环路高铁连接线等城市快速通道项目建设，优化城市路网，加强区域互联互通。完成石狮市第六实验幼儿园东侧18米路、灵秀镇第三中心幼儿园东侧道路、长林东路等市政道路改造，完成石锦路锦尚工业区路段、青创城周边交叉口改造等主次干道微整治项目，优化道路微循环系统。新建公共停车泊位412个，建成路内停车泊位智能化收费管理系统新增路内公共停车泊位1541个，缓解停车难问题。建成世贸海丝馆公交“微枢纽”，新建37个公交候车亭，优化公共交通系统。完成花园路人行天桥、南环路人行天桥及风炉山景观提升工程等项目建设，初步建成南片区慢行示范区，为市民提供良好的慢行系统。

【美丽乡村建设】 2021年，石狮市印发《石狮市乡村建筑风貌提升行动方案》《石狮市农房建筑立面图集》，加强农房建设管控和乡村建筑风貌指引。推进永宁镇、祥芝镇创建“无裸房示范镇”，灵秀镇华山村、宝盖镇坑东村、蚶江镇石渔村、鸿山镇邱下村、锦尚镇港东村创建 “无裸房示范村庄”。实施裸房整治1074栋，完成693栋。

【名镇名村、传统村落保护】 2021年，石狮市出台《石狮市古建筑构件回收利用管理办法》，排查全市50年以上历史建筑411栋，石狮市公布认定第三批3栋历史建筑，完成70栋历史建筑测绘建档、保护图则编制，完成80栋挂牌保护，21栋历史建筑修缮维护。祥芝镇古浮村、鸿山镇洪厝村获评第四批省级传统村落。完成《永宁镇历史文化名镇保护提升实施方案》《石狮市华山村保护与发展规划》编制，制订三年整治提升工作计划。永宁镇列入泉州市级重点扶持历史文化名镇保护提升项目，主要修缮永宁老街两侧建筑、小东门至城隍庙沿路建筑和立面提升，启动庙街方案设计、古卫城城门和城墙修缮方案设计。开展华山村古厝修缮工作，完成设计5栋，正在进行预算审核5栋，正在设计3栋。

【农村危房改造】 2021年，石狮市住房和城乡建设局通过采取物理隔离、加固、拆除等措施处置涉及重大危险的房屋583栋；处置完成2020年全市排查的182栋应重点鉴定的一般安全隐患房屋。改造农村石结构和危旧房屋549宗，涉及石结构和危旧房屋面积14.28万平方米。

城市管理

【概况】 2021年，石狮市城市管理局推进“两违”（违法用地、违章建设）管控、完善数字城管系统建设、环卫保洁等工作。拆除“两违”94宗，面积96206平方米。加大环卫设施设备的投入力度，推进环境卫生的精细化管理，生活垃圾无害化处理率100%。受理群众来电、来信、来访312件，承办信访件、领导批示、部门转办件76件。

【“两违”综合治理】 2021年，石狮市城市管理局开展“两违”（违法用地、违法建设行为）综合治理工作，结合房屋安全隐患排查整治、自建房临时搭盖整治，拆除“两违”94宗，面积96206平方米，其中违法建设29宗，面积16565平方米。加强“两违”卫片核查工作，以石狮市数字城管系统为基础，采购卫星图斑比对服务，开展卫片核查，制定“两违”卫片工作流程，派发卫片12期4971宗，其中完成处置4717宗，处置率94.89%。配合漂染企业消防通道拆除工作，拆除56家，拆除面积约4.3万平方米。

【数字城管】 2021年，石狮市数字城管指挥中心完善数字城管系统建设，推进与市大数据局智慧石狮管控平台、“12345”对接联动，实现数据共享共用，同时细化案件受理、派遣、处置、反馈工作流程，开展城市管理问题信息采集，划分网格、定期轮换、有的放矢，加强背街小巷、空地、农贸市场周边等薄弱区域采集，重点采集暴露垃圾、乱堆物堆料、占道经营、广告牌匾、道板损坏、违章地锁等热难点问题。全年数字城管信息采集涉及事件、部件小类144类，系统上报有效案件19991件，其中自行处置3136件，各镇（街道）、专业部门应处置案件数16220件，完成处置16154件，结案率99.61%。

【环卫保洁】 2021年，石狮市有垃圾中转站22座，市管公厕32座，道路机扫车、洒水车20辆，中转站垃圾转运车辆28辆，全年生活垃圾收集量31.48万吨。生活垃圾末端处置采用焚烧处理的方式，实现生活垃圾的日产日清，生活垃圾无害化处理率100%。新增沿海五镇红塔湾旅游路、锦江外线、锦尚外线3条道路及益家东路、石蚶路、鸿山路等11条沿海道路纳入保洁绿化一体化范围，增加清扫保洁面积116万平方米，绿地养护面积53万平方米。加大环卫设施设备的投入力度，推进环境卫生的精细化管理，全年更新投入3480个垃圾桶用于更换村居破旧垃圾桶，新增快保车51辆，人力三轮车189辆，采购道路清扫车1辆，路面养护车1辆，垃圾运输车2辆。更新添置老旧设备，设置果皮箱垃圾桶9857个，作业车辆及船只1170部，清理各类卫生死角7200处，清洗小广告3.4万处，冲洗污渍3480处。

【渣土车整治】 2021年，石狮市城市管理局开展渣土运输行业驾驶员资格审查，468人次通过并登记平台。开展联合执法93次，路面执法1155次，立案查处违法违规车辆433辆，处罚金额21万元。组织检查项目工程、水利项目、混凝土搅拌站等源头单位189次，督促各源头单位安装电子抓拍系统及过磅称重设备32处，对全市476辆渣土行业车辆进行智能终端铅封。

市政公用事业

【概况】 2021年，石狮市完善市政设施配套，开展垃圾、污水处理及设施建设，推进城市生活垃圾分类，做好城市供水和燃气供应等工作，全市完成市政公用设施建设项目16项，总投资59879.8万元。

【生活垃圾分类试点】 2021年，石狮市推进湖滨街道、锦尚镇全域垃圾分类试点工作，学习观摩锦尚镇农村生活垃圾分类工作经验；利用湖滨街道花园城社区餐厨垃圾处理设备处理锦尚镇餐厨垃圾；在锦尚镇政府广场、镇文体中心、港东村委会以及锦东大道投放智能分类桶。开展垃圾分类工作，设置垃圾分类亭171座、四分类果皮箱50套、240升四分类垃圾桶（带轮子）3000个、30升干湿分类桶1.3万个。加大宣传引导力度，分发分类手册5万册、沿街店面宣传海报3000张、各村内分类宣传栏设置50个、镇村主入口设置垃圾分类宣传造型12处。

【道路绿化建设】 2021年，石狮市城市管理局绿化养护市区龟湖公园、西洋公园、鸳鸯池公园、柯顺公园，养护面积约110万平方米，乔木约68495株。沿海五镇44条主要道路绿化养护面积约126万平方米，乔木约73430株，以香樟、高山榕、大叶榕等常绿乔木，火焰木、凤凰木、木棉等落叶乔木为主。实施石锦路绿化提升、石永二路绿化提升、2021年口袋公园、石狮市门户廊道景观风貌提升（石泉路明珠广场段—西环路—南洋路服装城段）工程、九二路（民生路口至万佳东方酒店段）景观提升、福辉路（富贵天娇段）景观提升、福辉路（神州幼儿园段）景观提升等绿化景观提升项目，主要进行翻耕、松土、复壮，开展局部地形整理、堆坡处理、节点绿化组团，打造景观节点，对绿化种植土和长势不良的乔木进行更换，梳理地被，增加花化彩化，提升道路整体景观风貌，提升周围整体环境水平。

【市政公用设施管理养护】 2021年，石狮市城市管理局开展市政道路“微整治”和路面破损修缮行动，整治交通隐患点35处，更换雨水井盖110套，修复人行道4381平方米，挡车石345块，路面3936平方米，路缘石296米。实施石锦路锦尚工业区路段、青创城周边干道交叉口、灵山塘园片区等5条主次干道交通微整治。改造第六幼儿园东侧、灵秀第三幼儿园、长林东路3条市政道路，建设1处交通微枢纽；推进城市亮化美化工程，改造人民广场周边15栋大楼及2个高速出入口的夜景，完成老旧路灯灯具的更换，消除路灯夜景存在的安全隐患。完成新建91座路名灯箱、342座路名牌。完成景观改造工程6处、“串珠公园”10处、立体绿化建设5处，城市微景观和口袋公园30处。开展市政设施承灾体调查，完成119条城市道路和63座城市桥梁的数据填报、外业核查及质检合格率98%。

【垃圾、污水处理和设施建设】 2021年，石狮市城市管理局转运处置生活垃圾31.48万吨，设置11处建筑垃圾临时堆放点，组织清运建筑垃圾约50次，

宝盖镇郑厝村口袋公园（摄于2021年8月11日） （图/颜华杰）

清运29万立方建筑垃圾。开展飞灰固化物转运填埋，填埋飞灰固化物约2.43万吨，生活垃圾无害化处理率100%。

2021年，石狮市城北片区垃圾综合处理站竣工验收并投入使用，占地面积2339平方米，建筑面积804.36平方米，垃圾收集转运处置能力60吨/日。石狮市餐厨垃圾预处理项目、石狮市大件垃圾（含园林垃圾）综合处理站完成厂房建设及施工图深化设计；石狮市废旧矿区生态修复示范项目（一期）分期坝建设项目完成分期坝主体建设和渗滤液调节池防渗修复。石狮市垃圾综合处理厂提级改造项目建设的6号炉和7号炉投入试生产运行，12月30日完成发电并网运行。

2021年，石狮市实施水头排涝枢纽工程、石狮市入河排污口整治工程，完成投资约1.6亿元。结合道路建设及污水管网修缮等同步建设污水管道，实施九二东路（濠江路—回兴路）、海宁路东段（港口大道—弘德路）、石狮大道、石泉二路污水管网连接工程、石永路（学府路黄金大道）城市主干道地下管网提质增效项目、沿海大通道（石湖疏港路段）改线工程、石狮市港口大道工业园区生活污水管道工程等污水处理厂配套管网改造建设，全年建设污水管网约18.18千米，投资约9155万元。推进农村生活污水治理PPP工程，全年完成管道敷设239.78千米，完成检查井5308个，新建三格化粪池1765个，完成户接管6238户，完成投资21162万元。

【城乡“厕所革命”】 2021年，石狮市有城乡公厕612座，每个行政村都有1个以上水冲式公厕，其中建成区公厕数量250座，乡镇和农村公厕362座。全年完成城乡公厕改造提升40座，投资额600万元，其中蚶江镇8座、灵秀镇、永宁镇各6座，宝盖镇、祥芝镇、锦尚镇各5座，鸿山镇3座、凤里街道2座。加大公厕监督考评力度，完善各项保洁、维护制度，实现公厕有人管、有人检查，标志标识公示完善。

【燃气供应与管理】 2021年，石狮市燃气供应主要为液化石油气和天然气。天然气管网749.5千米，覆盖城区各主干道和各镇（街道），通气284个小区，天然气年供气量5144万立方米。液化石油气供应站点16个，流通使用的液化气瓶约19万个，年供气量10732吨。2021年，市城市管理局开展燃气生产经营使用全链条（包括燃气管道、场站、工商用户、居民用户、第三方施工工地等）检查，检查87场次，出动484人次，排查整改隐患189项，管道占压整治36处，立案2件，罚款6万元，没收违规钢瓶204个，举行燃气应急救援演练35次，完成全市2家液化气企业及17个液化气供应站点的场站7项提标改造工作。推动燃气场站提标改造，投入136.5万元，完成提升改造任务7项。

【供水】 2021年，石狮供水股份有限公司原水供应规模9.2立方米/秒，自来水生产能力71万立方米/日，DN75毫米以上引水、供水管道近1103千米，全市初步形成双水源和双水厂、双水库应急水源互备互补的供水格局。全年供水总量1.3亿立方米，平均日供水量36.53万立方米，管网漏损率7.48%，水质综合合格率100%，新建及改造供水管线91.6千米，推进二次供水改造，完成改造用户2560户。

【户外广告管理】 2021年，石狮市城市管理局对未经批准擅自设置、老旧破损影响市容、废弃闲置存在隐患的户外广告设施开展集中拆除。全年拆除各类户外广告508块，规范审批957块，清理小广告9487处、横幅1332条。拆除、捆扎管线3万余米，查纠占道经营7981件、清理“牛皮癣”7763张、拆除户外广告404块，教育劝导占用主次干道及消防通道占道搭棚及拱门行为65件，立案查处“滴洒漏”案件137件。

房地产业和住房保障

【概况】 2021年，石狮市商品房销售面积136.04万平方米，比2020年增长81.05%，销售金额122.93亿元，比2020年增长81.85%。商品住宅销售均价9344.64元/平方米，比2020年增长1.79%。

【房地产市场管理】 2021年，石狮市住房和城乡建设局印发《房地产领域中介服务机构专项整治工作方案》《石狮市二手房市场专项整治行动方案》《石狮市持续整治规范房地产市场秩序行动方案》等文件，采取日常执法检查、“双随机”检查、跨部门联合检查等方式对房地产企业、房地产经纪机构开展执法检查，检查房地产企业15家次，查处企业1家；查中介机构门店机构23家，发现问题20个，督促整改问题20个。

【物业服务与管理】 2021年，石狮市住房和城乡建设局通过多项并举规范物业小区管理，组织物业管理专家对104个住宅小区开展2轮物业服务质量考评，提升全市物业管理服务水平。联合发改、市场监管、公安、民政等部门对物业服务企业侵占小区业主公共收益、收入及分配不公开等问题开展专项整治，督促物业服务企业将公共收益169.1万元存入住宅专项维修资金账户，推进物业服务企业规划化经营，维护业主合法权益。加大物业服务收费信息公开力度，督促物业服务企业将收费项目、收费标准、收费方式和投诉电话等信息公开，组织34家物业企业签订承诺书，印制物业服务收费宣传手册400套。

【物业行业安全监管】 2021年，石狮市住房和城乡建设局开展物业行业安全隐患排查，组织消防培训、消防演练22场。开展高层建筑消防安全检查200余人次，发现安全隐患34处，全部完成整改。开展“生命通道”集中治理专项行动，指导和督促77个物业小区完成消防通道划线和设置消防标志牌。推进电动车集中智能充电场所建设工作，完成建设智能集中充电场所402个。

住房公积金管理

【概况】 2021年，泉州市住房公积金管理中心石狮市管理部发挥住房公积金制度优势，结合“我为群众办实事”实践活动，优化营商环境，强化资金使用与管控，实现增值收益 1606万元，业务收入4875万元。

【住房公积金归集】 2021年，石狮市新增归集职工2991人，新增归集住房公积金6.43亿元。截至12月底，全市有2634个归集单位45598名职工缴存住房公积金，分别比2020年增长15.53%和7.02%，历年累计归集住房公积金57.60亿元，归集余额17.53亿元。

【住房公积金提取】 2021年，泉州市住房公积金管理中心石狮市管理部批准 81677人次提取住房公积金，提取金额58510.76万元，其中，购房支取1574人，支取金额23348.3万元，建房支取11人，支取金额213万元，还贷支取77856人，支取金额26501.55万元，离退休支取276人，支取金额4512.45万元，其他支取1960人，支取金额3935.46万元。

【住房公积金贷款】 2021年，石狮市新增发放个人住房公积金贷款578户，发放贷款金额2.65亿元，历年累计发放个人贷款7240户，累计发放贷款金额28.81亿元。截至12月底，贷款余额 14.85亿元。

建筑业

【概况】 2021年，石狮市建筑业总产值112.95亿元，产值总量位居各县市区中游水平，建筑业发展总体平稳。石狮市建筑业企业 84家，受监在建工程项目215个，办理施工许可项目124项。

【建筑行政审批】 2021年，石狮市住房和城乡建设局办理施工许可项目124项，建筑面积262.35万平方米，工程造价60.3亿元。办理竣工验收备案项目53项，建筑面积171.51万平方米，工程造价35.17亿元，其中房地产项目12宗。新增建筑业企业10家，申报建筑业资质增项企业2家，简单变更资质证书内容企业14家，跨省变更资质企业1家。

【工程质量安全监督】 2021年，石狮市住房和城乡建设局开展危大工程检查，检查工程项目298个次，检查建筑起重机械284台，排查安全隐患1798处；开展消防安全检查，随机抽查在建房屋建筑工程72个次，排查消防安全隐患21条。开展汛期安全隐患排查治理，出动检查人员228人次，检查在建项目55个次，排查安全隐患405条。加大施工扬尘治理力度，检查在建房屋建筑项目258个次，出动检查人员1548人次，督促61个项目设置洗车台及冲洗设施，立案查处7件，处罚金额19万元。打击非法违法建筑施工活动，立案办结违法违规案件10件，处罚金额25.89万元。

生态环境保护

环境质量

【概况】 2021年，石狮市集中式生活饮用水水源地水质达到Ⅲ类标准，达标率100%。近岸海域水质达到海水第一类水质，达标率100%。空气质量达标率为99.2%，同比持平；环境空气质量综合指数2.61，空气质量略有下降。耕地土壤环境质量均为优先保护类，农用地和建设用地安全利用率达到100%。

【大气环境质量】 2021年，石狮市空气质量达标天数比例为99.2%，同比持平。主要空气污染指标二氧化硫平均浓度为0.005毫克/立方米、可吸入颗粒物平均浓度为0.043毫克/立方米、细颗粒物平均浓度为0.019毫克/立方米、一氧化碳24小时平均第95百分位数为0.8毫克/立方米、臭氧日最大8小时滑动平均浓度为0.122毫克/立方米，二氧化氮平均浓度为0.017毫克/立方米。主要污染物浓度指标均达到《环境空气质量标准》（GB 3095—2012）规定的二级标准要求。2021年空气质量综合指数为2.61，比2020年上升0.07，首要污染物为臭氧。

【水环境质量】 2021年，石狮集中式生活饮用水水源地南高干渠取水口（省控评价点位）水质达到《地表水环境质量标准》（GB 3838-2002）规定的水质Ⅲ类标准要求，达标率为100%。近岸海域水质年均浓度达到第一类水质标准，符合海水水质标准要求。

【声环境质量】 2021年，石狮市城市道路交通噪声昼间平均等效A声级为69.7分贝，为《环境噪声监测技术规范 城市声环境常规监测》（HJ 640-2012）声环境质量“二级”标准，呈“较好”水平，比2020年降低2.7分贝。城市区域环境噪声昼间平均等效A声级为59.3分贝，比2020年降低1.0分贝，为《环境噪声监测技术规范 城市声环境常规监测》（HJ 640-2012）声环境质量“三级”标准，呈“一般”水平。全年石狮市3个城市功能区（新湖村委会、古宅农贸市场A栋、动植物检验检疫站）噪声均符合《声环境质量标准》（GB 3096—2008）标准，昼、夜达标率均为100%。

【土壤环境质量】 2021年，石狮市未发现污染地块，耕地土壤环境质量均为优先保护类，农用地和建设用地安全利用率100%。

污染治理

【大气污染综合治理】 2021年，石狮市出台《石狮市重点月份重点时段臭氧污染应急削峰专项方案（试行）》，明确臭氧污染的应急响应条件，全年错峰响应20次，错峰停产企业1100余家次。开展皇宝（福建）环保工程投资有限公司近零排放厂区试点建设。推动福建清源科技有限公司完成2台100蒸吨水煤浆锅炉超低排放改造。以印花、制鞋、包装印刷、家具制造等行业为重点，完成10个大气治理减排项目。

【水环境综合治理】 2021年，石狮市出台《石狮市加强海漂垃圾综合治理工作实施方案》，完善海漂垃圾治理机制。推进“垃圾不落海”行动全民参与，全年回收84艘次126吨船舶垃圾。完成沿海各镇海上环卫队伍组建，配套环卫船舶靠泊点和上岸垃圾集中堆场。完成入海排污口排查和10个入海排污口整治试点，完成80个入河排污口整治。实施农村生活污水治理PPP项目，敷设污水管网近240千米。加大城市内沟河污水收集治理力度，改善龟背闸水质。高新区污水处理厂尾水稳定达一级A标准排放。

【土壤污染及固体废物防治】 2021年，石狮市印发《石狮市地下水污染源防渗漏调查工作方案》，完成石狮市21家土壤污染重点监管企业土壤隐患排查和土壤自行监测工作。石狮市危险废物产生量4.55万吨，处置利用量4.49万吨，2020年底贮存量0.099万吨，2021年危险废物处置利用率为97.9%。纳入“福建省固体废物环境监管平台”（简称“固废系统”）管理的企业数量为201家，管理计划申报完成率100%。其中，有18家医疗卫生机构被纳入固废系统管理，医疗废物安全处置率100%。开展危险废物规范化环境管理评估工作，评估企业82家，均达标。开展小微企业危险废物集中收集试点工作，设立1家收集试点企业，收集危险废物369.12吨，转移处置338.27吨。

【污染物减排】 2021年，石狮市巩固超低排放成果，稳定运行神华福能和鸿山热电两家超低排放技术改造燃煤机组，推动石狮热电和清源科技完成超低排放技术改造，推动完成石狮高新区污水处理厂日处理2.5万吨尾水提标改造工程项目，实现COD减排量91.25吨、氨氮减排量27.375吨、氮氧化物减排282.04吨，超额完成泉州下达的年度工作任务。石狮市涉重金属企业重点重金属排放量723.13千克，完成年度削减任务。

环境管理

【概况】 2021年，石狮市利用错时执法、交叉执法、联合执法、“双随机”检查等手段，打击环境违法行为，立案查处31件。编制《2021年石狮市生态环境监测方案》，完成环境质量监测报告78份，重点污染源监督性监测报告37份，环境执法监测报告159份。督促企业开展自行监测194家，完成16家排污单位及3家涉VOCs（挥发性有机物）重点企业的自行监测监督检查，完成51家新领排污证企业和排污证变更企业的自行监测方案备案。

【核与辐射监管】 2021年，石狮市加强核与辐射监管，完成辖区内核与辐射利用单位监督检查、辐射安全许可证延续与申领，及时安全转运收储石狮市佳龙石化纺纤有限公司40枚闲置放射源。

【环境监管与监测能力提升】 2021年，石狮市建立网格化环境监管指挥调度中心，石狮市网格化典型做法和案例被《中国环境报》刊登。推广废气智能监控平台，石狮3家印染污水处理厂、冠兴皮革加盖除臭系统，电镀污水处理厂酸雾塔以及28家有加盖除臭的印染企业安装电能工况智能监控系统。投入移动执法PDA5台。完成综合行政执法制式服装和标志配置，推进行政执法证件换发工作，严格制服胸号标志管理。石狮市环境监测站通过实验室资质认定（CMA）复评审。新建梧垵溪点位和南低渠点位2个入境水水质自动监测站，完成金林村空气质量自动监测站老旧设备更换等。

【环境应急】 2021年，石狮市加强环境风险企业应急管理。督促环境风险企业编制或及时修订突发环境事件应急预案，石狮市64家企业完成环境风险评估及突发环境事件应急预案备案工作。组织承办2021年泉州市突发环境事件应急演练，模拟因化学品泄漏进入石狮市中心区污水厂造成生活污水厂停止排水，通过应急处置恢复生活污水厂正常运行，有效预防、及时控制和消除突发环境事件的危害。

【环境宣传教育】 2021年，泉州市石狮生态环境局举办“5·22”世界生物多样性日、“6·5”环境日主题等系列宣传活动，开展生物多样性儿童绘画征集展1期、“人与自然和谐共生”主题视频宣传1期、环保低碳宣传进社区2次、环保设施公众开放5次，发送生态环保宣传短信10万条，拓展生态环保宣传覆盖面，动员引导社会各界参与生态环境保护实践。

科学技术

综 述

【科技人才】 2021年，石狮市工业信息化和科技局发挥科技人才创新主体作用。鼓励企业引进国内外高水平高校毕业生及人才，培育高层次人才科技项目，组织5家企业申报泉州市创新创业高层次人才项目。其中，福建永信数控科技股份有限公司获得立项；石狮市中纺学服装及配饰产业研究院引进的“功能性纺织材料及装备研发团队”获第五批泉州市引进高层次人才团队项目立项；鸿日光学科技（福建）有限责任公司研发的“无人机载彩色夜视相机”项目获得第十届中国创新创业大赛（福建赛区）暨第九届福建创新创业大赛决赛优胜奖。

【科技投入】 2021年，石狮市工业信息化和科技局发挥科技惠企政策的引导作用，激发创新创业激情。落实各级科技创新税费优惠政策，加大企业研发投入补助、研发费用加计扣除、高新技术企业认定奖励等政策兑现力度，兑现科技惠企资金5694.96万元，其中，省级资金1658.48万元，泉州市级资金1200.6万元，石狮本级资金2835.88万元。

【科技服务】 2021年，石狮市工业信息化和科技局利用川大研究中心、中纺学、西安工程大学石狮研究院、“海洋生物产业化中试技术研发公共服务平台”等，为企业提供技术转移、技术攻关、项目策划、技术培训、人才输送等多种形式的技术服务。其中，开放川大研究中心实验室，为企业提供20余次材料检测分析服务；通过中纺学提供技术对接和咨询服务400余次，项目技术合作19项；西安工程大学石狮研究院与近10家企（事）业单位签署校企合作协议；“海洋生物产业化中试技术研发公共服务平台”组成科技特派员团深入市华宝海洋、华宝明祥、利成等公司开展技术服务。

科技成果与奖励

【科技成果】 2021年，石狮市工业信息化和科技局鼓励技术转移机构发展，促进科技成果转化和产业化。新增2家省级技术转移机构，为福建华昊信息技术咨询有限公司和石狮市中纺学服装及配饰产业研究院。走访闽南理工学院、中科光芯等潜力企业、高校及科研院所，开展技术合同认定登记，完成技术合同登记33项，成交总金额4310.65万元，比2020年增长115.22%。

【科技项目管理】 2021年，石狮市工业信息化和科技局加强项目管理。组织6个项目申报2021年度省科技计划项目，其中，福建中科光芯光电科技有限公司、福建飞通通讯科技股份有限公司、福建省劲安节能监测技术股份有限公司等3个单位研发的项目获得立项。组织22家企业申报2021年度福建省级科技创新券补助项目，其中，福建中益制药有限公司、宏兴汽车皮革（福建）发展有限公司等10家企业获得补助。福建永信数控科技股份有限公司、福建中科光芯光电科技有限公司、石狮市川大先进高分子材料研究中心、石狮市华宝明祥食品有限公司、石狮市医院等单位研发的6个项目获得泉州市科技计划项目立项。

科技交流与宣传

【产业联盟协调创新】 2021年，石狮市工业信息化和科技局依托智能、印包、染整、物流、海洋、科技创新等联盟协会平台，邀请专家开展多场培训、技术推介、调研指导、合作对接等活动，促进联盟企业与高校、科研院所多项项目合作对接，服务上下游企业创新发展，构建产学研协作机制。智能联盟组织企业赴集美大学海洋装备与机械工程学院调研，洽谈产、学、研、政深度融合合作模式。印包联盟组织参加“2021 中国国际标签创新力发展论坛会”和“中国印刷智能制造（福建）高峰论坛会”。染整联盟组织承办“2021 年石狮市职业技能竞赛”——服装缝纫和染整配色项目竞赛活动。物流联盟组织参加福建省物流行业协会第六次联系会议暨闽赣省际生态产业聚集区项目推介会。科技创新协会承办“石狮市科技创新人才评选”。

【科技宣传培训活动】 2021 年，石狮市工业信息化和科技局加强政策宣传。开展企业研发数据填报业务线下培训 2 场，培训人数 94 人，组织 300 多人参加泉州市科技局举办的企业研发数据填报统计业务线上直播培训，帮助企业归集研发经费内部支出。开展制造业企业研发费用税前加计扣除政策宣传辅导行动，举办高新技术企业申报辅导培训班（石狮专场）培训 50 人次及线上培训 1 场培训 3115 人次。依托海洋生物产业化中试技术研发公共服务平台开展“水产品中亚硝胺、多氯联苯和组胺测定的国家标准解读培训”。

【科技特派员工作】 2021 年，石狮市工业信息化和科技局推进科技特派员工作，9 名科技人员获得 2021 年省级科技人员选任、3 支队伍获得省级科技特派员团队选认，4 家单位选认省级法人科技特派员、29 名科技人员获得 2021 年泉州市科技特派员选认、2 支队伍获得泉州市科技特派员团队选认，选认泉州市科技特派员工作站 1 家。在全市所有乡镇（街道办事处）实现科技特派员服务指导全覆盖。

科技创新平台建设

【科技企业孵化器】 2021 年，石狮市有生产力促进中心、众创空间、星创天地、孵化器、研究院等科技研发平台 10 家，拥有孵化面积 147944 平方米。在孵企业 106 家，孵化毕业企业 105 家，培育高新技术企业 23 家。入孵企业拥有知识产权 790 件。

2021 年，石狮市海峡两岸科技孵化基地内有在孵企业、科技服务机构和公共服务平台 25 家，其中高新技术企业 6 家。入孵企业拥有知识产权 511 件，其中发明专利 77 件，实用新型专利 373 件，外观设计专利 61 件；计算机软件著作权 124 件。

【创新创业平台建设】 2021 年，石狮市新增 1 家省级众创空间（青创城），截至年底，全市有国家级示范生产力促进中心 1 家、国家众创空间 2 家、国家星创天地 1 家、国家高新技术企业 159 家、科技型中小企业 85 家。省级创新型企业 23 家、省科技小巨人领军培育企业 17 家、省级企业工程技术研究中心 10 家、省级新型研发机构 3 家、省众创空间 3 家、省星创天地 1 家、省级科技企业孵化器 2 家、省级互联网孵化器 2 家。泉州市新型研发机构 7 家、泉州市孵化器 3 家、泉州市众创空间 3 家、泉州市产业技术创新战略联盟 4 个。石狮市产业技术创新战略联盟 1 个。

气 象

【气象工程建设】 2021 年，石狮市气象局做好气象现代化提升工程，落实区域自动站设备管理制度，完成 3 个自动气象站的落地改造和迁站，增加石狮第一个能见度观测设备，落实湿地公园标准站用地，增加落地站的占比，优化区域站网分布配置。定期开展区域自动站巡检，及时更换腐蚀老化设备，保障气象数据稳妥可靠。

【气象服务】 2021 年，石狮市气象局坚持以“监测精密、预报精准、服务精细”为标杆，聚焦“早、准、快”，加强监测预报预警，提前做好天气研判，主动靠前服务，为市委、市政府指挥防灾救灾提供科学决策和防御措施。拓宽服务渠道，利用石狮市气象局研发的“石狮气象—海洋渔业”小程序开展和探索集旅游、港口码头、海产品养殖等领域的专业服务。全年发布各类预警信号 129 次，《重大气象信息专报》59 期、《重大气象预警报告》30 期。

【人才培养】 2021 年，石狮市气象局选派优秀人才参加岗位职业技能竞赛，在第四届泉州市综合气象业务职工技能竞赛中获得团体第二名、个人全能三等奖、装备技术保障单项二等奖、决策气象服务单项三等奖。加强业务管理，坚持定期和不定期组织开展业务学习，梳理和完善预警发布、天气预报及影视稿件质量考核、信息网络安全等相关业务流程和工作制度。组织开展业务计算机故障、通信网络故障、供电设备故障等应急情况处理演练，提升应急处突能力。

【防雷安全监管】 2021 年，石狮市气象局强化“互联网 + 监管”，对全市 41 个防雷监管对象进行日常监管。组织人员到危化品企业、易燃易爆场所等防雷重点领域开展防雷安全生产专项检查。加大法治宣传力度，加强对辖区内施放气球安全监管检查。

【海洋渔业气象综合服务能力提升】 2021 年，石狮市气象局聚焦石狮海洋渔业气象服务特色，围绕“一县一品”研究型业务，深入调研服务需求，通过微信小程序等服务平台技术开发，结合研究型业务成果应用，实现渔港作业、渔业养殖、滨海旅游等一站式预报服务。通过微信小程序服务平台，用户可实时查看近海水质监测和气象要素观测数据，浏览最新专题服务材料和重大气象预警报告；同时在“海洋渔业”服务板块提供近日渔场预报、实时海况、海浪预报等，方便公众查阅；在预警定制模块，用户可根据自身气象服务需求对所在站点定制个性化的气象预警功能，为石狮渔港生产、海洋捕捞、重点水产品养殖等提供高效的安全生产气象保障。

教 育

综 述

【各级各类学校基本情况】 2021年，石狮市以立德树人为根本任务，推动教育质量提升，办好“家门口的优质教育”。全市现有各级各类全日制学校247所，其中，幼儿园157所，小学64所，九年一贯制学校6所，完全中学8所，初级中学4所，特殊教育学校1所，中等职业学校1所，高等职业学校3所，教师进修学校、素质教育实践基地、青少年学生课外活动中心各1所。现有教师7512名，其中公办在编教师4704名，合同制教师2808名。在编教师中，研究生学历184人，本科学历3502人，大专及中专学历1004人；高级职称教师884人（正高级5人），中级职称2538人，初级职称1128人。现有中职、中小学、幼儿园学生144806名。其中，幼儿园学生32712名，外来生14957名，占45.7%；小学生68651名，外来生40105名，占58.4%；初中生27733名，外来生16650名，占60%；高中生12545名，外来生7308名，占58.3%；特殊教育学生162名，在校生114名，送教上门48名；中等职业学校学生3003名。全市高等院校学生33503名，其中闽南理工学院17322名，泉州海洋职业学院10897名，泉州服装纺织职业学院5284名。

【硬件建设】 2021年，石狮市向全市义务教育阶段学生免费提供作业本，投入255万元；完成6所中小学校135间近视防控教室的照明设备改造，投入150万元。2021年秋季学期全市29所学校新增班级95个班级，添置95套多媒体、4960套课桌椅及部分幼儿园教玩具，投入384.97万元。

【教育督导】 2021年，石狮市对33所公民办幼儿园进行办园行为专项督导评估，评出“优秀”幼儿园10所，“良好”幼儿园17所，“合格”幼儿园6所。“五项管理”落实情况纳入素质教育工作督导范畴，建立专项电子档案备查，发出整改问题清单8份，约谈学校10所。组织开展“责任督学教育工作实践经验”专题巡讲活动60多场，印发《石狮市第八届优秀案例汇编》，被泉州市教育督导室推荐参评福建省优秀案例2篇。推进2021年省级义务教育质量监测工作，24个样本校900名学生参加语文、数学和科学的统一测试，24名校长、中小学200名教师通过网络完成问卷调查。抓好义务教育阶段学校的办学标准基本达标情况监控，将小学差异系数控制在0.394，初中差异系数控制在0.260。

【民办教育】 2021年，石狮市教育局、教师进修学校、督导室通过构建督导、帮扶、联片教研“三合一”结构体系，搭建“公带民”三级帮扶共建模式。根据发展现状和薄弱点，制订可行的帮扶引领计划，多形式、多渠道为薄弱园、农村园、普惠性幼儿园的建设、发展以及规范管理提供智力支持，以点带面、区域推进，提高石狮市学前教育保教质量和办学水平，促进公、民办幼儿园均衡发展。做到“两控一减”，即控制增量，不再审批设立新的民办义务教育学校，包括公有主体举办或参与举办的民办义务教育学校。控制学位，要求不得突破起始年级核定的招生计划，严禁中途增班招生。减少存量，全市3所民办学校4564名学生，严格将民办义务教育在校生规模占比控制在5%以内。

【石狮产投教育集团成立】 2021年4月25日，福建石狮产投教育集团有限公司（简称“教育集团”）注册成立，7月1日揭牌运作，主营业务为教育咨询服务，具体范围为教育咨询服务、体验式拓展活动及策划、业务培训、服装服饰批发、早教托育服务、学校食堂后勤配送等。2021 年，教育集团下辖幼儿园8家，111个班，提供学位3330个。截至年底开办幼儿园4所，学生684名。开展研学活动，成立福建石狮产投研学旅行有限公司，助力素质教育发展。承接建设项目 7 个，总投资约 15 亿元。6 月 3 日，教育集团启动首批幼儿园国企教职工招聘工作，招聘国企教职工 82 名。8 月 20—29 日，开展为期 10 天的教师岗前培训。石狮市教育局选派 13 名公办幼儿园老师挂职教育集团本部及 8 家幼儿园，教育集团选派 12 名国企教职工到公办幼儿园挂职培训参与教育教学工作。

2021 年石狮市各级各类教育基本情况一览表

表 8

类别	校（园）数（个）	班数（个）	在校生数（人）	教职工数（人）	专任教师（人）	校园面积（平方米）	校舍面积（平方米）	图书数（本）	资产总值（万元）	仪器设备（万元）
学前教育	157	1198	32712	4648	2462	424435.58	461135.73	304963	46675.57	5449.64
小学	64	1384	68651	3327	3242	930691.9	548137.44	1916406	90244.45	14902.24
初级中学	4	544	27733	404	384	151662	81576	226612	7462	1749
九年一贯制	6	分别归入小学或初中		755	667	419134	206222	377251	15999	3046
完全中学	8	254	12545	1959	1892	753120	585269.44	1217954	81444	10237
中职学校	1	73	3003	140	108	82664.2	51006	42971	4754.82	2287.7
特殊教育学校	1	19	162	39	30	29333	7500	5500	276	100

【校园安全】 2021 年，石狮市开展“平安校园”创建和校园周边环境综合治理，落实人防、物防、技防措施，实现封闭化管理、一键式报警建设、视频监控与公安联网、公安机关护学岗、保安持证率 100% 目标。推动公办学校全面普及“校级未成年人保护联盟”，联合公安、政法等部门推行“1+N”模式护学岗建设，加强对校园周边重点人员的排查管控。组织全市 600 名保卫人员开展集中培训活动，提高校园安保人员应急处置能力。开展新一轮“平安校园”等级创建活动，现有平安校园 163 所，创建率 69.7%。加强安全宣传教育，开展防溺水、交通安全、疫情防控、防校园欺凌、消防安全等知识宣传教育。加强疫情防控工作，按照“一校一组一联动”工作机制，落实“所有教职工每个月检测 1 次，在校学生每 15 天抽取 25% 的人员进行检测”的频率，完成核酸检测及疫苗接种。

【改革创新】 2021 年，石狮市教育局推进教育综合改革，优化教育资源配置，扩增优质学位供给，推进永宁中学与泉州五中“同步互动课堂”共建，实现名校“专递课堂”至农村学校，推进优质教学资源共享。加强义务教育阶段质量监测与分析，完善普通高中监测体系和试题评价制度，强化职业学校技能抽测，实施强课提质行动，学前教育加强“幼小衔接”，提高保教质量，争创省市名园、示范园。出台义务教育阶段课后服务工作新方案，对小学低年级学生进行无纸笔测试。整治校外培训机构，推行“黑白”名单公示制度，推进全市 63 家营利性学科类校外培训机构转型。搭建教育服务平台，在社区文明宣讲、家庭教育等服务群众 11 万人次。成立市级教育人才引进工作领导小组，统筹推进教育人才引进工作，开展教师专项招聘工作，组织赴高校校园招聘会，激活教师队伍活力，争取编制 1000 多个。成立校长领航成长工作室，推进“三名”（名校长、名教师、名班主任）工程落地。提升校长能力，100 名校长参加“校长行动”培训。开展师德满意度测评，全市 10 余万名家长参与，满意度 98.6%。教师进修学校搬迁新校区，实现独立运作。出台《石狮市小学教研片区设置方案》，将全市小学划分为六个教研片区，完善全市小学“学校教研—片区教研—市级教研”三级教研体系。实行集团化办学，促进教育优质均衡发展。完成学校精品互动录播建设项目、班级多媒体更新项目、计算机教室更新项目的申报。

【助学与教育扶贫】 2021 年，石狮市学前政府助学金补助 1050 人次，补助金额 103.7 万元；义务教育阶段生活费补助 4214 人次，补助金额 117.89 万元；普通高中国家助学金补助 736 人次，发放助学金 92.13 万元；普通高中国家免学费 450 人次，免学费金额 36 万元；中职国家助学金补助 278 人次，发放助学金 27.72 万元；中职国家免学费 5427 人次，免学费金额 569.83 万元。2021 年，发放中职国家奖学金 3 人次，金额 1.8 万元；2021 年度申办生源地助学贷款学生 218 人，放款 181.83 万元，其中新贷 80 户，放款金额 67 万元；续贷 138 户，放款金额 114.83 万元。

【校外办学机构查处】 2021 年，石狮市教育局开展校外办学机构违规整治工作。清理整治学科类培训机构不规范问题，检查机构120家，开具整改通知书26份，发现问题61个，全部完成整改。停止周末办学的学科类培训机构64家，关停证照不齐机构18家，发布黑白名单7批，其中白名单73家次，黑名单18家。推进多元化转型。至12月中旬，石狮市有营利性学科类校外培训机构63家，办理完成35家。推动网格化整治。确定“网格”管理人员10名，对81家培训机构师资、收费、课程、班次实施动态管理，安装162个监控在培训机构出入口实行24小时监控。加强培训机构资金监管，举行机构资金银行监管平台遴选活动，确定银行建设监管平台1家，银行获资金监管资质6家。

学前教育

【概况】 2021年，石狮市有幼儿园157所，其中，公办园27所，幼儿数11922人，占比36.45%；集体办园20所，幼儿数4462人，占比13.64%；民办园110所，幼儿数16328人，占比49.91%。全市幼儿园幼儿总数32712人，其中，外来生14957人，占比45.72%；就读公办性质幼儿园的幼儿16384人，占比50.09%。全市各级示范园56所，其中省级示范园5所、泉州示范园13所、石狮市示范园38所，示范率占比50.47%。全市普惠性民办幼儿园88所，全市普惠率90.91%。

【示范园创建】 2021年，石狮市有各级示范园56所，省示范性幼儿园5所（公办园3所），泉州市示范性幼儿园13所（公办园6所），石狮市示范性幼儿园38所（公办园11所）。开展省保教改革建设幼儿园终期评价，8所幼儿园都以A级的登记报送泉州市教育局。组织幼儿园年检、等级评定工作，确认一级幼儿园5所，二级幼儿园13所，三级幼儿园38所，四级幼儿园73所，五级幼儿园18所，因办园未满一年未定级幼儿园10所。

【普惠性幼儿园补助】 2021年，石狮市投入普惠性幼儿园奖补资金约1180.87万元。其中，88所普惠性民办幼儿园发放奖补资金1086.19万元；12所集体办幼儿园的1578名学生，以每人600元的标准进行考核后补助，发放普惠性集体办幼儿园经费补助94.68万元。

【学前教研】 2021年，石狮市举办幼儿园管理及教育教学经验分享讲座，搭建幼儿园学习平台。开展省、市、县级示范幼儿园开放日及教研活动24场，邀请各级专家、骨干教师、学科带头人到园指导相关业务工作。搭建“公带民”三级帮扶共建模式，促进公、民办幼儿园共同发展。开展学前教育宣传月活动，转变教师和家长教育观念。

义务教育

【概况】 2021年，石狮市有全日制完全小学64所，初中学校18所，九年一贯制学校6所。全市小学一年级招生11810人，其中随迁子女5881人，占比49.80%。各级各类初中在校生27731名，随迁子女学生16393名，占59.11%。信义实验小学投入使用，首次招收一年级3个班，二、三年级各1个班，学生221人。

【教育质量提升】 2021年，石狮市围绕基础教育发展，推动永宁片区一年级招生整合优化；推进中心城区及镇区部分学校大班额消除工作，大班额占比逐步下降；完善非中心城区优秀小学毕业生推荐直升机制，推动城乡教育高位均衡；通过开展“管标学校”建设评估、教改学校绩效评估、设置小学教研联动片区、举办教育教学开放活动及加强日常教学常规督查等促进教学质量提升。加大学生作业管理力度，联合家庭、学校贯彻落实《教育部办公厅关于加强中小学生手机管理工作的通知》工作要求等。开展各类素质竞赛，先后举办第五届“民进杯”中学生现场作文比赛、石狮市第六届“邮政杯”中学生阅读能力竞赛。

【义务教育改革与教育质量提升】

2021年11月，开展首批省级“义务教育教改示范性建设学校”教改终期绩效评估，实验小学、第三实验小学、第四实验小学、第五实验小学、实验中学附属小学、锦峰实验学校及宝盖龟湖中心小学、宝盖桃源小学、祥芝中心小学、锦尚琼山中心小学10所学校均以优秀等级通过县级评估。搭建学校交流互动平台，举办实验中学、蚶江中学“教改示范性建设学校”终期建设成果展示教学研讨活动，共享教育教学改革成果，推进学校课程改革进程。召开全市小学“立德树人·减负提质”教学教研工作会，将“作业设计”“命题研究”等纳入教研重要内容。

2021年，石狮市优化招生办法，按“多校划片、按批依序、位次优先”的原则，对符合第二批次招生条件溢出的290多名学生进行统筹分流，通过其监护人的现场选位，分别分流至实验小学、第三实验小学、第七实验小学、实验中学附属小学、厦门外国语学校石狮分校附属小学、长福小学等优质学校就读。整合教育资源，整合优化永宁片区一年级招生，撤销梅林小学、陶青小学一年级，48名学生并入永宁中心小学就读；撤销沙堤小学、霞泽小学、官聘小学一年级，63名学生并入信义实验小学就读；撤销岑江小学、美江小学一年级，45名学生并入银江华侨学校小学部就读。

2021年，石狮市完善小学“学校

教研—片区教研—市级教研”上下联动、左右互联、高效有序的三级教研体系，以乡镇、办事处辖区小学为基础，适当归并，将全市小学划分为六个教研片区，通过定期组织片区教研联席会议，常态化开展片区教研活动。举办教育教学开放活动，建立行政主导、教研协同的学校教育教学开放制度，搭建学校交流联动平台，共享教育教学改革成果，扩大学校管理先进理念和教学方法的示范辐射，联动石狮市教师进修学校举办市级教育教学开放活动。推进教育教学常规检查，规范学校的办学行为，落实“以检查促规范、以规范促提升”的管理目标，每周两次采取不预先通知学校的方式，对学校进行教育教学管理情况进行检查。

2021年，石狮市组织开展福建省教育科学“十四五”规划2021年度课题和2021年度福建省基础教育课程教学研究课题申报推荐工作，组织参加泉州市高中地理新课程新教材线上培训。组织召开石狮市2021年“双减”背景下小学校本研训工作推进会，第五实验小学、长福小学、实验中学附属小学东明校区、锦亭小学等5所学校作校本教研经验总结交流。

【小学课后服务】 2021年10月，石狮市修订出台《石狮市中小学课后服务工作方案》，实现义务教育学校课后服务全覆盖，79所公办中小学全部开展课后服务，参与课后服务的小学生61180名，参与率93.31%，参与课后服务工作的小学教师3511名。11月1日，“石狮：课后服务‘2+N’受热捧”被《福建日报》刊登。石狮市课后服务工作在泉州市初幼教工作会上作典型经验交流。河南省焦作市人大常委会党组副书记、常务副主任葛探宇及党组成员、副主任许竹英一行到石狮市实验中学附属小学了解学校课后服务工作经验和做法。

【义务教育管理标准化学校建设】 2021年9月，泉州师范学院附属小学石狮校区、塘园小学、蚶江峰山小学、宝盖塘头小学及永宁官聘小学5所学校通过泉州市“义务教育管理标准化学校”评估认定。12月，泉州师范学院附属小学石狮校区、灵秀塘园小学、蚶江峰山小学3所学校通过福建省“义务教育管理标准化学校”认定。截至2021年12月末，全市通过省级“义务教育管理标准化学校”评估认定的中学15所，所有公办初中校通过省义务教育管理标准化学校评估验收，通过率位居泉州市前列，实现全市初中100%通过义务教育管理标准化学校目标。

2021年石狮市小学教育资源情况一览表

表9

名称	性质	班级数（个）	学生数（个）	专任教师数（个）	校园面积（平方米）	校舍面积（平方米）
石狮市实验中学附属小学	公办	51	2756	148	20673	20699
石狮市新湖中心小学	公办	36	1909	101	10630	8091
石狮市湖滨街道办事处林边小学	公办	24	1304	68	6050	6000
石狮市湖滨街道办事处长福小学	公办	37	2023	96	21074	15773
石狮市第二实验小学	公办	40	2174	124	13553	15958
石狮市第三实验小学	公办	43	2281	118	12583	12093
石狮市第六实验小学	公办	42	2129	101	23889	19088
石狮市大仑中心小学	公办	25	1330	68	13309	4850
石狮市凤里街道宽仁小学	公办	30	1610	83	12537	13796
石狮市凤里街道五星小学	公办	25	1328	72	6811	8531
石狮市实验小学	公办	44	2301	138	15682	17239
石狮市第四实验小学	公办	36	1888	96	24736	16165
厦门外国语学校石狮分校附属小学	公办	34	1747	82	15210	18620
石狮市灵秀镇塘园小学	公办	21	1063	47	7313	6332
石狮市灵秀镇古洋小学	公办	24	1256	61	9419	6335
石狮市灵秀镇华山小学	公办	18	875	45	5752	7555
石狮市灵秀镇塔前小学	公办	22	1130	54	7959	3390
石狮市灵秀镇港塘小学	公办	24	1184	52	12061	9866
石狮市世茂实验小学	公办	15	790	40	20684	12160
石狮市中英文实验学校	民办	53	2400	197	79890	66271
石狮市鹏山学校	公办	25	1241	78	171013	43048

续表 9

名称	性质	班级数（个）	学生数（个）	专任教师数（个）	校园面积（平方米）	校舍面积（平方米）
石狮市第五实验小学	公办	56	2884	137	21817	22155
石狮市教师进修学校附属小学	公办	25	1186	62	28946	26035
石狮市宝盖镇坑东小学	公办	6	240	16	6439	2875
石狮市宝盖镇前坑小学	公办	12	592	32	5902	2163
石狮市宝盖镇塘边小学	公办	23	1180	63	14557	12610
石狮市龟湖中心小学	公办	24	1221	65	12291	9572
石狮市宝盖镇塘头小学	公办	9	316	21	4878	4984
石狮市宝盖镇桃源小学	公办	18	903	44	5120	4793
石狮市第三中学附属小学	公办	17	842	44	8803	7825
石狮市第七实验小学	公办	51	2725	128	38679	14463
石狮市锦峰实验学校	公办	36	1905	207	85270	50078
石狮市自然门学校	民办	11	400	52	10157	16010
石狮市后垵学校	公办	11	514	41	30412	11643
石狮市蚶江中心小学	公办	31	1540	80	15261	12322
石狮市蚶江镇石湖小学	公办	10	389	21	21500	5250
石狮市蚶江镇锦里小学	公办	6	235	14	2450	1517
石狮市第八实验小学	公办	12	618	36	44907	4200
石狮市蚶江镇石壁小学	公办	6	251	18	6667	1570
石狮市蚶江镇洪窟小学	公办	12	573	28	27708	4955
石狮市蚶江镇锦亭小学	公办	6	266	16	4741	2253
石狮市蚶江镇峰山小学	公办	12	594	33	7480	5748
石狮市实验小学蚶江校区	公办	13	660	32	25969	10292
石狮市蚶江镇华锦小学	公办	12	550	29	13567	5399
石狮市蚶江镇青莲小学	公办	6	94	14	6253	1440
石狮市祥芝中心小学	公办	36	1805	95	24056	13580
石狮市祥芝镇大堡小学	公办	13	628	36	16000	5916
泉州师范学院附属小学石狮校区	公办	14	591	36	28823	16647
石狮市祥芝镇莲坂小学	公办	6	279	16	20699	4948
石狮市祥芝镇紫湖小学	公办	6	249	14	22211	3209
石狮市福民中心小学	公办	24	1171	63	15248	12681
石狮市实验中学附属小学东明校区	公办	25	1316	66	23084	9863
石狮市鸿山镇锦林小学	公办	6	182	16	12726	4390
石狮市鸿山镇鸿山小学	公办	6	245	15	12257	2826
石狮市鸿山镇邱厦小学	公办	6	244	15	9330	3623
石狮市锦尚镇琼山中心小学	公办	25	1309	70	16709	9739
石狮市锦尚镇东店小学	公办	6	270	16	18256	3232
石狮市锦尚镇锦里小学	公办	6	168	16	7523	3133
石狮市第三实验小学复光校区	公办	18	878	38	23241	8485
石狮行实小学	民办	10	314	24	7978	12715
石狮市永宁中心小学	公办	27	1456	71	18750	8137
石狮市永宁镇梅林小学	公办	5	202	14	8591	4372
石狮市永宁镇陶青小学	公办	5	212	14	7671	5216
石狮市永宁镇沙堤小学	公办	8	283	22	10626	4967
石狮市永宁镇官聘学校	公办	5	137	13	12854	3206

续表 9

名称	性质	班级数（个）	学生数（个）	专任教师数（个）	校园面积（平方米）	校舍面积（平方米）
石狮市永宁镇美江小学	公办	5	152	13	7609	3706
石狮市永宁镇岑江小学	公办	5	172	10	2484	2566
石狮市信义实验小学	公办	5	222	9	13250	12640
石狮市永宁镇霞泽小学	公办	5	115	13	6854	3374
石狮市银江华侨学校	公办	13	654	92	42392	19172

说明：九年一贯制学校专任教师数、校园面积、校舍面积按小学、初中生数 1 ： 1.1 计算分配

2021 年石狮市初中教育资源情况一览表

表 10

名称	性质	班级数（个）	学生数（个）	专任教师数（个）	校园面积（平方米）	校舍面积（平方米）	备 注
石光中学	公办	46	2437	137	148263	108916	市直完全中学
第一中学	公办	44	2388	133	118162	105460	
厦外石狮分校	公办	29	1465	99	71664	125754	
第三中学	公办	34	1756	115	52344	37836	
第八中学	公办	42	2263	124	105883	58489	
永宁中学	公办	36	1787	106	81000	47283	
华侨中学	公办	42	2120	146	85194	72333	
实验中学	公办	40	2012	139	26824	28927	市直独立初中
第二中学	公办	24	1201	73	26963	17224	
第五中学	公办	24	1234	82	59153	19265	
蚶江中学	公办	46	2355	145	90610	29195	
第七中学	公办	32	1496	90	38722	16160	
银江华侨学校	公办	22	1087	61	42392	19172	九年一贯制学校
锦峰实验学校	公办	40	2106	114	85270	50078	
中英文实验学校	民办	21	1016	67	79890	66271	
自然门学校	民办	10	396	29	10157	16010	
石狮市后垵学校	公办	6	304	15	30412	11643	
石狮市鹏山学校	公办	6	310	18	171013	43048	九年一贯制学校

说明：完中校中初、高中专任教师数、校园面积、校舍面积按初、高中生数 1 ： 1.2 计算分配

普通高中教育

【概况】 2021 年，石狮市普通高中学校 8 所，在校班级数 248 个，招生数 4496 人，在校生 12549 人，毕业生 3857 人，专任教师 782 人。石狮市高中毕业生 3645 人参加高考，本科录取 2824 人，录取率 77.5%。制定《关于印发高中学科奥林匹克竞赛辅导与奖励（试行）办法的通知》《2021 年高中毕业班教学质量综合评估和奖励办法》，利用考试大数据结果了解质优生的情况，指导各校开展质优生培养和学科奥赛等培训辅导工作。

【人才培养】 2021 年，石狮市成立市级教育人才引进工作领导小组，统筹推进教育人才引进工作，对接市教育基金会，对符合条件的六部属本科优秀毕业生、高校研究生分别给予 5 万元、10 万元作为安家补助。

【高考与学科竞赛、科技创新比赛】

2021 年，普通高考报考人数 3645 人，本科上线人数 2824 人，本科上线率 77.5%。高考总分 600 分以上 210 人，2 人被北京大学录取，2 人被清华大学录取。组织参加高中“数理化生信息学科奥赛 + 科技创新大赛”，获省级一等奖 1 人、二等奖 6 人、三等奖 14 人，泉州市一等奖 3 人。

【课程教学改革项目建设】 2021 年，石狮市教育局通过“请进来”和“走

出去”的方式，组织学习《福建省教育厅关于普通高中课程设置与管理的指导意见》《福建省普通高中学业水平考试实施办法》《福建省普通高中学生综合素质评价实施办法》。组织参加高中英语、生物学科教师省级集中培训（泉州班）、泉州市高中地理新课程、新教材线上培训等高中新课程、高中新教材培训4次。组织参加泉州市 2021届高中毕业班新高考复习教学教师岗前培训班、第29届全国高中教师专业发展论坛暨高三教学策略研究衡水中学线上研讨会、2021届福建省高三二轮备考会、2021届高三毕业班历史教学工作会议、2020年中国教育科学研究院石狮实验区高三备考线上培训等新高考培训7次。

【教学视导和教师研训】 2021年，石狮市围绕教学视导和教师研训，组织各学科教研员、特约教研员、石狮市高中毕业班协作组成员和初中毕业班指导组成员集中到课改实验校和普通学校开展视导工作，各学科教研员通过在线、深入学校和课堂，开展教学问题的调研活动。举行小学体育课题研究成果展示交流活动、举办小学语文、数学、英语、道德与法治、科学等5个学科教师线上培训活动，开展春季面向泉州市的初、高中全学科的教学开放观摩研讨活动，组织参加泉州市2021届高中毕业班新高考复习教学教师岗前培训班和第29届全国高中教师专业发展论坛暨高三教学策略研究衡水中学线上研讨会，参与在惠安聚龙外国语学校举行的福建教育学院高中生物学科教师省级集中培训（泉州班）。

2021年，举办高中毕业班9场次12节公开课和21场次专题讲座。承办或协办泉州市级及以上大型专题研讨活动7场次，组织全市各学科教师参加50场次94节公开课教研活动。

职业教育

【概况】 2021年，石狮市现有中等职业学校一所——福建省石狮鹏山工贸学校，系“国家级重点中等职业学校”“福建省示范性现代职业院校”。2021年6月，该校“汽车运用与维修专业群及电子商务专业群”入选福建省立项建设高水平专业群A类项目。先后获得“石狮市文明校园”、石狮市“平安校园5A”单位、石狮市团市委“五四红旗单位”、石狮市节水宣传先进单位、石狮市教育系统先进集体、泉州市文明校园创建工作先进学校等称号。

【特色专业建设】 2021年，石狮鹏山工贸学校开设服装设计与工艺、汽车运用与维修、汽车车身修复、汽车服务与营销、会计事务、计算机平面设计、动漫与游戏制作、电子商务、跨境电子商务、幼儿保育、社会文化艺术、美容美体艺术、高星级饭店运营与管理、中餐烹饪与营养膳食、物联网技术应用、无人机操控与维护等16个专业。其中，汽车运用与维修为省级重点专业，汽修专业实训基地为国家级共享型实训基地。服装设计与工艺为泉州市重点、海西经济服务改革试点专业。学校教育教学配套设施齐全，有校内实训车间72间，建有标准田径足球场、产教整合实训大楼、图书馆、计算机机房及财会、电商、幼儿保育、美容美妆、酒店管理、中餐烹饪、无人机、电子商务、广告平面设计、物联网专业实训室；汽修专业配有汽车底盘、汽车美容、发动机、AV/VR虚拟仿真等9个实训车间；服装专业配有工艺车间、设计、裁剪、打板等实训室；校园实现物联网数字化、校园网络监控全网覆盖。

【实训基地建设】 2021年，石狮鹏山工贸学校与中鑫之宝、都都美容、绿岛酒店、五洲佳豪、双奇电商、北京现代等40多家企事业建立长期合作关系，开展现代学徒制、订单班等育人模式，是石狮市总工会、石狮市教育局等单位职工培训基地。学校设有国家级职业技能鉴定站，有9个工种的职业技能鉴定资格，是泉州市人社局指定的“家庭服务类职业（工种）统一鉴定考点”。

2021年，石狮第一中学举行2021届高三毕业班成人礼暨高考200天誓师大会
（图/市教育局）

【教师教研培训】 2021 年，石狮鹏山工贸学校按专业选派老教师指导、实施青蓝工程项目，组织校内教师开展公开课，开展教师教研培训活动。学校有课题 13 个，其中开题 10 个（石狮市课题 7 个、福建省教科研课题 3 个），结题 3 个（福建省青年课题 1 个、福建省教科研课题 2 个）。

【教学改革创新】 2021 年，石狮鹏山工贸学校面向社会、市场办学，探索学历教育与技能培训相结合、多证书制、校企联合、工读结合、多渠道升学等办学模式。与泉州幼儿师范高等专科学校、黎明职业大学、泉州海洋学院联办五年专；与闽南师范大学、集美大学等高职院校合作办学成人自考班；与企事业单位共建石狮市国家级技能型紧缺人才培养基地；与双奇电商合作“电子商务专业现代学徒制”试点单位，基本形成现代商贸专业群、汽车机电专业群、文化教育专业群、休闲旅游专业群、艺术设计专业群为骨干专业群。现有校内实训基地 72 间，校外实习实训基地 48 间。学校学前教育专业与泉州幼儿师范高等专科学校的平面设计专业、黎明职业大学的会计事务专业、泉州经贸职业技术学院的电子商务、泉州海洋职业学院联合“3+2”办学，电子商务、汽修专业群、幼儿保育、高星级饭店运营与管理、动漫与游戏制作等专业与闽南师范大学、集美大学联合办学，实现中职与高等职业教育相衔接的办学特色。

【学生技能竞赛】 2021 年，石狮鹏山工贸学校本着“有赛必参加，参加争获奖”的理念，在泉州市学生技能大赛中，获得一等奖 1 人次，二等奖 5 人次，三等奖 12 人次。2 个项目 2 人次进入省赛，其中省赛三等奖 2 人次。组织参加全国行业技能大赛，在 2021 年“全国创意西点技术大赛”中获得金牌 1 枚、铜牌 1 枚。

2021 年 12 月，石狮鹏山工贸学校作为赛点承办福建省职业院校模特表演技能大赛（中职组）比赛
（图 / 市教育局）

特殊教育

【概况】 2021 年，石狮市有特殊教育学校 1 所，有 11 个教学班，在校生 114 人（送教对象 48 人），教职员工 41 人。随班就读基地校 2 所（石狮市宽仁实验小学、泉州师范学院附属小学石狮校区），随园保教基地校 1 所（石狮市灵秀第二中心幼儿园），经泉州市残联备案的残疾儿童康复机构 7 家。

【教师教研培训】 2021 年，石狮市特殊教育加大教学改革力度，实行“一学期一人一次公开课”制度，提升教师教学技能和教学思想、理念。1 名教师参加泉州市特殊教育学校智障教育专业教师优质课评选获一等奖，1 名教师参加泉州市特殊教育自闭症教育专业优质课评选获二等奖，1 名教师获福建省中小学教师网络学习空间创建活动三等奖，1 名教师获泉州市中小学教师网络学习空间创建活动三等奖，2 名教师撰写的论文分别获 2021 年泉州市特殊教育优秀论文评选二等奖和三等奖；1 名教师撰写的石狮市德育论文获二等奖 1 项、三等奖 1 项。

【教学改革创新】 2021 年，石狮市仁爱学校立足学生的实际发展需求，开设劳动清洁、食堂服务、中式烹饪、五金制作、陪伴服务等符合残障学生身心特点和具有鲜明时代特征的职业入门教育课程。与市残联、石狮市托养中心及社会企业进行初步合作，以探索开办高职的方向，确保学生毕业工作有所保障。

2021 年，石狮市仁爱学校石狮市级课题“培智高年级学生职前适应性教育的探究”被评等级良好。申报的课题“辅助沟通系统在沟通障碍儿童训练中的应用研究”7 月被立项为泉州市教育科学“十四五”规划（第一批）课题。

【特殊教育机构建设】 2021 年，石狮市推动建立随班就读支持保障体系，在宽仁实验小学、泉州师范学院附属小学石狮校区建立集学具、教具、康复器材、辅助技术于一体的能够满足特殊学生需求的资源教室。轻度残疾幼儿随园保教工作纳入学前教育计划，对于残疾幼儿较多的灵秀第二中心幼儿园建立特殊教育资源教室，并实行区域内共享。推进融合教育，鼓励各幼儿园、特殊教育学校和幼儿康复机构整合资源，为残疾儿童提供半日制、小时制、亲子同训等多种形式的早期教育、康复服务，推动残疾幼儿早发现、早干预、早康复、早教育。

【特殊教育青少年培养】 2021年，石狮市仁爱学校围绕培养特殊儿童的自理自立能力，开展劳动技能大赛、生活适应与生活数学赛、趣味体育节、融合体育活动、规范字书写比赛、“六一”文艺展演等贴近生活、符合学生身心特点的活动。仁爱学校组织学生与普校学生一同军训提升自理与交往技能。青少年校外活动中心选派优秀教师利用课后时间到仁爱学校进行非洲鼓、声乐、舞蹈及绘画教学，并为具有绘画兴趣的特殊学生提供每周末到中心免费学习的机会。

继续教育

【概况】 2021年，石狮市教育局贯彻落实终身教育的要求，制定2021年“‘9·28’终身教育活动日”暨全民终身学习活动周活动方案，指导和推进社区教育工作，协调终身教育工作，推动全民学习和终身学习，促进学习型社会建设。出台《2021年石狮市校长培训计划》《2021年石狮市教师培训计划》等一系列方案，促进教师专业发展。通过海峡培训网“福建省专业技术人员继续教育平台”，开展教育系统2021年专业技术人员继续教育培训。

【福建广播电视大学石狮学院】 2021年，福建广播电视大学石狮学院（石狮电大）招生297人。通过学位申请2人、获评省级优秀毕业生1人。完成社区教育、老年开放教育等终身教育活动，在全省电大系统办学评估中被确认为良好等级。

2021年，学校完善学生入学手册和学生评价办法，三年按时毕业率85%。对专业主任提出学生学习情况具体要求，对直播课、网课参与比率进行即时比较，推动学生的学习自觉性，同时制定《电大石狮学院优秀毕业生评选办法》，11月首次评选年度优秀毕业生33人。2021年秋季招生236人，新生注册率99.57%。石狮电大2021年春季学生国开网上线比例128.84%、2021年秋季学生国开网上线比例109.57%。

2021年，学校选取灵秀华山村、蚶江玉湖豆腐加工基地作为实践教学基地。加强实践性课程的实施，选聘泉州学前教育领域优秀人才为学前教育专业辅导员，紧贴一线教学重点（如游戏的多元设计、教具的制作和选用等）组织实践课程。全年外聘教师15人，组织学生实践活动3次。

【石狮市老年大学】 2021年，石狮市全市137所镇村老年学校，在校老年学员18000多人，约占全市老年人口总数的35%。石狮市老年大学现有6个系，53个教学班，31门课程，8个专业学会，包括蚶江和祥芝2个分校在内，老年学员人数接近3000人。增设祥芝镇“太极拳气功校外班”、永宁镇“太极拳校外班”、蚶江镇“太极拳校外班”3个校外教学班。市老年大学太极拳研究会、市老年大学歌友会获“福建省老年大学先进社团”称号。

2021年，石狮市老年大学组织参加市第十四届全运会群众展演——太极拳决赛，祥芝代表队获42式太极剑竞赛套路第二名，蚶江代表队获42式太极拳竞赛套路第三名，宝盖镇代表队、凤里街道代表队分获24式简化太极拳、42式太极拳竞赛套路优秀奖。在泉州市第11届老年人体育健身大会上，校太极拳研究会代表队获太极拳团体总分金奖。

2021年，石狮市老年大学开展老年教育理论研究，1篇获第四批全国老年远程教育研究课题三等奖，1篇获泉州市第13届老年文化节征文三等奖，4篇论文选送省老年大学协会发表，7篇论文入选泉州市老年大学2021年度论文集。

2021年，石狮市老年大学开展庆祝中国共产党成立100年系列庆祝活动。创作演出舞台剧《你是一把火炬——华侨英烈李子芳》；创作、排练舞蹈《绣红旗》、音诗画《百年辉煌》、南音《六胜塔》等节目并录成影像，分别参与福建省老年大学和泉州市老年大学庆祝中国共产党成立100周年文艺演出。承接

2021年11月9日，石狮市校长行动培训计划第二期集中研修班在深圳开班
（图/市教育局）

市老干艺术节开幕式演出。组织各乡镇基层老年学校开展“乐龄红歌感党恩”大合唱活动。参与“庆祝中国共产党成立100周年征文”活动，其中5个作品分获一、二、三等奖。

2021年，石狮市老年大学举办线上书画作品展。举办“丹青书盛世 翰墨颂党恩”线上书画作品展。展出本校师生书法作品75幅，美术作品22幅，篆刻作品3幅等总计100幅佳作。

高等教育

【概况】 2021年，石狮市有高等职业学校3所，学生26247名。其中，闽南理工学院15775名，泉州海洋职业学院6625名，泉州服装纺织职业学院3847名。石狮市围绕产业转型升级对技术技能人才的需求，以技术技能含量高、培养周期长的专业为主，推进中高职人才培养有机衔接。支持闽南理工学院建成以工为主，多学科协调发展的地方性、应用型、有特色、高水平的福建省乃至全国示范性应用型大学，并创造条件增列为硕士专业学位授权单位；支持泉州纺织服装学院建成福建省服装人才培养重要基地；支持泉州海洋职业学院建成海洋人才教育与培训基地，支持海洋职业学院升为本科院校。开展现代学徒制试点，探索建立校企联合招生、合作培养、一体化育人的长效机制，实施“二元制”技术技能人才培养模式改革。面向全体学生开设创新创业课程，强化实践平台和创新创业基地建设。加强职业生涯规划指导，将就业创业教育纳入学校质量年度报告和毕业生就业质量年度报告。截至2021年，石狮市高职院校毕业生初次就业率保持在75%以上，双证书（学历文凭和职业资格证书）获得率分别保持在98%、88%以上。探索建立职业教育主动服务地方经济社会发展的机制，探索校企合作、工学结合、顶岗实习、委托培养、定向培养、订单培养等人才培养模式，实现校企深度合作，实现校企互利共赢。扩大纺织服装、光电信息、电商物流、绿色节能建筑、航海技术类在校生比例，重点扩大应用型、技能型人才培养规模。

【高校综合实力提升】 2021年，石狮市各职业院校完善校企合作、校企协同育人的运行机制，采用3+1培养模式，推进校企合作，在“互认挂牌、就业推荐、员工培训、订单培养、顶岗实习、实训基地建设”等方面广泛开展合作，形成较为稳固的、互利共赢的校企合作机制。全年石狮市各职业院校有校内外实训、实习基地350余个。

2021年，石狮市各职业院校以服务地方特色产业为目标，以服务就业为导向，调整优化设置各类职业教育专业，满足社会对技术技能人才的多方面需求。根据石狮市临海特点，泉州海洋职业学院形成以培养海上交通运输人才为主打特色的大专院校，并以建设成海洋特色鲜明、品牌卓越的“本地离不开、业内都认同、两岸有对接、国际能交流”的高水平“福建海洋职业大学”为愿景。泉州纺织服装职业学院立足全市乃至全省纺织服装产业的特点，成为全省唯一一所以纺织服装为主打特色的职业院校。闽南理工学院则以光电技术应用为鲜明特色，初步形成“以工为主，经管文教艺等多学科协调发展”的专业布局，适应海峡西岸经济区建设和产业结构调整的需要。

2021年，石狮市各职业院校创新人才培养模式，扶持各高校与企业开展联合培养、订单培养、定向培养等育人模式，实现职业教育学生学业与就业无缝对接。全年全市高等院校总体就业率96.93%，中职学校学生石狮市就业率保持95%以上。

【闽南理工学院】 2021年，闽南理工学院在校学生1.6万余人，教职工1100余人。有国家级一流本科专业建设点1个、省级一流本科专业建设点5个，教育部产学合作协同育人项目28个，省级重点学科2个，省级科研创新平台6个，省级应用型学科立项建设项目3个、培育项目1个，省级示范性应用型人才培养专业群2个，省级服务产业特色专业4个，省级创新创业教育改革试点项目2个，省级学徒制项目1个，省级重大教育教学改革研究项目3个，省级虚拟仿真实验教学中心2个，省级实验教学示范中心5个，省级公共基础

2021年5月11日，闽南理工学院大学生用“活雕塑”的艺术形式传承长征精神
（图/市教育局）

课实验教学平台4个，省级校企合作实践教学基地4个，省级大学生校外实践教育基地4个，省级高校大学生创新创业园1个等。

专业建设。根据学校专业建设规划，加强优势专业和地方特色专业建设。学校2021年新增国家级一流专业建设点1个、省级一流专业建设点5个，现有省级示范性专业群2个、省级服务产业特色专业4个、省级改革试点专业11个、12个项目获省级“1+X”证书试点项目（涉及17个专业），省级优势特色专业占总41.5%。组织完成艺术教育、体育教育2个专业新增申报工作。

人才培养方案。学校完善2021版（2020版）本科专业人才培养方案制（修）订工作，增设美学教育、劳动教育、专创融合课程等课程，建立符合岗位需要的课程体系。制定基于OBE（成果导向教育）理念的闽南理工学院教学大纲管理办法。《面向福建省地方经济新业态和新运营模式，构建财务管理专业工管融合的人才培养体系》获批省级新文科建设项目。

加强课程建设与改革。深化应用型课程教学改革，挖掘各类课程中对接产业的内容资源，以服务岗位需求和提高职业能力为导向，以提高学生知识、能力和素质为主线，对课程内容进行改造，优化配置理论教学、案例教学、现场教学、实训实践教学等内容。围绕应用型人才培养的要求，改革传统的以学科知识结构为逻辑的课程设计理念和思路，构建以工作过程系统化、典型工作任务等为基础的新型课程体系。改进教学手段，推进信息化与课程融合；坚持应用驱动、建以致用，推动在线开放课程的广泛应用；整合优质教育资源和技术资源，实现课程和平台的多种形式应用与共享，推动虚拟现实技术、数字仿真实验、在线知识支持、在线测试考核、在线教学监测等广泛应用，促进教育教学改革和教育制度创新，提高教育教学质量。

加强学校通识教育课程，促进通识教育课程内容及教学方法创新。以各学科专业竞赛为载体，依托创新实践基地、平台等，进行通识教育选修课程设计开发。鼓励教师结合“以美育人、以美化人、以美培元，弘扬中华美育精神”，吸收闽南优秀传统文化，泉州（石狮）的特色文化，建设富有区域文化特色的“美育课程”。

学科竞赛。2021年，学校组织学生参加各类学科竞赛，竞赛获奖总数1043项，其中国家级561项，省级461项，市级及以下21项，其中在第七届中国国际“互联网+”大学生创新创业大赛中获国赛3银1铜、省赛5金的成绩；在第八届“创青春”中国青年创新创业大赛中取得全国以及全省第一名。

【泉州纺织服装职业学院】 2021年，泉州纺织服装学院有教职员工180余人，专职教师120余人，副高以上职称30余人，其中教授13人，双师型教师80余人。

专业建设。2021年，学校新设护理、民航安全技术管理、信息安全技术应用3个专业和婴幼儿托育服务与管理、广告艺术设计、服装设计与工艺3个“三二分段制”专业。新申报数字媒体技术、现代家政服务与管理、网络营销与直播电商、药学4个三年制专业和计算机应用技术、社会体育、室内艺术设计、护理、大数据与会计、婴幼儿托育服务与管理6个五年制专业。服装设计与工艺专业群获批为“福建省高水平职业院校和专业建设计划”立项建设专业群项目，纺织服装专业群教学团队获批为“福建省首批教师教学创新团队”建设项目。

学生技能竞赛。2021年，学校鼓励学生参加各级各类技能大赛，其中省级奖项14个，全国竞赛奖项5个。在“石狮杯”全国高校毕业生服装设计大赛中，首次获得女装组“金奖”。

校本教材建设。2021年9月，学校印发《关于推进校企合作的工作方案》，制定《校本教材建设工作实施细则（2021—2022年）》，鼓励引导教师参与编写校企双元合作开发的校本教材。全年校本教材立项建设项目20个。

“1+X”证书制度试点。2021年，学校开展“1+X”试点证书15种，申请认证人数1181人，参加认证人数895人，完成率75.8%。

就业指导。2021年，学校学生就业率87%。学校开展就业帮扶工作，组织毕业生参与教育部会同12个社会招聘机构共同开展的“24365”校园招聘服务线上招聘月活动，引导应往届毕业生参与招聘，促进毕业生顺利毕业、尽早就业。

青年志愿者活动。2021年，学校协助开展校内志愿服务19次，校外志愿服务11次。中国“志愿汇”App上，加入学校的青年志愿者人数为3710名，志愿服务时数25244小时。

【泉州海洋职业学院】 2021年，泉州海洋职业学院完成船员培训12641人次；特种船船员培训1346人次；渔船船员培训3918人次；黔西南州2021年第一期农村创业致富带头人培训68人次；非航海类职业技能培训5514人次。学校获得“2020年度全国民办百强校”称号，学校“全国扶贫就业创业培训基地”入选2021年省级“终身学习品牌项目”。

专业建设。2021年，学校对接“海上福建”“海上泉州”战略，实施和培育发展新型专业，重构专业群和调整二级学院，调整原有二级学院7个，重新设置航海交通学院、海洋工程学院、信息工程学院、经济管理学院、艺术体育学院、通识教育学院、马克思主义学院和国防教育学院8个二级学院。完善专业设置动态调整机制，围绕海洋经济和产业转型升级需要，调整专业结构布局，优化专业数量和类型，培育发展新型专业，改造提升传统专业，建构现代产业学院、服务产业专业群、服务产业特色专业“三位一体”专业格局，新增涉海类产业学院1个、特色专业群3个、服务产业转型升级特色专业5个。

教学模式改革。2021年，学校加强精品在线开放课程建设和应用，评选校级精品课程10门。加强“互联网+”教学设计，引进与合作开发数字化仿真实验、实训软件、网络课程，形成信息化教学环境，鼓励教师利用在线开放课程资源创新课堂教学，优化教学组织形式和教学过程，加强个性化学习资源配置，拓展学习时间和空间，开通在线教学课程130门。组织开展“课程思政”顶层设计研究，遴选二级学院进行“课程思政”试点，初步形成“课程思政”的模式与经验。贯彻实施“课程劳育”理念，丰富劳育课程体系，初步将劳动教育纳入人才培养全过程，拓展校内外劳动教育资源，提升劳育课程教学质量。

探索“课赛融通”，2021年，学校推进“三教”改革。推行“岗证课赛”相结合的四位一体技能培养模式，建立“课证融通”的职业技能培养机制。组织报名参赛24项，获二等奖1项、三等奖4项、优秀奖10项。

教育教学方式。2021年，学校探索创新创业教育方法，以“课堂助讲”“精准交流会”“创业沙龙”等形式开展课堂教学，增强学生创新精神和创业能力。

学科竞赛。2021年，学校倡导学生理论结合实践，以赛促学，组织多项贯穿整年的活动赛事。校外比赛7项，其中市级别以上5个赛项，总参与创业项目数1000项以上。获得第七届“互联网+”省赛银奖1项、铜奖3项；获得第四届“创响福建”省赛优秀奖1项；获得第二届泉州市退役军人创业创新大赛创业先进奖1项。协助有创业意向同学将项目落地，新增学生创业项目11个，直接参与项目人数30余人，提供场地250平方米，对接校外创业基地3家。

深化校企合作。2021年，学校与20余家规模企业签约合作，其中与江苏京东信息技术有限公司合作共建的“京东智慧商务产业学院”被批为福建省第三批高职院校产业学院试点项目。推进校企互聘互用的“双师型”师资队伍建设，校企深度合作对接企业人才需求，为企业培养输送具有较强行业知识、实践能力的技术人才。

2021年11月30日，中国交通教育研究会会长刘卫民（右三）到泉州海洋职业学院开展交通职业教育调研 （图/市教育局）

教师队伍建设

【概况】 2021年，石狮市公办学校现有教师7531名，其中公办在编教师4611名，合同制教师2920名。其中，研究生学历180人，本科学历3465人，大专及中专学历984人；高级职称教师875人（正高级4人），中级职称2509人，初级职称1120人；特级教师3人。

【课程改革实验】 2021年，石狮市搭建教师课改平台，组织课题研究，开展优秀课题研究成果展示交流活动，分别举办“泉州市教科研开放日（石狮市专场）”“石狮市教育科学‘十三五’规划课题结题汇报交流”“石狮市小学体育课题研究成果展示交流”等活动。立项课题110项，其中省级课题12项，泉州市级课题18项，石狮市级课题80项；结题课题131项，其中省级结题10项，泉州市级结题16项，石狮市级结题105项。“辅助沟通系统在沟通障碍儿童训练中的应用研究”课题被立项为泉州市教育科学“十四五”规划（第一批）课题。“精准实施教育安置，推进控辍保学——残疾孩子一个也不能少”案例入选福建省义务教育阶段控辍保学优秀案例。蚶江中学老师吴桂枝主持的“灯谜特色课程十五年的探索与实践”、石狮市第三中学校长陈泽生主持的“教育公平视域下差异教学课堂体系的建构”、石狮市教师进修学校老师黄玉香主持的“基于素养培育的小学数学专题化教学实践”获泉州市基础教育教学成果奖一等奖，石狮市锦峰实验学校校长许伟哲主持的“啦啦操进校园的实践探索”获泉州市基础教育教学成果奖二等奖。

【师德师风建设】 2021年，石狮市常态化开展师德满意度评价，2020—2021学年度全市教师师德评价满意度

98.7%。健全教师激励机制和表彰制度，评选表彰2021年度师德之星、优秀教育管理工作者、优秀园丁、优秀辅导员、优秀班主任、乡村从教30年教师等311名。实施按岗位聘任制度，加强教师考核及中、高级职称聘后管理，成立石狮市中小学师德专题教育领导小组，开设中小学有偿补课和教师违规收受礼品礼金举报电话，实行师德失范行为“一票否决”。开展“换届期间严禁领导干部迎来送往”“严禁擅自以庆祝名义从事商业谋利活动”“严禁领导干部违规插手干预工程建设”等教育活动，谈话提醒17人，批评教育2人，诫勉谈话2人。

2021年10月24日，石狮市教育局赴福建师范大学举办专场校园招聘宣讲会
（图/市教育局）

【“三名”工程建设】 2021年，石狮市制定“校长行动”计划，成立校长领航工作室，推进“三名”（名校长、名教师、名班主任）工程落地，通过“培训+行动”搭建名校长专业成长发展平台。按照2年周期培养30名正职校长、30名后备校长、150名学校管理干部。制定《石狮市中小学教学名师培养计划实施方案》，按照专业教师“入门—合格—骨干—学科带头人—名师”的基本发展路径，加强教师成长梯队培养，常态化开展异地挂职、跟岗学习、名师送教、技能比武等活动。2021年，投入教师培训专项经费超过500万元，参与市级以上各类培训教师超过2000人次，通过正高级教师评审教师4名。

【教师教研培训】 2021年，石狮市制定《石狮市校长成长（全案）培养计划方案》《石狮市中小学教学名师培养计划实施方案》，完成5年一轮教师校长全员培训任务，确保每学年接收不少于90学时培训。支持农村学校校长教师发展，制订石狮市乡村校长教师培养计划、新任教师培训方案，组织61名教师、校长参加泉州市2021年乡村教师素质提升工程、校长管理能力提升等培训。常态化开展岗位练兵，举办石狮市中小学教师教学技能培训、石狮市第四届中学教师教学技能比赛活动，组织教师参加泉州市级以上教学技能比赛。组织开展福建省省级幼儿园学科教学带头人培养对象2021年送教下乡活动、泉州市高中物理学科送教送研下乡活动、福建省中学教学学科“肖骁名师工作室”送教下乡专题教研活动、全市小学教学开放日活动、泉州市初中教育教学新思路项目试验研究暨“送教送研”下乡活动等20余场次。做好南平市、政和县教师到石狮市跟岗研修活动指导工作。

文化 旅游

综 述

【文化产业发展】 2021年，石狮市实施“文化+”战略，形成结构合理、竞争力强的文化市场体系。举办“宋元中国看泉州 海丝航标看石狮”系列宣传活动，以辖区三个世界遗产点为载体，传播史迹文化；以石狮国际时装周、海丝品博会、文博会为辐射，推进展会文化；打造“星期Yi文创园”等文创空间，培育形成以文创、动漫等为特点的IP产业生态圈；推进“上云用数赋智”，开展线上演播、沉浸式体验等数字文化服务；联动开发游艇码头等五大文旅项目，推进文旅消费。

【文化惠民工程】 2021年，石狮市改造提升泉州市级村（社区）综合文化服务中心示范点2个，新建百姓书房7个，图书漂流点5个，开展流动图书车“四进”活动。打造“书香狮城”“你选书·我买单”“音为你”文化惠民剧场、百日阅读等文化品牌服务。举办新年音乐会、每月一场文化惠民剧场、少儿模特大赛、街头艺术达人表演等活动15场。鼓励和引导社会力量参与公共文化服务，泉州文化和旅游新地标世茂海上丝绸之路博物馆营业。万寿塔、六胜塔、石湖码头成为“泉州：宋元中国的世界海洋商贸中心”世界遗产点。石狮狮阵入选第五批国家级非物质文化遗产代表性项目名录。卢厝村综合文化服务中心获评省级优秀示范点。

【文化活动】 2021年，石狮市举办第15届闽台对渡文化节暨蚶江海上泼水节线上互动活动、“共享石狮‘非遗’，领略石狮美景” 非物质文化遗产宣传展示活动、“宋元中国看泉州·海丝航标看石狮”——石狮世界文化遗产宣传系列活动、石狮市第19届广场文化艺术节“闽情戏韵·魅力狮城”文艺宣传专场、“究竟清凉·具足圆满”纪念弘一大师140周年诞辰师友系列作品展等展览、原创木偶剧《红星照我去战斗》等文化惠民演出活动，开展“非遗”（提线木偶）进校园、“非遗”（高甲戏）进社区、街头艺人表演活动、街头艺术达人赛、百日阅读、全民阅读、流动图书车下基层等各类文化活动，提升市民的幸福感获得感。

【古建传承保护】 2021年，石狮市制定《“古建传承保护”专项行动方案》，开展“古建传承保护”行动，完成蚶江海防官署遗址环境整治方案编制，推动海防官署遗址公园建设前期工作。推进永宁城隍庙、文祠（鳌水书院）、莺山书院、金相院的修缮。协助做好杨孙西文化馆展陈提升工程。

【文化市场管理】 2021年，石狮市加强文化市场监管，出动执法人员983人次，检查文化娱乐、网吧、游戏游艺、演出、出版物、印刷、文物等各类经营场所491家次。石狮市文化市场综合执法大队处理“12345”政府服务热线等各类举报投诉件29件，查处各类违法违规案件21件。排查隐患数6个，隐患整改数6个，整改率100%。

【旅游业发展】 2021年，石狮市推动文旅项目建设招商。以“5510”项目竞赛为抓手，推进观音山、国际游艇汇、永宁古卫城、华山古民居和八卦街等项目的建设招商。组建旅游招商团队，接待深圳华侨城、特步文旅、北京力方等来石狮投资考察的客商数10批次，意向签约石狮国际游艇汇、石狮高正国际滨海休闲旅游度假等项目；祥渔村斗美湾问海民宿项目顺利落地施工。

2021年，石狮市丰富全域旅游产品体系。六胜塔、石湖码头和万寿塔成为世界文化遗产点；宝盖山景区晋级国家AAAA级旅游景区，世茂海丝馆晋级国家AAA级旅游景区。建成红塔湾海岸公园、杨孙西文化馆二期等一批文旅项目，郭坑村、古浮村入选省级旅游村，红塔湾旅游路、十里黄金海岸等入选泉州市“六大旅游产品”，形成橘若民宿、石狮“小镰仓等网红打卡点，评定茂险王主题乐园等石狮市级旅游研学基地；建成十里黄金海岸综合服务中心和旅游观光道等公共服务设施。

2021年，石狮市打造旅游品牌宣传矩阵。邀请原故宫博物院院长单霁翔来石拍摄《万里走单骑》第二季，拍摄旅游宣传片《风味石狮》，开辟旅游摄影各系列专版；印制《石狮旅游风光》《石狮旅游折页》等宣传材料。启动《爱泉州i旅行》旅游系列宣传。升级石狮旅游微官网，建设智慧文旅平台；举办石狮世界文化遗产点系列宣传活动。推出“石狮与世界文化遗产”古渡口茶话会、石狮美食文化推广品鉴会等6项配套活动，网络关注人数超2000万人次。

2021年，石狮市完善旅游发展要素。石狮市举办美好生活帐篷节等数十场旅游体验活动，举办蚶江“云上泼水节”“云上城隍文化节”等线上活动。组织参加晋江食交会、旅博会等各类展会。引导旅游文创商品研发，石狮“狮来运转”获2021年第六届“玉猴奖”年度十大最具商业价值文旅吉祥物，来旺侨乡手工面线分享杯、大德康元·冰糖燕窝等产品在2021中国特色旅游商品大赛中获奖。组织“百名红色讲解员讲百年党史”活动10余场，举办石狮市2021年旅游饭店服务技能大赛。

群众文化

【概况】 2021年，石狮市完成近60场群众文化活动。开展庆祝中国共产党成立100周年摄影展、“她眼中的石狮”巾帼摄影作品展、山川如故——张宝妹个人手绘石狮作品展、“相约春天·奋斗新时代”书画摄影联展、“‘遗’建·童画传承”多场美术展览活动。举办新年音乐会、石狮市闽南什音新春联欢大会奏、“海丝元宵夜·夜游博物馆”、泉州市庆祝“五一”国际劳动节线上文艺晚会、石狮市“百名红色讲解员讲百年党史”系列宣讲活动启动仪式、燕语弦歌颂党恩·民乐专场音乐会、群众大舞台等文化惠民剧场等20场次。举办首届石狮市街头艺术达人赛特色主题活动25场。

2021年5月5日，石狮市海丝博物馆举办“燕语弦歌颂党恩”民乐专场音乐会。图为音乐会现场图 （图/市文化体育和旅游局）

【非物质文化遗产宣传活动】 2021年，石狮市开展“‘非遗’进校园进社区”系列活动20场，举办闽南什音新春联欢大会奏、“文化和自然遗产日”非物质文化遗产宣传展示活动、“福绣天成”石狮天福绣庄金苍绣文化展、第15届闽台对渡文化节暨蚶江海上泼水节线上互动、石狮狮阵传承保护工作座谈会、石狮市“迎中秋”南音专场音乐会、“紫湖杯”第17届社团南音大会唱暨整弦排场启曲唱奏、“‘非遗’古建童画传承”洪素芳学前教育名师工作室幼儿美术作品展、石狮市第23届(锦尚)侨乡谜会、“石狮世界文化遗产专题灯谜”竞猜暨市级“非遗”项目授牌仪式、庆祝泉州申遗成功文化展演活动等。

【文化志愿服务】 2021年，石狮市推进公益培训及艺术指导活动。举办石狮市社会舞蹈骨干教师公益培训班、舞蹈名师公益讲座、恽寿平花鸟画公益学习班、“湖滨绿洲”《暑期公益书法课堂》、狮阵暑期培训班等10场，受众400余人。

【“书香城市”建设】 2021年，石狮市开展“书香城市”建设，打造共建共享空间，建成“阅读共享空间”（百姓书房)7个。完善“书香石狮”微信公众号，不定期推出各类线上活动。开展狮图荐书、暑期绘本公益阅读季等各类阅读活动162场，受众3.7万人次。引入“党建云”平台小程序，实现资源无缝对接，构建多维度的线上线下阅读服务平台。

文化场馆

【文化馆】 2021年，石狮市文化馆

深入全市各镇（街道）、村（社区），开展高甲戏、木偶戏、文艺演出、摄影展览等活动近60场。推进文化志愿服务，举办公益培训及艺术指导活动10场。完成申报第五批石狮市级非物质文化遗产代表性项目10项和第三批石狮市级非物质文化遗产项目代表性传承人39人。编辑出版《爱得深沉——海上泼水原创音乐集锦》。2021年创作的高甲戏及原创歌曲等节目获得省级奖项4项、泉州级奖项1项。

【图书馆】 2021年，石狮市图书馆新购纸质图书17000多册，电子图书1800册，报刊200多种；接待读者27万人次以上，书刊文献流通册次43万册以上；流动图书车出车274次，服务时长548小时。“你选书，我买单”活动开展现场选书3场，选书近500册，价值近2万元。

2021年，石狮市图书馆开展丰富多彩的阅读推广活动，完善“书香石狮”微信公众号运营工作，通过设置“狮图展览”“狮图荐书”“狮图沙龙”“狮图动态”等栏目，实现系统化、标识化，不定期推出各类线上活动，2021年开展狮图绘本25期，狮图荐书22期，狮图讲堂33期，狮图科普8期，狮图普法1期，狮图听书3期，狮图展览13期，狮图沙龙2期，参与人数6939人。全年举办各类线上线下活动190场，受众28811人次。

2021年，石狮市万祥图书馆依托特色资源和共享服务为地方史研究学者、专家提供信息查询服务，并收集地方文献资料。举办“万祥文教论坛第十七讲”和“万祥文教论坛第十八讲”专题讲座；开展12期儿童阅读公益活动；承办中国图书馆馆学会主办的第16届“文津图书馆奖”相关活动，在万祥图书馆网站上定期推广“文津图书馆奖”专题讲座和《中国传统文化百部经典》宣传推广；联合相关单位承办“百日阅读”活动颁奖暨“光明书香节”活动。

【博物馆】 2021年，石狮市博物馆以丰富公共文化载体，推进文化惠民，满足人民群众精神文化需求。举办“‘究竟清凉·具足圆满’：纪念弘一大师诞辰一百四十周年师友系列作品展览”“我家的红色记忆——石狮市庆祝中国共产党成立100周年专题展”“世遗汉风——中国世界文化遗产图片展”等13场专题展览，参观5万余人次。石狮市博物馆坚持“特色建馆、建特色馆”，对外免费开放“丝路狮缘—狮文化馆”“清风美德润狮城——石狮市家风家训展示中心”两大主题陈列。其中，狮文化馆突出“石狮”城市文化品牌，展现石狮地域文化特色和人文价值；家风家训展示中心以“清风美德”为主题，突出石狮侨乡家风家训深厚的历史文化内涵，融入新时代核心价值观，展现石狮城市文化品味及文明形象。市博物馆分馆——王起沃纪念馆以爱国主义教育及家风家训传承为主题免费向社会开放，开创全市文化遗产保护传承利用的新模式、新样板。

2021年1月20日，福建省世茂海上丝绸之路博物馆（简称“世茂海丝馆”）举行开馆仪式，该管系世茂集团建设的大型综合类博物馆，占地11482平方米，建筑面积30718平方米，由拱辰楼（主楼）、春华楼（东楼）、秋荣楼（西楼）、东阙楼、西阙楼五楼构成。馆内设2个故宫专题展厅、世茂珍藏展厅、海上丝绸之路展厅、丝路山水地图数字展厅、特别展厅、多功能报告厅以及草戊空间等，馆藏311件，展览文物约1100件。

2021年，世茂海丝馆组织教育活动约300场，打造紫禁讲堂、天工开物、海丝影院、海丝风物、少年中国说等教育活动品牌，举办或承办大型会议及展演活动5场，包含中国文物学会文化创意发展委员会年会、“宋元中国看泉州·海丝航标看石狮”启动仪式、首届世茂海丝馆华侨艺术节等，接待游客约17万人次。

文博工作

【非物质文化遗产保护目录情况】

2021年，石狮市公布第五批市级非物质文化遗产名录10项；第三批石狮市级非物质文化遗产项目代表性传承人39名；新增泉州市级传承人3名；新增国家级非物质文化遗产保护项目1项——泉州刣狮（石狮狮阵）。全市的非物质文化遗产资源项目涵盖全国非物质文化遗产所划定的9类47项，其中国家级2项、省级5项、市级8项、石狮级32项；具有代表性的传承人近100人，其中省级6人、市级25人、石狮级63人。

【文物保护管理】 2021年，石狮市举行文物巡管员培训会，对首批22名文物巡管员及文物建筑单位进行业务培训，提升文物保护能力和工作水平。加强文物安全常态化检查，出动检查小组3组，人员1588人次，检查文保单位631家次，印发问题通报3份、抄告书3份，限期整改问题隐患18处，全部完成整改。推进文物安全直接责任人公告公示，在市博物馆及全市39处各级文保单位悬挂文物安全直接责任人和安全管理员公告公示牌，将文物安全直接责任人公告公示工作开展情况及文物安全直接责任人履职情况纳入文物安全日常巡查内容，压实文物管理责任。实施全国重点文物保护单位“三防”工程，万寿塔防雷、六胜塔安防、景胜别墅消防工程被列入2020—2021年度全国重点文物保护单位“三防”实施计划，截至年底，六胜塔安防通过验收；景胜别墅消防及万寿塔防雷完成施工。

【世界文化遗产宣传活动】 2021年7月25日，“泉州：宋元中国的世界海洋商贸中心”通过第44届世界遗产委员会会议审议，入选世界遗产名录。万寿塔、六胜塔、石湖码头作为“泉州：

宋元中国的世界海洋商贸中心”系列遗产组成部分，成为世界遗产点。11月12—23日，石狮市组织开展为期12天的“宋元中国看泉州 海丝航标看石狮”石狮世界文化遗产宣传系列活动，邀请国内文博界权威、网红达人、社会贤达和游客从不同角度看石狮世遗，举办“石狮与世界文化遗产”古渡口茶话会、“丝路帆远”石狮世界文化遗产专题展览、“海丝航标 趣玩世遗”登山活动、“石狮世界文化遗产专题灯谜”竞猜等六大活动，集中展示世遗文化在石狮的活态传承，提高石狮世遗的可见度。

档案工作

【概况】 2021年，石狮市档案馆围绕中心服务大局，担负起为党管档、为国守史、为民服务重要职责。接待查阅利用1184人次、1531卷次、4236件次，盖章为1313份。接收政府信息公开文件690份。石狮市档案馆被国家档案局授予“国家级数字档案馆”称号，成为全省首家获得该称号的县级档案馆。

【档案执法督查】 2021年，石狮市档案馆加大执法力度。配合石狮市档案局牵头做好年度机关、事业单位档案工作检查，根据“双随机”原则，抽检单位15家，对存在问题的单位当场反馈并要求限时整改。加强档案服务机构监管。对档案服务机构整理的档案进行把关，审核市委办、市政府办、文明办等53个全宗单位卷内文件目录，提高档案案卷整理质量。

【档案宣传】 2021年，石狮市档案馆开展档案法律法规宣传。通过“6·9”国际档案日档案普法宣传、“12·4”国家宪法日档案进永宁镇前埔村等活动，扩大档案法律法规知晓率和社会影响力。提升档案文化影响力。利用元宵、清明等传统节日，开展“网上祭英烈”等各类弘扬传统文化的主题活动。举办“我心向党”中国共产党成立100周年照片展。做好《创新转型 实业强市》政策选编(五)选稿、编印。把“映像·石狮”展厅、爱国主义教育基地打造成精神文明建设主阵地。

【档案接收与保管】 2021年，石狮市档案馆加大征集接收力度。为庆祝中国共产党成立100周年，协同泉州市档案馆开展“红色记忆档案”征集活动，向石狮博物馆、新四军研究会、李子芳纪念馆等征集富有红色记忆的珍贵档案，向全市征集1940年日军侵略永宁的珍贵照片，引导社会力量参与档案事业，共同保存好红色记忆。开展石狮市“红色档案”征集活动，共征集到《华侨将军——李子芳传》5本、董云阁亲笔手稿（电子版）、翻拍彭云及王直等对李子芳纪念馆的题字、侵华日军侵略永宁的宝贵资料等。开启灯谜档案保护工作，分发《关于征集石狮灯谜相关资料的函》，召开石狮灯谜档案征集座谈会，走访石狮灯谜谜友。接收石狮市第二次全国污染源普查档案5031件、照片140张，农村集体产权制度改革档案732卷，脱贫攻坚档案33卷，2020年新冠疫情防控档案67卷。接收捐赠的《高甲丑王蔡友辉》书籍一册及《举世战疫—抗击新冠肺疫情学习资料汇编》等。

【档案信息化建设】 2021年，石狮市档案馆在被授予“国家级数字档案馆”称号的基础上，推进档案信息化建设及档案共享服务体系建设，通过“馆际共享、跨馆利用”模式，助力全省档案信息共享利用“一网通办”；升级查档利用系统，畅通查档渠道，把原在三楼的档案查阅中心搬至一楼大厅，推行自助电子查档、信息公开展示等便民举措，实现档案利用服务提速增效。

广播 电视 新闻

【概况】 2021年，石狮市融媒体中心围绕“管理、生产、传播、运营”四个一体化建设目标，融合生产、融合发布，基本形成“一次采集、多种生成、全媒传播”的工作新格局。石狮市融媒体中心的全媒体传播平台包括《石狮日报》《石狮侨报》《收藏快报》《东方收藏》及石狮电视台、石狮人民广播电台、石狮市融媒体中心网站7个传统媒体渠道，新华社、《人民日报》、抖音、“看石狮”App、“石狮融媒”微信公众号等20余个新媒体传播渠道，初步构建起全方位、立体化的传播矩阵。

【石狮市融媒体中心】 2021年10月，石狮市融媒体中心融合《石狮日报》(原属福建日报报业集团）、石狮市广播电视台、中国石狮网三大媒体，集中统一办公，实现“管理一体化、生产一体化、传播一体化、运营一体化”。2018年10月29日，石狮市融媒体中心挂牌成立，办公楼群总占地3.67公顷，办公区域面积3万平方米，内设总编室、全媒体采编部、视音频专题部、平面出版部、政务信息发展部、舆情监测部、文化产业部、技术服务部、行政管理部、人事财务部10个部门。

【主题宣传】 2021年，石狮市融媒体中心围绕重大主题、重点工作推出平面和视音频新闻、短视频、短纪录片、MV、抖音、H5等原创作品21.5万条，被新华社、央视、“学习强国”等主流媒体采用1400余条。围绕中共十九届六中全会精神，在报纸、电视、新媒体等平台开设“学习贯彻中共十九届六中全会精神”专栏，推出“‘新班子·新气象·办实事·促振兴’擂台大比拼”全媒体宣传报道，营造学习贯彻全会精神的浓厚氛围。围绕“5510”项目竞赛”重点工作，主动对接各项目开展全媒体融合报道，推出《再拼一座城》等2200余条次新闻报道，其中《“5510”战鼓擂响——新征程·石狮再出发》等宣传片在新华社新媒体平台点击量近200万次。开展“党史学习教育在石狮”专题宣传，开设“让声音更有力量”广播栏目，推出80余期党史音频节目。参加文化和旅游部主办的“百年奋斗·百年答卷——庆祝中国共产党成立100周年”新闻摄影展，推出反映石狮发展成就的摄影专版《石狮撷影：初心映耀小康路》。组织开展“庆祝中国共产党成立100周年”主题征文，收到爱党爱国爱乡的稿件近100篇。与福建省美术家协会、市委宣传部等联合举办“不忘初心——庆祝建党一百年全国书画作品邀请展”。推出《石狮红色印记》《石狮这么红》《向往的日子》等专题片，《五月的鲜花》音乐短片、《李子芳的革命之路》H5等红色融媒作品100余件，其中《石狮红色印记》入选福建省庆祝中国共产党成立100周年重点纪录片选题规划，《从岭兜到子英》获《泉州故事》第4季评奖一等奖。紧扣“贯彻泉州党代会精神”重点专题，策划“搭乘‘海丝’春风 扬帆‘现代化商贸之都’”“向海而兴·石狮沿海行”等系列专题宣传片。围绕“疫情防控”重点工作，从电视、报纸、广播再到新媒体端集中发力，开设《战“疫”一线党旗红》等专栏，新冠肺炎疫情期间每天10条以上疫情防控相关信息在各平台刊播，刊播疫情防控相关新闻1400多条次。

【精品创作】 2021年，石狮市融媒体中心创作精品，其中，获福建新闻奖3件，获福建新闻摄影好新闻奖1件，获福建新闻奖报纸副刊作品新闻奖5件，获福建省广播电视艺术奖2件，获“中国广播电视大奖2019—2020年度初评”3件，获“泉州市广播电视艺术奖”17件，获泉州市主题原创网络视听节目社会组优秀奖1件。获第12届全国气象新闻摄影协会会员摄影作品大赛优秀作品1件，获2020年度中国县市区域报新闻奖14件。《大爹》入选2021年庆祝中国共产党成立100周年“百年百集”广播剧精品展播活动展播；《红色印记》入选福建省庆祝中国共产党成立100周年重点纪录片选题规划，《从岭兜到子英》获《泉州故事》第4季评奖一等奖；《文明花开党旗红》《铁军战士李子芳》等小视频入选“我说新福建”刊播平台；《石狮撷影：初心映耀小康路》（2021年9月3日第4版）被中国新闻摄影学会等主办方推荐参展2021北京国际摄影周。

【对外宣传】 2021年，石狮市融媒体中心做好石狮争当高质量发展排头兵的对外宣传介绍。深化与中国台湾地区《前锋日报》的新闻合作，办好《石狮侨报》，将福建的经济文化商贸信息传播给海内外受众。《宋元中国看泉州 海丝航标看石狮》《“5510”战鼓擂响——新征程石狮再出发》《印象石狮·美丽沙美》《印象石狮：在核酸检测一线最可爱的人》等报道通过新华社平台向全球推广展示石狮风采，点击量超100余万人次。

【媒体融合】 2021年，石狮市融媒体中心借助“看石狮”App、“石狮融媒”和“爱石狮”公微号、爱抖石狮等平台，以及《人民日报》、新华社等新媒体入驻平台融合生产、创新宣传，围绕“建党百年”“乡村振兴”“5510”“防抗疫情”“文明创城”等主题，以媒体融合为契机，策划平面和视音频新闻、短视频、短纪录片、音乐短片、抖音、H5等原创作品19500余条，其中爆款融媒作品70余个，微视频总播放量近600万次，新媒体阅读数10万次以上有50余条。

【影视服务】 2021年，石狮市融媒体中心影视办执行影视政策，以良好的姿态服务剧组。全年11部影视作品到石狮备案，其中院线电影《六小时》《三蛋的忧伤》《奋斗吧青年》《初恋的麻烦》，电视剧《猎罪图鉴》《余生请别乱指教》、网络电影《非常警察》和网络连续剧《当我飞奔向你》8部影视作品在石狮市取景开机。全年播出6部到石狮取景的影视作品，截至年底有4个剧组、3家引进单位拟申请奖励资金总计230.2万元。

【广电网络】 2021年，福建广电网络集团石狮分公司加大网络基础建设投入力度，优化城区CMTS片区带宽容量，加快FTTH光改进度，提升市民对广电双向业务的体验。推进老旧小区广电改造，新建小区实现千兆光纤入户。承建的“声动狮城”应急广播网建成投入使用，“声动狮城”应急广播网在兼顾原有“村村响”广播、IP广播和各村自建广播设备的基础上，新建180个广播音柱，实现全市所有村级广播设备联网接入、市镇村三级平台化管理。该广播网依托石狮市融媒体中心制作节目内容，打造覆盖全市9个镇（街道）及128个村（社区）的应急广播雏形。加强安全生产工作，开展营维员安全专项培训，落实主干光缆巡线、光站取电隐患整治、低矮箱体隐患整治、井盖隐患整治、线缆掉落隐患整治等各类安全生产工作，确保全年安全生产“零事故”。

【《石狮日报》】 2021年，石狮市日报社围绕市委、市政府中心工作开展新闻宣传和舆论引导工作，做好建党百年重要报道和党中央重要决策的宣传报道，开设《奋斗百年路 启航新征程》《庆祝中国共产党成立100周年》等栏目。“七一”前后推出3个专版，从经济、城市、民生不同视角，展示石狮发展成就。以“初心映照小康路”为主题，策划石狮发展成就的摄影专版，参加文化和旅游部主办的“百年奋斗 百年答卷——庆祝中国共产党成立100周年”

新闻摄影展。围绕石狮新发展，开设“五拼”“5510”项目竞赛等专栏、营造项目攻坚比学赶超浓厚氛围。策划“优化营商环境进行时”主题报道，服务经济发展，刊发相关稿件50余篇。聚焦村（社区）“两委”换届、经济建设、全国文明城市创建、城市发展、民生服务等方面，推出20余个栏目。《石狮日报》新媒体开通“新福建”App福建号“石狮日报”，《石狮日报》电子版上线“新福建”，实现传播影响力的扩大。

【《石狮侨报》】 2021年，《石狮侨报》强化“一带一路”专版载体作用，通过石狮侨界“一带一路”倡议活动，挖掘“一带一路”沿线的石狮籍侨亲活动，推动石狮籍侨亲在家乡开展助学、帮困等慈善公益活动。全年《石狮侨报》出版22期，入选为菲律宾航空机上VIP（贵宾）读物。

【《收藏快报》】 2021年，《收藏快报》聚焦文物艺术品收藏、市场、投资等新闻报道和相关法律法规的普及宣传，出版50期，每期通过邮发、航运等途径，向境内外发行、赠送报纸，把中华优秀传统文化和收藏艺术品市场信息及时传播到世界各地。

【《东方收藏》杂志】 2021年，《东方收藏》杂志根据办刊宗旨实事求是、科学严谨地组织开展办刊活动，出版24期。中国收藏家协会评价《东方收藏》名列中国文博收藏类期刊的“第一集团军”。《东方收藏》现为菲律宾航空机上VIP（贵宾）读物，并作为菲律宾全国最大的华文图书馆——菲律宾马尼拉陈延奎图书馆馆藏刊物供读者借阅。

旅 游

【概况】 2021年，石狮市加快推进旅游产品、旅游公共服务设施建设，打造国家级滨海旅游休闲城市和国家全域旅游示范区，推进观音山、永宁古卫城、国际游艇汇、八卦街和华山古民居等五大文旅项目招商建设，投入6.5亿元。宝盖山景区获评国家AAAA级旅游景区，福建省世茂海上丝绸之路博物馆获评国家AAA级旅游景区。2021年石狮市旅游总量707.42万人次，比2020年增长0.8%；旅游总收入78.19亿元，比2020年增长6.8%

【旅游资源规划】 2021年，石狮市编制《石狮市重点文旅项目总体策划方案》，以创建国家全域旅游示范区和国家滨海旅游休闲城市为目标，立足石狮市世界遗产、滨海休闲、绿色生态等文旅资源分析与评价，确立全域旅游发展的指导思想、目标、路径，提出全域旅游发展的空间布局、功能分区、产业融合、产品体系、线路设计的初步方案，推动全域文旅产业融合与高质量发展。

【旅游项目建设】 2021年，石狮市建成红塔湾海岸公园、杨孙西文化馆二期、将军山军事公园等文旅项目，形成橘若民宿、石狮“小镰仓”、石狮“小垦丁”、智慧体育公园等网红打卡点，评定茂险王主题乐园、玉湖豆腐文化商贸园等10家石狮市级旅游研学基地。建成石狮市旅游集散中心、古浮湾旅游服务中心、十里黄金海岸综合服务中心和旅游观光道等一批公共服务设施，丰富和完善市全域旅游产品体系。

【旅游宣传与活动】 2021年，石狮市加强旅游宣传，央视十套《探索·发现》栏目组拍摄《家乡至味·春季篇》纪录片第五集讲述石狮的美食故事，该纪录片于2月16日播出；央视新闻频道《沿着高速看中国》特别节目栏目组走进石狮市蚶江码头，全景展现石狮作为海上丝绸之路起点城市之一，基础建设与海丝文化融合发展的繁荣景象，该节目于2021年6月5日播出；邀请福建电视台旅游频道《主播旅行社》节目组拍摄《推荐“五一”来石狮2天1夜亲子游》；在泉州移动广电平台“爱泉州i旅行”栏目投放四期石狮文旅资源专题宣传片。组织拍摄《风味石狮》《半城食肆·满城烟火》《拼一座石狮》等宣传片，在《石狮日报》开设《旅游天下》

2021年5月19日，石狮市举行“乐游在石狮 共赴山海城”2021年中国旅游日石狮主题活动
（图/市文化体育和旅游局）

专版，编印《石狮旅游风光》《石狮旅游》《全福游·狮来运转》等旅游资料。

2021年，石狮市举办旅游推介活动15场。1月1日，举办“呼‘篷’唤友·享受生活”2021年石狮首届美好生活帐篷节，图片直播平台浏览量超3.8万人次；5月1—2日，举办红塔湾趣味生活嘉年华，图片直播平台浏览量超9.6万人次；5月19日，举办“乐游在石狮·共赴山海城”2021年中国旅游日石狮主题活动，集结近90名旅游达人，图片直播平台浏览量超45.5万人次；11月12—23日，举办“宋元中国看泉州 海丝航标看石狮”——石狮世界文化遗产宣传系列活动，活动直播、主流媒体以及自媒体网络传播关注1200.25万人次。

【旅游策划与管理】 2021年，石狮市根据市场需求策划生成“国保”寻根、滨海拾趣、狮城慢境、“趣”游灵、秀珍空馆藏、红色传承、i购石狮、归园田居8条精品旅游线路。发挥旅游产业专项资金的激励带动作用，鼓励旅行社组织游客到石狮旅游，接待国内游客1404人次。

【旅游项目建设招商】 2021年，石狮市统筹推进观音山、国际游艇汇、永宁古卫城、华山古民居和八卦街等项目的建设招商。成立发展旅游产业工作专班，组建旅游招商团队，到北京、长沙、南昌、深圳、杭州等地开展招商引资，并接待到石狮投资考察的客商数10批次，签约石狮国际游艇汇、石狮高正国际滨海休闲旅游度假、祥渔村斗美湾问海民宿等一批项目。

【旅游市场推广】 2021年，石狮市举办省内百家旅行社踩线活动，推动石狮与省内旅行商的合作，做好客源市场开拓工作。组织永宁古卫城参加2021年第二届最美福建·文化旅游创意设计大赛，获特色街区类优秀奖；组织伴手礼企业参加2021中国旅游特色商品大赛，侨乡手工面线分享杯获金奖，“大德康元·冰糖燕窝”获银奖。组织伴手礼协会参加文化科技卫生“三下乡”集中服务活动、红塔湾趣味生活嘉年华展销活动、第17届海峡旅游博览会、2021福建旅游交易会等8场大型展会，引导伴手礼协会成员挖掘石狮本地文化，用创新、创意和创造实现产品增值，开辟产品差异化销售渠道，带领会员企业抱团发展。

【旅游安全管理】 2021年，石狮市加强旅游行业安全管理，召开安全生产培训会，与各旅游企业签订安全生产责任书，强化行业监管责任和旅游企业安全工作主体责任落实。与市应急管理局、公安局、交通港口局、市场管理局联合开展排查整治；组织旅游企业开展“安全生产月”系列活动，加强重点场所的火灾防范和安全监管，全年出动192人次，检查旅游企业88家次，提出整改47起，全部整改到位；强化旅游包车管理，开展旅游包车安全专项检查，重点打击非法经营旅游业务行为；完善防汛备汛措施，督促旅行社密切关注汛情预报；组织旅行社开展文明旅游宣讲活动，与游客签订文明旅游承诺书；严防食品卫生安全事故，督促导旅游星级饭店落实食品安全管理制度。

【旅游服务质量管理】 2021年，石狮市改善旅游场所环境，指导旅游企业按标准建设、改造旅游厕所，督促旅游企业常态化开展卫生清洁，截至年底全市A级旅游厕所13个。加强从业人员培训，组织开展2021年营养配餐员岗位技能提升培训班（第一期）、石狮市旅游饭店服务技能大赛，提高旅游从业人员的服务技能和综合素质；组织开展“百名红色讲解员讲百年党史”暨石狮市第三届市情讲解员（导游）培训班和大赛，120多名红色讲解员参与培训，110人参加比赛，32名讲解员入选石狮市讲解员人才库，提高志愿讲解人员的文明素质和文明旅游工作水平。

卫生 体育

综 述

【各类卫生机构概况】 2021年，石狮市各类卫生机构（不含村卫生室）221个，其中医院9个，卫生院5个，社区卫生服务中心4个，预防保健机构（含妇幼保健院、疾控中心、卫生所室）153个。卫生技术人员3161人，其中医生1505人，注册护士1453人。卫生机构有编制病床1498张，实有床位3160张。

【卫生项目建设】 2021年，石狮市投入430万元完成石狮市妇幼保健院门诊大楼改造，11月启用。投入1.5亿元将石狮市医院旧院区改造为石狮市中医院，3月20日开诊。投入1500万元建设鸿山镇医养服务中心，6月完工。

【公共卫生服务项目】 2021年，石狮市开展精神分裂症患者应用长效针剂管理治疗试点项目，提高依从性，降低复发率。联合政法委、民政局、残联和医保局等印发《石狮市精神分裂症患者应用长效针剂管理治疗试点方案》，为50名符合条件的患者免费进行治疗。全市管理严重精神障碍患者2616人，规范管理率90.68%。推广“糖尿病前期门诊”，推动慢病管理新模式的建设，印发《关于全面开展糖尿病前期门诊项目建设实施方案》，在9家基层医疗卫生机构开展免费糖尿病前期筛查，向北京科技部项目课题组申请经费10万元，邀请北京专家开展业务培训，筛查高危人群495人，管理糖尿病前期患者205人，确诊为糖尿病205人，糖代谢异常综合发现率为82.83%。截至12月31日，全市65岁以上老年人42277人，规范健康管理30426人，规范管理率71.97%；已管理的高血压患者33089人，规范化管理26370人，规范管理率79.69%，已管理的糖尿病患者12941人，规范化管理10897人，规范管理率84.21%。

【卫生应急处置】 2021年，石狮市卫生健康局加强突发公共卫生事件信息报告网络畅通，及时发现报告苗头事件。强化新冠疫情、手足口病、诺如病毒、流行性出血热和夏季肠道等传染病监测预警，开展传染病网络疫情报告情况的分析，完成疾病监测月报12期，发布传染病与突发公共卫生事件监测与预警5期，妥善处置食源性聚集性疫情、学校结核病疫情等公共卫生应急事件47起。统一建立全市应急人员档案库，实行动态备案管理模式，调整充实传染病疫情、中毒事件、自然灾害和核辐射事故卫生应急处置等4支180人次。组建1支10人应对新冠肺炎疫情防控专家队伍、11支97人流行病学调查队伍、1支21人以市疾控中心为主的消杀队伍，组建1437人的核酸采样人员队伍，用于应对全员核酸采样工作。

【体育发展】 2021年，石狮市推动全民健身人人参与。石狮市承办2021年泉州市《国家体育锻炼标准》达标赛，组织举办羽毛球、篮球、足球等各类群众体育赛事100余场，群众参与5万余人次。石狮市打造“15分钟健身圈”。实施全民健身设施补短板工程，盘活城市空闲土地，利用城市改造“金角银边”建设街头体育公园2个；完成市体育场田径赛道、足球场等场地修缮工程。石狮狮阵作为唯一一个民族体育项目，入选2021中华体育文化优秀项目。

医政管理

【概况】 2021年，石狮市优化医疗服务资源，放开医疗服务市场，优先支持社会资本举办非营利性医疗机构。开展优质服务基层行活动，建立乡村医生临床技能训练制度，优化提升医疗行业服务质量，以医疗机构积分制管理和从业人员记分制管理为抓手，以各类医疗专业技术培训和加强医疗质量控制为载体，加强病案质量、合理用药、医院感染等方面管理，提升石狮市医疗行业服务质量和水平。

【医疗资源提升】　2021 年，石狮市强化与省内外高端医疗资源对接协作，提升医疗技术水平。市总医院先后与福建省心脏医学中心、厦门大学附属第一医院耳鼻喉头颈外科等共建；市妇幼保健院与福建省人民医院建立妇科联盟；市中医院加强与福建中医药大学附属第三人民医院中医健康管理中心、泉州市中医院等省内中医院高端专科医疗资源对接协作；蚶江卫生院与福建中医药大学附属泉州正骨医院建立骨伤科专科联盟。设立姚天源全国基层名老中医药专家传承工作室、成立张诚华肝胆外科工作室、陈春美脊柱外科工作室、张怡元骨科工作室、许传亮名医工作室等。集中资源强建专科，推进二级分科建设，提升医院服务能力。促成眼科与耳鼻咽喉科分科、普通外科分科，设立甲乳胸外科、血液科、疼痛科等专科，推动学科专科化、精细化发展。提升常见病、多发病、急危重症的医疗救治能力，市总医院成为首批“泉州卒中急救地图医院”单位，内分泌科申报泉州市级重点学科；石狮市总医院普外科获得泉州市医学会“普通外科 ERAS 标准病房”认证授牌，是泉州首批获此资质的外科病房；启动石狮县域基层医院胸痛救治单元建设，“实现心电服务村村通”全覆盖，打通胸痛救治起跑“第一公里”；启动石狮县域呼吸诊疗中心建设。

【“一镇一品”项目建设】　2021 年，石狮市立足特色化、差异化发展战略，巩固和拓展基层医疗机构“一镇一品”项目建设成效，其中，湖滨社区卫生服务中心开设“糖尿病前期门诊”，成立儿童健康管理中心并成为泉州市儿童早期发展示范基地；祥芝镇卫生院精品打造中医药“治未病”健康工程，引进太空舱开展中医慢病干预；蚶江镇卫生院完善慢病三级网络管理，形成“1+4+19”慢性病三级管理架构等。推进基层发热诊室（门诊）标准化建设，提升基层一线公共卫生服务能力，织牢全市卫生健康服务网。新增 3 个基层医疗机构到达基本标准，全市 8 个基层医疗机构到达基本标准。

【卫生专业技术培训】　2021 年，石狮市卫生健康局强化医疗专业技术培训，开展“平安石狮‘救’在身边”急诊急救能力培训，培训乡村医生 883 人次，2649 学时；深化基层医疗卫生机构改革，规范诊疗服务行为，联合市总工会、市人力资源和社会保障局举办乡村医生临终关怀服务技能竞赛，增强医务人员的业务素质；夯实石狮市农村卫生基层网底，提高乡村医生医疗技术水平和整体素质，开展乡村医生规范培训，通过网络视频学习、网络直播授课和临床跟班学习建立一支适应全市的实用型乡村医生队伍，培训 207 人。

【医疗废物处置】　2021 年，石狮市卫生健康局规范医疗卫生机构对医疗废物的管理，督促各医疗卫生机构建立健全医疗废物处理管理责任制，完善并落实医疗废物管理的规章制度、工作流程和要求，明确负责医疗废物管理的监控部门或者专（兼）职管理人员，建立医疗机构医疗废物处置管理工作监督档案，实行动态管理，严格落实医疗废物收集、贮存、转运等管理规范，做到专人接收、专用包装物、专用警示标识，全市医疗机构均实现医疗废物统一集中处置。妥善解决锦尚健康家园隔离点的医疗废物处置问题，建立整改台账并跟踪整改落实情况。规范化处置医疗废物 416.1 吨，其中涉疫医疗废物 103.33 吨，“小箱进大箱”29.72 吨，规范化处置率 100%。

【重大活动医疗保障】　2021 年，石

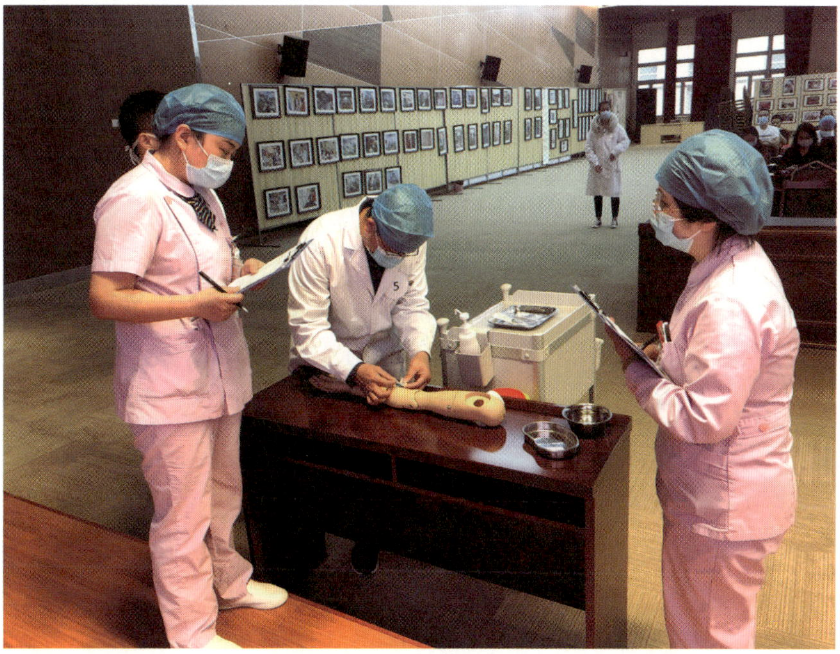

2021 年 4 月 29 日，石狮市总医院开展乡村医生“点燃生命最后的温暖”临终关怀服务技能竞赛
（图 / 市卫生健康局）

狮市卫生健康局加强医疗保障组织、指挥、协调，夯实医疗保障各项基础工作，组建石狮市医院院内医疗救治专家库，开通急诊医疗救治绿色通道，做好应急床位预留、医疗设施、仪器设备、急救药品和器械等方面准备。加强活动现场的医疗保障，全年保障各类重大活动22场次，出动救护车21车次，派出医务人员70余人次。

【村级医疗卫生机构】 2021年，石狮市以星级达标创建为抓手，落实村卫生所“守护一方百姓”公益性招牌、健康地图等基础设施设备，提高村级规范化管理水平。推动在全省率先落实“心电服务村村通”，且心电图机同步直连市心电诊断中心，实行“村级检查，市级诊断”，筛查疑似病例435人次，158名心脏异常患者得到及时救治。建立养老保障和执业风险化解机制，每年为村医缴纳养老保险和购买医疗责任险，解决村医职业“后顾之忧”。截至年底，为148名村医缴纳养老保险44.4万元，为143家村卫生所（室）购买医疗责任险7.15万元。以“点燃生命最后的温暖”临终关怀服务、“春播行动”中医药适宜技术、“平安石狮救在身边”等为重点，常态化开展乡村医生技能大练兵，并形成全国首个以村医为主体的专业化临终关怀服务团队，实现“村村有陪护，临终有关怀”，提供临终关怀服务960人次。

【中医医疗服务体系建设】 2021年，石狮市加强中医药服务体系建设，建成并启动运营石狮市中医院，填补全市公立中医院的空白。以培育中医药特色临床学科为重点，推动中医院成为福建中医药大学附属人民医院、福建中医药大学附属第三人民医院和泉州市中医院协作医院，并组建成立“石荣名医工作室”“国家级名老中医刘德桓传承工作室”“泉州留章杰针灸流派工作室”“泉州张氏中内科学术流派工作室”4个工作室及“中医体质调理中心”“中医健康管理（治未病）中心”2个诊疗中心。同时扩大市中医院技术辐射范围，推进中医药适宜技术在镇、村两级基层医疗机构的推广应用，发挥中医“治未病”的优势和作用。

【医疗质量监管】 2021年，石狮市卫生健康局结合“优质服务基层行”活动、疫情防控政策，组织开展基层医疗机构日常管理和年段校验评价活动、医疗机构医疗质量控制督查和多次疫情防控督查，排查发现问题985个，并限时整改到位，提升医疗服务水平。加强业务培训。组织开展业务培训和技术指导42场次，培训医务人员3205人次。建立“自查、抽查、巡查、评查”感控常态化督导机制，强化院区督导巡察、交叉互查，落实四方责任，及时堵塞工作漏洞。成立5个市级院感专家团队挂钩督导，10个人分5个片区对市医疗机构落实院感工作开展巡回监督检查。建立院感防控记分管理制度。对医疗机构未严格落实院感和疫情防控各项举措采取记分管理，2021年共记1369分，约谈72家，开具监督意见书78份，立案查处31家，落实疫情防控不到位被关停整顿41家。

2021年3月20日，石狮市中医院正式开诊 （图/市卫生健康局）

疾病预防防控

【概况】 2021年，石狮市报告传染病14种2834例，其中报告乙类传染病发病数10种1306例，报告发病率为188.1853/10万，丙类传染病发病数4种1528例，发病率为220.1739/10万。

【传染病防治】 2021年，石狮市发挥市医院、市妇幼保健院发热门诊、肠道门诊前哨作用，加强对新冠肺炎、登革热、诺如病毒、流感等监测报告与疫情处置。全年报告手足口病病例1315例，未发现手足口病暴发疫情。开展禽流感高暴露人群监测，未发现不明原因肺炎病例和不明原因死亡病例漏报现象。

【特殊病种防治】 2021年，石狮市加强艾滋病和结核病防治，落实“四免一关怀”政策，实施以“五扩大、六加强”为重点的防治措施。全年新增报告艾滋病病例81例，累计HIV/AIDS存活人数348人，对64007人次进行HIV检测，初筛阳性率 0.26%。全市发现肺结核病例 285 例，2020 年建档的病人规范管理率 95.7%，成功治疗率 92.6%，总体到位率 99.8%。推进学校传染病防控，指导各级各类学校加强新生入学预防接种证查验及肺结核症状筛查工作，发现并处置学校肺结核病 14 起，对学校密切接触者 2073 人进行肺结核病筛查。

【计划免疫】　2021 年，石狮市推动规范化预防接种门诊建设，全市 9 个基层预防接种门诊，2 个产科接种点，3 个犬伤暴露预防处置门诊，均通过泉州市规范化预防接种门诊验收。接种国家扩大免疫规划疫苗 184021 剂次（含替代苗），接种率 99.63%。合理规划设置 3 个大型接种点和 7 个基层接种点，针对“一老一少”特殊群体，组织小分队为 12—17 岁学生、老年人和员工进行新冠疫苗接种，确保接种工作有序推进。截至 12 月 31 日，全市接种 160 万剂，完成上级下达的 3 岁以上人群接种任务，着力推动 60 周岁以上人群接种工作。

【食品卫生监测】　2021 年，石狮市卫生健康局落实食品安全检测，完成生活饮用水检测 172 份，均符合相关要求。对全市各行业开展风险监测，完成监测任务 440 份。采集消毒单位餐饮具监测 8 家次，样品 40 份，一次性卫生用品生产单位产品卫生监测 7 家次，样品 7 份，均合格。落实食源性疾病监测，12 家医疗机构全部开展食源性疾病监测，报告食源性疾病病例 680 例。

【病媒监测】　2021 年，石狮市作为国家病媒生物监测点，制订《2021 年石狮市病媒生物监测方案》。累计布灯 152 次，捕获蚊媒 1179 只，平均蚊密度 7.76 只 / 灯·夜，其中库蚊捕获 1029 只，占总捕获蚊种的 87.28%。每月形成汇总表报送省疾控中心消杀科，累计捕获伊蚊标本 1477 只、库蚊 1484 只送省疾控中心进行带病检测。

妇幼保健

【概况】　2021 年，石狮市加强围产期保健管理，规范孕产妇健康管理服务，推行基层早孕建册，做好高龄高危孕产妇妊娠风险评估，落实危重孕产妇的报告转诊制度。加强预防艾滋病、梅毒和乙肝母婴传播管理。全市孕产期保健艾滋病、梅毒和乙肝检测率 100%，孕产妇 HIV 阳性 4 例（均已分娩），梅毒阳性孕产妇 43 例，乙肝阳性孕产妇 508 例，乙肝阳性孕产妇所生儿童 514 例。强化儿童保健管理。由专人负责高危儿管理，加强对镇级高危儿的筛查、管理以及托幼机构的卫生保健指导。全年对 5 所新设立托幼机构进行卫生评价，入 24 所托幼机构开展集体儿童体检、视力检查、眼病检查、口腔检查和涂氟化泡沫防龋齿等工作，入幼儿园讲授 3 期卫生课，开展 1 期“六一”儿童节活动，入社区讲授 3 期卫生课。加强妇幼卫生信息及“三网”监测工作。对市总医院、妇幼保健院、泰和医院、殡葬管理所等有关部门进行孕产妇死亡监测、5 岁以下儿童死亡监测、出生缺陷监测、危重症孕产妇转诊救治工作质量管控。

【助产技术服务机构监督管理】　2021 年，石狮市开展助产技术执法检查及助产机构校验，各单位依法开展母婴保健技术服务。规范管理出生医学证明，开展出生医学证明专项检查。2021 年，全市活产数 5597 人，首次签发 5690 张。4 月 19 日，市子英医院取消助产机构资质，由市妇幼保健院受委托承担子英医院取消助产前接生新生儿的出生医学证明首次签发及换发工作。

【免费婚检】　2021 年，石狮市卫生健康局推进全市免费婚检、孕前优检工作，协调行政服务中心在婚姻登记场所设立“公益服务项目窗口”，对准新婚夫妇提供免费婚检、孕前优检、地中海贫血筛查等服务。全年免费婚前医学检查 837 人，免费孕前优生检查 900 对，免费地中海贫血筛查 1102 对夫妇。

【新生儿疾病筛查】　2021 年，石狮市卫生健康局落实省级新生儿疾病筛查项目，减免在石狮市医疗机构分娩的新生儿疾病筛查费用 50%。全年新生儿疾病筛查 5557 例，新生儿先天性心脏病筛查 5502 例。

【妇幼健康技能提升】　2021 年，石狮市推进妇科专科建设，通过深化与福建省人民医院建立妇科专科联盟建设，提升学科能力水平。全年省人民医院定期选派专家 28 人次到石狮市总医院开展诊疗活动，门诊诊治 490 余人次，指导手术 35 台次。推进“妇幼健康服务联合体”建设，先后与永宁镇卫生院、祥芝镇卫生院、湖滨社区卫生服务中心建立“妇幼健康服务联合体”合作模式，选派相关人员到基层对妇保科、儿保科、妇科、超声等方面指导业务，推进开展联合体工作，派出下乡人员 114 人次。

爱国卫生运动

【概况】　2021 年，石狮市爱卫办开展第 33 个爱国卫生月活动、环境卫生整治、科学防制病媒生物等工作，强化预防优先，打造健康环境，控制传染病的发生与流行。

【环境卫生整治】　2021 年，石狮市根据疫情防控进展，推进城乡环境卫生整洁行动，开展以爱国卫生大扫除为重点的专项环境卫生清洁行动，其间清理卫生死角 13160 处，清理垃圾 89000 余吨，清理卫生死角 83500 余处，清理“十乱”（乱贴乱画、乱泼乱倒、乱扯乱挂、乱搭乱建、乱停乱放）1500 余处。

【“除四害”活动】 2021年，石狮市开展病媒生物防制，清除病媒生物滋生地，消除“四害”危害，降低病媒生物的密度，保障公共场所卫生安全。投入溴敌隆毒饵16.26吨、粘鼠板8000余个、杀蟑针剂（方便贴）9000余盒、高氯悬浮剂3000瓶、杀蟑（蚁）饵剂14000袋、84消毒液12000瓶等价值约46万元，清除156处阳性积水，清理53000余处蚊虫孳生地。

【公共场所控烟】 2021年，石狮市开展无烟单位创建，授予“石狮市无烟单位”称号125家。通过第34个“世界无烟日”，入校开展以“承诺戒烟，共享无烟环境”为主题的无烟日活动，强化全民无烟观念，提高社会文明程度和公民公德意识和文明素质。全年发放禁烟标志200个、控烟宣传海报（小册子、折页等）5000多份。

医药卫生体制综合改革

【概况】 2021年石狮市围绕“全方位推动高质量发展超越”主题，以维护人民健康为核心，按照“补短板、强弱项、扬优势”要求，深化紧密型医共体建设，推动全市“一张医疗健康网”织密织细。石狮市医改工作经验入选国家卫健委主编的《国家卫健委紧密型县域医共体工作专刊》和《紧密型县域医疗卫生共同体建设典型案例》

【县域医共体建设】 2021年，石狮市对标泉州市紧密型医共体建设“六个一体化”管理，推进医共体人、财、物等资源一体化管理。市总医院健全财务管理体制，挂牌成立医共体财务管理中心，落实市总医院集中核算、各成员单位分户核算管理模式。制定医共体统一用药目录，实行药械采购、配送、支付“三统一”。强化医共体床位、设备、号源等资源共享，贯通服务链，实现资源优化配置。全年，石狮市医共体完成医学设备采购423.6万元，节省53.47万元，药品节省2910万元。

【家签服务】 2021年，依托由市总医院专家共同组成的“全家会”家签服务模式，按照“签约实、服务好”标准，突出老年人、孕产妇、儿童等重点人群，以“预约门诊—基层首诊—双向转诊”为主要路径，实现“防治结合、医防融合”的健康管理。全年石狮市家签服务216948人，其中重点人群签约率69.5%。

【三医联动改革】 2021年，石狮市常态化、制度化推进药品、药材集中带量采购工作。落实国家集采药品5批次，省级集采药品2批次，联盟带量采购3批次，为群众减轻医药负担约4300万元。开展集采药品“拆零盖章”工作，从源头上杜绝非法倒卖药品现象的发生。深化医保打包付费支付方式改革，跟进落实单病种收付费管理，全年市总医院单病种付费开展率为58.84%，比2020年提升8%。

卫生监督综合执法

【卫生监督能力建设】 2021年，石狮市卫生健康局履行卫生监督职责，严厉打击各类卫生违法行为，开展国家“双随机”监督抽检工作和泉州市公共场所卫生健康随机监督抽查工作。严厉打击非法行医，规范医疗服务市场，加强对基层医疗机构新冠疫情常态化防控工作的督导检查。推进职业卫生防护监督工作，结合餐饮具集中消毒单位监督检查，做好餐饮具集中消毒单位季度抽检工作，并开展跨部门联合执法检查。

【生活饮用水监督】 2021年，石狮市卫生健康局每季度定期与住建、水务部门合作，开展二次供水小区联合检查行动并就检查情况发布通报。监督检查供水单位125家次，结合年度监督抽检计划，抽检二次供水水样10份，检测结果全部合格。

【学校卫生监管】 2021年，石狮市卫生健康局制定《2021年石狮市公共卫生随机监督抽查计划》，随机监督抽查22家学校，抽查合格22家，合格率100%。督促各学校做好饮用水卫生管理，做到全市学校复学前水质检测“全覆盖”。加强传染病防控卫生监督，重点指导学校做好疫情报告、晨午晚检、健康管理、因病缺课登记追踪等制度的落实工作，指导学校做好教学环境消毒、通风及疫情防控宣传等工作，抽查中小学校17所、托幼机构8所、校外培训机构5所，合格率100%。

计生服务

【生育登记】 2021年，石狮市办理生育登记1921本，其中一孩生育登记976本，二孩生育登记932本，三孩生育登记13本。再生育审批43本。

【老年健康服务】 2021年，石狮市推动医疗机构开展医养结合服务。3月，宝盖社区卫生服务中心与宝盖镇禾康长者照护中心开展嵌入式医养结合服务。提升石狮振狮医院、泰和医院医养结合服务水平，两家医院拓展30张养老床位至130张养老床位。开展老年友善医疗机构和友好社区创建。推进市总医院、市区四家社区卫生服务中心、泰和医院和振狮医院开展老年友善医疗机构创建。开展老年友好社区创建，蚶江镇莲中村和鸿山镇东埔三村被评为“泉州市老年友好社区创建示范社区”。加强失能老年人健康评估与服务项目，全市失能老年人健康评估与服务项目工作录入 117 名对象，评估 104 名对象。

体　育

【竞技体育】　2021 年，石狮市运动员参加东京残奥会获得 F56 级标枪项目 1 枚铜牌；参加 2021 年全国运动会中获得 1 金 1 银；参加第 35 届世界蹦床锦标赛获得女子团体蹦床项目 1 枚银牌，实现石狮市世界锦标赛奖牌“零”的突破；参加第 11 届全国残运会中获得 1 金 3 银；参加 2021 年全国帆板锦标赛女子帆板场地赛获得 1 枚铜牌；参加全国青年帆板锦标赛 U21 比赛获得 1 枚金牌。

【群众体育】　2021 年，石狮市组织举办羽毛球、篮球、足球等各类群众体育赛事 100 余场，群众参与人数 5 万余人次。开展全民健身运动，举办石狮市第三届老年人健身节、华东地区“紫星杯”首届男子篮球比赛、庆祝中国共产党成立 100 周年篮球比赛、石狮市第 12 届村级篮球联赛、2021 年夏季足球联赛、石狮市冬季“足协杯”足球比赛、石狮市常青组篮球比赛、石狮市 U22 青少年篮球比赛、石狮市祥芝镇首届　“千祥杯”五人制足球邀请赛、登山打卡观览海丝航标活动、石狮市“邮政储蓄杯”羽毛球邀请赛等，承办 2021 年泉州市《国家体育锻炼标准》达标赛。

【青少年体育】　2021 年，石狮市组织参加青少年的体育赛事有石狮市“祥华集团杯”中小学生乒乓球联赛、石狮市“建新轮胎杯”中小学生田径联赛、2021 年石狮市中小学生篮球比赛、2021 年石狮市少年儿童柔道锦标赛、2021 年石狮市少年儿童游泳锦标赛、石狮市少年儿童羽毛球锦标赛、石狮市中小学生围棋比赛、石狮市中小学生象棋比赛、石狮市第六届跆拳道锦标赛、2021 年泉州市年度柔道锦标赛。

社会民生

居民生活

【概况】 2021年，石狮市全体居民人均可支配收入61590元，比2020年增长8.2%；居民人均消费支出37432元，比2020年增长11.8%。居民消费价格温和上涨，比2020年上涨1.3%。石狮市城镇居民人均可支配收入69759元，比2020年增长7.6%。石狮市农村居民人均可支配收入31981元，比2020年增长10.2%。

【流通和消费价格调查】 2021年，石狮市居民消费价格温和上涨。全市居民消费价格指数101.3（采用泉州市辖区数据，下同），比2020年上涨1.3%，其中，消费品项目价格指数101，服务项目价格指数101.6。八大类商品中，食品烟酒类比2020年下降0.2%，其中，畜肉价格比2020年下降15.8%，环比上涨2.0%；衣着类比2020年上涨2.5%；居住类比2020年上涨0.7%；生活用品及服务类上涨1.0%；交通和通信类比2020年上涨2.9%；教育文化和娱乐类比2020年上涨5.9%；医疗保健类比2020年下降0.2%；其他用品和服务类比2020年下降3.3%。

社会保障

【养老保险】 2021年，石狮市参加企业职工基本养老保险125819人，基金收入52096.71万元，基金支出11713.82万元；截至12月底，企业退休人员3237人。

2021年，石狮市城乡居民基本养老保险参保189696人，续保123599人，征缴保费2847.24万元，领取养老金49874人，发放养老金11001.1万元。

【医疗保障】 2021年，石狮医保分局推进城乡居民医保基金征缴工作，截至12月31日，石狮市城乡居民医保缴费293086人，征缴率101.56%。加大打击欺诈骗保力度，追回或拒付、收取违约金248.33万元，暂停协议7家，发出函牌122张，移送公安部门核查1件。推出集采药品“拆零盖印”举措，减少医保药品浪费，从源头上防止不法分子非法倒卖药品。推进“长护险”试点工作，探索推行“131”石狮高质长护模式，护理服务863人次。录制“我为医保代言”宣传短视频，设置“医保彩绘一条街”，形成可复制可推广的宣传作品，引导全社会关注医保。设置医保暖心服务驿站，践行医保经办“五心”（热心、用心、尽心、贴心、暖心）服务理念，收到诉求件218件。推行“提前服务”“延时服务”机制，避免服务对象白跑一趟。坚持“属地+行业”双通道推进城乡医保征缴和医保电子凭证推广工作，引导全市参保人激活并使用医保电子凭证，一级以上公立医疗机构及定点零售药店接入率100%。全市227099人激活医保电子凭证，激活率62.30%，其中职工激活率101.33%，城乡居民激活率52.41%。

【失业保险】 2021年，石狮市失业保险参保64743人。支出失业保险金713.55万元，惠及5731人次；为领取失业保险金人员缴纳医疗保险费134.5万元；发放失业补助金6973人次，金额669.35万元。向4519家企业兑现失业保险稳岗返还，金额301万元。

【工伤保险】 2021年，石狮市参加企业职工工伤保险99820人，基金收入1931.14万元，基金支出2468.75万元；享受工伤保险待遇513人。

人力资源

【事业单位招考】 2021年，石狮市人力资源和社会保障局组织实施事业单位工作人员公开招聘工作。招聘事业单位工作人员54名；公开招聘事业单位工作人员（卫生类）8名；招聘乡镇卫生院医学人才，第一批公示20人；招聘卫生专业技术人员8名；组织公立中学赴高校专项招聘新任教师15名；招聘2021届福建省泉州生源公费师范生9名；招聘公立学校新任教师96名。

【职称评聘】 2021年，石狮市人力资源和社会保障局办理事业单位职称聘任1321件。教育事业单位教师聘任996人，其中正高级2人，副高级228人，中级531人，初级235人。卫生事业单位聘任165人，其中正高级6人，副高级41人，中级65人，初级53人。其他事业单位聘任160人，其中正高级1人，副高级23人，中级122人，初级14人。2021年新增获得专业技术职务任职人员1352人，其中正高7人，副高162人，中级348人，初级835人。

【人才政策扶持】 2021年，石狮市人力资源和社会保障局落实灵活就业的就业困难人员社会保险补贴政策，符合申请资格者有207人，拟发放社保补贴金额116.83万元；兑现一次性创业补贴1人5000元，兑现2021年第一批赴省内外招聘一次性劳务合作补助1.5万元，老员工引进新员工奖励2500元。兑现2020年第二批见习补助14家企业41万余元；拟兑现2021年第一批见习补助16家企业50人69.54万元。兑现15名泉州市引进高层次人才奖励金332万元。兑现7名泉州市高层次人才安居保障资金67.5万元；拟兑现第四批（1312人）、第五批（1691人）高校毕业生安居补助3003人。

【新市民积分管理】 2021年，石狮市印发《2021年度新市民、民办高校人才及新闻行业人才积分工作实施方案》，受理2021年积分入住、入学、培训、创业申请，分别有105人获得积分入住，294人获得积分入学、2人获得积分培训，1人获得积分创业资格。举办2020年度新市民、民办高校人才及新闻行业人才积分入住凭证发放仪式，发放积分入住凭证92张；举办2021年度积分入学凭证发放仪式，发放积分入学凭证294张。兑现积分培训补贴6人，金额2.4万元，兑现积分入住购房补贴145人，补助金额1325万元。截至年底，有164771名新市民在积分管理信息系统中建立个人档案。

【人才认定培养】 2021年，石狮市人力资源和社会保障局组织各类人才参与认定评价。新增省级高层次人才6人、省工科类青年人才4名、泉州市高层次人才211人，1个人才团队入选省产业领军团队（泉州唯一），1个团队入选泉州市高层次人才团队。开展企业人才自主认定。指导卡宾、加多宝、中纺协等6家第三批高层次人才自主认定试点企业制定自主认定工作方案和人才自主认定标准，支持12家企业开展泉州市高层次人才、实业人才自主认定人才61名，支持6家企业开展省级高层人才自主认定。打造创新型企业家人才培养机制。推出“石狮人才创新接力班”品牌，通过“线上课程学习+线下思维训练”的方式开展企业家人才的创新思维训练，全年举办4期线下思维训练课程、1次创新案例游学和1次创新研习坊，吸引200余人次的企业家人才参与培训，提升石狮企业家人才的创新思维能力。

【产学研教融合】 2021年，石狮市人力资源和社会保障局推动西安工程大学研究院选派学校相关专家团队与石狮汇星机械有限公司、石狮市星铂宇濠贸易有限公司等5家企业开展关键技术研发和科技项目合作。促成西安工程大学与石狮好田服饰共建专家工作站，与石狮汇星机械有限公司联合申报2021年专家工作站。与西安工程大学石狮研究院、东华大学研究院等5个科研机构达成技术成果转化市场化服务战略合作。搭建西安工程学院石狮研究院与美佳爽企业交流合作平台，开展护肤等多个项目的合作。吸引泉州秦闽新材料科技有限公司入驻产业园孵化中心。与闽南理工学院签约“狮尚驱动”人才培养计划——纺织鞋服设计产教融合试点项目，促成闽南理工学院与石狮市服装设

2021年1月28日，石狮市举行颁发2020年石狮市新市民、民办高校、新闻行业人才“积分入住”凭证及新春礼包仪式 （图/市人力资源和社会保障局）

2021 年 12 月 26 日，第十届"石狮杯"全国高校毕业生服装设计大赛决赛暨颁奖典礼在石狮服装城艺术展览中心举行（图/市人力资源和社会保障局）

计师协会签订"狮尚驱动"产教深度融合青年人才培养合作协议，确定 8 家石狮市服装设计师协会的优质会员企业作为与闽南理工学院产教深度融合试点企业，8 位优秀设计师为产业导师。以"狮城丝路"为主题组织第十届"石狮杯"全国高校毕业生服装设计大赛，加强高校、企业和政府之间的联系，培育适应社会需求的服装设计人才。指导市服装设计师协会组织开展"标杆企业行"活动，搭建服装设计师交流平台。

【人力资源产业园建设和管理】 2021 年，石狮市人力资源服务产业园规模效益提升。吸引 18 家人力资源服务机构入驻，园区实现产值 22.26 亿元，纳税 9977.22 万元，服务人次 56.98 万人次。提供劳务派遣及劳务外包 9.29 万人次；委托培训、人力资源咨询和招聘 19.64 万人次；金融结算 27.06 万人次；为石狮市企业引进制衣车工、挡车工等紧缺工种员工 5730 人；劳动事务代理 1930 余人。

【异地劳务协作】 2021 年，石狮市推动山海协作。对口帮扶政和县，对政和籍务工人员到石狮市企业就业满一年的，给予本人当年度基本养老、基本医疗和失业保险个人缴费部分全额补贴，先缴后补。兑现 22 人的 2020 年度基本养老、基本医疗和失业保险个人缴费部分补助，合计 10.38 万元。深化闽宁扶贫劳务协作。做好宁夏籍贫困劳动力来闽就业稳岗工作，依托"闽宁劳务协作对接服务平台"，向在石狮市就业的宁夏籍贫困劳动力提供全程实名制跟踪服务，确认 24 名宁夏籍贫困劳动力在石狮企业就业，发放资金 12 万元。兑现跨省就业资金。落实 2021 年脱贫人口跨省就业奖励兑现工作，通达（石狮）科技有限公司等 84 家企业吸纳省外脱贫人口 2464 人，拨付跨省就业奖补 120 万元。

劳动就业

【劳动关系维权】 2021 年，石狮市人力资源和社会保障局按照"鼓励和解、强化调解、依法仲裁、衔接诉讼"的原则，健全完善劳动争议调解仲裁处理机制。全年劳动人事争议仲裁院办结案件 527 件，涉及劳动者 986 人，涉案金额 1831.03 万元，调解结案率 61.67%。

【劳动监察】 2021 年，石狮市人力资源和社会保障局加强主动监察，监察用人单位 587 家，涉及劳动用工人数 21468 人。开展专项执法检查，依法对 16 家违反劳动保障法律法规的企业予以行政处罚，罚款金额 31.2 万元。

【就业与创业】 2021 年，石狮市新增就业 8994 人，失业人员实现再就业人数 2051 人，就业困难人员实现就业人数 81 人，城镇登记失业率 1.14%。全年举办 11 场线上招聘会，参加企业 475 家，提供岗位 2.53 万个，达成意向人数 4871 人。组织前往外院校招才引智，对接莆田学院、西安工程大学、重庆文理学院等 10 所高校，组织校园招聘会、电商行业专场招聘会、劳务市场招聘会等各类现场招聘会 15 场，企业参加 350 家次，提供就业岗位 6276 个，达成意向 2950 人。发挥就业补助资金作用，全年就业补助资金筹集上级资金 436 万元，各类项目支出 830.67 万元，年末滚存结余 61.63 万元，基本解决就业补助资金滚存结余较大的问题。

【技能培训提升】 2021 年，石狮市人力资源和社会保障局推进以补促训工作，开展技能提升行动，举办各类职业技能培训班 88 期，参训人员 4071 名，兑现职业技能提升行动专项资金 390.46 万元，惠及 3600 余人。推进以工代训工作。支持符合受新冠肺炎疫情影响较大企业开展以工代训，稳岗扩岗。受理 2021 年度 767 家企业 35994 人次申报，拟补贴金额 1799.7 万元。推进以赛强训工作，联合市总工会举办第 11 届产业职工技能大赛 7 场，270 余人次参赛，7 人取得"石狮市技术能手"称号。

民政事务

【概况】 2021 年，石狮市民政局履行基本民生保障、基层社会治理、基本社会服务等职责。全市低保对象 1055 户 1702 人，发放低保金 1172.14 万元。全市特困人员 143 人，发放救助供养金 285.38 万元，较 2020 年增长 53.76

万元，生活不能自理特困人员集中供养率 79.41%。发放困难残疾人生活补贴 181.95 万元，重度残疾人护理补贴 466.46 万元。办理临时救助 636 人次，发放临时困难救助款 126.47 万元，比 2020 年增加 49.34 万元。为 1822 名困难群众购买每人每年保额 80 元的小额意外伤害险，为 1083 户困难家庭减免高清数字电视和宽带服务费用。全年火化 1979 具尸体，火化率 100%

【社会救助】 2021 年，石狮市民政局开展生活无着的流浪乞讨人员救助管理服务质量大提升专项行动，护送流浪乞讨人员返乡 21 名。开展“6·19”救助和托养机构“开放日”活动，结合疫情防控采取“走出去”策略，在车站、广场开展长期滞留对象寻亲活动，宣传救助政策和工作成效，引导社会力量参与救助服务工作。规范站外托养人员安置制度，加强回访及监察力度，对安置在泉州第三医院和泉港第三医院的无主精神病人跟踪回访 10 余次。救助站救助各类求助人员 85 人次，其中无主精神病人 29 人次，城市生活无着救助人员 56 人次，支出救助经费 35.17 万元。委托医疗机构收治在院无主精神病人 8 人，安置的特困救助对象 31 人。

【儿童服务工作】 2021 年，石狮市民政局推进孤儿及事实无人抚养儿童保障水平提档升级，审批新增事实无人抚养儿童 8 人，截至 12 月底，全市登记在册的机构孤儿 37 人、社会散居孤儿 10 人、事实无人抚养儿童 53 人，发放社会散居孤儿基本生活养育金 16.8 万元、事实无人抚养儿童基本生活补贴 64.55 万元。实施“福彩圆梦孤儿助学工程”“福蕾行动计划”“困境儿童关爱服务计划”等一系列有针对性的精细化关怀服务，帮助 3 名孤儿圆求学梦，针对 55 名困境儿童及其家庭需求开展救助、治疗和发展性的社会工作专业服务。实行分区照料和康复，做好福利中心在院孤儿医疗、保健、防疫和教育工作，在院集中供养孤儿 28 名，家庭寄养儿童 9 名，除 2 名未达就学年龄外其余的均能保障正常就学。

【养老服务工作】 2021 年，石狮市提级增效，改善“一老”保障条件，祥芝镇大堡村敬老院、鸿山镇东埔三村敬老院 2 所敬老院转型升级为农村区域性养老服务中心，完成 9 所长者食堂建设，完成宝盖镇禾康长者照护中心、蚶江镇伍星居家养老服务照料中心、振狮医院温情养护院 3 个微型消防站建设，采取政府补贴方式，完成 500 户困难老年人家庭适老化改造。开展居家养老服务站（农村幸福院）星级评定工作，新增三星级农村幸福院 2 家。实施“养老护理员水平提升工程”，举办 2 期养老护理员技能培训班。组织参加省养老护理职业技能大赛暨全国养老护理职业技能大赛，2 名养老护理员获福建赛区选拔赛二等奖。为特殊困难及高龄老人购买“禾康”智慧养老服务，发放 15867 人次 536.94 万元。为全市 7730 位 80 周岁及以上老人购买每人 30 元的意外伤害险。

【村（居）委会换届选举完成】 2021 年，石狮市完成村（居）委会换届选举。搭建村（居）委会换届选举相应工作机构，建立领导干部及业务骨干挂钩镇（街道）联系制度，组织市、镇、村三级业务骨干培训。确定换届选举重难点村 16 个，建立工作台账，“一村一策”制定整顿方案，逐一验收销号。规范选举程序，创新选票防伪识别技术，规范制作“两书一案”（选举工作指南、文书式样汇编、选举工作方案）等选举业务指导用书。采取“线上+线下”同步进行的方式，实时在线接受各镇（街道）和群众的业务咨询，打通业务指导“最后一米”。通过报纸、公众号平台及时发布换届纪律“十个严禁、五个一律”通告、村级换届纪律警示案例，组织候选人签订纪律承诺书。在泉州市率先完成村（社区）“两委”换届选举工作。128 个村（社区）“两委”换届选举一次性成功率 100%，主干“一肩挑”100%，村委会妇女专职专选率 100%，居委会直接选举及户代表选举率均为 30%。

【社区建设与服务】 2021 年，石狮市推进社区减负增效，建设宝盖镇坑东村泉州市级社区公共服务站，规范“一站式”服务大厅。在 19 个村推行“一定五化”治理机制，选取 9 个村开展示范点建设工作。推进城乡社区牌匾清理工作，清理全市各村（社区）原有挂牌种类 99 种，保留牌匾 48 种，整合纳入公共服务站（便民代办点）牌匾 9 种。梳理全市各村（社区）应各有关单位要求开具的证明 58 种，推进“社区万能章”清理工作。

推进省级近邻服务试点市建设。湖滨街道长福社区被评为省级近邻服务试点社区。凤里街道仁里社区、蚶江镇蚶江村申报泉州市“共建共享”试点社区，纳入泉州市近邻服务试点社区。湖滨街道新湖社区依托“三社联动”开展社会组织培育提升工程，满足社区老年人、妇女、青少年和特殊人群的需求。祥芝镇祥渔村依托“三社联动”机制，形成有事共商、信息共享、有事共谋的联动机制。凤里街道后花社区采用“社工+志愿者”介入模式、“一核四化”服务模式，打造广泛参与、形式多样、活动常态、成效明显的文明社区志愿服务新模式。灵秀镇钞坑村从“大邻里”角度出发，以社区党组织为核心，打造以党建引领、结对共建、提升服务为主要内容的“七红”睦邻党建工作法，形成“组织共建、资源共享、服务共赢、多方参与、共促发展”的共建共治共享的社区治理格局。

【社会组织管理】 2021 年，石狮市办理社会团体成立登记 10 件、变更登记 77 件、注销登记 21 件；民办非企业单位成立登记 12 件、变更登记 52 件、注销登记 4 件；基金会成立登记 2 件、变更登记 2 件；其他行政权力和公共服务事项 119 件。社会团体、民办非企业、基金会成立登记三项行政许可事项由承诺件改为即办件，办理时限由原来的 5 个工作日全部压减到 1 个工作日，共缩减时限 12 个工作日，16 项行政许可业务全部实现即办，即办件占比及缩减时限量居泉州各县（市、区）首位。推行全流程网上办，及时告知和协助修改完善相关资料。

社会组织年报年检工作。2021 年，石狮市首次采取线上的方式进行社会组织年报年检，应年报年检的社会组织 715 家，实际参加年检 640 家，年检合格的 342 家，基本合格的 253 家，年检不合格的 45 家。组织开展“我为企业减负担”专项行动，各行业协会商会减免和降低收费 1401.8 万元，相关情况获《福建日报》、《泉州晚报》、泉州电视台等平台报道。打击整治非法社会组织。鼓励社会各界及时举报非法社会组织和社会组织违法活动线索，发现非法社会组织 2 家，按规定引导其履行备案手续。开展社会组织等级评估工作。16 家社会组织申报参评，确定 AAA 级以上社会组织 15 家，其中，AAAAA 级社会组织 3 家、AAAA 级社会组织 3 家、AAA 级社会组织 9 家。

推进社会工作提升。组织社会工作者职业水平考试，227 人报名参加全国社会工作者职业水平考试。承办 2021 年泉州市第三期社会工作者职业教育培训班。全市持证社工 243 人、社工机构 8 家。按照“一年覆盖、两年规范、三年提升”的工作思路，购买社会工作专业服务，建成 9 个镇（街道）社工站。

【区划地名服务】 2021 年，石狮市民政局推进平安边界建设，配合晋江市开展晋江—石狮线县级界线联检，补缺遗失的界桩 4 个。推进蚶江—永宁、永宁—锦尚两条乡级界线联检工作。摸排各镇（街道）需命名道路情况，全年完成兴盛路等 11 条道路命名。推进地名规范化建设，校对全国地名普查档案（2012—2014 年），摸排申遗沿线道路命名情况，协调市城管局排查和整改沿线路名牌设置情况。

【婚姻收养登记】 2021 年，石狮市民政局办理服务事项 2887 件，结婚登记 1580 对，办理离婚申请 720 对，离婚登记 342 对。补发婚姻登记证 245 件，出具（无）婚姻登记记录 1 件。查询婚姻登记档案 220 件，其中出具婚姻登记信息协查函 14 件。

【殡葬管理服务】 2021 年，石狮市强化清明期间防疫、防火及安全祭扫工作，开展网上预约、代客祭扫等服务，实行每天以镇为单位轮流错峰祭扫。全年火化 1979 具尸体，火化率 100%，办理全市村级骨灰堂寄存骨灰 777 个，全市村级骨灰堂寄存骨灰 18300 个。办理本户籍骨灰迁出其他县市 62 例、外县市在石狮市火化后迁出 13 例，其他县市骨灰迁往石狮市永久墓园安葬 80 例。强化移风易俗工作，组织海葬 10 次，海葬骨灰 7243 具。为符合条件和遵守文明殡葬规定的对象，减免基本殡葬服务项目费用 1653 例，费用 196.03 万元。开展全市殡葬业价格秩序和公益性安葬设施建设经营专项整治，规范殡葬服务市场。

【革命老区工作】 2021 年，石狮落实革命“五老”人员及“五老”遗属的生活保障，调整提高革命“五老”人员定期生活补助至每人每月 2659 元，革命“五老”遗属生活补助提至每人每月 1008 元。助推老区振兴发展，投入老区专项资金 15 万元，帮扶老区村发展建设项目 3 个，分别为石狮市永宁镇沙美村革命老区红色教育基地项目、石狮市锦尚镇卢厝村狮阵“非遗”文化传承馆项目、石狮市宝盖镇杆头村革命历史纪念馆修缮项目。推动“阳光 1 ＋ 1 ＋ 1(社会组织＋企业＋老区村)牵手计划”在 6 个老区村的开展，全省率先实现阳光“1+1+1”牵手计划全覆盖，助力老区建设，促进乡村振兴。

慈善事务

【概况】 2021 年，石狮市慈善总会坚持慈善为民宗旨，开展六大慈善工程，新增“慈善照护”工程，提高慈善救助能力。开展慈善活动，调动社会力量参与关注和帮扶基层医疗机构的建设，用实际行动支持石狮市医疗卫生事业的发展。

【捐赠管理】 2021 年，石狮市慈善总会接收社会捐赠款 3565.1 万元，其中，非定向捐赠款 268 万元，定向捐赠款 3297.5 万元。总支出 2844.52 万元，其中，七大慈善工程支出 321.61 万元，救助困难群众 613 人；医疗公益项目支出 663.17 万元；定向资金支出 1859.74 万元。

【慈善工程】 2021 年，石狮市慈善总会开展七大慈善工程。“慈善学子”工程方面，坚持立足解决贫困学生求学困难问题，帮助他们圆大学梦，资助 141 名困难学子，发放助学金 81.6 万元，其中资助新增困难应届大学生 32 名、往届未毕业大学生 109 名。“慈善救助”工程方面，组织会员、志愿者走访 243 户重疾患者家庭（包含定向资助对象），发放救助金 174.4 万元。“慈善助残”工程方面，为 220 例白内障患者补助手术治疗费用 13.64 万元；“一米阳光”帮扶计划实施过程中，支出 0.5 万元为 1 名困难残疾人学生配置助听器，解决残疾人对基本型辅助器具适配服务的需求。“慈善安老”工程方面，石狮市慈爱老人福利院供养老人58名，接收善款30.96万元，接收物品折价约14.62万元，用于提高老人生活质量，完善各类功能设施、强化管理和服务。“精准扶贫”工程方面，秉持慈善助人、扶贫济困宗旨，市慈善总会通过官网发布筹款项目，帮助2名患重大疾病的困难户筹集2.98万元。“慈善拥军”工程方面，按照保基本、救急难、求实效的要求，对5名生活陷入困境的退役军人，给予救助2.8万元。“慈善照护”工程方面，为1名“长护险”重点保障对象提供1000元资金支持。

2021年1月28日，石狮市慈善总会开展“慈善手拉手迎新春送温暖”活动
（图/市慈善总会）

【慈善活动】 2021年，石狮市慈善总会联合市残联开展“百会联百村·千贤帮千户”爱心助残活动，发动志愿者100多人次，深入村（社区）18个，开展政策宣讲、慰问帮扶等行动，惠及石狮市残疾人87名。开展“慈善手拉手迎新春送温暖”活动，走访石狮市68名分散供养的特困人员，发放新春慰问金3.4万元。联合阳光“1+1”牵手行动，为革命老区永宁镇子英村15个符合救助条件的困难家庭送去慰问金2万元。联合开展“困难单亲母亲圆梦”救助活动、关爱救助罹患“两癌”贫困母亲活动，为35名有救助需求的困难母亲发放爱心款17.2万元。参与“母亲健康1+1”暨关爱困难妇女儿童公益募捐活动。联合开展慈善拍卖活动，筹集善款30.42万元，用于救助石狮市罹患“两癌”贫困弱势妇女及贫困儿童。联合开展“心系孤儿，传递爱心”慰问活动，走访关爱石狮市4位事实无人抚养儿童及孤儿。联合多家单位向困难老人、一线工人等群体开展爱心慰问活动。

【医疗公益】 2021年，市慈善总会调动社会力量参与关注和帮扶基层医疗机构的建设，用实际行动支持石狮市医疗卫生事业的发展。捐赠石狮市9家镇（街道）卫生院卫生应急用车9辆，捐赠石狮市中医药、石狮市妇幼保健院飞利浦X射线摄影成像系统各1台，总价值1700万元。

民族宗教事务

【乡村振兴示范民族村建设】 2021年，石狮市帮助4个少数民族村确定项目并向上级申报，争取上级民宗部门拨款48万元。以特色村寨建设为载体，通过“一村一品”工程，实现特色产业发展。石渔回族村献礼建党百年宣传片被国家民委等单位采用，在人民网、中国共产党网等多个网络平台播放。郭坑回族村被农业农村部认定为第二批全国乡村治理示范村镇。加大对挂钩帮扶民族乡的支持力度，拨给宁德霞浦县崇儒民族乡100万元发展特色产业，挂钩帮扶成效显著。

【民族团结进步创建】 2021年，石狮市推进民族团结创建工作，以“铸牢中华民族共同体意识·永远跟党走”为主题，开展第十四个民族团结进步宣传月活动，举办第三届民族杯篮球赛。开展民族团结进步“六进”活动，在石渔村、石湖小学、少数民族企业等场所举办民族政策法规宣传。在石狮统战部及各少数民族村公众号开设民族团结进步宣传专栏，宣传民族政策法规和政策解读。

【宗教领域安全管理】 2021年，石狮市开展宗教领域安全隐患排查整治工作，出动检查人员392人次，检查场所196家次，发现安全隐患23个，整改到位率100%。开展涉及宗教领域非法出版物整治活动，检查场所158家次，查缴各类非法宗教出版物200余本。

【宗教界自身建设】 2021年，石狮市佛教协会举行第四届闽南语讲经交流，提升佛教界讲经水平。开展“致敬英雄”为主题的清明节祭扫烈士墓活动，弘扬爱国主义精神。开展庆祝中国共产党成立100周年活动和各种形式的公益慈善活动。组织人员前往延安、遵义等地，接受革命历史熏陶和爱国主义教育。

【宗教界公益慈善活动】 2021年，佛道教场所开展“迎新春、送温暖”慰问活动，捐资130多万元帮助困难群众改善生活，共迎新春佳节。“七一”前夕，捐资14.08万元慰问全市困难党员和群众。关心关爱妇女儿童健康，在佛教协会成立三十周年庆典上捐资15万元，为石狮贫困母亲购买“女性安康险”。石狮龙显宫向前垵福利基金会捐资25万元，用于帮助周边村居困难学子。基督教“两会”参与奖教助学、助力家乡建设等公益慈善活动，捐资14万元支持实验小学、龙华社会建设。助力疫情防控工作，石狮城隍庙捐资20万元、石狮龙海寺捐资10万元。

精神文明建设

【概况】 2021年，石狮市以启动创建第七届全国文明城市为契机，开展群众性精神文明创建活动，提高市民思想觉悟、道德水准、文明素养。拓展新时代文明实践试点工作，打造近百个群众“家门口”的文明实践点，打造“15分钟志愿服务圈”。石狮市被列为全国50个乡村“复兴少年宫”建设试点县市之一。

【全国文明城市创建】 2021年，石狮市按照 “一年强基固本、二年提升提质、三年进位树标”的工作目标，推动文明城市创建工作落细落实。出台《2021年石狮市创建全国文明城市工作方案》，细化“十大文明新风”行动和“十个专项整治工作”年度工作方案。加强常态督查和专项督导，围绕“美丽乡村”环境卫生、道路、海漂、市容市貌等公共环境考评，发现问题61056个，整改59607个，整改率97.63%，通过“随手拍”功能解决市民投诉问题337个。依托督查考评员队伍和“文明天气图”管理平台，组织专项督查行动9次，形成专项督导通报18份。推进线上线下宣传互动。在《石狮日报》开设“创城再出发”和“创城督查考评在行动”专栏，刊出专题报道95期。通过“文明石狮”和“石狮文明督查”微信公众号，不定期报道创城工作动态256篇。组织开展“建文明石狮·展城市魅力”网上有奖问卷活动，参与群众13万人次。组织市民志愿巡访团和媒体暗访团开展巡访活动17期，发现问题257个，将典型问题在《石狮日报》头版曝光，引导市民群众参与创城工作。12月，石狮市通过中央文明办组织的年度测评。

【新时代文明实践试点建设】 2021年，石狮市推动各镇（街道）新时代文明实践所站全覆盖、高标准建设。全市9个镇（街道）、128个村（社区）100%建成文明实践所（站），打造近百个群众“家门口”的文明实践点，打造“15分钟志愿服务圈”。运用“互联网+志愿服务”模式，搭建“石狮市新时代文明实践中心云平台”，完善“点单、派单、接单、评单”工作模式。12月5日，依托市慈善总会成立“石狮市新时代文明实践基金”，拍摄发布《到人民中去》主题宣传片。全市开展各类文明实践活动1000余场次，受众逾30万人次。

【基层基础文明创建】 2021年，石狮市组织文明校园创建三年行动计划交流会，74所文明校园参加交流，提升文明校园创建工作水平。组织全市115家文明单位与350户困难家庭结对子，每年至少向每户困难家庭帮扶救助价值2000元的钱款或物资。探索“党建+文明创建”模式，开展文明单位挂钩联系小区党支部专项行动，全市56个文明单位与44个小区党支部开展相关主题行动。开展第四届石狮市公益广告原创作品暨石狮市2021年户外店招广告设计大赛，通报表扬优秀作品12件。新建公益广告景观小品19座。提升美化主次干道交接箱（配电箱）柜体228个。组织开展诚信主题实践活动，推进各类示范建设，石狮市九二路东段获评第四批福建省“诚信经营示范街区”。

【公民思想道德建设】 2021年，石狮市倡导文明健康生活方式。组织开展环境卫生集中整治等文明教育活动。开展无烟单位创建工作，全市创建无烟单位及学校27家。印发《“文明石狮·有你更好”主题宣传实践活动实施方案》，开展系列文明宣传实践活动，拍摄“文明石狮·有你更好”视频短片在全市各类媒体转发宣传。启动“文明石狮·有你更好”“倡移风易俗·树文明新风”等H5接力活动，转发量17万人次。举办“保护自然在行动”生物多样性绘画作品征集活动，征集绘画作品220件，表彰优秀作品100幅。开展第15届闽台对渡文化节暨蚶江海上泼水节活动，通过VR技术，实现蚶江镇在线全景展示与交互，以线上体验的方式720度、全景展示蚶江城市风貌与节庆盛况。举办2021年石狮市“反对浪费·崇尚节约·诚信无价”主题闽南四句作品征集评选活动，收到参评作品180件，通报表扬优秀作品20件。

【移风易俗工作】 2021年，石狮市坚持“喜事新办、丧事简办、神事不办”，全市简办红白事捐资公益1000多万元，节约资金2000多万元。举行集体海葬活动等绿色殡葬5978例。在全市范围开展“好婆媳、好妯娌、好邻居”评选活动，评出“好婆媳”33对，“好妯娌”22对，“好邻居”19位（对）。

【道德典型学习宣传】 2021年，石狮市推荐石狮市总医院重症医学科主任郭焕钢入选3月份“福建好人”和4月份“中国好人”，推荐泉州安捷海岸救援服务中心、林富榕、李天培等3个集体（个人）参加第七届泉州市道德模范评选。截至12月末，全市有各级道德模范 58 人次、“中国好人”23 人，“福建好人”33 人，人数位居全省县级市前列。

【学雷锋志愿服务】 2021 年，石狮市启动“我为社会做好事”主题志愿服务集中行动，围绕“倡导文明风尚·维护公共秩序·提高服务水平·改善城乡环境”等重点任务。开展“门前三包”文明劝导、“烟头不落地”等志愿服务行动。推动新版“全国志愿服务信息系统”指导运用。截至 12 月末，全市在线注册志愿者 11.7 万名、志愿服务队伍近 500 支，发布项目近万项，志愿服务总时长 120 万小时。统计全市星级志愿者数量，并为 206 人购买保险，慰问困难志愿者 5 名。青年志愿者协会谢珊妮获评福建省五星级志愿者，祥渔村“微协商—聚共识，暖民心”项目获 2021 年福建省志愿服务项目大赛银奖。

【未成年人思想道德建设】 2021 年，石狮市深化“扣好人生第一粒扣子”主题活动，开展第三届石狮市“新时代好少年”学习宣传活动，表扬“学习、创新、美德、才艺”四个类别学生 15 名，其中实中附小东明校区刘睿熙获评第三届泉州市新时代好少年。组织国庆“向国旗敬礼”网上签名寄语、清明“网上祭英烈”等活动。以“看红色电影·学百年党史”为主题，开展中小学生暑期电影展映活动。举办“童心向党·童声颂党”经典诵读、少年宫展演等活动，为少年儿童构筑多彩展示舞台。出台《石狮市开展全国乡村“复兴少年宫”建设试点市工作实施方案》，结合少年儿童身心特点和农村家庭需求热点，从镇街、村居、中小学校、企业等层面打造首批 18 个承建点。5 月，石狮市被列为全国 50 个乡村“复兴少年宫”建设试点县市之一。

2021 年 7 月 29 日，第三届石狮市新时代好少年发布活动举行，图为颁奖仪式
（图 / 市委文明办）

镇（街道）

凤里街道

【概况】 凤里街道位于石狮市中心城区，辖区总面积3.2平方千米，下辖大仑、华仑、五星、后花、东村、新华、龙华、华南、宽仁、仁里10个社区。凤里街道户籍人口3.3万人，流动人口4.9万人。2021年，凤里街道财政总收入3.13亿元，比2020年增长0.2%；新增固定资产入库14.4亿元，完成投资5.89亿元；在库工业企业22家，完成工业总产值41.34亿元，比2020年增长39%，实现6家工业企业“小升规”；完成限额以上商业销售额335.29亿元，比2020年增长16%，21家批发零售业和3家服务业企业完成“下转上”；实际利用外资2041万元，完成率102.1%。

【经济发展】 2021年，凤里街道围绕优化营商环境，开展“大招商招大商”行动，盘活闲置楼宇、厂房13万平方米，推进“三个一百”工作，新增签约项目18个，总投资11.3亿元。开工项目11个，总投资5.33亿元。新增提质增效项目16个，总投资3.75亿元。其中签约引进羽豪科技综合产业园，投资5亿元，收购利豪工业园，建设小微工业园区，打造羽豪科研总部，同时建设集加工、电商、展示、直播于一体的商业中心。

2021年，凤里街道以“千亿规模网红电商区域中心”目标建成女装电商网批中心，签约入驻商家130多家；引入好播电商直播基地、古由卡电子商务运营中心、瓦萨其电商分销营运中心、鼎灿电商运营中心、王者之狮服饰项目，福建新享狮城文化传媒有限公司等电商运营中心在辖区租赁厂房，建设电商直播及线上分销中心，盘活闲置厂房2.76万平方米，总投资1.3亿元。

2021年，凤里街道推进楼宇经济发展。引进平安财险、华泰保险、兴业证券、人寿保险4家保险金融行业，盘活闲置楼宇1.5万平方米。盘活国贸中心、闽商投资中心等闲置商贸大厦2.1万平方米，签约入驻汤姆布蓝品牌总部、福建省创客汇服饰品牌总部、令仪服饰婚纱设计总部、路伊梵服饰总部等5家服饰总部，总投资2亿元。盘活闲置工业厂房8000平方米，引入泉州市仁轩进出口贸易有限公司和康美华斯进出口项目，总投资1.22亿元。

2021年，凤里街道加快推进文旅产业配套工作，引进乐爱斯酒店等项目，打造智能、健康、轻奢商务酒店；构建文旅产业消费圈，以凤凰城商城为中心，打造集教育、艺术、文化、智慧图书馆于一体的多元化新型教育培训文化产业城，新招引入驻慧动科技园、乐梵影视传媒基地两大文创科教项目，新增投资额6500万元，盘活商城1.3万平方米。

【城镇建设】 2021年，凤里街道实施实验小学危改提升，狮仔山片区安置房，狮仔山南、北片区建设项目，石狮市许氏文化馆等16个市级重点项目建设，完成投资额4.5亿元。完成狮仔山片区改造建设项目，狮城凤景小区于7月1日向安置群众交房交证，在全省首创安置房“交房即交证”案例。投资1324.46万元实施嘉禄路（群英南路—花园路）贯通工程。投资2020万元实施三期老旧小区改造项目，涉及华狮商厦、金丘花园、农机大厦等19个老旧小区。投资200万元新建4个口袋公园，建设面积约1万平方米。投资529万元打造凤凰城人行天桥夜景工程，点亮夜间经济生活圈。开展“两违”专项整治行动，拆除临时搭盖16处，拆除面积8695平方米，完成39宗卫星图斑整。推进水生态治理，开展河道“四乱”排查行动，整治污水直排、河岸违法建设、河面垃圾等现象，建成塘园溪河长制主题公园。

【社会事业】 2021年，凤里街道推进民生事业补短板。社会治理方面。“三网融合”发展，打造“凤里微警务”App，实现矛盾纠纷信息“一网排查、一网流转、一网整治”，化解矛盾纠纷474件，上访案件比2020年下降8%。推进“平安凤里”基础设施，打造“智慧安防”小区34个。建成全市首家基层消防工作站，并推选参评省示范消防工作站。延伸建设10个社区微型消防站，配备2辆微型消防车，组建10支消防志愿服务队。推广智慧用电建设，安装智慧充用电系统154套，智能充电桩210处。实施实验小学危改提升、实验幼儿园改扩建、大仑中心小学教学楼、综合楼建设和新建狮仔山幼儿园等改扩建项目，实现优质教育资源扩容。新建成百姓书房、门球场、篮球场等文体活动场所4个，组织开展“凤里杯”篮球赛、灯谜竞猜、少儿联合艺术会演、鸳鸯池健身站成立20周年庆文艺会演等大型文体活动10余场。落实三孩政策，培育三岁以下普惠托育服务机构，增设婴儿托位100个，超额完成109对孕前优检工作，推动落实500人“两癌”筛查；推动“两病”门诊用药保障示范城市样板镇创建。推进困难群体“兜底”服务，为51户低保家庭和16名特困人员申领补助金92.6万元。实施困难群众临时救助，办理临时救助16件，发放救助金9万多元。完成36户散居特困、低保家庭改造，建成街道居家照料养老服务中心，推进大仑社区、后花社区居家养老服务中心、敬老院等新改扩建项目，为2000多名70周岁以上老龄人购买老年人意外伤害保险。

【八卦街保护提升工程】 2021年，凤里街道围绕“一街四节点”推进八卦街核心区保护提升工程项目，完成涉及非沿街175幢建筑拆除，以及完成377间沿街商户 “按规改造”的意向签约工作，按照“成熟一段，改造一段”原则，对沿街各地块实施南洋风格示范性骑楼改造。开展新华路片区改造提升工程，对54幢危旧骑楼店面实施加固、修缮和夜景提升工程，并投资近800万元对店面后部主体群众自主报批翻建49幢进行修缮。完成和平路示范段20间店面立面修缮。凤里庵入口广场景观工程完工。投资约600万元建成三座红砖古大厝。投资约2000万元建设凤里庵入口立体停车场，设置小汽车停车位116个。投资350万元实施市政管线落地改造。投资900万元打造民俗区和百家祠。

【大仑东片区更新改造项目】 2021年11月30日，凤里街道实施大仑东片区更新改造项目，其范围北至八七路，南至南环路，东至群英南路，西至镇中路南段。东片区（一期）占地面积17.62公顷，总建筑面积22.93万平方米，拆迁总建筑面积19万平方米。全年签约建筑面积15.6万平方米，签约率70%以上。其中大仑片区涉侨建筑83幢，建筑面积7.2万平方米，凤里街道通过设立侨亲服务站，采取跨境找人、代理代办、远程签约的方式服务侨亲动迁，其典型做法获中央统战部、国务院侨办、中国侨网等媒体刊登报道。

湖滨街道

【概况】 湖滨街道地处石狮市中心城区，下辖玉湖、新湖、湖边、长福、林边、金林、曾坑、仙迹、花园城、金曾10个社区，常住人口10.8万人，户籍人口4.6万人，流动人口6.2万人，海外侨胞及台港澳同胞近3万人。2021年，湖滨街道规模以上工业企业数20家，规模以上工业产值70.41亿元，比2020年下降28.5%；限额以上商业企业数61家，销售额94.16亿元，比2020年下降9.5%；限额以上社会消费品零售额40.41亿元，比2020年增长14.9%；固定资产投资完成3.76亿元，比2020年下降36.3%。

【经济发展】 2021年，湖滨街道发挥商贸中心作用，新增签约项目11个、总投资10.6亿元。推进提质增效项目28个，其中新增企业扩张投资项目4个、投资量1.9亿元，入驻二级建筑资质企业3家，年纳税额增长超20%企业3个。优化营商环境，德辉商圈成立全市首个商业体行业性调委会，靠前研究解决企业反映问题、调解处置商户矛盾纠纷。湖滨街道九二路东段获评“福建省诚信经营示范街区”。盘活长福商城A区4.13万平方米，设立黄金珠宝城、摄影艺术城、医美养生综合区、商务办公区、一站式儿童乐园等五大精品园区，打造石狮市新商业综合体。盘活长福商城C区3.3万平方米，2亿元的医疗健康城项目落地。盘活宝石路东侧闲置资源，建成“城东小镇”网红打卡区。

【城镇建设】 2021年，湖滨街道提升城市宜居水平。推动仙迹、花园城等4个社区盘活闲置地建成停车场，缓解“停车难”问题。建成以节水爱河为主题的河长制主题公园，完成4个口袋公园建设和18个老旧小区改造升级。开展“最美庭院”创建，其中泉州级以上16户。完成改造老旧小区13个。开展占道经营、户外广告、“牛皮癣”等市容市貌整治，清理各类乱张贴“牛皮癣”小广告7811处，查纠占道经营行为4587件，拆除清理户外广告设施36块，劝导食品流动摊贩132摊，拆除、清理占用公共停车位的地锁及三角锥160个。推进环境卫生常态保洁工作，劝导整治建筑垃圾3880余处，清理积存垃圾1450余处，清理卫生死角6780余处，更换垃圾桶2200余个，拆除“两违”建筑1100平方米。

【社会事业】 2021年，湖滨街道创

设“湖滨街道多元调处中心”，实行“订单分包”矛盾调处新模式，化解矛盾纠纷57件，化解率96.5%，环比上升21个百分点，群众初信初访件同比减少78%。围绕教育强市目标，加快推进新湖中心小学改扩建工程，完成应急通道扩征建筑签约腾空选房。推广“爱心食堂”互助养老服务，优化湖滨居家养老照料中心与社区养老服务共建共管。建成市总医院湖滨分院儿童健康管理中心，开展家庭签约健康管理服务。仁宇健康管理中心（续）项目完工。开展事实无人抚养调查摸底工作，1名儿童被纳入事实无人抚养儿童救助。推进养老服务发展，实施10户困难老年人家庭适老化改造。推进文化服务，新湖社区投入建成面积1100平方米的步行街足球场；湖滨综合市场顶楼建成面积约3500平方米的“空中运动场”。推出“科普+旅游”专业特色旅游路线，打造玉湖豆腐文化商贸园观光点，吸引3万多人次观光。

【项目竞赛突破】 2021年，金曾片区改造项目以日均签约量超2200平方米约10宗的速度签约295宗、腾空306户，签约率腾空率近80%，创湖滨新速度。八卦街“三角窗”非沿街房屋签约率腾空率100%，沿街店面衔接设计加速推进。杨孙西文化馆二期周边环境整治提升完成地面平整。长福综合农贸市场协商通过合作方案，产权人招商授权委托书签订超98%。

【《赤子情深——石狮市湖滨街道华侨、台港澳同胞捐赠记》出版】 2021年7月1日，湖滨街道侨联历经3年多编撰的《赤子情深——石狮市湖滨街道华侨、台港澳同胞捐赠记》出版。该画册用550张照片、604页的篇幅记录383位侨亲、台港澳同胞从清光绪年间至2021年一百多年来的捐赠历史，记录湖滨侨亲、台港澳同胞捐资兴办家乡各类公益事业的感人事迹。

灵秀镇

【概况】 灵秀镇地处石狮西南门户，紧邻建设中的福厦高铁泉州南站，土地面积16.27平方千米，辖钞坑、彭田等12个行政村及曙光1个社区，户籍人口3.8万人，常住人口12.2万人，以纺织服装、专业市场、电商、物流为主要产业的商贸重镇。2021年，灵秀镇完成财政收入6.61亿元，增长3.3%；规模以上工业总产值214.87亿元，比2020年增长6.8%；限额以上销售额1453.77亿元，比2020年增长39.6%；限额以上零售额140.99亿元，比2020年增长34.6%。

【经济发展】 2021年，灵秀镇有东亿船务、图灵智谷等签约项目12个，双奇电商城二期、时代商务中心总部等开工项目12个，森琳供应链总部、中星服装技改等提质增效项目14个。优化营商环境，建立“为企通”服务平台，全镇注册登记企业法人单位20716户、个体户44628户。青创城、双奇电商城、吉顺电商园、S168跨境电商中心等电商综合体投入运营，电商日均发货量超过120万件。推动辖区国际商贸城等专业市场融合发展，石狮服装城获批国家级市场采购贸易方式试点。实施乡村振兴战略，完成12个村的农村集体产权制度改革，围绕服装城等市场资源、青创城等电商资源，发展壮大集体经济，全镇所有村集体经济收入均超20万元，金相夜市获“泉州市夜间经济示范区”称号。

【城镇建设】 2021年，灵秀镇对接福厦高铁泉州南站建设，启动二重环湾快速路匝道、外西环高铁连接线工程，推进仕林村全村土地统征工作。解决联邦商业城历史遗留问题，加曾寨、灵山灵峰安置区建成交房，审批石结构房屋改造262宗，完成灵秀花园等老旧小区改造提升。加快华山古民居、金相院保护修缮，华山村获评“中国传统村落”。建成金相路南段、龙石路、西南一路等道路。完成灵秀山、仕林等水库除险加固和梧垵溪等河道整治，开展风炉山公园、灵秀山森林公园改造提升。开展全国文明村镇创建工作，打造“商贸文明、生态文明、邻里文明”三个特色品牌，世茂海丝博物馆建成开馆，完成彭田、前廊等6个村级综合文化服务中心改造提升，蝉联“全国文明镇”称号，塔前村、灵峰村获评福建省文明村，钞坑村获评福建省乡村治理示范村。

【社会事业】 2021年，灵秀镇推进灵秀五幼、曙光幼儿园、鹏山学校、石狮八中、厦外石狮分校、中英文学校改扩建等13个市级重点教育项目，镇财政全年投入492万元支持教育事业。开展“逐梦家门口的优质教育”行动，成立灵秀教育促进会，筹集资金3000余万元。完成厦门外国语学校石狮分校附属小学、世茂实验小学、灵秀第二中心幼儿园等17所中小学的新建、扩建，新增学位7370个。拓展居家养老服务网络，建成彭田、灵狮等9个居家养老服务中心。推进“银龄安康”工程，为辖区近3000名60岁以上老年人免费体检，为全镇80岁以上高龄老人购买意外伤害保险。简办喜丧事捐资公益善举41例，捐资金额572.1万元。完成灵秀社区卫生服务中心改扩建，建成西环路、茂厦、前廊3家一体化管理的卫生所。推进平安灵秀建设，成立灵秀镇“百灵鸟”义警队，获第五届中国青年志愿服务项目铜奖。加强矛盾纠纷源头预防化解工作，全年处理企业欠薪、工伤事故、意外伤亡等各类纠纷1006件，涉及人数3626人，涉及金额4163万元。

宝盖镇

【概况】 宝盖镇地处城乡接合部，环

绕市中心城区，辖区总面积 26 平方千米，下辖坑东、杆头、前园、前坑、塘后、塘边、松茂、仓后、后垵、山雅、铺锦、后宅、苏厝、郑厝、上浦、玉浦、塘头、雪上 18 个行政村和宝源社区、龙穴社区。宝盖镇户籍人口 6.59 万人，流动人口 8.05 万人。辖区建成宝盖科技园、宝盖鞋业工业园、石狮食品城等工商业载体，拥有工业企业 1300 多家，规模以上企业 96 家，上市企业 1 家，中国驰名商标 3 个，国家、省级高新技术企业 26 家，涵盖纺织服装、服饰辅料、鞋业、五金塑料、包装印刷、电子机械、体育用品、食品等行业，形成以服装、服饰辅料为主，多元化产业并存的产业格局。2021 年，宝盖镇完成一般公共预算总收入 8.03 亿元，规模以上工业产值 177.94 亿元，比 2020 年降低 1%；限额以上商业销售额 66.5 亿元，比 2020 年增长 20.9%；限额以上零售额 7.92 亿元，比 2020 年增长 41.9%；固定资产投资完成 40.23 亿元，比 2020 年增长 4.8%。

【经济发展】 2021 年，宝盖镇新增固投投资入库项目 10 个，投资金额约 29.77 亿元。纳税超 100 万元且年增长 20% 企业 19 家。宝盖镇新增绿岛酒店食品供应基地、大德康元厂房扩建项目、狮城商务中心项目等签约项目 13 个，投资金额约 17.98 亿元。推动石狮市冠豪体育用品有限公司、骏盛丰瑞、康米新材料项目等开工项目 9 个，投资金额约 12.99 亿元。推进信佳电子生产工艺自动化项目、鸿顺辉利服装生产线改造提升等 21 个项目，投资金额 4.77 亿元。推进三越集团、鸿远鞋底、金迈王、卡丹仕、飞达、豪德盛、芳明等资产包盘活，涉及工业厂房建筑面积 24.29 万平方米。引进 361 直播基地、智创跨境电商城、家和美电商中心、食品城电商直播中心、鑫得利创意园、分秒优品跨境电商等电商、网红直播新业态。

【城镇建设】 2021 年，宝盖镇开展龟湖公园东片区、前园片区征迁，龟湖公园东片区完成签约率 98.75%，总签约土地面积 37651.28 平方米，建筑面积 81643.99 平方米。前园片区完成签约率 66.66%，签约建筑面积 36740.03 平方米。九二东路建成通车，宝晖路实现主路贯通，完成金盛路（铺锦段）、宝盖六幼周边道路等市级重点项目征迁工作，征迁面积约 49057 平方米。完成塘边、郑厝、松茂、铺锦等村 5 个“口袋公园”建设。推动雪上、松茂、郑厝、坑东等村居景观建设，坑东村获评“省级乡村治理示范村”。

【社会事业】 2021 年，宝盖镇加快推进教育事业发展，推进后垵学校扩建项目，宝盖第六中心幼儿园投入使用。教师进修学校附属小学启动报告厅建设，13 间功能教室投入使用。在全市率先成立镇级卫生健康促进会，新增 14 个省级卫生村，成为全市首个实现“福建省卫生村”全覆盖的乡镇。推进“医养结合”养老服务，宝盖镇居家养老服务照料中心投入使用。21 个新时代文明实践所（站）开展实践活动 190 场次，服务群众 13 万余人次。

【宝盖镇职工法律服务一体化基地获评首批省级“园区枫桥”示范单位】 2021 年 11 月 11 日，宝盖镇职工法律服务一体化基地获评首批省级“园区枫桥”示范单位，该基地通过“工会搭台、部门共建、职工共享”的工作格局，打造立体化、一站式维权服务链，促进调解、仲裁、判决、维权等服务快速联动。其中，实施非公有制企业工会主席轮班制，由辖区 10 名非公有制企业工会主席轮流到职工服务中心值班，并引入“工会 + 司法 + 法院 + 人社 + 志工 + 社工”队伍，为职工提供困难救助、法律援助、就业指导、医疗互助和信访调处的“4+1”基本功能服务。为拓宽法律维权服务的渠道，该基地在常设“两室两庭”工作平台基础上，开发职工普法、维权服务“线上线下”新板块，配置触摸查询机和服务二维码，职工可查询公证办理、法律援助、人民调解等信息，享受线上维权、法律咨询服务。

蚶江镇

【概况】 蚶江镇位于石狮市东北部，是著名侨乡。总面积 38.47 平方千米，其中小城镇建成区 26.12 平方千米。海岸线 17 千米，常住人口 8.6 万多人，城镇化率 100%。下辖蚶江、锦里、石渔、石农、大厦、莲东、莲西、莲中、

2022 年 12 月 22 日，宝盖镇前园片区项目举行提前批集中签约仪式 （图 / 颜华杰）

石壁、东垵、莲塘、溪前、厝仔、青莲、古山、洪窟、锦江、锦亭、水头19个行政村。辖区内文物古迹众多，拥有“泉州：宋元中国的世界海洋商贸中心”世界遗产点2个——宋代六胜塔和唐代石湖码头，以及国家非物质文化遗产闽台对渡文化习俗——海上泼水节。2021年，蚶江镇财政总收入72410万元。完成规模以上工业总产值175.29亿元，限额以上社会消费品零售额6.14亿元，增长10%；完成固定资产投资29.6亿元，增长10.67%

【经济发展】 2021年，蚶江镇组织开展“5510”项目，策划生成并同步推进镇区规划改造、产业园区打造、文旅项目创建等三大方面28个项目，完成征地面积143.74公顷。实施市级以上重点项目40个，总投资149.2亿元，通达手机盖板、德奥针织、炜悦纺织、汇星机械等项目建成投产。推动招商引资。组建19个招商小组，开展“大招商招大商”专项行动，完成签约、开工项目13个，提质增效项目14个，引进三产项目8个。在谈高端纺织、生物制药、智能机器人、电子科技等26个超亿元项目，总投资89.1亿元。开展“企业大走访”活动，常态化走访全镇64家重点企业，帮助33家企业申请纾困专项资金1.45亿元，整合盘活可利用土地7.2公顷、闲置厂房6.52万平方米。

【城镇建设】 2021年，蚶江镇推进水头排涝枢纽工程，完成锦江外线建设工程拆迁安置区项目，锦江外线、沿海大通道改线工程（石湖疏港路段）建成通车。推进乡村振兴发展，10个村集体收入超20万元。生成为民办实事项目57项。推进省级试点村厝仔村田野生态园项目，加快石渔村乡村振兴示范路段景观工程建设，新建高标准农田61.6公顷。开展“最美庭院”创建活动，20户家庭分获泉州、石狮市“美丽庭院”示范户。开展家园清洁和“两违”整治攻坚专项行动，清理牛皮癣、卫生死角2000多处，整治违规设摊363处，拆除“两违”面积1.4万平方米。建成石狮首个企业公益河长制主题公园，创建2021年全省首个“爱鸟护鸟文明乡镇”。推进文旅融合，石湖码头、六胜塔成功跻身世界遗产点，千亩生态湿地公园成为观鸟网红打卡点，石狮版“小镰仓”新晋休闲游最红打卡地之一。举办第十五届闽台对渡文化节暨蚶江海上泼水节，“云上端午”展区吸引17万人次预览、30多家网络媒体报道。

【社会事业】 2021年，蚶江镇确定15项“我为群众办实事”项目。加大对因病因残困难人员、特定人员的帮扶力度，发放各类补助金284万元。全镇有10个村享受失地农民养老保障政策。公共服务提质增效。蚶江中学改扩建(一期)、第六实验幼儿园、龙窟幼儿园建成投用，新增教学班54个、学位1980个。杭二中树兰石狮分校及科教综合体项目签约。启动石狮市儿童早期发展（蚶江）示范点，与集美大学师范学院签订共建协议，提供公益性托育服务。开展全民健康百万惠民工程，蚶江卫生院与福医大附属第二医院、泉州正骨医院建立医联体。蚶江镇居家养老服务中心建成投用，莲中村农村幸福院完成提升建设，村级居家养老服务站覆盖率63%，完成102户居家适老化改造。

【企业公益河长制主题公园投入使用】

2021年11月29日，蚶江镇河长办与中国移动石狮分公司蚶江分局联合在石狮湿地公园开展河长制主题宣传活动，标志着石狮首个企业公益河长制主题公园在石狮湿地公园落成并投入使用。蚶江镇组织河长办工作人员及志愿者开展现场巡河，蚶江镇政府授予中国移动石狮分公司“护河爱河公益宣传单位”称号。

永宁镇

【概况】 永宁镇位于石狮市东南突出部，东临台湾海峡，西倚宝盖山，南临深沪湾。全镇总面积28.6平方千米，下辖4个社区居委会、20个行政村。常住人口4.7万人，外来人口1.9万人。永宁籍海外侨胞及港澳台同胞5万多人。2021年，永宁镇实现公共财政总收入1.94亿元，比2020年增长36.0%；规模以上工业产值完成85.75亿，比2020年增长23.7%；全社会固定资产投资完成11.07亿元，比2020年增长45.7%。限额以上商业销售额21.43亿元，比2020年增长33.3%；限额以上社会消费品零售额6.82亿元，比2020年增长15.1%。全体居民人均可支配收入6.15万元，比2020年增长8.2%

【经济发展】 2021年，永宁镇围绕项目攻坚、开放招商、“强产业、兴城市”和“五在石狮”等方面，实施各级重点建设项目16个、总投资21.7亿元。引入泰国风情园、厦门路桥国际游艇汇、江西高正高端酒店等文旅项目。利用滨海资源，打造十里黄金海岸高端度假酒店群。推进永宁工业园区建设，以“引进一个、带动一群、辐射一片”为发展目标，围绕体育用品园区、卫星通信产业园区两大产业，开展“强链、延链”招商。对接福建技师学院石狮校区筹建工作，推进11.33公顷土地征迁前期工作。推动郭坑村金鸡山生态文化园、沙堤村海鲜排档、后杆柄村龙眼林认养、子英村分布式光伏发电等落地运营，壮大村集体经济。

【城镇建设】 2021年，永宁镇石窟公园、军事公园、红塔湾海岸公园建成开放，峡谷旅游路、红塔湾旅游路、拥军路建成通车。实施“古建传承保护”专项行动，探索民房组团式翻建改造，保护古城风貌，解决民生需求。完成古城重点地段保护性发展规划、名镇保护规划、老街修缮导则及街轴景观建模，推进老街主轴改造、房屋修缮和将军府遗址保护修缮工作。启动西门、中街市集广场等经营项目，推动古城业态活化。

【社会事业】 2021年，永宁镇推进教育事业发展，投入400余万元用于教育事业，石狮市信义实验小学、永宁第三中心幼儿园等建成并投入使用，完成辖区小学划片优化布局，推进永宁中学、岑江小学、沙堤小学等校园改造提升。实行“健康永宁”双提升工程，各类组织认领69个项目，推动镇村卫生院、所（室）星级服务能力提升。金埭村、洋厝村、港边村等村探索农村居家养老服务新模式，设立普惠性长者食堂、居家养老中心，提升“家门口的优质养老”。推进新时代文明实践，组建永宁义工联盟，完成永宁镇侨史馆、郭坑村“乡村记忆馆”建设。完成李子芳纪念馆改造提升工程，组建红色义务讲解队，提供义务讲解200多场次、接待游客5000多人次。成立全市首家返乡大学生党支部，组织15名毕业生党员发挥各自专业技能，开展创城创卫、福蕾行动等活动16场次。

【永宁镇华侨历史纪念馆揭牌】 2021年7月10日，永宁镇华侨历史纪念馆（简称“永宁侨史馆”）揭牌仪式在永宁镇侨联大厦举行。永宁侨史馆面积约400平方米，分为八大部分，围绕“梦萦故里·根系永宁”主题，通过史料和实物，辅以现代科技手段，记载华侨历史、讲述华侨故事、铭记华侨功绩、感恩华侨贡献、展示华侨风采、弘扬华侨精神，该馆由永宁镇侨联历时一年筹建而成。

祥芝镇

【概况】 石狮市祥芝镇位于石狮东北部突出部，面积15.9平方千米，海岸线长12.9千米，户籍人口3.39万人，外来人口3万余人，下辖10个行政村。2021年，祥芝镇财税总收入2.87亿元，完成规模以上工业产值195.43亿元，比2020年增长11.84%，固投完成28.01亿元，比2020年增长68.73%

【经济发展】 2021年，祥芝镇优化招商服务流程，完成签约项目20个、总投资33.35亿元，开工项目13个、总投资7.75亿元，提质增效项目18个、总投资6亿元，谋划在谈项目29个、总投资67.2亿元。响应市委市政府“5510”项目竞赛活动，引进问海文旅、修正药业项目。培育“专精特新”标杆示范企业，联诚植绒、胜佰龙体育等5家科技型企业申报2021年度第二批高新技术企业，全镇拥有国家级、省级高新技术企业13家。依托优势探索现代化渔业模式，创建新型渔港管理模式，强化祥芝国家中心渔港平台作用和辐射功能，打造海洋生物食品园区，建成投资1亿元的污水处理厂、980万元的园区道路等配套设施，入驻企业25家。高新区祥芝片区新增投产企业1家、在建企业10家，用地60多公顷。后湖职工配套区和湖西邻里中心完成封顶，推进办理大堡村、后湖村、赤湖村山兜片区等集体用地手续，产业社区初具规模。

【城镇建设】 2021年，祥芝镇推进征迁工作，完成生物医药园区土地征收60.34公顷。解决历史遗留难点问题，拆除泉州海洋学院海上综合训练基地建筑3栋、临时搭盖4处，回收海域使用权3件，完成大堡村全景无框阳台窗项目土地平整，拆除沿海大通道祥芝斗美湾段钉子户民房。入选泉州市第一批乡村振兴整镇推进“五好”创建乡镇和泉州市农业产业强镇。祥渔村获评石狮市精品示范村并入选2022年省级乡村振兴实绩突出村。古浮村获评省级乡村振兴实绩突出村，并与前山村共同被纳入泉州市县级乡村振兴试点村。祥农村被确定为泉州市第二批乡村振兴创建示范线路。

【社会事业】 2021年，祥芝镇教育基金会投入教育资金678万元，万祥集团捐资2000万元用于支持泉州师范附小石狮校区建设及成立万祥文教基金会，推进筹建大堡教育促进会。挖掘海洋文化、渔文化等内涵，开展“渔民文化节”“万祥文教论坛”“净滩活动”“船舶垃圾不落海”“海上义务救援”等祥芝特色品牌。推进乡村记忆馆、侨史馆、图书馆建设。加大对涉黑涉恶、电信网络诈骗等违法犯罪行为的查处打击力度，加强重点领域安全监管，整治消除安全隐患232处，推动辖区28家企业进行标准化建设。

鸿山镇

【概况】 鸿山镇位于石狮市东部，镇区依山傍海，北靠洪厝山，东临台湾海峡。全镇面积15.589平方千米，海岸线长9.65千米，下辖11个行政村，常住人口3万余人，外来人口2万余人。辖区内有企业600多家，其中规模以上工业企业61家；有鸿山热电有限公司、神华福能热电有限公司、石狮热电有限责任公司等热电企业；辖区内配套建设有年卸货量4万吨以上的东埔一级渔港。2021年，鸿山镇税收收入6.9亿元；规模以上工业总产值307.72亿元，比2020年增长26.78%；全社会固定资产投资23.04亿元，比2020年增长6.22%；限额以上商业销售额10.7亿元，比2020年增长22.57%；限额以上社会消费品零售额1.95亿元，比2020年增长7.14%。

【经济发展】　2021年，鸿山镇引进库西、鸿壬针织、雍仓织造、新逸丰隆纺织等项目23个。建成总建筑面积1800平方米的“鸿山镇电商运营中心”。指导各村多措并举拓宽增收渠道，实施西墩建材市场、郭厝农贸商铺、洪厝休闲公园创收等项目，11个村村财收入均超20万元。加快传统产业转型步伐，引导印染企业进行工艺提升改造、厂区改造和管理水平提升，完成清源、石狮热电燃煤锅炉超低排放改造，推进石狮热电综合节能减排改造，完成鸿山热电向高新区及海洋食品园集中供热项目，完成美佳爽、冠兴、鸿山热电、国能神福等23个技改项目。以“5510”项目建设为抓手，推动重点项目实现落地一批、建设一批、投产一批。其中，爱乡亲、豪味来食品二期、鸿山影视基地等项目落地；加快建设建新轮胎、中石光芯二期、晓光、煌祥、台宏、库西等项目；信泰、兴迅、婴舒宝、东升鼎盛、东方海洋、德茂鞋材、中益制药二期等项目陆续投产。实施招商营商“一把手”工程，推出“企业首席服务员”制度，主动靠前协调服务；盘活金丘工业园、信德隆工业园等闲置厂房。

【城镇建设】　2021年，鸿山镇推进村庄规划编制，完成东埔点、伍堡点及邱下、郭厝等8个村的村庄规划编制工作。推进裸房整治工作，完成裸房整治62栋。实施鸿山新大街夜景灯光工程、新大街人行道改造提升工程；打造一批特色镇村建设项目，建成“五彩”党建文化街区、鸿山镇暖心驿站、邱华炳纪念馆等设施。修建东园村漫步道及18处村间微景观节点。完成邱下连心路景观提升、莲东路白改黑、伍堡夜市等工程。开启农村人居环境“三清”整治行动，投入近300万元开展村间环境卫生清理整治，完成3座公厕建设改造。2021年，鸿山镇获“福建省文明乡镇”“泉州市‘平安农机’示范乡镇”等称号。洪厝村入选“福建省第四批省级传统村落”，东埔村被评为“泉州市‘乡村记忆文化’示范村”。

【社会事业】　2021年，鸿山镇推进社会事业建设，提升民生保障水平，发放低保金160.66万元、特困人员供养金21.61万元；帮扶低保对象164户263人，特困人员12人，孤儿1人。开展“银龄安康工程”，为辖区1277名70—79周岁老人购买意外险，总金额3.831万元。为51户困难老年人实施适老化改造项目，改善家庭居住条件。优化教育布局，建成锦林中心幼儿园。提升镇村医疗服务能力，建成鸿山镇医养服务中心及邱下、莲厝、东园、洪厝、东二等5个一体化卫生所。加快推进东埔三村区域性养老服务中心建设，洪厝村长者食堂及莲厝村农村幸福院建设，解决老有所养、老有所乐问题。推进移风易俗工作，引导群众简办红白事捐资公益67.3万元，东埔三村入选“泉州市百个移风易俗典型村”。开展扫黑除恶、反走私、海上入境管控、交通整治、防范治理电信网络诈骗等专项行动。推进社会融合治理，完善“大调解”工作体系，成立鸿山镇社区融合治理中心、东埔枫桥融合治理中心，建立鸿山渔业协会调委会、老林调解室等一批调解平台，全年调处各类矛盾纠纷36件，调解成功率100%。

锦尚镇

【概况】　锦尚镇位于泉州湾口突出部，面积14.5平方千米，海岸线长8.4千米，辖11个建制村，16个自然村，户籍人口2.34万人，外来务工人员近1.85万人，2021年，锦尚镇一般公共预算总收入2.4979亿元，比2020年增长4.8%；规模以上工业总产值134.14亿元，比2020年增长66.0%；固定资产投资完成10.51亿元，比2020年下降31.1%；限额以上商业销售额45.9亿元，比2020年增长39.3%；限额以上社会消费品零售额6.57亿元，比2020年增长3.9%。以卢厝为代表的石狮狮阵入选国家级第五批非物质文化遗产名录。

【经济发展】　2021年，锦尚镇加快中小企业创业基地建设，完成85公顷土地征用任务，一期A区20.67公顷建成50万平方米标准厂房、宿舍及商业楼，道路绿地、幼儿园、卫生所、警务室等配套设施完工，近30家企业搬迁入驻。B区39.33公顷完成二次平整，鹏泰服饰、瑞福祥物流相继建成投产，余下28.73公顷土地招商引资正在洽谈之中。引导集控区染整产业改造提升，完成“一企一管”建设和工业污水预处理，宏兴染整1号车间1.8万平方米建设投产，二期工程完成开工建设；晨光纺织完成兼并重组，鼓励支持染整行业通过更新设备，技术改造和产品研发，提升市场竞争力。全年申报国家级高新技术企业12家、省级科技小巨人2家，创新转型步伐加快。发展壮大港口经济，华锦码头与厦门港务集团签订战略合作，全年港口吞吐量为1143.04万吨，比2020年增长18%，其中集装箱30.81万标箱，比2020年下降27%；散货499.39万吨，增长221%，带动物流等第三产业加快发展。锦东一级渔港完成勘探测量、工程可研通过行业审查等前期报批工作，12月底开工建设。加快九牧智能制造产业园建设进度，年底完成投资额度8.1亿元，基本建成总装工厂、中试车间、电镀车间、成品仓库等。

【城镇建设】　2021年，锦尚镇完善基础设施，横穿镇中心区域3.6千米的锦南路景观提升工程，以及连接石狮大道的锦蚶路工程，环湾锦尚外线景观大道等完工并投入使用，全镇形成三横四纵路网。加快镇区改造，推动厝上大街第三期西港路口至锦尚村委会拆迁改造，锦南路厝上段回批地首期公开拍挂4幢41间商住楼建设完成投入使用，厝上新大街景观提升工程完成概念性规划。完善城镇管理队伍建设，加强对占道经营、流动摊贩、户外广告及车辆违章停放等管理，推行厝上大街商店门前“三包”，提升城镇建设和管理服务水平。

【村容村貌】 2021年，锦尚镇以乡村振兴为抓手，加快农村基础设施建设，投入800余万元，铺设村间道路和排水沟、架设路灯、建设休闲绿地。投入资金600余万元，因势利导，利用农村古建筑、山体、田园等自然资源，建设党建长廊、海洋公园等微小景观12处。新建改建公共厕所5座，全镇在册公共厕所65座。完善农村生活污水管网建设扫尾，推动农村生活污水集中处理。推进奈厝前村文体活动中心建设，以及港东村文体活动中心户外改造提升。环境卫生保洁经费投入600多万元，推进市场化运营，抓好镇区主干道路和村庄环境卫生综合整治，改善农村人居环境。

【社会事业】 2021年，锦尚镇落实最低生活保障制度，投资1200多万元的东店养老院项目启动建设。解决农村住房困难问题，加快农村危旧房屋改造建设。投资1900余万元的锦尚镇第三中心幼儿园完成设计等前期各项准备工作，正在办理开工手续。锦尚镇教育促进会投入550余万元，支持二中、各小学、幼儿园校园配套建设及教学设备添置。发动社会力量关心支持卫生健康工作，推进村级卫生诊所标准化建设。

锦尚河长制公园（摄于2021年11月2日） （图/颜华杰）

【社会治理】 2021年，锦尚镇健全和完善派出所、边防所与巡防队治安巡逻联防机制，规范村级巡防队管理。强化技防手段，全镇主要路段、重点部位及各村公共视频植入公安平台，提高治安防控体系。连续12年为全镇群众购买家庭财产意外保险，及时排查和调处各种社会矛盾纠纷，化解信访积案，落实企事业单位安全生产主体责任和政府监管责任，实施网格化管理，开展安全生产大检查三年行动和企业标准化建设，做好“三合一”建筑、危化物品、特种设备、交通、渔业安全等专项整治，杜绝重特大安全事故发生。

【生态环境】 2021年，锦尚镇推动印染集控区循环化改造，巩固提高定型机尾气收集处理，完成污水处理厂加盖除臭、工业污水管网“一企一管”、旧垃圾山分类筛拣焚烧处理以及垃圾焚烧厂技改等工程。落实“河长制”，投入1700多万元完成厝上溪景观改造提升工程，建立辖区溪流日常巡查与奖惩长效机制。发挥“爱河护河”志愿服务队作用，常态化开展“水清、河畅、岸绿、景美”爱河护河活动。通过市场化管理，做好溪流、岸线日常保洁工作，推进生态文明建设。

荣誉 人物

荣 誉

2021 年石狮市获省部级及以上表彰的先进单位一览表

表 11

单位名称	荣誉	颁发机构	颁发时间
国家税务总局石狮市税务局	全国税务系统文明单位	国家税务总局	2021 年 1 月
石狮市市场监督管理局	全国食品安全工作先进集体	国务院食品安全委员会	2021 年 2 月
石狮市第二实验幼儿园教研组	全国巾帼文明岗	中华全国妇女联合会	2021 年 3 月
泉州市石狮生态环境局	2020 年生态环境保护执法大练兵表现突出集体	生态环境部	2021 年 4 月
石狮市锦尚镇	2018—2020 年度省级文明镇	中共福建省委、福建省人民政府	2021 年 4 月
石狮市鸿山镇	2018—2020 年度省级文明镇	中共福建省委、福建省人民政府	2021 年 4 月
石狮市蚶江镇	2018—2020 年度省级文明镇	中共福建省委、福建省人民政府	2021 年 4 月
石狮市宝盖镇	2018—2020 年度省级文明镇	中共福建省委、福建省人民政府	2021 年 4 月
石狮市永宁镇	2018—2020 年度省级文明镇	中共福建省委、福建省人民政府	2021 年 4 月
石狮市锦尚镇东店村	2018—2020 年度省级文明村	中共福建省委、福建省人民政府	2021 年 4 月
石狮市永宁镇郭坑回族村	2018—2020 年度省级文明村	中共福建省委、福建省人民政府	2021 年 4 月
石狮市永宁镇子英村	2018—2020 年度省级文明村	中共福建省委、福建省人民政府	2021 年 4 月
石狮市蚶江镇石农村	2018—2020 年度省级文明村	中共福建省委、福建省人民政府	2021 年 4 月
石狮市灵秀镇灵峰村	2018—2020 年度省级文明村	中共福建省委、福建省人民政府	2021 年 4 月
石狮市灵秀镇塔前村	2018—2020 年度省级文明村	中共福建省委、福建省人民政府	2021 年 4 月
石狮市祥芝镇前山村	2018—2020 年度省级文明村	中共福建省委、福建省人民政府	2021 年 4 月
石狮市锦尚镇卢厝村	2018—2020 年度省级文明村	中共福建省委、福建省人民政府	2021 年 4 月
中共石狮市委组织部	2018—2020 年度省级文明单位	中共福建省委、福建省人民政府	2021 年 4 月
中共石狮市委宣传部	2018—2020 年度省级文明单位	中共福建省委、福建省人民政府	2021 年 4 月
中共石狮市委统一战线工作部	2018—2020 年度省级文明单位	中共福建省委、福建省人民政府	2021 年 4 月
石狮市纪委监委	2018—2020 年度省级文明单位	中共福建省委、福建省人民政府	2021 年 4 月
石狮市人民政府办公室	2018—2020 年度省级文明单位	中共福建省委、福建省人民政府	2021 年 4 月
中共石狮市委政法委员会	2018—2020 年度省级文明单位	中共福建省委、福建省人民政府	2021 年 4 月

续表 11

单位名称	荣誉	颁发机构	颁发时间
石狮市人民代表大会常务委员会机关	2018—2020 年度省级文明单位	中共福建省委、福建省人民政府	2021 年 4 月
中国人民政治协商会议石狮市委员会机关	2018—2020 年度省级文明单位	中共福建省委、福建省人民政府	2021 年 4 月
石狮市司法局	2018—2020 年度省级文明单位	中共福建省委、福建省人民政府	2021 年 4 月
石狮市市场监督管理局	2018—2020 年度省级文明单位	中共福建省委、福建省人民政府	2021 年 4 月
石狮市公安局	2018—2020 年度省级文明单位	中共福建省委、福建省人民政府	2021 年 4 月
石狮市人民检察院	2018—2020 年度省级文明单位	中共福建省委、福建省人民政府	2021 年 4 月
中共石狮市委办公室	2018—2020 年度省级文明单位	中共福建省委、福建省人民政府	2021 年 4 月
石狮市烟草专卖局（分公司）	2018—2020 年度省级文明单位	中共福建省委、福建省人民政府	2021 年 4 月
石狮市财政局	2018—2020 年度省级文明单位	中共福建省委、福建省人民政府	2021 年 4 月
石狮市卫生健康局	2018—2020 年度省级文明单位	中共福建省委、福建省人民政府	2021 年 4 月
国家税务总局石狮市税务局	2018—2020 年度省级文明单位	中共福建省委、福建省人民政府	2021 年 4 月
石狮市凤里街道办事处	2018—2020 年度省级文明单位	中共福建省委、福建省人民政府	2021 年 4 月
石狮市湖滨街道办事处	2018—2020 年度省级文明单位	中共福建省委、福建省人民政府	2021 年 4 月
石狮市人民法院	2018—2020 年度省级文明单位	中共福建省委、福建省人民政府	2021 年 4 月
中共石狮市委老干部局	2018—2020 年度省级文明单位	中共福建省委、福建省人民政府	2021 年 4 月
中国建设银行股份有限公司石狮分行	2018—2020 年度省级文明单位	中共福建省委、福建省人民政府	2021 年 4 月
中国电信股份有限公司石狮分公司	2018—2020 年度省级文明单位	中共福建省委、福建省人民政府	2021 年 4 月
石狮市湖滨街道花园城社区	2018—2020 年度省级文明社区	中共福建省委、福建省人民政府	2021 年 4 月
石狮市凤里街道新华社区	2018—2020 年度省级文明社区	中共福建省委、福建省人民政府	2021 年 4 月
石狮市湖滨街道长福社区	2018—2020 年度省级文明社区	中共福建省委、福建省人民政府	2021 年 4 月
石狮市湖滨街道新湖社区	2018—2020 年度省级文明社区	中共福建省委、福建省人民政府	2021 年 4 月
石狮市宝盖镇宝源社区	2018—2020 年度省级文明社区	中共福建省委、福建省人民政府	2021 年 4 月
石狮市第三实验小学	2018—2020 年度省级文明校园	中共福建省委、福建省人民政府	2021 年 4 月
石狮市新湖中心小学	2018—2020 年度省级文明校园	中共福建省委、福建省人民政府	2021 年 4 月
石狮市实验幼儿园	2018—2020 年度省级文明校园	中共福建省委、福建省人民政府	2021 年 4 月
石狮市第二实验幼儿园	2018—2020 年度省级文明校园	中共福建省委、福建省人民政府	2021 年 4 月
石狮市第三实验幼儿园	2018—2020 年度省级文明校园	中共福建省委、福建省人民政府	2021 年 4 月
石狮市石光中学	2018—2020 年度省级文明校园	中共福建省委、福建省人民政府	2021 年 4 月
石狮市	全国“家校（园）共育”数字化示范区	国家教育行政学院家庭教育研究中心	2021 年 5 月
石狮市第二实验幼儿园	全国“家校（园）共育”数字化项目示范校（园）	国家教育行政学院家庭教育研究中心	2021 年 5 月
石狮市第三实验幼儿园	全国“家校（园）共育”数字化项目示范校（园）	国家教育行政学院家庭教育研究中心	2021 年 5 月
石狮市大仑中心小学	全国“家校（园）共育”数字化项目示范校（园）	国家教育行政学院家庭教育研究中心	2021 年 5 月
石狮市蚶江镇华锦小学	全国“家校（园）共育”数字化项目示范校（园）	国家教育行政学院家庭教育研究中心	2021 年 5 月
石狮市看守所	集体一等功	公安部	2021 年 6 月
中共国网石狮市供电公司委员会	福建省“先进基层党组织”	中共福建省委	2021 年 6 月
石狮市阳光太太志愿者协会党支部	福建省“先进基层党组织”	中共福建省委	2021 年 6 月
石狮市	城乡交通运输一体化示范县	交通运输部	2021 年 7 月
祥芝渔业协会	福建省“先进基层党组织”	中共福建省委	2021 年 7 月

续表 11

单位名称	荣誉	颁发机构	颁发时间
石狮市人民法院	节约型机关	国家机关事务管理局、中共中央直属机关事务管理局、国家发展和改革委员会、财政部	2021 年 8 月
石狮市总工会	节约型机关	国家机关事务管理局、中共中央直属机关事务管理局、国家发展和改革委员会、财政部	2021 年 8 月
石狮市退役军人事务局	退役军人服务保障先进单位	退役军人事务部、中央军委政治工作部	2021 年 11 月
民进石狮市总支部	2021 年度民进全国反映社情民意信息先进集体	民进中央	2021 年 12 月
石狮市工商业联合会	2020—2021 年度全国“五好”县级工商联	中华全国工商业联合会	2021 年 12 月

2021 年石狮市获地厅级表彰的先进单位一览表

表 12

单位名称	荣誉	颁发机构	颁发时间
湖滨街道玉湖社区	全国文明单位	中共福建省委文明办	2021 年 1 月
石狮市工商业联合会	2020 年福建省工商联系统信息工作先进单位	福建省工商业联合会	2021 年 1 月
民进石狮市总支部	2020 年度“省民进抗疫先进基层组织”	民进福建省委会	2021 年 1 月
美佳爽（中国）有限公司	福建省工商联抗击新冠肺炎疫情先进民营企业	福建省工商联	2021 年 1 月
石狮市人民检察院	微电影《弃信者》获评 2020 年度全省检察机关新闻宣传工作“百优”评选优秀微电影、微动漫、短视频作品	福建省人民检察院宣传处	2021 年 2 月
石狮市人民检察院	“石狮检察公众号”获评 2020 年度全省检察机关新闻宣传工作“百优”评选优秀新媒体账号	福建省人民检察院宣传处	2021 年 2 月
石狮市人民检察院	2020 年度全省检察机关信息工作先进单位	福建省人民检察院办公室	2021 年 2 月
石狮生态环境保护综合执法大队	2020 年生态环境保护执法大练兵知识竞赛团体一等奖	生态环境部生态环境执法局	2021 年 2 月
石狮市总工会职工服务中心	福建省“工人先锋号”	福建省总工会	2021 年 3 月
石狮市总医院重症医学科	福建省三八红旗集体	福建省妇联	2021 年 3 月
中国电信石狮南环营业厅	福建省巾帼文明岗	福建省妇联	2021 年 3 月
中建协和建设有限公司	福建省“五一劳动奖状”	福建省总工会	2021 年 4 月
福建泓一实业有限公司设备部	福建省“工人先锋号”	福建省总工会	2021 年 4 月
石狮市人民法院执行局	福建省“工人先锋号”	福建省总工会	2021 年 4 月
石狮法院执行局	福建省五一先锋号	福建省总工会	2021 年 4 月
祥芝镇古浮村	2020 年度福建省乡村振兴重点特色乡（镇）和实绩突出村	中共福建省委扶贫开发成果巩固与乡村振兴工作领导小组办公室	2021 年 4 月
石狮市卡宾服饰（中国）有限公司团支部	2020 年度“福建省五四红旗团（总）支部标兵”	共青团福建省委	2021 年 4 月
石狮市湖滨街道退役军人服务站	福建省退役军人服务保障体系“五有”先进单位	福建省退役军人事务厅	2021 年 5 月
宝盖镇人民政府	“全国示范型服务站”	中共福建省委退役军人事务工作领导小组办公室	2021 年 5 月
泉州幼儿师范学校附属幼儿园石狮校区	福建省示范性幼儿园	福建省教育厅	2021 年 6 月

续表 12

单位名称	荣誉	颁发机构	颁发时间
闽南理工学院电子与电气工程学院党委	全省高校先进基层党组织	福建省委教育工委	2021 年 6 月
石狮市市场监督管理局	省市场监管系统非公党建工作先进集体	福建省市场监督管理局	2021 年 6 月
石狮市城市物业管理有限公司	福建省“安康杯”竞赛先进单位	福建省总工会、福建省应急管理厅、福建省卫生健康委员会	2021 年 6 月
石狮市鸿峰环保生物工程有限公司	福建省“安康杯”竞赛先进单位	福建省总工会、福建省应急管理厅、福建省卫生健康委员会	2021 年 6 月
福建省石狮市通达电器有限公司	福建省“安康杯”竞赛先进单位	福建省总工会、福建省应急管理厅、福建省卫生健康委员会	2021 年 6 月
福建省石狮热电有限责任公司	福建省“安康杯”竞赛先进单位	福建省总工会、福建省应急管理厅、福建省卫生健康委员会	2021 年 6 月
福建省泉运实业集团有限公司石狮分公司	福建省“安康杯”竞赛先进单位	福建省总工会、福建省应急管理厅、福建省卫生健康委员会	2021 年 6 月
福建省鸿山热电有限责任公司	福建省“安康杯”竞赛先进单位	福建省总工会、福建省应急管理厅、福建省卫生健康委员会	2021 年 6 月
美佳爽（中国）有限公司	福建省“安康杯”竞赛先进单位	福建省总工会、福建省应急管理厅、福建省卫生健康委员会	2021 年 6 月
石狮新奥燃气有限公司	福建省“安康杯”竞赛先进单位	福建省总工会、福建省应急管理厅、福建省卫生健康委员会	2021 年 6 月
中国邮政集团公司福建省石狮市分公司	福建省“安康杯”竞赛先进单位	福建省总工会、福建省应急管理厅、福建省卫生健康委员会	2021 年 6 月
福建省石狮市富兴包装材料有限公司	福建省“安康杯”竞赛先进单位	福建省总工会、福建省应急管理厅、福建省卫生健康委员会	2021 年 6 月
泉州鹏泰服饰有限公司	福建省“安康杯”竞赛先进单位	福建省总工会、福建省应急管理厅、福建省卫生健康委员会	2021 年 6 月
中建协和建设有限公司	福建省“安康杯”竞赛先进单位	福建省总工会、福建省应急管理厅、福建省卫生健康委员会	2021 年 6 月
中共石狮市消防救援大队委员会	先进基层党组织	福建消防救援总队	2021 年 7 月
祥芝镇古浮村	第四批省级传统村落	福建省住建厅、福建省文旅厅、福建省财政厅	2021 年 8 月
国家税务总局石狮市税务局	全国文明单位培育对象	中共福建省委文明办	2021 年 8 月
石狮市工商业联合会	福建省“千企帮千村”精准扶贫行动组织工作先进集体	中共福建省委统战部、福建省工商业联合会	2021 年 8 月
石狮市	“四好农村路”省级示范县	福建省交通运输厅、福建省财政厅、福建省农业农村厅乡村振兴局	2021 年 9 月
石狮市贸促会	全省贸促工作先进集体	福建省贸促会	2021 年 10 月
宝盖镇人民政府	省级“园区枫桥”示范单位	福建省总工会	2021 年 11 月
国网石狮市供电公司	2021 年度福建省企业民主管理规范化建设示范单位	福建省总工会	2021 年 12 月
石狮市第二实验幼儿园	福建省餐饮服务“互联网 + 明厨亮灶”示范单位	福建省食品安全委员会办公室、福建省市场监督管理局	2021 年 12 月
石狮市	福建省第四批县域节水型社会达标建设县	福建省水利厅	2021 年 12 月
石狮市网安大队	集体二等功	福建省公安厅	2021 年 12 月
泉州市石狮生态环境局	2020 年生态环境保护执法大练兵表现优异集体	福建省生态环境厅	2021 年 12 月
石狮市第六实验小学	福建省平安校园	福建省教育厅	2021 年 12 月
石狮市湖滨中心幼儿园	福建省第一届“平安校园”	福建省教育厅	2021 年 12 月
石狮市第五实验小学	2021 年福建省级“平安校园”	福建省教育厅	2021 年 12 月
石狮市第三实验小学	福建省平安校园	福建省教育厅	2021 年 12 月

续表 12

单位名称	荣誉	颁发机构	颁发时间
石狮市第二实验幼儿园	福建省“平安校园”	福建省教育厅	2021 年 12 月
泉州师范学院附属小学石狮校区	福建省义务教育管理标准化学校	福建省教育厅	2021 年 12 月
石狮蚶江镇峰山小学	福建省义务教育管理标准化学校	福建省教育厅	2021 年 12 月
治安管理大队	全省优秀公安基层单位	福建省人力资源和社会保障厅、福建省公安厅	2021 年 12 月
石狮市民族与宗教事务局	全省民族与宗教系统先进集体	福建省人力资源和社会保障厅、福建省民族与宗教事务厅	2021 年 12 月
宝盖镇杆头村	福建省卫生村	福建省爱卫会	2021 年 12 月
宝盖镇后垵村	福建省卫生村	福建省爱卫会	2021 年 12 月
宝盖镇后宅村	福建省卫生村	福建省爱卫会	2021 年 12 月
宝盖镇坑东村	福建省卫生村	福建省爱卫会	2021 年 12 月
宝盖镇仑后村	福建省卫生村	福建省爱卫会	2021 年 12 月
宝盖镇山雅村	福建省卫生村	福建省爱卫会	2021 年 12 月
宝盖镇上浦村	福建省卫生村	福建省爱卫会	2021 年 12 月
宝盖镇铺锦村	福建省卫生村	福建省爱卫会	2021 年 12 月
宝盖镇松茂村	福建省卫生村	福建省爱卫会	2021 年 12 月
宝盖镇苏厝村	福建省卫生村	福建省爱卫会	2021 年 12 月
宝盖镇塘头村	福建省卫生村	福建省爱卫会	2021 年 12 月
宝盖镇雪上村	福建省卫生村	福建省爱卫会	2021 年 12 月
宝盖镇玉浦村	福建省卫生村	福建省爱卫会	2021 年 12 月
宝盖镇郑厝村	福建省卫生村	福建省爱卫会	2021 年 12 月
永宁镇新沙堤村	福建省卫生村	福建省爱卫会	2021 年 12 月
永宁镇下宅村	福建省卫生村	福建省爱卫会	2021 年 12 月
锦尚镇厝上村	福建省卫生村	福建省爱卫会	2021 年 12 月
锦尚镇锦尚村	福建省卫生村	福建省爱卫会	2021 年 12 月
锦尚镇谢厝村	福建省卫生村	福建省爱卫会	2021 年 12 月

2021 年石狮市获省部级及以上表彰的先进个人一览表

表 13

姓名	工作单位	荣誉	颁发机构	颁发时间
陈美金	石狮市人民检察院	检察荣誉章	最高人民检察院	2021 年 2 月
庄华民	石狮市人民检察院	检察荣誉章	最高人民检察院	2021 年 2 月
许少刚	泉州市石狮生态环境局	2020 年生态环境保护执法大练兵表现突出个人	生态环境部	2021 年 4 月
林丽娜	玉湖社区	2020 年度“最美城乡社区工作者”	中央宣传部　民政部	2021 年 4 月
陈玳鸿	石狮市人民检察院	2020 年打击危险废物环境违法犯罪行为活动表现突出个人	生态环境部办公厅、最高人民检察院办公厅、公安部办公厅	2021 年 6 月
卓光辉	禁毒大队	全省优秀共产党员	中共福建省委	2021 年 6 月
陈国锋	石狮市应急管理局	全国应急管理系统先进工作者	人力资源社会保障部、应急管理部	2021 年 11 月
卓光辉	禁毒大队	个人一等功	公安部	2021 年 12 月
王顺玲	石狮法院	全国维护妇女儿童权益先进个人	中华全国妇女联合会	2021 年 12 月

2021 年石狮市获地厅级表彰的先进个人一览表

表 14

姓名	工作单位	荣誉	颁发机构	颁发时间
林文伟	泉州市石狮生态环境局	2020 年统筹强化监督工作表现突出人员	生态环境部生态环境执法局	2021 年 1 月
蔡美婷	石狮法院	2019—2020 年度全省优秀法院干警	福建省高级人民法院、福建省人力资源和社会保障厅	2021 年 1 月
龚显钏	石狮市工商业联合会	2021 年福建省工商联系统信息工作先进个人	福建省工商业联合会	2022 年 1 月
许少刚	泉州市石狮生态环境局	2020 年蓝天保卫战重点区域秋冬季监督帮扶工作第七轮次表现突出人员	生态环境部生态环境执法局	2021 年 2 月
黄正东	泉州市石狮生态环境局	2020 年蓝天保卫战重点区域秋冬季监督帮扶工作第七轮次表现突出人员	生态环境部生态环境执法局	2021 年 2 月
吴敏智	泉州市石狮生态环境局	2020 年蓝天保卫战重点区域秋冬季监督帮扶工作第七轮次表现突出人员	生态环境部生态环境执法局	2021 年 2 月
张明智	泉州市石狮生态环境局	2020 年蓝天保卫战重点区域秋冬季监督帮扶工作第七轮次表现突出人员	生态环境部生态环境执法局	2021 年 2 月
颜华滨	泉州市石狮生态环境局	2020 年蓝天保卫战重点区域秋冬季监督帮扶工作第七轮次表现突出人员	生态环境部生态环境执法局	2021 年 2 月
陈昆明	泉州市石狮生态环境局	2020 年蓝天保卫战重点区域秋冬季监督帮扶工作第七轮次表现突出人员	生态环境部生态环境执法局	2021 年 2 月
蔡金源	泉州市石狮生态环境局	2020 年蓝天保卫战重点区域秋冬季监督帮扶工作第七轮次表现突出人员	生态环境部生态环境执法局	2021 年 2 月
王鸿荣	泉州市石狮生态环境局	2020 年蓝天保卫战重点区域秋冬季监督帮扶工作第七轮次表现突出人员	生态环境部生态环境执法局	2021 年 2 月
纪祖森	泉州市石狮生态环境局	2020 年蓝天保卫战重点区域秋冬季监督帮扶工作第七轮次表现突出人员	生态环境部生态环境执法局	2021 年 2 月
许少刚	泉州市石狮生态环境局	2020 年蓝天保卫战重点区域秋冬季监督帮扶工作第七轮次表现突出人员	生态环境部生态环境执法局	2021 年 2 月
陈奕群	泉州市石狮生态环境局	2020 年蓝天保卫战重点区域秋冬季监督帮扶工作第七轮次表现突出人员	生态环境部生态环境执法局	2021 年 2 月
蔡金万	泉州市石狮生态环境局	2020 年蓝天保卫战重点区域秋冬季监督帮扶工作第七轮次表现突出人员	生态环境部生态环境执法局	2021 年 2 月
郑俊明	泉州市石狮生态环境局	2020 年蓝天保卫战重点区域秋冬季监督帮扶工作第七轮次表现突出人员	生态环境部生态环境执法局	2021 年 2 月
胡　琦	泉州市石狮生态环境局	2020 年蓝天保卫战重点区域秋冬季监督帮扶工作第七轮次表现突出人员	生态环境部生态环境执法局	2021 年 2 月
李　卫	泉州市石狮生态环境局	2020 年蓝天保卫战重点区域秋冬季监督帮扶工作第七轮次表现突出人员	生态环境部生态环境执法局	2021 年 2 月

续表 14

姓名	工作单位	荣誉	颁发机构	颁发时间
郑舒新	泉州市石狮生态环境局	2020 年蓝天保卫战重点区域秋冬季监督帮扶工作第七轮次表现突出人员	生态环境部生态环境执法局	2021 年 2 月
林毅芬	泉州市石狮生态环境局	2020 年蓝天保卫战重点区域秋冬季监督帮扶工作第七轮次表现突出人员	生态环境部生态环境执法局	2021 年 2 月
洪培山	泉州市石狮生态环境局	2020 年生态环境保护执法大练兵知识竞赛个人一等奖	生态环境部生态环境执法局	2021 年 2 月
任娅玮	石狮市人民检察院	2020 年度全省检察机关信息工作先进个人	福建省人民检察院办公室	2021 年 2 月
林清丛	石狮市新旭辉布业贸易有限公司	民进全省抗击新冠肺炎疫情先进个人	民进福建省委会	2021 年 2 月
洪明芳	石狮市文联副主席	民进福建省委会 2020 年履职能力建设暨参政议政工作先进个人	民进福建省委会	2021 年 2 月
陈双美	石狮市人民检察院	“建好建强新时代基层检察院”主题调研征文二等奖	福建省人民检察院	2021 年 2 月
龚丝丝	石狮市人民检察院	“建好建强新时代基层检察院”主题调研征文三等奖	福建省人民检察院	2021 年 2 月
蔡斌颖	石狮市人民检察院	“建好建强新时代基层检察院”主题调研征文三等奖	福建省人民检察院	2021 年 2 月
张群胜	石狮市人民检察院	“建好建强新时代基层检察院”主题调研征文三等奖	福建省人民检察院	2021 年 2 月
邱宗波	石狮市人民检察院	“建好建强新时代基层检察院”主题调研征文三等奖	福建省人民检察院	2021 年 2 月
施少芳	闽南理工学院	福建省三八红旗手	福建省妇女联合会	2021 年 3 月
蔡婉妮	石狮市总医院	福建省三八红旗手	福建省妇女联合会	2021 年 3 月
洪培山	泉州市石狮生态环境局	全省生态环境系统先进工作者	福建省人力资源和社会保障厅、福建省生态环境厅	2021 年 4 月
张澍斌	石狮市第一中学	福建省五一劳动奖章	福建省总工会	2021 年 4 月
余作定	福建省鸿山热电有限责任公司	福建省五一劳动奖章	福建省总工会	2021 年 4 月
邱梅芳	石狮市三益织造染整有限公司	福建省五一劳动奖章	福建省总工会	2021 年 4 月
吴诗琦	石狮市凤里街道仁里社区居委会委员	2020 年度“福建省优秀共青团员”	共青团福建省委	2021 年 4 月
余圣尧	石狮市台湾同胞联谊会	促进福建建设和两岸交流贡献奖	福建省台湾同胞联谊会	2021 年 4 月
许书烟	闽南理工学院	第十八届“福建青年五四奖章”	共青团福建省委	2021 年 5 月
林明容	石狮法院	嘉奖	福建省扫黑除恶专项斗争领导小组　中共福建省委组织部	2021 年 5 月
陈银梅	石狮市人民检察院	全省扫黑除恶专项斗争先进工作者	福建省扫黑除恶专项斗争领导小组	2021 年 5 月

续表 14

姓名	工作单位	荣誉	颁发机构	颁发时间
高艳红、高峰家庭	石狮市教育局	福建省最美家庭	福建省妇女联合会	2021 年 5 月
袁申远、曾艳家庭	石狮市公安局	福建省最美家庭	福建省妇女联合会	2021 年 5 月
尤鑫洋	石狮市人民检察院	全省检察机关控告申诉检察业务标兵	福建省人民检察院政治部	2021 年 6 月
林建檀	石狮市人民检察院	全省检察机关先进个人	福建省人力资源和社会保障厅、福建省人民检察院	2021 年 6 月
许培泉	石狮市市场监督管理局	省市场监管系统非公党建工作先进个人	福建省市场监督管理局	2021 年 6 月
李明灿	泉州海洋职业学院	优秀共产党员	中共福建省委教育工作委员会	2021 年 6 月
庄秋琴	闽南理工学院党委组织部	全省高校优秀党务工作者	中共福建省委教育工作委员会	2021 年 6 月
邱远望	福建中益制药有限公司	2021 年福建省百万职工“五小”创新大赛一等奖	福建省总工会	2021 年 7 月
胡贤陈	福建中益制药有限公司	2021 年福建省百万职工“五小”创新大赛一等奖	福建省总工会	2021 年 7 月
谢成梁	福建中益制药有限公司	2021 年福建省百万职工“五小”创新大赛一等奖	福建省总工会	2021 年 7 月
张雅娟	福建中益制药有限公司	2021 年福建省百万职工“五小”创新大赛一等奖	福建省总工会	2021 年 7 月
邱家亮	福建中益制药有限公司	2021 年福建省百万职工“五小”创新大赛一等奖	福建省总工会	2021 年 7 月
王端文	泉州太平洋集装箱码头有限公司	2021 年福建省百万职工“五小”创新大赛一等奖	福建省总工会	2021 年 7 月
林志军	泉州太平洋集装箱码头有限公司	2021 年福建省百万职工“五小”创新大赛一等奖	福建省总工会	2021 年 7 月
陈少群	泉州太平洋集装箱码头有限公司	2021 年福建省百万职工“五小”创新大赛一等奖	福建省总工会	2021 年 7 月
蔡金报	石狮市海龙海产品批发部	2021 年福建省百万职工“五小”创新大赛一等奖	福建省总工会	2021 年 7 月
周友宗	福建加多宝饮料有限公司	2021 年福建省百万职工“五小”创新大赛二等奖	福建省总工会	2021 年 7 月
刘海朝	福建加多宝饮料有限公司	2021 年福建省百万职工“五小”创新大赛二等奖	福建省总工会	2021 年 7 月
练观石	福建加多宝饮料有限公司	2021 年福建省百万职工“五小”创新大赛二等奖	福建省总工会	2021 年 7 月
洪必龙	皇宝（石狮）实业有限公司	2021 年福建省百万职工“五小”创新大赛三等奖	福建省总工会	2021 年 7 月
吴英志	皇宝（石狮）实业有限公司	2021 年福建省百万职工“五小”创新大赛三等奖	福建省总工会	2021 年 7 月
杨国川	皇宝（石狮）实业有限公司	2021 年福建省百万职工“五小”创新大赛三等奖	福建省总工会	2021 年 7 月
杨　林	皇宝（石狮）实业有限公司	2021 年福建省百万职工“五小”创新大赛三等奖	福建省总工会	2021 年 7 月
汤县丁	皇宝（石狮）实业有限公司	2021 年福建省百万职工“五小”创新大赛三等奖	福建省总工会	2021 年 7 月
蔡金龙	石狮市森科智能科技有限公司	2021 年福建省百万职工“五小”创新大赛三等奖	福建省总工会	2021 年 7 月
陈少锋	石狮市森科智能科技有限公司	2021 年福建省百万职工“五小”创新大赛三等奖	福建省总工会	2021 年 7 月
洪朝群	石狮市森科智能科技有限公司	2021 年福建省百万职工“五小”创新大赛三等奖	福建省总工会	2021 年 7 月

续表 14

姓名	工作单位	荣誉	颁发机构	颁发时间
涂晶招	福建省鸿山热电有限责任公司	2021 年福建省百万职工“五小”创新大赛三等奖	福建省总工会	2021 年 7 月
丁助洪	福建省鸿山热电有限责任公司	2021 年福建省百万职工“五小”创新大赛三等奖	福建省总工会	2021 年 7 月
陈　涛	福建省鸿山热电有限责任公司	2021 年福建省百万职工“五小”创新大赛三等奖	福建省总工会	2021 年 7 月
罗炳荣	福建省鸿山热电有限责任公司	2021 年福建省百万职工“五小”创新大赛三等奖	福建省总工会	2021 年 7 月
黄万武	福建省鸿山热电有限责任公司	2021 年福建省百万职工“五小”创新大赛三等奖	福建省总工会	2021 年 7 月
张文涛	福建省鸿山热电有限责任公司	2021 年福建省百万职工“五小”创新大赛三等奖	福建省总工会	2021 年 7 月
汤　倩	福建省鸿山热电有限责任公司	2021 年福建省百万职工“五小”创新大赛三等奖	福建省总工会	2021 年 7 月
邓香华	福建省石狮市通达电器有限公司	2021 年福建省百万职工“五小”创新大赛三等奖	福建省总工会	2021 年 7 月
邱晓露	福建省石狮热电有限责任公司	2021 年福建省百万职工“五小”创新大赛三等奖	福建省总工会	2021 年 7 月
尤新宇	福建省石狮热电有限责任公司	2021 年福建省百万职工“五小”创新大赛三等奖	福建省总工会	2021 年 7 月
李波扬	福建省石狮热电有限责任公司	2021 年福建省百万职工“五小”创新大赛三等奖	福建省总工会	2021 年 7 月
骆忠平	福建省石狮热电有限责任公司	2021 年福建省百万职工“五小”创新大赛三等奖	福建省总工会	2021 年 7 月
邓国荣	福建省石狮热电有限责任公司	2021 年福建省百万职工“五小”创新大赛三等奖	福建省总工会	2021 年 7 月
陈志渊	福建省石狮热电有限责任公司	2021 年福建省百万职工“五小”创新大赛三等奖	福建省总工会	2021 年 7 月
庄培煌	福建省石狮热电有限责任公司	2021 年福建省百万职工“五小”创新大赛三等奖	福建省总工会	2021 年 7 月
江　鹭	福建省石狮热电有限责任公司	2021 年福建省百万职工“五小”创新大赛三等奖	福建省总工会	2021 年 7 月
刘江洋	石狮市宝益织造印染有限公司	2021 年福建省百万职工“五小”创新大赛三等奖	福建省总工会	2021 年 7 月
张君平	石狮市宝益织造印染有限公司	2021 年福建省百万职工“五小”创新大赛三等奖	福建省总工会	2021 年 7 月
蔡超群	石狮市宝益织造印染有限公司	2021 年福建省百万职工“五小”创新大赛三等奖	福建省总工会	2021 年 7 月
许志伟	石狮市宏兴染整织造有限公司	2021 年福建省百万职工“五小”创新大赛三等奖	福建省总工会	2021 年 7 月
陈翠云	石狮市宏兴染整织造有限公司	2021 年福建省百万职工“五小”创新大赛三等奖	福建省总工会	2021 年 7 月
苏立才	石狮市宏兴染整织造有限公司	2021 年福建省百万职工“五小”创新大赛三等奖	福建省总工会	2021 年 7 月
刘艺云	石狮市宏兴染整织造有限公司	2021 年福建省百万职工“五小”创新大赛三等奖	福建省总工会	2021 年 7 月
陈夏渊	石狮市宏兴染整织造有限公司	2021 年福建省百万职工“五小”创新大赛三等奖	福建省总工会	2021 年 7 月
施丽容	泉州智绿康智能设备有限公司	2021 年福建省百万职工“五小”创新大赛三等奖	福建省总工会	2021 年 7 月
蔡拥军	泉州智绿康智能设备有限公司	2021 年福建省百万职工“五小”创新大赛三等奖	福建省总工会	2021 年 7 月

续表 14

姓名	工作单位	荣誉	颁发机构	颁发时间
陈玥玫	国网石狮市供电公司	福建省百万职工“五小”创新大赛三等奖	福建省总工会	2021 年 7 月
原志超	石狮市消防救援大队	优秀共产党员	福建消防救援总队	2021 年 7 月
黄培雄	泉州市石狮生态环境局	2021 年赤水河流域入河排污口排查和工业企业执法检查表现突出个人	生态环境部生态环境执法局	2021 年 8 月
周俊彬	刑事侦查大队	个人二等功	福建省公安厅	2021 年 9 月
杨向答	石狮市湖滨街道曾坑社区	福建省美丽庭院	福建省妇女联合会、福建省农业厅	2021 年 9 月
吴国萍	石狮市湖滨街道曾坑社区	福建省美丽庭院	福建省妇女联合会、福建省农业厅	2021 年 9 月
王良建	石狮市湖滨街道曾坑社区	福建省美丽庭院	福建省妇女联合会、福建省农业厅	2021 年 9 月
杨朝旭	石狮市湖滨街道曾坑社区	福建省美丽庭院	福建省妇女联合会、福建省农业厅	2021 年 9 月
吴清华	石狮市湖滨街道曾坑社区	福建省美丽庭院	福建省妇女联合会、福建省农业厅	2021 年 9 月
庄文龙	石狮市湖滨街道曾坑社区	福建省美丽庭院	福建省妇女联合会、福建省农业厅	2021 年 9 月
施百忍	石狮市湖滨街道曾坑社区	福建省美丽庭院	福建省妇女联合会、福建省农业厅	2021 年 9 月
王毓景	石狮市湖滨街道曾坑社区	福建省美丽庭院	福建省妇女联合会、福建省农业厅	2021 年 9 月
郭伟雄	石狮市宝盖镇	福建省美丽庭院	福建省妇女联合会、福建省农业厅	2021 年 9 月
吴华暾	石狮市宝盖镇	福建省美丽庭院	福建省妇女联合会、福建省农业厅	2021 年 9 月
王乌斟	石狮市宝盖镇	福建省美丽庭院	福建省妇女联合会、福建省农业厅	2021 年 9 月
郑红红	石狮市宝盖镇	福建省美丽庭院	福建省妇女联合会、福建省农业厅	2021 年 9 月
黄美丽	石狮市宝盖镇	福建省美丽庭院	福建省妇女联合会、福建省农业厅	2021 年 9 月
卢世传	石狮市永宁镇	福建省美丽庭院	福建省妇女联合会、福建省农业厅	2021 年 9 月
卢文伟	石狮市永宁镇	福建省美丽庭院	福建省妇女联合会、福建省农业厅	2021 年 9 月
洪全克	石狮市永宁镇	福建省美丽庭院	福建省妇女联合会、福建省农业厅	2021 年 9 月
张祖慈	石狮市永宁镇	福建省美丽庭院	福建省妇女联合会、福建省农业厅	2021 年 9 月
洪加永	石狮市蚶江镇	福建省美丽庭院	福建省妇女联合会、福建省农业厅	2021 年 9 月
郭新恭	石狮市蚶江镇	福建省美丽庭院	福建省妇女联合会、福建省农业厅	2021 年 9 月
郭梅候	石狮市蚶江镇	福建省美丽庭院	福建省妇女联合会、福建省农业厅	2021 年 9 月
蔡英田	石狮市蚶江镇	福建省美丽庭院	福建省妇女联合会、福建省农业厅	2021 年 9 月
蔡天赐	石狮市蚶江镇	福建省美丽庭院	福建省妇女联合会、福建省农业厅	2021 年 9 月
洪志伴	石狮市蚶江镇	福建省美丽庭院	福建省妇女联合会、福建省农业厅	2021 年 9 月

续表 14

姓名	工作单位	荣誉	颁发机构	颁发时间
谢景铜	石狮市锦尚镇	福建省美丽庭院	福建省妇女联合会、福建省农业厅	2021 年 9 月
张宝栽	石狮市锦尚镇	福建省美丽庭院	福建省妇女联合会、福建省农业厅	2021 年 9 月
张国达	石狮市锦尚镇	福建省美丽庭院	福建省妇女联合会、福建省农业厅	2021 年 9 月
张天补	石狮市锦尚镇	福建省美丽庭院	福建省妇女联合会、福建省农业厅	2021 年 9 月
卢松春	石狮市锦尚镇	福建省美丽庭院	福建省妇女联合会、福建省农业厅	2021 年 9 月
邱金启	石狮市锦尚镇	福建省美丽庭院	福建省妇女联合会、福建省农业厅	2021 年 9 月
傅良比	石狮市锦尚镇	福建省美丽庭院	福建省妇女联合会、福建省农业厅	2021 年 9 月
吴　林	石狮市锦尚镇	福建省美丽庭院	福建省妇女联合会、福建省农业厅	2021 年 9 月
蔡鹏泽、刘美娜家庭	石狮市祥芝镇	福建省绿色家庭	福建省妇女联合会、福建省生态环境厅	2021 年 10 月
洪全克、施珊瑚家庭	石狮市永宁镇	福建省绿色家庭	福建省妇女联合会、福建省生态环境厅	2021 年 10 月
唐新坤	石狮法院	全省法院扫黑除恶专项工作表现突出个人	福建省高级人民法院	2021 年 10 月
王森泉	电信网络犯罪侦查大队	个人二等功	福建省公安厅	2021 年 11 月
周育仁	刑事侦查大队	个人二等功	福建省公安厅	2021 年 12 月
卢世彬	刑事侦查大队	个人二等功	福建省公安厅	2021 年 12 月
邱尚付	石狮市人力资源和社会保障局	全省人力资源和社会保障系统先进工作者	福建省人力资源和社会保障厅	2021 年 11 月
蔡龙盛	石狮市劳动保障监察大队	全省人力资源和社会保障系统先进工作者	福建省人力资源和社会保障厅	2021 年 11 月
许少刚	泉州市石狮生态环境局	2020 年生态环境保护执法大练兵表现优异个人	福建省生态环境厅	2021 年 12 月
吴敏智、黄正东	泉州市石狮生态环境局	2020 年生态环境保护执法大练兵表现突出个人	福建省生态环境厅	2021 年 12 月
颜贻谦	电信网络犯罪侦查大队	全省优秀人民警察	福建省人力资源和社会保障厅、福建省公安厅	2021 年 12 月
李聪雄	看守所	全省优秀人民警察	福建省人力资源和社会保障厅、福建省公安厅	2021 年 12 月
吴荣奎	凤里派出所	全省优秀人民警察	福建省人力资源和社会保障厅、福建省公安厅	2021 年 12 月
陈东鹏	国网石狮市供电公司	第十六届“新福建·电网杯”送配电线路工（配网不停电作业）职业技能竞赛个人项目第 2 名，团体项目第 3 名	国网福建省电力有限公司、福建省人力资源和社会保障局、福建省总工会	2021 年 12 月
张　超	泉州海洋职业学院	福建省征兵工作先进个人	福建省征兵领导小组	2021 年 12 月

人物

2021年石狮市获得高、中级职称人员一览表

表15

单位名称	姓名	评审职务名称	评定日期
福建省石狮鹏山工贸学校	刘红艳	高级讲师	2021年1月18日
石狮市博物馆	邱新生	文物博物馆员	2021年1月21日
石狮市锦尚镇中心幼儿园	刘碧丽	一级教师	2021年2月4日
石狮市第三实验幼儿园	谢小霞	一级教师	2021年2月4日
石狮市第三实验幼儿园	洪祺莎	一级教师	2021年2月4日
石狮市第三实验幼儿园	黄晓琳	一级教师	2021年2月4日
石狮市第五实验幼儿园	王燕萍	一级教师	2021年2月4日
石狮市凤里街道中心幼儿园	张小燕	一级教师	2021年2月4日
石狮市湖滨中心幼儿园	方淑梅	一级教师	2021年2月4日
石狮市湖滨中心幼儿园	林燕仪	一级教师	2021年2月4日
石狮市宝盖镇中心幼儿园	林雯婷	一级教师	2021年2月4日
石狮市永宁镇中心幼儿园霞泽分园	林雪棋	一级教师	2021年2月4日
石狮市祥芝中心幼儿园	邱阿玲	一级教师	2021年2月4日
石狮市鸿山镇中心幼儿园	王秀棉	一级教师	2021年2月4日
石狮市鸿山镇中心幼儿园	蔡婉红	一级教师	2021年2月4日
石狮市鸿山镇第二中心幼儿园	蔡雅玲	一级教师	2021年2月4日
石狮市中英文实验学校	黄莹好	一级教师	2021年2月4日
石狮市中英文实验学校	陈美兰	一级教师	2021年2月4日
石狮市世茂实验小学	王珊利	一级教师	2021年2月4日
石狮市世茂实验小学	蔡雅明	一级教师	2021年2月4日
石狮市第七实验小学	高婉铝	一级教师	2021年2月4日
石狮市第七实验小学	陈芳菲	一级教师	2021年2月4日
石狮市仁爱学校	李　玲	一级教师	2021年2月4日
石狮市仁爱学校	陈素菊	一级教师	2021年2月4日
石狮市锦尚镇东店小学	李燕虹	一级教师	2021年2月4日
石狮市锦尚镇东店小学	杨晶晶	一级教师	2021年2月4日
石狮市锦尚镇琼山中心小学	曾素香	一级教师	2021年2月4日
石狮市锦尚镇琼山中心小学	丁虹虹	一级教师	2021年2月4日
石狮市鸿山镇鸿山小学	林晓玲	一级教师	2021年2月4日
石狮市鸿山镇邱厦小学	邱世雄	一级教师	2021年2月4日
石狮市鸿山镇锦林小学	张丽珍	一级教师	2021年2月4日
石狮市福民中心小学	邱亚亮	一级教师	2021年2月4日
石狮市福民中心小学	郭慧兰	一级教师	2021年2月4日
石狮市福民中心小学	陈宝贵	一级教师	2021年2月4日
石狮市福民中心小学	王桂花	一级教师	2021年2月4日
石狮市祥芝镇大堡小学	龚灿龙	一级教师	2021年2月4日
石狮市祥芝镇大堡小学	邱育瑜	一级教师	2021年2月4日
石狮市祥芝镇紫湖小学	郭林贤	一级教师	2021年2月4日
石狮市祥芝中心小学	邱婉琳	一级教师	2021年2月4日

续表 15

单位名称	姓名	评审职务名称	评定日期
石狮市祥芝中心小学	蔡银燕	一级教师	2021 年 2 月 4 日
石狮市祥芝中心小学	程亚印	一级教师	2021 年 2 月 4 日
石狮市祥芝中心小学	陈月双	一级教师	2021 年 2 月 4 日
石狮市祥芝中心小学	蔡逢兰	一级教师	2021 年 2 月 4 日
石狮市蚶江镇洪窟小学	林咪咪	一级教师	2021 年 2 月 4 日
石狮市蚶江镇华锦小学	曾前生	一级教师	2021 年 2 月 4 日
石狮市蚶江镇锦亭小学	黄亮亮	一级教师	2021 年 2 月 4 日
石狮市第八实验小学	王彬彬	一级教师	2021 年 2 月 4 日
石狮市第八实验小学	林清水	一级教师	2021 年 2 月 4 日
石狮市第八实验小学	王丽莉	一级教师	2021 年 2 月 4 日
石狮市第八实验小学	蔡琳琳	一级教师	2021 年 2 月 4 日
石狮市蚶江镇锦里小学	李少榆	一级教师	2021 年 2 月 4 日
石狮市蚶江镇锦里小学	蔡丽雅	一级教师	2021 年 2 月 4 日
石狮市蚶江镇石湖小学	洪亮亮	一级教师	2021 年 2 月 4 日
石狮市蚶江中心小学	郭龙俊	一级教师	2021 年 2 月 4 日
石狮市蚶江中心小学	蔡莉莉	一级教师	2021 年 2 月 4 日
石狮市永宁镇岑江小学	陈美玲	一级教师	2021 年 2 月 4 日
石狮市永宁镇官聘学校	李　珍	一级教师	2021 年 2 月 4 日
石狮市永宁镇官聘学校	杨心兰	一级教师	2021 年 2 月 4 日
石狮市永宁镇霞泽小学	陈迎迎	一级教师	2021 年 2 月 4 日
石狮市永宁中心小学	杨彬榆	一级教师	2021 年 2 月 4 日
石狮市永宁中心小学	吴烨真	一级教师	2021 年 2 月 4 日
石狮市永宁中心小学	杨银雅	一级教师	2021 年 2 月 4 日
石狮市宝盖镇塘边小学	吴潇颖	一级教师	2021 年 2 月 4 日
石狮市宝盖镇塘边小学	黄雪锋	一级教师	2021 年 2 月 4 日
石狮市宝盖镇塘边小学	蔡美丽	一级教师	2021 年 2 月 4 日
石狮市宝盖镇塘边小学	黄美苹	一级教师	2021 年 2 月 4 日
石狮市宝盖镇塘边小学	傅阿英	一级教师	2021 年 2 月 4 日
石狮市宝盖镇塘边小学	杨聪伶	一级教师	2021 年 2 月 4 日
石狮市宝盖镇坑东小学	卢晓瑜	一级教师	2021 年 2 月 4 日
石狮市宝盖镇后垵小学	郭银银	一级教师	2021 年 2 月 4 日
石狮市宝盖镇前坑小学	王丹凤	一级教师	2021 年 2 月 4 日
石狮市宝盖镇塘头小学	林秀免	一级教师	2021 年 2 月 4 日
石狮市宝盖镇桃源小学	林月央	一级教师	2021 年 2 月 4 日
石狮市宝盖镇桃源小学	蔡丽园	一级教师	2021 年 2 月 4 日
石狮市宝盖镇桃源小学	邱亚娜	一级教师	2021 年 2 月 4 日
石狮市宝盖镇桃源小学	许莎莎	一级教师	2021 年 2 月 4 日
石狮市宝盖镇桃源小学	陈娜珠	一级教师	2021 年 2 月 4 日
石狮市龟湖中心小学	邱亚瑜	一级教师	2021 年 2 月 4 日
石狮市龟湖中心小学	王志强	一级教师	2021 年 2 月 4 日
石狮市龟湖中心小学	傅金家	一级教师	2021 年 2 月 4 日
石狮市灵秀镇塘园小学	林维利	一级教师	2021 年 2 月 4 日
石狮市灵秀镇塘园小学	蔡珊瑜	一级教师	2021 年 2 月 4 日
石狮市灵秀镇华山小学	蔡玲玲	一级教师	2021 年 2 月 4 日

续表 15

单位名称	姓名	评审职务名称	评定日期
石狮市灵秀镇华山小学	蔡明环	一级教师	2021 年 2 月 4 日
石狮市灵秀镇华山小学	王英迎	一级教师	2021 年 2 月 4 日
石狮市灵秀镇港塘小学	邱玲玲	一级教师	2021 年 2 月 4 日
石狮市灵秀镇港塘小学	王晖晖	一级教师	2021 年 2 月 4 日
石狮市灵秀镇塔前小学	颜良献	一级教师	2021 年 2 月 4 日
石狮市灵秀镇塔前小学	许萍萍	一级教师	2021 年 2 月 4 日
石狮市灵秀镇塔前小学	邱阿宝	一级教师	2021 年 2 月 4 日
石狮市灵秀镇塔前小学	邱婷婷	一级教师	2021 年 2 月 4 日
石狮市灵秀镇塔前小学	徐　市	一级教师	2021 年 2 月 4 日
石狮市灵秀镇古洋小学	蒋一冰	一级教师	2021 年 2 月 4 日
石狮市灵秀镇古洋小学	郑丽婷	一级教师	2021 年 2 月 4 日
石狮市灵秀镇古洋小学	李金针	一级教师	2021 年 2 月 4 日
石狮市灵秀镇古洋小学	许美美	一级教师	2021 年 2 月 4 日
石狮市灵秀镇古洋小学	邱晓君	一级教师	2021 年 2 月 4 日
石狮市灵秀镇古洋小学	王婷婷	一级教师	2021 年 2 月 4 日
石狮市湖滨街道办事处长福小学	蔡慈涯	一级教师	2021 年 2 月 4 日
石狮市湖滨街道办事处林边小学	朱雪虹	一级教师	2021 年 2 月 4 日
石狮市新湖中心小学	卢飞雄	一级教师	2021 年 2 月 4 日
石狮市新湖中心小学	蔡东东	一级教师	2021 年 2 月 4 日
石狮市新湖中心小学	赖晓丰	一级教师	2021 年 2 月 4 日
石狮市新湖中心小学	蔡琪惠	一级教师	2021 年 2 月 4 日
石狮市新湖中心小学	董玲音	一级教师	2021 年 2 月 4 日
石狮市凤里街道宽仁小学	佘端容	一级教师	2021 年 2 月 4 日
石狮市凤里街道宽仁小学	洪茹萍	一级教师	2021 年 2 月 4 日
石狮市凤里街道宽仁小学	张茗芬	一级教师	2021 年 2 月 4 日
石狮市凤里街道宽仁小学	蔡阿凉	一级教师	2021 年 2 月 4 日
石狮市凤里街道五星小学	陈萍芬	一级教师	2021 年 2 月 4 日
石狮市凤里街道五星小学	邱美娜	一级教师	2021 年 2 月 4 日
石狮市凤里街道五星小学	陈迎东	一级教师	2021 年 2 月 4 日
石狮市凤里街道五星小学	王小娇	一级教师	2021 年 2 月 4 日
石狮市大仑中心小学	苏丽云	一级教师	2021 年 2 月 4 日
石狮市大仑中心小学	傅培根	一级教师	2021 年 2 月 4 日
石狮市教师进修学校附属小学	许玲琳	一级教师	2021 年 2 月 4 日
厦门外国语学校石狮分校附属小学	王云娇	一级教师	2021 年 2 月 4 日
泉州师范学院附属小学石狮校区	蔡青兰	一级教师	2021 年 2 月 4 日
泉州师范学院附属小学石狮校区	侯宏焕	一级教师	2021 年 2 月 4 日
泉州师范学院附属小学石狮校区	张美丽	一级教师	2021 年 2 月 4 日
泉州师范学院附属小学石狮校区	庄　沐	一级教师	2021 年 2 月 4 日
石狮市实验中学附属小学东明校区	余木娟	一级教师	2021 年 2 月 4 日
石狮市实验中学附属小学东明校区	吴倩倩	一级教师	2021 年 2 月 4 日
石狮市实验中学附属小学	邱婉玲	一级教师	2021 年 2 月 4 日
石狮市实验中学附属小学	戴丽君	一级教师	2021 年 2 月 4 日
石狮市实验中学附属小学	肖承基	一级教师	2021 年 2 月 4 日
石狮市实验中学附属小学	蔡巧娟	一级教师	2021 年 2 月 4 日

续表 15

单位名称	姓名	评审职务名称	评定日期
石狮市实验中学附属小学	邱美春	一级教师	2021 年 2 月 4 日
石狮市第三中学附属小学	洪瑞华	一级教师	2021 年 2 月 4 日
石狮市第三中学附属小学	施华瑛	一级教师	2021 年 2 月 4 日
石狮市第三中学附属小学	章飞婷	一级教师	2021 年 2 月 4 日
石狮市鹏山师范附属小学	颜美丽	一级教师	2021 年 2 月 4 日
石狮市鹏山师范附属小学	蔡玛莉	一级教师	2021 年 2 月 4 日
石狮市鹏山师范附属小学	杨白燕	一级教师	2021 年 2 月 4 日
石狮市鹏山师范附属小学	蔡珊珊	一级教师	2021 年 2 月 4 日
石狮市鹏山师范附属小学	赖清蓉	一级教师	2021 年 2 月 4 日
石狮市鹏山师范附属小学	陈情雯	一级教师	2021 年 2 月 4 日
石狮市鹏山师范附属小学	颜清芬	一级教师	2021 年 2 月 4 日
石狮市鹏山师范附属小学	蔡金钟	一级教师	2021 年 2 月 4 日
石狮市第六实验小学	刘姗姗	一级教师	2021 年 2 月 4 日
石狮市第六实验小学	吴宝兰	一级教师	2021 年 2 月 4 日
石狮市第六实验小学	刘筱哲	一级教师	2021 年 2 月 4 日
石狮市第六实验小学	陈注治	一级教师	2021 年 2 月 4 日
石狮市第六实验小学	郭婷婷	一级教师	2021 年 2 月 4 日
石狮市第六实验小学	蔡银珊	一级教师	2021 年 2 月 4 日
石狮市第五实验小学	洪少文	一级教师	2021 年 2 月 4 日
石狮市第五实验小学	张小云	一级教师	2021 年 2 月 4 日
石狮市第五实验小学	吴雅婷	一级教师	2021 年 2 月 4 日
石狮市第五实验小学	吴亚莉	一级教师	2021 年 2 月 4 日
石狮市第四实验小学	叶伟妹	一级教师	2021 年 2 月 4 日
石狮市第四实验小学	蔡婷婷	一级教师	2021 年 2 月 4 日
石狮市第四实验小学	吴满满	一级教师	2021 年 2 月 4 日
石狮市第四实验小学	蔡爱惜	一级教师	2021 年 2 月 4 日
石狮市第四实验小学	李贤杰	一级教师	2021 年 2 月 4 日
石狮市第四实验小学	施莎莎	一级教师	2021 年 2 月 4 日
石狮市第四实验小学	蔡本旭	一级教师	2021 年 2 月 4 日
石狮市第四实验小学	廖雪花	一级教师	2021 年 2 月 4 日
石狮市第四实验小学	王雅玲	一级教师	2021 年 2 月 4 日
石狮市第三实验小学	林媛媛	一级教师	2021 年 2 月 4 日
石狮市第三实验小学	黄智欣	一级教师	2021 年 2 月 4 日
石狮市第三实验小学	李聪泳	一级教师	2021 年 2 月 4 日
石狮市第二实验小学	邱丽容	一级教师	2021 年 2 月 4 日
石狮市第二实验小学	朱莉莉	一级教师	2021 年 2 月 4 日
石狮市第二实验小学	胡晨静	一级教师	2021 年 2 月 4 日
石狮市第二实验小学	邱铅铅	一级教师	2021 年 2 月 4 日
石狮市实验小学蚶江校区	王秋婵	一级教师	2021 年 2 月 4 日
石狮市实验小学蚶江校区	郭玲玲	一级教师	2021 年 2 月 4 日
石狮市实验小学	施凉凉	一级教师	2021 年 2 月 4 日
石狮市实验小学	郭鸿兰	一级教师	2021 年 2 月 4 日
石狮市实验小学	黄雅琴	一级教师	2021 年 2 月 4 日
石狮市锦峰实验学校	黄敏红	一级教师	2021 年 2 月 4 日
石狮市锦峰实验学校	邓　悦	一级教师	2021 年 2 月 4 日

续表 15

单位名称	姓名	评审职务名称	评定日期
石狮市锦峰实验学校	邱秀金	一级教师	2021 年 2 月 4 日
石狮市锦峰实验学校	张友淞	一级教师	2021 年 2 月 4 日
石狮市锦峰实验学校	吴丹妮	一级教师	2021 年 2 月 4 日
石狮市锦峰实验学校	林月琴	一级教师	2021 年 2 月 4 日
石狮市锦峰实验学校	董翠姗	一级教师	2021 年 2 月 4 日
石狮市银江华侨学校	李芬芬	一级教师	2021 年 2 月 4 日
石狮市银江华侨学校	吴静瑜	一级教师	2021 年 2 月 4 日
石狮市银江华侨学校	沈剑阳	一级教师	2021 年 2 月 4 日
石狮市银江华侨学校	陈丽娟	一级教师	2021 年 2 月 4 日
石狮市银江华侨学校	许明德	一级教师	2021 年 2 月 4 日
石狮市石光中学	刘志平	一级教师	2021 年 2 月 4 日
石狮市石光中学	田爱清	一级教师	2021 年 2 月 4 日
石狮市石光中学	蔡慧琼	一级教师	2021 年 2 月 4 日
石狮市石光中学	游丽琼	一级教师	2021 年 2 月 4 日
石狮市石光中学	陈榕榕	一级教师	2021 年 2 月 4 日
石狮市石光中学	蔡妮妮	一级教师	2021 年 2 月 4 日
石狮市石光中学	王清凉	一级教师	2021 年 2 月 4 日
石狮市第一中学	上官英鸿	一级教师	2021 年 2 月 4 日
石狮市第一中学	蔡婵婵	一级教师	2021 年 2 月 4 日
石狮市第一中学	蔡惠婷	一级教师	2021 年 2 月 4 日
石狮市第一中学	何艳红	一级教师	2021 年 2 月 4 日
石狮市第一中学	周小琪	一级教师	2021 年 2 月 4 日
石狮市第一中学	庄　萍	一级教师	2021 年 2 月 4 日
石狮市第一中学	蔡潇娴	一级教师	2021 年 2 月 4 日
石狮市第一中学	林玉媗	一级教师	2021 年 2 月 4 日
石狮市第一中学	吕红梅	一级教师	2021 年 2 月 4 日
石狮市第一中学	林洁冰	一级教师	2021 年 2 月 4 日
石狮市第一中学	许雅雅	一级教师	2021 年 2 月 4 日
石狮市第一中学	吴小菲	一级教师	2021 年 2 月 4 日
石狮市第一中学	陈婉妮	一级教师	2021 年 2 月 4 日
石狮市第一中学	卢真真	一级教师	2021 年 2 月 4 日
石狮市第一中学	龚艺艺	一级教师	2021 年 2 月 4 日
石狮市第一中学	陶赛军	一级教师	2021 年 2 月 4 日
厦门外国语学校石狮分校	邱晓燕	一级教师	2021 年 2 月 4 日
厦门外国语学校石狮分校	张向清	一级教师	2021 年 2 月 4 日
厦门外国语学校石狮分校	杨毅煊	一级教师	2021 年 2 月 4 日
厦门外国语学校石狮分校	张丽娟	一级教师	2021 年 2 月 4 日
厦门外国语学校石狮分校	胡　蓉	一级教师	2021 年 2 月 4 日
石狮市第三中学	谢希珍	一级教师	2021 年 2 月 4 日
石狮市第三中学	沈燕芬	一级教师	2021 年 2 月 4 日
石狮市第三中学	王海洪	一级教师	2021 年 2 月 4 日
石狮市第三中学	蔡玲玲	一级教师	2021 年 2 月 4 日
石狮市第三中学	詹毅江	一级教师	2021 年 2 月 4 日
石狮市第三中学	邱亚喜	一级教师	2021 年 2 月 4 日
石狮市第三中学	颜丹萍	一级教师	2021 年 2 月 4 日

续表 15

单位名称	姓名	评审职务名称	评定日期
石狮市第三中学	陈雪萍	一级教师	2021 年 2 月 4 日
石狮市第八中学	李晓咪	一级教师	2021 年 2 月 4 日
石狮市第八中学	佘日超	一级教师	2021 年 2 月 4 日
石狮市第八中学	陈志罕	一级教师	2021 年 2 月 4 日
石狮市第八中学	卢美绵	一级教师	2021 年 2 月 4 日
石狮市第八中学	胡启航	一级教师	2021 年 2 月 4 日
石狮市第八中学	蔡燕燕	一级教师	2021 年 2 月 4 日
石狮市第八中学	王描莺	一级教师	2021 年 2 月 4 日
石狮市第八中学	戴晓华	一级教师	2021 年 2 月 4 日
石狮市第八中学	王秋红	一级教师	2021 年 2 月 4 日
石狮市永宁中学	陈雪欣	一级教师	2021 年 2 月 4 日
石狮市华侨中学	唐志红	一级教师	2021 年 2 月 4 日
石狮市华侨中学	卢丹红	一级教师	2021 年 2 月 4 日
石狮市华侨中学	林必卿	一级教师	2021 年 2 月 4 日
石狮市华侨中学	李颖秀	一级教师	2021 年 2 月 4 日
石狮市华侨中学	陈佳玲	一级教师	2021 年 2 月 4 日
石狮市第二中学	苏安恩	一级教师	2021 年 2 月 4 日
石狮市第二中学	张智敏	一级教师	2021 年 2 月 4 日
石狮市第五中学	张明雅	一级教师	2021 年 2 月 4 日
石狮市第五中学	苏明灿	一级教师	2021 年 2 月 4 日
石狮市第七中学	陈文全	一级教师	2021 年 2 月 4 日
石狮市第七中学	林晓晓	一级教师	2021 年 2 月 4 日
石狮市第七中学	何莲香	一级教师	2021 年 2 月 4 日
石狮市第七中学	施蓉蓉	一级教师	2021 年 2 月 4 日
石狮市第七中学	伍晓霞	一级教师	2021 年 2 月 4 日
石狮市第七中学	林　瑾	一级教师	2021 年 2 月 4 日
石狮市实验中学	颜棉棉	一级教师	2021 年 2 月 4 日
石狮市实验中学	王盈盈	一级教师	2021 年 2 月 4 日
石狮市实验中学	赵　平	一级教师	2021 年 2 月 4 日
石狮市实验中学	邱少彬	一级教师	2021 年 2 月 4 日
石狮市实验中学	黄雪香	一级教师	2021 年 2 月 4 日
石狮市实验中学	吴昭琪	一级教师	2021 年 2 月 4 日
石狮市实验中学	蔡绵绵	一级教师	2021 年 2 月 4 日
石狮市实验中学	邱婴端	一级教师	2021 年 2 月 4 日
石狮市实验中学	李巧莉	一级教师	2021 年 2 月 4 日
石狮市实验中学	黄美津	一级教师	2021 年 2 月 4 日
石狮市蚶江中学	谢清爽	一级教师	2021 年 2 月 4 日
石狮市蚶江中学	袁　峰	一级教师	2021 年 2 月 4 日
石狮市蚶江中学	纪清晓	一级教师	2021 年 2 月 4 日
石狮市蚶江中学	郭清建	一级教师	2021 年 2 月 4 日
石狮市蚶江中学	黄晓彬	一级教师	2021 年 2 月 4 日
石狮市蚶江中学	柯　心	一级教师	2021 年 2 月 4 日
石狮市蚶江中学	许志霞	一级教师	2021 年 2 月 4 日
石狮市蚶江中学	翁艳丽	一级教师	2021 年 2 月 4 日

续表 15

单位名称	姓名	评审职务名称	评定日期
石狮市蚶江中学	洪洁萍	一级教师	2021 年 2 月 4 日
石狮市蚶江中学	赖碧琴	一级教师	2021 年 2 月 4 日
石狮市银江华侨学校	涂彩霞	一级教师	2021 年 2 月 4 日
石狮市锦峰实验学校	侯汝泳	一级教师	2021 年 2 月 4 日
石狮市锦峰实验学校	郑春艳	一级教师	2021 年 2 月 4 日
石狮市锦峰实验学校	张思权	一级教师	2021 年 2 月 4 日
石狮市锦峰实验学校	翁林平	一级教师	2021 年 2 月 4 日
石狮市锦峰实验学校	蔡丽莎	一级教师	2021 年 2 月 4 日
石狮市锦峰实验学校	蔡雅清	一级教师	2021 年 2 月 4 日
石狮市锦峰实验学校	王秀婷	一级教师	2021 年 2 月 4 日
福建省泉发机电工程有限公司	李添彬	高级工程师	2021 年 2 月 5 日
福建省泉发机电工程有限公司	李少金	高级工程师	2021 年 2 月 5 日
福建华峰集团有限公司	江复彬	土建工程师	2021 年 2 月 7 日
闽南理工学院	陈玖玲	土建工程师	2021 年 2 月 7 日
闽南理工学院	杨　鎏	土建工程师	2021 年 2 月 7 日
中建协和建设有限公司	林良平	土建工程师	2021 年 2 月 7 日
福建华峰集团有限公司	谢秋燕	土建工程师	2021 年 2 月 7 日
福建华峰集团有限公司	郭东煌	土建工程师	2021 年 2 月 7 日
中共石狮市委党校	孙明媚	讲师	2021 年 4 月 9 日
中共石狮市委党校	刘芳楠	讲师	2021 年 4 月 9 日
石狮市动植物疫病预防控制中心	刘　伟	高级兽医师	2021 年 4 月 9 日
石狮市教师进修学校	黄玉香	正高级教师	2021 年 4 月 11 日
厦门外国语学校石狮分校	黄一文	正高级教师	2021 年 4 月 11 日
福建华峰集团有限公司	施振华	高级经济师	2021 年 4 月 18 日
石狮市灵秀镇规划建设服务中心	王传三	高级经济师	2021 年 4 月 18 日
石狮市信息产业服务中心	林丽容	高级经济师	2021 年 4 月 18 日
石狮市不动产登记中心	陈德荣	高级经济师	2021 年 4 月 18 日
石狮市生产力促进中心	蔡柏林	高级经济师	2021 年 4 月 18 日
石狮市教育人才交流中心	蔡丽沙	高级经济师	2021 年 4 月 18 日
福建省住兴建设工程有限公司	上官海海	建筑工程师	2021 年 6 月 5 日
石狮中远建材有限公司	邱永辉	建筑工程师	2021 年 6 月 5 日
福建省住兴建设工程有限公司	陈少杰	建筑工程师	2021 年 6 月 5 日
福建省住兴建设工程有限公司	林玉玲	建筑工程师	2021 年 6 月 5 日
福建省泉发机电工程有限公司	任勇彬	建筑工程师	2021 年 6 月 5 日
石狮市农产品质量安全检测中心	杨振义	畜牧师	2021 年 7 月 3 日
石狮市社会福利中心	王亚爱	档案馆员	2021 年 7 月 8 日
石狮市锦尚镇第二中心幼儿园	王春苗	高级教师	2021 年 8 月 3 日
石狮市永宁中心幼儿园	郑淑清	高级教师	2021 年 8 月 3 日
石狮市宝盖镇第二中心幼儿园	庄丽霜	高级教师	2021 年 8 月 3 日
石狮市宝盖镇中心幼儿园	邱洁莹	高级教师	2021 年 8 月 3 日
石狮市湖滨街道林边小学	王玉琦	高级教师	2021 年 8 月 3 日
石狮市第七实验小学	黄丽雅	高级教师	2021 年 8 月 3 日
石狮市锦尚镇琼山中心小学	柯培清	高级教师	2021 年 8 月 3 日
石狮市福民中心小学	张　蔓	高级教师	2021 年 8 月 3 日

续表 15

单位名称	姓名	评审职务名称	评定日期
石狮市祥芝中心小学	王秋虹	高级教师	2021 年 8 月 3 日
石狮市永宁镇官聘学校	李萍萍	高级教师	2021 年 8 月 3 日
石狮市永宁中心小学	李婷婷	高级教师	2021 年 8 月 3 日
石狮市永宁中心小学	李佑伦	高级教师	2021 年 8 月 3 日
石狮市龟湖中心小学	洪清泼	高级教师	2021 年 8 月 3 日
石狮市教师进修学校附属小学	刘小红	高级教师	2021 年 8 月 3 日
石狮市实验中学附属小学东明校区	邱选华	高级教师	2021 年 8 月 3 日
石狮市锦峰实验学校	卢雪蓉	高级教师	2021 年 8 月 3 日
石狮市仁爱学校	杨阳晖	高级教师	2021 年 8 月 3 日
石狮市第三实验小学复光校区	邱振芳	高级教师	2021 年 8 月 3 日
石狮市福民中心小学	王　食	高级教师	2021 年 8 月 3 日
石狮市福民中心小学	王毓芬	高级教师	2021 年 8 月 3 日
石狮市灵秀镇塘园小学	傅团珠	高级教师	2021 年 8 月 3 日
石狮市教师进修学校附属小学	杨忠秀	高级教师	2021 年 8 月 3 日
石狮市第二实验小学	王婷瑜	高级教师	2021 年 8 月 3 日
石狮市第二实验小学	蔡美纺	高级教师	2021 年 8 月 3 日
石狮市实验小学	刘秀兰	高级教师	2021 年 8 月 3 日
石狮市实验小学	黄雅惠	高级教师	2021 年 8 月 3 日
石狮市永宁中心小学	李贵云	高级教师	2021 年 8 月 3 日
石狮市第三实验小学	李丽琼	高级教师	2021 年 8 月 3 日
厦门外国语学校石狮分校	魏艳香	高级教师	2021 年 8 月 3 日
厦门外国语学校石狮分校	吴明榕	高级教师	2021 年 8 月 3 日
厦门外国语学校石狮分校	李文振	高级教师	2021 年 8 月 3 日
厦门外国语学校石狮分校	杨长富	高级教师	2021 年 8 月 3 日
厦门外国语学校石狮分校	周茂兰	高级教师	2021 年 8 月 3 日
厦门外国语学校石狮分校	唐正泉	高级教师	2021 年 8 月 3 日
厦门外国语学校石狮分校	林碧琴	高级教师	2021 年 8 月 3 日
石狮市第八中学	蔡雯雯	高级教师	2021 年 8 月 3 日
石狮市第八中学	吴佳龙	高级教师	2021 年 8 月 3 日
石狮市第八中学	王圆圆	高级教师	2021 年 8 月 3 日
石狮市第八中学	黄清贫	高级教师	2021 年 8 月 3 日
石狮市第八中学	郑炯俊	高级教师	2021 年 8 月 3 日
石狮市第八中学	林光华	高级教师	2021 年 8 月 3 日
石狮市第八中学	黄萍玲	高级教师	2021 年 8 月 3 日
石狮市第八中学	李紫文	高级教师	2021 年 8 月 3 日
石狮市第八中学	黄韩彦	高级教师	2021 年 8 月 3 日
石狮市第八中学	黄丽丽	高级教师	2021 年 8 月 3 日
石狮市第八中学	骆　阳	高级教师	2021 年 8 月 3 日
石狮市第八中学	李永红	高级教师	2021 年 8 月 3 日
石狮市第八中学	黄丽英	高级教师	2021 年 8 月 3 日
石狮市第八中学	蔡文榜	高级教师	2021 年 8 月 3 日
石狮市第八中学	卢　艳	高级教师	2021 年 8 月 3 日
石狮市第八中学	李秀月	高级教师	2021 年 8 月 3 日
石狮市永宁中学	邱月兰	高级教师	2021 年 8 月 3 日

续表 15

单位名称	姓名	评审职务名称	评定日期
石狮市永宁中学	邱国忠	高级教师	2021 年 8 月 3 日
石狮市永宁中学	丁学飞	高级教师	2021 年 8 月 3 日
石狮市永宁中学	黄玉真	高级教师	2021 年 8 月 3 日
石狮市永宁中学	林启华	高级教师	2021 年 8 月 3 日
石狮市永宁中学	蔡奕群	高级教师	2021 年 8 月 3 日
石狮市永宁中学	温福云	高级教师	2021 年 8 月 3 日
石狮市永宁中学	傅阿雅	高级教师	2021 年 8 月 3 日
石狮市永宁中学	林秋文	高级教师	2021 年 8 月 3 日
石狮市第七中学	卢志冰	高级教师	2021 年 8 月 3 日
石狮市第七中学	钟宝英	高级教师	2021 年 8 月 3 日
石狮市第七中学	薛保华	高级教师	2021 年 8 月 3 日
石狮市第七中学	王卫国	高级教师	2021 年 8 月 3 日
石狮市第七中学	李中平	高级教师	2021 年 8 月 3 日
石狮市第七中学	邱锦尚	高级教师	2021 年 8 月 3 日
石狮市实验中学	纪美清	高级教师	2021 年 8 月 3 日
石狮市实验中学	王晓红	高级教师	2021 年 8 月 3 日
石狮市实验中学	施明丽	高级教师	2021 年 8 月 3 日
石狮市实验中学	帅小宝	高级教师	2021 年 8 月 3 日
石狮市实验中学	许燕燕	高级教师	2021 年 8 月 3 日
石狮市实验中学	颜文定	高级教师	2021 年 8 月 3 日
石狮市第一中学	叶良煊	高级教师	2021 年 8 月 3 日
石狮市第一中学	刘剑华	高级教师	2021 年 8 月 3 日
石狮市第一中学	罗传祥	高级教师	2021 年 8 月 3 日
石狮市第一中学	李桂娟	高级教师	2021 年 8 月 3 日
石狮市第一中学	罗振国	高级教师	2021 年 8 月 3 日
石狮市第一中学	陈桂兰	高级教师	2021 年 8 月 3 日
石狮市石光中学	岳亲姣	高级教师	2021 年 8 月 3 日
石狮市石光中学	王爱景	高级教师	2021 年 8 月 3 日
石狮市石光中学	韦晓琳	高级教师	2021 年 8 月 3 日
石狮市石光中学	王旭平	高级教师	2021 年 8 月 3 日
石狮市石光中学	马雪波	高级教师	2021 年 8 月 3 日
石狮市石光中学	范惠珍	高级教师	2021 年 8 月 3 日
石狮市石光中学	黄燕瑜	高级教师	2021 年 8 月 3 日
石狮市石光中学	许仁培	高级教师	2021 年 8 月 3 日
石狮市石光中学	黄翠雅	高级教师	2021 年 8 月 3 日
石狮市锦峰实验学校	刘德锁	高级教师	2021 年 8 月 3 日
石狮市锦峰实验学校	石才明	高级教师	2021 年 8 月 3 日
石狮市锦峰实验学校	陈银山	高级教师	2021 年 8 月 3 日
石狮市锦峰实验学校	丁小云	高级教师	2021 年 8 月 3 日
石狮市第三中学	黄雅苹	高级教师	2021 年 8 月 3 日
石狮市第三中学	许振明	高级教师	2021 年 8 月 3 日
石狮市第三中学	郑胜华	高级教师	2021 年 8 月 3 日
石狮市第三中学	廖承飘	高级教师	2021 年 8 月 3 日
石狮市第三中学	陈志科	高级教师	2021 年 8 月 3 日

续表 15

单位名称	姓名	评审职务名称	评定日期
石狮市第三中学	余小妹	高级教师	2021 年 8 月 3 日
石狮市第三中学	曾凡文	高级教师	2021 年 8 月 3 日
石狮市第三中学	郭亚国	高级教师	2021 年 8 月 3 日
石狮市第三中学	吴　晖	高级教师	2021 年 8 月 3 日
石狮市第三中学	严禄坤	高级教师	2021 年 8 月 3 日
石狮市第三中学	李　慧	高级教师	2021 年 8 月 3 日
石狮市第三中学	黄银英	高级教师	2021 年 8 月 3 日
石狮市第三中学	易小红	高级教师	2021 年 8 月 3 日
石狮市第三中学	廖承红	高级教师	2021 年 8 月 3 日
石狮市教师进修学校	陈桂蓉	高级教师	2021 年 8 月 3 日
石狮市华侨中学	傅跃泼	高级教师	2021 年 8 月 3 日
石狮市华侨中学	石锦彬	高级教师	2021 年 8 月 3 日
石狮市华侨中学	郑惠容	高级教师	2021 年 8 月 3 日
石狮市华侨中学	林美言	高级教师	2021 年 8 月 3 日
石狮市华侨中学	李少鑫	高级教师	2021 年 8 月 3 日
石狮市华侨中学	钟　梅	高级教师	2021 年 8 月 3 日
石狮市华侨中学	陈玉桂	高级教师	2021 年 8 月 3 日
石狮市第二中学	陈光焰	高级教师	2021 年 8 月 3 日
石狮市第二中学	徐伟建	高级教师	2021 年 8 月 3 日
石狮市第二中学	梁礼波	高级教师	2021 年 8 月 3 日
石狮市第二中学	邱财情	高级教师	2021 年 8 月 3 日
石狮市第二中学	邱功德	高级教师	2021 年 8 月 3 日
石狮市第五中学	葛志福	高级教师	2021 年 8 月 3 日
石狮市第五中学	林再辉	高级教师	2021 年 8 月 3 日
石狮市第五中学	曾华题	高级教师	2021 年 8 月 3 日
石狮市第五中学	罗慧珉	高级教师	2021 年 8 月 3 日
石狮市第五中学	谢扬城	高级教师	2021 年 8 月 3 日
石狮市蚶江中学	苏应根	高级教师	2021 年 8 月 3 日
石狮市蚶江中学	邱东兴	高级教师	2021 年 8 月 3 日
石狮市蚶江中学	范　巍	高级教师	2021 年 8 月 3 日
石狮市蚶江中学	蔡丽真	高级教师	2021 年 8 月 3 日
石狮市蚶江中学	曾华朴	高级教师	2021 年 8 月 3 日
石狮市蚶江中学	徐孝生	高级教师	2021 年 8 月 3 日
石狮市蚶江中学	张琼璇	高级教师	2021 年 8 月 3 日
石狮市银江华侨学校	林天桥	高级教师	2021 年 8 月 3 日
石狮市银江华侨学校	袁其亮	高级教师	2021 年 8 月 3 日
石狮市银江华侨学校	黄丽娟	高级教师	2021 年 8 月 3 日
石狮市中小学素质教育实践基地	蔡美玲	高级教师	2021 年 8 月 3 日
石狮鹏山工贸学校	邓星妹	讲师	2021 年 8 月 27 日
石狮鹏山工贸学校	蔡渊源	讲师	2021 年 8 月 27 日
石狮鹏山工贸学校	吴志钢	讲师	2021 年 8 月 27 日
石狮鹏山工贸学校	李亚查	讲师	2021 年 8 月 27 日
石狮鹏山工贸学校	高天龙	讲师	2021 年 8 月 27 日
石狮鹏山工贸学校	蔡心殊	讲师	2021 年 8 月 27 日

续表 15

单位名称	姓名	评审职务名称	评定日期
石狮市水务建设工程有限公司	吴光杭	工程师	2021 年 9 月 3 日
石狮市土地收购储备发展中心	蔡子猛	高级工程师	2021 年 9 月 11 日
石狮市国库支付中心	陈玲玲	高级会计师	2021 年 9 月 12 日
皇宝（福建）环保工程投资有限公司	张松艺	建筑工程师	2021 年 10 月 16 日
皇宝（福建）环保工程投资有限公司	吴英挺	建筑工程师	2021 年 10 月 16 日
福建省住兴建设工程有限公司	陈晓阳	建筑工程师	2021 年 10 月 16 日
福建省住兴建设工程有限公司	康家耀	建筑工程师	2021 年 10 月 16 日
福建泉发住宅工业发展有限公司	许昆鹏	建筑工程师	2021 年 10 月 16 日
福建泉发住宅工业发展有限公司	黄志恭	建筑工程师	2021 年 10 月 16 日
福建泉发住宅工业发展有限公司	王斌玲	建筑工程师	2021 年 10 月 16 日
石狮鹏山工贸学校	周鸿飞	高级讲师	2021 年 10 月 17 日
福建省石狮市同兴齿轮有限公司	刘远海	工程师	2021 年 10 月 31 日
石狮高新技术产业开发区服务中心	杨海翔	土建工程师	2021 年 11 月 6 日
石狮市土地整理开发有限公司	蒋世聪	土建工程师	2021 年 11 月 6 日
石狮市水务处	陈彬彬	土建工程师	2021 年 11 月 6 日
石狮市市政公用事业处	王莉娅	土建工程师	2021 年 11 月 6 日
石狮市建设工程质量安全站	蓝勇锋	土建工程师	2021 年 11 月 6 日
石狮市城市建设有限公司	施纯浇	土建工程师	2021 年 11 月 6 日
石狮市城市建设有限公司	陈炳昭	土建工程师	2021 年 11 月 6 日
石狮市城市建设服务中心	林雪明	土建工程师	2021 年 11 月 6 日
福建石狮城市建设国有投资集团有限公司	蔡雅莉	土建工程师	2021 年 11 月 6 日
石狮市村镇规划服务站	邵树枞	土建工程师	2021 年 11 月 6 日
石狮市村镇规划服务站	叶维治	土建工程师	2021 年 11 月 6 日
中建协和建设有限公司	史明先	土建工程师	2021 年 11 月 16 日
石狮市林业资源站	黄李李	工程师	2021 年 11 月 27 日
石狮市林业资源站	陈晓钦	工程师	2021 年 11 月 27 日
中建协和建设有限公司	李少慰	工程师	2021 年 11 月 28 日
石狮市土地收购储备发展中心	郭荣森	工程师	2021 年 12 月 4 日
石狮市质量计量检测所	傅美缘	工程师	2021 年 12 月 4 日
福建省石狮供水股份有限公司	庄阳彬	工程师	2021 年 12 月 4 日
石狮市土地收购储备发展中心	谢晓芬	工程师	2021 年 12 月 4 日
泉州纵横测绘有限公司	孟零松	工程师	2021 年 12 月 4 日
福建远舟港湾建设工程有限公司	郭立君	工程师	2021 年 12 月 4 日
泉州太平洋集装箱码头有限公司	黄少锋	工程师	2021 年 12 月 4 日
泉州太平洋集装箱码头有限公司	刘金奇	工程师	2021 年 12 月 4 日
福建省石狮市通达电器有限公司	吴光锋	工程师	2021 年 12 月 4 日
闽南理工学院	朱同波	工程师	2021 年 12 月 4 日
泉州太平洋集装箱码头有限公司	陈荣凯	工程师	2021 年 12 月 4 日
泉州太平洋集装箱码头有限公司	陈少群	工程师	2021 年 12 月 4 日
泉州太平洋集装箱码头有限公司	杜森鑫	工程师	2021 年 12 月 4 日
泉州太平洋集装箱码头有限公司	李志阳	工程师	2021 年 12 月 4 日
福建省石狮供水股份有限公司	黄文献	工程师	2021 年 12 月 4 日
福建省石狮供水股份有限公司	张红吟	工程师	2021 年 12 月 4 日
闽南理工学院	蔡　凡	工程师	2021 年 12 月 4 日

续表 15

单位名称	姓名	评审职务名称	评定日期
福建华峰集团有限公司	傅洪文	土建工程师	2021 年 12 月 10 日
福建华峰集团有限公司	陈健勋	土建工程师	2021 年 12 月 10 日
福建华峰集团有限公司	钟红梅	土建工程师	2021 年 12 月 10 日
福建省石狮服装轻纺名城运营有限公司	林爱英	土建工程师	2021 年 12 月 10 日
福建华峰集团有限公司	陈瑜宽	土建工程师	2021 年 12 月 10 日
福建华峰集团有限公司	林　川	土建工程师	2021 年 12 月 10 日
福建华峰集团有限公司	张学斌	土建工程师	2021 年 12 月 10 日
福建亿兴电力设计院有限公司	庄铭启	土建工程师	2021 年 12 月 10 日
石狮市妇幼保健院	董明明	副主任医师	2021 年 12 月 12 日
石狮市妇幼保健院	谢丽坤	副主任医师	2021 年 12 月 12 日
石狮市妇幼保健院	吴晓玲	副主任医师	2021 年 12 月 12 日
石狮市妇幼保健院	黄国南	副主任医师	2021 年 12 月 12 日
石狮市宝盖社区卫生服务中心	陈裕峰	基层中医副主任医师	2021 年 12 月 12 日
石狮市妇幼保健院	王凉凉	基层副主任医师	2021 年 12 月 12 日
石狮市鸿山镇卫生院	吴金塔	基层副主任医师	2021 年 12 月 12 日

重要文献与项目

重要文献

全面建设现代化商贸之都
开启石狮高质量发展超越新征程

——2021 年 7 月 26 日在中国共产党石狮市第八次代表大会上的报告的讲话（摘要）

黄 春 辉

一、回顾砥砺前行的奋斗历程

过去五年，我们经历了艰辛和挑战，收获了稳定和发展。全市上下高举习近平新时代中国特色社会主义思想伟大旗帜，认真贯彻党中央、省委和泉州市委决策部署，深入实施“创新转型实业强市”发展战略，统筹疫情防控与经济社会发展，胜利实现“十三五”规划圆满收官，高水平全面建成小康社会，经济社会各项事业和党的建设都迈上了新台阶。综合实力晋位至全国中小城市百强第 15 位，全面小康指数位居全国县域第 20 位，荣膺全国文明城市“二连冠”、全国双拥模范城“六连冠”、全国社会保障百佳县市、全国县域旅游综合实力百强县市、全国信访“三无”县市、国家级城乡交通一体化示范市、中国直播电商发展示范市、国家生态市、省级森林城市、省级节水型城市等荣誉称号，在大战大考中交出了亮丽的答卷。

*五年来，我们强工重商兴产业，经济发展行稳向上。*经济转型强力推进，新兴产业蓬勃发展，逐步完善“3 + 3 + N”产业体系，三次产业比重调整为 2.6 ∶ 45.1 ∶ 52.3，GDP 年均增长 7.2%，智能制造规上产值年均增长 22.5%。三驾马车协同发力，需求拉动更加旺盛，累计完成项目投资 1240 亿元；社会消费品零售总额由 2015 年的 376 亿元增至 2020 年的 822 亿元，网络零售额位居全国县域百强第 4 位；出口总额由 2015 年的 133 亿元增至 2020 年的 428 亿元。“双创”战略深入实施，主体活力不断增强，累计完成技改投资近 260 亿元，规上工业 R&D 支出比重提高至 4.6%；全市市场主体 14 万户、企业 4.2 万家，创新创业指数位居全国县域第 15 位。一组组数据，标识出石狮在新常态下正在大力提质增效、积极固本培元。

*五年来，我们绘海描城美环境，城乡面貌日新月异。*大海的“蓝色”更加灵动，推进海岸带环境修复，红塔湾旅游路、锦尚外线、锦江外线等岸线道路联成景观画廊，形成“小镰仓”“小垦丁”“伍堡哨所公园”等一批网红“打卡点”。生态的“绿色”更添清新，完善宝盖山、灵秀山、风炉山等生态景观体系，新增学府公园、湿地公园、花海谷公园、红塔湾海岸公园、将军山海军公园等景观用地近 2 万亩，废弃石窟生态修复工作排名全省第 1 位。乡村的“金色”更有画意，建成郭坑、前埔、厝仔、洪厝、古浮等一批美丽乡村，新增高标

景观农田近万亩，打造出“荷风稻香美如画”的城市田园风光。城区的“红色”更显繁华，推进“网红城市”建设，繁荣世茂、泰禾、德辉等核心商圈，激活金相路、后花、老城区等夜间经济，打造城市超级 IP。文化的“墨色”更富韵味，“海丝三宝”成功入选世界遗产点，八卦街、华山古民居留住人间烟火味，世茂海丝博物馆、曾坑四端堂汇聚历史文化瑰宝，景胜别墅和王起沃故居、海防石刻分别入选国家和省级重点文物保护单位，“石狮狮阵”成功申报国家级非物质文化遗产，宝盖山风景区、古卫城获评国家 AAA 级景区，实现 A 级景区零的突破。漫步狮城大地山青海秀，处处见风景，人人讲文明，七十万新老市民在这里激情创业，也在这里乐享生活。

*五年来，我们攻坚克难抢机遇，创新突破成果丰硕。*国企改革走前列，率先启动国有企业实体化运营改革，市属国有企业资产突破 500 亿元。商贸运营筑高地，市场采购贸易方式试点自运行以来累计新增贸易额超 700 亿元，排名全国试点第 5 位。港城联动抢先机，保税物流中心（B 型）封关运营，锦尚作业区获批国家一类开放口岸，新增国际航线 5 条，港口货物年吞吐量超 4000 万吨。服务企业用实劲，推出“6 个 10 亿”金融工程，协调银行实际新增贷款超 300 亿元，累计减税降费 27.4 亿元，稳妥处置不良贷款近 200 亿元，全市不良贷款率从最高 5.4% 降至 2020 年的 2%。化解难题出硬招，成功解决联邦商业城、城北片区、水头围堰、三大集控区、将军山存量垃圾、飞灰固化物等历史遗留问题。在改革开放的浪潮里，石狮人始终勇敢地站立潮头迎风搏浪，用一个个首创、一个个突破迸发出创新发展的澎湃动力。

*五年来，我们千方百计惠民生，全面小康厚实温暖。*新建、改扩建学校 82 所，新增学位 2.44 万个，普惠性幼儿园覆盖率达 88%。建成市医院新院、中医院、妇幼保健院新楼等一批先进硬件设施，基本实现“8 分钟医疗卫生服务圈”全覆盖。全省首个智慧体育公园成为市民休闲健身好去处。城居保、城乡低保标准保持全省前列。全体居民人均可支配收入排名全省县市第 1 位。推进应急水源、镇级污水处理厂等项目建设，实施“尾水回用”、城市积水点改造和农村生活污水治理，水环境治理成效显著。平安建设“三率”测评位居全省前列，“强基促稳”三年行动考核连续 2 年排名泉州市首位。抗击新冠疫情取得阶段性胜利，成功经验获国务院新闻发布会点赞。五年的民生账册鉴证了一届市委发展为民的铿锵誓言，也印刻着全市人民高水平全面建成小康社会的奋进历程。

*五年来，我们从严从实抓党建，发展合力不断凝聚。*推进“两学一做”常态化制度化，扎实开展“不忘初心、牢记使命”主题教育，认真组织党史学习教育，深入实施“再学习、再调研、再落实”活动，李子芳纪念馆、石狮红色教育基地分别入选省、泉州市党史教育基地。推行“五化一体”城市基层党建工作机制，获评全国城市基层党建示范市。推动意识形态工作“八个纳入”，组建石狮市融媒体中心。全面履行管党治党主体责任，稳步推进纪检监察体制改革，率先在泉州各县（市、区）完成一届党委巡察全覆盖，深入开展扫黑除恶专项斗争和政法队伍教育整顿，立案查办违纪违法案件 762 件。统战工作创出特色，党管武装、双拥、民族宗教、对台、侨务、老干部、工会、共青团、妇女儿童、山海协作、关心下一代等工作持续加强。市委总揽全局、协调各方，支持市人大、市政府、市政协和监委、法院、检察院依法依章程履行职责，凝聚起携手同心谋发展的强大合力。

各位代表、同志们！用恒心干实事，每一滴汗水都不会被辜负。五年来，我们经受住大变局大事件叠加的大考验，取得的成绩实属不易。这是上级党委坚强领导的结果，蕴含着全市上下特别是广大基层党员干部的艰苦付出和共同努力，汇聚着海内外新老石狮人同舟共济、团结拼搏的磅礴伟力。在此，我谨代表市委，向全市各级党组织、广大党员干部、离退休老同志、驻石部队和武警官兵、各民主党派、工商联和社会各界人士，以及所有关心和支持石狮建设发展的同志们、朋友们表示衷心的感谢和崇高的敬意！

二、擘画兴市富民的美好蓝图

一滴水可以折射出太阳的光辉，一座城市的变化可以成为一个时代变迁的缩影。石狮过去五年的实践使我们更加深刻地认识到，中国特色社会主义道路是正确之路、强国之路、富民之路，任何时候都必须坚持党的领导，唯有在思想上政治上行动上同以习近平同志为核心的党中央保持高度一致，才能确保石狮发展大局始终沿着正确方向前进；必须坚持改革创新，唯有树立凤凰涅槃、浴火重生的坚毅决心，才能不断破解工作中面临的樊篱障碍；必须坚持实干笃行，唯有“实”字打头、“干”字当先，才能开创高质量发展最华丽的篇章；必须坚持凝心聚力，唯有把各方面的力量凝聚起来，做到心往一处想、劲往一处使，才能成就共同的伟大事业；必须坚持发展惠民，唯有坚守在服务群众的平凡岗位上，奔走在扶危济困的艰辛路途上，喜悦在万家灯火的光芒璀璨后，才能真正映照出党员干部赤诚炙热的初心。这些经验弥足珍贵，在今后的工作中我们要倍加珍惜、发扬光大。

一个时代有一个时代的主题，一代人有一代人的使命。建市以来，历届市委精心谋划发展战略和城市定位，抢抓兴办工贸实业、发展民营经济、扩大对外开放等重大机遇，奋力引领超常规跨越式发展，才成就了今天的石狮。时序更替，华章日新。当前，我们进入一个挑战与希望并存、困难与机遇同在的时代。最大的困难，来自于经历三十多年快速发展所累积的隐忧，产业层次偏低、龙头企业偏少、城乡品位不高、民生保障短板和个别干部精气神涣散等内在问题，如果不能下大气力解决、全方位提升发展品质，必将影响长远大局。最大的挑战，来自于石狮资源匮乏、要素制约明显，只有扩大对外开放、向外拓展空间，站在全局发展石狮，跳出石狮发展石狮，才能获得源源不断的资源要素支撑，实现更可持续和更高质量的发展。最大的机遇，来自于国家全面深化“双循环”新发展格局，福建省全方位推动高质量发展超越、全力做好“数字经济”“海洋经济”“绿色经济”三篇文章，泉州市“十四五”期间全力建设“制造强市”和“海丝名城”、将我市定位为“现代化商贸之都”等一系列上位战略，为我们提供了充分的顶层设计支撑。特别是厦漳泉都市圈一批高速、高铁、空港等重大交通设施即将建成，使我们成为区域联结的重要节点，开拓海内外市场的优势更加突出。最大的潜力，来自于石狮人血液里与生俱来的商业基因，拥有一支外向开拓、能商善贾的企业家队伍。建市初期，全市走的就是一条兴商强市、经商富民、以贸带工、工贸联动的发展道路，建设现代化商贸之都拥有宝贵的成功经验和坚实的发展基础。实践证明，商贸是实体经济的重要组成部分，以繁荣商贸为战略支点，能够有效擦亮品牌、集聚人气、汇聚商机，为制造业生产打开广阔的销售市场，为传统产业转型、新兴产业培育增添强大的动能，为旅游、会展、物流等现代服务业发展开辟无限的空间，从而保持和扩大石狮这座城市的知名度和美誉度，推动我市在“十四五”期间奋力实现高质量发展超越。

基于以上判断，市委在习近平总书记来闽考察提出的“四个更大”新要求和“七一”重要讲话精神的指引下，坚持问题导向和目标导向相统一，接续和发展历届市委一系列战略思路，统筹制定了今后五年工作的指导思想：高举习近平新时代中国特色社会主义思想伟大旗帜，深入贯彻党的十九大和十九届二中、三中、四中、五中全会精神，全面贯彻党的基本理论、基本路线、基本方略，以“五位一体”总体布局和“四个全面”战略布局为引领，把握新发展阶段，贯彻新发展理念，服务和融入新发展格局，提升品质，拓展空间，全面建设现代化商贸之都，开启石狮高质量发展超越新征程。

结合实施我市“十四五”规划，今后五年的工作目标是：产业更富实力，商贸重振雄风，建成千亿规模网红电商区域中心和千亿级别国际贸易集散中心，牵引传统产业改造提升、新兴产业加快集聚，全面增强现代产业体系竞争力，到2025年实现GDP1300亿元以上，成为商贸之都、工业强市、海丝核心区重要港口城市、国家级旅游休闲城市；城乡更添魅力，坚持规划大手笔、建设出精品，实现管理精细化、全域一体化，美丽城市、美丽乡村、美丽海洋、美丽山林、美丽田园各美其美、美美与共，城乡发展内涵、品质和颜值明显提升，创建国家级城乡融合发展示范区；民生更加给力，居民人均可支配收入接近8万元，教育、医疗、养老、住房等民生领域改革深入实施，基本公共服务品质不断提升，人民群众美好生活需求得到更好满足，建设共同富裕幸福家园；党建更有活力，基层治理体系日趋完善，社会治理能力显著提高，社会公平正义更加彰显，党风廉政建设扎实推进，党员干部干事创业热情充分迸发。

三、迈出发展超越的坚实步伐

奋斗创造历史，实干成就未来。围绕奋斗目标实践伟大事业，必须殚精竭虑谋发展、全力以赴求突破，致力提升“四个品质”，全面拓展“四个空间”。

（一）致力提升产业品质，全面拓展市场空间

发挥商贸领域传统优势，坚持科工贸协同发展，推动高品质“狮货”行销天下、高档次“潮牌”占领市场。

*推动商贸市场拓容提质。*大力培育电商生态，推进“一十百千万”网红城市和“电商谷”建设，扶持发展电商平台，实施百家电商品牌培育计划，引导服装城、轻纺城、食品城等实体商户发展直播电商、社交营销、垂直零售等新零售业态，促进“电商＋制造＋仓储＋物流快递”电商供应链协同增长。大力发展会展经济，探索建设商贸会展中心、国际女装网批中心、电商配套产品销售中心、宝盖鞋城电商园、面料现货市场、海产品交易市场、汽车交易市场、建材展示中心等平台，办好“一季一展会”“一月一主题”等商务活动，扩大“海丝”品博会、海博会、全国校服展、国际时装周等品牌影响力。大力拓展外贸业态，抓住RCEP市场开放机遇，加快布局海外仓和海外运营中心，扩大纺织鞋服、水产品等优势产品出口规模，确保出口占全省的比重保持稳定增长；着力发展“市场采购＋跨境电商＋外贸综服”新业态，做大做强食品预包装出口试点，引导传统外贸企业“触电上网”开拓市场，到2025年实现跨境电商出口规模500亿元以上，打造“买全球、卖全球”的消费品集采中心；组建国有控股外贸综合服务和供应链金融平台，增强国有资本统筹调控功能，帮助外贸企业提升避险能力；推动石湖港保税物流中心(B型)升格为综合保税区，发展“保税＋高端制造”“保税＋服务贸易”“保税＋国际物流”等新业态，加快形成保税经济产业带；探索数字口岸贸易标准规则，争取纳入自贸区新一轮扩区范围，成为全省探索国际规则的“试验区”。

*推动纺织鞋服产业转型升级。*发挥商贸信息流导向效应，强化平台经济孵化功能，以技术创新、材料创新、管理创新为驱动力，推动传统支柱产业抢攻细分领域制高点，向价值链中高端攀升。支持纺织鞋服全产业链“上云用数赋智”，推广智能工厂、数字车间示范应用，推行个性化定制、服务型制造模式，深入实施品牌培育、标准引领和质量提升行动，高位嫁接中国服装设计师协会等设计平台，打造具有全国竞争力的纺织鞋服生产基地。提升童装校服产

业发展质量，抢争行业标准主导权。实施五金辅料产业环保升级计划，推广新型工艺和精益制造，支持跨界发展高端饰品和创意小商品。推进大堡、伍堡、锦尚三大集控区综合整治，启动新一轮印染企业分级管理，支持龙头企业兼并重组，整合行业资源。依托“一馆一院两中心”等科研平台开展技术攻关，发展石墨烯等环保型特色功能面料，提升供应链快速反应能力，促进纺织面料行业工贸一体化，努力建成世界级面辅料产业集群先行区。

*推动新的支柱产业筑链建群。*创新数字经济业态，引导工业制造与人工智能、3D打印等先进设施深度融合，鼓励生产企业依托大数据、物联网、云计算紧跟终端市场；加快引进一批智能硬件、超精密机械、核心配件生产企业，打造区域智能机械装备制造基地；发挥重点光子企业、物理技术研究院等龙头项目和科研院所的带动效应，推动光子产业形成新的百亿集群。发挥海洋经济优势，支持发展现代远洋渔业，做强水产品精深加工业，依托大健康产业园集群化培育海洋生物制药、海洋保健品行业，拓展海洋环境监测、海洋信息平台建设、海洋数据服务等新业态，探索引进海工装备、氢能源等优质项目，力争在“十四五”期间形成产值500亿元以上的临港经济带。挖掘绿色经济潜能，坚决落实“碳达峰”“碳中和”要求，推广可再生能源使用，淘汰过剩和落后产能，建立健全绿色低碳循环发展的工业体系。提升产业基础能级，实施高新区标准化、规范化、信息化改造提升，高规格推进石狮网商园、光子产业园、新能源综合产业园、鸿锦产业园、锦尚智能制造园、永宁工业新区、大健康产业园、蚶江智能制造园、青山轻工产业园、石湖港港后综合物流园等园区建设；建立龙头标杆企业、“专精特新”成长型企业和上市企业培育库，推动科技型企业群体增量扩面；聚焦“高精尖”科学谋划重大实业项目，争取更多重点项目纳入国家、省、泉州市“盘子”；优化产业基金招商模式，支持国有资本投资战略新兴产业。

*推动全域旅游繁荣兴盛。*围绕打造优质滨海旅游目的地，深化文旅开发运营体制改革，精准开展国际游艇汇、观音山、古卫城、八卦街、华山古民居等文旅片区招商工作，创建十里黄金海岸国家级旅游度假区。支持宝盖山风景区、古卫城、世茂海丝博物馆创建国家4A级景区，做足“申遗”后半篇文章，策划一批精品旅游线路，鼓励发展夜间经济、美食经济、休闲经济，形成全域旅游发展格局。依托城隍文化节、海上泼水节、渔民文化节等文化节庆，发展特色主题文旅演艺产品，提升“全福游·狮来运转”文化旅游品牌影响力。创新旅游推介形式，建设智慧旅游平台，完善旅游基础配套设施，推动旅游与商业、会展、体育、康养等业态融合，构建食、住、行、游、购、娱为一体的全产业链。

（二）致力提升城乡品质，全面拓展区位空间

加强城市规划建设管理，加快完善交通港口等基础设施，推动城乡品质迭代升级、城市格局外向开拓，建设时尚动感活力、宜居宜业宜商的现代化中型城市。

*凸显区域发展地位。*全面融入闽西南协同发展区、厦漳泉都市圈和泉州市“跨江发展、跨域融合”建设，主动对接上位规划，把海岸带建成最优美的空间廊道和最优质的滨海旅游带；按照创新驱动先行区和现代商贸服务示范区的功能理念，实施高铁新区规划建设；依托城北片区、环湾片区，打造泉州市环湾城市副中心。促进城市东进北拓、环湾向海、融泉接厦，积极参与全省山海协作和闽宁协作，进一步推动石狮走出福建、走向世界，全面加强与东南亚、中东等“一带一路”沿线国家和地区的双向联系。

*提升城市功能品位。*加快推进大仑、塘园、金曾、前园、龟湖公园等片区更新改造，盘活中心城区闲置商铺、安置商场等资产，焕发灵秀商圈、星期Yi广场、商业步行街等核心街区业态活力，建设高品位的商业文化中心和城市综合体。保护好老城区的空间格局、街巷肌理和建筑风貌，深入挖掘“海丝三宝”、景胜别墅、杨家大院等古厝古迹的文化内涵和历史价值，利用宗祠、庙宇、戏台、传统院落打造非遗展示平台，开展狮阵、南音、高甲戏、提线木偶等乡土文艺汇演，让老街老建筑焕发活力、勾起乡愁。开展城乡人居环境专项整治，实施城市“微更新”、交通“微循环”、公共设施“微改造”提升行动，深化老旧小区改造、农贸市场提升、裸房整治、农村生活污水收集、垃圾分类处理等工作，见缝布景打造沿道绿廊、街心绿地、口袋公园等景观小品，使城乡每一个角落都经得起细看慢品。建设国家级园林城市，完善宝盖山、灵秀山、风炉山和红塔湾、古浮湾、斗美湾、蚶江湿地等为主体的生态连绵带和城市公园体系，注入更多文化元素，涵养城市的灵气和底蕴。

*推进乡村振兴战略。*加快农业农村现代化进程，推进农业“三品一标”建设，发展农村电商、定制种植、农产品深加工等特色产业。支持工业园区周边村庄承接配套服务转移，发展一批美丽乡村游览线路，推出一批精品民宿集聚区，打造一批观光农业产业园。实施强镇带村工程，发展一镇一特色产业，统筹每个镇（街道）至少新建一个1000平方米以上的小微电商园，为乡村产业振兴提供载体抓手。围绕“人、地、财”深化农村集体产权改革，探索多元化村集体经济发展模式，建立解决相对贫困的长效机制，引导村民就近就业创业，不断提高农民收入水平和生活品质。

*优化交通港口网络。*建立市域、区域“两网统筹”道路体系，推进彭田互通工程、高铁南站连接线、一重环湾雪上段等项目建设，加快连接福厦高铁、厦漳泉联盟路、一二重环湾快速路、泉州地铁一号线等同城化交

通网络，向海洋向泉厦延伸拓展城市交通触角。打通海宁路东段、嘉禄路大仑段等城区断头路，推进永宁外线、共富路永宁段、沿海大通道、国道G228等道路建设改造，探索出城通道立交化、快速化升级方案。提升港口运营层级，加快石湖港区5#6#泊位建设，推动7#8#9#泊位开工，实施华锦码头4#泊位扩建工程；完善厦门港务泉州自贸园、泉州港石狮航运中心、商贸物流园等配套设施，积极参与商贸服务型国家物流枢纽申报工作；拓展近洋航线和外贸内支线，大力发展外贸集装箱业务；开通华锦港至厦门港外贸内支线，推动“石湖＋华锦”组合港与厦门港一体化，拓宽国际贸易进出口通道；健全集疏运体系，优化石湖港区交通路网结构，争取疏港铁路立项建设，实现海港、陆港、空港多式联运。

（三）致力提升民生品质，全面拓展幸福空间

统筹抓好“兴市”与“富民”工作，不断扩大优质公共服务供给，使群众生活一年比一年好。

*发展更有幸福感的民生事业。*注重教育资源均衡布局，探索“集团化办学”“名校办分校”“强校扶弱校”等模式，坚持“引”与“育”相结合加强师资队伍建设，发动社会力量捐资助学，让每个孩子都能享有家门口的优质教育。推进健康石狮建设，提升全民健康体质；提高医疗卫生服务质量，支持石狮医院创建三甲综合医院，建立健全“总院＋分院＋村医”一体化三级诊疗体系，持续引进高端医疗资源和团队，让老百姓不出远门就能看好病。发展符合传统观念和家庭美德的养老事业，健全居家养老服务体系，探索发展优质养老产业。深化国家级公共文化服务体系示范区和新时代文明实践中心建设，常态化创建全国文明城市，深入开展移风易俗活动。注重生态文明建设，持续打好污染防治攻坚战，实施蓝天、碧水、净土工程，继续抓好废弃石窟整治利用，完善山水林田湖海一体化生态体系，巩固“蓝绿交织”的生态本底。

*筑牢更有获得感的社会保障。*构建经济发展、就业充分和收入增长联动机制，实施“四大群体”增收计划，建立健全创业带动就业、先富带动后富机制。坚持“房子是用来住的、不是用来炒的”定位，加大困难群众住房保障力度，促进房地产市场健康发展。深入实施全民参保计划，稳步提升基本养老保险、基本医疗保险保障水平，发展商业养老保险和商业健康保险。完善城乡最低生活保障制度，开展“造血式”救助帮扶，统筹完善社会福利、慈善捐助、残疾人帮扶等体系，帮助困难群众解决最急、最难、最愁、最盼的问题。

*夯实更有安全感的基层治理。*坚持总体国家安全观，推进强基促稳专项行动，创新运用“海上枫桥经验”，严密防范化解各种风险挑战和矛盾纠纷。巩固政法队伍教育整顿成果，建立扫黑除恶长效机制，持续整治黄赌毒，严厉打击涉暴涉恐、电信诈骗、走私等违法犯罪。加快社会信用体系建设，加大诚信政府、诚信金融、诚信经营、诚信消费等创建力度，健全守信激励和失信惩戒机制。完善“智慧石狮”管控指挥平台，探索片区联防联控联治，推进社区治理现代化。深入开展安全生产专项整治三年行动，坚决防范和遏制重特大安全事故。健全新冠疫情常态化精准防控机制，落实“人物同防、多病共防”等措施，科学有序推进疫苗接种工作。

（四）致力提升党建品质，全面拓展作为空间

以高质量党建为高质量发展超越提供坚强的政治保障，团结带领全市党员干部群众策马扬鞭、凝心聚力追逐美好未来。

*紧抓党建强引领。*深入学习贯彻习近平新时代中国特色社会主义思想，增强“四个意识”、坚定“四个自信”、做到“两个维护”。深入开展党史学习教育，推进“再学习、再调研、再落实”活动。创新基层党建载体，持续深化全国城市基层党建示范市建设，扩大“好厝边”近邻小区党建集群建设，深入实施机关党建“亮灯领航”工程，推行非公党建“七同”模式，统筹推进国企、学校、医院等各领域党建工作。创建“整镇推进、全域提升”党建示范，实施村干部全过程“六有”培养计划，高标准完成村级组织换届工作。从严落实意识形态工作责任制，强化网络空间治理，积极创新宣传话语体系，把石狮好声音有效传播出去。

*锤炼队伍促担当。*建强班子冲锋在前，把每一个领导班子都建成落实决策、推动工作的“指挥部”“战斗部”，更好担负起艰巨光荣的战斗任务。岗位练兵一线立功，持续开展“双抓双促”三年行动，健全挂钩帮扶企业制度，实施“5510”项目竞赛活动，坚持在服务群众、服务企业、项目攻坚、片区改造、疫情防控等一线发现、考核和使用干部。解放思想挣脱束缚，树立“来者都是客，大小都是商”的亲商理念，对无法禁止的领域“允许试、允许看、允许改”，打造“零障碍、低成本、高效率”的营商环境。对标先进拓宽视野，有针对性地组织干部走出去考察交流，在学习“晋江经验”的基础上，努力做好商贸发展学义乌、科技招商学合肥、城市管理学厦门、体制创新学浦东等功课。遵规守纪永葆廉洁，推进党风廉政建设和反腐败斗争，严格落实中央八项规定及其实施细则精神，力戒形式主义、官僚主义，推动“亲清家园”云监督平台建设，严肃查处滥用自由裁量权、不作为、乱作为等破坏企业正常生产经营活动的行为，持续清理和废除妨碍新业态发展和市场公平竞争的制度障碍，构建良好的亲清政商关系。

*众志成城拼事业。*凝聚“海外乡亲”的力量，传承石狮老一辈侨亲“渡海闯天涯向死而生”的拼搏精神，增强“世石联”等海外群团组织纽带作用，

建立海外重点人士信息库，拉近海外乡亲与家乡人民的情感认同。凝聚“石狮商帮”的力量，弘扬石狮企业家“扎根乡土、闯拼天下”的群体人格特质，发挥各类行业协会、产业联盟、异地商会链接产业资源的优势，加强以商招商、产业链招商；实施“点石”青年企业家培养行动和企二代“青蓝接力”工程，培养一批优秀青年企业家，造就一批百年“商号”。凝聚“新石狮人”的力量，坚持“广招天下英才”，引一个好校长办好一所学校，引一个好医生带动一个学科，引一个好团队发展一家企业，引一个好设计师塑造一个品牌；鼓励“学在石狮留在石狮”，完善人才本地化培养机制，支持泉州海洋职业学院专科升本科，鼓励闽南理工学院、泉州纺织服装职业学院等高校和职业学校培养更多适用人才、能工巧匠。充分调动各民主党派、工商联和无党派人士等积极力量，团结海内外新老石狮人，大家携手并肩、相辅相成，共同顶起一片天、拼好一座城。

同志们！历史长河奔涌不息，时代浪潮滚滚向前。建设现代化商贸之都，是再造石狮优势、重振石狮辉煌、擦亮石狮品牌的长远战略，是我们这一代石狮人必须担负的光荣使命。新时代新征程，让我们更加紧密地团结在以习近平同志为核心的党中央周围，弘扬伟大建党精神，以创业者的姿态、以先行者的豪迈，苦干实干、担当作为，为推动石狮高质量发展超越而不懈奋斗！

政府工作报告

——2021年12月23日在石狮市第八届人民代表大会第一次会议上的讲话（摘要）

石狮市人民政府代市长　余志伟

一、政府工作回顾

今年来，面对后疫情时代的机遇与挑战，在市委的坚强领导下，市政府始终坚持以习近平新时代中国特色社会主义思想为指导，深入贯彻省“五促一保一防一控”工作部署，全面落实泉州市“三个年”活动要求，深入开展“六个专项行动”，统筹推进疫情防控和经济社会发展，较好地完成了市七届人大五次会议确定的各项目标任务。预计（下同），全年实现地区生产总值1025亿元、增长8.5%，一般公共预算总收入60亿元、一般公共预算收入40亿元，综合实力位居全国中小城市百强第15位。一年来主要做了以下工作：

（一）慎终如始筑防线，疫情防控精准有效。严防疫情输入。创新推行国际船舶分级通行、医学观察场所分栋分层动态管理、渔船民出海点验等措施，坚决守住岸线、港口、隔离点等防线。紧抓疫情处置24小时黄金期，“大数据＋网格化”多维度快速推进重点人员摸排管控、流行病学调查、核酸检测，快严细实处置6起港口、隔离点输入疫情，持续巩固本土“零病例”成果。紧抓常态防控。全方位盯牢医疗机构、医学观察场所、进口冷链等重点场所、关键环节，全天候发挥基层诊所、药店“哨点”作用，立体化开展防疫宣传教育，全市域推进环境卫生整治，全年完成核酸检测208万人次、疫苗接种130万针次，有序中转、分流入境人员1.4万人次。提升应急能力。立足早发现、快“清零”，全面升级发热门诊、病毒检测实验室，科学制定快速全员核酸检测工作方案，开展各类桌面、实操演练培训活动50场次，组建专业流调队伍10支、核酸检测采集队伍1437人。

（二）千方百计促发展，经济运行稳中有进。聚力项目攻坚。吹响“5510”项目竞赛号角，新增签约项目101个、总投资180.6亿元，开工项目63个，提质增效项目142个，两次进入全省“五个一批”正向激励考评前十。优化企业服务。深入开展“进千企、走千商、访千才”活动，实行惠企资金线上直达兑付，兑现惠企资金5.47亿元，帮助1200多家小微企业获得普惠贷款近40亿元，争取企业纾困贷款超10亿元。围绕破解外贸风险、汇率波动、“冻卡”等难题，建立政府统保、锁汇公共保证金池等制度，推行统一代理收结汇，帮助企业精准锁汇、阳光收汇。稳住工业大盘。综合施策助力企业稳产扩能，纺织鞋服、机械装备、食品药品产业规上产值分别增长13.8%、8.9%、29.1%，荣获“中国校园服饰名城”称号。十大产业园区建设竞赛掀起热潮，建新轮胎、九牧卫浴、光子产业园、海洋食品园等重大项目快速推进，通达手机盖板、美佳爽伍堡基地、中益制药二期等45个产业项目建成投产，新增省级科技小巨人企业17家、科技型中小企业85家。加速三产提效。成功举办跨境电商高峰论坛、海博会、校服展、全省直播经济发展现场会等活动，精心筹办海丝品博会、RCEP青年侨商创新创业峰会，设立省级跨境电商实训基地，新开业5个网批专业市场，电商销售额突破1000亿元，快递业务量增长80%。市场采购贸易方式试点加快全省共享推广，石湖港保税物流中心（B型）封关运营，航运中心启动建设，港后“堆场”加速向“市场”转型，完成外贸出口440亿元。

（三）全域统筹优环境，城乡品质

提档升级。城市建设拉开新局。城北、狮仔山、联邦商业城等片区建设快速推进，龟湖公园、前坑前园、塘园、大仑、金曾五大片区改造火热展开。九二路（前坑段）、嘉禄路中段等“断头路”成功打通，锦江外线、锦尚外线、疏港公路全面建成通车，海岸带景观加速串联成线，获评省级“四好农村路”示范县。实施景观风貌提升项目22个、老旧小区修缮提升项目44个，新建口袋公园30个，改造二次供水2000户，新增公共停车泊位1800多个，城乡生活空间更加宜居。智慧石狮指挥平台、i石狮移动平台加快数据融通、应用拓展，智能停车管理系统上线运行，城市管理更加智慧高效。乡村振兴稳步推进。圆满完成村（居）委会换届，启动“新班子新气象、办实事促振兴”活动。完成国家级水禽基因库改扩建，新建高标准农田4200亩，新培育国家级农业产业化龙头企业1家、省级龙头企业3家。启动2个无“裸房”镇、5个无“裸房”村创建，新增“绿盈乡村”13个，新改建城乡公厕40座，郭坑村入选全国乡村治理示范村。生态环境持续改善。建成大气精准治理减排项目10个，挥发性有机物、工地扬尘治理和污染天气应对措施有效落实，空气质量达标率达到99%。新铺设雨水管网25公里、污水管网210公里，基本建成农村生活污水PPP工程、永宁污水处理厂提标改造等项目，近岸海域水质全面达到一类标准。完成垃圾综合处理厂提级改造，湖滨街道、锦尚镇全域生活垃圾分类试点稳步推进。

（四）聚焦民生优福祉，公共服务日益丰富。保障体系更加完善。开展补贴性职业技能培训4600多人次，新增就业1万多人，获评全省首批和谐劳动关系示范区。评定四星农村幸福院11家、四星养老机构1家，宝盖镇、蚶江镇居家养老服务照料中心和鸿山镇医养服务中心投入使用。高标准建成市退役军人服务中心和镇村两级退役军人服务站。社会事业协调进步。组建市教育集团，教师进修学校新校区、信义实验小学、锦塘中心幼儿园等15个教育项目建成投用，蚶江中学复办高中，新增鹏山、后垵两所九年一贯制学校，获评全国“家校（园）共育”数字化示范区。主动对接高端医疗资源，与省立医院、解放军910医院共建医联体，新增名医工作室4个、传承工作室2个，市中医院正式开诊，村卫生所（室）标准化建设全面完成。文化旅游融合发展。成功举办“宋元中国看泉州、海丝航标看石狮”世界文化遗产推介活动、第十五届闽台对渡文化节，李子芳烈士纪念馆入选省党史学习教育参观学习点，石狮狮阵入选国家级非物质文化遗产名录，万寿塔、六胜塔、石湖码头成为世界文化遗产点。五大文旅项目加快招商建设，新增AAAA级、AAA级景区各1处，入选全国县域旅游综合实力百强县。平安建设全面提升。持续推进安全生产专项整治三年行动，全面加强重点领域安全监管，被确定为泉州市安全生产标准化建设试点。严厉打击涉黑涉恶、电信诈骗等违法犯罪行为，推行“五治融合”社会治理新模式，信访积案化解率达到100%，蝉联全国信访“三无”县（市、区）称号。此外，统计、档案、工青妇、红十字、残疾人、民族宗教、防震减灾、对口帮扶、老干老龄等各项事业加快发展。

（五）持之以恒转作风，服务效能全面提升。始终坚持以政治建设为统领，深入贯彻习近平新时代中国特色社会主义思想，迅速掀起党的十九届六中全会精神和习近平总书记来闽考察重要讲话精神学习热潮，扎实开展党史学习教育和“再学习、再调研、再落实”活动，全面完成24项年度为民办实事项目和58项“我为群众办实事”项目。自觉接受人大法律监督、工作监督和政协民主监督，办理人大代表建议121件、政协提案191件。深入开展领导干部“走流程”专项活动，持续推进“放管服”改革，新增“一件事”集成套餐服务40项，实现“水电气广电”、涉企“五险”等业务一窗通办，行政许可事项“即办件”达73.6%，“一趟不用跑”事项达99.1%，“全流程网办”事项达68.9%。全面推进行政复议体制改革，实现公共法律服务实体化平台、“一村（社区）一法律顾问”全覆盖，获评全省法治政府建设示范市。严格贯彻中央八项规定及其实施细则精神，刚性落实各级巡视巡察和审计反馈问题整改，廉洁政府建设不断加强。

2021年工作任务的完成，为本届政府履职画上了圆满句号。五年来，我们坚持观大势、谋全局，合力办成一批大事要事。获批全省首个市场采购贸易方式试点、全国首个预包装食品出口试点，成功协办国际军事比赛海上登陆赛；稳妥处置富贵鸟和三大担保圈等重大金融风险，化解不良贷款超200亿元；高效完成将军山垃圾填埋场、泉州湾南岸围堰整治，推动联邦商业城、城北片区进入实质性改造；荣获全国文明城市“两连冠”、全国双拥模范城“六连冠”、国家级城乡交通一体化示范市、省森林城市、省节水型城市、省教育强市等称号。五年来，我们坚持强实体、聚商贸，经济综合实力稳步增强。GDP连续跨过3个百亿关口、迈进千亿县市行列，人均GDP突破2万美元；落地产业项目418个、总投资777.8亿元；外贸出口增长2.3倍，网络销售额位居全国县级第4位，服务业增加值占比提高7.1个百分点，三次产业比重优化为2.6∶45.9∶51.5。五年来，我们坚持抓创新、促改革，发展动力活力持续迸发。新培育高新技术企业96家，规上工业R&D投入增长100%，引入泉州市级以上人才近千名，新增市场主体10.4万户；重点领域改革取得积极成效，市属国企架构体系和市场布局更加合理，资产总额突破500亿元；成立纺织服装产业联盟、设立公共金融服务机构等首创成果被上级表扬推广，入选全国营商环境百强县。五年来，我们坚持描城乡、绘山海，城市品质内涵不断提升。城镇化率达86%，保持全省县市首位；共富路、峡谷旅游路、红塔湾旅游路等重要道路相继通车，宝盖山生态公园、红塔湾海岸公园、环湾湿地公园、军事公园等建成开放，新改扩建城乡道路65公里、造林绿化7700多亩、新增公园面积1.9万亩、整治废弃石窟1160亩，山海城发展格局成形成势。五年来，我们坚持补短板、惠民生，全面小康成色更加亮眼。投入民生资金超190亿元，全体居民人均可支配收入年均增长9.2%；新增公办幼儿园学位8960个、公办义务教育学位1.2万个，通过国家义务教育发展基本均衡县(市、区）复核验收，入选省级基础教育改革发展实验区；建成市医院新院、市中医院，新增医疗卫生床位1524张、养老床位691张，新建公共文体场所113万平方米。

各位代表，过去五年，我们在高质量发展的道路上迈出了坚实步伐，过程充满艰辛、成就令人振奋。这是习近平新时代中国特色社会主义思想科学指引的结果，是市委总揽全局、科学决策的结果，是各位人大代表、政协委员鼎力支持、共同努力的结果，是海内外百万石狮人同心同德、团结拼搏的结果。在此，我谨代表市人民政府，向全市广大干部群众，向人大代表、政协委员、各民主党派、工商联、无党派人士、各人民团体、离退休老同志和社会各界人士，向驻石单位、驻石部队、武警官兵、新闻界朋友，向关心支持石狮发展的港澳台同胞、海外侨胞、海内外朋友，表示衷心的感谢和崇高的敬意！

在总结成绩的同时，我们也清醒地认识到，全市经济社会发展还存在不少困难和短板：一是新冠肺炎疫情影响仍在持续，宏观形势变化深刻复杂，经济发展不确定性依然存在；二是融入和服务“双循环”新发展格局的路径有待拓展，还需主动策划更多项目、找准更多抓手，进一步汇聚国内国际两个市场两种资源；三是传统产业转型升级不快，新产业、新经济规模不大，重大项目不多，土地、能耗等要素制约愈发明显；四是城乡功能品质还需提升，社会治理体系和治理能力仍需强化，教育、医疗、养老等公共服务还不能完全满足群众多元需求，安全生产、生态环保等领域仍然面临许多新的挑战；五是少数干部在解放思想、担当作为、狠抓落实等方面与新形势、新要求还不相适应。对此，我们一定高度重视，采取务实有效的举措，认真加以解决。

二、新一届政府的工作思路和目标任务

未来五年，是我国开启全面建设社会主义现代化国家新征程、向第二个百年奋斗目标进军的关键时期，也是我市产业转型、城市提质、深化改革的关键阶段。做好今后五年政府工作：要坚持以习近平新时代中国特色社会主义思想为指导，全面贯彻落实党的十九大和十九届二中、三中、四中、五中、六中全会精神，坚决贯彻党的基本理论、基本路线、基本方略，深入贯彻习近平总书记来闽考察重要讲话精神，始终牢记“两个确立”，坚决做到“两个维护”，弘扬伟大建党精神，坚持稳中求进工作总基调，立足新发展阶段，完整、准确、全面贯彻新发展理念，服务和融入新发展格局，按照省、泉州市和市党代会部署要求，致力提升“四个品质”、全力拓展“四个空间”，全面建设现代化商贸之都，开启石狮高质量发展超越新征程。

主要目标是：在完成“十四五”规划目标的基础上，到2026年实现地区生产总值1450亿元以上，全体居民人均可支配收入超过8万元，一般公共预算总收入超过80亿元，支撑引领高质量发展的“3+3+N”产业体系更富实力，时尚动感活力、宜居宜业宜商的现代化中型城市初步建成，人民群众美好生活需求得到更好满足，基层治理体系更加完善，在全方位推进高质量发展超越上迈出重要步伐。

围绕实现五年发展目标，新一届政府要永葆“闯”的精神、“创”的劲头、“拼”的作风，全力在危机中育先机、于变局中开新局，奋力走好新的赶考之路，努力创造无愧于时代的业绩！

*一要以“特色化”思维谋发展，推动产业实力再上新台阶。*抢抓“双循环”“一带一路”、RCEP市场开放等机遇，积极争取自贸区、综保区政策，放大市场采购、预包装食品出口、保税物流、跨境电商政策叠加效应，完善“石湖＋华锦”港口体系，打造“买全国、卖全球”的消费品线上采购中心。持续做好数字经济、海洋经济、绿色经济、文旅经济文章，支持企业智能化改造、数字化转型，巩固提升纺织鞋服、机械装备、食品药品等优势产业，积极布局光电信息、新材料、新能源等新兴产业；整合“海丝”资源、培育文旅品牌，主动融入世界遗产典范城市建设，打造优质滨海旅游目的地。

*二要以“一体化”思维促融合，推动城乡建设再上新台阶。*突出产业、商贸、科技、交通、港口等多方面协同合作，全面融入闽西南协同发展区、厦漳泉都市圈和泉州市“一湾两江四岸”发展大局。立足建设现代化城市，围绕“两新一重”和短板弱项扩大有效投资，加快推进城市更新、乡村振兴、海岸带开发，打造智慧城市、韧性城市。健全城乡融合发展体制机制，促进公共服务和治理资源向基层延伸，争创国家级城乡融合发展示范区。

*三要以“多元化”思维惠民生，推动生活品质再上新台阶。*聚焦建设共同富裕幸福家园，促进更充分和更高质量就业，持续推动富民增收，将城乡居民收入差距指数缩小到2.0以内。始终坚持以人民为中心的发展思想，主动回应群众对美好生活的向往，大力提升社会保障、教育医疗、文化体育、养老助残、生态保护等民生事业，让人民群众更有获得感。积极引入外部优质资源，鼓励社会资本提供多层次、多样化的民生服务，以多元服务满足多元需求。

四要以“现代化”思维抓改革，推

动治理能力再上新台阶。大力推进政务服务标准化、规范化、便利化建设，深化国资国企、要素市场、民生保障等重点领域改革，系统破解高质量发展的瓶颈制约，争创国际一流营商环境。深入实施“四个倍增”科技赋能计划，加快创新链与产业链深度融合，力争R&D年均投入增长20%以上，到2026年，高新技术企业突破300家，规上企业研发活动覆盖率超50%。坚持社会治理与平安建设互促共进，全力防范化解各类风险隐患，建立健全与社会主义现代化中型城市相适应的县域治理新模式。

三、2022年政府工作安排

明年是实现第二个百年奋斗目标的起步之年，也是新一届政府的开局之年，做好全年工作意义重大、责任重大。综合考虑各方面因素，全市经济社会发展的主要预期目标是：地区生产总值增长8%左右；一般公共预算总收入增长6%，一般公共预算收入增长6%；农业总产值增长3%左右；工业增加值增长7.7%左右；第三产业增加值增长8.5%左右；固定资产投资增长10%左右；实际利用外资增长8%，出口商品总值增长15%；社会消费品零售总额增长8%左右，居民消费价格总水平涨幅控制在3%以内；全体居民人均可支配收入和经济同步增长；完成节能减排降碳任务。

当前，疫情外防输入、内防反弹的压力仍然较大，我们将时刻警醒，“人”“物”“环境”同防，落实落细常态化防控措施，健全公共卫生应急管理体系，加快构筑全民免疫屏障，全力守护人民群众生命安全和身体健康。在做好疫情防控的同时，重点推进以下五方面工作：

（一）聚焦抢抓机遇，全力提升发展能级

提升项目能级。始终把项目作为第一支撑、把招商作为一号工程、把“5510”项目竞赛作为第一抓手，持续掀起项目攻坚热潮。建立健全重大项目指挥部、挂钩联系、分级协调、定期晾晒等制度，加强项目全生命周期管理，确保完成重点项目投资235亿元以上。深化招商体制改革，绘制产业招商地图，组建国有招商团队，瞄准央企、省企、大型民企开展全员招商、以商招商、产业链招商，形成梯次推进的项目工作格局。全面强化项目用地保障，深入推进抓征迁交净地专项行动，持续盘活闲置资产资源，着力减少非产业用地、低效用地，腾出空间落地优质项目。

提升市场能级。支持国际商贸城、食品城、布料批发市场、网批市场、汽车商城等做强业态，探索建设全球进口食品交易中心、世界中餐食材供应基地、休闲鞋网批市场、海产品交易市场、跨境电商选品市场，不断扩大专业市场辐射力。深化“一十百千万”网红城市、电商谷建设，完善“一镇一园”小微电商园区布局，支持本地企业打造童装、男装、面辅料、海产品等自主垂直平台，引导企业进军精选电商、视频电商、社交电商等领域，吸引大型物流企业区域中心落地，不断增强链接全国市场的能力。持续办好海丝品博会、海博会、校服展等专业展会，巩固“一季一展会”“一月一活动”成效。提升市场采购和预包装食品试点效应，扩大保税物流中心运营规模，力争全年完成出口500亿元以上，加快打造千亿级别国际贸易集散中心。坚持以侨聚侨、引侨架桥，做大“侨易邦”跨境电商平台规模，主动争取国际知名跨境电商平台分拨中心落地，鼓励布局海外仓，培育更多外贸“双清”企业，加速“市场采购+跨境电商+外综服”业态融合。

提升交通能级。主动融泉接厦，积极推动福厦高速彭田出入口及连接线工程开工，加快外西环高铁连接线建设，建成一重环湾快速路石狮段二期、二重环湾快速路匝道工程。深化新一轮港口拓容和疏港铁路等重大工程前期工作，加快石湖港后物流园、航运中心建设，建成石湖港5#6#泊位、港区停车场、加油站，不断完善港口集疏运体系。推动华锦码头通过口岸开放验收、泉厦组合港落地，争取开通“华锦—厦门”外贸内支线，完善东南亚等近洋航线布局，构建更加高效便捷的海上货运通道。

提升服务能级。把营商环境作为城市核心竞争力，大力弘扬企业家精神，常态化开展“进千企、走千商、访千才”活动，落实新一轮放宽准入、减税降费政策，鼓励引导企业大胆创新、放心创业、放手创造。探索开办企业、财产登记、纳税申报、跨境贸易等企业全生命周期全程代办服务，拓展更多“一件事”套餐办理，持续推进“就近办”“网上办”“掌上办”，最大限度减环节、减材料、减费用、减时限。实施“数字公民”计划，建设“亲清石狮”掌上便民惠企平台，推动所有政务系统迁移上云、数据全量汇聚。抢抓全面实行股票发行注册制机遇，扎实推进上市企业“育苗成林”工程，新培育海峡股权交易中心挂牌企业5家以上。多措并举拓宽企业融资渠道，力争全年增存增贷120亿元以上。持续深化市属国企改革，健全完善现代企业制度和市场化运营机制，建立国企年度发展目标考核体系，推动国有企业深度参与城市建设、园区开发、新兴产业培育、产业基金运作。

（二）聚焦实体经济，全力优化产业体系

坚持创新驱动。突出企业创新主体地位，强化“科技小巨人”、专精特新和“单项冠军”企业培育，新增高新技术企业50家以上。鼓励企业对接大院大所，引进高层次人才团队，承担国家和省重大项目，参与行业关键核心技术攻坚，新增省级以上科研平台2家以上，引进各级人才200名以上。紧密中纺联“一馆一院两中心”等在石科研机构与龙头企业的互联互动，畅通“基础产业+技术攻关+成果转化”创新链条，力争技术合同成交额增长15%以上。启动本地高校毕业生就业创业直通车工程，鼓励高校毕业生留石就业创业，激励高校教师入企挂职。

加快延链补链。着力重龙头、强品牌、铸链条，建立“一链一图一制一策一专班”，巩固发展亿元企业群体，力争新培育超10亿元企业3家、超30亿元企业1家。强化纺织鞋服全产业链资源整合，突出设计赋能，精心办好石狮国际时装周，支持校服、职业装等细分领域做强做专，下大力气推动印染企业兼并重组，探索推行五金辅料行业分级管理，完善供应链管理、柔性制造、新零售等产业生态，加快建设世界级面辅料产业集群先行区。推动通达四期、建新轮胎、九牧卫浴等项目建成投产，对接落地一批智能硬件、超精密机械、核心配件项目，不断壮大机械装备产业规模。加快光子技术产业园一园建设，建成中石光芯二期、三期等项目，促进光子产业延链聚群。积极向海洋要空间要资源，加快祥芝中心渔港、东埔中心渔港、锦东一级渔港提升改造，大力扶持远洋渔业发展，加快海洋食品园建设，鼓励企业开发新型海洋活性物质、海洋靶点药物、海洋功能食品等产品，不断拉长增厚海洋食品产业链条。

深化数字赋能。积极推动数字化网络化智能化改造，加速生产方式向柔性、智能、精细转变，推广数字化生产线10条、数字化车间15个。主动布局5G网络、大数据、物联网等新型基础设施，加快工业物联网、工业App等推广应用，力争新增“上云上平台”企业80家以上，新建5G基站1000个。支持企业引入新技术、新设备、新工艺、新标准，策划实施企业技改重点项目100个以上。

做强园区载体。深化园区管理体制改革，进一步提升园区市场化运作、企业化管理、精细化服务水平。围绕十大产业园区招商建设，比征迁进度、比项目质量、比落地效率，全力打造一批新的高端产业集聚区。建立亩均效益综合评价机制，实施园区基础设施项目20个，加快园区标准化提升。通过租让结合、二次招商等方式，加快盘活各类低效厂房、“僵尸企业”，合理布局现代物流、金融保险、科技服务等业态，建成高新区邻里中心、后湖职工配套区，以“外延扩张+内涵提升”增强园区的载体功能。

繁荣文旅产业。加强“海丝三宝”保护和活化利用，加快观音山、国际游艇汇、永宁古卫城、凤里八卦街、华山古民居五大文旅项目招商建设，推动世茂海丝博物馆创建AAAA级景区。大力推进夜间经济发展，持续繁荣灵秀商圈、星期YI文化创意园、长福商城、凤凰城等特色商圈，培育一批主客共享的特色街区，打造文旅购物天堂。深入挖掘世遗、滨海、美食、商贸等元素，连点成线、串珠成链，策划形成一批特色旅游线路。开展全媒体精准营销，建设智慧文旅平台，持续做好“旅游+”文章，打响海丝航标文化旅游品牌。

（三）聚焦融合发展，全力提升城乡品质

加快城市更新。完善国土空间规划，完成海绵城市、城市更新等专项规划编制，有序推动市域控制性规划、村庄规划全覆盖，高标准做好重要区块和重点地段城市设计。注重新城集聚、旧城提质，全面推进龟湖公园、前坑前园、塘园、大仑、金曾等五大片区更新改造，稳步修缮提升2005年以前建成的老旧小区，加快形成一批新的优质城市板块。持续提升灵秀山森林公园、环湾湿地公园、风炉山山体公园等景观风貌，新建口袋公园20个，不断拓宽城市休闲空间。坚持房子是用来住的、不是用来炒的，有节奏、有计划推动土地开发，促进房地产市场平稳健康发展。

精细城市管理。深化全国文明城市创建“十项机制”，细化十大文明新风和十个专项整治提升，进一步巩固创城成果。将水务、交通、应急、渔港等场景应用融入智慧石狮管控平台，加快实现市镇村可视化联动管理。拓宽改造石龙路、回兴路等道路，优化城市“绿波”路网和交通微循环，提升公交服务，大力整治城市交通堵点。建成八卦街停车楼、灵秀山公园停车场等设施，新增智慧停车泊位3000个，持续缓解“停车难”问题。扎实开展城市环境综合治理，严格落实“门前三包”，聚焦城市主干道、背街小巷、农贸市场等开展专项整治，加快清除城市顽疾。

推动乡村振兴。深入开展“新班子新气象、办实事促振兴”活动，逐月滚动实施一批项目，形成更多“抓得住、干得实、看得见”的工作成果。抓好26个省市县三级乡村振兴试点村建设，加快打造更多乡村振兴示范样本。落实粮食节约行动，新建高标准农田1150亩，将粮食播种面积稳定在1.66万亩以上，切实扛稳粮食安全责任。坚持科技兴农战略，新建农业科技示范基地3个，培育农业科技示范主体100户。深化“一革命四行动”，新改建公厕15个，整治“裸房”400栋以上，推动农村生活污水收集处理设施稳定运行。积极探索集体土地、“回批地”开发新模式，大力发展现代农业、乡村旅游、农村电商，抓好农民专业合作社、家庭农场质量提升，不断拓宽强村富民新渠道。

（四）聚焦生态文明，全力守护碧海蓝天

深化污染防治工作。全力推进第二轮中央环保督察反馈问题整改销号，着力解决一批群众反映强烈的突出环保问题。深化大气污染防治，重拳整治道路、建筑工地扬尘问题，持续推进印染、鞋业、包装印刷等重点行业废气治理，确保空气质量稳步提升。深化水污染防治，严格落实河（湖）长制，投入2.2亿元系统推进9个治水项目，加快鸿山、锦尚污水处理厂提标改造，新建污水管网120公里，建成高新区深海排放、水头排涝枢纽等项目。深化土壤污染防治，加强涉镉等重点行业排查整治，完善印染行业废弃物集中收集转运试点，建成餐厨垃圾预处理、大件垃圾综合处理设施，扩大生活垃圾分类覆盖面，推动

80%以上的村庄完成绿盈乡村创建。

加快绿色低碳发展。主动对接碳达峰、碳中和战略部署，加强节能监察、深化能效对标，大力实施一批绿色制造、节能降碳项目，全面落实能耗总量和强度“双控”。严格非居民用户计划用水和定额管理，倡导节水生产生活方式，争创国家级节水型城市。大力发展绿色建筑，推动75%以上的城镇新增建筑达到绿色标准。大力推广新能源汽车，完善充电桩布局，鼓励绿色消费，倡导绿色出行，建设环境友好型社会。

提高生态保育能力。完成水土保持、水利发展规划编制，系统推进重要廊道、重要通道、亲水节点绿化提升，加快打造山水林田湖海一体化生态体系。全面落实林长制，开展19座主要山体绿化景观提升，完成造林绿化、森林抚育500亩，生态修复废弃石窟250亩，全力创建国家园林城市。深入实施“蓝色海湾”行动，严肃整治岸线违法违规建设行为，提升红塔湾、古浮湾、斗美湾等重要节点生态质量。

（五）聚焦民生温度，全力提高幸福指数

织密社会保障网络。实施更加积极的就业政策，落实“四大群体增收计划”，加快拓展人力资源服务产业园功能，切实保障高校毕业生、农民工、退役军人等重点群体就业。开展劳动关系“和谐同行”三年行动，全力打好根治欠薪攻坚战，不断提升省级和谐劳动关系试验区服务水平。推进养老服务提档升级，健全居家养老服务体系，努力构建城区养老“一刻钟”服务圈。完善社会保障体系，严格落实好低保、特困、临时救助等政策。大力鼓励发展社会公益慈善，不断完善第三次分配机制。

全面发展社会事业。完善教育资源布局，改扩建石光中学、厦外石狮分校、蚶江中学、第七实验小学等学校，加快28个教育重点项目建设。以集团办学、片区教研等方式推动优校辐射、弱校做强，着力增加农村优质教育资源供给，全力创建国家义务教育优质均衡发展县。加快建设省级标准化进修学校，持续推进“三名”工程，实施“校长行动”培养计划，新引进优秀教育人才200名以上，努力打造一支师德高尚、业务精湛、结构合理的教师队伍。落实“双减”工作，深化全国乡村“复兴少年宫”试点，全面推行学校课后服务，规范校外培训机构，促进学生身心健康、全面发展。支持泉州海洋职业学院升格本科，探索产教融合、校企双制、工学一体的技工教育，促进技能人才培养与产业发展需求对接。高标准推进健康石狮建设，支持市医院创建三甲医院，积极引进高端优质医疗资源，做强8个特色专科，补齐3个短板专科，提升6个县域急危重症救治中心，打造特色区域医疗中心。实施按诊断和治疗方式收费付费改革试点，推动长护险提质扩面，争创国家级“两病”门诊用药保障样本县。完善新时代文明实践中心，深化文化惠民工程，办好对渡文化节、城隍文化节、渔民文化节，不断丰富群众文化生活。以创建全国体育模范市为载体，完善提升市体育中心、体育公园，新建改造街头体育场所17个，加快打造15分钟社区健身圈。

提升社会治理效能。深入开展安全生产三年专项整治行动，加快市应急救援指挥中心建设，加强“两客一危”、危险化学品、消防火灾、道路交通、渔业船舶等领域隐患排查治理，推动80%以上企事业单位完成标准化提升。坚持扫黑除恶常态化，严厉打击涉暴涉恐、涉毒涉私、电信诈骗等违法行为，持续做好矛盾纠纷排查化解，努力建设更高水平的平安石狮。推进“八五”普法，健全公共法律服务体系。坚持最严谨的标准、最严格的监管、最严厉的处罚、最严肃的问责，全力保障食品药品安全。落实军民融合发展战略，全力做好双拥支前工作，争创全省双拥模范城“九连冠”。支持工青妇等群团组织创新发展，扎实做好民族宗教、外事侨务、统计、档案、史志、气象等工作。

四、全面加强政府自身建设

各位代表，重任千钧惟担当。市政府全体公职人员要始终站稳政治立场，全面深入学习贯彻党的十九届六中全会精神，深刻领会党百年奋斗创造的历史经验，牢记“两个确立”，全力以赴出实招、办实事、问实效、求实绩，以实际行动增强“四个意识”、坚定“四个自信”、做到“两个维护”。

（一）始终做到实干担当。胸怀“两个大局”，心系“国之大者”，自觉把各项工作放到大局中去思考、去谋划、去推进。坚持项目工作法、典型引路法、一线工作法，增强抓落实的执行力，把上级和市委定下来的每一件事落实落细落到位。弘扬“马上就办、真抓实干”优良作风，鼓励引导干部在“5510”项目竞赛、深化改革、服务企业等一线工作中凭实干比高低，用实绩论英雄。

（二）始终做到依法行政。全面落实法治政府建设要求，严格规范政府议事决策程序，着力提高运用法治思维和法治方式推动发展的能力，确保决策科学民主、于法周全。认真执行市人大及其常委会的决议决定，自觉接受人大法律监督、工作监督和政协民主监督，高质量办好人大代表建议和政协提案。主动接受舆论和社会监督，全面加强政务公开，不断提升政府公信力。

（三）始终做到执政为民。坚持把为民服务作为政府工作的出发点和落脚点，增强服务意识，提高服务效能。创新先富带后富帮后富机制，统筹抓好“兴市”与“富民”工作，在推动共同富裕上走前列、当标兵。全力办好办成年度28件为民办实事项目，下更大力气解决群众、企业、基层反应强烈的老大难问题，用更多看得见的变化回应群众期盼。

（四）始终做到清正廉洁。认真履行全面从严治党主体责任，严格落实意识形态工作责任制，持续加强审计监督。恪守廉洁底线，落实“一岗双责”，全力支持纪检监察机关履行职责，不断健全重点领域廉政风险防控制度。严格执行中央八项规定及其实施细则精神，树牢“过紧日子”的思想，坚决破除形式主义、官僚主义，严防“四风”问题隐形变异。持续抓好各级巡视巡察、审计反馈问题整改。

各位代表！历史在继往开来中谱写，事业在接续奋斗中发展！让我们更加紧密地团结在以习近平同志为核心的党中央周围，在中共石狮市委的坚强领导下，埋头苦干、勇毅前行，全面建设现代化商贸之都，以优异成绩迎接党的二十大胜利召开！

附 注

◆ 五促一保一防一控：促生产、促消费、促项目建设、促外经贸发展、促旅游、保基本、防风险、控疫情。

◆ “三个年”活动：民营经济发展年、营商环境提升年、城乡品质提升年活动。

◆ 六个专项行动：标杆企业培育、大招商招大商、城市策划规划、古建传承保护、全民绿化美化、护航民营经济六个专项行动。

◆ “5510”项目：龟湖公园、前坑前园、塘园、大仑、金曾五大片区，观音山、国际游艇汇、永宁古卫城、凤里八卦街、华山古民居五大文旅项目，光子技术产业园一园、网商园、锦尚智能制造园、青山轻工产业园、蚶江智能制造园、石湖港港后综合物流园、生物医药园、新能源综合产业园、鸿锦产业园、永宁工业新区10个小微园区。

◆ 五个一批：谋划一批、签约一批、开工一批、投产一批、增资一批。

◆ 四好农村路：建好、管好、护好、运营好农村公路。

◆ 五治融合：政治、法治、德治、自治、智治融合。

◆ 信访“三无”：无进京越级上访、无大规模集体上访、无因信访问题引发的极端恶性事件。

◆ 放管服：简政放权、放管结合、优化服务。

◆ “一件事”集成套餐服务：通过再造业务流程，将涉及多部门互相关联的“单个事项”集成为企业群众视角的“一件事”。

◆ 五险：养老、医保、工伤、生育、失业五项保险业务。

◆ 提升“四个品质”，拓展“四个空间”：提升产业品质，拓展市场空间；提升城乡品质，拓展区位空间；提升民生品质，拓展幸福空间；提升党建品质，拓展作为空间。

◆ “3+3+N”产业体系：纺织鞋服、机械装备、食品药品三大制造业，商贸会展、港口物流、滨海旅游三大服务业，N个新产业。

◆ RCEP：区域全面经济伙伴关系协定。

◆ 一湾两江四岸：环泉州湾城市新区及晋江两岸、洛阳江两岸。

◆ 两新一重：新型基础设施建设，新型城镇化建设，交通、水利等重大工程建设。

◆ “四个倍增”科技赋能计划：力争3—5年推动科研投入、高新企业、高端研发平台、高层次人才等数量实现翻番。

◆ R&D：研究与实验发展。

◆ “一十百千万”网红城市：打造一座网红城市、建设十个直播基地、汇聚百家直播机构、链接千家生产企业、带动万个直播商铺。

◆ 外贸“双清”企业：具备国内出关报关与国外进关通关能力的企业。

◆ 一馆一院两中心：国家纺织面料石狮馆，中纺学石狮服装及配饰产业研究院，国家纺织信息中心石狮分中心、中纺联检测中心泉州实验室。

◆ 一链一图一制一策一专班：一条产业链有一幅作战地图、一套制度办法、一个精准对接策略、一个服务专班。

◆ 文明城市创建工作“十项机制”：领导责任、目标责任细化、实地巡检、常态测评、群众监督、督察巡访、媒体监督、专项整治、奖惩问责、经费保障等10项机制。

◆ 十大文明新风行动：价值引领、书香狮城、文明出行、垃圾不落地、莫炫嫁妆、厚养薄葬、光盘行动打包有奖、美在旅途、小城大爱、诚信无价等十个行动。

◆ 十个专项整治提升行动：消防设施、农贸市场、物业小区、小型餐馆、城市“牛皮癣”及线缆乱拉、占道经营、停车难、交通违法、出租车、公益广告等十个专项整治提升。

◆ 一革命四行动：农村“厕所革命”，农村垃圾治理行动、农村污水治理行动、农房整治行动、村容村貌提升行动。

◆ 四大群体增收计划：城镇职工薪酬增长、农村居民多元创收、高级人才激励、困难群体收入保障等4项计划。

◆ 双减：减轻义务教育阶段学生作业负担和校外培训负担。

◆ “三名”工程：名校长、名班主任、名教师培养工程。

◆ 两病：高血压、糖尿病。

◆ 两客一危：旅游包车、三类以上班线客车及运输危险化学品、烟花爆竹、民用爆炸品的道路专用车辆。

◆ 两个确立：党确立习近平同志党中央的核心、全党的核心地位，确立习近平新时代中国特色社会主义思想的指导地位。

◆ 四个意识：政治意识、大局意识、核心意识、看齐意识。

◆ 四个自信：道路自信、理论自信、制度自信、文化自信。

◆ 两个维护：坚决维护习近平总书记党中央的核心、全党的核心地位，坚决维护党中央权威和集中统一领导。

◆ 两个大局：中华民族伟大复兴战略全局，和世界百年未有之大变局。

◆ 国之大者：事关党和国家前途命运、事关中华民族伟大复兴、事关人民幸福安康、事关社会长治久安的大事。

◆ 四风：形式主义、官僚主义、享乐主义和奢靡之风。

人大常委会工作报告

——2021年12月24日在石狮市第八届人民代表大会第一次会议上的讲话（摘要）

石狮市人大常委会主任　上官跃进

五年来主要工作回顾

2016年换届以来，市人大常委会坚持以习近平新时代中国特色社会主义思想为指导，在中共石狮市委的坚强领导下，依法履行宪法法律赋予的职权，共召开常委会会议41次、主任会议46次，听取和审议“一府两院”工作报告72项，作出决议决定和提出审议意见74项，组织调研、视察、检查活动63项，开展专题询问4项、满意度测评26项，对11部法律法规进行执法检查，依法任免地方国家机关工作人员264人次。我市人大工作在泉州市委人大工作会上作典型经验介绍；16项特色做法经验先后得到省人大领导和泉州市人大主要领导的批示肯定和推广，并被全国人大《联络动态》及人民代表报、人民政坛、学习强国、福建人大公众微信号等上级刊物、平台刊发交流；人大常委会机关五年内先后迈入泉州市级和省级文明单位行列。

——五年来，我们始终坚定政治自觉，把好人大工作方向标。

坚持党对人大工作领导。以党的政治建设为统领，自觉把坚持党的领导放在人大工作第一位，贯穿人大工作全过程各方面，不折不扣贯彻落实习近平总书记重要讲话重要指示批示精神，认真学习贯彻中央人大工作会议精神、中共中央《关于新时代坚持和完善人民代表大会制度，加强和改进人大工作的意见》、省委《关于加强新时代人大工作和建设的决定》和泉州市委、石狮市委各项部署要求。坚决维护市委总揽全局、协调各方的领导地位，严格落实向市委请示报告制度，人大工作始终在市委的领导和支持下有力有序推进。

主动融入市委中心工作。自觉把人大工作放到全市改革发展大局中来谋划和推进，做到市委工作重心在哪里，人大工作就跟进到哪里，力量就汇聚到哪里，作用就发挥到哪里，确保市委的主张经过法定程序转化为人民群众的自觉行动。主动参与疫情防控工作，2次向全市各级人大代表发出倡议，认真做好挂镇驻村各项防控工作，全力守护全市人民生命安全和身体健康。服从市委安排，常委会领导分别担任各重点项目指挥部正副指挥长，推动市委重要工作落地见效。

适时讨论决定重大事项。制定并实施《石狮市人大常委会讨论决定重大事项实施办法》，依法作出决议决定和提出审议意见，确定“加快发展旅游业”议案，决定朴树为石狮市市树、紫薇为石狮市市花，授予6位外来人员“石狮市荣誉市民”称号，审议批准《石狮市国民经济和社会发展第十四个五年规划和二〇三五年远景目标纲要》，审议《石狮市城市总体规划（石狮全域一体空间统筹规划）（2015—2030年）》，把市委决策转化为全市人民的共同意志。

——五年来，我们始终恪守为民初心，找准依法监督切入点。

围绕高质量发展抓好监督。紧扣全市经济社会发展主题主线，持续推动经济健康有序发展。促进经济平稳运行，首次对国有资产管理情况开展专项监督，听取市政府关于国有资产管理情况报告，摸清了家底。每年依法审议计划、预算执行和审计工作情况报告，确保年度各项目标任务高质量完成；听取财政预算执行和其他财政收支审计发现问题整改情况报告，推动解决预算执行过程中“屡审屡犯”的突出问题；依法批准财政预算调整方案和地方政府债券转贷收支预算调整方案。组建人大预算联网监督工作室，推动财政预算联网监督工作制度化、规范化。审议“十三五”规划中期评估报告，促进规划顺利实施。推动产业提质增效，按照构建“3+3+N”产业体系要求，先后组织开展实体项目建设、重点经济项目建设、海岸带规划建设等视察，以及电子商务发展、旅游业发展、海洋食品加工产业、漂染行业转型升级、市场采购贸易方式试点工作、运用高新技术助推产业转型升级、行政审批服务提质提速、贯彻落实上级惠台政策、新生代华侨资源涵养情况等调研，积极向市委市政府提出意见建议，督促政府部门合力破解产业转型升级瓶颈问题，倾力打造优良营商环境，加快重点项目的引进和落地步伐。连续三年视察《关于加快发展旅游业的决议》执行情况并开展满意度测评，助推我市实现A级景区零的突破，打造了1个国家AAAA级旅游景区（宝盖山）、2个国家AAA级旅游景区（永宁古卫城、世茂海丝博物馆），2021年首次入选全国县域旅游综合实力百强县。

紧扣群众重大关切持续发力。坚持人民至上，把人民对美好生活的向往作为人大履职的出发点和落脚点。致力生态建设，以习近平生态文明思想为指导，每年听取和审议市政府环境状况和环保目标完成情况的报告，督促市政府及相关职能部门压实生态环保责任。组织开展《中华人民共和国环境保护法》《中华人民共和国水污染防治法》等执法检查，以及环卫保洁、“家园清洁”行动、农村人居环境整治等专题视察调研，督办废旧石窟生态修复、加强公园管理等重点建议，助力打好蓝天、碧水、净土三大保卫战，不断改善提升人居环境。2020年我市污染防治成效指标考核位列泉州第一，党政目标责任书考核位列泉州第二。促进城乡建管，围绕创建高品位文明城市目标，先后组织开展城市管理、《泉州市市容和环境卫生管理条例》执行情况、总医院建设运行、优化学校布局等调研，视察检查城乡公共交通管理、港口基础设施建设等工作情况，督办中心市区停车设施建设、安置房办证、住宅小区二次供水、整治农村架空管线、加快规划建设宝晖路、改造提升烟墩山景观建设等重点建议，督办餐厨垃圾规范处理、拓宽亮化改造共富路（后杆柄村至沙美村路口段）、在湖光小区西侧架设路灯铺设人行道等跨年度建议，加快补齐城乡基础建设短板，让百姓生活更加便捷舒适。推进民生改善，把保障和改善民生工作作为人大监督的重要内容，先后组织开展医疗服务质量、基层医疗卫生、学前教育、全民健身、职业教育发展、传染病防治、宗教组织参与社会公益事业、华侨捐赠社会公益事业等调研，对食品安全、教育质量提升工作、养老服务事业加快发展、水务工作进行专题询问，跟踪审议意见落实情况，督促一批为民办实事项目稳步落地，促使群众看得见摸得着的身边事不断得到妥善解决，日益增强人民群众获得感、幸福感和安全感。

聚焦民主法治建设积极作为。深入贯彻习近平法治思想，带头敬畏宪法、尊崇法治，努力推进严格执法、公正司法、全民守法。依法履职弘扬法治精神，运用法治思维和法治方式加强对“一府一委两院”开展法律监督和工作监督，审议通过实施第八个五年法治宣传教育的决议。用好宪法法律赋予的人事任免权，严格落实宪法宣誓制度，增强国家工作人员宪法意识。立足职能维护法治公正，每年听取和审议“两院”工作报告，组织庭审观摩评议工作，促使庭审规范操作，守护司法公平正义。充分发挥“法律巡视”监督利剑作用，紧盯重点领域，大力开展民事诉讼法、安全生产法、消防法、食品安全法、环境保护法、水污染防治法、职业教育法、教师法、野生动物保护法、福建省物业管理条例、泉州市海上丝绸之路史迹保护条例等法律法规条例执行情况检查，促进正确有效实施。先后组织调研法律服务队伍管理、法院执行、检察院公益诉讼、打击电信网络诈骗犯罪、民法典学习贯彻情况，视察扫黑除恶专项斗争、法院“基本解决执行难”、检察院公诉、未成年人检察工作、“七五”普法决议中期实施等情况，不断提升全市法治建设水平。认真做好106件规范性文件的备案审查。及时做好信访工作，积极回应群众诉求，受理群众来信来访135件次，有效化解矛盾纠纷，促进社会和谐稳定。

——五年来，我们始终积极开拓创新，探索人大履职新路径。

差异化推进三级代表活动室建设运行。在全市设立市、镇、村三级人大代表活动室36个，实现市、镇全覆盖的基础上，延伸拓展到部分重点村、社区、工业园区及行业部门。积极探索差异化推进三级活动室建设运行，把市人大代表联系服务中心打造成人大代表与“一府一委两院”的沟通对话平台和协商解决问题的重要平台，把镇（街道）人大代表联系群众活动室打造成代表联系服务群众、提出议案建议意见并跟踪督办、展示特色工作和学习交流宣传的主体平台，把村（社区、工业园区、行业部门）人大代表联系群众活动室（工作室）打造成为镇（街道）活动室的辅助平台，推动“规定动作”+“自选动作”相结合，努力提高代表履职实效。

开展满意度测评并与绩效考评挂钩。每年都将市委市政府最想办、群众最关切的一些重要事项列入人大工作重点，开展满意度测评，采取电子表决方式，现场公布测评结果，对“不满意”占半数以上的，要求有关单位和部门认真整改，在规定期限内重新报告，并根据测评结果启动进一步的监督方式。同时把满意度测评与绩效考评挂钩，测评结果满意的加分，基本满意、不满意的扣分，促使人大工作特别是重要审议意见、代表重点建议件办理由“软任务”变成“硬指标”。

实行常委会“中心发言人”制度。针对审议质量不高、集体作用发挥不明显等问题，制定出台《石狮市人大常委会中心发言人制度》，结合常委会议题，从常委会组成人员、人大代表、内设工委委员中提前确定3至5名中心发言人，由中心发言人围绕审议议题，会前开展视察、检查、调研，会上作重点发言、直指问题，进一步提高了会议审议质量。

以“五个督办”措施努力破解代表建议办理“被满意”问题。针对代表建议办理一定程度上存在的“被满意”问题，积极探索实践，不断健全完善代表议案建议办理工作机制，采取领导挂钩重点督办、内设工委加强督办、视察调研强化督办、会议点评和督查通报跟踪督办、满意度测评和绩效考评结合督办等“五个督办”措施，推动代表议案建议办理提质增效，努力做到“件件有落实、事事有回音”。

指导培育“一镇一特色”项目。以实施我市“一镇（街道）一特色”项目为抓手，分类指导各镇（街道）人大依托自身资源、特色和优势，积极打造特色亮点。比如，湖滨街道人大建立代表“1+N”社情民意网格联络员机制，祥芝镇人大建立人大代表“一室三员”海上枫桥调解模式，蚶江镇人大开展一年一专项工作评议，凤里街道人大探索人大代表工作数字化，宝盖镇人大健全代表履职与职工维权、司法调解、劳动仲裁等相衔接的工作机制，灵秀镇人大建立人大代表网商联络站联系服务群众制度，永宁镇人大按照功能划分5个特色小组开展活动，鸿山镇人大着力打造“指尖上的民意”微平台，锦尚镇人大率先在镇侨联设立人大工作室为归侨侨眷排忧解难等。

——五年来，我们始终突出代表主体，调动代表履职积极性。

*加强代表履职管理。*全面建立泉州市和石狮市、镇三级人大代表履职档案，做到“一人一档”登记管理，确保代表活动全掌握、代表履职全记录。督促代表严格履行职责，制定出台《石狮市人大常委会关于人大代表约谈、函询的暂行办法》，及时约谈无故不参加会议和活动组活动、违反移风易俗规定等情况的人大代表。开展代表述职工作，结合“双联”活动，常委会组成人员带头，共组织115场171位石狮市人大代表向选民述职，并对选民提出的116条意见进行分析梳理、转交办理、协调推进，推动问题落实。本届常委会会议还听取26位泉州市十六届人大代表的履职报告。

*完善代表履职保障。*坚持邀请代表列席常委会会议及参加视察、检查、调研活动，促进代表参与人大工作。采取“走出去学”与“请进来讲”相结合的办法，抓好人大代表培训工作，先后邀请全国人大代表、省人大处室领导作专题辅导讲座，组织赴深圳开展履职能力提升培训、到兄弟县（市、区）参观学习，不断提升代表履职水平。建立代表履职补助制度，制定实施《石狮市人大代表履职活动经费管理使用办法》，市级人大代表履职活动经费按每人每年2600元的标准列入市财政预算（其中按每人每年1800元下拨镇人大使用），体制外代表参加市镇人大活动按每人每日100元发放履职补贴。

*激发代表履职活力。*办好代表议案建议，本届人大收到的672件代表建议都在规定时间内得到办理和答复，73件建议列入市政府常务会、专题会研究，41件建议转化为年度重点项目，15件建议转化为为民办实事项目。制定出台《石狮市人大常委会关于优秀代表建议评选办法（试行）》，共评选出33件优秀代表建议，激励代表多提意见、提好意见。加强代表履职宣传，组织8名代表参与泉州广播电台《人大在线》栏目“石狮直播月”访谈；在《石狮日报》开设“人大视线”专栏，专题报道各级人大代表“谈履职”；通过“学习强国”平台、福建人大微信公众号、《泉州人大》、石狮广播电视台等渠道，大力宣传代表履职风采。发挥绩效考评“指挥棒”作用，把镇（街道）人大代表工作纳入年度绩效考评体系，调动代表工作积极性。

此外，我们还按照中央、省委、泉州市委和市委的部署要求，认真做好新一届市镇两级人大换届的各项工作，依法选举产生新一届市级人大代表213名、镇级人大代表499名，妇女代表、非中共党员代表和基层代表比例均有所上升，代表结构更趋合理，为市镇新一届人大依法履职打下坚实基础。

——五年来，我们始终抓紧自身建设，凝聚干事创业精气神。

*坚持固本强基抓学习。*扎实开展“两学一做”学习教育、“不忘初心、牢记使命”主题教育、党史学习教育和“再学习、再调研、再落实”活动，认真落实党组理论学习中心组学习、党支部“三会一课”制度，采取“常委会领导轮流主持、上党课，各工委（办）主任、专职常委轮流作主题发言”方式，深入学习习近平新时代中国特色社会主义思想，全面学习人大理论制度、法律法规，努力把学习融入日常、抓在经常，培养提升人大干部“善于学习、调查研究、综合分析判断、检查指导、出谋献策、组织实施落实、动员组织引导代表、总结宣传推广、抓党建及反腐倡廉工作”等能力，人大干部综合素质不断提高、干事创业精气神持续增强。

*注重建章立制促规范。*健全完善各类规章制度，形成以制度管理人财物的良好政治生态。先后制定并完善党组议事规则、常委会组成人员守则，以及各类会议、公务接待、公车管理等制度，基本形成涵盖人大各方面工作的制度体系。坚持推行内设机构工作季计划、周安排做法，落实考勤、请销假、证照管理等机关纪律，做到管人制度化、管事规范化，确保机关有序运转。

*不断改进作风树形象。*落实新时代党的建设总要求，切实履行管党治党政治责任，常态化开展廉政谈话提醒、典型案例通报，抓好巡视巡察、主体责任检查通报问题的整改，持续推进党风廉政建设和反腐败工作落细落实。严格执行中央八项规定及其实施细则精神，坚决反对形式主义、官僚主义，大力弘扬“马上就办、真抓实干”优良作风，营造风清气正、团结务实的干事氛围。坚持解放思想，改进文风会风，注重理论联系实际，深化调查研究，努力打造让市委放心、人民群众满意的政治机关、国家权力机关、工作机关、代表机关。

各位代表，我们坚守一颗初心，奋进五个春秋，顺利完成了本届人大常委会的历史使命。五年来的实践探索，我们进一步坚定人民代表大会制度自信，进一步把握市镇人大工作规律，也为做好今后人大工作提供经验启示：

*——做好人大工作，必须坚定不移坚持党的领导。*这是做好人大工作必须牢牢把握并一以贯之的政治原则。人大工作唯有在党委的坚强领导和重视支持下，才能始终沿着正确的道路前进。

*——做好人大工作，必须紧紧围绕中心服务大局。*这是做好人大工作的永恒主题。人大工作必须在指导思想上围绕中心，在工作部署上突出中心，在工作方法上贴近中心，在监督重点上紧扣中心，始终与党委保持思想与行动一致。

*——做好人大工作，必须始终坚持以人民为中心。*这是做好人大工作的根本出发点和落脚点。我们各项工作都要坚持人民至上，牢牢把握民生导向，关注民情、回应民意、维护民利，切实做到为民代言、为民掌权。

——做好人大工作，必须充分发挥

代表主体作用。这是做好人大工作的活力、动力和潜力所在。必须按照栗战书委员长提出“像重视立法、监督工作一样重视代表工作”的要求，服务好、保障好代表依法履职，把充分发挥代表主体作用作为市镇人大的重要基础性工作抓实抓好。

——做好人大工作，必须以高标准强化自身建设。这是做好人大工作的关键。必须根据新时代人大工作新的更高要求，强化人大机关干部队伍建设，不断提升依法履职能力，才能锻造动力澎湃的人大工作“火车头”。

各位代表，过去五年我们取得的成绩，是在市委坚强领导下，常委会组成人员和全体人大代表共同努力的结果，是“一府一委两院”及社会各界大力支持的结果。在此，我谨代表市第七届人大常委会，向各位代表，向关心支持人大工作的各位领导、各个单位和社会各界人士表示崇高的敬意和衷心的感谢！

在看到成绩的同时，我们也清醒地认识到工作还存在一定差距，主要表现在：监督工作的针对性和实效性有待进一步提高、人大代表的作用有待进一步发挥、常委会自身建设有待进一步加强。这些问题都需要在今后的工作中认真加以解决。

今后五年及2022年工作建议

在“两个一百年”奋斗目标的历史交汇点，中央人大工作会议进一步明确习近平总书记关于坚持和完善人民代表大会制度的重要思想的科学内涵，为新一届人大依法履职提供了根本遵循和行动指南；市第八次党代会作出了“全面建设现代化商贸之都，开启石狮高质量发展超越新征程”的战略部署，提出了“产业更富实力、城乡更添魅力、民生更加给力、党建更有活力”的目标任务，为新一届人大开展工作提供了明确的方向。

建议今后五年人大常委会工作的总体要求是：坚持以习近平新时代中国特色社会主义思想为指导，深入学习贯彻党的十九大和十九届二中、三中、四中、五中、六中全会精神，全面贯彻落实习近平总书记关于坚持和完善人民代表大会制度的重要思想，坚持党的领导、人民当家作主、依法治国有机统一，积极践行全过程人民民主，认真履行宪法法律赋予的各项职责，与时俱进开创人大工作新局面，为开启石狮高质量发展超越新征程贡献人大力量。

建议新一届人大常委会2022年重点抓好以下工作：

一、坚持与党委同向，在落实决策部署上更加坚决有力

持续学懂弄通做实习近平新时代中国特色社会主义思想，深入学习贯彻习近平法治思想、习近平总书记关于坚持和完善人民代表大会制度的重要思想、关于全过程人民民主重要论述，大力弘扬伟大建党精神，始终牢记“两个确立”，坚决做到“两个维护”，不断提高政治判断力、政治领悟力、政治执行力。更加自觉坚持党的全面领导，坚持重要工作、重大事项、重大活动及时向市委请示报告，紧紧围绕市委决策部署和重点工作，依法履行好重大事项决定权、监督权、人事任免权，坚决做到“市委有号召，人大有行动”，确保市委主张与全市人民意志的高度统一。

二、坚持与发展同步，在履行监督职权上更加务实高效

贯彻落实《福建省人民代表大会关于动员全省人民全方位推动高质量发展超越的决议》，聚焦市委决策部署和人民群众的重大关切，以更加务实高效的监督推动我市经济社会高质量发展。助力提升产业品质，紧扣“5510”项目竞赛等重点工作，强化跟进监督，推进落地见效。重点开展“产业园区建设升级”和“石狮美食与文旅融合”等专题调研，促进十大产业园区做大做强和文旅产业做实做活。依法做好计划执行和预决算审查监督、国有资产管理监督，促进依法理财和国有资产保值增值。助力提升城乡品质，开展环境状况与环境保护目标完成情况专题调研，推进我市生态文明建设。开展《物业管理法》《福建省物业管理条例》及《泉州市容和环境卫生条例》等贯彻实施情况执法检查，开展《泉州市机动车停车管理条例》贯彻实施情况专题调研，推动城市管理水平提升。开展乡村振兴工作推进情况专题调研，促进城乡融合发展。助力提升民生品质，开展文旅领域重点调研，推动我市建立健全“以十里黄金海岸滨海风光为动力引擎，以观音山核心景区为引爆点，以三个世界文化遗产点、八卦街、永宁古卫城、世茂海丝博物馆、华山古民居、纺织服装工业旅游点等为辅助支撑”的文旅产业发展新格局，加大文旅产业发展力度，为人民群众创造更多的就业机会。开展教育领域重点调研，推动“双减”工作落地落实，促进青少年更加健康全面成长。开展慈善事业发展情况调研，推动各级更加关心社会弱势群众的工作、学习、生活。助力法治石狮建设，积极配合上级人大开展立法调研，深入开展“八五”普法，持续推动民法典贯彻落实。适时听取市监察委员会专项工作报告。开展公安派出所执法规范化建设专题调研和法官、检察官履职评议，规范执法司法行为，促进执法司法公正。坚持有件必备、有备必审、有错必纠的原则，依照法定权限和程序开展规范性文件备案审查工作。开展《福建省宗教事务条例》贯彻落实情况专题调研，促进依法依规开展宗教活动。加强和改进人大信访工作，积极发挥人大信访工作的作用，维护群众合法权益，促进社会和谐稳定。

三、坚持与代表同声，在发挥主体作用上更加积极充分

人大代表是人民代表大会的组成人员，是人民利益的代言人，也是实现和发展全过程人民民主的主体。要加强人大代表队伍建设，组织开展新一届代表初任学习、履职学习、专题学习培训，不断提升人大代表综合素质和履职能力。丰富人大代表联系人民群众的内容和形式，创设代表联系选民和群众的各类载体，开展“代表联系选民活动日”“代表接待日”“走访慰问”“向选民报告履职情况”等活动，组织代表列席市人大常委会会议及有关调研、视察、检查等活动。持续完善履职平台建设，打造市、镇（街道）、村（社区、工业园区、行业部门）三级代表活动室（工作室）升级版，实现“建设标准化、工作制度化、活动常态化”目标。积极探索线上履职新形式，搭建好“线上线下双桥梁”。进一步健全完善代表议案建议形成、办理、反馈、评价和奖惩激励机制，形成代表议案建议落实闭环管理制度。开展优秀代表建议评选活动，激励广大代表更好建言献策、履行职责、发挥作用。

四、坚持与镇街同动，在争创基层特色上更加亮点纷呈

坚持市镇两级人大工作联动，落实常委会组成人员及各工委（办）在闭会期间挂钩联系各镇（街道）人大、各代表活动组、各镇（街道）代表联系群众活动室的工作机制，督促指导并协调解决镇（街道）人大工作中存在的困难和问题。加强对各镇（街道）人大工作指导，确保镇（街道）人大工作与市人大常委会、镇（街道）党委政府的工作相衔接。继续实施我市“一镇（街道）一特色”项目，推动各镇（街道）积极思考谋划，大胆探索实践，创造更多的工作特色亮点，擦亮我市“一镇（街道）一特色”工作品牌。

五、坚持与时代同频，在强化自身建设上更加严实活泼

积极主动适应新形势新任务新要求，大兴理论学习和调查研究之风，持之以恒抓好自身建设，不断提升政治站位、综合素质和履职能力。着力提升人大常委会机关党建品质，认真贯彻落实全面从严治党要求，扎实抓好机关党建和意识形态工作，深入推进党风廉政建设和反腐败工作，严格执行中央八项规定及其实施细则精神，坚决破除形式主义、官僚主义，维护好人大常委会机关“团结紧张、严肃活泼”工作氛围。坚持守正创新，不断完善人大常委会机关内控制度、议事规则、工作程序和运行机制。注重强化典型宣传，讲好人大故事，全方位展现人大常委会及人大代表依法履职的生动实践。继续坚持以社会主义核心价值观引领机关精神文明建设，巩固深化省级文明单位创建成果。

各位代表！回首过去，我们秉承初心、砥砺奋进；展望未来，我们充满信心、笃定前行！让我们更加紧密地团结在以习近平同志为核心的党中央周围，在市委的坚强领导下，埋头苦干、勇毅前行，不断发展全过程人民民主，为全面建设现代化商贸之都，开启石狮高质量发展超越新征程而不懈奋斗，以优异成绩迎接党的二十大胜利召开！

政协常委会工作报告

——2021年12月22日在政协第八届石狮市委员会第一次会议上的讲话（摘要）

政协石狮市委员会主席　林自育

五年工作回顾

五年来，在中共石狮市委的坚强领导下，市政协坚持以习近平新时代中国特色社会主义思想为指导，认真学习贯彻中共十九大和十九届二中、三中、四中、五中、六中全会精神，全面贯彻落实中央和省委、泉州市委、石狮市委政协工作会议精神，坚持发扬民主和增进团结相互贯通、建言资政和凝聚共识双向发力，充分发挥人民政协协商民主重要渠道和专门协商机构作用，共召开全体会议5次，常委会会议25次，主席会议55次，形成主席建议案5份、民主专项监督件7份，为推动我市经济社会发展，顺利实现“十三五”规划圆满收官作出应有贡献。2019年，《人民政协报》专版刊发《凝心聚智　砥砺奋进助推创新转型实业强市新跨越——石狮市政协创新履职工作纪实》。同年7月，省政协主席崔玉英莅临石狮调研，对政协工作给予充分肯定。

一、强化政治意识，坚定正确方向凝聚政协共识

（一）高度重视政治理论学习。通过党组理论学习中心组学习、主席会议、常委会等形式，推进理论学习常态化，举办各类学习活动80场次，深刻领会习近平总书记系列重要讲话精神，认真开展习近平总书记关于加强和改进人民政协工作重要思想的学习研讨交流，增强“四个意识”、坚定“四个自信”、做到“两个维护”。扎实推进“两学一做”学习教育常态化制度化，精心组织开展“不忘初心、牢记使命”主题教育、党史学习教育，认真践行“再学习、再调研、再落实”活动，努力把学习成果转化为具体行动。

（二）加强推进政协党的建设。始终把党的全面领导贯穿政协工作全过程。坚持重要工作、重大事项向市委请示报告，确保政协履行职能与全市工作大局同频共振。不断加强政协党的建设，修订《中共石狮市政协党组议事规则》，严格落实全面从严治党主体责任和意识形态责任制。把政协工作置于市委坚强领导之下，协助市委出台《关于加强新时代人民政协党的建设工作的十条措施》，实现党的组织对党员委员的全覆盖和党的工作对政协委员的全覆盖；及时传达学习上级会议精神，高标准完成市委安排的工作任务，确保中央大政方针和省委、泉州市委、石狮市委决策部署在政协落地生根；制定《石狮市政协党组成员联系常务委员、党员委员联系党外委员制度》，充分发挥党组的领导核心作用和党员委员的先锋模范作用。

（三）不断提升理论研究水平。共有28篇调研文章在各种刊物上发表和各类专题研讨交流。其中，《打造“党员+委员”民声直通车》参加全国政协党建理论研讨交流。《戴好“人民”政协的帽子　走好协商“民主”的路子》在全国政协召开的闽赣粤琼政协片区座谈会上作交流发言，被收录省政协专题研讨汇编。《“软监督”　体现“硬作为”——石狮市政协创新民主监督工作》被推荐为典型交流材料报送省政协。

二、强化大局意识，聚力主责主业彰显政协作为

（一）专题调研深入扎实。印发《石狮市政协加强和改进调研工作实施办法》，围绕市委市政府中心工作，就“产业转型、城市管理、文化旅游、人居环境”等方面开展专题调研，提交调研报告108篇，多数建议被采纳并落地推行，为深化改革发展献计出力。其中，《发展文化旅游产业　打造闽南古大厝群》，被省委政研室刊发于《调研文稿》第63期。《发挥宗祠在乡村文化振兴中应有作用》，分别在省政协常委会、泉州市委市政协专题协商会上发言。《关于做“亮”石狮服装城市场采购贸易的建议》《城乡融合发展在石狮的实践与思考》，在泉州市委、市政协专题协商会议上作重点交流，得到泉州市委主要领导充分肯定。《让“古厝游”不断引客来》《石狮市政协凝聚侨亲力量　助力乡村振兴》专题报道，先后被《人民政协报》、“学习强国”等媒体刊登。

（二）主席建议精准务实。组织“渔港建设与管理”视察，报送《关于加强渔港建设管理　力促渔区经济发展》主席建议案，得到市政府充分肯定，部分建议在祥芝国家中心渔港提升改造工程中得到有效转化。组织“海岸带景观保护与利用情况”视察，报送《关于加强保护与利用锦江外线海岸带古迹和自然景观》主席建议案，促成市委主要领导亲临现场调研，要求微调规划设计方案，确保“蚶江八景”中的“玉石思露”等自然景观得以保存。组织开展“生产经营单位安全员队伍建设情况”视察，报送《加强安全员队伍建设　打通安全生产监管“最后一米”》主席建议案，市委黄书记作出批示，要求对照新《安全生产法》规定，着力抓好安全员队伍建设，有效促进我市各行业安全工作平稳运行。

（三）对口协商成效显著。注重发挥各专委会特色优势，组织委员与对口部门开展协商议政23场。瞄准创新发展，就“支持民营企业健康发展十一条措施落实情况、推动制造业高质量发展、发展海洋经济、发挥海外归国留学人才作用”等开展对口协商，谋长远之计。瞄准和谐发展，就“学前教育集团化办园、全民健身工作、基层医疗服务体系建设、健全养老服务体系、社会民生保障体系建设、民族宗教事务、教育基金使用情况”等开展对口协商，献务实之策。瞄准法治建设，就“基层派出所执法、司法所建设、法庭建设、人民调解工作、加强未成年人保护”等开展对口协商，建管用之言。

（四）民主监督掷地有声。突出问题导向，就“城市管理、生态环保、优质教育、安置房产权办理、公共文化设施建设”等议题组织专题视察，发挥民主监督作用，助推市委市政府决策部署更好贯彻落实。如，针对“回批地”历史遗留问题开展民主监督，形成首件专项民主监督报告，得到市委市政府高度重视，出台《石狮市历史遗留征地后未建安置地指导意见》，将“老大难”转化为优质经济资源。针对大气污染问题开展专项监督，报送《关于我市大气污染防治民主监督的报告》后，根据市委的要求，继续以“扬尘污染防治”为突破口，进行常态化跟踪监督视察，推动相关任务分解及落实，大气质量指数得以改善。针对“老旧小区改造”存在问题，多次组织开展专项监督，提交《关于对我市老旧小区改造工作实行民主监督的报告》，市委主要领导批示：“市政协持续跟踪、一督到底、督出成效，住建部门和镇（街道）各司其职，抓好整改落实”。“老旧小区”和“扬尘治理”专项监督工作还得到省政协副主席许维泽“监督到位、跟踪到位、落实到位”的点赞。为推动办好人民满意的教育积极建言，报送《关于我市学前教育民主监督的报告》得到省政协副主席薛卫民“有力促进学前教育优质普惠发展”的肯定。

（五）文史宣传成绩喜人。认真回顾总结政协30年工作，编纂出版《石狮市政协志（1991—2020）》，制作《政协第七届石狮市委员会工作纪实》画册。成功举办庆祝建党100周年及石狮市政协成立30周年“翰墨丹青颂党恩”书画展。成功举办庆祝新中国成立70周年、人民政协成立70周年“光辉岁月，和谐政协”文艺演出及“我和我的祖国”书画摄影展。编撰出版《石狮宗祠（下）》《不忘初心，砥砺奋进——石狮三十年回眸》《石狮寺庙建筑》《石狮历史名人》《石狮灯谜》等文史专辑，收录史料340多篇。举办两岸文史资料互赠仪式，累计收集各地文史资料500多册，赠送石狮文史资料2000多册。坚持“既要做得好，又要讲得好”，广泛宣传上级有关精神、市委市政府和市政协重点工作成效。

三、强化民本意识，聚力履职为民展现政协情怀

（一）拓宽委员提案主渠道。累计收到委员提案1200件，审查立案1026件（其中重要提案28件）。修订《政协石狮市委员会提案工作实施办法》，切实抓好提案征集、审查立案、转交办理、督办检查、跟踪反馈、协调推动等关键环节。重点提案由市政府、市政协分管领导领衔督办，市政协各专委办会同市政府办对口督办，同时，将所有提案办理结果纳入承办单位绩效考核。制定《石狮市政协提案办理工作绩效考评方案》，推动提案办理从“办了多少”向“办得如何”转变，从“答复满意”向“结果满意”转变。启动重点提案办理情况满意度测评，全面开展提案“回头看”活动，表彰2017—2020年度优秀提案30个、优秀提案团体8个、提案办理工作先进单位10个，有效推动提案工作出质量上水平。如督办《关于创建宝盖山AAAA级景区的建议》，推进游客服务中心等项目建设，助力成功获评国家AAAA级景区；督办《关于建设市区智慧停车App平台的建议》，推进完成1541个停车泊位智能化改造并正式上线运营；督办《关于加快鹏山学校新校区项目建设的建议》，协调解决项目建设中的困难，确保学校按时落成顺利招生。

（二）畅通社情民意直通车。健全完善社情民意工作机制，围绕党政工作重点和社会关注热点，累计报送社情民意专报97件，均得到市委市政府领导重视批示，反映问题迅速解决，成果及时转化，做到事事有落实、件件有回音。如《关于将石狮市华侨医院原址改造成为石狮市中医院和凤里街道社区卫生服务中心的建议》得到采纳，改造后投入使用的中医院填补了石狮公立中医院的空白，与整体搬迁的凤里街道社区卫生服务中心，共同为百姓提供优质诊疗服务；《关于整合资源 打造台港澳侨服务平台的建议》得到市委主要领导肯定和16个部门响应，成立“石狮市台港澳侨服务中心”，制发“联盟服务卡”，为台港澳侨胞提供便捷优质高效服务；《关于尽快完善石狮市医院新院周边配套设施的建议》得到多方积极回应，推动石狮市医院周边交通设施得以完善。

（三）彰显疫情防控新担当。新冠肺炎疫情发生以来，全体政协委员与全市人民群众共同战“疫”。第一时间发出《疫情防控倡议书》，发动各级政协委员主动捐赠款物、参加一线诊治、开展志愿服务、建言防控举措，为打赢疫情防控保卫战贡献力量。市政协班子成员下沉挂钩乡镇，村（社区）、企业、学校督查指导，确保各项防控工作落实到位。抽派机关干部投入村（社区）、重点工业企业疫情防控工作，协调解决疫情防控和复工复产中面临的问题，助力重点工业企业复工复产。组织机关志愿者深入挂钩社区，协助做好大规模核酸检测工作。持续在政协公微号展播战“疫”文艺作品，为一线工作者鼓劲加油。

（四）抒写奉献爱心大情怀。主动协助市委市政府抓好基层社会治理，化解矛盾、凝聚人心、维护稳定。建立健全党员干部联系服务群众和为民服务解难题长效机制，扎实开展“我为群众办实事”实践活动。政协班子成员联系挂钩贫困户，开展帮扶实现脱贫。不断深化移风易俗活动，引导委员简办婚丧喜事、捐赠公益回报社会。组织开展“‘科技、文化、卫生’三下乡”活动，为群众办实事、送温暖，受基层好评。首创并持续开展“同心善行”主题公益活动，引领委员传播正能量。各级委员勇于承担社会责任，积极参与捐资助学、扶危济困等活动超百场。鼓励宗教界别委员积极参与“法喜充满”“宗教慈善周”活动，带动广大宗教界人士和信众奉献爱心。湖滨活动组多次举办“争做文明市民·关爱环卫工人”活动，灵秀、蚶江活动组连续开展“金秋助学”活动，宝盖、祥芝活动组支持所在镇开展山海协作对口帮扶，澳门活动组积极参与创建全国文明城市，向25个社区赠送牛皮癣清洗机。据不完全统计，各活动组及政协委员募集捐赠教育基金3000多万元，捐赠卫生、慈善金额2000多万元。

四、强化协商意识，聚力团结合作汇聚政协能量

（一）不断完善协商机制。协助市委先后出台《关于加强人民政协协商民主建设的实施意见》《关于贯彻落实中央、省委和泉州市委关于加强和改进新时代人民政协工作的通知》等5份文件，建立健全协商监督、情况通报、参加会议、活动保障等多项制度，推进协商民主制度化建设。2018年，首次将专项民主监督内容列入年度计划，推进民主监督实践创新。

（二）积极创新协商方式。发挥专门协商机构作用，聚焦全市改革发展重大问题协商议政。首次建立常委会中心发言人制度，开展25次专题议政性协商，分别就“优化营商环境 推动产业发展、加强我市知识产权服务体系建设、应对我市中小学教师不足、创建全国文明城市、推进智慧公安便民服务水平”等议题听取通报，提出建议300多条。就农村生活污水整治情况，组织实地调研，及时反映工程建设中存在问题和意见建议，促成市政府出台《石狮市农村生活污水治理PPP项目现场检查工作方案》，对落实情况开展“回头看”，组织政协常委与市政府及相关部门和镇村协商交流，有效推进我市农村污水治理进程。在全省率先设立“参政议政厅”，推行“参政议政周”活动，充分调动委员参政热情，推动议政建言常态化，目前，累计开展“参政议政周”专题学习讨论200多场次。

（三）搭建宽广协商平台。始终坚持做好团结各界、凝聚人心的工作，最大限度为我市改革发展凝聚共识、凝聚智慧、凝聚力量。落实中共党员委员与党外委员联系制度，密切与各民主党派、工商联和无党派人士联系，鼓励其通过

多种渠道参政议政，党派团体累计提交提案652件，提交大会发言材料40多篇，彰显多党合作和政治协商制度的优越性。密切联系港澳委员及台港澳侨各界人士，邀请台港澳侨及海外人士代表列席政协全体会议，支持委员在特别行政区事务中发挥积极作用，助推爱国爱港爱澳队伍发展壮大，加深与台湾人士交流，经常走访外资企业，传递政策信息和服务举措。关心关注民族宗教工作，形成调研文章《引导宗教慈善　促进社会和谐》和《依法加强宗教事务管理　促进社会和谐稳定》。开展少数民族村家园清洁、特色村寨建设视察活动，力促乡村振兴。加强与异地政协横向联系，共接待省内外政协来石考察学习125批次，形成互相学习、互相促进良好局面。

（四）协助基层破解难题。按照市委统一部署，市政协领导深入挂钩重点项目，帮助协调解决建设中遇到的各类问题。协助破解联邦商业城改造难题，助推华山古民居成为“中国传统村落”，力促八卦街留住人间烟火味，形成《活用协商民主　化解历史难题》一文刊发于《政协天地》（2020年第12期），省政协领导对此充分肯定并作出批示。在全省首创“一村两委员”制度，推动政协协商民主向基层倾斜，帮助群众化解实际困难。

五、强化自身建设，聚力提质增效树立政协形象

（一）注重委员素质提升。组织政协委员听取政情通报，畅通委员知情问政渠道。向委员推送公微号“政协之窗”专报700多期，刊发《石狮日报》“政协之窗”专栏500多期，为委员订阅《政协天地》《泉州政协》等报刊，助其知政事、明时事。举办履职专题辅导讲座12场，带领委员到古田干部培训学院、谷文昌干部学院培训学习，开展“政协系统读书月”活动，2020年开设“石狮政协讲堂”，已举办讲座6期，丰富委员知识结构，提高参政议政能力。设立参政议政展示栏，集中展示市情民意、政协履职最新资讯和委员风采。推荐49名政协委员担任特邀监督员，参与党风廉政工作、机关效能建设、政法机关执法和生态环境保护等监督活动。修订《石狮市政协委员履职积分管理办法》，严实考评管理方式，健全委员履职评价机制，激发委员履职责任感和使命感。五年来，累计对年度履职综合积分排名靠后的21名委员，以函告提醒的方式给予黄牌告诫。对年度履职综合积分最后9名的委员，给予黄牌警告和约谈。撤销3名造成不良社会影响的委员资格，责令4名因履职不力的委员辞去资格。综合委员履职积分和发挥作用情况，换届时向主管部门建议对表现较好的委员给予留任。

（二）推进政协组织建设。完善《政协石狮市委员会专委会工作通则》，做好市政协机构改革有关工作，优化各专委会设置，使之更加适应新形势下工作需要。聘请各界别委员充实各专委会，充分发挥作用，让委员干事有舞台、建言有渠道、履职有作为。加强镇（街道）活动组的建设管理，出台《关于规范政协委员镇（街道）活动组管理的通知》，督促各活动组依法依规开展活动。

（三）加强机关自身建设。坚持把政协机关党的建设摆在突出位置，持续营造政协机关良好的政治生态。以“党员＋委员，民声直通车”党建项目为平台，扎实推进“‘五抓五提’争先锋，凝心聚力新作为”特色党建活动，政协机关党支部获评“石狮市2017—2019年度先进党组织”。根据政协章程和有关规定，修订完善机关办事流程，规范管理机制、提高办事效率。接受“贯彻落实市委‘五个年’活动暨漠视和侵害群众利益”专项巡察，不折不扣抓好各项整改。坚决贯彻落实中央八项规定及其实施细则精神，五年累计减少“三公”经费20%。持续推进文明机关建设，践行社会主义核心价值观进机关活动。发出“厉行节约，反对浪费”倡议书，号召政协委员争当表率。自觉投入全国文明城市创建，联合林边、华南社区开展家园清洁、交通劝导等志愿服务，政协机关获评“创建全国文明城市工作先进集体”，并以优异成绩荣获第十四届省级文明单位。

回顾五年历程，成绩来之不易、经验弥足珍贵。这是中共石狮市委正确领导的结果，是市人大、市政府大力支持的结果，是市政协各参加单位、全体政协委员和政协工作者团结奋斗的结果，是社会各界和广大人民群众积极参与的结果。在此，我代表第七届市政协常委会表示衷心的感谢和崇高的敬意！

在看到成绩的同时，我们也清醒地认识到工作中存在的问题和不足：如，协商制度落实有待强化；民主监督实效亟待增强；成果转化力度急需加大；部分界别作用尚待发挥；委员履职能力和积极性亟须提升；机关服务水平仍需提高等。这些，需要我们在以后的工作中加以重视、研究和改进。

主要工作体会

五年来，我们围绕中心、服务大局、选准议题、把握重点、真诚协商、务实建言，积累了不少经验，也收获了一些体会：

一、坚持党的领导是政协必须恪守的政治原则

中国共产党的领导是中国特色社会主义最本质的特征，是成立政协时的初心所在，是人民政协事业发展进步的根本保证。只有始终坚持党的领导，只有准确把握政协性质定位，才能确保政协事业发展的正确方向，引领政协工作行稳致远。

二、坚持围绕中心是政协履行职能的基本遵循

只有在大局下思考、在大局下行动，以推动高质量发展为主攻方向，以促进民生改善为着力重点，切实提升协商民主的实效，才能彰显政协工作的价值取向，为改革发展稳定贡献更多智慧力量。

三、坚持团结民主是政协凝心聚智的永恒主题

团结民主是人民政协产生和发展的历史依据、继往开来的方向和使命。只有坚持大团结大联合，加强思想政治引领，广泛凝聚共识，才能担负起把党中央决策部署和对人民政协工作的要求落实下去、把海内外中华儿女智慧和力量凝聚起来的政治责任。

四、坚持委员主体是政协薪火相传的关键所在

政协委员是界别群众的代表、政协工作的主体。只有强化委员责任担当，让委员在政协履职中唱主角、担主责、当主力，充分调动委员的积极性、主动性、创造性，才能发挥政协工作的职能作用和独特优势。

五、坚持改革创新是政协事业发展的不竭动力

改革创新是政协工作的内在灵魂，是推动政协事业发展的动力源泉。只有以改革创新精神，积极探索履行职能的新方式、发挥作用的新途径、提高效能的新机制，才能使政协工作更好体现新时代特征、永葆生机活力。

今后工作建议

各位委员，同志们，今后五年，是我市全面建设现代化商贸之都、开启石狮高质量发展超越新征程的关键时期。立足新起点、实现新作为、作出新贡献，是时代赋予第八届市政协常委会的崇高使命和光荣职责。建议新一届市政协以习近平新时代中国特色社会主义思想为指导，全面贯彻中共十九大和十九届二中、三中、四中、五中、六中全会精神，围绕统筹推进“五位一体”总体布局和协调推进“四个全面”战略布局，聚焦“十四五”发展目标任务，全面贯彻市第八次党代会精神，认真履行政治协商、民主监督、参政议政职能，不断提高建言资政和凝聚共识水平，为推进石狮高质量发展贡献更大力量。

一、奋力唱响同向同行主旋律

把学习习近平新时代中国特色社会主义思想作为终身必修课，继续深入开展以党史为重点的“四史”教育，结合学习人民政协史、统一战线史，引领广大政协委员感悟思想伟力，切实把强大思想武器转化为做到“两个维护”的政治自觉、筑牢信仰之基的思想自觉和推动工作的行动自觉。深入贯彻落实中央和省委、泉州市委、石狮市委关于政协协商民主建设的部署要求，搭建常态化、多元化的协商参与平台，拓宽社会各界有序政治参与的渠道，注重发挥协商式监督特色优势，不断推进政协协商民主广泛、多层、制度化发展。

二、认真画好服务发展同心圆

坚持巩固和发展最广泛的爱国统一战线，团结带领全体政协委员围绕中心服务发展，把监督建言工作聚焦市委市政府工作部署和为民办实事项目的贯彻落实，紧扣“产业转型升级、优化营商环境、全域城市旅游、生态环境提升”等方面，寓监督于参与、支持和服务之中。坚持为各民主党派、工商联、无党派人士在政协更好发挥作用创造条件，拓展台港澳工作领域和深度，密切与海外华侨华人的沟通联系，做好与新的社会阶层人士的联谊，深化新时代民族工作，积极引导宗教与社会主义社会相适应，畅通各界意愿反映渠道，更加广泛凝聚共识，形成最大公约数。

三、齐心谱写民生福祉新篇章

聚焦党代会精神，围绕全市工作大局，充分发挥桥梁纽带作用，切实加强社情民意信息工作，助力排查解决突出民生问题，及时反映群众诉求。围绕百姓最关心、最直接、最现实的利益问题，重点关注社保、教育、医疗、养老等方面，就“城镇建设、乡村振兴、民生改善、社会治理”等深入调研、协商议政、民主监督，推动民生政策落到实处，为石狮争上新台阶、实现新突破贡献力量，不断提升人民群众的获得感、幸福感、安全感。

四、努力练就履职尽责真本领

发挥政协党组把方向、管大局、保落实的领导核心作用，旗帜鲜明讲政治、持之以恒强能力、坚持不懈优作风。完善制度机制、树立鲜明导向、激发队伍潜能，引导政协委员和机关干部，担当尽责、实效履职，努力打造“懂政协、会协商、善议政，守纪律、讲规矩、重品行”的政协委员队伍和对党忠诚、信念坚定、勤政务实的政协干部队伍。

各位委员、同志们，新时代开启新征程，新使命呼唤新作为。让我们更加紧密地团结在以习近平同志为核心的党中央周围，高举习近平新时代中国特色社会主义思想伟大旗帜，在中共石狮市委的坚强领导下，以更加昂扬的斗志、更加奋发的精神，奋进新时代、凝聚新共识、展现新作为，为全面建设现代化商贸之都、推动石狮高质量发展超越，以优异成绩迎接中共二十大胜利召开而努力奋斗！

重大项目

2021 年石狮市为民办实事项目完成情况一览表

表 16

序号	项目名称	项目建设内容和规模	承办单位	完成情况
1	公办幼儿园建设项目	建设宝盖第六中心幼儿园、蚶江第二中心幼儿园、服装城幼儿园、市第六实验幼儿园等 4 个幼儿园，完成主体封顶、内外装修和室外配套工程。2021 年完成投资 4900 万元	市教育局	基本完成。服装城幼儿园、第六实验幼儿园完工；宝盖第六中心幼儿园完成主体施工，正在进行室外配套工程扫尾；蚶江第二中心幼儿园完成主体施工，正在进行室外配套工程施工
2	小学课后服务项目	在全市有条件的小学开展课后服务。根据学校实际和学生需求，利用学校师资力量、场馆资源、仪器设备，在学生、家长自愿的基础上开展各类课后服务	市教育局	已完成。2021 年春季有 52 所小学校开展课后服务，其中 40 所学校开展午间课后服务，35 所学校开展下午课后服务，午间和下午均开展课后服务的学校 23 所。2021 年秋季我市实现义务教育学校课后服务全覆盖，67 所公办小学全部开展课后服务；61180 名学生参与课后服务，参与率 93.31%；3511 名教师参与课后服务工作
3	普惠性幼儿园项目	根据《石狮市教育局 石狮市财政局关于建立学前教育经费保障机制实施方案（2019—2020 年）》，投入普惠性幼儿园奖补资金 1500 万元。其中，对 88 所普惠性幼儿园的奖补资金约 1000 万元；对 9 所公办与普惠性幼儿园帮扶共建的幼儿园，每所给予经费补助 20 万元，合计 180 万元；对 17 所集体办幼儿园的 2500 名学生进行考核后补助，预计发放普惠性集体办幼儿园经费补助 320 万元	市教育局	已完成。1．“普惠性民办幼儿园奖补资金项目”：出台《2020 年—2021 年度普惠性民办幼儿园收费限价及补助标准》，制定《2021 年石狮市普惠性幼儿园评估标准》。6 月，组织评估组对认定的 88 所普惠性民办幼儿园进行公示、公布。11 月，向认定的 88 所普惠性民办幼儿园拨付奖补资金 1086 万元。2．“公办与普惠性民办幼儿园帮扶共建经费补助项目”：修订《石狮市公办与普惠性民办幼儿园帮扶共建试点方案》。4—5 月，各片区开展各种帮扶跟岗活动。6 月，各片区开展帮扶工作学期评价。8—11 月，调整帮扶片区名单，各片区启动帮扶活动。12 月，各片区开展送教、送研、送培、跟岗活动。3．“普惠性集体办幼儿园经费补助”：修订《石狮市普惠性集体办幼儿园经费补助方案》。9 月，收集普惠性集体办幼儿园奖补资金相关报账材料。由于集体办幼儿园没有机构代码，无法办理对公账户，奖补资金暂时无法拨付，正在协调中
4	校园安全管理提升项目	通过购买社会服务的方式，成立市校车安全监管服务公司，加强对全市校车的日常监管，并加强对非法集中接送学生车辆的摸排。计划投入 40 万元	市教育局	已完成。3 月 19 日完成服务采购公开招标工作，与泉州市金龙旅游服务公司签订校车管理合同，由泉州市金龙旅游服务公司进行校车管理日常监管
5	文化惠民项目	以政府购买服务的形式，采用“请进来”的方式，邀请专业院团和群众文化队伍展演优秀节目，每月在文化馆音乐厅举办一场惠民演出，全年 12 场，每场文艺演出补助费用 6 万元	市文化体育和旅游局	已完成。演出 12 场，分别为：石狮市闽南什音新春联欢大会奏（线上推广）；南音大会唱暨整弦排场启曲唱奏；“永远跟党走 奋进新征程”—2021 年石狮市庆祝中国共产党成立 100 周年青少年文艺会演；《你是一把火炬》华侨英烈李子芳舞台剧 2 场；燕语弦歌颂党恩·民乐专场音乐会；原创红色木偶剧《红星照我去战斗》2 场；庆祝泉州申遗成功文化惠民演出活动（宝盖山、石湖码头、六胜塔）；“闽情戏韵 魅力狮城”文艺宣传专场演出；迎中秋南音专场音乐会（线上推广）；“宋元中国看泉州 海丝航标看石狮”石狮市世界文化遗产点宣传系列活动启动仪式文艺演出
		采用“走出去”的方式，组织策划文化精品进基层公益性演出活动，全年举办 30 场下乡演出，每场补助 1.5 万元。文艺精品公益性演出包括非遗演出、群众性文艺演出等内容	市文化体育和旅游局	已完成。3—7 月，在世茂博物馆、体育公园、德辉广场、旅游集散中心广场等地举行文化精品演出、街头艺术达人赛等表演 27 场。8—9 月，受疫情影响，为避免人员聚集，暂无举办。10 月，在宝盖镇东洋村举办文化精品“高甲戏”进基层公益性演出，演出剧目《李离伏剑》《乌纱梦》。11 月，在蚶江镇莲埭村举办文化精品“高甲戏”进基层公益性演出，演出剧目《忠义夫人》

续表 16

序号	项目名称	项目建设内容和规模	承办单位	完成情况
6	建设2个街头体育公园项目	在宝盖镇（镇政府旁塘边村绿化地）、鸿山镇（沿海路东埔村湾仔片区）各建设1个小型体育公园。建设完成后经验收合格的，每个建设点补助100万元	市文化体育和旅游局	基本完成。宝盖街头体育公园：已完成。完成一个五人制足球场、健身路径、小型儿童乐园、一条150米健身步道建设。鸿山街头体育公园：基本完工。完成一个五人制足球场、一个老年人门球场、一个广场舞场地、健身路径建设；一条250米健身步道建设正在进行工程扫尾
7	建设30个口袋公园项目	结合创建国家园林城市活动，建成30个街头绿地、口袋公园或休闲场所，初步实现“满城见绿、遍地开花”的宜居家园	市城市管理局	已完成。建成30处口袋公园，具体为凤里街道4个、湖滨街道3个、宝盖镇5个、灵秀镇2个、祥芝镇2个、蚶江镇2个、鸿山镇2个、锦尚镇2个、永宁镇2个、市国投集团3个、市政公用事业发展中心3个
8	鸳鸯池公园景观改造项目	对公园主次入口及绿化进行改造提升，水体3.33公顷、园建绿植约12.8公顷，增设居民休闲活动、亲子园、篮球场、亲水木栈道等场所	市城市管理局	已完成。鸳鸯池公园景观改造项目整体完工。完成四片区的改造提升和四片区外零星绿化提升，包括长势不良乔木的去除、杂乱灌木更换草皮等工作；完成公厕翻建并投入使用
9	风炉山公园景观提升项目	对风炉山山体公园部分节点进行完善，合理布置厕所、公园服务中心、儿童乐园等配套设施，改造现状山体植物空间层次，建设生态绿带，建设休闲活动场地等，提升改造面积约12000平方米	市住房和城乡建设局	已完成。完成儿童乐园广场铺设及绿化种植、主广场铺设及绿化种植、路灯安装、新增园路、管理房建设等
10	建设风炉山公园南环路人行天桥项目	在湖滨街道南环路建设人行过街天桥。天桥规划面积431.1平方米，主桥桥面总宽4.3米，桥面净宽4.0米，双向横坡1.0%	市住房和城乡建设局	基本完成。完成南环路人行过街天桥建设，正在进行工程扫尾
11	新建公交候车亭项目	新建共富路（石锦大道至沿海大通道）20个公交候车亭，新建红塔湾旅游公路13个公交候车亭，新建石锦大道福利院1个公交候车亭，新建国际食品城3个公交候车亭（海宁路2个、湖光路1个）和1个临时站牌（湖光路）	市交通和港口发展局	基本完成。完成公交候车亭基础建设，完成公交亭部件预制，其中18个公交亭完成安装，余下的待公交亭部件到货后安
12	老旧小区改造项目	选取一批老旧小区进行改造。主要进行小区道路、排水、供电、供气、绿化、照明、围墙、消防等基础设施和公共服务设施提升改造	市住房和城乡建设局 湖滨街道 凤里街道	基本完成。2021年推进老旧小区改造44个，基本完工改造小区35个，正在施工小区9个，完成整体改造工程量约75%
13	城乡公厕改造提升项目	新建、改造城乡公厕40座，其中蚶江镇8座，灵秀、永宁镇各6座，宝盖、祥芝、锦尚镇各5座，鸿山镇3座，凤里街道2座	市城市管理局	已完成。完成新建、改造公厕40座
14	农村生活污水治理工程	完成15个村（永宁镇3个：西岑村、西偏村、郭宅村；鸿山镇3个：东浦一村、东浦二村、东浦三村；蚶江镇2个：古山村、石壁村；灵秀镇3个：华山村、塘园村、前廊村；祥芝镇4个：后湖村、赤湖村、莲坂村、前山村）农村生活污水主管网、支管网建设，部分村庄建设污水提升泵站设施，将收集的村庄生活污水纳入建好的市政管网	市城市管理局	基本完成。15个村中，12个村完成主管建设。2021年完成管道敷设239.783千米，完成检查井5308个，新建三格化粪池1765个，完成户接管6238户，完成投资额21162万元，投资额超过年度计划
		完成灵秀镇灵峰、灵山、灵狮村周边沿途生活污水沟的水体整治，灵峰、灵山、灵狮村周边沿途污水沟总长约1.8千米	市城市管理局	已完成。灵山沟截污管道工程完工，完成管道1000米，完成检查井28个，化粪池2个，1号泵站、2号泵站、3号泵站均安装调试运行，完成清淤500米

续表 16

序号	项目名称	项目建设内容和规模	承办单位	完成情况
15	交通隐患点整治及校园交通“微循环”改造项目	1. 事故隐患路口、路段治理。对石祥路山前路口、宋塘路—弘德路路口、香江路—福辉路路口、宝岛路—福辉路路口、北环路港塘菜市场路段等路口路段交通安全设施进行升级改造完善。计划投入 370 万元。2. 校园周边交通“微循环”改造。通过单向交通组织、物理隔离、信号配时优化、完善停车设施和社会化管理等手段，在琼林中心幼儿园、厦门外国语学校石狮分校等学校周边实行交通“微循环”，缓解片区交通压力。计划投入 100 万元	市公安局	已完成。1. 事故隐患路口、路段治理项目：新建石祥路山前路段、北环路希尼亚路段信号灯控及电子警察系统，新建濠江路—嘉禄路、弘德路—宋塘路路口电子警察系统，更新福辉路—香江路、福辉路—宝岛路电子警察系统；对八七路、香江路、南洋路等路段 26 组斑马线加装标志标牌、警示灯等设备，完善行人过街设施。2. 校园周边交通“微循环”改造项目：完成项目主体建设，正在试运行
16	老年人高龄补贴项目	根据《福建省老年人权益保障条例》第三章第二十五条，每年分 2 次为 80 周岁及以上老人发放高龄补贴，发放标准为 80 至 89 周岁 50 元 / 人 • 月、90 至 99 周岁 100 元 / 人 • 月、100 周岁及以上 300 元 / 人 • 月。对 80 周岁及以上的低保老年人每月叠加发放 100 元 / 人 • 月的高龄补贴	市民政局	已完成。1. 完成 2021 年上半年度高龄补贴审核工作，发放 8205 人， 279.505 万元，2021 年下半年高龄补贴预计于 2022 年 2 月发放。2. 按月为 80 周岁及以上的低保老年人增发 100 元 / 人 • 月的高龄补贴，1—12 月发放 2.76 万元
17	购买养老服务项目	1. 政府购买养老服务项目：为 3000 名（以实际服务人数为准）老人提供每月 20 元的信息服务，并为其中 100 人（以实际服务人数为准）提供每月价值 300 元的实体援助服务。信息服务费 72 万元，实体家政护理服务费 36 万元，合计 108 万元。2. 高龄老人意外伤害保险项目：继续为全市约 8000 名 80 周岁及以上老年人购买意外伤害保险，减轻老年人医药费负担，提高老年人抵御风险能力。2021 年按每人 30 元标准购买，保期一年，合计 24 万元	市民政局	已完成。1. 政府购买养老服务项目：3 月 2 日通过竞争性磋商，确定由江苏禾康信息技术有限公司中标成交，并签订协议。2021 年为八类老人提供每月 20 元的基础信息服务约 2.7 万人次，并为其中符合条件的老人提供实体家政护理服务约 7200 人次；2. 高龄老人意外伤害保险项目：完成重新核对统计高龄老人名单 7730 人，并于 9 月 6 日与人寿保险签订协议，支付保险费
18	城乡居民最低生活保障对象帮扶项目	小额人身意外伤害保险项目：全市城乡居民最低生活保障对象（含特困人员、孤儿、事实无人抚养儿童）因意外伤害导致的身故、伤残（含烧烫伤）和住院医疗等事故，保险公司按照承保的保险责任和保险金额进行赔付	市民政局	已完成。7 月 20 日与人寿保险公司签订协议，并支付保险费。2021 年对象名单 1822 人，其中：低保对象 1647 人、特困人员 151 人、孤儿 10 人、事实无人抚养儿童 14 人，保费 80 元 / 人
		减免有线数字电视收视费项目：为全市城乡居民最低生活保障对象、特困救助供养对象、孤儿、事实无人抚养儿童、革命五老人员每月每户支付 25 元电视宽带收视费用，福建广电网络集团石狮分公司负担不足部分（差额 43 元）、主终端智能机顶盒、Modem、智能卡，并免费提供广电网络云平台建设专属板块栏目（用于社会救助、养老相关政策宣传）和期间的项目维护	市民政局	已完成。3 月 19 日与福建广电网络集团石狮分公司签订协议，并根据 2 月份低保等对象名单，上门安装调试智能机顶盒，以确保项目及时完成，全部完成安装。经核实，广电实际安装 1083 户，其中：低保 968 户、特困人员 84 人、孤儿 9 人、事实无人抚养儿童 16 人、革命五老人员 6 人，合计支付 32.49 万元
19	长期照护保险试点项目（二期）	低保对象、特困人员（含孤儿）中的长期重度失能人员享有日常护理服务，以政府主导、保险公司经办的方式保障重度失能人员在照护服务机构享有 30 项健康照护服务，待遇标准 600 元 / 月 • 人	泉州市医保局石狮分局	已完成。护理服务机构开展入户上门护理服务，2021 年 1—12 月护理服务 863 人次

续表 16

序号	项目名称	项目建设内容和规模	承办单位	完成情况
20	社会福利中心儿童院修缮项目	对社会福利中心儿童院进行钢筋除锈、墙面修补装修以及门窗设施、水电设施更换等，加装消防喷淋报警系统，进行污水管道疏通，儿童院修缮期间进行临时安置	市民政局	已完成。完成钢筋除锈、墙面修补、门窗设施、消防报警和喷淋系统安装、部分生活和卫生用房改造、房门和水电设施更换等修缮工作
21	妇婴保障工程	1. 扩大免费检查覆盖率，在城乡适龄妇女中开展妇女病免费检查；2. 实施30项新生儿疾病筛查	市卫生健康局	已完成。1.“两癌”检查筛查：完成宫颈癌筛查4000人，乳腺癌筛查4000人；2. 新生儿疾病筛查：完成筛查5557人
22	0—3岁婴幼儿照护服务机构试点项目	开展1家具有示范效应的婴幼儿照护服务试点，达到国家卫健委制定的托育机构设置标准和管理规范。试点单位至少80个托位，面向社会大众招生，收费实行政府定价或接受政府指导价	市卫生健康局	已完成。按照托育建筑设计规范要求全部完成室外内装潢，水电、监控、空调并投入使用，办公家具、教玩具、窗帘全部摆设到位。一键报警等消防设施设备全部安装完毕，并通过第三方消防验收；10月15日完成托幼机构卫生评估
23	全市村卫生所（室）医疗责任险投保补助项目	对全市购买医疗责任险的约147家村卫生所（室）每家补助500元，经费需求以购买医疗责任险的村卫生所（室）实际数量为准	市卫生健康局	已完成。2020年度全市村卫生所（室）医疗责任险服务时间为2020年11月30日至2021年11月29日。于11月组织全市村卫生所（室）向保险公司购买 2021年度医疗责任险，143家村卫生所室签订医疗责任协议，补助发放到位
24	“生育关怀行动”项目	1.“安居工程”：对翻建、新建和购房的对象，市、镇两级分别给予每户补助2万元；对房屋修缮的对象，市、镇两级分别给予每户补助1万元，市财政投入30万元，镇财政投入30万元；2.“成才工程”：对一女、二女结扎户、计生困难户和一女自愿不再生育户子女就读高中给予学杂费补助，就读大学给予奖学助学，市财政投入80万元，镇财政投入50万元；3.“保障工程”：意外伤害保险、失独家庭体检及“六项重点任务”宣传服务活动等工作。市财政投入85万元；4.“亲情工程”：春节及中秋节开展慰问计生家庭、失独家庭及计生工作者活动，开展失独家庭一次性慰问及“关爱小组”活动，根据基层报送情况对遭受重大病灾、事故的计生困难家庭实施紧急救助，开展优生优育宣传服务活动。市财政投入85万元，镇财政投入50万元；5.“致富工程”：开展计生家庭创业帮扶、技能培训等，提升计生家庭自身“造血”功能。市财政投入20万元	市计生协会	已完成。1.“安居工程”：研究通过帮扶对象16户，完成验收；2.“成才工程”：为141名农村一女、二女结扎户，一女自愿不再生育户等的女儿办理中考加分。市镇两级各投入15.9万元，为159名一女、二女结扎户，一女自愿不再生育户的女儿提供学杂费补助。市级投入48.7万元、镇级投入40.7万元，为153名一女、二女结扎户，一女自愿不再生育户的女儿及困难户子女提供奖学助学；3.“保障工程”：投入31.56万元，为全市3156户纯女结扎户、一女自愿不再生育户及失独家庭的母亲购买国寿关爱女性健康保险。计划生育家庭意外伤害保险投保10500户，市级投入资金72万元，镇级投入资金33万元；4.“亲情工程”：春节期间，投入0.25万元，慰问5户挂钩帮扶困难户；投入4.5万元，走访慰问其他计生困难家庭90人次；投入2.7万元，走访慰问27户失独家庭；投入9万元，为3户新发生失独家庭发放一次性抚慰金；投入0.4万元，慰问8名困难基层计生协会工作者。共开展4期生育关怀，市级投入71.1万元，镇级投入26.8万元，救助117户近期遭受重大病灾、事故的计生困难家庭。中秋期间，投入0.4万元，慰问2户文明单位挂钩帮扶困难户；投入5.8万元，走访慰问29户失独家庭；5.“致富工程”：投入13.5万元，资助27户有生产经营项目的贫困母亲。投入3万元，为一女、二女结扎户，一女自愿不再生育户及计生特殊家庭或低保计生家庭成员电商就业创业培训，拨付2020年小额贷款利息2.28万元

2021 年石狮市重点建设竣工情况一览表

表 17

项目	建设内容
	城建环保
双渠路道路工程	地点位于宝盖镇。建设内容：全长 270 米，路宽 18 米，建设道路、路灯、人行道、雨污水工程、交通等工程
工业路	地点位于宝盖镇。建设内容：全长 210 米，路宽 18 米，建设道路、路灯、人行道、雨污水工程、交通等工程
石狮市垃圾综合处理厂提级改造项目	地点位于锦尚镇。建设内容：建设规模为日处理生活垃圾 1200 吨 / 天，即 2×600 吨 / 天机械炉排焚烧锅炉，配 1×25 兆瓦抽凝式汽轮发电机组（发电机功率为 1×30 兆瓦）。项目总投资 59440 万元，设计年处理垃圾量 43.8 万吨
石狮市第六实验幼儿园东侧 18 米路（蚶江厝仔）	地点位于蚶江镇厝仔村。建设内容：工程造价 148.7172 万元，项目位于学府路和宋塘路交叉口东北侧，为城市支路。道路红线宽度为 18 米，起点位于宋塘路 K0+009.38 处，终点位于桩号 K0+204.581，沿途经石狮市第六实验幼儿园，道路全长为 195.201 米。施工内容包括道路工程、交通工程、路灯工程、排水工程以及绿化工程等
九五路拓宽改造工程	地点位于鸿山镇东埔一村、东埔二村。建设内容：道路全长 888 米，道路红线 22 米宽，主要为混凝土路面，雨污管网、亮化、绿化等工程
石狮大道、石泉二路污水管网连接工程	地点位于宝盖镇、蚶江镇。建设内容：完善石泉二路、石狮大道污水管网及部分断头管网建设，新建 DN400—DN500 污水管约 6600 米，新建一体化污水泵站一座，完善石狮市污水管道系统、增加污水收集、处理率。总投资额 4800 万元
鸿山热电向石狮市高新区及海洋科技园集中供热工程	地点位于锦尚镇、鸿山镇、祥芝镇、蚶江镇。建设内容：管道从鸿山热电西围墙出来，高新区主管道管径为 DN600，海洋科技园为 DN500。总共 14.2 千米，（其中高新区 11.1 千米，海洋技园 3.1 千米）；项目总投资 1.2 亿元
石狮市入河排污口整治	建设内容：对石狮市集中排查完的 7 个入河排污口进行整治。总投资额 1000 万元
长林东路道路完善工程（湖滨街道）	建设内容：包括道路工程、交通设施工程、桥梁工程、给排水工程（雨水：最大管径为 DN1000mm）、照明工程等。南起现状长林东路，北至现状宝岛中路，道路等级为城市支路，全长约 80 米，规划红线宽 18 米，其中包含新建桥梁 1 座，桥梁跨径为单跨 4.2 米
九牧地块接绿源污水处理厂排放管道工程	地点位于锦尚镇，项目起点为石锦路与经二路交叉口，沿石锦路（经二路至沿海大通道段）、沿海大通道（石锦路至港区道路段）及港区道路新建 DN300 毫米压力尾水管，终点至锦尚污水处理厂尾水排放管，管道长约 4.4 千米。 建设内容：施工内容为道路工程、排水工程、临时交通工程，目的是将九牧地块处理达标后的尾水转输至锦尚污水处理厂现状 D=1200 毫米深海排放管，最终排入外海
石锦路绿化提升项目	地点位于石锦路（学府路 - 共富路）为城市主干道。建设内容：长约 4.2 千米，双向六车道，项目总投资 300 万元，主要去除长势不良的绿植，开展局部地形整理、堆坡处理、节点绿化组团，打造景观节点
石锦路锦尚工业区路段维护修缮项目	地点位于石锦路锦尚工业区，建设内容：石锦路锦尚工业区路段路面大修维护、路灯更新等工程。总投资 500 万元，完成水泥路面修复 7131 平方米，路灯新建 71 杆及新建变压器 1 台。通过维护修缮工作，完善道路设施，提高夜景照明，减少交通事故，促进民众安全出行
石狮世茂狮仔山项目安置房地块	地点位于狮仔山片区、嘉禄路与群英路交叉处。建设内容：107033.98 平方米，总投 28895 万元。楼栋数量为 17—30 层，地下室为 1 层，共 6 栋住宅组成。其中 6 号楼 17 层、7 号楼 17 层、3 号 24 层、5 号楼 24 层、1 号楼 30 层、2 号楼 30 层
石永二路绿化提升项目	地点位于石永二路（共富路 - 红塔湾旅游路）为城市主干道。建设内容：全长约 3.5 千米，项目总投资 400 万元。主要为道路绿化土壤更换和改良，增加花化彩化，提升道路整体景观风貌
市区路名牌、路名灯箱等整治提升项目	地点位于石狮市区各道路。建设内容：路名灯箱，公交站灯箱，公交站顶牌路名，公交站修缮提升等，项目总投资 300 万元，完成新建 91 座路名灯箱，路名牌 342 座，维护修缮石狮市区 114 座公交亭。通过提升工作，美观、规范化的路名牌、“亮”丽的路名灯箱成为城市的一道风景，提升市容市貌水平
2021 年市区街头绿地建设工程	地点位于石狮市灵秀镇灵狮村、仕林村、茂厦村。建设内容：灵狮村口袋公园位于金相路与西环路交叉口，占地面积 2400 平方米。茂厦村口袋公园位于北环路与香江路交叉口，占地面积 2050 平方米。仕林村口袋公园位于狮城大道仕林村入口，占地面积 2600 平方米。计划总投资 500 万元
鸳鸯池公园景观改造工程	地点位于凤里街道。建设内容：主要改造提升公园主次入口，扩宽主次入口的景观视野，提高景观效果；提升健康跑步道的景观效果；增设居民休闲活动场所；增设亲子园，提供亲子互动场所及体验项目；增设篮球场、笼式足球场、羽毛球场，提供多种健身项目的健身活区；改造提升南音社并植入文化内涵；增设亲水栈道及木平台，拆除杂物仓库，改造提升园林建筑，恢复原有建筑的功能性，对水榭建筑改造为敞开式，提高便利性

续表 17

项目	建设内容
石狮大道（高速口至一重环湾）、水头外线连接线及部分节点绿化提升工程	地点位于蚶江镇。建设内容：全长约 3.2 千米，绿化总面积 15000 平方米，主要对沿线道路绿化及节点绿化进行景观提升
石永路景观提升工程	地点位于永宁镇石永路。建设内容：全长约 4.5 千米，总绿化面积约 13000 平方米。包括道路标志标线店招、标志招牌，中分带及重要节点景观绿化提升。项目总投资估算 300 万元
加曾寨规划二路（石龙路至加曾寨安置小区）工程	建设内容：全长 157.94 米，包括道路工程、排水工程、照明工程、绿化工程等
玄武路（兴学路）工程	建设内容：设计起点位于玄武路与西环路交叉处，测设桩号为 K0+018.30，设计终点位于石狮市第四实验小学大门口，测设桩号为 K0+566.55。本项目路基宽度 12 米，路面宽度为 12 米，为全幅水泥混凝土路面。总用地面积 6981 平方米
灵秀镇第三中心幼儿园东侧道路工程	地点位于灵秀镇第三中心幼儿园东侧。建设内容：设计道路宽度为 8 米，双向两车道，两侧各 2 米人非共板人行道。道路起点桩号为 K0+064.421，道路终点桩号 K0+247.929，全长 183.508 米。
宝晖路（东港路—九二路）新建工程	工程造价 632.51 万元，已完工。设计道路宽度为 18 米，新建沥青砼路面宽度为 12 米，两侧各 3.0 米人行道，沥青路面施工起点桩号位于规划 18 米路 K0+13.093 处，沥青路面施工终点桩号 K0+483.394，全长为 483.394 米。包含道路工程、交通工程、排水工程、路灯工程、绿化工程等，本工程道路等级为城市道路支路
益家东路（海宁路—规划路）	建设内容：路线全长 240.37 米，宽度 38 米，管道最大直径 DN1400，包括道路工程、交通工程、排水工程、电力工程、路灯工程以及绿化工程等
2021 年口袋公园建设项目	地点位于凤里街道、湖滨街道、灵秀镇、宝盖镇。建设内容：项目总投资 1500 万元，结合创建国家园林城市活动，在市区建成 30 个街头绿地、口袋公园或休闲场所，初步实现“满城见绿、遍地开花”的宜居家园
濠江路绿化提升（水头外线—香江路）	地点位于宝盖镇。建设内容：为道路中分带、侧分带种植土回换填，绿化苗木种植、灌溉给水工程等
石狮祥芝沿海大通道沿线地块景观改造工程	地点位于祥芝镇风情小镇内沿海大通道沿线。建设内容：项目总计划投资 1800 万元，总建设面积约 36000 平方米。改造建设道路两侧沿线征迁杂地块、优化提升沿线绿化景观
红塔湾旅游路停车场工程	地点位于永宁镇。建设内容：占地 0.33 公顷，在红塔湾旅游路永宁镇边防派出所段建设地面划线停车场，新建机动车停车位 100 个
九二东路（濠江路—回兴路）	地点位于宝盖镇前坑村。建设内容：道路起点位于石狮市濠江路与九二东路交叉口，终点位于石狮市回兴路与九二东路交叉口，道路全长 677.831 米。红线宽 26 米，双向四车道；建设包括道路工程、人行道工程、雨污水系统工程、照明工程、交通工程及沿线设施、电力管道工程、景观绿化工程等；总投资额 11600 万元
石狮市锦尚外线道路绿化工程	地点位于永宁镇、锦尚镇、鸿山镇。建设内容：全长 6.2 千米，总绿化面积约 7.4 万平方米，主要对道路中分带、侧分带、沿海景观慢道及口袋公园绿化
石狮市锦江外线道路绿化工程	地点位于蚶江镇。建设内容：全长 5.626 千米，总绿化面积约 6 万平方米，主要对道路中分带、侧分带、两侧绿化
风炉山景观提升工程	地点位于灵秀镇与湖滨街道交界处。建设内容：总建设面积约 12000 平方米，计划投资 750 万元。新建管理房公共配套设施、建设体育活动场地、改造植物空间层次、建设生态绿带、增加种植花化植物等
石狮市军事公园（一期）	地点位于永宁镇。建设内容：总投资 3485.76 万元，建安费用 2712.66 万元，建设面积约 128.64 公顷。园林建筑工程包括主入口广场、主入口停车场、文化休闲广场、滨海休闲广场、五星廊道等。道路工程包括设计平面图示范围内沥青路面、排水沟等。绿化工程包括设计平面图示范围内的绿化种植养护、支撑护树架、种植土回填等。室外安装工程包括路灯工程、排水工程、给水工程等
石狮市金相路（规划路—金盛路）	建设内容：道路宽度为 30 米，起点位于规划 18 米路 K0+000 处，终点位于金盛路 K0+157.582，道路全长为 157.582 米。施工内容包括通用工程、道路工程、雨水工程、路灯工程、交通工程、绿化工程等
十里黄金海岸节点提升工程	地点位于永宁镇。建设内容：古卫大道段的现状拆除工程、园路工程、土方工程、路灯工程等
红塔湾旅游路景观桥	地点位于永宁镇。建设内容：新建桥梁为红塔湾海岸公园零星项目景观提升工程自然驳岸景观桥，工程共 8 根桩，桩径均为 1000 毫米，桩基类型为端承桩。持力层为中风化花岗岩，桥梁设计基准期 100 年，设计使用年限为 50 年
石狮市拥军路及西片朝天大道道路景观提升工程	地点位于永宁镇。建设内容：绿化总面积约 12 万平方米，总投资约 400 万元。主要对路内及路外两侧绿化提升，补植乔木、地被，修复人行道

续表 17

项目	建设内容
伍鸿路景观提升工程	地点位于鸿山镇。建设内容：全长约 2.5 千米，主要对道路中分带、侧分带及边分带景观提升，绿化面积约 2.5 万平方米
石祥路（学府路—G228）整治项目	地点位于宝盖镇、蚶江镇、祥芝镇、鸿山镇。建设内容：主要进行道路标线施画，道路人行道、路缘石破损修复，道路绿化补植，道路交叉口景观提升，护栏及墙体彩绘等整治工作。项目总投资 400 万元
	基础设施
石狮全域配电网改造升级工程项目	建设内容：项目总投资 9000 万元，主要为新开工福建泉州石狮山兜—城西及宝盖—灵秀 π 入玉湖变 110 千伏线路工程，新建 110 千伏线路长度 25.2 千米。新建及改造 10 千伏线路 50.08 千米，新建及改造配变 25 台，新增配电容量 1.32 万千伏安
石狮市海洋生物食品园 C 区道路工程 - 支路二、支路三、支路四、支路五	地点位于祥芝镇。建设内容：建设有支路二，长度 218 米，宽度 18 米；支路三，长度 380 米，宽度 18 米；支路四，长度 325 米，宽度 18 米；支路五，长度 310 米，宽度 18 米。配套园区公园用地面积约 1.83 公顷，主要为混凝土路面、人行道、挡土墙及道路雨污水管、路灯、绿化等工程以及公园园路、绿化等
祥芝镇莲农路、古莲路工程	地点位于祥芝镇，建设内容：莲农路起点为伍堡路、终点为古莲路，长度 331 米，宽度 18 米；古莲路起点为支路五、终点为莲农路，长度 435 米，宽度 18 米。主要为混凝土路面、人行道、挡土墙及道路雨污水管、路灯、绿化等工程
祥芝镇祥发路道路工程	地点位于祥芝镇祥发路（沿海通道至狮祥一路）。建设内容：道路总长 365 米，道路宽度 12 米，主路面 8 米，两侧人行道各两米，配套雨水、污水系统、路灯、行道树等
宝盖镇仑后村仑后变电站东侧道路工程	地点位于宝盖镇。建设内容：全长 156 米，宽 11 米，主要包括路面、路灯、部分人行道等工程
宝盖科技园排水系统维修工程	地点位于宝盖镇。建设内容：污水管改造、雨水管道清淤、不锈钢快速锁 10 处
G228 线祥芝外线专项整治工程	地点位于祥芝镇。建设内容：混凝土路面板病害处治、人行道及路缘石破损修复、标线清除重新施划、减速带破损修复、沿线雨水箅及检查井盖破损更换、道路两侧杂草清除。道路全长 6.693 千米，总投资 120 万元
Y003 道路（石锦路至永祥路）改造工程	地点位于永宁镇。建设内容：全长约 2.74 千米，对原有道路进行重新铺设，采用水泥路面。总投资 500 万元
沿海大通道（石湖疏港路段）改线工程	地点位于蚶江镇。建设内容：道路全长 878 米，设计时速为 40 千米，道路等级为二级公路（兼具市政功能），道路标准宽度为 30 米，双向六车道。建设道路、交通、路基路面、管线、电力照明工程等，项目投资估算金额为 4832 万元
共富路（石永路至石永二路）拓改工程	地点位于永宁镇。建设内容：全长约 2 千米，红线宽度 26 米，建设道路、交通、给排水、电气等工程
石狮市永宁外线（红塔湾旅游路至梅宁路）道路工程	地点位于永宁镇。建设内容：道路起点位于永宁镇外高村，路线起点与现状红塔湾旅游路衔接，自东向西沿海岸线蜿蜒前行，途经外高村，终点顺接于梅宁路、县道 X326 以及乡道 Y004 的交叉口；道路按照二级公路兼城市道路功能的标准新建，设计速度 40 千米 / 小时，双向 6 车道 + 北侧 1 辅道，道路红线宽度约为 45 米，路面采用沥青混凝土路面结构，路线长约 1.101 千米，项目总投资约 1.9 亿元
锦江外线南侧与湿地公园连接段工程	地点位于蚶江镇，建设内容：新建两条园区道路，起点位于锦江外线，由北向南跨蚶江沟至堤顶护岸，通道一全长 61.527 米，道路宽度 7.25 米；通道二两条引道全长 57.632 米，道路宽度米，跨蚶江沟段全长 38.137 米，道路宽度 4.6 米，原堤顶护岸为顺接通道二，改造长度 120 米。总投资额为 1030 万元
锦尚外线下穿通道工程	地点位于蚶江镇、永宁镇。建设内容：城市主干道总长 445.6 米
石狮市智慧停车（一期）	地点位于石狮市城区道路。建设内容：拟运用云计算、物联网、大数据等先进技术手段，对各路段停车位及各种室内、室外停车场进行信息化改造，组建并逐步完善石狮市智能停车综合管理平台
	社会事业
石狮市大仑中心小学扩建工程（一期）	地点位于凤里街道大仑社区镇中路东侧，建设内容：3 号楼地下一层，地上为 4 层；4 号楼地上为 5 层。建筑面积 7382.91 平方米，总投资 2338 万元。3 号楼使用功能为设备用房、专用教室、辅助用房等，4 号楼使用功能为普通教室、专用教室、教师办公、辅助用房等
瑞茂电子商务产业园	地点位于凤里街道，建设内容：以电子商务为发展主线，重点构建以 B2B、B2C 为核心的电子商务交易技术平台，主营服装，面积 5200 平米，共 7 层
石狮市慧动科创教育城	地点位于凤里街道，建设内容：租赁凤凰城商城 9 号楼，面积约 1 万平方米，建成科技教育培训基地。主要包括科普展示厅、人工智能室、机器人室、3D 三维创意设计室、科技制作及信息奥赛及各类手工创作及非遗物质文化

续表 17

项目	建设内容
狮仔山幼儿园	地点位于凤里街道，建设内容：建筑面积 8188.11 平方米，其中计容建筑面积 6590.47 平方米，不计容建筑面积 1597.64 平方米。本项目拟建 3 栋 3 层连体建筑，半地下室一层；主要建设内容包含幼儿园主体工程及其附属围墙、室外工程、照明、排水、绿化等
石狮服装城监控系统及消防控制中心系统改造项目	地点位于灵秀镇。建设内容：投入约 1000 万元对服装城 10 幢（8 幢交易区、2 幢展览区）消防监控室进行全面技术升级改造，整合成一个统一的、综合性的消防控制中心（展览艺术中心一层）。规划整合线路，将各幢分幢的消防控制室中的火灾自动报警控制器迁移至消防控制中心，原有各幢消防控制器、外线设备不作改变
新湖中心小学改扩建	地点位于湖滨街道新湖中心小学。建设内容：建设大门、围墙及配套设施，建设标准 200 米环形跑道的运动场
塔前小学改扩建教学楼	地点位于灵秀镇塔前村。建设内容：占地面积 0.098 公顷，总建筑面积 6237.44 平方米，建设一栋六层教学楼。总投资为 2500 万元
鸿山医养服务中心	地点位于鸿山镇伍堡村卫生院南侧。建设内容：占地面积 520 平方米，总建筑面积 3148 平方米（含地下设备用房），至少可设置床位 80 张。设置有老人诊疗室、自理病房、养护病房、介护病房以及活动中心、阅览室、营养配膳中心、康复训练中心等，总投资为 1500 万元
石狮市教师进修学校建设 （二期）	地点位于宝盖镇石狮大道 4288 号。建设内容：专用教室、道路景观绿化、围墙、设备采购等配套设施设备，总投资 1200 万元
教育系统危改项目	建设内容：根据石狮市教育局对全市中、小学、幼儿园校舍摸排，对存在安全隐患的校舍、附属设施进行加固、改造，具体包括五星小学外墙、锦尚第二中心幼儿园厨房及教学楼、林边小学综合楼、八中学生宿舍楼、凤里中心幼儿园、鸿山镇中心幼儿园、邱厦小学屋顶葡萄架、锦亭小学教学楼、灵秀中心幼儿园、一中基金大楼和图书馆外墙及北大门东侧围墙、第二实验小学大门、锦里小学外墙、祥芝中心幼儿园、坑东小学玻璃幕墙、鸿山小学大门等
石狮服装城实验幼儿园	地点位于灵秀镇钞坑村石狮服装城。建设内容：幼儿园建筑及安装工程、桩基础工程、室外景观绿化工程等，总建筑面积 4268.74 平方米，地上四层，最大跨度 7.5 米，檐口高度 16.25 米。总投资约 3000 万元
宝盖第六中心幼儿园	地点位于石狮市宝盖镇（石永路东侧）。建设内容：幼儿园总建筑面积 5790.63 平方米，建筑占地面积 2035.54 平方米，规划建筑高度 13 米，消防建筑高度 14 米，幼儿园地上 3 层，其中一层设有厨房、食品库、卫生间、配电室、柴油发电机房、消防水泵房、控制室、寝室区、活动区、衣帽间、晨检大厅、保健观察室、警卫室等，二层设有园长室、财务室、会议室、办公室、寝室区、活动区、多功能活动室等，三层设有休息室、办公室、寝室区、活动区等。总投资 2500 万元
永宁第三中心幼儿园	地点位于永宁镇金埭村，建设内容：总建筑面积 4506.04 平方米，地下室 1 层，地上 4 层；檐口高度 11.1 米
永宁信义实验小学	地点位于永宁镇信义开发区。建设内容：总建筑面积 12421.94 平方米
鹏山工贸学校产教融合项目	地点位于灵秀镇。建设内容：新建一幢实验楼，总建筑面积 5284.49 平方米，总投资 2000 万元
祥芝第二中心幼儿园	地点位于祥芝镇。建设内容：总建筑面积 4818.1 平方米，层数为地上三层，檐口高度：11.53 米，项目主要建设教学综合楼等建筑、门卫房、地下消防水池等附属设施，并配套室外消防水池、绿化、给排水、电力和道路硬化等附属设施
石狮市永宁中学艺术楼及配套工程	地点位于永宁镇黄金大道。建设内容：新建一幢 6 层的艺术楼，总建筑面积 7549.58 平方米
石狮永久墓园提升工程	地点位于永宁镇银珠笔山永久墓园内。建设内容：提升石狮市永久墓园殡仪馆中的悼念厅、火化车间、骨灰寄存设施等部分项目
商贸服务	
宝盖山景区提升工程	地点位于宝盖镇。建设内容：旅游大数据管理平台建设，实现游客数据信息化，统计了解景区游客相关信息，推动旅游经济
石狮世茂狮仔山项目 2018S-26 号地块	地点位于狮仔山片区、嘉禄路与群英路交叉处。建设内容：建设规模 125219.69 平方米，总投资 80900 万元，楼栋数量为 26 33 层，地下室为 1 层，共 8 栋组成。其中 6 号楼 26 层、7 号楼 26 层、8 号楼 26 层、2 号楼 30 层、1 号楼 33 层、3 号楼 33 层、5 号楼 33 层、9 号楼为 1 层配电房
石狮世茂狮仔山项目 2018S-27 号地块二期	地点位于狮仔山片区、嘉禄路与群英路交叉处。建设内容：建设规模：134053 平方米，总投资 93622 万元，楼栋数量为 23—33 层，地下室为 1 层，共 8 栋高层及配电房组成。其中 8 号楼 26 层、9 号楼 26 层、2 号楼 33 层、3 号楼 33 层、5 号楼 33 层、6 号楼 33 层、1 号楼 23 层、7 号楼 26 层
海霖服饰	地点位于凤里街道，建设内容：建设面积约 5135 平米的海霖服饰大厦，用于服饰加工和仓储，向大小上百家电商公司供货

续表 17

项目	建设内容
仁宇健康管理中心	地点位于南环路。建设内容：占地 0.45 公顷，总建筑面积 1.5 万平方米，新建营运总部和康复中心，主要经营康复保健、健康咨询、养生保健等健康产业
吉顺物流设备生产项目	地点位于灵秀镇西灵路 589 号。建设内容：建筑占地面积为 8000 平方米，建筑面积：16800 平方米，项目总投资 3000 万元，项目 1 号楼、2 号楼竣工
168 国际网批综合体	地点位于灵秀镇西灵路 288 号。建设内容：建设成为集服装网批中心、摄影基地、电商直播基地、直播培训产业于一体的现代化产业园区。主要建筑物面积 30000 平方米
邱华炳纪念馆	地点位于鸿山镇东埔一村。建设内容：邱华炳纪念馆位于鸿山镇东埔一村新村北 118 号 ，占地面积 0.33 公顷，总建筑面积 2000 平方米，总投资 3000 万元
工业	
益盛化纤二期	地点位于宝盖镇。建设内容：占地 33517.23 平方米，厂房 3 栋，钢结构建筑 7 栋。装修厂房，增购纺织智能化设备
伊妮斯服饰有限公司一体织定位提花服装制造项目	地点位于宝盖镇。建设内容：计划购买智能吊挂，圣东尼电脑提花机及大圆机
传泰服饰设备采购项目	地点位于宝盖镇。建设内容：引进服装设备生产线，采购平车、缝纫机、自动模板机等设备
豪宇新制造升级项目	地点位于宝盖镇。建设内容：对原厂区进行改造，改造面积 8000 平方米，通过引进自动模板机、AGV 智能运输设备等，升级自动化生产线，主要生产服装
泓盛鞋材	地点位于宝盖镇。建设内容：占地约 1.73 公顷，总建筑面积 5.3 万平方米引进全自分理处 EVA 一次射出、二次 MD、PU、橡胶多条组合生产流水线主要生产各种休闲鞋底。
立兴体育	地点位于宝盖镇。建设内容：占地约 1.4 公顷，总建筑面积 4.28 万平方米，生产及销售休闲皮鞋、服装等
C2M 智能生产项目	地点位于锦尚镇。建设内容：总投资 7200 万元，开发跨境电子商务全渠道接单平台、订单智能自动处理模块、APS+MES+ 吊挂生产模块、后整理一体化智能处理模块等系统，采购智能吊挂生产线、后整理一体设备，打造 C2M 数字化智能快反制造服务项目
复合生产线项目改造	地点位于锦尚镇服装产业发展基地 7D 厂房二楼复合车间。建设内容：石狮华用新材料科技有限公司复合生产线项目改造投入总金额 127 万元。单台复合机日产能中纺布面料日产能 2.8 万米 其他面料 2 万米
石狮市源发织造有限公司 3 号厂房	地点位于锦尚镇杨厝村科技园。建设内容：占地面积 2001.8 平方米、建筑面积：10553.4 平方米（消防水泵房不计容），建筑层数为地上 5 层，地下 1 层，厂房建筑高度 23.98 米、消防水泵房建筑高度 -5.1 米。功能布局地下 1 层为消防水池、水泵房，一至五层为针织纺织机械设备制造车间
德奥针织科技有限公司年产 2000 吨针织布自动化生产线项目	地点位于蚶江镇。建设内容：采用先进的自动化生产设备及技术生产高性能针织布，主要采用针织大圆机、空压机、验布机等设备 100 多台
新远辉化纤纺织科技有限公司年产 2000 吨纺织品面料建设项目	地点位于蚶江镇。建设内容：利用原有厂房，购置 4 台高速弹力丝机、100 台针织大圆机，建设年产 2000 吨纺织品面料
炜悦纺织科技有限公司年产无纺布 5500 吨项目	地点位于蚶江镇。建设内容：租赁总建筑面积 14000 平方米，购置开包机、混棉机、开棉机、给棉机、梳理机、成网机、缝编机、针刺机、烫平机、成卷机、定型烘干机、空压机等机械设备
东泰针织机械有限公司厂区建设工程	地点位于蚶江镇。建设内容：占地 1 公顷，总建筑面积约 1.53 万平方米，建设三栋生产车间、一栋仓库、一栋办公大楼、一栋员工宿舍楼，主要生产针织机械
宝升针筒制造有限公司厂区建设工程	地点位于蚶江镇。建设内容：占地 1 公顷，总建筑面积约 1.35 万平方米建一栋厂房、一栋宿舍。建成后将增加三角、心脏、整机、整条流水线，生产大圆机等配套设备
石狮美佳爽伍堡生产基地	建设内容：通过引进先进设备及设备改造，提高生产产能。自主研发生产材料，打通产业链，整合优势资源
泉州市祥欣新材料科技有限公司	地点位于鸿山镇金丘工业区 183 号。建设内容：总投资 1.5 亿元，建设规模分三期建设，建设一号、二号、三号钢结构厂房，消防泵房
石狮热电综合节能减排改造工程	地点位于鸿山镇东埔新村西 80 号，建设内容：新建高温超高压循环流化床锅炉和背压汽轮发电机组，建设脱硝、除尘装置及配套设施。总投资额 21700 万元
福建冠兴皮革有限公司 5 号厂房	地点位于鸿山镇伍堡科技园区 14 号，建设内容：5 号厂房建筑面积 9568.79 平方米，建筑层次一层，钢筋混凝土结构，土建投资 1500 万元，设备投入（引进新公司）5000 万元
福建中益制药有限公司生产基地	地点位于鸿山镇高新区五金印刷 2011-08-04 地块，建设内容：厂房建设和设备购置

续表 17

项目	建设内容
石狮市胜宏水产科技有限公司冷库、机房、厂房一	地点位于祥芝镇海洋食品园，建设内容：建筑面积16510.96平方米，新建冷库、机房及厂房一、厂房二（二期），建筑密度42%，总容积率1.4，绿地率11%，添加购置水产品生产线
金得盛漂染织造有限公司印染配套项目	地点位于祥芝镇。建设内容：占地面积1.33公顷，新建厂房建筑面积25000平方米，引进智能生产线
豪宝染织有限公司染整设备生产线技术改造	地点位于祥芝镇。建设内容：项目购置染色机、定型机、烘干机、退浆水洗机、空压机等生产设备。规模年染整10万吨，年涂层加工6800万码
胜佰龙体育用品科技有限公司泳镜、泳圈、泳帽、雨衣生产项目	地点位于祥芝镇。建设内容：添加购置智能数控加工中心、智能数控火花机、高精铣床、高精摇臂钻、中走丝线切割、注塑机、混色机、破碎机、模温机、水冷机、机械手、丝印台（48米）、塑料热合机、裁片机、等生产设备
华宝明祥食品有限公司鱼罐头生产线扩建项目	地点位于祥芝镇。建设内容：购置进口智能杀鱼流水线10条及配套设备等
明泰船舶科技项目	地点位于祥芝镇海洋生物食品园。建设内容：主要进行船舶修造工作。建设规模8919.78平方米
辰亿涛水产	地点位于祥芝镇海洋生物食品园。建设内容：建设冻库及厂房及相关配套，主要进行水产品加工、销售
圣洁卫生用品	地点位于祥芝镇。建设内容：规划总用地面积51710平方米，建设用地面积24425.91平方米，总建筑面积128996.81平方米，分三期建设。建成部分丙类生产车间3栋，宿舍楼1栋建设
振富针纺机械技术改造项目（数控针织机械技术成果改造产业化）	地点位于祥芝镇。建设内容：新厂区项目总投资额1亿元，占地2.43公顷，建筑面积约3.5万平方米，建设包括生产车间、研究中心、办公中心、宿舍楼、食堂、员工休闲体育设施。引进针织大圆机等产线，主要生产针织大圆机
新启兴防伪材料研发及生产项目	地点位于祥芝镇。建设内容：总用地面积13333平方米，总建筑面积22926.25平方米，项目总投资10088万元
海益水产品冷冻厂项目	地点位于祥芝镇海洋生物食品园。建设内容：占地1.26公顷，总建筑面积1.53万平方，建设2栋厂房及1栋办公楼，主要进行水产品加工、销售
祥海水产食品项目	地点位于祥芝镇海洋生物食品园。建设内容：占地1.27公顷，新建厂房总用地面积12676平方米，厂区一期建一栋4层1号厂房建筑面积1792.23平方米，一栋一层2号厂房建筑面积1192.96平方米，一栋3层冷库建筑面积4385.89平方米，机房建筑面积293.47平方米，引进加工流水线（冷风机，烘干机，速冻库）。主要建筑面积7664.55平方米，新增年加工水产品1000吨
汉视高端镜头项目	地点位于石狮市高新技术产业开发区，建设内容：利用10000平方米厂房，引入全彩高清夜视镜头产线，生产各类光学镜头
佰旺汽车、5G手机等五金配件	地点位于蚶江镇。建设内容：占地1.33公顷，总建筑面积4527平方米，建设标准化钢结构厂房，引进一批高精度五金件加工生产仪器，主要生产用于汽车、手机、电视面板等五金件
国耀数控一代高端针织面料生产	地点位于蚶江镇。建设内容：占地1.9公顷，总建筑面积2.2万平方米，建设三栋厂房及配套设施，引进一批高端针织面料数控一代新机器。主要生产针织面料
通达手机盖板项目	地点位于蚶江镇。建设内容：占地4.64公顷，新建厂房建筑面积28618平方米。项目购置CNC加工中心、凹面扫光机、凸面扫光机、精密热弯机、抛光机、丝印机、3D贴合机、镀膜机、脱泡机、清洗机等自动化设备，建设电子产品3D玻璃盖板自动化生产线
石狮市汇星机械有限公司厂房扩建	地点位于蚶江镇。建设内容：占地1.6公顷，总建筑面积2万平方米，新建3栋生产厂房，专业设计制造针织大圆机及其配套产品

附 录

统计资料

2021 年石狮市主要指标完成情况表

表 18

主要指标		单位	2021 年计划	目标增长(%)	1—12 月实际	增长(%)	完成计划(%)
综合	石狮市生产总值	亿元	—	—	1072.51	10.4	—
	第一产业	亿元	—	—	27.79	-0.2	—
	第二产业	亿元	—	—	476.63	9.9	—
	第三产业	亿元	—	—	568.09	11.4	—
	农业总产值	亿元	—	—	53.97	-0.2	—
	工业增加值	亿元	—	—	430.18	11.4	—
	规模以上工业增加值	亿元	—	—	—	13.5	—
	社会消费品零售总额	亿元	—	—	617.16	13.6	—
	限额以上社会消费品零售额	亿元	—	—	230.40	23.1	—
	固定资产投资(不含农户)	亿元	—	—	—	2.3	—
财税	一般公共预算总收入(不含基金)	万元	600000	—	595728	5.1	99.3
	一般公共预算收入	万元	400000	—	401419	11.4	100.4
	中央级收入	万元	200000	—	194309	-6.0	97.2
	一般公共预算支出(不含基金)	万元	—	—	—	—	—
	税收收入	万元	465000	—	464048	1.5	99.8
	非税收入	万元	135000	—	131680	19.7	97.5
金融	银行存款余额(本外币)	亿元	—	—	840.3	4.6	—
	境内住户存款	亿元	—	—	564.0	5.0	—
	银行贷款余额(本外币)	亿元	—	—	814.2	8.7	—
外经外贸	新批外商投资项目数	个	—	—	—	—	—
	合同外资额	万元	—	—	—	—	—
	实际利用外资(验资口径)	万元	—	—	—	—	—
	出口商品总值〈2019 年 1-11 月海关口径〉	万元	—	—	—	—	—

续表 18

主要指标		单位	2021 年计划	目标增长(%)	1—12 月实际	增长(%)	完成计划(%)
水电	供水量	万吨	—	—	13333	6.0	—
	工业用水量	万吨	—	—	6313	4.0	—
	全社会用电量	万度	—	—	494609	14.6	—
	工业用电量	万度	—	—	304025	16.2	—
邮电	邮政收入（不包含速递和邮政银行）	万元	—	—	10765	18.8	—
	电信业务收入	万元	—	—	25663	-0.2	—
	移动电话业务收入	万元	—	—	60037	1.9	—
其他	水产品产量	吨	—	—	394649	-0.1	—
	居民消费价格指数（泉州市辖区）	%	—	—	101.3	1.3	—
	港口货物吞吐量	万吨	—	—	3750.4	2.0	—
	石湖码头港口货物吞吐量	万吨	—	—	2648.7	-2.0	—
	华锦码头货物吞吐量	万吨	—	—	1101.7	13.4	—
	集装箱吞吐量	标箱	—	—	1536760	-12.2	—
	石湖码头港口集装箱吞吐量	标箱	—	—	1255348	-5.8	—
	华锦码头集装箱吞吐量	标箱	—	—	281413	-32.7	—
	全体居民人均可支配收入	元	—	—	61590	8.2	—
	城镇居民人均可支配收入	元	—	—	69759	7.6	—
	农村居民人均可支配收入	元	—	—	31981	10.2	—

说明：三次产业比重 2.6 ∶ 44.4 ∶ 53.0

2021 年石狮市生产总值（行业增加值）情况表

表 19 单位：万元

指标	2021 年	增减（%）
石狮市生产总值	10725100	10.4
第一产业增加值	277871	-0.2
第二产业增加值	4766303	9.9
第三产业增加值	5680926	11.4
农林牧渔业	278116	-0.2
工　业	4301842	11.4
建 筑 业	465836	-2.3
交通运输、仓储和邮政业	391444	14.1
批发和零售业	3162419	14.6
住宿和餐饮业	190483	10.8
金融业	479084	3.5
房地产业	356534	7.9
其他服务业	1099342	6.7
三次产业比重（%）	12 月止累计	上年同期
第一产业	2.6	2.6
第二产业	44.4	44.3
第三产业	53.0	53.1

说明：全市生产总值按当年价格计算，增长率按可比价格计算

2021 年石狮市农业统计表

表 20

指　标	计量单位	2021 年	增长（%）
农业总产值（现价）	万元	539679	-0.2
全年农作物播种面积	亩	43655	-1.5
春收	亩	17543	-4.9
夏收	亩	11553	-0.7
秋收（预计）	亩	14559	2.2
全年粮食播种面积	亩	16706	0.8
春收	亩	5319	-5.1
夏收	亩	1785	-3.4
秋收（预计）	亩	9602	5.4
全年粮食产量	吨	5133	1.9
春收	吨	1529	-5.6
夏收	吨	585	-1.0
秋收（预计）	吨	3019	6.7
秋冬播农作物播种面积	亩	17460	-0.5
其中：粮食播种面积	亩	5331	0.2
水果产量	吨	2419	-0.2
食用菌产量	吨	56	-61.6
肉蛋奶产量	吨	122	-5.4
水产品产量	吨	394649	-0.1
海水产品产量	吨	394204	-0.1
海洋捕捞	吨	332539	-0.5
近海捕捞	吨	288186	0.0
远洋捕捞	吨	44353	-3.4
海水养殖	吨	61665	1.7
淡水产品产量	吨	445	0

2021 年石狮市规模以上工业总产值情况表

表 21

指　标	工业产值		工业销售产量		出口交货值	
	绝对值（万元）	增长（%）	2021 年（万元）	增长（%）	2021 年（万元）	增长（%）
总　计	14539944	12.8	14333078	12.3	1056674	-2.6
农副食品加工业	873114	29.9	867744	29.2	398554	25.2
食品制造业	84440	22.6	81765	23.2	—	—
酒、饮料和精制茶制造业	43294	48.6	41817	25.6	—	—
纺织业	2977686	32.0	2964285	31.9	26438	35.7
纺织服装、服饰业	4819473	9.5	4787611	9.5	296990	-20.5
皮革、毛皮、羽毛及其制品和制鞋业	755935	-8.6	734628	-8.6	35855	-40.0
造纸和纸制品业	184396	-2.5	175864	-5.0	55333	-2.8
印刷和记录媒介复制业	103433	-9.0	103386	-8.8	—	—
文教、工美、体育和娱乐用品制造业	314792	15.8	305701	16.3	183843	22.9
化学原料和化学制品制造业	99730	-35.6	98033	-36.3	—	—
医药制造业	18674	-18.8	18539	-19.3	—	—
化学纤维制造业	67359	6.4	67281	6.5	—	—
橡胶和塑料制品业	302095	13.0	291348	11.8	—	—
非金属矿物制品业	125250	41.5	124373	41.8	—	—

续表 21

指 标	工业产值		工业销售产量		出口交货值	
	绝对值（万元）	增长（%）	2021 年（万元）	增长（%）	2021 年（万元）	增长（%）
有色金属冶炼和压延加工业	5881	69.6	5881	69.6	—	—
金属制品业	195217	-13.3	192349	-13.8	32643	9.7
通用设备制造业	66922	23.2	66922	23.2	—	—
专用设备制造业	171391	52.2	169324	50.9	5452	-64.2
汽车制造业	15551	34.7	15005	29.8	—	—
铁路、船舶、航空航天和其他运输设备制造业	—	—	—	—	—	—
电气机械和器材制造业	69670	-29.1	69645	-29.0	—	—
计算机、通信和其他电子设备制造业	1755510	10.7	1672585	8.2	20724	-66.3
仪器仪表制造业	13219	0.7	13230	1.1	843	39.2
其他制造业	100940	-20.7	100265	-21.1	—	—
电力、热力生产和供应业	1214003	15.9	1203528	15.5	—	—
燃气生产和供应业	54348	29.4	54348	29.4	—	—
水的生产和供应业	107622	-3.7	107622	-3.7	—	—

2021 年石狮市固定资产投资完成情况表

表 22

指 标	增长（%）
固定资产投资（不含农户）	2.3
一、按产业分	—
第一产业	—
第二产业	3.2
工业投资	3.2
技改投资	64.2
第三产业	1.8
二、构成分	—
项目投资	-2.7
房地产开发投资	12.9

2021 年石狮市财政收入情况表

表 23

项目			调整预算数（万元）	完成情况				同比				
				12 月数（万元）	2021 年（万元）	完成任务（%）	征收部门占比（%）	2020 年（万元）	增减（万元）	增减（%）	征收部门占比（%）	比重变化（%）
财政总收入		合计	600000	51499.5	595727.5	99.3	—	567027.5	28700	5.1	—	—
		其中：税收	465000	42597.5	464047.5	99.8	78	457019.5	7028	1.5	81	-3
		非税	135000	8902	131680	97.5	22	110008	21672	19.7	19	3
其中	一般预算收入	小计	400000	35174	401419	100.4	—	360278	41141	11.4	—	—
		其中：税收	265000	26272	269739	101.8	67	250270	19469	7.8	69	-2
		非税	135000	8902	131680	97.5	33	110008	21672	19.7	31	2
	中央级收入	税收	200000	16325.5	194308.5	97.2	—	206749.5	-12441	-6.0	—	—
基金收入			182819	5630	164668	90.1	—	214245	-49577	-23.1	—	—

2021年石狮市财政支出分功能科目情况表

表 24

科目名称	调整预算数				累计完成数		比上年同期		
	预算数（万元）	上级专款（万元）	上年结转（万元）	合计（万元）	金额（万元）	占预算(%)	决算数（万元）	增减额（万元）	增减(%)
一般公共服务支出	38178	604	33	38815	38815	100.0	41087	-5074	-12.3
国防支出	325	119	—	444	444	100.0	345	88	25.5
公共安全支出	35940	898	—	36838	36838	100.0	38382	-2399	-6.3
教育支出	99844	4475	149	104468	104468	100.0	96868	1505	1.6
科学技术支出	18022	3315	301	21638	21638	100.0	11766	7784	66.2
文化旅游体育与传媒支出	3880	992	162	5034	5034	100.0	5179	-1088	-21.0
社会保障和就业支出	38700	9496	348	48544	48544	100.0	43418	1071	2.5
卫生健康支出	35455	4211	1268	40934	40165	98.1	41233	-4966	-12.0
节能环保支出	16310	3871	—	20181	20181	100.0	16836	2159	12.8
城乡社区支出	69292	2117	—	71409	67448	94.5	104496	-43213	-41.4
农林水支出	17088	19060	52	36200	36200	100.0	53280	-33393	-62.7
交通运输支出	3000	6683	132	9815	9815	100.0	12334	-3283	-26.6
资源勘探信息等支出	15817	3492	391	19699	19699	100.0	62919	-45002	-71.5
商业服务业等支出	12686	13431	4700	30817	30817	100.0	9467	15874	167.7
金融支出	0	530	—	530	530	100.0	222	174	78.4
自然资源海洋气象等支出	2895	169	295	3359	3359	100.0	3483	-680	-19.5
住房保障支出	11145	2653	3618	17416	17416	100.0	13214	-2281	-17.3
粮油物资储备支出	1106	7	—	1113	1113	100.0	1709	-623	-36.5
灾害防治及应急管理支出	2680	62	—	2742	2742	100.0	2557	129	5.0
预备费	0	2288	100	2388	0	—	—	0	—
其他支出	27375	—	—	27375	29763	100.0	32445	-4758	-14.7
债务付息支出	21971	—	—	21971	21971	100.0	24026	-2055	-8.6
债务发行费用支出	40	—	—	40	40	100.0	23	16	69.6
一般预算支出合计	471749	78473	11549	561771	557040	99.2	615289	-120015	-19.5
基金支出合计	328121	578	1253	329952	252561	76.97	257254	-4693	-0.02
支出合计	799870	79051	12802	891723	809601	90.8	872543	-171650	-19.7

2021年石狮市人口及其变动情况统计年报表

表 25

填报单位：石狮市公安局

项目	年末总户数（户）	年末总人口（人）									本年度人口变动（人）													上期总人数	平衡状态
		合计	城镇人口	乡村人口	性别		年龄				出生			死亡			迁入		迁出			区划调整			
					男	女	0—15岁	0—17岁	18—34岁	35—59岁	60岁及以上	合计	男	女	合计	男	女	省内迁入	省外迁入	迁往省内	迁往省外	多报删除	增加	减少		
甲	1	2	3	4	5	6	7	8	9	10	11	12	13	14	15	16	17	18	19	20	21	22	23	24	25	26
福建省石狮市	112358	366788	291414	75374	184463	182325	79128	86032	80165	144531	56060	3953	2191	1762	1544	901	643	11891	2629	7380	691	43	477	477	357973	0
湖滨街道	15269	45872	45872	0	22046	23826	13223	14173	9201	17171	5327	544	302	242	82	52	30	3140	572	1024	91	7	17	16	42819	0
湖滨街道新湖社区	863	2845	2845	0	1441	1404	582	619	546	1113	567	26	19	7	9	6	3	110	14	39	2	0	2	0	2736	-7
湖滨街道仙迹社区	803	2643	2643	0	1381	1262	498	537	498	1028	580	27	14	13	10	7	3	47	5	30	3	0	0	0	2615	8
湖滨街道花园城社区	1331	3682	3682	0	1707	1975	1118	1206	732	1399	345	43	26	17	4	2	2	331	65	136	17	0	4	0	3444	48
湖滨街道金林社区	666	1950	1950	0	971	979	533	584	375	809	182	17	10	7	3	2	1	123	16	50	5	0	0	3	1851	-4
湖滨街道玉湖社区	1643	5302	5302	0	2609	2693	1153	1236	1077	2088	901	53	25	28	10	4	6	229	60	87	12	2	0	6	5096	19
湖滨街道林边社区	1793	5478	5478	0	2687	2791	1422	1530	1176	2088	684	63	31	32	5	2	3	331	63	147	9	0	0	2	5198	14
湖滨街道长福社区	2682	7523	7523	0	3473	4050	2769	2964	1337	2708	514	88	41	47	12	7	5	703	138	169	17	0	0	0	6759	-33
湖滨街道曾坑社区	3049	8744	8744	0	4046	4698	3098	3309	1724	3104	607	136	78	58	6	6	0	759	97	234	17	3	0	5	7954	-63
湖滨街道湖边社区	1116	3321	3321	0	1682	1639	624	691	729	1406	495	27	16	11	8	6	2	115	28	69	7	0	6	0	3264	35
湖滨街道金曾社区	1323	4384	4384	0	2049	2335	1426	1497	1007	1428	452	64	42	22	15	10	5	392	86	63	2	2	5	0	3902	-17
凤里街道	10613	32278	32278	0	16067	16211	6088	6561	7038	12754	5925	361	201	160	145	80	65	973	261	901	74	2	3	4	31806	0
凤里街道后花社区	727	2201	2201	0	1098	1103	364	404	445	919	433	15	5	10	9	3	6	55	7	77	2	0	0	0	2219	7
凤里街道东村社区	622	1772	1772	0	901	871	327	360	366	725	321	15	8	7	8	5	3	56	23	50	7	0	0	0	1738	-5
凤里街道宽仁社区	800	2466	2466	0	1270	1196	329	361	515	1000	590	27	19	8	21	8	13	4	0	48	3	0	3	0	2539	35
凤里街道仁里社区	927	2619	2619	0	1227	1392	574	601	544	966	508	45	26	19	12	10	2	280	100	75	0	0	0	0	2281	0
凤里街道新华社区	813	2637	2637	0	1367	1270	465	492	531	1046	568	33	22	11	12	5	7	20	4	72	8	0	0	0	2654	-18
凤里街道华南社区	1101	3120	3120	0	1585	1535	572	615	664	1270	571	27	14	13	11	5	6	49	13	141	13	0	0	0	3192	-4
凤里街道华仑社区	505	1476	1476	0	717	759	258	283	313	593	287	11	6	5	2	1	1	45	7	85	7	0	0	4	1526	15
凤里街道五星社区	1514	4769	4769	0	2334	2435	1107	1188	1027	1783	771	63	31	32	16	10	6	186	38	96	11	0	0	0	4606	1
凤里街道龙华社区	1595	4905	4905	0	2444	2461	1113	1174	1058	1850	823	58	32	26	29	15	14	146	32	109	12	0	0	0	4783	-36
凤里街道大仑社区	2009	6313	6313	0	3124	3189	979	1083	1575	2602	1053	67	38	29	25	18	7	132	37	148	11	2	0	0	6268	5
宝盖镇	20941	65336	65336	0	30699	34637	20103	21300	14043	23166	6827	901	500	401	240	141	99	4869	986	823	147	11	148	148	59801	0
宝盖镇坑东村	514	1866	1866	0	904	962	317	341	485	752	288	14	9	5	9	6	3	10	1	9	6	0	0	0	1871	6
宝盖镇龙穴社区	4358	11994	11994	0	5155	6839	5698	5896	2236	3487	375	236	120	116	8	4	4	995	147	163	32	1	0	0	10805	-15

续表 25

项目	年末总户数（户）	年末总人口（人）合计	城镇人口	乡村人口	性别 男	性别 女	年龄 0—15岁	0—17岁	18—34岁	35—59岁	60岁及以上	本年度人口变动（人）出生 合计	出生 男	出生 女	死亡 合计	死亡 男	死亡 女	迁入 省内迁入	迁入 省外迁入	迁出 迁往省内	迁出 迁往省外	多报删除	区划调整 增加	区划调整 减少	上期总人数	平衡状态
宝盖镇杆头村	1219	3628	3628	0	1660	1968	1258	1305	810	1158	355	54	22	32	20	9	11	345	73	41	3	0	0	0	3199	−21
宝盖镇前坑村	1322	3840	3840	0	1773	2067	1214	1305	769	1435	331	53	23	30	7	3	4	208	26	41	6	0	148	0	3451	−8
宝盖镇前园村	611	1797	1797	0	814	983	657	698	322	650	127	30	19	11	6	3	3	151	11	34	1	0	0	0	1669	23
宝盖镇松茂村	431	1562	1562	0	794	768	253	286	368	630	278	17	10	7	12	10	2	7	2	13	8	0	0	0	1582	13
宝盖镇塘后村	2801	8383	8383	0	3705	4678	3366	3475	1872	2401	635	138	79	59	25	17	8	2189	470	36	7	0	0	0	5492	−162
宝盖镇塘边村	1766	5375	5375	0	2463	2912	1622	1748	1152	1977	498	66	38	28	11	6	5	372	60	87	7	6	0	0	4921	−67
宝盖镇塘头村	988	3440	3440	0	1870	1570	574	637	767	1433	603	42	28	14	18	9	9	6	7	45	6	1	0	0	3475	20
宝盖镇后垵村	594	2008	2008	0	1022	986	279	327	525	849	307	7	3	4	7	5	2	6	1	16	5	0	0	0	2041	19
宝盖镇上浦村	489	1653	1653	0	842	811	267	300	407	678	268	19	14	5	14	6	8	2	2	31	7	0	0	0	1688	6
宝盖镇玉浦村	607	2027	2027	0	1005	1022	369	410	425	816	376	18	9	9	14	8	6	32	17	29	6	0	0	0	2038	29
宝盖镇山雅村	318	1040	1040	0	539	501	185	202	249	394	195	9	8	1	5	5	0	2	1	15	0	0	0	0	1061	13
宝盖镇仑后村	745	2689	2689	0	1319	1370	578	633	572	1054	430	30	16	14	14	8	6	91	31	25	2	0	0	0	2576	−2
宝盖镇雪上村	487	1805	1805	0	898	907	343	379	439	704	283	22	12	10	5	3	2	9	1	24	5	0	0	0	1809	2
宝盖镇铺锦村	1265	4629	4629	0	2194	2435	981	1078	1107	1795	649	46	26	20	25	16	9	124	49	45	16	3	0	0	4508	9
宝盖镇后宅村	340	1171	1171	0	585	586	213	240	261	500	170	16	10	6	15	9	6	28	13	14	7	0	0	0	1160	10
宝盖镇郑厝村	392	1583	1583	0	804	779	289	318	379	617	269	12	8	4	14	8	6	8	0	26	6	0	0	0	1624	15
宝盖镇苏厝村	234	877	877	0	454	423	122	141	230	357	149	11	8	3	5	2	3	1	0	6	0	0	0	0	886	10
宝盖镇宝源社区	1460	3969	3969	0	1899	2070	1518	1581	668	1479	241	61	38	23	6	4	2	283	74	123	17	0	0	148	3945	100
灵秀镇	11616	38031	38031	0	18167	19864	9221	9864	9069	14187	4911	468	258	210	154	89	65	2138	611	390	82	3	7	7	35443	0
灵秀镇钞坑村	3094	8760	8760	0	3832	4928	3300	3416	2061	2665	618	167	78	89	28	16	12	1275	389	105	18	0	0	0	7054	−26
灵秀镇彭田村	1406	5117	5117	0	2491	2626	920	1011	1230	2054	822	54	39	15	25	13	12	49	13	40	17	0	0	0	5087	4
灵秀镇塘园村	585	1874	1874	0	897	977	366	386	501	724	263	24	14	10	6	4	2	43	8	16	1	0	1	0	1815	−6
灵秀镇仕林村	607	2194	2194	0	1077	1117	428	469	545	846	334	28	20	8	10	9	1	17	3	8	4	0	0	0	2168	0
灵秀镇塔前村	566	2050	2050	0	1051	999	348	370	515	845	320	17	9	8	11	4	7	30	5	36	2	0	6	0	2042	1
灵秀镇港塘村	1516	4832	4832	0	2271	2561	1189	1280	1069	1824	659	48	17	31	16	8	8	385	102	76	5	0	0	0	4395	1
灵秀镇灵狮村	1071	3552	3552	0	1749	1803	740	822	792	1413	525	30	18	12	12	8	4	102	32	27	18	0	0	0	3457	12
灵秀镇灵峰村	482	1730	1730	0	838	892	307	331	431	682	286	15	9	6	7	4	3	11	0	11	4	0	0	0	1727	1
灵秀镇灵山村	391	1505	1505	0	735	770	272	301	404	594	206	19	8	11	9	5	4	15	4	5	0	1	0	1	1483	0
灵秀镇前廊村	698	2408	2408	0	1218	1190	457	509	579	951	369	27	18	9	16	12	4	41	12	27	6	1	0	0	2384	6
灵秀镇华山村	649	2407	2407	0	1240	1167	483	522	569	965	351	25	18	7	12	6	6	13	0	20	3	1	0	0	2408	3
灵秀镇茂厦村	257	912	912	0	470	442	165	174	240	366	132	5	3	2	2	0	2	36	10	6	1	0	0	6	877	1

续表 25

项目	年末总户数（户）	年末总人口（人）										本年度人口变动（人）													上期总人数	平衡状态
		合计	城镇人口	乡村人口	性别		年龄					出生			死亡			迁入		迁出			区划调整			
					男	女	0—15岁	0—17岁	18—34岁	35—59岁	60岁及以上	合计	男	女	合计	男	女	省内迁入	省外迁入	迁往省内	迁往省外	多报删除	增加	减少		
灵秀镇曙光社区居委会	294	690	690	0	298	392	246	273	133	258	26	9	7	2	0	0	0	121	33	13	3	0	0	0	546	3
永宁镇	13542	44355	23743	20612	22768	21587	6548	7358	9417	18647	8933	350	201	149	216	127	89	171	40	850	87	5	6	6	44952	0
永宁镇下宅村	694	2373	0	2373	1227	1146	310	361	537	989	486	12	6	6	9	5	4	5	0	47	3	0	0	0	2417	2
永宁镇新沙堤村	88	337	0	337	167	170	61	72	62	143	60	4	3	1	1	1	0	1	1	15	0	0	0	0	346	−1
永宁镇郭坑村	243	891	0	891	455	436	133	150	211	365	165	7	3	4	2	1	1	2	2	18	2	0	0	0	901	−1
永宁镇后杆柄村	440	1578	0	1578	790	788	271	294	345	664	275	12	9	3	8	4	4	3	1	35	1	0	0	0	1605	−1
永宁镇院东村	281	1067	0	1067	529	538	186	208	236	424	199	7	4	3	4	3	1	5	0	30	4	1	0	0	1094	0
永宁镇山边村	218	743	0	743	382	361	108	131	145	328	139	6	4	2	2	1	1	0	0	17	2	0	0	0	758	0
永宁镇郭宅村	214	787	0	787	416	371	124	143	158	345	141	7	4	3	2	1	1	1	0	6	0	0	0	0	787	0
永宁镇塔石村	197	693	0	693	349	344	113	127	146	297	123	3	2	1	6	3	3	3	0	7	0	0	0	0	700	0
永宁镇西偏村	294	1088	0	1088	543	545	155	175	267	448	198	9	7	2	5	2	3	8	0	22	0	0	0	0	1099	1
永宁镇洋厝村	356	1106	0	1106	584	522	165	184	242	452	228	11	5	6	9	4	5	6	0	20	0	0	0	0	1119	1
永宁镇前埔村	241	821	0	821	440	381	109	122	201	344	154	9	4	5	3	2	1	13	1	6	2	0	0	0	810	1
永宁镇子英村	649	2127	0	2127	1117	1010	290	323	479	894	431	14	9	5	18	13	5	7	1	39	6	0	0	0	2166	−2
永宁镇西岑村	751	2494	0	2494	1302	1192	372	420	516	1045	513	17	8	9	7	6	1	11	1	35	12	0	0	0	2519	0
永宁镇沙美村	723	2493	0	2493	1257	1236	339	378	534	1052	529	16	8	8	14	8	6	11	0	43	8	0	0	0	2533	2
永宁镇外高村	393	1413	1413	0	691	722	269	292	333	538	250	15	12	3	1	1	0	19	3	16	4	0	0	0	1386	−11
永宁镇浯沙村	297	1010	0	1010	519	491	154	178	217	427	188	10	6	4	3	3	0	5	0	26	1	1	0	0	1026	0
永宁镇金埭村	313	1004	0	1004	497	507	150	159	219	395	231	9	4	5	6	2	4	3	1	15	1	0	0	0	1010	−3
永宁镇梅林村	1495	4266	4266	0	2253	2013	620	697	835	1846	888	39	24	15	21	9	12	11	3	95	4	0	0	0	4343	10
永宁镇港边村	983	2945	2945	0	1507	1438	367	419	628	1236	662	28	15	13	28	16	12	7	3	34	5	1	0	0	2978	3
永宁镇沙堤村	1714	6001	6001	0	3096	2905	960	1080	1195	2568	1158	51	29	22	15	8	7	27	10	124	18	2	0	6	6078	0
永宁镇永宁第一社区居委会	765	2339	2339	0	1193	1146	339	385	480	990	484	15	6	9	17	9	8	3	7	45	4	0	0	0	2361	−19
永宁镇永宁第二社区居委会	688	2071	2071	0	1066	1005	292	326	435	883	427	15	10	5	7	4	3	9	1	61	4	0	0	0	2125	7
永宁镇永宁第三社区居委会	963	2895	2895	0	1468	1427	377	424	603	1218	650	20	12	8	12	7	5	9	4	55	1	0	6	0	2928	4
永宁镇永宁第四社区居委会	539	1813	1813	0	920	893	284	310	393	756	354	14	7	7	16	14	2	2	1	39	5	0	0	0	1863	7
蚶江镇	14781	53202	25285	27917	28039	25163	8811	9923	12021	21945	9313	438	242	196	336	198	138	175	54	1106	81	1	246	246	54059	0

续表 25

项目	年末总户数（户）	年末总人口（人）合计	城镇人口	乡村人口	性别 男	性别 女	年龄 0—15岁	年龄 0—17岁	年龄 18—34岁	年龄 35—59岁	年龄 60岁及以上	本年度人口变动（人）出生 合计	出生 男	出生 女	死亡 合计	死亡 男	死亡 女	迁入 省内迁入	迁入 省外迁入	迁出 迁往省内	迁出 迁往省外	迁出 多报删除	区划调整 增加	区划调整 减少	上期总人数	平衡状态
蚶江镇锦里村	367	1366	1366	0	721	645	220	247	306	575	238	7	6	1	7	6	1	3	0	21	1	0	27	27	1385	0
蚶江镇莲塘村	1937	7081	0	7081	3721	3360	1114	1282	1686	2929	1184	51	24	27	39	26	13	13	4	119	7	0	0	1	7181	2
蚶江镇溪前村	580	2042	0	2042	1076	966	328	370	498	842	332	8	4	4	15	9	6	13	0	50	7	0	0	0	2093	0
蚶江镇青莲村	449	1706	0	1706	869	837	323	362	383	722	239	9	3	6	6	4	2	5	0	22	1	0	0	0	1718	−3
蚶江镇厝仔村	724	2624	0	2624	1364	1260	457	503	616	1082	423	31	21	10	15	8	7	16	9	83	6	0	0	0	2670	−2
蚶江镇古山村	383	1360	0	1360	705	655	213	243	334	578	205	13	5	8	10	3	7	7	2	25	3	0	0	0	1376	0
蚶江镇石壁村	539	1871	1871	0	994	877	318	358	428	773	312	20	12	8	16	9	7	10	1	35	3	0	0	0	1895	1
蚶江镇东垵村	445	1581	1581	0	854	727	290	335	341	652	253	14	7	7	8	6	2	4	0	30	1	0	0	0	1601	−1
蚶江镇洪窟村	1265	4450	0	4450	2346	2104	682	760	1027	1836	827	42	24	18	35	22	13	13	6	83	7	0	0	0	4517	3
蚶江镇锦亭村	513	1846	0	1846	986	860	323	355	394	774	323	17	11	6	7	3	4	11	1	19	4	0	13	13	1845	−2
蚶江镇莲东村	593	2103	2103	0	1123	980	353	395	448	868	392	20	8	12	13	6	7	1	2	50	3	0	0	0	2148	2
蚶江镇莲中村	531	1885	1885	0	983	902	316	356	436	773	320	13	8	5	21	13	8	8	1	56	1	1	0	0	1943	1
蚶江镇莲西村	592	2183	2183	0	1130	1053	410	467	464	883	369	21	12	9	11	8	3	7	1	35	2	0	0	0	2198	−4
蚶江镇蚶江村	1770	5836	5836	0	3101	2735	857	963	1165	2454	1254	39	18	21	46	25	21	21	11	134	15	0	55	100	5999	−6
蚶江镇水头村	1763	6808	0	6808	3574	3234	1249	1371	1643	2701	1093	53	33	20	37	19	18	24	12	115	8	0	14	13	6881	3
蚶江镇石渔村	733	2677	2677	0	1457	1220	447	519	596	1077	485	30	19	11	24	17	7	6	3	92	3	0	26	38	2777	8
蚶江镇大厦村	271	1022	1022	0	513	509	168	189	215	452	166	14	7	7	5	2	3	3	0	13	4	0	0	0	1023	−4
蚶江镇锦江村	661	2375	2375	0	1255	1120	362	408	479	1014	474	15	9	6	15	8	7	2	1	57	3	0	73	28	2392	5
蚶江镇石农村	665	2386	2386	0	1267	1119	381	440	562	960	424	21	11	10	6	4	2	8	0	67	2	0	38	26	2417	−3
祥芝镇	9727	33702	23776	9926	17984	15718	6171	6832	7507	13948	5415	352	193	159	91	55	36	119	36	790	44	6	30	30	34126	0
祥芝镇莲坂村	960	3362	0	3362	1754	1608	608	675	732	1404	551	29	13	16	7	5	2	9	2	85	5	0	0	0	3419	0
祥芝镇赤湖村	1072	3697	0	3697	1977	1720	613	692	794	1538	673	46	24	22	7	3	4	17	6	83	2	0	0	1	3720	−1
祥芝镇后湖村	614	2117	0	2117	1125	992	371	427	437	893	360	18	12	6	2	1	1	11	0	54	3	0	0	0	2148	1
祥芝镇湖西村	240	750	0	750	374	376	134	153	171	305	121	9	5	4	2	1	1	5	2	18	3	0	0	0	757	0
祥芝镇前山村	296	964	964	0	503	461	169	191	231	360	182	13	6	7	3	3	0	4	0	17	0	0	0	0	966	−1
祥芝镇古浮村	906	2983	2983	0	1537	1446	527	588	657	1252	486	27	13	14	8	5	3	22	4	69	5	0	0	0	2997	−15
祥芝镇祥农村	1171	3984	3984	0	2116	1868	757	832	954	1648	550	35	22	13	22	12	10	8	4	85	1	1	12	0	3966	−68
祥芝镇祥渔村	2898	10493	10493	0	5674	4819	2042	2248	2281	4347	1617	105	55	50	18	13	5	30	8	242	17	3	12	18	10687	51
祥芝镇祥运村	771	2877	2877	0	1586	1291	520	560	657	1194	466	33	20	13	13	6	7	1	3	54	5	0	6	11	2950	33
祥芝镇大堡村	799	2475	2475	0	1338	1137	430	466	593	1007	409	37	23	14	9	6	3	12	7	83	3	2	0	0	2516	0
鸿山镇	9174	30584	21475	9109	16424	14160	5239	5863	6729	12858	5134	308	156	152	145	76	69	142	42	768	43	8	4	4	31056	0

续表 25

项目	年末总户数（户）	年末总人口（人）										本年度人口变动（人）													上期总人数	平衡状态
		合计	城镇人口	乡村人口	性别		年龄					出生			死亡			迁入		迁出			区划调整			
					男	女	0—15岁	0—17岁	18—34岁	35—59岁	60岁及以上	合计	男	女	合计	男	女	省内迁入	省外迁入	迁往省内	迁往省外	多报删除	增加	减少		
鸿山镇西墩村	728	2426	2426	0	1293	1133	420	465	534	1020	407	23	11	12	8	5	3	8	0	48	7	0	1	0	2457	0
鸿山镇洪厝村	456	1627	0	1627	850	777	283	320	365	660	282	18	10	8	6	3	3	5	0	50	6	0	0	0	1667	1
鸿山镇莲厝村	567	1945	0	1945	1064	881	337	380	470	792	303	26	14	12	9	5	4	10	4	64	2	0	0	0	1983	3
鸿山镇东园村	572	1884	0	1884	1021	863	330	365	430	797	292	23	10	13	11	6	5	13	0	35	4	0	0	0	1899	1
鸿山镇郭厝村	269	915	0	915	482	433	176	201	182	387	145	11	5	6	6	2	4	4	0	18	1	0	0	0	925	0
鸿山镇邱下村	535	1863	0	1863	977	886	368	418	381	766	298	14	8	6	8	6	2	2	1	56	2	0	0	0	1908	−4
鸿山镇湖厝村	262	875	0	875	484	391	157	181	172	372	150	9	5	4	6	2	4	2	0	10	3	0	0	0	883	0
鸿山镇东埔一村	1235	4073	4073	0	2197	1876	715	791	851	1738	693	53	28	25	15	7	8	10	7	127	2	4	0	3	4172	18
鸿山镇东埔二村	1132	3612	3612	0	1992	1620	580	648	775	1538	651	29	14	15	12	7	5	13	4	81	4	1	3	0	3641	−20
鸿山镇东埔三村	1430	4669	4669	0	2555	2114	790	876	1020	1997	776	42	24	18	30	12	18	16	7	103	5	3	0	0	4750	5
鸿山镇伍堡村	1988	6695	6695	0	3509	3186	1083	1218	1549	2791	1137	60	27	33	34	21	13	59	19	176	7	0	0	1	6771	−4
锦尚镇	6695	23428	15618	7810	12269	11159	3724	4158	5140	9855	4275	231	138	93	135	83	52	164	27	728	42	0	16	16	23911	0
锦尚镇杨厝村	413	1476	1476	0	780	696	230	268	312	626	270	5	5	0	8	6	2	9	1	44	0	0	0	0	1514	1
锦尚镇西港村	472	1640	1640	0	864	776	288	315	356	688	281	9	5	4	14	13	1	11	0	43	2	0	0	0	1679	0
锦尚镇谢厝村	201	726	0	726	375	351	122	138	141	304	143	3	1	2	1	1	0	4	0	21	2	0	0	0	742	−1
锦尚镇卢厝村	667	2444	2444	0	1287	1157	380	432	532	1007	473	32	17	15	17	11	6	13	4	81	2	0	0	0	2498	3
锦尚镇港前村	474	1456	0	1456	733	723	246	270	326	616	244	11	7	4	7	5	2	19	0	48	2	0	0	0	1483	0
锦尚镇奈厝前村	796	2953	0	2953	1577	1376	496	562	638	1240	513	21	14	7	13	6	7	6	2	56	6	0	0	6	3000	−5
锦尚镇厝上村	1105	3894	3894	0	2025	1869	632	696	899	1614	685	53	33	20	31	16	15	20	4	113	9	0	16	0	3955	1
锦尚镇锦尚村	834	2803	2803	0	1464	1339	377	425	637	1192	549	24	15	9	15	9	6	11	5	116	9	0	0	10	2915	2
锦尚镇东店村	1024	3361	3361	0	1810	1551	502	555	690	1471	645	42	22	20	16	8	8	17	5	122	5	0	0	0	3442	2
锦尚镇深埕村	415	1510	0	1510	765	745	241	266	360	609	275	20	12	8	9	6	3	53	6	39	4	0	0	0	1478	−5
锦尚镇港东村	294	1165	0	1165	589	576	210	231	249	488	197	11	7	4	4	2	2	1	0	45	1	0	0	0	1205	2

调研报告

石狮市探索推进“好支部、好邻里、好生活”近邻善治街区建设的实践与思考

中共石狮市委组织部
中共石狮市委湖滨街道工作委员会 调研课题组

石狮市辖2个街道、7个镇、1个国家级高新技术产业开发区，常住人口76.9万，经济综合实力位居全国综合实力百强县市第15位，城镇化率达79.8%、居全省县级市首位，是国家中小城市综合改革试点和福建省全域城市化发展改革试点。现有基层党组织897个，党员17500人。一段时间来，课题组通过实地走访、座谈研讨、调查问卷等方式，对全市推行近邻党建工作情况进行专题调研，总结经验做法，剖析存在问题，提出对策建议。

一、做法与成效

我市以习近平总书记“远亲不如近邻”重要理念为指导，深入贯彻落实省、泉州市近邻党建工作推进会精神，紧紧围绕“人民城市人民建、人民城市为人民”这一主线和实现“三个如何”重要目标，以开展“好支部、好邻里、好生活”近邻善治街区建设专项行动为主要载体和抓手，推进组织与组织近邻共建、组织与居民近邻守护、居民与居民近邻互助，着力构建“党建引领、邻里相亲、互帮互助、和谐友善”的城市基层治理新格局。

（一）多元共建，打造好支部。在推行街道“大工委”、社区“大党委”的基础上，从抓街道社区向抓小区、街巷、楼栋延伸，积极吸纳各方党建主体结对共建，推动传统“封闭式”党建运转模式向“开放式”大党建转变。一是筑牢“主心骨”。根据小区、楼栋分布情况和党员居住情况，对有物业管理、条件成熟的小区，依托业委会、物业公司、居民团体等分类推进小区党支部、楼栋党小组组建；对无物业管理的、未建立党支部的老旧街巷小区、散居楼栋，全面推行“两长一员”（党员街巷长、党员楼长、红色网格员）制，进一步扩大党在街巷小区的组织和工作覆盖面。截至目前，全市共有小区104个、成立党支部100个，选聘党员街巷长235名、党员楼长318名、红色网格员733名，组织覆盖率达96.15%、工作覆盖率达100%，形成“街道党工委—社区党组织—小区党支部—楼栋党小组—党员家庭户”的组织架构。二是扩大“同心圆”。采取“五联五共”模式（组织联建、共商大事，队伍联管、共育人才，活动联办、共享资源，服务联心、共创品牌，综治联动、共抓治理），在全市组建13个广覆盖、多元化、开放性的区域党建联盟，实行轮值“邻”书记制，每季度由联盟成员单位党组织书记轮流担任，共商要事、共解难题、共促发展，比如，华南社区党建联盟在老旧宿舍楼自来水“一户一表”改造过程中，推动联盟成员单位水务投资发展公司党总支将每户居民水改费用由2700元降至520元，不仅为居民省下70000多元改造费，还解决了困扰居民多年的用水计费问题。三是增强“轴心力”。把“坚持党的领导”等党建内容写进居民公约、业委会章程、小区规约等，明确党组织主导社区配套组织及小区业委会、业主监事会等组织的筹备成立、换届改选及人选把关，进一步加强和改进社区（小区）党组织对街巷小区各类组织和工作的领导。实行社区党组织、小区党支部、物业企业、业委会交叉任职，推动93名符合条件的党员业主、社区“两委”成员通过法定程序兼任业委会成员，推动7名规模较大的物业企业党员负责人兼任所在社区党组织班子成员，把“红色业委会”“红色物业”打造成近邻党建重要力量。

（二）多元共治，打造好邻里。突出党建引领，推动自治、法治、德治、智治有机结合，进一步激活基层治理神经末梢，让城市“陌生人”变成四海“一家亲”。一是民主协商畅民意。认真落实“两议两评两公开”工作机制，健全“议题收集—走访调研—制定方案—议事协商—结果公开”五步民主议事协商程序，切实保障党员群众的知情权、参与权、监督权，进一步提高民主议事协商的规范性和科学性，比如，为解决小区老化电梯维修金问题，百德康桥小区党支部召开百家议事会，研究提出“让业主每月每平方米多交0.3元物业费作为公维金”的建议方案，顺利通过业主大会表决并完成小区老化电梯配件更换和维修。二是文化活动乐民心。通过在小区邻里之家、楼道电梯等公共场所宣传社会主义核心价值观和近邻党建工作理念，开展邻里文化节、趣味运动会、“好婆媳、好妯娌、好邻居”评选等群众喜闻乐见的文体活动，厚植“近邻文化”沃土，既丰富了精神文化生活，又

拉近了居民之间的距离，比如，鼎盛骏景小区党支部联合业委会、物业企业举办“迎新春送春联”“重阳节义诊义剪”等活动，长福社区党支部在春节期间举办“情在长福·留石人员生日会”，让居民更有归属感和幸福感。三是依法维权解民忧。全面实行“一居一法律顾问”，与16家律师事务所、58名执业律师签订服务协议，广泛开展普法宣传、法律维权、纠纷化解等工作，并建成“石狮市掌上公共法律服务”平台，不断提升居民法治意识和能力，营造人人懂法、人人守法的氛围。灵活设置网格民情接待站、街巷红色驿站、党员楼长工作室等多元化调解平台，成立6个小区物业纠纷调解委员会，靠前研究解决群众反映问题、调解处置邻里矛盾纠纷，让群众在家门口就有说事评理的地方，做到“小事不出街巷，大事不出社区”。整合党、政、社三方资源，建立党建引领城市基层治理三级响应平台，2020年以来，累计受理群众诉求50455件，办结50450件、办结率99.99%，群众回访满意率99.89%。

（三）多方共享，打造好生活。把工作力量和服务资源下沉到基层一线，在畅通联系服务群众“最后一米”上下功夫、求实效，推动街巷、小区服务从一般化向精细化转变。一是聚合邻阵地。把社区活动阵地纳入城市公共配套建设规划，整合新时代文明实践所、综合文化服务中心等场所建设，建成69个集议事办公、便民服务、文体娱乐等功能于一体的党群服务中心和邻里之家，内设便民服务站、儿童之家、法官工作室、心理咨询室等，群众可就近办理居住证、生育登记等22项政务事项。用活用好现代信息技术，通过将传统门牌升级为二维码“智慧门牌”，实现登记“码”上办、信息“码”上播、租房“码”上找、快递“码”上寄、家门“码”上开、费用“码”上交，有效拓展线上办事服务平台，让数据多跑路、群众少跑腿。二是聚焦邻服务。积极落实“四双一促”制度（实行双向承诺、双向联动、双向

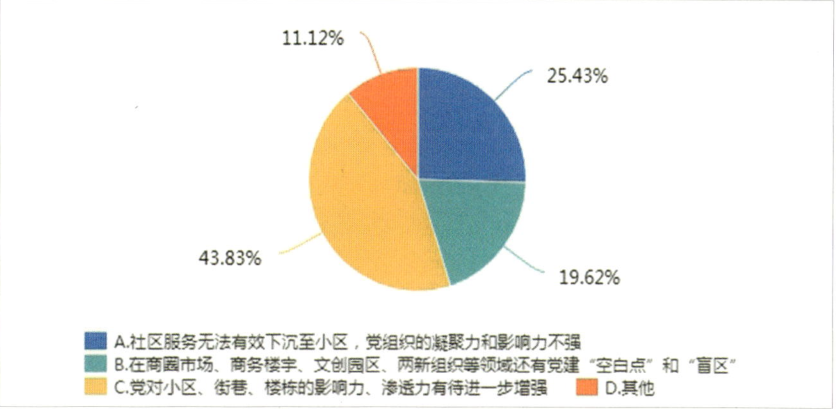

图1 当前城市建成区基层党组织设置存在的问题示意图

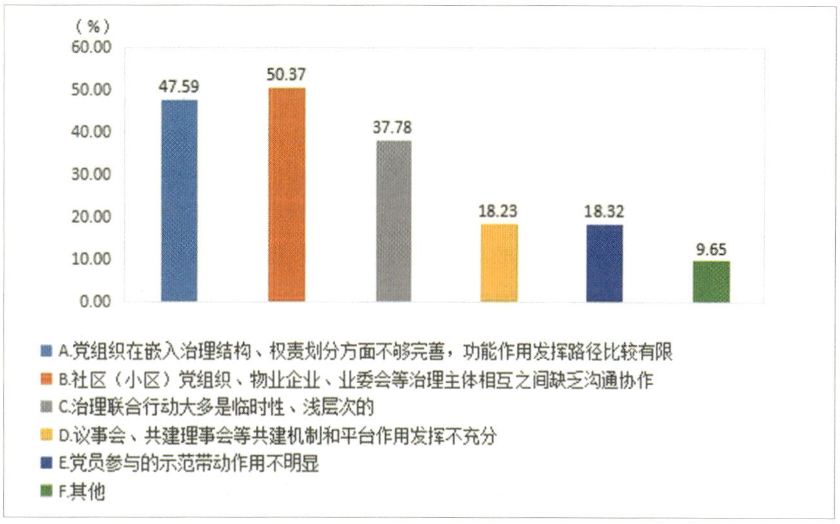

图2 近邻党建引领基层治理存在的主要问题示意图

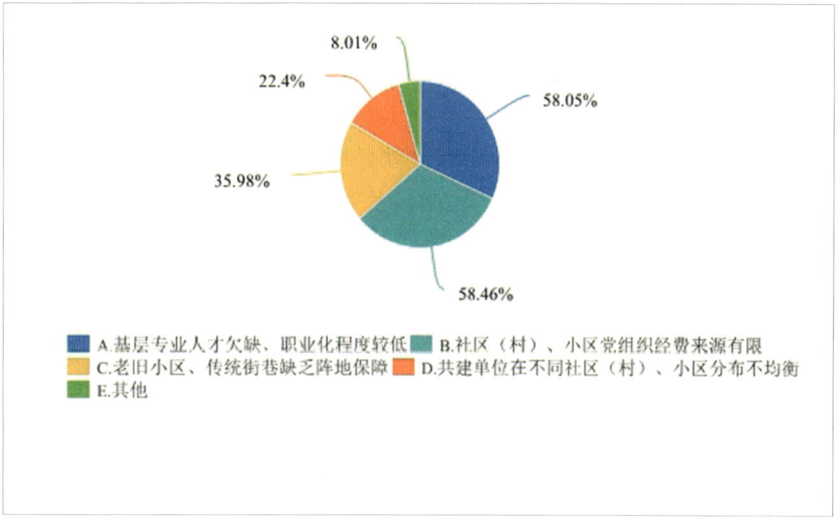

图3 推进近邻党建工作保障方面存在的突出问题示意图

监督、双向评议，促真报到、真服务），推行“居民点单、支部下单、党员接单”服务模式，做细做实在职党员报到服务，2020年来共认领群众服务需求2653项，策划开展爱心义诊、送学进居、法律咨询等1273场主题活动，受益群众逾2万人次。积极组织发动小区律师、医生、教师等各类人才发挥自身专业优势，主动为居民提供便利服务，比如，疫情初期，泰亨新城小区党员医生自费购买50瓶酒精捐赠小区党支部，并配合党员楼长做好住户体温测量，助力疫情防控；挂钩联系新湖社区的党代表、人大代表积极参与推进夜间经济发展，配合社区党委协商解决夜市噪声、车辆乱停、餐厨垃圾等居民群众关注的热点问题36个。三是聚集邻资源。坚持“市聘、街道管、社区用”，按每个街道、社区至少分别配备2名、1名党群工作者的标准，每年常态化开展招聘录用，并实行与岗位等级、绩效考核相衔接的薪酬制度，着力打造一支数量充足、结构合理、管理规范、素质优良的专职化近邻党建工作队伍。开展“抓党建促提升，抓宜居促振兴”三年行动，选派包括市直部门党员主要负责同志在内的128名党员市管干部挂村蹲点，全面覆盖全市所有村（社区），并采取“一对一”“多对一”等结对共建方式，持续推动市直单位优质资源向社区、小区一线倾斜，比如，整合各级惠民项目资金2300万元，完成花园城等17个老旧小区环境整治改造，有效改善居民居住环境。

二、存在的问题

此次调研共发出电子调查问卷1223份，收回1223份，居民群众对现在所居住地管理服务的满意率达86.27%，但也指出了一些不足和问题。经统计分析，结合平时工作实际，当前近邻党建工作主要存在以下四个突出问题：

（一）组织设置不够合理。随着城市化进程的加快，城市建成区人口数、党员数快速攀升，不少社区党支部不仅直接管理着上百名党员，而且人口“超载”直接造成社区超负荷运转，“小马拉大车”越来越吃力。在问卷调查中，25.43%认为社区服务无法有效下沉至小区，党组织的凝聚力和影响力不强；19.62%认为在商圈市场、商务楼宇、文创园区、两新组织等领域还有党建“空白点”和“盲区”；43.83%认为党对小区、街巷、楼栋的影响力、渗透力有待进一步增强。

（二）功能定位相对模糊。《中国共产党章程》等党内规章虽然明确了镇（街道）、村（社区）党组织对本地区工作的领导权限，但小区党支部的领导地位、职责功能没有规范性文件指导，在领导小区治理时“名不正言不顺”；此外，业委会、物业企业等治理多元主体之间存在自治意识不强、利益协调不顺、权责边界不清等问题，某种程度上“党建引领”变成了“党建包办”，难以形成整体合力。调查显示，当前居民群众反映比较突出的近邻党建引领基层治理存在问题主要有三个方面，即“党组织在嵌入治理结构、权责划分方面不够完善，功能作用发挥路径比较有限”占47.59%，“社区（小区）党组织、物业企业、业委会等治理主体相互之间缺乏沟通协作”占50.37%，“治理联合行动大多是临时性、浅层次的”占37.78%。此外，认为“议事会、共建理事会等共建机制和平台作用发挥不充分”“党员参与的示范带动作用不明显”的也都达到18.3%左右。

（三）资源保障来源匮乏。相对传统居民区，现代住宅区业主来自全国各地和各行各业，有的还来自国外，近邻党建的服务对象、服务需求、服务主体、服务资源呈现多元化、差异化。在调研中发现，缺人、缺钱、缺阵地是制约近邻党建作用发挥的最大现实因素，比如，小区在册党员多为社区党员，退休党员整体年龄偏大，在职党员时间精力不够，小区党支部书记存在专业人才欠缺、职业化程度较低等问题；又比如，除了上级拨补，有的小区党支部没有固定的经费来源，日常办公“捉襟见肘”，服务群众“有心无力”；一些老旧小区、传统街巷没有规划预留场所，党组织开展活动缺乏基本的阵地保障。

（四）融入小区深度不够。受制于小区党群工作者以兼职居多，且党员大多数组织关系在工作单位或社区党组织，导致小区党组织活动开展不规范，作用发挥有限，基本以宣传教育、传统节日活动、家园清洁为主，且治理工作基本都是纠纷调解，对“四点半”课后服务、老人居家养老、居民停车难、公共文化阵地建设等群众急需愁盼问题介入不多，居民群众参与度和获得感相对不高。调查结果显示，在邻里活动内容方面，排在前三位的分别是宣传教育、志愿服务、传统节日活动，且活动形式相对单一，内容同质化较高；在邻里活动次数方面，每月开展1—2次的仅占27.47%，每年开展1—2次的占15.13%；在“近邻党建对居民日常生活”影响度调查当中，31.4%选择“影响很大”，10.71%选择“没影响”，25.27%选择“影响一般”，一定程度上存在“两张皮”现象。

三、对策与建议

（一）坚持组织设置扁平化，才能填补“邻”空白。把党的工作覆盖到户到人，关键的难点在于打通组织壁垒，打破

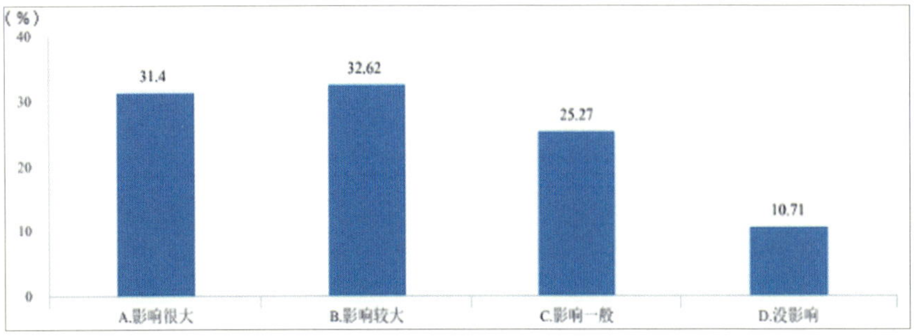

图4 近邻党建对居民日常生活影响度调查示意图

区域内党组织的封闭状态，将各领域党组织链接起来、统领起来，确保全覆盖。一方面，要科学划分治理单元，按地缘型、单元型、单位型、园区商圈型等区域分布特点划分设立党支部、党小组，激活邻里红色细胞，推动党组织触角向最基层延伸；另一方面，要优化城市基层党组织组织体系，减少组织管理层级，以社区党组织为核心，通过完善议事决策、联席会商、目标考核、监督问效等制度机制，全面调动各领域党组织共驻共建、互联互动，确保近邻党建各项任务落到实处。

（二）坚持队伍管理模块化，才能汇聚"邻"力量。党员是党的一切活动的主体，是推动近邻党建的重要力量，要积极推广并运用模块化管理方式，把网格内各类党员集聚起来，才能形成推动街区治理服务的强大动能。要统筹抓好行业系统党建，通过组建"阳光公仆"志愿服务队、开展在职党员到社区小区报到服务、党员领导干部挂钩联系基层党支部等措施，推动行业系统党员队伍力量下沉，推动行业系统所属单位主动融入属地中心任务和区域化党建工作。实行双向压实责任、双向沟通协商、双向跟踪管理、双向考核评价等管理办法，强化党员队伍"双重管理"，即，上级考核行业系统部门工作和评价使用干部时，应听取属地党委意见；考核属地党委工作和评价使用干部时，应听取行业系统部门党组织的意见，切实把党员队伍活力激发出来。

（三）坚持资源配置集约化，才能激发"邻"活力。充分发挥党的组织资源对激活配置、优化统筹社会资源的作用，推动各行业各领域资源融合互通、共建共享，才能有效应对服务主体、服务需求、服务对象多元化这一实际，实现各取所需、共驻共赢。要建立以社区、小区党支部为主渠道的资源投入模式，广泛凝聚辖区驻区单位、商务楼宇、商圈市场、"两新"组织等各类党建主体力量，推动各项政策、资金、信息、技术等资源下沉一线，让社区、小区党支部有资源有能力为群众服务。大力推进阵地共享，注重拓展社区、小区阵地功能，注重统筹共建单位优质阵地资源，推动共建单位与社区、小区党组织阵地相互开放、共用共享。

（四）坚持作用发挥常态化，才能扩大"邻"影响。为民服务无止境。要坚持以人民为中心，不断创新和拓宽党组织和党员联系服务群众的途径和方式，引导党员干部在参与基层治理、联系服务群众、推动经济发展等方面创先争优作奉献，进一步密切党群、干群关系，切实巩固和提升好"不忘初心、牢记使命"主题教育成果。常态化开展党员公开承诺践诺评诺、在职党员到社区小区报到服务、党员市管干部挂钩联系社区小区等工作，用好党员先锋队、攻坚队、志愿服务队等抓手，引导党员干部主动亮身份、履职责、勇作为，让党旗在基层一线高高飘扬。注重典型引路，充分运用报刊媒体和"两微一端"等网络平台，广泛宣传推进近邻党建的好经验好做法，及时选树和表彰一批近邻善治街区先进典型和优秀案例，营造"比学赶超"的浓厚氛围。

（五）坚持组织领导一体化，才能提升"邻"效应。充分发挥城市基层党建工作领导小组总揽全局、协调各方作用，统筹考虑街道、社区、小区各领域近邻党建主体特点和实际，统一谋划，系统推进，才能形成近邻党建工作的整体效应。把近邻党建纳入基层党建常态化调研指导、基层党组织书记述职评议、驻区单位年度绩效考评的重要内容，强化各级党组织书记推进近邻党建的主责主业意识，推动近邻党建各项任务落细落实。赋予街道、社区、小区党支部更多考评话语权，明确驻区单位文明创建、综治（平安建设）考评以及非公企业评选表彰、评价定级须征求报到的街道社区党组织意见，在职党员评优评先、晋职晋级和推选"两代表一委员"时须征求所报到的社区、居住小区党支部意见，切实提升街道、社区、小区党组织地位，为其轴心作用的发挥提供有力机制保障。

课题指导：许顺达
课题组长：陈泰坤
课题成员：许宏图　陈晓霞
　　　　　黄建华　潘文龙
课题执笔：陈晓霞　潘文龙

创新市场采购共享机制　打造“买全国、卖全球”外向型商贸新格局

中共石狮市委改革办　石狮市商务局

2018年9月，泉州市石狮服装城获批全省首家国家级市场采购贸易方式试点，2019年9月叠加预包装食品出口试点。试点由石狮服装城和石狮国际轻纺城、后续新增石狮国际食品城区域组成，入驻商户和企业可享受免征不退、简化申报、收汇灵活等多项利好政策，解决了市场商户无票出口、小单杂单报关难等问题。石狮市深入贯彻“共享发展”理念，全力打通国际国内两个市场，扩大试点政策范围、初步建成全省外贸综合服务平台，形成“买全国、卖全球”外向型商贸新格局，为外贸发展提质促稳。

一、创新情况

（一）创新外贸采购联网共享，全力打造“一关通天下”。针对传统外贸出口痛点堵点，实现“三个打破”。一是打破行政辖区限制、形成省市县三级联动的全流程协调机制。建成覆盖全省的联网信息平台，集成海关、税务、市场监管、商务、外汇、信保、银行等一站式贸易服务，搭建对接全省各县市区特色产业的开放式窗口，实现“一县试点、十地共享”。二是打破海关关区限制。打破传统“多次装运、多次查验”的货物转关出口模式，创新“采购地申报、全省口岸验放”一体化通关模式，构建“海、陆、空、铁、快件”全途径通关体系，实现“就地采购、就近通关”。比原通关模式平均每标箱节省费用超1000元、节省时间超12小时。二是打破内外贸市场界限。改革“一张订单、一款产品、整柜发货”的传统贸易模式，实行海关“简化归类”、税务“免增值税”、外汇“多元收结汇”、出口信保免费统保、金融低息免抵押出口数据贷等综合改革，全面降低外贸门槛，为石狮服装城、国际轻纺城、晋江鞋纺城等内贸市场中小商户提供共享式的外贸平台，助力内外贸市场大循环。

（二）首推预包装食品拼装共享，开辟食品出口“阳光大道”。探索全国首个市场采购预包装食品出口试点特殊政策，实现食品出口三个“突破”。一是突破“出口食品生产企业备案”制度，将我省食品安全“一品一码”管理制度引入出口环节，对试点企业和商户免除原需4—6个月方可办结的海关出口卫生备案资质，实现真正意义内外贸“同线同标同质”，帮助全国内贸食品生产商、市场流通商户开辟出口“阳光大道”，已有300多家企业获益，二是突破出口食品“产地检验”监管制度。解决“单小、货多、品种多”外贸新常态下，来自全国各地食品集拼出口前需要分别向全国多地海关申请检验的难题，通过试点平台开展一站式采购并实施“一次申报、一次检验、一次放行”。三是突破食品出口专柜装载模式。改革传统模式下食品出口不得与其他商品（非食品）混装的“单一品种专柜”模式，破解海外商超生活百货采购集拼出口和去库存化、去中间商化难题，释放食品全球采购潜能，试点一年已放行食品约3000标箱，平均每柜集拼食品超30种。引进和培育具备国内国外通关“双清”能力的大型外贸综合服务企业，食品出口大幅提速、降负、增效。

（三）融合跨境电商等多平台优势，全面优化升级外贸营商环境。发挥“市场采购贸易+跨境电商+外贸综合服务+保税物流中心区+港口经济”等对外开放重要平台优势，全面优化外贸营商环境，一是推动外贸新业态数字化转型。引进阿里国际等知名跨境电商平台服务企业，培育基于实体市场的跨境电商采购生态圈，支持跨境电商货物线上成交后，线下灵活选择市场采购方式便捷出口，施行“市场采购贸易+跨境电商+外贸综合服务”优势互补模式，二是实施国有运营战略。组建国有控股市场采购外综服、供应链管理及金融服务平台，旗下服装城、轻纺城、食品城和保税物流中心形成统一品牌，打造成为国际商贸服务业的创新载体，通过国有专业平台和灵活的资金政策赋能，培育市场采购外综服企业。三是创新市场采购贸易金融。探索开展“政府+银行+保险”三方合作模式，推动银行和金融担保机构开发“狮采贷”等市场采购贸易数据融资产品，破解新业态融资难题，加快资金循环周转率，进一步扩大采购出口：建立政府“公共保证金池”模式，为试点企业提供“免保证金”远期结售汇服务，规避外汇收结汇风险：招商引进具备境外金融支付牌照的易柏供应链管理有限公司，专业为市场商户开展外汇结汇服务，石狮服装城多家商户已成功跨境收汇近千万人民币，破解传统地下钱庄收款产生的“冻卡”难题。

二、取得成效

“一”：建成一个共享的外贸综合服务平台。福建省试点共享推广以来，石狮以外备案企业186家，福州、漳州、三明和泉州其他县（市、区）共82家企业开展试点业务，出口额124.91亿元人民币，推动石狮服装城、国际轻纺城等专业市场转型升级为服务全省的综合性国际商贸城；对接宁夏、新疆、内蒙古等内陆地区，拓宽闽宁合作、山海扶贫协作，让特色食品、农副产品“出山”“出海”，累计达3.37亿元人民币。

“十”：出口产品种类涵盖13大类。

通过福建全省共享推广提质扩容，试点出口产品种类从获批时的纺织服装扩大到除海关限制和禁止出口等负面清单外的13大类，涵盖全国各地生产的建材类、日用百货类、机械类、化学工业用品、食品等。

“百”：实现年出口额超百亿。截至2021年6月3日试点累计实现出口651.63亿元人民币（95.66亿美元），其中2019年实现出口173.2亿元人民币（24.97亿美元）：2020年全年出口343.13亿元人民币（49.9亿美元），比增98.16%：2021年1—5月出口131.65亿元（20.23亿美元），比增130.59%。

“千”：培育千家新兴市场主体。从事外贸的主体从试点前的1200多家增长至5000多家，新增新业态外贸公司391家、货代公司93家、报关公司112家。

“万”：集聚吸纳产业链近十万人气。吸引国际采购商逾6万人次，直接带动外贸、报关、货代、码头物流、国际航运等新增就业超1万人：传导带动生产和商贸流通经营新增就业超2万人。

2021年石狮市各组织机构领导名录

中共石狮市委员会

书　记　蔡萌芽
（女，至2021年6月）
黄春辉（2021年6月任）
副书记　黄春辉（至2021年6月）
余志伟（2021年6月）
施晓瑛
（女，2021年7月任）
常　委　林天虎（至2021年7月）
林振海（至2021年7月）
陈元生（至2021年7月）
廖春园（至2021年7月）
张鸰翔（至2021年7月）
王文晖（至2021年6月）
施晓瑛（女）
郑天助（2021年7月任）
陈守林（2021年7月任）
邱永丰（2021年7月任）
刘艺波（2021年7月任）
林进全（2021年7月任）
郭浪滔（2021年7月任）
许顺达（2021年7月任）
白玉成
马学荣
（挂职，2021年11月任）

办公室
主　任　曾少嵘（至2021年5月）
龚一士（2021年5月任）
副主任　苏龙镍（至2021年5月）
陈鲲淼
庄佳龙
纪荣渠（2021年5月任）

党委综合系统党委
书　记　曾少嵘（至2021年5月）
龚一士（2021年5月任）
副书记　王礼谦

组织部
部　长　施晓瑛
（女，至2021年7月）
许顺达（2021年7月任）
常务副部长　蔡志荣
（2021年5月任）
副部长　王汉滨（至2021年7月）
余日森（2021年7月任）
许宏图
陈泰坤（2021年7月任）
邱竞芬
（女，2021年7月任）

宣传部
部　长　廖春园（至2021年7月）
郑天助（2021年7月任）
常务副部长　邱永乐
（2021年5月任）
副部长　林育明（至2021年5月）
蔡振宇（2021年8月任）
唐雪峰
邱海涛（2021年8月任）
蔡桦榕
（女，2021年5月任）

宣传系统党委
书　记　林育明（至2021年5月）
邱永乐（2021年5月任）
副书记　邱竞芬
（女，至2021年7月）
蔡小玲
（女，2021年7月任）

统战部
部　长　林天虎（至2021年7月）
刘艺波（2021年7月任）
常务副部长　邱汉清
（2021年5月任）
副部长　施剑峰（至2021年7月）
刘以欣（2021年7月任）
蔡连庭

统战系统党委
书　记　许新新（至2021年8月）
邱汉清（2021年8月任）
副书记　林　铲

政法委
书　记　张鸰翔（至2021年7月）
林进全（2021年7月任）
常务副书记　吴宗顺
（2021年5月任）
副书记　黄建辉
李圣阳
蔡世鑫
林剑平
（挂职，2021年5月任）
政治处主任　许锡鸿
（2021年9月任）

政法系统党委
书　记　吴宗顺
副书记　龚怡诺（至2021年5月）
蔡怀令（2021年5月任）

机构编制委员会办公室
主　任　余日森
副主任　郑明芬（女）

事业单位登记中心
主　任　温泽源（2021年5月任）

巡察工作领导小组办公室
主　任　龚金镇（至2021年10月）
姜荣树（2021年10月任）
副主任　赵龙毓

巡察组
组　长　汪华晔
许志民
蔡文轴（至2021年5月）
谢忠宣（2021年9月任）
副组长　陈进良（至2021年10月）
郭安妮
（女，至2021年5月）
蔡振望（2021年10月任）
郑晓锋（2021年10月任）
林怡真（女）

老干部局
局　长　王汉滨（至2021年5月）

许宏图（2021年5月任）
副局长 蔡娃娃（女）

老干部活动中心

主 任 王祖德（至2021年5月）
蔡嘉荣（2021年5月任）

精神文明建设办公室

主 任 蔡振宇
副主任 许振洪（至2021年5月）
黄雅霜
（女，2021年9月任）

创建全国文明城市工作促进中心办公室

主 任 蔡清瑜
（女，2021年9月任）

党校（行政学校）

校 长 施晓瑛
（女，至2021年7月）
许顺达（2021年7月任）
常务副校长 叶泽旺
（至2021年5月）
吴雄聪（2021年5月任）
副校长 王东宏（至2021年5月）
李志伟（2021年5月任）
蔡慰玲
（女，2021年5月任）

党史和地方志研究室

主 任 黄文毅（至2021年5月）
林育明（2021年5月任）
副主任 李延安（至2021年5月）
林秀钦
（女，至2021年2月）
王祖德（2021年5月任）
周卡娜
（女，2021年5月任）

档案馆

馆 长 薛文华（至2021年5月）
陈章彬（2021年5月任）
副馆长 林清传（2021年5月任）
林建福

融媒体中心

主 任 唐雪峰（2021年8月任）
副主任 王金辉
（女，2021年5月任）
王清彬（2021年5月任）

石狮市人大常委会

主 任 上官跃进
（至2021年12月）
李斌（2021年12月任）
副主任 施心新（至2021年12月）
吴清木（至2021年12月）
许赞成（至2021年12月）
林进全（至2021年8月）
张永安（2021年12月任）
郑文芳（2021年12月任）
林志坚（2021年12月任）
陈垂汉（2021年12月任）

办公室

主 任 姜荣树（至2021年11月）
蔡荣桥（2021年11月任）
副主任 方黎红
（女，至2021年6月）
施青苗（2021年6月任）

人事代表工委

主 任 林玉燕
（女，至2021年6月）
邱尚进（2021年6月任）
副主任 李灵燕（女）

内务司法工委

主 任 李宁韧
（女，至2021年6月）
丁 洁
（女，2021年6月任）
副主任 丁 洁
（女，至2021年6月）

财政经济工委

主 任 邱尚进（至2021年6月）
姚惠卿
（女，2021年6月任）
副主任 黄子秦（女）

教科文卫工委

主 任 卢崎青（至2021年8月）
刘建辉（2021年8月任）
副主任 许为民（至2021年6月）
李晓莹
（女，2021年6月任）

环境与城乡建设工委

主 任 林启彬（至2021年6月）
张传标（2021年6月任）

华侨民族宗教工委

主 任 蔡淑惠
（女，至2021年11月）
吴金旋
（女，2021年11月任）

石狮市人民政府

市 长 黄春辉（至2021年6月）
余志伟（2021年12月任）
副市长 王文晖（至2021年6月）
张永安（至2021年7月）
施汉杰（至2021年12月）
李 斌（至2021年8月）
黄延艺
（女，至2021年8月）
邱永丰（至2021年7月）
刘艺波（至2021年7月）
陈 波
（挂职，至2021年12月）
郭浪滔（2021年7月任）
马学荣
（挂职，2021年10月任）
洪奕蓉
（女，2021年7月任）
李怀忠（2021年7月任）
黄明瑄
（女，2021年8月任）
黄建辉
许自霖（2021年8月任）
谢建智（2021年7月任）

办公室

主 任 龚一士（至2021年6月）
王汉滨（2021年6月任）
副主任 蔡金勤（至2021年6月）
吴金旋
（女，至2021年11月）
蔡文轴（2021年6月任）
许振洪（2021年6月任）

陈兴隆（2021年6月任）

政府综合系统党委

书　记　龚一士（至2021年5月）

王汉滨（2021年5月任）

副书记　陈兴隆（至2021年5月）

林友生（2021年5月任）

发展和改革局

局　长　张子群（至2021年6月）

张辉程（2021年6月任）

副局长　邱春旭（至2021年6月）

黄建钳（至2021年6月）

谢胜德（2021年6月任）

高培榕（女，2021年6月任）

教育局

局　长　周拥护（至2021年6月）

蔡结生（2021年6月任）

副局长　陈晓东

洪明芳（至2021年6月）

蔡钰章

林曙燕（女，2021年6月任）

教育系统党委

书　记　周拥护（至2021年5月）

蔡结生（2021年5月任）

副书记　蔡怀令（至2021年5月）

邱天生（2021年5月任）

教师进修学校

书　记　李秉源（至2021年5月）

校　长　王昆仑

副校长　黄雅芳（女，至2021年6月）

陈冬凝（女，至2021年6月）

蔡满满（女，2021年6月任）

邱世泽（2021年6月任）

吴毓玲（女，2021年6月任）

工业信息化和科技局

局　长　蔡新群（至2021年6月）

邱春旭（2021年6月任）

副局长　王名体（至2021年6月）

蔡熙达（至2021年6月）

李　佳（至2021年6月）

龚建忠（2021年6月任）

李双双（女，2021年6月任）

巫菲祥（2021年6月任）

经济系统党委

书　记　蔡新群（至2021年5月）

邱春旭（2021年5月任）

副书记　龚铭峰（至2021年10月）

李佳兴（2021年10月任）

城镇集体工业联合社

主　任　张江滨

副主任　邱建仁

公安局

局　长　黄建辉

政　委　颜清祥

副局长　许铭坛

庄　强

郑平仕（至2021年9月）

胡俊峰

蔡建志（2021年9月任）

何　俊（挂职）

公安局党委

书　记　黄建辉

副书记　颜清祥

机关党委

书　记　苏响应（至2021年8月）

许峰柏（2021年8月任）

副书记　谢　佳（至2021年8月）

吴文献（2021年8月任）

指挥中心

主　任　刘锦添

教导员　王　涛

国保大队

大队长　叶小欣

教导员　许伟雄

刑侦大队

大队长　曾少斐

教导员　毛建光

交警大队

大队长　戴元军

教导员　黄炳耀

法制大队

大队长　宋锋宁（至2021年9月）

李维本（2021年9月任）

教导员　林鸿阳（2021年9月任）

治安大队

大队长　陈健伟

教导员　蔡金旺

经侦大队

大队长　李健腾

教导员　张光章（2021年9月任）

出入境管理大队

大队长　施正白

教导员　吴文献（至2021年9月）

蔡英贤（2021年9月任）

禁毒大队

大队长　吕志新

教导员　吴国林

巡特警反恐大队

大队长　柯宏伟

教导员　林阿欣

海防大队

大队长　周俊彬（2021年9月任）

教导员　蔡文强（2021年9月任）

政工室

主　任　蔡红生

纪检监察室

主　任　李宝玉（女）

警务保障室

主　任　王金水

凤里派出所

所　长　蔡建志（至2021年9月）

李铭鐀（2021年9月任）

教导员　李铭鐀（至2021年9月）

黄文敬（2021年9月任）

湖滨派出所

所　长　施养枋

教导员　罗秋生

灵秀派出所

所　长　许峰柏（至2021年9月）

宋锋宁（2021年9月任）

教导员　徐金德

宝盖派出所

所　长　邱志鹏

教导员　郭小林

蚶江派出所

所　长　叶元荣

教导员　邱晋榕

永宁派出所

所　长　曾志忠

教导员　蔡金田（2021年9月任）

祥芝派出所

所　长　张宝利

教导员　林董永

鸿山派出所

所　长　王阿祥

教导员　刘振起

锦尚派出所

所　长　蔡海炳

教导员　林辉煌（2021年9月任）

看守所

所　长　张振友（至2021年9月）
　　　　邱锂伟（2021年9月任）

教导员　李聪雄

拘留所

所　长　温卫东

教导员　颜奕晖

民政局

局　长　许明忠

副局长　陈伟祥（至2021年6月）
　　　　蔡提福

曾少君（2021年6月任）

司法局

局　长　苏金灿

副局长　陈誉佳（至2021年6月）
　　　　黄艺艺（女）
　　　　杜海鹏（2021年6月任）

凤里司法所

所　长　谢添贵（至2021年6月）
　　　　林智远（2021年6月任）

湖滨司法所

所　长　杜海鹏（至2021年6月）
　　　　吴棉棉
　　　　（女，2021年6月任）

灵秀司法所

所　长　邱国强（至2021年6月）
　　　　林白莲
　　　　（女，2021年6月任）

宝盖司法所

所　长　蔡鸳鸯（女）

蚶江司法所

所　长　林白莲
　　　　（女，至2021年6月）
　　　　陈彬彬
　　　　（女，2021年6月任）

永宁司法所

所　长　曾焕达（至2021年6月）
　　　　邱庆雄（2021年6月任）

祥芝司法所

所　长　蔡凯龙（至2021年6月）
　　　　蔡式彪（2021年6月任）

鸿山司法所

所　长　杨婉园（女）

锦尚司法所

所　长　杨玲玲（女）

财政局

局　长　傅荣辉

副局长　傅文淮
　　　　李垂轩

财税系统党委

书　记　傅文淮（至2021年5月）
　　　　傅荣辉（2021年5月任）

副书记　李美蓉
　　　　（女，至2021年5月）
　　　　颜建生（2021年5月任）

国有资产发展服务中心

主　任　邱凉凉
　　　　（女，2021年6月任）

副主任　陈永瑞（2021年6月任）

国库支付中心

主　任　陈永瑞（至2021年6月）
　　　　蔡天锡（2021年6月任）

人力资源和社会保障局

局　长　邱雪亮
　　　　（女，至2021年6月）
　　　　李迎河（2021年6月任）

副局长　李有接（至2021年6月）
　　　　邱尚付
　　　　王名体（2021年6月任）

社会保险中心

主　任　施佩芸
　　　　（女，2021年9月任）

人力资源公共服务中心

主　任　孙辉体（2021年6月任）

自然资源局

局　长　蔡晓智

副局长　吴金锁（2021年6月任）
　　　　蔡金郡
　　　　蔡少瑜

城建交通系统党委

书　记　蔡晓智（2021年5月任）

副书记　李幼芳
　　　　（女，2021年5月任）

不动产登记中心

主　任　张国梁（至2021年6月）
　　　　黄振建（2021年6月任）

住房和城乡建设局

局　长　佘明涵

副局长　颜文艺
　　　　林耀茂

人民防空办公室

主　任　张基明

交通和港口发展局

局　长　邱华侨（至2021年6月）
　　　　邱建申（2021年6月任）

副局长　陈文晖
　　　　邱尚泽（至2021年11月）

交通运输事业发展中心

主　任　刘世昌（2021年6月任）

交通运输综合执法大队

大队长　王志锵（2021年6月任）

农业农村局

局　长　李迎河（至2021年6月）
　　　　王英俊（2021年6月任）

副局长　林纪忠（至2021年6月）
　　　　许明艺（至2021年6月）
　　　　李有接（2021年6月任）
　　　　杨婉贞
　　　　（女，2021年6月任）
　　　　杜越成
　　　　张　宁
　　　　（挂职，2021年11月任）

农业综合执法大队

大队长　陈晓围（2021年6月任）

商务局

局　长　林金场（至2021年6月）
　　　　苏金发（2021年6月任）

副局长　苏金发（至2021年6月）
李荣亮
李辉育（2021年6月任）

文化体育和旅游局

局　长　卢荣斌（至2021年6月）
蔡迎媚（女，2021年6月任）
副局长　蔡志坤
骆旺山
蔡小玲（女，至2021年8月）

文化市场综合执法大队

大队长　曾晓敏（女）

卫生健康局

局　长　余文革
副局长　蔡世博
张金从（至2021年6月）
谢金磐（2021年6月任）

卫生局卫生监督所

所　长　王建基
教导员　林清传（至2021年6月）

疾病预防控制中心

书　记　蔡亚碟（女，至2021年5月）
主　任　李炎芳

医疗质量评估中心

主　任　郑清峰（2021年6月任）

总医院

书　记　邱宗财
院　长　孙飞轮

妇幼保健院

院　长　孙飞轮
书记、执行院长　许志鹏

中医院

院　长　孙飞轮
书　记　黄书琳
执行院长　李灿新

退役军人事务局

局　长　李少宗
副局长　蔡宗凯

应急管理局

局　长　陈国锋
副局长　邱国衍
卢金宗
张孝强

防汛抗旱指挥部办公室

主　任　谢真固

地震办公室

主　任　李延安（2021年6月任）

审计局

党组书记　姚惠卿（女，至2021年5月）
局　长　黄诗建（至2021年6月）
邓莲珍（女，2021年6月任）
副局长　陈天取（至2021年9月）
王志春

市场监督管理局

局　长　张国钦（至2021年6月）
邱灿飞（2021年6月任）
副局长　余连捷
龚建忠（至2021年6月）
吴育进（2021年6月任）
王建群
食品药品总监　李双双（女，至2021年6月）
张金聪（2021年6月任）

市场监督管理局党委

书　记　苏思远（至2021年5月）
副书记　吴育进（至2021年5月）

凤里监督管理所

所　长　蔡怡适
教导员　洪华西（至2021年6月）

湖滨监督管理所

所　长　余泗水（至2021年6月）
胡文献（2021年6月任）
教导员　邱少频（女，至2021年6月）

灵秀监督管理所

所　长　黄怡毓（至2021年6月）
黄荣炉（2021年6月任）
教导员　郑敬谋（至2021年6月）

宝盖监督管理所

所　长　郑鸿博
教导员　戴泉才（至2021年6月）

蚶江监督管理所

所　长　邱志宏（至2021年6月）
郑敬谋（2021年6月任）
教导员　黄德育（至2021年6月）

永宁监督管理所

所　长　黄荣炉（至2021年6月）
张培阳（2021年6月任）
教导员　王志坚（至2021年6月）

祥芝监督管理所

所　长　张金聪（至2021年6月）
张文成（2021年6月任）
教导员　王永松（至2021年6月）

鸿山监督管理所

所　长　林贤种（至2021年6月）
蔡珍贵（2021年6月任）
教导员　张开元（至2021年6月）

锦尚监督管理所

所　长　胡文献（至2021年6月）
邱志宏（2021年6月任）
教导员　张培阳（至2021年6月）

市场监管综合执法大队

大队长　王永松（2021年6月任）

统计局

局　长　邓莲珍（女，至2021年6月）
周加建（2021年6月任）
副局长　周加建（至2021年6月）
曾焕达（2021年6月任）

社会经济调查大队

大队长　孙秋声（2021年6月任）

金融工作局

局　长　张辉程（至2021年6月）
刘福全（2021年6月任）
副局长　柯晓霖（至2021年6月）
王正一（2021年6月任）

信访局

局　长　蔡文轴（2021年6月任）
副局长　肖秋华

城市管理局

局　长　邱建申（至2021年6月）
张尚炬（2021年11月任）
副局长　宋建华
蔡荣滢
蔡加新（2021年6月任）
总工程师　潘志华（2021年6月任）

水务处
主　任　张尚炬（至2021年9月）
副主任　潘志华（至2021年6月）
市政公用事业发展中心
副主任　卢章钦（2021年6月任）
林育超（2021年6月任）
吴顺昌（2021年9月任）
大数据管理局
局　长　邱尚齐
副局长　巫菲祥（至2021年6月）
李文谱（2021年6月任）
行政服务中心管委会
主　任　吴雄聪（至2021年6月）
苏龙锽（2021年6月任）
副主任　何天水（至2021年6月）
庄忠庆（2021年6月任）
供销合作社联合社
主　任　刘延钦（至2021年6月）
蔡文作（2021年6月任）
副主任　林力生（至2021年6月）
张志刚
纪迎盈
（女，2021年6月任）

政协石狮市委员会

主　席　林自育（至2021年12月）
黄延艺
（女，2021年12月任）
副主席　郭丽莲
（女，至2021年12月）
陈贤明（至2021年6月）
丁东福（至2021年12月）
陈东华（至2021年9月）
朱　贤（2021年12月任）
王莉萍
（女，2021年12月任）
李宁韧
（女，2021年12月任）
吕　锜（2021年12月任）
办公室
主　任　郭永加
副主任　洪奇树（至2021年6月）
蔡　菁（女）
李加勇（2021年6月任）
提案法制办公室
主　任　卢祖明（至2021年6月）
张育群（2021年6月任）
副主任　上官加兴（2021年6月任）
经济资源办公室
主　任　苏榕榕
（女，至2021年6月）
蔡新群（2021年6月任）
副主任　章华旺（至2021年6月）
教科文卫史办公室
主　任　颜福瑜（至2021年6月）
洪奇树（2021年6月任）
副主任　王晓明
（女，至2021年6月）
许支援（2021年6月任）
台港澳侨民宗办公室
主　任　蔡盈盈
（女，至2021年6月）
李志雄（2021年6月任）
副主任　蔡文茹（女）

中共石狮市纪律检查委员会、监察委员会

书记、主任　林振海
（至2021年7月）
陈守林（2021年7月任纪委书记、2021年12月任监委主任）
副书记、副主任　王莉萍
（女，至2021年7月）
蔡德森
龚金镇（2021年7月任）
纪委常委　蔡荣桥
（至2021年10月）
王翌壮（2021年10月任）
吴朝阳
颜雯雯（女）
洪秀劝（女）
监委委员　蔡荣桥
（至2021年11月）
王翌壮（2021年11月任）
吴朝阳
邱海涛
（至2021年11月）
王益富（2021年11月任）
陈荣坊
办公室
主　任　吴瑞文
组织和宣传部
部　长　陈伟鹏
（女，至2021年10月）
庄君斌（2021年10月任）
党风政风监督室
主　任　许志强（至2021年10月）
陈　峰（2021年10月任）
信访室
主　任　王山海（至2021年10月）
陈进良（2021年10月任）
案件监督管理室
主　任　高群南
第一纪检监察室
主　任　吴月明（至2021年10月）
邱跃群（2021年10月任）
第二纪检监察室
主　任　陈振广
第三纪检监察室
主　任　邱世昌
第四纪检监察室
主　任　邱专文
第五纪检监察室
主　任　谢忠宣（至2021年9月）
蔡德清（2021年10月任）
第六纪检监察室
主　任　吴建军
案件审理室
主　任　邱瑜谊（女）
纪检监察干部监督室
主　任　王赵琳（女）
驻党群系统纪检监察组
组　长　傅　胜（至2021年8月）
庄雪峰（2021年10月任）
驻政府综合系统纪检监察组
组　长　庄雪峰（至2021年10月）

蔡一鹏（2021年10月任）

驻政法系统纪检监察组

组　长　张铭毅（至2021年10月）

张常亮（2021年10月任）

驻法院纪检监察组

组　长　洪彦伟（至2021年10月）

吴月明（2021年10月任）

驻检察院纪检监察组

组　长　许达森

驻经济系统纪检监察组

组　长　邱允阳（至2021年5月）

刘永辉（2021年5月任）

驻教育系统纪检监察组

组　长　章文新（至2021年5月）

王　山海（2021年10月任）

驻公安局纪检监察组

组　长　陈清芳（至2021年10月）

张铭毅（2021年10月任）

驻财政系统纪检监察组

组　长　谢玉亮（至2021年5月）

傅　胜（2021年8月任）

驻城建系统纪检监察组

组　长　王益富（至2021年10月）

陈伟鹏（2021年10月任）

驻农业系统纪检监察组

组　长　刘春色（至2021年5月）

陈文希（2021年10月任）

驻文体卫生系统纪检监察组

组　长　王翌壮（至2021年10月）

龚铭峰（2021年10月任）

石狮市人民法院

院　长　林明容（至2021年8月）

林德育（2021年12月任）

副院长　颜良伙

叶　青

吴志生

政治部

主　任　钟　军

专职审委　程耕轮

陈书雄

石狮市人民检察院

检察长　陈　林（至2021年8月）

余冬阳

（2021年8月任代理检察长）

副检察长　陈紫凡

陈国兴

陈玳鸿（2021年3月任）

政治部

主　任　蔡志强

专职检委　陈玳鸿（至2021年3月）

王晋荣（2021年3月任）

民主党派

中国国民党革命委员会泉州市石狮总支部委员会

主　委　施汉杰（至2021年12月）

陈垂汉（2021年12月任）

中国民主同盟石狮市总支部委员会

主　委　蔡进强

中国民主建国会石狮市总支部委员会

主　委　吕　锜

中国民主促进会石狮市总支部委员会

主　委　洪明芳

中国农工党石狮市总支部委员会

主　委　李灿新

中国致公党石狮市总支部委员会

主　委　施文坛

九三学社石狮市基层委员会

主　委　黄　刚（至2021年12月）

郑海滨（2021年12月任）

台湾民主自治同盟石狮市支部委员会

主　委　叶心凤（至2021年12月）

李璐琳（2021年12月任）

群团组织

总工会

主　席　施晓瑛

（女，至2021年7月）

许顺达（2021年8月任）

党组书记、常务副主席　王春炜

（至2021年5月）

王清波（2021年8月任）

副主席　蔡冰冰

（女，至2021年5月）

邱少频

（女，2021年8月任）

共青团石狮市委员会

书　记　颜安妮

（女，至2021年5月）

孙甜甜

（女，2021年5月任）

副书记　林煜熙（2021年5月任）

妇女联合会

主　席　邱亚环（女）

副主席　蔡育婷

（女，至2021年5月）

李丽宽

（女，2021年6月任）

科学技术协会

党组书记　傅子斌

（至2021年5月）

主　席　陈垂汉（至2021年5月）

谢文传（2021年8月任）

副主席　郑金象（至2021年5月）

吴志远（2021年8月任）

归国华侨联合会

主　席　董立新

副主席　洪其伟（至2021年5月）

蔡冰冰（2021年11月任）

台湾同胞联谊会

会　长　佘圣尧

工商业联合会（总商会）

主席（会长）　蔡建四

党组书记、副主席　施剑峰

（至2021年7月）

刘以欣（2021年7月任党组书记，提名副主席人选）
副主席　林新苗

文学艺术界联合会

主　席　刘建辉（至2021年8月）
卢崎青（2021年10月任）
副主席　洪明芳（2021年6月任）

国际贸易促进委员会（国际商会）

会　长　邱汉清（至2021年5月）
李　佳（2021年5月任）
副会长　邱尚定（2021年5月任）

残疾人联合会

理事长　陈伟祥
副理事长　卢明鹏（至2021年5月）
洪永家（2021年5月任）

红十字会

会　长　黄延艺（女，至2021年7月）
洪奕蓉（女，2021年7月任）
常务专职副会长　许经杭（2021年5月任）
专职副会长　洪永家（至2021年5月）
蔡荣旭（2021年5月任）

计划生育协会

会　长　施心新
常务专职副会长　蔡迎媚（女，至2021年5月）
蔡金勤（2021年8月任）
专职副会长　蔡文乾（至2021年5月）
吴修忍（2021年8月任）

社会科学界联合会

会　长　王胜利

慈善总会

会　长　李丽月（女）

各开发区

石狮高新技术产业开发区

党工委
书　记　朱　贤（至2021年7月）
曾少嵘（2021年7月任）
副书记　赵艺忠（至2021年7月）
刘以欣（至2021年7月）
陈拥护（2021年7月任）

纪工委
书　记　陈拥护（至2021年7月）
邱伟煌（2021年7月任）

管委会
主　任　赵艺忠（至2021年7月）
副主任　刘以欣（至2021年8月）
邱伟煌（至2021年8月）
陈拥护（2021年8月任）
杨思恩（2021年8月任）

办公室
主　任　施长华

业务科
科　长　洪金榜

石狮高新技术产业开发区服务中心

主　任　邱雅容（女，2021年6月任）

各镇、街道

凤里街道

党工委
书　记　王清波（至2021年5月）
蔡文博（2021年5月任）
副书记　蔡文博（至2021年5月）
蔡芳汶（至2021年5月）
孙文添（至2021年5月）
颜安妮（女，2021年5月任）
吴激扬（2021年5月任）
政法委员　蔡芳汶（至2021年5月）
吴激扬（2021年5月任）
纪工委书记　郑晓锋（至2021年5月）
陈振达（2021年5月任）
组织委员　张子健
宣传委员　陈文默（至2021年5月）
王雅凉（2021年5月任）
统战委员　郑天宝（至2021年5月）
赵世权（2021年5月任）
秘　书　郑天宝（至2021年5月）
赵世权（2021年5月任）

人大工委
主　任　张育群（至2021年6月）
蔡芳汶（2021年6月任）

街道办事处
主　任　蔡文博（至2021年6月）
颜安妮（女，2021年6月任）
副主任　吴杰雄（至2021年6月）
余雅容（女，至2021年6月）
王雅凉（女）
郑天宝（2021年6月任）
杜晓岚（2021年6月任）

综合便民服务中心
主　任　杨彬彬（女）

社区治理服务中心
主　任　王少勇（2021年5月任）

综合执法队
队　长　王元静

湖滨街道

党工委
书　记　柳建波（至2021年5月）
傅凉凉（女，2021年5月任）
副书记　邱灿飞（至2021年5月）
邱文伟（至2021年5月）
施正极（至2021年5月）
蔡清墩（2021年5月任）
孙文添（2021年5月任）
政法委员　邱文伟（至2021年5月）
孙文添（2021年5月任）
纪工委书记　李佳兴（至2021年5月）
林文森（2021年5月任）
组织委员　施青苗（至2021年5月）
陈晓霞（女，2021年5月任）
宣传委员　洪光铅（至2021年5月）
卢鸿利（2021年5月任）
统战委员　蔡良辉
秘　书　蔡良辉

人大工委
主　任　李少斌（至2021年6月）

柯晓霖（2021年6月任）

街道办事处

主　任　邱灿飞（至2021年6月）
蔡清墩（2021年6月任）

副主任　洪光铅（至2021年6月）
施鸿礼（至2021年6月）
蔡满满（女，至2021年6月）
卢鸿利（2021年6月任）
李巨擘
黄梅前（2021年6月任）

综合便民服务中心

主　任　张昊雯（女）

社区治理服务中心

主　任　朱瑜男（女，2021年5月任）

综合执法队

队　长　谢维烽

灵秀镇

党　委

书　记　林志坚（至2021年5月）
邱华侨（2021年5月任）

副书记　黄明瑄（女，至2021年5月）
邱培钦（至2021年5月）
谢胜德（至2021年5月）
张子群（2021年5月任）
蔡熙达（2021年5月任）

政法委员　邱培钦（至2021年5月）
蔡熙达（2021年5月任）

纪委书记　蔡振望（至2021年5月）
骆文杰（2021年5月任）

组织委员　卢盛银（至2021年5月）
杨安雅（2021年5月任）

宣传委员　傅毓丽（女，至2021年5月）
陈文默（2021年5月任）

统战委员　李加勇（至2021年5月）
施滨滨（女，2021年5月任）

秘　书　李加勇（至2021年5月）
施滨滨（女，2021年5月任）

人民代表大会主席团

主　席　陈章彬（至2021年5月）
施正极（2021年12月任）

副主席　张宝忠

镇政府

镇　长　黄明瑄（女，至2021年5月）
张子群（2021年12月任）

副镇长　吴修忍（至2021年5月）
李辉育（至2021年5月）
王正一（至2021年5月）
陈文默（2021年12月任）
邱世炎（2021年12月任）
林振志

综合便民服务中心

主　任　卢逢亮（女）

乡村振兴服务中心

主　任　张宝葛（2021年5月任）

基层治理服务中心

主　任　蔡辉亮（至2021年5月）
李　晅（女，2021年5月任）

综合执法队

队　长　颜增炜

宝盖镇

党　委

书　记　郑文芳（至2021年5月）
蔡俊龙（2021年5月任）

副书记　蔡俊龙（至2021年5月）
蔡俊清（至2021年5月）
柳建波（2021年5月任）
林积沪

政法委员　林积沪

纪委书记　郭荣芳（至2021年5月）
李式禾（2021年5月任）

组织委员　邱泽群

宣传委员　黄梅前（至2021年5月）
王安庆（2021年5月任）

统战委员　上官加兴（至2021年5月）
陈美妮（女，2021年5月任）

秘　书　上官加兴（至2021年5月）
陈美妮（女，2021年5月任）

人民代表大会主席团

主　席　蔡清墩（至2021年5月）
蔡俊清（2021年12月任）

专职副主席　陈庆联（女，至2021年5月）
张再生（2021年12月任）

镇政府

镇　长　蔡俊龙（至2021年5月）
柳建波（2021年12月任）

副镇长　姜德勇（至2021年5月）
蔡加勉（至2021年5月）
谢金磐（至2021年5月）
王安庆（2021年12月任）
蔡作为（2021年12月任）
陈晓聪

综合便民服务中心

主　任　蔡雷霆

基层治理服务中心

主　任　王翠萌（女）

乡村振兴服务中心

主　任　蔡锦耀

综合执法队

队　长　施隽杨（2021年9月任）

蚶江镇

党　委

书　记　李怀忠（至2021年5月）
陈殿魁（2021年5月任）

副书记　陈殿魁（至2021年5月）
吴激扬（至2021年5月）
杨思明（至2021年5月）
陈增坛（2021年5月任）
卢小钦（2021年5月任）

政法委员　杨思明（至2021年5月）
卢小钦（2021年5月任）

纪委书记　骆文杰（至2021年5月）
王江坤（2021年5月任）

组织委员　王明晓（至2021年5月）
唐丽雯（女，2021年5月任）

宣传委员　蔡桦榕（女，至2021年5月）
郭荣芳（2021年5月任）

统战委员　杨安雅（女，至2021年5月）

许君君
（女，2021 年 5 月任）
秘 书 杨安雅
（女，至 2021 年 5 月）
许君君
（女，2021 年 5 月任）
人民代表大会主席团
主 席 邱明革
专职副主席 李丽宽
（女，至 2021 年 5 月）
蔡育权（2021 年 12 月任）
镇政府
镇 长 陈殿魁（至 2021 年 5 月）
陈增坛（2021 年 12 月任）
副镇长 蔡坚定（至 2021 年 5 月）
卢小钦（至 2021 年 5 月）
曾少君（至 2021 年 5 月）
郭荣芳（2021 年 12 月任）
张国梁（2021 年 12 月任）
留锦章
综合便民服务中心
主 任 卢心心（女）
乡村振兴服务中心
主 任 林阳洋（2021 年 2 月任）
文旅发展服务中心
主 任 邱晓虹（2021 年 5 月任）
综合执法队
队 长 王振景

永宁镇

党 委
书 记 邱银河
副书记 王英俊（至 2021 年 5 月）
纪华雄（至 2021 年 5 月）
邱志雄（2021 年 5 月任）
施文静
政法委员 纪华雄（至 2021 年 5 月）
施文静（2021 年 5 月任）
纪委书记 林再裕（至 2021 年 5 月）
郭安妮
（女，2021 年 5 月任）
组织委员 林曙燕
（女，至 2021 年 5 月）
林胜镜（2021 年 5 月任）
宣传委员 洪志胜（至 2021 年 5 月）
蔡加勉（2021 年 5 月任）
统战委员 林文森（至 2021 年 5 月）
傅森源（2021 年 5 月任）
秘 书 林文森（至 2021 年 5 月）
傅森源（2021 年 5 月任）
人民代表大会主席团
主 席 邱志雄（至 2021 年 5 月）
纪华雄（2021 年 12 月任）
镇政府
镇 长 王英俊（至 2021 年 5 月）
邱志雄（2021 年 12 月任）
副镇长 洪志胜（至 2021 年 5 月）
蔡文作（至 2021 年 5 月）
庄忠庆（至 2021 年 5 月）
王少勇（至 2021 年 5 月）
蔡加勉（2021 年 12 月任）
吴杰雄（2021 年 12 月任）
王明晓（2021 年 12 月任）
乡村振兴服务中心
主 任 柯超群
综合便民服务中心
主 任 陈珊婷（女）
综合执法队
队 长 王文钦（2021 年 5 月任）

祥芝镇

党 委
书 记 陈增坛（至 2021 年 5 月）
邱建明（2021 年 5 月任）
副书记 邱建明（至 2021 年 5 月）
谢文传（至 2021 年 5 月）
吴伟峰（至 2021 年 5 月）
邱培钦（2021 年 5 月任）
张金从（2021 年 5 月任）
政法委员 谢文传（至 2021 年 5 月）
张金从（2021 年 5 月任）
纪委书记 邱世炎（至 2021 年 5 月）
龚莹莹
（女，2021 年 5 月任）
组织委员 吴伟峰（至 2021 年 5 月）
蔡辉亮（2021 年 5 月任）
宣传委员 卢鸿利（至 2021 年 5 月）
卢盛银（2021 年 5 月任）
统战委员 黄荣辉（至 2021 年 5 月）
纪荣喜（2021 年 5 月任）
秘 书 黄荣辉（至 2021 年 5 月）
纪荣喜（2021 年 5 月任）
人民代表大会主席团
主 席 张传标（至 2021 年 5 月）
吴伟峰（2021 年 12 月任）
镇政府
镇 长 邱建明（至 2021 年 5 月）
邱培钦（2021 年 12 月任）
副镇长 孙甜甜
（女，至 2021 年 5 月）
卢鸿利（至 2021 年 5 月）
林建勤（至 2021 年 5 月）
卢盛银（2021 年 12 月任）
蔡凯龙（2021 年 12 月任）
王妮娅
（女，2021 年 12 月任）
乡村振兴服务中心
主 任 洪育群
综合便民服务中心
主 任 陈明英
综合执法队
队 长 林义力（2021 年 5 月任）

鸿山镇

党 委
书 记 蔡鸿强
副书记 傅凉凉
（女，至 2021 年 5 月）
苏 斌（至 2021 年 5 月）
杨思明（2021 年 5 月任）
蔡文市
政法委员 苏 斌（至 2021 年 5 月）
蔡文市（2021 年 5 月任）
纪委书记 叶 芃
组织委员 蔡文市（至 2021 年 5 月）
许安安
（女，2021 年 5 月任）
宣传委员 蔡加新（至 2021 年 5 月）
蔡林鹏（2021 年 5 月任）
统战委员 蔡芳臻（至 2021 年 5 月）
黄荣辉（2021 年 5 月任）
秘 书 蔡芳臻（至 2021 年 5 月）
黄荣辉（2021 年 5 月任）
人民代表大会主席团
主 席 洪星炫（至 2021 年 5 月）

苏　斌（2021年12月任）

镇政府

镇　长　傅凉凉（女，至2021年5月）
　　　　杨思明（2021年12月任）

副镇长　蔡加新（至2021年5月）
　　　　杜晓岚（至2021年5月）
　　　　吴金锁（至2021年5月）
　　　　张宝葛（至2021年5月）
　　　　蔡林鹏（2021年12月任）
　　　　林建勤（2021年12月任）
　　　　黄建钳（2021年12月任）

乡村振兴服务中心

主　任　施养钞

综合便民服务中心

主　任　林美华（女，2020年9月任）

综合执法队

队　长　王志贤（2021年5月任）

锦尚镇

党　委

书　记　廖闽欣

副书记　邱永乐（至2021年5月）
　　　　林高欣（至2021年5月）
　　　　邱友炳（至2021年5月）
　　　　洪星炫（2021年5月任）
　　　　洪志胜（2021年5月任）

政法委员　林高欣（至2021年5月）
　　　　洪志胜（2021年5月任）

纪委书记　陈振达（至2021年5月）
　　　　蔡芳臻（2021年5月任）

组织委员　邱友炳（至2021年5月）
　　　　王昱明（2021年5月任）

宣传委员　李文谱（至2021年5月）
　　　　张瑞富（2021年5月任）

统战委员　蔡作为（至2021年5月）
　　　　蔡德谋（2021年5月任）

秘　书　蔡作为（至2021年5月）
　　　　蔡德谋（2021年5月任）

人民代表大会主席团

主　席　许经杭（至2021年5月）
　　　　邱友炳（2021年12月任）

镇政府

镇　长　邱永乐（至2021年5月）
　　　　洪星炫（2021年12月任）

副镇长　李文谱（至2021年5月）
　　　　吴志远（至2021年5月）
　　　　高培榕（女，至2021年5月）
　　　　张瑞富（2021年12月任）
　　　　林再裕（2021年12月任）
　　　　佘雅容（女，2021年12月任）

综合便民服务中心

主　任　吴云玲（女）

乡村振兴服务中心

主　任　李华媚（女）

综合执法队

队　长　庄宏腾

《石狮年鉴（2022）》审稿人和撰稿人名单

表 26

单位	审稿人	撰稿人
市委办	陈鲲淼　纪荣渠　陈世猛　王礼谦	林再炎　傅跃炬　柯其彬 苏琼熙　陈翠玲　廖亚梅
市人大办	施青苗	叶忠惠
市府办	许振洪	谢伟明
市政协办	蔡　菁	蔡晴芸　纪璐璐
市纪委监委	吴瑞文	蔡巧珠　黄云莺　林子铭 何佩佩　许君茹
市委组织部	黄志荣	杨松峰
市委宣传部	黄松榆	黄宁馨
市委统战部	蔡连庭　刘以欣　王良平　黄丽雅	邱康农　郭善慧　刘　欢 林锦哲　邱培玲
市委政法委	龚怡诺	蔡奕盛
市委编办	温泽源	杨全城
市委巡察办	赵龙毓	许君茹
市民政局	曾少君	林涌涌　董堆城　李　扬 蔡清怡　林永红　董育蓉　许自猛
市委文明办	黄雅霜	高克思
市老干部局	蔡娃娃	蔡嘉荣
市教育局	蔡钰章	林　坤
市信访局	肖秋华	赵　龙
市农村农业局	李有接	吴剑虹　刘伟荣　邱铮溶 郑育兴　吴瑞涯　洪艳艳　蔡琼芬 吴清明　王友情
市委党校	洪常颖	陈加家
市委党史和地方志研究室	王祖德	江芳玲
市档案馆	林清传	邱敏瑜
市发展和改革局	张辉程	刘少恺
市工业信息化和科技局	龚建忠　李双双　巫菲祥	朱永得　吕晓琳　谢冬棉　蔡柏林　林丽容
市商务局	李荣亮　李辉育　林东宁	王鸿亮　辛丽萍　李玉萍 苏志纯　黄鸿媚　林琪琳
市财政局	李美蓉　邱凉凉	林嘉雯　洪诗灵
市金融局	王正一	李狮龙　黄肖榕
市住房和城乡建设局	张基明　王泽永　林耀茂 颜文艺　邱金环	李　丞　余水宝　吴扬辉　涂玉助
市人力资源和社会保障局	洪佳鑫	吴剑锋
市文化体育和旅游局	蔡志坤　曾晓敏　蔡丽味	薛道达　李小燕　谢忠荣 施英煌　赖诗聘　姜诗诗
市退役军人事务局	蔡宗凯	王晶晶
市行政服务中心管委会	庄忠庆	李艳萍　杨德志
市应急管理局	蔡芳财	邱潇钧
市卫生健康局	蔡世博	郭盈盈
市自然资源局	邵树枞	陈振华
市城市管理局	吴孝琪　王　松　邱珊谜 邱于益　王俊林	江奋志　王毓娜　张秋萍　陈彬彬 李清锋　张辰希　卢金象　庄燕斌
市交通和港口发展局	姜盈钊	马淑婷

续表 26

单位	审稿人	撰稿人
市市场监督管理局	方绍鹏	卢玲珑
国家税务总局石狮市税务局	黄怡进	洪加成
市统计局	周加建	张辛荣
市审计局	胡孝友	邱育萍
市气象局	崔　寒	吴毅楠
大数据管理局	邱尚齐	苏晓诗
市烟草专卖局	郑兴国	陈颖君
市公安局	曾国同	陈泉宇
市司法局	陈誉佳	谢良生
市检察院	余冬阳	龚丝丝
市法院	程耕轮	林文静
泉州仲裁委员会石狮分会	庄学连	陈彩屏
泉州市医疗保障局石狮分局	邱泉喜	陈春木
泉州石狮海事处	徐　忠	王妙琳
市公安局交通警察大队	余清营	黄亚茹
市消防救援大队	岳合生	洪萍萍
市人武部	张　平	杨源泉
市总工会	王清波	吴圆圆　王文霞
市团市委	孙甜甜	辜培鑫
市妇联	李丽宽	许劲楠
市科协	谢文传　吴志远	何鹏飞
市工商联（总商会）	涂夏旭	林树民
市侨联	董立新	许蓉蓉
市文联	卢崎青	肖莺莺
市残联	王艺明	蔡丽双
市贸促会	纪锦锋	许锦航
市计生协会	吴修忍	蔡珊珊
市红十字会	许经杭	高滨滨
市慈善总会	蔡盈盈	程嘉倩
市社会科学界联合会	王胜利	杨丽碧
市台湾同胞联谊会	余圣尧	吴佳丽
民革石狮总支部	许雄飞	许莹琦
民盟石狮市总支部	蔡进强	颜艳虹
民建石狮市基层会	吕　锜	杜海鹏
民进石狮总支部	洪明芳	吴婉芬
农工党石狮市总支部	李灿新	李灿新
致公党石狮市总支部	施文坛	施文坛
九三学社石狮市基层委员会	郑海滨	王克锰
台盟石狮市支部	叶心凤	吴思思
泉州市石狮生态环境局	郑　明	叶巧智
泉州港口发展中心泉州湾港务站	施曲萌	郭燕云
泉州海关驻石狮办事处	庄绍恭	何丽玲
泉州市公路事业发展中心石狮分中心	林著笙	陈旭辉
泉州市住房公积金管理中心石狮市管理部	施小云	邱丽练
市供销合作社联合社	纪迎盈	李元强

续表 26

单位	审稿人	撰稿人
石狮市融媒体中心	张镒琛　胡毅杰　王金辉	林智杰　颜晓彬　谭　论　蔡明恩　郭梦静
市老年大学	范启永	林运动
中国人民银行石狮市支行	张育雅	邱晖莹　邱晓玲
中国银行石狮支行	王珊妮	杨源波
中国工商银行石狮支行	连斌良	李忠庆
中国农业银行石狮支行	黄杰晖	蔡阿芬
中国建设银行石狮支行	蔡美月	林冰冰
兴业银行石狮支行	龚书暖	涂丽吟
中国邮政储蓄银行石狮支行	张仲仪	陈小芸
泉州银行石狮支行	洪春颜	戴晓凤
石狮农商银行	陈垂典	王凤棉
招商银行石狮支行	邱耿阳	王雅诗
中国民生银行石狮支行	蔡安莉	傅伟煌
中信银行石狮支行	李东平	欧阳焕然
交通银行石狮支行	陈钊源	谢绵绵
平安银行石狮支行	林强兴	罗芷珣
上海浦东发展银行股份有限公司泉州石狮支行	林松桂	柯明煜
光大银行石狮支行	余志强	林长景
福建海峡银行石狮支行	杨海文	曾婉芳
泉州农商银行石狮市支行	吴超纯	庄育瑜
中国农业发展银行石狮市支行	徐璟斓	黄斯铭
厦门银行股份有限公司泉州石狮支行	吴国栋	傅梓坤
福建石狮渝农商村镇银行	王　瑜	叶荣义
国网福建省电力有限公司石狮市供电公司	苏超毅	王　骏
福建省石狮供水股份有限公司	吴清民	蔡萍萍
中国邮政石狮分公司	姚加强	翁俊杰
中国移动福建公司石狮市分公司	李冬阳	王灿灵
中国电信股份有限公司石狮市分公司	陈永辉	洪紫欣
中国联合网络通信有限公司石狮市分公司	龚海涛	黄婷婷
福建广电网络集团石狮分公司	邱敬措	陈才忠
市高新技术产业开发区	曾少嵘	刘少玲
凤里街道	赵世权	赵世权
湖滨街道	蔡良辉	洪鸿吟
灵秀镇	杨安雅	王　霞
宝盖镇	陈美妮	邱雅吟
蚶江镇	许君君	邱少毕
永宁镇	傅森源	陈钟铭
祥芝镇	纪荣喜	许新新
鸿山镇	林美华	蔡骏鸿
锦尚镇	蔡德谋	王鹏飞
闽南理工学院	吴永年	唐小虎
泉州纺织服装职业学院	卢允花	刘津津
泉州海洋职业学院	林艺珊	黄玲玲

索引

说明

一、本索引采用主题词分析法，按主题词首字汉语拼音字母顺序排列。

二、栏目、分目标题用黑体字。“年度聚焦”“专记”“大事记”“市情概览”“荣誉　人物”“重要文献与项目”“附录”内容不作索引。

三、索引主题词后的数字表示页码，数字后的 a、b、c 表示栏别左中右。

四、空一字起排的款目为上一主题的“附见”。

H

J

M

N

P

T

W

X

Y

Z